MTI 红宝书

翻译硕士（MTI）备考红宝书系列教材

阅读分册

本册主编 周 琼
副 主 编 贾莉娜 汪 俊 王振洪
编 者 周 琼 贾莉娜 汪 俊 王振洪
何智超 曾阳雪 周 欢 郑 馥
李 清 宋 洁 齐立勋

WUHAN UNIVERSITY PRESS
武汉大学出版社

图书在版编目(CIP)数据

翻译硕士(MTI)备考红宝书系列教材. 阅读分册/黄敏总主编;周琼本册主编. —武汉: 武汉大学出版社,2016. 6
ISBN 978-7-307-17256-2

Ⅰ. 翻… Ⅱ. ①黄… ②周… Ⅲ. 英语—阅读教学—研究生—入学考试—自学参考资料 Ⅳ. H31

中国版本图书馆 CIP 数据核字(2015)第 281247 号

责任编辑:谢群英　　责任校对:李孟潇　　版式设计:马　佳

出版发行: **武汉大学出版社**　(430072　武昌　珞珈山)
(电子邮件: cbs22@ whu. edu. cn　网址: www. wdp. com. cn)
印刷:湖北金海印务有限公司
开本: 787 × 1092　1/16　印张:42. 75　字数:1012 千字　插页:1
版次:2016 年 6 月第 1 版　2016 年 6 月第 1 次印刷
ISBN 978-7-307-17256-2　定价:70. 00 元

总　序

自从国务院学位办于2007年批准设立翻译硕士专业学位(MTI)以来，尤其是2010年后，翻译硕士授权培养单位数量和招生人数都呈持续上涨的趋势，一时间翻译硕士大受追捧，众多考生趋之若鹜，考生人数增长迅猛，加上保送政策的改变，逐渐使翻译硕士考研竞争压力越来越大。很多高校在招生简章中并没有给出参考书目，即便有的学校给了参考书目，试题也并非出自其中。而且，由于翻译硕士开考历史不长，大部分高校又不公开往年试卷，因此，考生对目标院校的试题难度和侧重点无从了解，从而陷入了备考的迷惘和焦虑之中。很多考生苦于没有合适的复习备考资料，不得不花大量的时间搜集资料和真题，甚至自己动手整理复习材料，浪费了大量宝贵的复习备考时间。

为了帮助广大考生备考，佳华口译培训中心经过精心的课程设计，从2012年开始推出翻译硕士考研辅导班，组织了一支非常优秀的教学团队，整理汇编了一套完整的具有独立著作权的辅导讲义。暑期课程结束后，学员们普遍反映讲义对他们的备考很有帮助，因此我们对讲义内容迅速进行了细致的修改，并于2012年9～10月在武汉大学出版社出版了一套《全国翻译硕士专业学位MTI考试系列辅导丛书》，丛书由《翻译硕士英语》、《英语翻译基础》和《汉语写作与百科知识考试指南》组成。我们惊喜地发现，在过去三年中，该丛书受到广大MTI考生的欢迎和好评。截至2015年6月，仅仅在当当网上，《翻译硕士英语》一书收到1 308条评论，好评率达到97.8%，评论量和好评率均在同类图书中保持绝对领先；《英语翻译基础》收到1 392条评论，好评率高达98.5%；《汉语写作与百科知识考试指南》由于受到武汉大学出版社另外一本非常全面详实的《汉语写作与百科知识》(刘军平主编)的影响，受关注度略小，但也收到了432条评论，好评率同样高达98.4%。考生的好评令笔者及其团队大受鼓舞，也使得出版社对我们的团队更加坚定了信心。

我们注意到这套丛书，仍然存在一些不足，比如答案没有详解、题目数量偏少、真题搜集不全等；同时，很多资料也时过境迁，亟待更新。因此，自2014年底开始，在武汉大学出版社谢群英编审及策划人的鼓励和敦促下，笔者重新组织了一批精干的编写团队，多次召开编写研讨会，充分听取了包括多所高校MTI命题老师、MTI考研培训教师、广大MTI考生等多方面的意见和建议，决定重新编写一套翻译硕士考研辅导书，以回馈广大考生的信任和支持，帮助广大考生更好地备战。根据不少考生的建议，我们决定将该套丛书命名为《翻译硕士MTI备考红宝书系列》(以下简称《MTI红宝书》)。

考虑到各个高校翻译硕士入学考试三门专业课的题型和要求并不完全一致，而且为了让主要题型能够得到充分的练习和解析，《MTI红宝书》将打破三门专业课试卷的限制，按照考试主要题型，将三门专业课化整为零，切分为不同的模块，每个模块分别单独编写并丰富内容、详加解析。加上1本真题汇编，《MTI红宝书》被细分为8个分册，包括：

1)《语法词汇分册》，详细介绍“翻译硕士英语”考查的语法、结构、修辞、常用词汇等语言规范知识，以及选择、改错、完形填空等不同题型的答题技巧。

2)《阅读理解分册》，详细介绍“翻译硕士英语”考查的客观阅读理解和主观阅读理解等题型所要求的题材知识、体裁知识、阅读技巧及答题方法。

3)《英语写作分册》，详细介绍“翻译硕士英语”考查的各种体裁的英语作文所要求的语言、词汇、结构、文体等知识及写作技巧。

4)《词汇翻译分册》，详细介绍“英语翻译基础”考查的词语互译所要求的缩略语、术语、专有名词、新词热词、文化特色词汇等。

5)《英汉互译分册》，详细介绍“英语翻译基础”考查的英汉短文互译所要求的中外社会文化知识、英汉句法差异、翻译过程、翻译技巧、翻译质量标准等知识和技能。

6)《汉语写作分册》，详细介绍“汉语写作与百科知识”考查的汉语应用文和命题作文所要求的应用文格式、体裁知识和写作技巧等。

7)《百科知识分册》，详细介绍“汉语写作与百科知识”考查的各种题型、各个专题的知识和答题技巧。

8)《真题解析分册》，精选多套真题，涵盖多所大学不同题型，提供答案并进行详细解析。

《MTI红宝书》将大量使用多所高校的真题作为讲解的例子或练习题，并给予详细的解析。8本分册既相互独立又相互补充。考生可以根据自己报考目标院校的题型选择性地购买以上8本书。希望能够对广大MTI考生提供一些帮助！

由于编写时间较为仓促，编者水平相对有限，书中疏漏和不妥之处在所难免，敬请各位专家、同行和广大使用者批评指正。如果您对该系列中任何一本书有纠错、意见、建议或需要，欢迎您发送邮件至mti_2015@163.com，我们将认真对待您的来信。

最后，感谢武汉大学出版社，尤其是谢群英编审的支持和信任，感谢佳华口译培训中心所有员工的努力和付出，感谢《MTI红宝书》所有参编人员的专业精神，感谢选择该丛书的广大使用者。预祝所有 MTI 考生能够取得满意的成绩，考上理想的学校！

《MTI 红宝书》总主编

@口译黄老邪

2016 年 1 月 30 日

前　言

本书是遵照《全日制翻译硕士专业学位研究生入学考试〈翻译硕士英语〉考试大纲》要求编写的考试辅导用书，对考生备考翻译硕士专业学位研究生入学考试有很强的针对性。此外，英语专业本科生、非英语专业本科生、英语爱好者如需提高阅读能力、在阅读中拓宽知识面，也可使用本书。

本书的结构

本书共分五个部分：考试大纲分析、分项技巧讲解、题型分项训练、模拟试题以及答案解析。

题型分项训练是本书的核心部分，题目来源为各 MTI 招生院校历年真题，针对性极强；按照多项选择题、简答题、特殊题型三种题型进行整合，涵盖了经济、政治、社会、文化、教育、科普、旅游等专题，将考试辅导与能力提高有机结合。

答案解析部分对题型分项训练和模拟试题的每一篇文章配有答案及详细解析，能有效帮助考生排疑解惑，迅速提高。

本书的亮点

1. 命题趋势分析到位。本书在精准解读《翻译硕士英语》考试大纲阅读部分要求的基础上，按照外语类院校、综合类院校、师范类院校、科技类院校、财经类院校的分类对重点院校历年真题的命题趋势进行了深入的分析。各院校阅读部分真题的文章难度等级、每篇文章的题源、主题选择倾向、命题方式变化、整体阅读量是考生最关心的应考重点，也是本书命题趋势部分的核心内容。本部分能帮助考生透彻把握应考院校的命题特点，如武汉大学篇章难度的梯形设置、四川外国语大学的全雅思题型，以及中南财经政法大学 2014 年开始取消简答题命题等，助推考生做到有的放矢，从容备考。

2. 真题模式保真度高。本书题型分项训练和模拟试题部分全部使用各 MTI 招生院校历年真题。相较模拟题，真题模式能帮助考生熟悉考试中阅读部分的文章长度、题型设置、词汇难度等，不至于因为对考试难度认知有误，导致临场慌乱不适应而影响考试发挥。本书的真题模式，能帮助考生迅速进入与真实考试相仿的备战状态；有助于其在语言能力上对照真题要求查漏补缺，在心理上适应阅读部分的难度和长度，在考试中合理运用阅读技巧、安排阅读速度。

3. 技巧讲解精当实用。本书分项技巧讲解部分针对《翻译硕士英语》阅读部分最核心的六道关卡，即单词关、技巧关、背景关、速度关、题型关、语篇关，为 MTI 考生如何在有限的备考时间段内切实提高阅读能力提出了建议。本部分以高分通过入学考试为目的，整合出简单实用的各种应对方案，并辅以历年真题例证进行详细讲解，力求考生准确掌握并能在考试中灵活运用阅读技巧。

4. 应考能力双管齐下。本书在编排上按照《翻译硕士英语》考试大纲要求的多项选择题型和简答题型，以及部分院校的特殊题型对各院校真题分类，并进一步按经济、政治、社会、文化等主题重新整合。这样整合的目的在于将单个院校的某一篇阅读文章放入同一话题的各个院校的类似选题中，避免了仅仅只关注考生报考的单个院校的真题，而忽视了整体语言能力与阅读能力的提高。分院校练习真题应对考试与分主题练习提高阅读技能的完美结合，使得本书能帮助考生走得更远，为考生翻译中理解能力的提高奠定基础。

5. 答案解析准确详实。本书中的所有真题均配有答案、题型分析及答案解析。编者在处理答案时力求准确，答案解析部分从宏观文章理解或微观细节把握等各方面进行细致分析，并通过每一题的题型分析有针对性地提出对文章理解的建议。多维度的解析能进一步强化考生对文章的理解，提示考生各种阅读技巧在应对不同题型时的灵活操控。

本书使用说明

本书编排从宏观到微观，科学合理。考生在使用本书时，建议遵循如下步骤：

1. 细读“考纲解析”，把握核心要求。

2. 确定报考院校，结合“命题趋势”部分，准确把握该校命题趋势，将该校命题的长度难度、题源题型、话题倾向、考查重点等了然于胸。

3. 研读“分项技巧讲解”，对阅读技巧查漏补缺、更新观念，为实战练习部分做好理论准备，切记磨刀不误砍柴工。

4. 使用“题型分项训练”时，可分四步：首先，精确计时，在规定时间内完成一篇文章的阅读及答题；其次，核对答案，细读答题解析，找出错误的原因；第三、重新通读文章，细想文章结构，并结合考题题型，斟酌技巧的使用得失及文章考查的重难点。第四、完成整个主题的练习后，主动出击横向比较分析各院校命题特点，找到该类型主题的命题重点以及适合个人情况的技巧使用、时间分配的合理方案。

5. 为帮助考生在考前迅速进入考试状态，本书还特意编排了三套模拟试题，以供考生综合训练、整体评价。

希望本书能为《翻译硕士英语》的考生在阅读部分斩获高分并提高阅读能力略尽绵薄之力。由于编者水平有限，书中难免有不尽如人意之处，诚盼广大同仁与读者不吝赐教。

编者

2016 年 1 月

目　录

第一部分

考试大纲分析

一、《翻译硕士英语》考试大纲对阅读部分的要求

1. 要求:

1)能读懂常见外刊上的专题文章、历史传记及文学作品等各种文体的文章，既能理解其主旨和大意，分辨出其中的事实与细节，又能理解其中的观点和隐含意义。

2)能根据阅读时间要求调整自己的阅读速度。

2. 题型:

1) 多项选择题(包括信息事实性阅读题和观点评判性阅读题)

2) 简答题(要求根据所阅读的文章，用3~5行字数的有限篇幅扼要回答问题，重点考查阅读综述能力)

二、题型分析

阅读题材广泛，体裁多样，选材体现时代性、实用性；重点考查通过阅读获取信息和理解观点的能力；对阅读速度有一定的要求。

根据《翻译硕士英语》考试大纲，阅读部分考试的主要题型为多项选择题以及简答题。

阅读多项选择题主要包括信息事实性阅读题以及观点评判性阅读题，主要考查考生理解主旨要义、具体信息、观点概念，对此进行判断、推理和引申，或根据上下文推测单词的意义的能力。该部分题型要求考生根据提供的阅读篇章，从每题提供的4个选项中选出最佳答案。

阅读简答题要求考生根据所阅读的文章，简要论述回答问题，主要考查阅读综述能力。阅读简答题与阅读多项选择题不同，这一题型的要求介于理解与写作之间，综合考查考生语言能力、理解能力、表达能力和知识面等，更能体现考生的语言“输出”功力，相较阅读多项选择题更有难度。

三、命题趋势

通过研究各校历年阅读部分真题，我们将阅读考查的题型、文章题材、体裁的出现频率以及文章字数的趋势总结如下：

【外语类院校】

1. 广东外语外贸大学

<table>
<tr><th rowspan="2">学校</th><th rowspan="2">年份</th><th rowspan="2">题型</th><th rowspan="2">题材</th><th rowspan="2">题源</th><th rowspan="2">体裁</th><th rowspan="2">词数</th><th colspan="5">题型</th></tr>
<tr><th>语义题</th><th>态度题</th><th>推断题</th><th>细节题</th><th>主旨题</th></tr>
<tr><td rowspan="8">广东外语外贸大学</td><td rowspan="4">2011</td><td rowspan="2">多项选择题</td><td>牧民生活</td><td>上海高级口译真题(2006)</td><td>议论文</td><td>788</td><td rowspan="2">3</td><td rowspan="2">2</td><td rowspan="2">3</td><td rowspan="2">1</td><td rowspan="2">1</td></tr>
<tr><td>网络科技</td><td>上海高级口译真题(2011)</td><td>议论文</td><td>576</td></tr>
<tr><td rowspan="2">简答题</td><td>养老保障</td><td>上海高级口译真题(2004)</td><td>议论文</td><td>628</td><td>Paraphrase</td><td></td><td>Inference</td><td></td><td></td></tr>
<tr><td>回忆怀旧</td><td>上海高级口译真题(2001)</td><td>议论文</td><td>705</td><td>Explanation</td><td></td><td></td><td>Details</td><td></td></tr>
<tr><td rowspan="4">2014</td><td rowspan="2">多项选择题</td><td>航空联盟</td><td>英语专业八级真题(2002)</td><td>议论文</td><td>840</td><td rowspan="2">0</td><td rowspan="2">0</td><td rowspan="2">1</td><td rowspan="2">4</td><td rowspan="2">0</td></tr>
<tr><td>移民英国</td><td>The Economist</td><td>议论文</td><td>576</td></tr>
<tr><td rowspan="2">简答题</td><td>法庭案件</td><td>USA Today</td><td>新闻报道</td><td>628</td><td>Paraphrase</td><td>0</td><td>Inference</td><td>0</td><td>0</td></tr>
<tr><td>汽车产业</td><td>NOT GIVEN</td><td>议论文</td><td>705</td><td>Explanation</td><td>0</td><td>0</td><td>Details</td><td>0</td></tr>
</table>

广东外语外贸大学翻译硕士英语阅读部分考试文章难度接近英语专业八级难度。上海高级口译与专业八级真题都有涉及，除此之外还有部分自主命题的文章。自主命题部分的主要题源为外文期刊，如 *The Economist*、*USA Today*，难度较专业八级更大。

2. 天津外国语大学

学校	年份	题型	题材	题源	体裁	词数	题型				
							语义题	态度题	推断题	细节题	主旨题
天津外国语大学	2010	多项选择题	中国传统体育	*The New Yorker*	说明文	356	7	0	7	6	0
			案件审理	*The New Yorker*	新闻报道	535					
			亲子关系	*The New Yorker*	说明文	563					
			交通问题	*The New Yorker*	议论文	490					
	2011	多项选择题	企业并购	*The Economist*	议论文	513	3	1	8	7	1
			年龄密码	*The New Yorker*	说明文	401					
			莱卡相机	*The New Yorker*	说明文	458					
			畅销书籍	*Worldcat*	说明文	536					
	2012	多项选择题	项链文化	*Prairie Schooner*	议论文	428	4	0	7	7	2
			个人经历	*Lapham's Quarterly*	记叙文	510					
			个人经历	*Harvard Review*	记叙文	493					
			人狗关系	GRE	说明文	408					
	2014	多项选择题	算数能力	*The Sciences*	说明文	307	1	0	7	8	4
			人类视力	TOEFL	说明文	212					
			鸟类迁徙	TOEFL	说明文	230					
			气流循环	*USA TODAY*	说明文	334					

天津外国语大学翻译硕士英语阅读部分考试无阅读简答题，四篇文章的考查题型均为多项选择题。所选文章绝大多数是出题者根据外刊原文自主命题，前期以 *The New Yorker* 上的有关社会、文化类文章摘录最多。近年来，话题倾向于专业类，如 2014 年四篇说明文均为专业科普类主题，虽篇章长度有所缩减(300 字左右)，文章阅读难度并未下降。

3. 西安外国语大学

学校	年份	题型	题材	题源	体裁	词数	题型				
							语义题	态度题	推断题	细节题	主旨题
西安外国语大学	2010	多项选择题	美国经济复苏	*USA Today*	议论文	493	1	0	4	4	0
			教育资源	考研英语一	议论文	471					
		简答题	人物专题	*The Unseeing Eye*	记叙文	642	0	0	3	1	1
	2011	多项选择题	服装历史	NOT GIVEN	说明文	637	1	0	5	3	1
			美国历史	GMAT	说明文	459					
		简答题	温室效应	*The Sciences*	说明文	596	0	0	2	2	Summary
	2012	多项选择题	马尔萨斯人口论	*The Economist*	说明文	703	0	2	2	6	0
			压力阻尼渗透发电	*The Economist*	说明文	570					
		简答题	商学院	*The Economist*	说明文	745	0	0	1	3	Summary
	2013	简答题	Information Restatement		Paraphrase	10 个句子	10				
			Précis writing	A Welcome Address at EU Conference on Prevention of Type 2 Diabetes	阅读文章撰写摘要						Summary

西安外国语大学翻译硕士英语阅读部分考试大多数是出题者根据外刊原文自主命题，*The Economist* 为其主要题源。不过，近年来其题型发生重大变化，不再以多项选择题以及简答题为主要题型，而是利用句子释义题、撰写文章摘要来综合考查考生的阅读能力，难度有所增加，基本相当于英语专业八级考试。

4. 四川外国语大学

学校	年份	题型	题材	题源	体裁	词数	题型
四川外国语大学	2010	雅思题型	科普自然	剑桥雅思 7 Test 1 Passage 1	说明文	845	雅思题型：NB：语义配对题，填空题
			水资源	剑桥雅思 7 Test 1 Passage 2	说明文	831	雅思题型：yes，no，not given；语义配对题
			教育问题	剑桥雅思 7 Test 1 Passage 3	议论文	925	雅思题型：yes，no，not given；语义配对题；多项选择题
	2011	雅思题型	日本宝塔	IELTS	说明文	1631	雅思题型：yes，no，not given；语义配对题；多项选择题
			食品价格	IELTS	说明文	885	雅思题型：yes，no，not given；信息定位题；摘要完形填空
			郊区交通	IELTS	说明文	1187	雅思题型：yes，no，not given；语义配对题；信息定位题
	2012	雅思题型	美国文化	IELTS	说明文	1325	雅思题型：yes，no，not given；多项选择题
			迪拜高楼	IELTS	说明文	1303	雅思题型：yes，no，not given；多项选择题
			亚马逊书店	IELTS	议论文	808	雅思题型：yes，no，not given；多项选择题
	2013	雅思题型	美国文学	IELTS	说明文	1342	雅思题型：yes，no，not given；多项选择题
			分享知识	IELTS	议论文	1158	雅思题型：yes，no，not given；摘要完形填空
			意大利歌剧	IELTS	说明文	1245	雅思题型：yes，no，not given；多项选择题

续表

<table>
<tr><th>学校</th><th>年份</th><th>题型</th><th>题材</th><th>题源</th><th>体裁</th><th>词数</th><th>题型</th></tr>
<tr><td rowspan="3">四川外国语大学</td><td rowspan="3">2014</td><td rowspan="3">雅思题型</td><td>女权主义思潮</td><td>IELTS</td><td>议论文</td><td>1261</td><td>雅思题型：yes，no，not given；多项选择题</td></tr>
<tr><td>此篇涉及多个主题</td><td>IELTS</td><td>议论文</td><td>1257</td><td>雅思题型：段落匹配，yes，no，not given；摘要完形填空</td></tr>
<tr><td>文化传播</td><td>IELTS</td><td>说明文</td><td>1309</td><td>雅思题型：匹配题，yes，no，not given；多项选择题</td></tr>
</table>

四川外国语大学翻译硕士英语阅读部分考试全部为雅思题型，细节多变给不熟悉本题型考试的考生增加了难度。近年来出题以考查作者态度题(yes，no，not given)、完形填空题以及多项选择题为主。文章话题偏文学社科类，长度在1000~1500词左右，限时考试中阅读效果不容易把握，难度偏大。

『综合性大学』

1. 武汉大学

<table>
<tr><th rowspan="2">学校</th><th rowspan="2">年份</th><th rowspan="2">题型</th><th rowspan="2">题材</th><th rowspan="2">题源</th><th rowspan="2">体裁</th><th rowspan="2">词数</th><th colspan="5">题型</th></tr>
<tr><th>语义题</th><th>态度题</th><th>推断题</th><th>细节题</th><th>主旨题</th></tr>
<tr><td rowspan="4">武汉大学</td><td rowspan="4">2010</td><td rowspan="3">多项选择题</td><td>读书经历</td><td>英语专业四级真题(2005)</td><td>记叙文</td><td>591</td><td rowspan="3">0</td><td rowspan="3">1</td><td rowspan="3">3</td><td rowspan="3">10</td><td rowspan="3">1</td></tr>
<tr><td>电脑陪伴</td><td>英语专业四级真题(2006)</td><td>说明文</td><td>288</td></tr>
<tr><td>医用电脑</td><td>大学英语六级真题(2003)</td><td>说明文</td><td>402</td></tr>
<tr><td>简答题</td><td>染色致癌</td><td>The Guardian</td><td>说明文</td><td>611</td><td>0</td><td>0</td><td>0</td><td>5</td><td>0</td></tr>
</table>

续表

<table>
<tr><th rowspan="2">学校</th><th rowspan="2">年份</th><th rowspan="2">题型</th><th rowspan="2">题材</th><th rowspan="2">题源</th><th rowspan="2">体裁</th><th rowspan="2">词数</th><th colspan="5">题型</th></tr>
<tr><th>语义题</th><th>态度题</th><th>推断题</th><th>细节题</th><th>主旨题</th></tr>
<tr><td rowspan="15">武汉大学</td><td rowspan="5">2011</td><td rowspan="4">多项选择题</td><td>自责内疚</td><td>大学英语六级真题(2005)</td><td>记叙文</td><td>422</td><td rowspan="4">2</td><td rowspan="4">6</td><td rowspan="4">4</td><td rowspan="4">8</td><td rowspan="4">0</td></tr>
<tr><td>大学教育</td><td>大学英语六级真题(2003)</td><td>议论文</td><td>458</td></tr>
<tr><td>城市乡村</td><td>英语专业四级真题(2001)</td><td>议论文</td><td>531</td></tr>
<tr><td>养老立法</td><td>英语专业八级真题(1999)</td><td>议论文</td><td>822</td></tr>
<tr><td>简答题</td><td>女性择偶</td><td>The Economist</td><td>议论文</td><td>358</td><td>0</td><td>2</td><td>0</td><td>2</td><td>1</td></tr>
<tr><td rowspan="4">2012</td><td rowspan="3">多项选择题</td><td>美国历史</td><td>GRE</td><td>说明文</td><td>168</td><td rowspan="3">0</td><td rowspan="3">3</td><td rowspan="3">5</td><td rowspan="3">6</td><td rowspan="3">1</td></tr>
<tr><td>拍卖由来</td><td>武汉大学考博英语(2008)</td><td>说明文</td><td>362</td></tr>
<tr><td>艺术批评</td><td>GRE</td><td>议论文</td><td>559</td></tr>
<tr><td>简答题</td><td>贫困问题</td><td>考研英语模拟题</td><td>议论文</td><td>404</td><td>2</td><td>1</td><td>0</td><td>1</td><td>1</td></tr>
<tr><td rowspan="3">2013</td><td rowspan="2">多项选择题</td><td>中世纪艺术</td><td>英语专业八级模拟题</td><td>记叙文</td><td>523</td><td rowspan="2">2</td><td rowspan="2">2</td><td rowspan="2">2</td><td rowspan="2">4</td><td rowspan="2">0</td></tr>
<tr><td>贫富问题</td><td>Linguafranca</td><td>说明文</td><td>634</td></tr>
<tr><td>简答题</td><td>人物传记</td><td>GRE</td><td>议论文</td><td>453</td><td>0</td><td>1</td><td>1</td><td>2</td><td>1</td></tr>
<tr><td rowspan="3">2014</td><td rowspan="2">多项选择题</td><td>外貌影响</td><td>大学英语六级真题(1996)</td><td>说明文</td><td>332</td><td rowspan="2">1</td><td rowspan="2">2</td><td rowspan="2">2</td><td rowspan="2">3</td><td rowspan="2">2</td></tr>
<tr><td>人与动物</td><td>The Animal Question by Paola Cavaleri</td><td>说明文</td><td>458</td></tr>
<tr><td>简答题</td><td>孩童教育</td><td>英语专业八级模拟题</td><td>议论文</td><td>479</td><td>0</td><td>0</td><td>2</td><td>2</td><td>1</td></tr>
</table>

武汉大学翻译硕士英语阅读部分考试难度呈梯形设置，每年考试中大学英语六级、英语专业四级、英语专业八级、GRE或考博英语的题源一般都有涉及，这可能更有利于考生考试时循序渐进，快速进入状态。武汉大学以人文学科为其强项，阅读文章主题也以人文社科类为主，偶有科普类文章出现。

2. 厦门大学

学校	年份	题型	题材	题源	体裁	词数	题型				
							语义题	态度题	推断题	细节题	主旨题
厦门大学	2010	多项选择题	音乐符号	GMAT	说明文	600	0	1	4	7	4
			法国玩具	*Roland Barthes*	议论文	836					
			民族优越感	NOT GIVEN	议论文	700					
			胚胎发育	GMAT	议论文	466	简答题型 0	0	1	1	2
	2011	多项选择题	博物馆	英语专业八级真题(2006)	说明文	512	3	2	7	8	0
			人物专题	英语专业八级真题(2007)	记叙文	737					
			智利旅游	英语专业八级真题(1997)	说明文	765					
			丹麦介绍	英语专业八级真题(2000)	议论文	763	简答题型 1	1	1	1	1
	2012	多项选择题	英国殖民	英语专业八级真题(2006)	说明文	622	3	2	4	5	0
			个人经历	英语专业八级真题(2010)	记叙文	470					
			无纸办公	英语专业八级真题(2011)	议论文	721					
			莎翁故乡	考研英语——真题(2006)	说明文	486	简答题型 1	0	2	0	1

续表

学校	年份	题型	题材	题源	体裁	词数	题型				
							语义题	态度题	推断题	细节题	主旨题
厦门大学	2013	多项选择题	语言思考	*Out of My Later Years* by Albert Einstein	议论文	533	3	3	3	2	3
			环境保护	英语专业八级模拟题	议论文	722					
			航空联盟	英语专业八级真题(2002)	说明文	804	简答题型 1	1	2	1	0
	2014	多项选择题	宏观经济	*The Economist*	议论文	490	1	1	3	10	1
			社会生活	英语专业八级真题(2012)	议论文	702					
			个人经历	英语专业八级真题(2011)	记叙文	601					
			历史变迁	英语专业八级真题(2011)	议论文	697	简答题型 1	0	2	2	0

厦门大学翻译硕士英语阅读部分考试难度基本与英语专业八级考试阅读难度持平。题源大部分来自专八真题，少量涉及外刊，历史及旅游类话题几乎每年都有涉及。厦门大学的题型设置与其他学校稍有区别，该校并未专门设置简答题篇章，而是在四篇文章后，均设置4题选择题+1题简答题，简答题题型以态度题和推理题为主，考查学生总结归纳的能力。

3. 南京大学

学校	年份	题型	题材	题源	体裁	词数	题型				
							语义题	态度题	推断题	细节题	主旨题
南京大学	2010	客观题	雕像艺术	*The Metropolitan Museum of Art Bulletin*	说明文	2000	15	0	0	10	0
	2011	客观题	文化文学	*Literature as Role-Playing*	议论文	1899	0	0	2	8	0

续表

学校	年份	题型	题材	题源	体裁	词数	题型				
							语义题	态度题	推断题	细节题	主旨题
南京大学	2012	客观题	论语义学与司法程序	*Semantics and the Judicial Process*	议论文	2527	0	0	0	4	1
	2013	客观题	科学研究	*The Search for Solutions*	议论文	1519	0	0	2	2	1

南京大学翻译硕士英语阅读部分考试难度基本与英语专业八级阅读难度相当。每年仅设置一篇文章，但文章长度为2000词左右，主要来源于英美原版书刊。所选文章的主题较为专业，包括语义学、法律、艺术等，难度高。

4. 中山大学

<table>
<tr><th rowspan="2">学校</th><th rowspan="2">年份</th><th rowspan="2">题型</th><th rowspan="2">题材</th><th rowspan="2">题源</th><th rowspan="2">体裁</th><th rowspan="2">词数</th><th colspan="5">题型</th></tr>
<tr><th>语义题</th><th>态度题</th><th>推断题</th><th>细节题</th><th>主旨题</th></tr>
<tr><td rowspan="11">中山大学</td><td rowspan="5">2011</td><td rowspan="4">多项选择题</td><td>青蛙繁殖</td><td>National Public Radio</td><td>说明文</td><td>368</td><td rowspan="4">5</td><td rowspan="4">0</td><td rowspan="4">7</td><td rowspan="4">5</td><td rowspan="4">3</td></tr>
<tr><td>电视节目</td><td>NOT GIVEN</td><td>议论文</td><td>376</td></tr>
<tr><td>女性经历</td><td>The Lover by James Wood</td><td>散文</td><td>579</td></tr>
<tr><td>牛奶营养</td><td>USA TODAY（2009.09）</td><td>议论文</td><td>565</td></tr>
<tr><td>简答题</td><td>法庭审判</td><td>英语专业四级模拟题</td><td>记叙文</td><td>353</td><td>1</td><td>0</td><td>0</td><td>3</td><td>1</td></tr>
<tr><td rowspan="5">2012</td><td rowspan="4">多项选择题</td><td>幸福开心</td><td>大学英语六级模拟题</td><td>议论文</td><td>451</td><td rowspan="4">4</td><td rowspan="4">3</td><td rowspan="4">3</td><td rowspan="4">7</td><td rowspan="4">3</td></tr>
<tr><td>电影特质</td><td>考研英语模拟题</td><td>说明文</td><td>446</td></tr>
<tr><td>新兴材料</td><td>考研英语模拟题</td><td>议论文</td><td>400</td></tr>
<tr><td>食物与体重</td><td>Science Daily</td><td>议论文</td><td>592</td></tr>
<tr><td>简答题</td><td>人物传记</td><td>The Economist</td><td>记叙文</td><td>597</td><td>0</td><td>0</td><td>0</td><td>5</td><td>0</td></tr>
</table>

续表

学校	年份	题型	题材	题源	体裁	词数	题型				
							语义题	态度题	推断题	细节题	主旨题
中山大学	2014	多项选择题	学科教育	NOT GIVEN	议论文	335	3	2	7	6	2
			自然科普	英语专业四级真题(2009)	说明文	436					
			历史	大学英语六级真题(2010)	议论文	316					
			个人经历	英语专业八级真题(2005)	记叙文	490					
		简答题	社会	剑桥雅思八阅读 G 类真题	议论文	320	0	0	0	5	0
	2015	多项选择题	左脑右脑	雅思阅读模拟题	说明文	388	3	2	4	10	1
			英国住宅	*An Ancient Cottage* by Anthony Ward 专业四级模拟题	说明文	532					
			美国税收	《大学英语自学教程》上 中国矿业大学博士真题(2011)	议论文	313					
			大学教育	大学英语六级真题(1999) 山东大学博士真题(2013)	议论文	319					
		简答题	求职面试	Employment Crossing	议论文	417	0	1	0	2	2

中山大学翻译硕士英语阅读部分考试难度基本相当于大学英语六级考试难度，略低于英语专业八级考试难度。文章长度适中，主要题材除人文社科类文章外，每年还有涉及人物经历以及科普类文章。篇章分布为四篇多项选择题，一篇简答题，整体阅读量为 2000 词左右。

5. 暨南大学

<table>
<tr><th rowspan="2">学校</th><th rowspan="2">年份</th><th rowspan="2">题型</th><th rowspan="2">题材</th><th rowspan="2">题源</th><th rowspan="2">体裁</th><th rowspan="2">词数</th><th colspan="5">题型</th></tr>
<tr><th>语义题</th><th>态度题</th><th>推断题</th><th>细节题</th><th>主旨题</th></tr>
<tr><td rowspan="13">暨南大学</td><td rowspan="4">2011</td><td rowspan="3">多项选择题</td><td>蛇类生存</td><td>研究生英语学位考试(2000)TOEFL</td><td>说明文</td><td>295</td><td rowspan="3">1</td><td rowspan="3">1</td><td rowspan="3">6</td><td rowspan="3">4</td><td rowspan="3">3</td></tr>
<tr><td>心脏疾病</td><td>大学英语六级模拟题</td><td>说明文</td><td>264</td></tr>
<tr><td>经济改革</td><td>英语专业八级真题(2007)</td><td>议论文</td><td>791</td></tr>
<tr><td>简答题</td><td>昔日物种</td><td>The past life of the earth from Discovery by Errol White</td><td>说明文</td><td>415</td><td>0</td><td>0</td><td>0</td><td>5</td><td>0</td></tr>
<tr><td rowspan="4">2012</td><td rowspan="2">多项选择题</td><td>弗吉尼亚·伍尔芙</td><td>GRE</td><td>说明文</td><td>459</td><td rowspan="2">1</td><td rowspan="2">0</td><td rowspan="2">5</td><td rowspan="2">8</td><td rowspan="2">1</td></tr>
<tr><td>政府与科学研究</td><td>考研英语全国卷(2005)</td><td>议论文</td><td>420</td></tr>
<tr><td rowspan="2">简答题</td><td>水土流失</td><td>英语专业四级真题(2001)</td><td>说明文</td><td>282</td><td rowspan="2">1</td><td rowspan="2">1</td><td rowspan="2">2</td><td rowspan="2">1</td><td rowspan="2">0</td></tr>
<tr><td>电脑网络</td><td>英语专业四级模拟题</td><td>议论文</td><td>400</td></tr>
<tr><td rowspan="4">2013</td><td rowspan="3">多项选择题</td><td>北美犬类</td><td>Reocities</td><td>说明文</td><td>344</td><td rowspan="3">3</td><td rowspan="3">1</td><td rowspan="3">3</td><td rowspan="3">5</td><td rowspan="3">3</td></tr>
<tr><td>服装要求</td><td>Newsweek</td><td>议论文</td><td>184</td></tr>
<tr><td>智商差别</td><td>Newsweek</td><td>说明文</td><td>477</td></tr>
<tr><td>简答题</td><td>穆罕默德·尤努斯</td><td>Banker to The Poor by Muhammad Yunus</td><td>记叙文</td><td>688</td><td>0</td><td>0</td><td>0</td><td>5</td><td>0</td></tr>
</table>

暨南大学翻译硕士英语阅读部分考试难度相当于英语专业八级考试水平。近年来更多使用外刊原文自主命题，理解难度较前期有所增加。文章主题上多为实用科普类以及人物传记类，对考生的背景知识有一定要求。

6. 湖南大学

<table>
<tr><th rowspan="2">学校</th><th rowspan="2">年份</th><th rowspan="2">题型</th><th rowspan="2">题材</th><th rowspan="2">题源</th><th rowspan="2">体裁</th><th rowspan="2">词数</th><th colspan="5">题型</th></tr>
<tr><th>语义题</th><th>态度题</th><th>推断题</th><th>细节题</th><th>主旨题</th></tr>
<tr><td rowspan="12">湖南大学</td><td rowspan="8">2011</td><td rowspan="7">多项选择题</td><td>锐步公司</td><td>大学英语六级真题(2000)</td><td>议论文</td><td>359</td><td rowspan="7">5</td><td rowspan="7">1</td><td rowspan="7">9</td><td rowspan="7">12</td><td rowspan="7">3</td></tr>
<tr><td>鸟类睡眠</td><td>大学英语六级真题(2001)</td><td>说明文</td><td>452</td></tr>
<tr><td>阅读水平</td><td>大学英语六级真题(2001)</td><td>议论文</td><td>367</td></tr>
<tr><td>太空探索</td><td>大学英语六级真题(2001)</td><td>议论文</td><td>369</td></tr>
<tr><td>冰箱历史</td><td>大学英语六级真题(1997)</td><td>说明文</td><td>280</td></tr>
<tr><td>人脑细胞</td><td>六级模拟题</td><td>说明文</td><td>281</td></tr>
<tr><td>知错能改</td><td>六级模拟题</td><td>议论文</td><td>330</td></tr>
<tr><td>简答题</td><td>婴儿视力</td><td>六级模拟题</td><td>议论文</td><td>292</td><td>0</td><td>0</td><td>2</td><td>2</td><td>1</td></tr>
<tr><td rowspan="4">2012</td><td rowspan="4">多项选择题</td><td>孩子教育</td><td>六级模拟题</td><td>议论文</td><td>461</td><td rowspan="4">3</td><td rowspan="4">0</td><td rowspan="4">11</td><td rowspan="4">14</td><td rowspan="4">2</td></tr>
<tr><td>布什政府</td><td>大学英语六级真题(2006)</td><td>议论文</td><td>417</td></tr>
<tr><td>神童教育</td><td>大学英语六级真题(2004)</td><td>议论文</td><td>390</td></tr>
<tr><td>政治战争</td><td>大学英语六级真题(2004)</td><td>议论文</td><td>409</td></tr>
</table>

续表

<table>
<tr><th rowspan="2">学校</th><th rowspan="2">年份</th><th rowspan="2">题型</th><th rowspan="2">题材</th><th rowspan="2">题源</th><th rowspan="2">体裁</th><th rowspan="2">词数</th><th colspan="5">题型</th></tr>
<tr><th>语义题</th><th>态度题</th><th>推断题</th><th>细节题</th><th>主旨题</th></tr>
<tr><td rowspan="13">湖南大学</td><td rowspan="4">2012</td><td rowspan="3">多项选择题</td><td>医学健康</td><td>大学英语六级真题(2003)</td><td>说明文</td><td>445</td><td rowspan="3">3</td><td rowspan="3">0</td><td rowspan="3">11</td><td rowspan="3">14</td><td rowspan="3">2</td></tr>
<tr><td>人性讨论</td><td>大学英语六级真题(2003)</td><td>议论文</td><td>396</td></tr>
<tr><td>日航飞机坠毁</td><td>考研英语二模拟题</td><td>议论文</td><td>368</td></tr>
<tr><td>简答题</td><td>公司金融</td><td>大学英语六级真题(2007)</td><td>议论文</td><td>379</td><td>0</td><td>0</td><td>1</td><td>4</td><td>0</td></tr>
<tr><td rowspan="9">2013</td><td rowspan="8">多项选择题</td><td>企业管理</td><td>专业四级模拟题</td><td>议论文</td><td>393</td><td rowspan="8">4</td><td rowspan="8">2</td><td rowspan="8">8</td><td rowspan="8">14</td><td rowspan="8">2</td></tr>
<tr><td>机器人</td><td>考研英语真题(2002)</td><td>说明文</td><td>427</td></tr>
<tr><td>铁路运输</td><td>考研英语真题(2003)</td><td>议论文</td><td>450</td></tr>
<tr><td>动物权利</td><td>考研英语真题(2003)</td><td>议论文</td><td>409</td></tr>
<tr><td>少年犯罪</td><td>考研英语一模拟题</td><td>说明文</td><td>390</td></tr>
<tr><td>气候变化</td><td>考研英语一模拟题</td><td>议论文</td><td>460</td></tr>
<tr><td>幽默艺术</td><td>考研英语二模拟题</td><td>议论文</td><td>450</td></tr>
<tr><td>简答题</td><td>女性专题</td><td>大学英语六级真题(2013)</td><td>议论文</td><td>478</td><td>0</td><td>0</td><td>1</td><td>4</td><td>0</td></tr>
</table>

湖南大学翻译硕士英语阅读部分考试难度相当于大学英语六级考试难度。题源以大学英语六级真题和考研英语真题为主。题量分配为七篇多项选择题和一篇简答题，每篇文章词汇在450词左右，但由于篇章数达到八篇，所以整体阅读量3500词左右，题量较大，对考生阅读速度要求高。

7. 四川大学

学校	年份	题型	题材	题源	体裁	词数	题型				
							语义题	态度题	推断题	细节题	主旨题
四川大学	2010	多项选择题	交换学生	新视野大学英语(4)	议论文	1039	0	0	1	9	0
			个人经历	The Man in the High Castle	记叙文	960					
		简答题	监狱生活	英语专业八级模拟题	议论文	1369	1	0	1	1	2
			牛仔文化	*ABC News*	议论文	1141					
	2011	多项选择题	学习数学	《大学英语》1995 Why Study Maths by Weierstrass	说明文	738	0	0	6	4	0
			飓风命名	How Hurricanes Get Their Names by Enis Waitly	说明文	687					
		简答题	凡尔纳简介	Mister Imagination PET 三级	说明文	560	2	0	2	0	1
			左手习惯	《大学英语》第三册	说明文	632					
	2012	多项选择题	刑事判决	考研英语一模拟题	议论文	500	1	1	3	5	0
			爱斯基摩人	Book of the Eskimos	说明文	1227					
		简答题	Work& Play	大学英语六级模拟题	议论文	1038	2	0	2	1	0
			古巴比伦	A Brief Bible History	议论文	1290					

续表

<table>
<tr><th rowspan="2">学校</th><th rowspan="2">年份</th><th rowspan="2">题型</th><th rowspan="2">题材</th><th rowspan="2">题源</th><th rowspan="2">体裁</th><th rowspan="2">词数</th><th colspan="5">题型</th></tr>
<tr><th>语义题</th><th>态度题</th><th>推断题</th><th>细节题</th><th>主旨题</th></tr>
<tr><td rowspan="8">四川大学</td><td rowspan="4">2013</td><td rowspan="2">多项选择题</td><td>法律角色</td><td>中国社科院考博英语真题(2003)</td><td>议论文</td><td>491</td><td rowspan="2">1</td><td rowspan="2">0</td><td rowspan="2">4</td><td rowspan="2">4</td><td rowspan="2">1</td></tr>
<tr><td>口号标语</td><td>中国社科院考博英语真题(2002)</td><td>议论文</td><td>622</td></tr>
<tr><td rowspan="2">简答题</td><td>苏格拉底</td><td>Socrates Quotes — On Truth & Reality</td><td>议论文</td><td>1177</td><td rowspan="2">2</td><td rowspan="2">0</td><td rowspan="2">2</td><td rowspan="2">1</td><td rowspan="2">0</td></tr>
<tr><td>人物经历</td><td>小说原文</td><td>记叙文</td><td>1519</td></tr>
<tr><td rowspan="4">2014</td><td rowspan="2">多项选择题</td><td>女权主义</td><td>GRE 阅读模拟题</td><td>议论文</td><td>459</td><td rowspan="2">1</td><td rowspan="2">2</td><td rowspan="2">2</td><td rowspan="2">4</td><td rowspan="2">1</td></tr>
<tr><td>基因治疗</td><td>考研英语一模拟题</td><td>说明文</td><td>458</td></tr>
<tr><td rowspan="2">简答题</td><td>练习武术</td><td>Fighting Arts — Articles & Forums on Martial Arts</td><td>说明文</td><td>1619</td><td rowspan="2">1</td><td rowspan="2">0</td><td rowspan="2">1</td><td rowspan="2">3</td><td rowspan="2">0</td></tr>
<tr><td>本杰明·富兰克林</td><td>The Economist</td><td>议论文</td><td>1108</td></tr>
</table>

四川大学翻译硕士英语阅读部分考试难度稍高于英语专业八级考试水平。该校的整体阅读量词汇 3000~4000 个左右；近年来多项选择题长度较之前有缩短，一般控制在 500 词左右；但简答题文章长度依旧保持在每篇 1200~1500 词左右(仅就简答题而言，阅读量就已经超过 2000 词)，但两篇简答的提问仅 5 题，对考生有针对性的使用阅读技巧以及控制阅读速度要求高。

8. 中南大学

学校	年份	题型	题材	题源	体裁	词数	题型				
							语义题	态度题	推断题	细节题	主旨题
中南大学	2012	多项选择题	莎翁故居	英语专业八级模拟题	议论文	496	2	1	3	4	0
			科普知识	托福阅读真题	议论文	669					
		简答题	睡眠问题	NOT GIVEN	说明文	899	3	0	1	0	1
			孩童教育	SAT 阅读	议论文	464					
	2013	多项选择题	田园主义	高级口译真题(2006.09)	议论文	787	3	1	2	2	2
			孩童教育	高级口译真题(2006.09)	议论文	733					
		简答题	医学健康	高级口译真题(2006.09)	说明文	619	1	1	0	1	2
			兄弟会	高级口译真题(2006.09)	议论文	659					

中南大学翻译硕士英语阅读部分考试难度相当于英语专业八级考试难度，近年来使用高级口译原题较多。所选文章主题分布比较平均，教育、社会、科普等均有涉及。

9. 南开大学

学校	年份	题型	题材	题源	体裁	词数	题型				
							语义题	态度题	推断题	细节题	主旨题
南开大学	2010	多项选择题	商学院	BEC 高级	议论文	591	0	1	5	3	1
			气候变暖	How Stutf Works Science	议论文	1036					

续表

学校	年份	题型	题材	题源	体裁	词数	题型				
							语义题	态度题	推断题	细节题	主旨题
南开大学	2010	简答题	社会契约论	Social Contract Theory	说明文	899	2	0	2	1	0
			美国政治经济	*The Economist*	议论文	1011					
	2011	多项选择题	宏观经济	Plugging into Productivity	议论文	732	0	1	4	4	1
			科普自然	GRE 阅读模拟	说明文	475					
		简答题	贝多芬	1911 Encyclopeadia Britannica/ Beethoven/Ludwig van Beethoven	记叙文	1034	0	0	2	3	0
			商业金融	*The Economist*	议论文	1241					
	2012	多项选择题	可持续发展	大学英语六级真题(2008)	议论文	441	0	1	2	6	1
			战争政治	*The Economist*	议论文	915					
		简答题	煤炭资源	*The Economist*	说明文	619	1	0	1	3	0
			儿童手机	*Time Magazine*	议论文	808					

南开大学翻译硕士英语阅读部分考试难度相当于英语专业八级考试难度，题源主要为外刊，如 *The Economist*。文章长度分布为循序渐进型，一篇 500 词左右，另一篇一般为 1000 词左右。

【师范类院校】

1. 华中师范大学

<table>
<tr><th rowspan="2">学校</th><th rowspan="2">年份</th><th rowspan="2">题型</th><th rowspan="2">题材</th><th rowspan="2">题源</th><th rowspan="2">体裁</th><th rowspan="2">词数</th><th colspan="5">题型</th></tr>
<tr><th>语义题</th><th>态度题</th><th>推断题</th><th>细节题</th><th>主旨题</th></tr>
<tr><td rowspan="15">华中师范大学</td><td rowspan="5">2010</td><td rowspan="4">多项选择题</td><td>石油产品</td><td>TOFEL</td><td>说明文</td><td>316</td><td rowspan="4">0</td><td rowspan="4">1</td><td rowspan="4">5</td><td rowspan="4">7</td><td rowspan="4">2</td></tr>
<tr><td>儿童饮食失调</td><td>英语专业八级模拟题</td><td>议论文</td><td>527</td></tr>
<tr><td>人物传记</td><td>英语专业八级真题(2012)</td><td>记叙文</td><td>664</td></tr>
<tr><td>电影历史</td><td>英语专业八级真题(2007)</td><td>议论文</td><td>487</td></tr>
<tr><td>简答题</td><td>防盗警示</td><td>The National Ardives</td><td>说明文</td><td>279</td><td colspan="5">True or False or Not Given</td></tr>
<tr><td rowspan="5">2011</td><td rowspan="4">多项选择题</td><td>科普自然</td><td>考研英语模拟题</td><td>说明文</td><td>470</td><td rowspan="4">2</td><td rowspan="4">2</td><td rowspan="4">8</td><td rowspan="4">7</td><td rowspan="4">1</td></tr>
<tr><td>人物传记</td><td>考研英语模拟题</td><td>记叙文</td><td>460</td></tr>
<tr><td>追求幸福</td><td>The Pursuit of Happiness</td><td>议论文</td><td>649</td></tr>
<tr><td>语言文化</td><td>大学英语六级模拟题</td><td>议论文</td><td>352</td></tr>
<tr><td>简答题</td><td>英语发展史</td><td>中国社科院考博真题(2009)</td><td>说明文</td><td>285</td><td>0</td><td>1</td><td>1</td><td>2</td><td>1</td></tr>
<tr><td rowspan="5">2012</td><td rowspan="5">多项选择题</td><td>城市介绍</td><td>英语专业四级模拟题</td><td>记叙文</td><td>255</td><td rowspan="5">2</td><td rowspan="5">0</td><td rowspan="5">6</td><td rowspan="5">6</td><td rowspan="5">3</td></tr>
<tr><td>科技类</td><td>英语专业四级模拟题</td><td>议论文</td><td>477</td></tr>
<tr><td>社会类</td><td>TOFEL 模拟</td><td>议论文</td><td>669</td></tr>
<tr><td>学校教育</td><td>英语专业四级模拟题</td><td>议论文</td><td>287</td></tr>
<tr><td>社会类</td><td>英语专业四级模拟题</td><td>议论文</td><td>488</td></tr>
</table>

续表

<table>
<tr><th rowspan="2">学校</th><th rowspan="2">年份</th><th rowspan="2">题型</th><th rowspan="2">题材</th><th rowspan="2">题源</th><th rowspan="2">体裁</th><th rowspan="2">词数</th><th colspan="5">题型</th></tr>
<tr><th>语义题</th><th>态度题</th><th>推断题</th><th>细节题</th><th>主旨题</th></tr>
<tr><td rowspan="4">华中师范大学</td><td rowspan="4">2013</td><td rowspan="3">多项选择题</td><td>人物传记</td><td>TOFEL 模拟</td><td>记叙文</td><td>344</td><td rowspan="3">3</td><td rowspan="3">0</td><td rowspan="3">5</td><td rowspan="3">6</td><td rowspan="3">1</td></tr>
<tr><td>智利</td><td>英语专业八级真题(1997)</td><td>说明文</td><td>765</td></tr>
<tr><td>社会类</td><td>英语专业八级模拟题</td><td>议论文</td><td>590</td></tr>
<tr><td>简答题</td><td>医疗手段</td><td>The Economist</td><td>说明文</td><td>1063</td><td>0</td><td>1</td><td>2</td><td>0</td><td>0</td></tr>
</table>

华中师范大学历年阅读题目难度与英语专业八级阅读难度相当，题材话题贴近生活，以说明文及议论文为主。多项选择题部分，阅读篇幅较长，而主观题内容学术性强，重点考查考生对文章整体的把握能力。

2. 南京师范大学

<table>
<tr><th rowspan="2">学校</th><th rowspan="2">年份</th><th rowspan="2">题型</th><th rowspan="2">题材</th><th rowspan="2">题源</th><th rowspan="2">体裁</th><th rowspan="2">词数</th><th colspan="5">题型</th></tr>
<tr><th>语义题</th><th>态度题</th><th>推断题</th><th>细节题</th><th>主旨题</th></tr>
<tr><td rowspan="6">南京师范大学</td><td rowspan="3">2010</td><td rowspan="3">多项选择题</td><td>家庭关系</td><td>2012GCT 考试英语阅读</td><td>议论文</td><td>344</td><td>0</td><td>0</td><td>1</td><td>3</td><td>1</td></tr>
<tr><td>盲人与颜色</td><td>Live Science</td><td>说明文</td><td>269</td><td>0</td><td>0</td><td>1</td><td>3</td><td>1</td></tr>
<tr><td>艺术史</td><td>英语专业四级模拟题</td><td>议论文</td><td>356</td><td>0</td><td>0</td><td>1</td><td>3</td><td>1</td></tr>
<tr><td rowspan="3">2011</td><td rowspan="3">多项选择题</td><td>心理学</td><td>英语专业四级模拟题</td><td>说明文</td><td>192</td><td>1</td><td>0</td><td>1</td><td>2</td><td>1</td></tr>
<tr><td>监狱惩罚</td><td>大学英语四级听力原文(2008)</td><td>记叙文</td><td>201</td><td>0</td><td>0</td><td>2</td><td>2</td><td>1</td></tr>
<tr><td>睡眠问题</td><td>英语专业四级模拟题</td><td>议论文</td><td>547</td><td>1</td><td>0</td><td>1</td><td>2</td><td>1</td></tr>
</table>

续表

学校	年份	题型	题材	题源	体裁	词数	题型				
							语义题	态度题	推断题	细节题	主旨题
南京师范大学	2013	多项选择题	经济	大学英语六级真题(2007)	议论文	463	0	1	4	5	0
			宏观经济	*The Economist*	议论文	848					
		简答题	学校教育	*New York Times*	议论文	774	0	0	1	4	0
			社会类	FT 中文网	议论文	874					
	2014	多项选择题	宏观经济	Essays on John Maynard Keynes	议论文	540	0	2	5	6	2
			城市介绍	三级笔译综合能力测试	说明文	545					
		简答题	质量监控	*Reference for Business*	说明文	756	0	1	1	3	0

南京师范大学的阅读文章来源广泛，文章多来源于 *New York Times*，*The Economist* 等外来报刊，生词较多，且话题多样，难于理解。题型重点为推断和细节题，注重考查考生的细节观察及推断能力。

3. 首都师范大学

学校	年份	题型	题材	题源	体裁	词数	题型				
							语义题	态度题	推断题	细节题	主旨题
首都师范大学	2011	多项选择题	追求金钱	公共英语三级模拟题	议论文	253	7	2	8	8	3
			流行歌星	英语专业八级模拟题	议论文	496					
			奖励惩罚	考研英语模拟题	议论文	432					
			环境与性格	专业八级模拟题	说明文	459					
			西方礼仪	英语专业八级模拟题	议论文	575					

续表

学校	年份	题型	题材	题源	体裁	词数	题型				
							语义题	态度题	推断题	细节题	主旨题
首都师范大学	2012	多项选择题	贫困问题	*The Economist*	议论文	421	5	1	11	8	5
			狂犬病	NOT GIVEN	说明文	432					
			音乐诗歌	*Poetry and the Popular Song by Frank Davey*	说明文	362					
			最新骗术	NOT GIVEN	议论文	410					
			慈善事业	*New York Times*	议论文	692					
	2013	多项选择题	气候问题	*The Guardian*	说明文	366	6	1	12	8	3
			移民教育	*The Guardian*	议论文	403					
			基因工程	*The Guardian*	议论文	414					
			英国政治	*New York Times*	议论文	433					
			饮食风格	*All in Good Taste by Natalie Rosinsky*	说明文	539					

首都师范大学翻译硕士阅读部分考试难度相当于英语专业八级考试水平，文章话题主要来源 *New York Times*，*The Guardian* 等外来报刊，话题涉及多个方面且生词较多，难度较大。阅读题型仅有五篇多项选择题，无简答题，侧重考查考生综合理解、把握事实类信息的能力。

4. 华东师范大学

学校	年份	题型	题材	题源	体裁	词数	题型				
							语义题	态度题	推断题	细节题	主旨题
华东师范大学	2010	多项选择题	火山运动	GRE	说明文	514	3	0	6	4	2
			美国阶级	高级口译真题（2009）	议论文	657					

续表

学校	年份	题型	题材	题源	体裁	词数	题型				
							语义题	态度题	推断题	细节题	主旨题
华东师范大学	2010	多项选择题	表情与情绪	TOFEL	议论文	670					
		简答题	银行金融	*The Economist*	议论文	1004	1	0	1	3	0
	2011	多项选择题	女权主义	GRE 模拟题	议论文	456	5	1	4	8	2
			班级人数	高级口译笔试模拟题	议论文	646					
			美国法律	高级口译笔试模拟题	议论文	678					
		简答题	政治广告	高级口译笔试模拟题	议论文	643					
	2012	多项选择题	政治理念	2007 社科院考博题	议论文	490	1	0	8	9	2
			个人经历	英语专业八级模拟题	记叙文	1245					
			结构花销	2007 社科院考博题	议论文	609					
		简答题	文学写作	考研模拟题	议论文	259					
	2013	多项选择题	戏剧彩排	NOT GIVEN	议论文	1275	10	0	3	5	2
			威尔士语言	英语专业八级真题(2007)		635	1	0	2	2	0
	2014	多项选择题	选择工科	大学英语四级真题(2010)	议论文	333	1	0	1	2	1
			波士顿历史	*NOT GIVEN*	说明文	351	True or False 5 题				
			电视影响	*Free Republic*	议论文	156	True or False 4 题				
			钟表发展	*Spunk Library*	说明文	235	True or False 4 题				
			环境保护	《新编英语泛读教程》	说明文	236	True or False 4 题				
			尾气污染	《新编英语泛读教程》	说明文	300	0	0	0	3	0

华东师范大学 2010~2014 年阅读考试文章多来源于 GRE，专业八级，上海高级口译笔试等英语水平考试真题或者模拟题，难度较大，文章涉及话题的类型多样。从 2013 年开始，华东师范大学阅读题型有较大变化，不再设置简答题。2013 年为两篇较长的文章，2014 年为六篇较平均 300 词的文章。考生应高度关注近年题型变化，合理安排考试时间。

『科技类院校』

1. 北京航空航天大学

学校	年份	题型	题材	题源	体裁	词数	题型				
							语义题	态度题	推断题	细节题	主旨题
北京航空航天大学	2011	多项选择题	非裔美国文学	LSAT（1991）	议论文	464	3	1	5	6	0
			美国社会文化	考研英语模拟题	议论文	387					
			面部表情	TOEFL	说明文	615					
		简答题	石油	英语专业八级模拟题	说明文	959	0	1	2	0	0
	2012	多项选择题	电影拍摄	GRE	说明文	495	0	0	6	7	2
			温室效应	GRE	说明文	453					
			歌舞剧	GRE	说明文	442					
		简答题	人际交往	英语专业八级模拟题	说明文	858	1	0	1	2	0
	2013	多项选择题	考古研究	GMAT 模拟	议论文	349	0	0	6	6	3
			辐射	GMAT 模拟	说明文	486					
			儿童认知	GRE	说明文	421					
		简答题	基因技术	LSAT/SAT	说明文	483	0	0	2	2	0

北京航空航天大学阅读真题难度较大，文章多选自托福，GRE，GMAT，LSAT 等北美考试题，另外值得注意的是文章题材话题多涉及科学技术和科普自然类。

2. 北京交通大学

学校	年份	题型	题材	题源	体裁	词数	题型				
							语义题	态度题	推断题	细节题	主旨题
北京交通大学	2011	多项选择题	大学管理	NOT GIVEN	议论文	467	1	1	4	9	0
			亚洲教育	CNN	说明文	628					
			银行危机	*The Guardian*	说明文	462					
		简答题	美国政治	CNN	议论文	770	0	0	1	3	1
			医疗纠纷	*The Guardian*	议论文	763					
	2013	多项选择题	食品安全	大学英语六级真题(1999)	议论文	380	4	1	6	8	1
			大学教育	大学英语六级真题(1999)	议论文	324					
			美国经济	大学英语六级真题(2008)	议论文	445					
			研究分歧	大学英语六级真题(2007)	议论文	253					

北京交通大学翻译硕士英语阅读部分考试难度基本相当于大学英语六级考试水平，题源主要分两种，外刊以及大学英语六级考试真题，文章长度在 400 词左右。2013 年基本使用的是六级考试真题，难度一般，无简答题。

3. 北京科技大学

学校	年份	题型	题材	题源	体裁	词数	题型				
							语义题	态度题	推断题	细节题	主旨题
北京科技大学	2011	多项选择题	互联网	*The Times*	议论文	687	0	0	4	6	0
			个人经历	*Newsweek*	记叙文	767					
		简答题	语种危机	*The Economist*	议论文	778	0	0	1	3	1
			心理学研究	GRE	说明文	462					
	2012	多项选择题	女性选择	*New York Times*	议论文	700	1	1	5	6	2
			网络媒体	*The Economist*	议论文	626					
			技术风险	LAST	议论文	471					
		简答题	经济发展	*The Economist*	议论文	632	0	attitude	4	0	main idea
	2013	多项选择题	商业模式	*The Economist*	议论文	843	2	0	3	4	1
			互联网	*The Economist*	议论文	951					
		简答题	电视媒体	*The Economist*	议论文	732	0	attitude	1	7	main idea
			语言研究	*The Economist*	议论文	862					

北京科技大学翻译硕士英语阅读考试绝大部分文章取自外刊原文，如 *The Economist*，文章篇幅较长，题型全面，细节题居多。

4. 电子科技大学

学校	年份	题型	题材	题源	体裁	词数	题型				
							语义题	态度题	推断题	细节题	主旨题
电子科技大学	2011	多项选择题	历史研究	GRE 阅读真题（2010）、哈工大考博真题(2011)	说明文	462	5	2	4	8	1
电子科技大学	2011	多项选择题	《米德尔马契》	*The Christian Science Monitor*	说明文	510	5	2	4	8	1
电子科技大学	2011	多项选择题	竞争合作	*Time Asia* 英语专业八级真题(2002)、东南大学考博真题(2012)	议论文	922	5	2	4	8	1
电子科技大学	2011	多项选择题	石油产品	英语专业四级模拟题	说明文	316	5	2	4	8	1
电子科技大学	2011	多项选择题	字母顺序主义	*The Economist*、考研英语真题(2004)	议论文	400	5	2	4	8	1
电子科技大学	2012	多项选择题	坚持己见	大学英语四级模拟题	议论文	276	3	0	2	12	3
电子科技大学	2012	多项选择题	食物分类	大学英语六级真题(2003)	议论文	331	3	0	2	12	3
电子科技大学	2012	多项选择题	妇女与时尚	大学英语四级真题(1993)	议论文	325	3	0	2	12	3
电子科技大学	2012	多项选择题	合同问题	大学英语四级模拟题	议论文	286	3	0	2	12	3
电子科技大学	2012	简答题	火车利弊	山东大学考博真题(2013)	议论文	463	0	2	0	3	0

续表

学校	年份	题型	题材	题源	体裁	词数	题型				
							语义题	态度题	推断题	细节题	主旨题
电子科技大学	2013	多项选择题	学历造假	英语四级模拟题	说明文	400	3	1	3	9	4
			乍得农业	考研英语阅读模拟题	议论文	395					
			独立思考	英语专业八级模拟题	议论文	584					
			化学和生物	GRE 真 题(1996)	议论文	419					
		简答题	人类绘画	英语专业四级真题(1998)	议论文	381	1	1	0	3	0
	2014	多项选择题	电视	TOEFL，大学英语六级模拟题	说明文	328	1	1	8	0	1
			中国传统文化	大学英语六级模拟题	议论文	443					
			科学技术	大学英语六级模拟题	议论文	415					
			女性专题	大学英语六级模拟题	议论文	381					
		简答题	食品问题	雅思阅读模拟题	议论文	626	0	0	1	4	0

电子科技大学翻译硕士英语阅读部分考试难度相当于大学英语六级考试难度，题源多选择六级考试模拟题，题型以推断题和细节题为主，题材较广，不局限于科技方面的文章。

5. 华南理工大学

学校	年份	题型	题材	题源	体裁	词数	题型				
							语义题	态度题	推断题	细节题	主旨题
华南理工大学	2011	多项选择题	学校教育	大学英语六级真题(2004)	议论文	379	1	0	3	5	1
			人物传记	大学英语四级真题(2004)	记叙文	348					
		简答题	心理研究	大学英语六级模拟题	说明文	859	3	0	1	1	0
			阅读文学	How to read a book from *New York Times*	议论文	1200					
	2012	多项选择题	大学教育	GRE	议论文	373	0	0	3	3	2
			价格体系	六级/专四阅读模拟题	说明文	314					
		简答题	金砖四国	FT 中文网	议论文	1195	5	1	2	2	2

华南理工大学翻译硕士英语阅读部分考试难度大致与大学英语六级考试难度相当，但简答题篇幅较长，难度较大。

6. 南京航空航天大学

学校	年份	题型	题材	题源	体裁	词数	题型				
							语义题	态度题	推断题	细节题	主旨题
南京航空航天大学	2012	多项选择题	学习能力	大学英语四级真题(2001)	说明文	320	1	0	5	6	3
			饮食健康	Not Given	说明文	307					
			大脑研究	大学英语四级真题(1996)	说明文	298					

续表

<table>
<tr><th rowspan="2">学校</th><th rowspan="2">年份</th><th rowspan="2">题型</th><th rowspan="2">题材</th><th rowspan="2">题源</th><th rowspan="2">体裁</th><th rowspan="2">词数</th><th colspan="5">题型</th></tr>
<tr><th>语义题</th><th>态度题</th><th>推断题</th><th>细节题</th><th>主旨题</th></tr>
<tr><td rowspan="5">南京航空航天大学</td><td rowspan="5">2014</td><td rowspan="5">多项选择题</td><td>创新人才</td><td>大学英语四级模拟题</td><td>说明文</td><td>169</td><td rowspan="5">1</td><td rowspan="5">0</td><td rowspan="5">5</td><td rowspan="5">9</td><td rowspan="5">5</td></tr>
<tr><td>雪盲症</td><td>大学英语四级模拟题</td><td>说明文</td><td>269</td></tr>
<tr><td>布鲁斯</td><td>大学英语三级真题</td><td>说明文</td><td>353</td></tr>
<tr><td>互联网</td><td>大学英语三级真题</td><td>说明文</td><td>293</td></tr>
<tr><td>美国经济</td><td>大学英语四级模拟题</td><td>议论文</td><td>243</td></tr>
</table>

南京航空航天大学翻译硕士英语阅读部分考试难度大致与大学英语四级考试难度相当，仅有多项选择题，无简答题。一般 4~5 篇文章，文章长度在 250~300 词左右，整体阅读量在 1000 词左右。

7. 上海理工大学

<table>
<tr><th rowspan="2">学校</th><th rowspan="2">年份</th><th rowspan="2">题型</th><th rowspan="2">题材</th><th rowspan="2">题源</th><th rowspan="2">体裁</th><th rowspan="2">词数</th><th colspan="5">题型</th></tr>
<tr><th>语义题</th><th>态度题</th><th>推断题</th><th>细节题</th><th>主旨题</th></tr>
<tr><td rowspan="4">上海理工大学</td><td rowspan="4">2011</td><td rowspan="4">多项选择题</td><td>探索世界</td><td>同济大学考博真题(2005)</td><td>说明文</td><td>325</td><td rowspan="4">4</td><td rowspan="4">0</td><td rowspan="4">1</td><td rowspan="4">12</td><td rowspan="4">2</td></tr>
<tr><td>人口密度</td><td>北京师范大学考博真题(2006)</td><td>说明文</td><td>277</td></tr>
<tr><td>能源价格</td><td>Newsweek，专八模拟题</td><td>说明文</td><td>681</td></tr>
<tr><td>亲子关系</td><td>英语六级真题(1991)
全国大学生英语竞赛(2011)</td><td>议论文</td><td>344</td></tr>
</table>

续表

学校	年份	题型	题材	题源	体裁	词数	题型				
							语义题	态度题	推断题	细节题	主旨题
上海理工大学	2012	多项选择题	美的作用	*EST*《科技英语》、英语六级真题(1998)、南京财经大学考研真题(2008)	说明文	378	8	0	2	10	2
			美国旅游	大学英语六级真题(1998)	说明文	355					
			社会变化	英语专业四级真题(2006)	议论文	340					
			赡养父母	英语专业八级真题(1999)、华东政法学院考博真题(2004)	说明文	839					
	2013	多项选择题	塑料回收	大学英语四级真题(2001)	说明文	287	1	0	5	6	3
			个人经历	英语专业四级真题(2007)、四川大学考博真题(2013)、武汉大学考博真题(2012)	记叙文	633					
			高速公路	大学英语六级真题(2011)	说明文	377					
			食物分类	大学英语六级真题(2003)	说明文	324					

上海理工大学翻译硕士英语阅读部分考试难度稍难于大学英语六级考试难度，题型均为多项选择题，以语义题和细节题为主。题源中大学英语六级考试真题占一定比重，有部分科普类话题文章同时被选为博士入学英语考试真题，可见部分文章的专业性难度较高。

8. 中国海洋大学

学校	年份	题型	题材	题源	体裁	词数	题型				
							语义题	态度题	推断题	细节题	主旨题
中国海洋大学	2011	多项选择题	历史学类	GRE 真题(2010)、哈工大考博真题(2011)	说明文	462	1	0	1	6	2
			智利旅游	英语专业八级真题(1997)、厦门大学 MTI 真题(2011)	说明文	718					
		简答题	劳动力市场	复旦大学考博真题(2012)	议论文	454	2	0	0	6	2
			面试问题	英语专业八级真题(1999)	说明文	796					
	2012	多项选择题	总统连任	*New York Times*、专业八级模拟题	议论文	503	4	0	0	5	1
			毕业演讲	英语专业四级真题(2010)	说明文	444					
		简答题	校历安排	*Google News* 英语专业四级真题(2007)	议论文	463	1	0	0	6	3
			英语地位	*Fortune Magazine*，英语专业八级真题(2002)	说明文	878					
	2013	多项选择题	悲伤艺术	*TIME*，考研英语真题(2006)	议论文	425	2	1	0	7	0
			新英格兰	*ATQ*(The American Transcendental Quarterly)	说明文	640					

续表

学校	年份	题型	题材	题源	体裁	词数	题型				
							语义题	态度题	推断题	细节题	主旨题
中国海洋大学	2013	简答题	文明礼仪	英语专业八级真题(1998),同济大学考博真题(2004)	说明文	603					
			网络大学	英语专业八级真题(2006),同济大学考博真题(2009)	议论文	589	0	1	0	9	0

中国海洋大学翻译硕士英语阅读部分考试难度基本相当于英语专业八级考试难度，题源上英语八级考试真题使用比较多，题型上以细节题和语义题为主，每篇文章的篇幅在600词左右，部分简答题长度达到800词左右。

「财经类院校」

1. 对外经济贸易大学

学校	年份	题型	题材	题源	体裁	词数	题型				
							语义题	态度题	推断题	细节题	主旨题
对外经济贸易大学	2010	多项选择题	糖尿病	国外论文	学术文献	256	0	0	6	4	0
			人生哲学	*Los Angeles Times*	说明文	431					
			商业银行	金融英语教材	说明文	357	雅思题型(yes, no, not given)				
		句子填空	世界经济	*The Economist*	说明文	305	摘录句子，填回原文正确位置				

续表

<table>
<tr><th rowspan="2">学校</th><th rowspan="2">年份</th><th rowspan="2">题型</th><th rowspan="2">题材</th><th rowspan="2">题源</th><th rowspan="2">体裁</th><th rowspan="2">词数</th><th colspan="5">题型</th></tr>
<tr><th>语义题</th><th>态度题</th><th>推断题</th><th>细节题</th><th>主旨题</th></tr>
<tr><td rowspan="12">对外经济贸易大学</td><td rowspan="4">2011</td><td rowspan="3">多项选择题</td><td>公司竞争</td><td>GMAT Club</td><td>议论文</td><td>368</td><td rowspan="3">1</td><td rowspan="3">1</td><td rowspan="3">7</td><td rowspan="3">4</td><td rowspan="3">2</td></tr>
<tr><td>企业成本缩减</td><td>GMAT Club</td><td>议论文</td><td>495</td></tr>
<tr><td>客户服务</td><td>GMAT Club</td><td>议论文</td><td>328</td></tr>
<tr><td>句子填空</td><td>自由市场</td><td>GMAT Club</td><td>议论文</td><td>454</td><td colspan="5">摘录句子，填回原文正确位置</td></tr>
<tr><td rowspan="4">2012</td><td rowspan="3">多项选择题</td><td>移民经济</td><td>The Economist</td><td>议论文</td><td>824</td><td rowspan="3">2</td><td rowspan="3">1</td><td rowspan="3">5</td><td rowspan="3">6</td><td rowspan="3">1</td></tr>
<tr><td>区域经济</td><td>The Economist</td><td>议论文</td><td>697</td></tr>
<tr><td>电子书</td><td>The New York Times</td><td>议论文</td><td>799</td></tr>
<tr><td>句子填空</td><td>中国崛起</td><td>The New York Times</td><td>议论文</td><td>1370</td><td colspan="5">摘录句子，填回原文正确位置</td></tr>
<tr><td rowspan="4">2013</td><td rowspan="2">多项选择题</td><td>微软苹果</td><td>VOA News</td><td>议论文</td><td>761</td><td rowspan="2">2</td><td rowspan="2">1</td><td rowspan="2">3</td><td rowspan="2">4</td><td rowspan="2">0</td></tr>
<tr><td>加拿大经济</td><td>FT Magazine</td><td>议论文</td><td>368</td></tr>
<tr><td>句子填空</td><td>欧元危机</td><td>FT Magazine</td><td>议论文</td><td>696</td><td colspan="5">摘录句子，填回原文正确位置</td></tr>
<tr><td>标题配对</td><td>股票投资</td><td>The Economist</td><td>议论文</td><td>471</td><td colspan="5">段落标题配对题</td></tr>
</table>

续表

学校	年份	题型	题材	题源	体裁	词数	题型				
							语义题	态度题	推断题	细节题	主旨题
对外经济贸易大学	2014	多项选择题	形象问题	*FT Magazine*	议论文	843	2	2	5	4	2
			农药与环境	*FT Magazine*	议论文	238					
			慕课教学	*Institution of Mechanical Engineers*	议论文	663					
		句子填空	科技乌托邦	*FT Magazine*	说明文	769	摘录句子，填回原文正确位置				

对外经济贸易大学翻译硕士英语阅读部分考试呈现三个特点，一是以经济金融类文章为主，体现出财经类院校的特点，2014 年开始加入其他类话题；二是题源以 *FT Magazine* 的文章为主，*The Economist*，*VOA News*，*The New York Times* 等外国媒体文章均有涉及，使用 GMAT 原题或自主命题；三是多项选择题为标准题型，简答题部分一般摘录原文中的 5 个句子，希望考生将这些句子正确地放入原文位置上。文章难度较大，基本相当于英语专业八级考试难度。

2. 中南财经政法大学

学校	年份	题型	题材	题源	体裁	词数	题型				
							语义题	态度题	推断题	细节题	主旨题
中南财经政法大学	2012A	多项选择题	商业文化	大学英语六级真题(2003)	议论文	353	0	1	3	5	1
			雨林保护	*New Scientist*、大学英语六级真题(2005)	议论文	442					
		简答题	自由教育	*Internet Archive*	议论文	861	1	2	3	3	1
			次贷危机	*The New York Times*	议论文	796					

续表

学校	年份	题型	题材	题源	体裁	词数	题型				
							语义题	态度题	推断题	细节题	主旨题
中南财经政法大学	2012B	多项选择题	电子垃圾	*San Jose Mercury News*，大学英语六级真题(2005)	议论文	408	1	0	5	4	0
			哭泣情绪	*New York Times*，大学英语六级真题(2003)	说明文	377					
		简答题	电视媒体	*New York Times*	说明文	779	2	0	4	2	2
			罪恶感	*The Newsweek*	议论文	889					
	2013	多项选择题	禁止危险活动	英语四级模拟题	议论文	494	1	0	1	6	2
			国际税务	同济大学考博英语真题(2008)	说明文	578					
		简答题	喜怒形于色	托福阅读真题	议论文	659	2	0	0	6	2
			汽车产业	大学英语四级真题(2009)	说明文	796					
	2014	多项选择题	气候变化	*The New York Times*	说明文	323	2	0	0	7	0
			就业问题	清华大学博士考试真题(2006)	议论文	368					
			教育	*Google News*	说明文	370	1	1	0	8	0
			品味与消费	*Internet Archive*	议论文	350					
	2015	多项选择题	缅因州岛屿	*RC Daily*	说明文	404	1	0	0	2	0

中南财经政法大学翻译硕士英语考试难度基本相当英语专业八级考试难度，近年来更倾向于外刊文章自主命题。题型上从 2014 年开始，取消了简答题部分，改为 4 篇多项选择题，细节题比例较大。

『国际关系学院』

学校	年份	题型	题材	题源	体裁	词数	题型				
							语义题	态度题	推断题	细节题	主旨题
国际关系学院	2011	SAT 题型	性别表现	SAT 原题	议论文	829	3	2	2	4	1
		解释理解题	引语	名人名言	句子	5 句	解释 5 句名言的意思				
	2012	SAT 题型	书籍研究	SAT 原题	议论文	835	3	2	3	3	1
		解释理解题	引语	名人名言	句子	5 句	解释 5 句名言的意思				
	2013	SAT 题型	文学电影	SAT 原题	议论文	841	2	3	3	4	0
		解释理解题	引语	名人名言	句子	5 句	解释 5 句名言的意思				
	2014	多项选择题	人类情绪	*Where I Lived, and What I Lived for* (by Henry David Thoreau)	散文	546	3	3	3	5	1
			音乐文学	*The Art of Writing* (by Robert Louis Stevenson)	散文	249					
			愤怒	Not Given	议论文	523					
		解释理解题	引语	名人名言	句子	5 句	解释 5 句名言的意思				

国际关系学院翻译硕士英语考试的题型以 2 篇多项选择题，以及 5 句名人名言解释为主。2011 — 2013 年多项选择题以 SAT 真题为主，2014 年开始改为摘录名人散文或议论文，自主出题，文章难度较大，因为选用名人的散文原文，或是一些文章被其他博士考试选用，难度甚至高于英语专业八级考试难度，题干选项为 5 项，所以选择难度较大。

四、答题时间与答题步骤

《翻译硕士英语》考试大纲建议安排时间 60 分钟，完成包括阅读选择题和阅读简答题在内的阅读部分考试。但这一部分考试涉及的词汇量大，对考生的阅读速度和理解能力是极大的挑战，合理安排好答题时间至关重要。

多数学校在题量安排上包括选择题和简答题一共是 4 篇文章左右，如果各题难度相当，则每篇应分得时间为 15 分钟。针对这 15 分钟的时间的有效利用，建议考生遵循“1+6+8”的原则。

多项选择部分：

首先，1 分钟读题确定考题类型及阅读策略。

每篇文章正式开始阅读前利用 1 分钟时间读题。读题的目的在于明确文章后试题的类型，明确不同的阅读目的，并决定相对应的阅读策略。

这一步骤需要解决两个问题，一是确定题干关键词，二是把握考题类型。

其一，读题画出题干关键词，以便在文中获得准确的定位。寻找关键词时，不宜过长，以免焦点不集中；不宜找文章的主题词，因为作为已知信息，不能提示该题考查的目的。所以在判断关键词时，要主要考虑特殊疑问词(who，when，where，what，why，how)，范畴词(thesis，purpose，conclusion，result，attitude，ect.)，否定词(not，neither，either，but，absence，without，ect.)等。

其二，读题确定考题类型。一般阅读选择题和简答题都可以分为语义题、细节题、态度题、推断题、主旨题这五种类型。分别使用到 scanning，skimming 等不同的阅读策略，为下一步具体解答问题做好准备，有的放矢。

其次，6 分钟通读全文整体把握。

读题确定关键词和阅读策略后，可以开始整体通读文章(global reading)。

这一步骤需要解决两个问题，一是把握文章大意以及框架结构，二是定位考题的信息位置。

其一，通读全文把握大意。这次阅读的目的不在于逐段逐题对照找答案，而是保持一段时间注意力集中的条件下，整体把握文章的主要内容、作者的主要目的以及文章的起承转合大致结构。

MTI 阅读部分考试由于文章题材较新，文章难度较大，所以不建议在这个阶段对照考题逐段找答案。逐段对照可能导致注意力被某个不熟悉的单词吸引或被某个错误选项的表达误解，进而忽略某些重要的关系连词，或无法留意作者刻意留下的推断暗示，也难以把握作者的写作目的。

其二，阅读文章时留意题干的关键词，进行信息定位。通读原文这一步骤并不是完全不考虑试题，在定位考题的相关信息时，可以稍做记号，以备下一步使用，但无需打断阅读节奏和整体思路。

第三，8 分钟回答问题。

在文章整体理解的基础上，可以根据已有的定位信息点，有针对性地细读局部信息。

根据不同的题型做一下分析：

其一，语义题、细节题考查考生从微观的角度把握文章信息。此类题型本身不需要花费大量时间把握全文，可通过 scanning 快速确定答案。Scanning，即扫读或查读，主要针对细节类信息。三个步骤把握 scanning：确定题目中的定位词(keyword)——在原文中定位(locate)——得出答案(answer)。这类细节题在读题清楚的前提下，就已经可以确定答案。

其二，态度题、推断题、主旨题，考查作者的隐含态度与目的，通常需要宏观把握文章内容。Skimming，即略读，可通过快速阅读文章的第一段以及每段的首句来宏观把握文章的框架和信息之间的关联来获得对主旨和隐含态度的把握。

切记不能时间均分、方法雷同，语义题和细节题通过关键词直接得出答案，态度题和主旨题要宏观把握，重要把握主题句；推断题要局部透彻精读、仔细斟酌上下文。

阅读简答部分：

首先，1 分钟读题确定考题类型及阅读策略。

审题，即看清问题，明确题目要求，做到心中有数。一般来说，阅读简答的问题会围绕常用的疑问词，因此，考生在动笔答题之前，要把握疑问词，弄明白问题是什么，了解出题人的意图，仔细推敲每一题的考点是什么，针对每个问题的疑问词回答，答案才能一针见血，正中要害，否则，可能会出现答非所问，文不对题的现象。

其次，6 分钟通读全文整体把握。

采取 skimming 和 scanning 的方法要弄清文章的主旨大意，了解基本信息。理解整篇文章的基调和体裁，如记叙文、说明文、议论文还是描写文，把握文章的主体结构和写作思路，作者的写作目的与态度等，为后面的答题做好铺垫。不同体裁的阅读材料会有不同的组织结构和脉络，这也意味着作者的写作思路会不同，只有理解了作者的写作思路和目的，才能更好地理解整篇文章，只有深入地理解了整篇文章，才能做好阅读简答题。

在掌握文章主旨大意的同时，要体会文章的整个基调，如作者对某一现象是赞同、反对还是中立，是褒还是贬，是乐观还是悲观，是从客观还是主观的角度出发，写作的目的是娱乐还是教育读者，是简单地陈述某一事实还是给人以某种启迪，是对现实的讽刺揭露还是对未来前景的憧憬等等。

第三，8 分钟回答问题。

一般建议边细读文章边解题，即在细读题目、理解题目要求的基础上，在文中查找相关的信息回答问题。

回答问题时，考生要注意：

(1)回答时要简短。顾名思义，简短回答题即简答题。因此考生没有必要展开回答。这样既节省时间，又避免出错，当然回答必须正确、全面。阅读简答题目和选择题一样，题目范围大致可分为主题概括类，推理类，观点态度类，语义理解题类和具体细节类这几大类。对于主题概括类题目，对于前三类，通常考查学生对语篇的整体理解能力以及分析、推理、归纳等逻辑能力。考生应该依据文中信息，用自己的语言最大限度地归纳，分析。这涉及两个层面：理解和表达。对于这三类问题，第一步应该是理解，理解是答题的基础，第二步是表达，怎样将自己的观点和理解表达出来。对于具体细节类题目，通常考核学生对具体事实、时间、地点、人物、同义词、反义词、目的、内容、区别等细节问题的确切理解能力。这类问题相对比较简单，一般在文中能够定位准确，答案也能够做出，当然，对于语义理解题，准确定位原文后，还要用自己的语言传达观点和理解。

(2)答题时要注意上下文联系。做阅读理解时，考生应始终遵循一条原则：依据文中的内容和信息做题。每个问题都是围绕文章的内容出题的，可以在文中找到依据，即使不能直接找到答案，也可以从文中某处相关信息推测出答案。因此，考生答题时，要做到有据可依，不要凭借自己的想象答题。

(3)答题时，采用自己有把握的表达，做到这一点便能赢得时间，防止笔误和其他错误，如语法错误等。

(4)字迹要工整，卷面保持干净。

(5)回答完问题时需要对答案进行核实，即检查核对回答的问题。通常是考生做完题后，再把答案看一遍，检查回答是否符合文章内容，答题是否符合要求，拼写及大小写是否正确等。

以上是“168”时间安排法，供考生参考。考生也可以根据文章的长度难度，以及考生的实际水平进行适当调整，具体问题具体对待。

五、主要问题

阅读理解一直是英语教学中最重要的部分，从《翻译硕士英语》考试大纲中不难看出，翻译硕士英语对阅读的要求相当高，在试卷的设计和分值的比例分配上(40%)也体现了阅读理解的重要性。

从英语专业四级、英语专业八级以及《翻译硕士英语》考试的成绩统计中发现：虽然考生的阅读理解能力的确胜于其他能力，但也存在一定的问题。

1. 词汇量有限，从上下文中找出“生词”意思的能力不强

高年级学生在准备考研的时候，虽然大多已经通过英语专业四级考试，或者大学英语四、六级考试，但由于常以应试代替水平、能力培养的学习态度，甚至教师的教学短视，基础阶段考试过后，那些全靠强化训练及短暂记忆获取的知识与技能很大一部分会弱化或丢失，与研究生选拔考试的要求，仍然存在很大的差距。词汇方面，在过了专业四级之后，认知词汇量便应该达到6000，但根据调查相当多的英语专业本科四年级学生实际常用词汇只有5000左右。在高年级各专业教材中，出现的生单词并不少，但学生往往在学习时绕道而行，即通过查阅汉译文，课后注释、教师解释等方式，一旦解决当前任务就止步，没有进一步把它们纳入自己头脑中的单词库，因而词汇量原地踏步，没有进展。平时遇到生词时，多数学生没有将课堂上学到的在上下文中猜单词的技巧运用起来，有些人一遇到生单词就停下来查字典，有些人则完全不管生单词。因为阅读过程中不可避免地要遇到生单词，与《翻译硕士英语》难度相当的《专业八级考试大纲》就规定允许有3%左右的生词，也就是说500词中有15个左右的生单词。观察各校真题，题源多为外刊或外国网站

上的专题文章，应该说生单词量或大于这一标准，这就更要求学生能在阅读中根据不同的情况处理好生单词的问题，不要让生单词成为文章理解中的障碍。

2. 阅读策略技能掌握不够，分析推理能力不强

有些学生在数年的专业学习中，仍然没有掌握正确的阅读方法，没有完成由低级到高级、由低层次到高层次的进化过程；习惯于使用词——句——篇的自下至上的阅读模式，而不善于进行主动的综合处理，不能有效运用元认知策略，采用猜词、语法分析、翻译式的微观处理策略。据研究，只有原语读者和较高水平的二语读者在阅读中更容易发现故事的因果关系；原语读者更多地注重较高层次的加工过程，如推理；而二语读者则把部分注意力用来理解词汇和语法等较低层次的加工过程，因为其二语水平离母语水平甚远，不能一眼就看懂内容，在方法上也只好退而求其次。

3. 课外阅读量不大，把握文章背景知识的能力不强

不少学生除教学规定的读物外，很少广泛阅读外语读物，甚至用母语写的其他领域的读物，其结果就是图式结构不丰富，知识面窄，面对《翻译硕士英语》中出现的科技、社会学、人类学等话题不熟悉。这方面的不足而导致的另一副产品则是逻辑思维能力不强，思辨能力较低。

4. 没有养成良好的英文阅读习惯，速度训练意识不强

在进行快速阅读训练的过程中，如果没有专业训练，学生往往很容易出现一些不良习惯，自觉或不自觉地妨碍其阅读速度和理解。很多学生也不明白快速阅读的目的是为了快速有效地获取一定的信息，而非面面俱到地逐字逐句地阅读文章；他们也不清楚，即使逐字逐句地读完文章，也并不意味着就能回答文章后的问题。很多考生在考前也没有建立起速度训练的意识，这就直接导致在高强度的阅读考试中，时间往往不够用，正确率也比较低。

5. 考生缺乏语篇知识，利用语篇内衔接手段的能力不强

影响阅读能力获得的因素固然很多，但最重要的是传统的教学法妨碍了学生阅读能力的提高。长期以来，我国的外语教学受传统的描写语言学和结构主义语言学的影响，一直把语言作为一个完整体系来教授。即以语言为中心，以句子为单位。这种语言翻译教学法只注重强调语言本身(而不是用法)。课文只是作为一个分析的对象，被从意义完整的语言环境中孤立出来，忽视了语篇的完整性，具体操作时往往“见树不见林”，很难应付各种考试阅读理解部分的主观判断题型。

第二部分

分项技巧讲解

一、扎实记忆　攻克单词关

词汇与阅读是一种相互促进的关系，有关研究表明，在一篇短文中如果生词数量超过总词数的5%左右，就会严重影响到文章的阅读和理解。因此，某种程度上，词汇量决定了阅读理解能力。一般来说，词汇量越大，阅读范围越广，视野就越开阔，阅读理解的得分就越高。同样，考生也可以通过阅读扩大词汇量，熟悉有关的背景知识，进而培养自己的观察能力和逻辑思维能力，以便提高阅读速度和阅读理解能力。

1. 记忆单词是王道

记忆单词是个辛苦的过程，但也是提高阅读能力的根本。考试中常用、好用的技巧不能替代平时单词的积累，依靠长期的积累和记忆才是扎实攻克单词关的王道。

词汇能力一般从广度和深度两个方面来衡量。词汇的广度主要是指词汇量的大小，对听力和阅读至关重要，深度是通过对词汇的识别和提取能力来辨别，对口语、写作和翻译必不可少。扩大词汇的广度是阅读的关键，也是提高理解能力和速度的保证。

掌握相当数量的词汇可以通过多种途径实现，但切记孤立的死记硬背。

(1) 大多数词汇的学习主要通过反复阅读文章和大量阅读课外读物来实现。许多单词可以通过常见的构词方法去掌握。至于那些须熟练掌握的词汇，除了通过广泛阅读记忆外，也可通过认真做好每篇文章后面的词汇量习题来掌握它们的习惯用法和搭配。

(2)考生也可以以强化方式突击扩大词汇量，以英语专业第六级(即第六学期需掌握的词汇)的后两级为过渡，把重点放在5000~6000八级词汇上。除采用分类、归档、联想等强化记忆的机械方法外，还可以通过句子、段落、上下文进行意义记忆。这种强化训练也适用于词汇分级学习。

- 比较记忆法

如：alight 落下——align 结盟　　boom 繁荣—— boon 恩赐

- 结合词组、短语、句型记忆

如：danger——in time of great danger 在危机时刻

leadership——under the leadership of 在……领导下

- 结合句子记忆单词

如：要记忆 elevate(提升)这个单词可结合句型 elevate sth. to sth. 来进行。

例：It was an attempt to elevate football to a subject worthy of serious study. 这是一次值得将足球拔高成一门学科研究的尝试。

(3)利用遗忘规律

遗忘曲线由德国心理学家艾宾浩斯(H. Ebbinghaus)研究发现，描述了人类大脑对新事物遗忘的规律。考生可以利用遗忘曲线掌握遗忘规律并加以利用，从而提高单词记忆的效果。

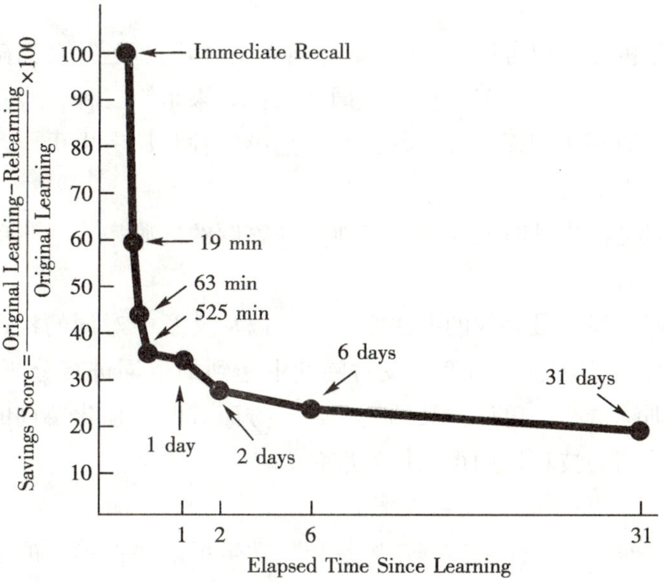

时间间隔	记忆量
刚刚记忆完毕	100%
20 分钟之后	58.2%
1 小时之后	44.2%
8~9 个小时后	35.8%
1 天后	33.7%
2 天后	27.8%
6 天后	25.4%
一个月后	21.1%

按照遗忘曲线显示，记忆单词随着时间的流逝，逐步遗忘是正常的生理现象，所以记忆单词想要一劳永逸也只能是幻想。勤奋学习加科学方法才能扎实地记忆单词。

“8 周记忆单词法”可以帮助提高单词记忆的效率。在记忆单词之后的第 5 分钟、第 30 分钟、第 12 小时、第 1 天，第 2 天，第 4 天，第 7 天、第 15 天温习单词，不断地整理记忆才能记得长久。

记忆的内容包括单词的拼写、中英文释义，以及加深印象的小技巧。复习时，可以通过遮住中文释义，尽力回忆该单词的意思，好几遍都背不下来的单词可以做记号重点记忆。

单词可以分组记忆，如果每天背 100 个单词，分 5 组每组 20 个，时间安排上基本是

5~8 分钟一组，每组记忆完成大概 30 个，最好不要超过 40 分钟，集中注意力可帮助提高记忆效率。之后按照“8 周期记忆单词法”复习。

需要注意的是，复习永远比记忆新单词要关键，高频率的复习才能让单词在大脑里扎根。如果能放在句子里记忆，注意单词使用的上下文，记忆效率会更好。

2. 猜测词义不可少

考生在碰到生单词时往往比较紧张，很难静下心来直面单词的压力。

生单词的阻碍往往是有如下几个原因：一是，单词量有限，某些本应掌握的基本单词没有掌握住；二是，某些院校 MTI 专业，如科技或财经类院校，往往在阅读中更多地考查考生对科技文本或财经类文本的把握能力，所以专业术语的出现正是考查的对象之一；三是，出题者想考查考生猜单词的能力，阅读时利用已知信息推测、判断某些超纲词汇或短语的词义是考生必须掌握的一项技巧，同时也是阅读理解测试的基本解决方法之一。

考生应参考自己的情况，冷静分析在模拟考试或者做《翻译硕士英语》的真题时自己碰到单词阻碍的原因。如果是第一种，那一定要下苦工夯实单词基础；如果是第二种，应集中注意力强化专业类词汇，为入学后的专业翻译做好准备；如果是第三种，那考生更应当平心静气，运用平时积累的猜词技巧来应对。

虽然我们说记忆单词是王道，但是在考试时能高效准确地提高答题的准确率，猜测单词的技巧是必不可少的。

一般来说，猜测词义是阅读中解决释义最有效的办法之一。可以从文章中对词的构词法、上下文提示，以及词汇的本义与言外之意等角度出发对阅读中遇到的生词进行分析，猜测词义。平时阅读中要有意识地训练猜测生单词意义的技巧，一方面有助于强化单词的记忆，另一方面也能为考试中将猜单词的技巧运用得当做好准备。

(1)构词法

构词法(word-formation)：构词法提示是一种极其有效的技巧。学生可以根据单词的前缀、后缀和词根的各个组成部分猜测单词的意思。

前缀一般出现在词首，一般用以改变词根意义。如，include—exclude，invoke—revoke。

后缀一般出现在词尾，虽后缀也偶尔改变词义，但更多的情况是后缀可以用来提示单词词性，如 quickness—quickly。

词根是具有意义的基础词，词根具有固定意义，词根加上前缀和后缀构成新的词语。词根是词语构建的有力工具和基础。如果了解了词根 aud 的意思是“听”，那么就可以知晓 audience，auditorium，audit，audiologist 都与“听”这一动作有关。

Important Prefixes

Prefix	Meaning	Example
“no” or “not”:		
a	not, without	amoral
in	not	insensitive
im	not	impolite
non	not	nonreturnable
mis	wrongly	misunderstand
mal	badly	malnutrition
anti	against	antisocial
ir	not	irregular
un	not	unacceptable
il	not	illegal
These prefixes deal with time:		
pre	before	preview
post	after	postoperative
ante	before	antedated
These prefixes deal with numbers:		
uni	one	unicycle
mono	one	monologue
auto	self	autograph
bi	two	bicycle
tri	three	tripod
poly	many	polygon
multi	many	multimedia
These prefixes deal with placement:		
ab	away from	abnormal
circum	around	circumspect
com	with, together	committee
de	down from	deceit
dis	away	discharge
ex	out of	export
inter	between	Internet
intra	within	intrastate
per	through	perceive
re	again	regain
sub	under	subtitle
super	above	superstar
trans	across	transplant

Important Suffixes

Suffix	Meaning	Example
-able	able to be	reasonable
-ible		edible
-al	relating to	regal
-ance		resistance
-ence		independence
-ic		heroic
-ion	state of, quality of	union
-ism		realism
-hood		neighborhood
-ity		necessity
-ness		weakness
-ment		movement
-er	one who	designer
-or		actor
-ite		suburbanite
-y	full of	speedy
-ful		successful
-logy	study of	sociology
-ward	direction	westward
-less	without	penniless

Important Roots

Root	Meaning	Examples
act	do	reaction
aer, aero, aeri	air	aeroplane, aerial
ag	do, act	agent, agile
alter	change	alternate
aqua, hydro	water	aquarium, hydroplane
art	skill, trick	artificial
athl	contest	athlete
aud, audi	hear	audience, audible
ben, bene	good, well	benign, benefit
brev, bri	short	abbreviation, brief, abridge
cap, capt, cept, ceive, cip, cup	take, hold, seize	capture, capacity, participant, perceive
cede, ceed, cess	go	precede, proceed, excess
chron	time	synchronize
cog	know	recognize
cred	believe	incredible
cult	till	cultivate, agriculture
cycle	circle	bicycle, cyclist
dic, dict	say, speak	dictate, indicate, predict
duc, duct	lead, bring	educate, deduct
dur	last, hard	endure
equ	equal	equate
flect, flex	bend	reflect, flexible
form	shape	deform
gam	marriage	monogamy
gram, graph	write	telegram, photograph
ject, jet	throw, cast	objective
lat	side	multilateral
locut, log, loqu	speech	colloquial, dialogue, eloquent
ment	mind	mental
migr	remove	migrate
miss, mit	send, cast	missile, commit
mob, mot, mov	move	mobile, motion, movement

续表

Root	Meaning	Examples
mort	death	mortal
path	feeling	sympathy
ped	foot	pedestrian
pel	force	expel
pet	seek	competent
phob, phobia	dislike, fear	hydrophobia
phon	sound	microphone
phys	body	physical
plac	calm, please	placid
ple, plen, plet, pli	full, fill	complement, plenty, completion, accomplish
port	carry	transport
pseudo	false	pseudonym
psych	soul, mind	psychology
rec, rect	straight	erect, rectangle
rupt	break	interrupt
scien	know	scientist
scribe, script	write	inscription, postscript
sort	kind	assorted
speci	look, kind	species
spect	look	inspective
sphere	ball, globe	atmosphere
spir	breathe	respiration
sum, summ	add up	summary, summit
techn	skill, ability	technical
tele	far	telegraph
therm, thermo	heat	thermodynamic
urb	city	urban, suburb
vac, van	empty	vacancy, evacuate
vid, vis, view	see	video, invisible, review
vene, vent	come	intervene
vers, vert	turn	inversion, extrovert

（姚剑鹏. 英语阅读，外文出版社，2013(6)）

(2)上下文提示

a. 定义释义

释义指对陌生词的解释(解释性描述)，一般通过定义、定语从句、词组、同位语从句来体现。其表现形式为：that is，in other words，or，mean，be called，refer to 或连系动词 to be 等。这些上下文的提示可以用来解释生词，还有的可用破折号、括号、冒号、引号等符号引出释义。

例 1. A **spelunker** is a person with a strange hobby — caves. A spelunker crawls into a hole in the ground for just one reason: he enjoys it. 通过-er 的构词法以及破折号的解释，考生可以发现"这类人是经常在洞穴中爬进爬出的人，而且这是他们的乐趣"。所以我们猜测"spelunker"为"洞穴探险家"。

例 2. **Anthropology** is the scientific study of man.

根据定义可知，anthropology 就是"研究人类的科学"，由此可推出 anthropology 是"人类学"。

例 3. He takes a special interest in **botany** which concerns the study of plants.

根据由 which concerns the study of plants 引出的定语从句，可知 botany 是"植物学"。

例 4. The doctor was on the **night-shift** — from midnight to 8 o'clock.

这里 night-shift 的意思可以由破折号后面的内容猜出，意思是"夜班"。

Exercise:

1. **Sociology** is the term used to describe the scientific study of human society.
2. They need to make their income meet the cost of living, so many people plan a family **budget**. A budget is a list of monthly expenses.
3. Jane is **indecisive**, that is, she can't make up her mind.
4. The modern age of medicine began with The **stethoscope**, an instrument for listening to patients' heartbeat and breathing.
5. Krabacber suffers from **SAD**, which is short for seasonal affective disorder, a syndrome characterized by severe seasonal mood swings.
6. They are **vertebrates**, that is, animals that have back bones.

解析:

1. 假定 sociology 是一个不认识的词，可根据连系动词 be 后面给出的定义得知该词意思为"社会学"。
2. is 后面是对第一句中**画线**单词的解释，给出了明确的定义，从定义上推测出单词 budget 的意思为"预算"。
3. 由 that is 可知，后面是对 indecisive 的定义解释，由此可猜测出单词 indecisive 的意思为"优柔寡断的，没有决定能力的"。
4. 此句中逗号后的同位语 an instrument for listening to patients, heartbeat and breathing 已经给出了**画线**单词的确切意思，stethoscope 为"听诊器"。
5. 从 seasonal affective disorder, a syndrome characterized by severe seasonal mood swings

推测出 SAD 的意思是“季节性情绪紊乱症”。

6. 从 animals that have back bones 的解释中可知 vertebrates 的意思是“脊椎动物”。

b. 例证标点

除直接给出定义外，上下文一般还会出现生词的例子，引导读者从抽象到具体理解生词。例子给读者提供了猜测生词的重要线索，所以在不理解生词的情况下，例子可以提供帮助。通常是由 for example，for instance，such as，as... as，like，especially，include，consist of 等来引导。

例：On the farm they mainly raise **poultry**，such as chickens，ducks and geese，for their eggs and meat.

例子中鸡鸭鹅等，可以生蛋，可以供人食肉，应该可以猜出“poultry”是“家禽”。

句号(period/full stop)：用于陈述句末尾的停顿。一般用来分割句子，以句子为单位将段落切分为不同的单位。

逗号(comma)：用于将句子切分为意群，是一句话中一般性的停顿间隔。如出现两个逗号信息一般作为插入语，做补充说明。

冒号(colon)：表示提示语后的停顿或表示提示下文或总括上文。冒号后提示的一般是对抽象概念的解释说明。如果冒号前是生词，那么后面就是对生词的解释。这也是例证的重要标示。

分号(semicolon)：分号是介于逗号和句号之间的标点，可以分割各种句间关系，比如并列、转折、承接、因果等，通常以并列关系居多。

破折号(dash)：引出解释说明的语句，也可以用来表示语意的突然转折和声音延长。两个破折号(或两个逗号、两个括号之间)的信息一般作插入语，进行补充说明的成分。

引号(quotation marks)：一般用于引用他人的观点，作为支撑细节。引号也可以作为反语，表达批判的意义。

***Exercise*:**

1. The philosopher Descartes helped to establish **dualism**(the separation of mind and body).
2. The ***deluge***，a flood of rain，threatened to drown the little town.
3. Inventors don't necessarily care if their inventions are **lucrative**：often they just have an idea they are desperate to make a reality，and money doesn't matter.
4. Killed by a fan in 1995，Selena was deeply mourned because she was so much more than an entertainer. Selena was **embodiment** of Mexican-American culture — representing devotion to the family，hard work，and a sense of community.
5. The reliance on **empirical evidence** — evidence gathered by careful observation，experimentation，and measurement — is the characteristic of the psychological method.
6. Select any of these **periodicals**：*Times*，*Newsweek*，*Reader's Digest*，*The New Yorker.*

解析：

1. dualism 后紧跟括号，括号内提供对 dualism 的附加解释 the separation of mind and body，即“二元论”。

2. deluge 后有由两个逗号构成的插入语，作解释说明作用，所以 deluge 的意思可由 a flood of rain 来理解。即“暴雨引发的洪水”。
3. lucrative 后跟冒号，提示出对冒号前词语的解释说明，可见 lucrative 意思与金钱有关。发明家不在乎的是发明是否赚钱，所以该词的意思可推断为“赚钱的，盈利的”。
4. 该题中出现破折号，提示之后为解释说明部分。本句应首先理解 Mexican-American culture，其义为 devotion to the family, hard word, and a sense of community。既然 Selena 代表的是这种文化，那么 embodiment 的意思与 representing 相近，即为“体现，化身”。
5. empirical evidence 后接两个破折号形成插入语为进一步解释说明，所以 empirical evidence 的意思为 evidence gathered by careful observation, experimentation, and measurement，即“实验证据”。
6. periodicals 后接冒号，可根据冒号后的例子猜出该词意思为“期刊”。

c. 对比提示

对比提示主要包括近义词和反义词。也就是说作者通过使用近义词或反义词来解释目标词的含义。反义的提示词包括 unlike, however, while, nevertheless, despite, although, even though, on the other hand 等。

例 1. Even as a child Thomas Edison had a very **inquisitive** mind at the age of three, he performed his first experiment out of curiosity.

作者通过 curiosity 这个单词解释了前面的生词 inquisitive 的含义为“感到好奇”。

例 2. Professor Smith's attitude showed his concern; the students' attitude, on the other hand, was very ***casual***.

读者通过 concern 可以猜出在对应情况下的 casual 的意思为“漠不关心的”。

Exercise:

1. The hot tropical weather created a feeling of **lassitude** and encouraged laziness.
2. If you agree, write “Yes”; while, if you **dissent**, write “No”.
3. Mr. Green always is **punctual** for everything, but for some reason he was late for an important meeting last week.
4. The nations of Eastern Europe... are considered the most polluted of all the world's industrialized countries. Heavy metals from coal mining have **contaminated** much of the area's waters. Rivers, land, and forests are so contaminated that many are now biologically dead.
5. Doctors believe that smoking cigarettes is **detrimental** to your health. They also regard drinking as harmful.

解析：

1. 连词 and 连接并列成分 created a feeling of lassitude 和 encouraged laziness 两个短语。其中 created 与 encouraged 是动词，而 lassitude 与 laziness 对应，我们通过 laziness 进而推断出 lassitude 的大概意思是“困乏，无力，无精打采”。

2. 此句中的“Yes”和“No”明显表明先后分句为对比、相反关系。前句表示肯定，后句表示否定，由此，我们可以推断出 dissent 与 agree 意思应该相反，意为“不同意，不赞成”。
3. 通过连词 but 可以断定前后分句为转折关系，可以知道 punctual 应该与后面分句中的 he was late for 意思相反，进而推断出 punctual 的意思是“守时的，准时的”。
4. 通过 polluted，make dirty 等词可以推测出 contaminated 的意思为“污染”。
5. 句中 detrimental 为生词，可通过后面的 harmful 来替代，推断出其词义为“不利的，有害的”。

d. 参考提示

从已给的信息、常识或逻辑知识来猜测一个生词的含义。

例 1. My father is a ***versatile*** man; he is a successful business man, sportsman, author and sports car mechanics.

可以看出父亲在许多方面都很出色，因此可推断出 versatile 的意思为“多才多艺”。

例 2. At the age of seventy-seven, Mr. George was still playing a skillful game of tennis. He jogged four miles each day and seldom missed his daily swim. For a man of his age he was extremely ***robust***.

从有关 Mr. George 的情况可以猜测 robust 意为“健康的，精力充沛的”。

***Exercise*:**

1. When a doctor performs an operation on a patient, he usually gives an **anaesthetic** to make him unconscious, because he does not want his patient to feel pain or to know what is happening to him.
2. When you throw a stone into still water of a lake, you will watch a **ripple** spread in rings on the surface of water.
3. Metal **expands** when heated and **contracts** when cooled.
4. The tree will have to be cut down, for it **obstructs** the view of oncoming traffic.
5. She is usually **prompt** for all her classes. Today, however, she arrived in the middle of her first class.

解析：

1. 通过 anaesthetic 前面的冠词“an”可以首先判断该词词性为名词。医生在手术中，为了使病人不会感受到手术的痛苦而使用“anaesthetic”，那么可以猜测为“麻药”。
2. 根据常识，石头扔入湖水，自然是会有波纹荡漾开来，文中提到的环状水面，更加印证了该词的意思为“波纹”。
3. 根据物理常识可知，金属遇热膨胀，遇冷收缩。所以，expand 意为“膨胀”，contract 意为“收缩”。
4. 根据砍树与开车视线的关系，可以猜测出可能是树“遮挡”了来往汽车的视线。obstruct 意为“阻碍”，“遮挡”，“阻挡”。
5. however 提示的是一种例外，“例外的”是今天迟到了，反推她一贯是准时的，所以

prompt 的意思是“准时的”。

二、灵活运用　攻克技巧关

阅读理解是考查读者各方面知识的一个综合过程。要想快捷、准确地理解所阅读的语篇，考生要明确阅读目的、提高阅读层次和技能和加强理解过程的训练。

刘润清、韩宝成列举了有关专家所概括的如下阅读能力，即阅读技能分为 11 种：(1) 掌握阅读材料的主旨和大意；(2) 了解阐述主旨的事实和细节；(3) 根据上下文判断某些词汇和短语的意义；(4) 理解上下文的逻辑关系；(5) 根据所读材料进行一定的判断、选择；(6) 领会作者的观点、意图和态度；(7) 理解各种语法概念，如原因、结果、目的、比较等；(8) 理解主从句的句法结构；(9) 理解句段的标志；(10) 理解词汇或语法的连贯关系；(11) 理解词汇的意义。其中(1) 至(6) 属于高层能力，(7) 至(11) 属于低层能力。如果连低层能力都不具备，那就无阅读理解可言，更不可能把着眼点放在高层能力上。因此，熟练把握阅读考试中的常用技巧是非常必要的。

1. 预测(predicting)

预测是指读者根据阅读材料的内容或提供的线索，结合自身的知识和经验，预测文章下文可能出现的内容以及文章可能的发展方向。英语的信号词、文章的标题及内文的小标题是预测的重要线索。在阅读过程中，有时可作短暂的停顿以预测下文内容，这对提高阅读兴趣和阅读质量是有益处的。

***Exercise*:**

请阅读以下小标题，预测文章的大意，并将各个标题填入下文中。

A. Choosing Good Books

B. Inviting Your Friend to Dinner

C. Buying Photo Albums

D. Sending Flowers

E. Buying Friendship Bands

Main Idea: ______________________________

A Friendship Day present plays an important part in developing friendships. We must choose it with love and care. It doesn't need to be expensive, but it must be able to show your love to your friend. If you find it hard to choose a good Friendship Day present for your best friend, here are some good ideas for you.

1. ______________________________

Friendship bands are one of the most popular present on that day. Many colorful friendship bands hit stores much ahead of the Friendship Day. They come in special designs for both boys and girls.

2. ______________________________

Flowers are presents which are popular among girls. Sending flowers is the best and the easiest way to show your love to your friend. If possible, you'd better choose your friend's favorite flower. If your friend doesn't have a specific choice, you can buy yellow roses. Yellow roses are thought to be Friendship Day flowers.

3. ______________________________

Photo albums are good Friendship Day presents. You can place a picture of you along with your friend into a photo album. This reminds both of you of the good time you spent together.

4. ______________________________

Books are suitable for friends who like reading. Keep your friend in mind while choosing the book. Usually, you can choose an inspirational book

5. ______________________________

If you don't know which present to choose, why not invite your friend to have dinner? That will be a good chance to chat with your friend. I am sure you can have a good meal and a great time.

解析：

通过小标题的分析，5 个小标题都是由-ing 现在分词的短语构成，即提示的是 5 个动作，而且通过对这 5 个动词的分析，以及对其搭配宾语的考虑，都是在为朋友买礼物，或者招待朋友。所以可以猜测文章大意为：Celebrating an important day for a friend。

接着根据对每个段落关键词的分析，标题可以确定为：EDCAB。

2. 略读(skimming)

略读是指快速浏览特定材料，了解大意，找出中心思想。略读时重点应放在文章的大意上，可忽略一些细节，或个别句子和段落。当略读一篇文章的内容时，应将重点放在阅读文章的主题和自然段的开头(或者是段落中的第一句)，因为往往它们所包含的信息最多。有时甚至不用读整段就可以猜测到整篇文章的内容。尽管考生有时不能从主题句中完全领悟所有的细节，或其中暗示的内容，但是至少可以看出文章发展的方向。根据方向理解全文，以最短的时间找到所需要的具体内容。略读的关键是增加眼跳的幅度，高度集中注意力，努力捕捉那些能引起注意或者你认为重要的内容。建议练习时应进行有意识地训练以提高略读速度和效率。

***Exercise*：**

请快速略读下列段落，总结出文章大意。

1. Consequently, we work hard at the task of saving time. We produce a steady flow of labor-saving devices; we communicate rapidly through faxes, phone calls or emails rather than through personal contacts, which though pleasant, take longer — especially given our traffic-filled streets. We, therefore, save most personal visiting for after work hours or for social weekend gatherings.
2. "We are slaves to nothing but the clock," it has been said. Time is treated as if it were something almost real. We budget it, save it, waste it, steal it, kill it, cut it, account

for it; we also charge for it. It is a precious resource. Many people have a rather acute sense of the shortness of each lifetime. Once the sands have run out of a person's hourglass, they cannot be replaced. We want every minute to count.

3. Americans believe no one stands still. If you are not moving ahead, you are falling behind. This attitude results in a nation of people committed to researching, experimenting and exploring. Time is one of the two elements that Americans save carefully, the other being labor.

4. The first stage is called "the honeymoon". In this stage, you feel excitement about living in a different place, and everything seems to be marvelous. You like everything, and everybody seems to be so nice to you. Also, the amusement of life in a new culture seems as though it will have no ending.

5. Do you think studying in a different country is something that sounds very exciting? Like many young people who leave home to study in another country, do you think you would have lots of desirable fun? Certainly, it is a new experience, which brings the opportunity of discovering fascinating things and a feeling of freedom. In spite of these advantages, however, there are also some challenges you will encounter. Because your views may clash with the different beliefs, norms, values, and traditions that exist in different countries, you may have difficulty adjusting to a new culture and to those parts of the culture not familiar to you. This is culture shock. Evidently, at least four essential stages of culture-shock adjustment occur.

答案：

1. We work hard at the task of saving time. （句首）
2. It(= Time) is a precious resource. （句中）
3. Time is one of the two elements that Americans save carefully, the other being labor. （句末）
4. The first stage of culture-shock adjustment is "the honeymoon". （句首）
5. Studying in a different country is a new experience, but there are also some challenges. （总结）

3. 扫读(scanning)

扫读是指在阅读过程中，忽略不相关或次要的内容，目的是在指定的阅读材料中查找出某中事实或具体的细节信息，这是做事实题、细节题的主要方法。三个步骤可把握扫读：确定题目中的定位词(keyword)——在原文中定位(locate)——得出答案(answer)。运用这种方法考生首先需熟悉问题，通过明确关键词(keyword)查找对象，带着问题进行定位(locate)，有的放矢，利用文中有关线索、暗示和关键词，以最快速度寻得所需的某个细节，一旦找到所需信息，立即停下来。在寻找特定信息、具体事实、寻找答案时都会用到这种方法。一个简单的例子就是当你读 *China Daily* 时，若你想知道有关足球比赛的信息，你只需翻到 Sports Section(体育版) 就可以了。这种阅读技巧更适合快速阅读题(fast-reading)、细节题，以及语义题，如，查找某个人名、地名、时间、地点等问题也可以用到这种方法。

具体来说文章中的细节一般包括如下这些内容：

- Definitions
- Explanations
- Reasons and purposes
- Writer's own opinions
- Effects and consequences
- Examples
- Figures
- Opposing viewpoints
- Quotations
- Paraphrases

***Exercise*:**

1. 请阅读下列4个问题，提取关键词，使用扫读的方法在1分钟内完成阅读，然后找到答案。请记忆问题关键词，一气呵成完成阅读，回答问题时不要再重新查找文章信息。

1) How much of the human body is water?

2) How much water does the average person use for bathing?

3) How many people die per day from diseases related to dirty water?

4) How many litres of water does it take to make one pair of leather shoes?

The human body is about 65 percent water. If you stopped drinking water (or drinks and food containing water) you would die within three or four days. But the water you drink must be clean.

Each day an average person uses the following amounts of water:

Toilet flushing	35 litres
Cooking and drinking	30 litres
Bathing	30 litres
Using a shower	12-20 litres

The average daily total per person is 140 litres. The average family uses 480 litres of water a day.

Water can carry diseases. According to a recent report published by the United Nations, every day throughout the world about 25,000 people die from diseases related to dirty water.

It takes 31,600 litres of water to make one ton of steel. It takes 53 litres of water to make one pair of leather shoes and 9 litres of water to make every comic that you read.

2. 在10秒钟内，完成阅读下列文章，并回答问题。

1) How many skills are required in the society?

What is important is that the child develops the range of social skills — being able to express a preference, knowing how to take turns, being able to stand up for themselves, being able to get into a group, being able to make decisions, being able to share, having confidence to go off on their own. These all require careful nurturing. No one is telling parents not to think about their children's development. It is just that it is more important to think about a child's desire to chat and the importance of social behavior and play activity, than the actually more trivial markers of intellectual achievement such as being the first kid in the group to cut out a circle that looks like a circle.

2) How many possible reasons are there accounting for intellectual disabilities?

For the majority of intellectual disabilities, there is no identifiable cause but there are some causes that well documented. They include: brain damage at birth due to lack of oxygen — prolonged labor during childbirth; brain damage before birth due to factors such as rubella, drug or diet-related problems; damage after birth due to illness such as encephalitis or accidents; hereditary defects in the genes; abnormal chromosome count resulting in, for example, Down Syndrome.

答案：1. 1)65% 2)30 litres 3)25,000 4)53 litres
2. 1)7 2)5

4. 分析和理解长句(analyzing and understanding long sentences)

英语文章与汉语文章的最大区别就是英语文章使用长句的频率特别高，而且每个长句都带有若干个从句，有时甚至从句套从句，非常难以理解。这种情况下应该先找出句子的主谓部分，然后层层拨开句子结构。遇到一些解释句子含义的题时甚至可以把它们从主句中脱离开来进行分析。

句与句之间不是机械的排列，而是有序的排列，它们之间的关系可能是并列、递进、转折、因果、让步、条件、顺接等；同样的，词与词之间也存在这些关系。

例 1. A report on young driver research prepared last year by Monash University's accident research center found that in 1990 and 1991, almost a third of the people killed in road crashes were drivers under 25, yet this age group represents only 14 per cent of the population.

若改为图示，则句中关系一目了然：

A report
□ — on
□ — prepared
□ — by...
found that
□ — in
□ — almost a third of the people
※ killed...
□ — were drivers
□ — yet this age group represents...

例 2. Geological movements are not the only occurrences to trigger an earthquake. Human activity, most often the filling of reservoirs with extraordinary large amounts of water, can also cause earthquakes. Lake Mead, on the Colorado River in the United States, was filled in 1935 and was the first example of an artificial Lake being responsible for earthquake activity. Similarly, massive explosions, such as quarry blasting and nuclear tests can also wreak havoc.

Causes of earthquakes:

Ⅰ. 1 ________

Ⅱ. 2 ________

A. 3 ________ for example, 5 ________

B. 4 ________ for example, 6 ________ and 7 ________

（新东方科技集团雅思研发团队. 雅思阅读胜经. 群言出版社，2006）

***Exercise*:**

1. Of the two orders of dinosaurs, the Saurischia was the larger and the first to evolve. It is divided into two suborders: Therapoda, or therapods, and Sauropodomorpha, or sauropodomorphs.
2. Stone tools found in Kakadu have now been dated to at least 50,000 years, and camp sites as diverse as Lake Mungo in the Willandra lakes region of NSW and WA's upper Swan River have yield tools charcoal radiocarbon — dated to between 38,000 and 45,000 years.

解析：句 1 中，order，suborder 这两个词提示的是关于"恐龙"的纲目和次纲目，通过拼写和 or 这个连接词的判断，可以理解文章的结构。

句 2 中第一个分句的核心词是 stone tools，复杂的是第二个分句，该分句中的 camp sites 是主语，后接续两个例子，其谓语是 have yield tools。可见两个分句讨论的是石器工具的问题，而且都追溯了两种石器工具的时间。

5. 推断(making inferences)

推断指利用句法结构线索、逻辑线索和文化线索、篇章结构等来理解文章传递的隐含信息。写作中作者往往不直接说出文章的意思，而是含蓄地表达，这种隐含的意思有时是文章的主要意思，所以阅读文章时需要学会推论。有时一句话的含义需要推论，有时整个文章的含义需要推论。学生在阅读文章时不要急于查词典，尤其是电子词典，而是要利用构词法、语法结构、语境和文中线索来进行推断。以下有几条建议可帮助考生做出推论：

1)结合作者的思想、观点及其创作目的、创作背景进行推论。

2)寻找作者直接陈述的诸多事件之间的联系。

3)仔细体会一些重要词的含蓄意义及其感情色彩，比如 politician 和 statesman 的意思都是"政治家"，但前者有贬义的色彩，即"政客"，后者则没有。

4)从作者的语气、语调、措辞等文体特征，读出作者的"言外之意"。

5)得出推论后，尽量从上下文中寻找证据。

6）充分利用自己的各方面知识，结合文章中所述的事件、自己的阅历或熟悉的事情等进行思考。

例 1. The background of the development of the new towns is as follows: in 1960, the population density of the main city in the region was already one of the highest in the world and since then the population has grown by another several million.

从文中可以推断出：该城市的人口密度也许仍旧是世界上最大的，但不敢盲目判定其他城市人口是否增长得更快。此外，考生暂时可以认为该城市太拥挤，所带来的社会问题可能更大。这些情况虽然没有提供，但考生可以推想得到。

例 2. The young man quickly answered, "Yes, sir."

根据 quickly 和 "yes, sir"，考生可以推断：说话人似乎态度谦卑，甚至有点诚惶诚恐。

例 3. A. I believe that smoking is harmful.

B. It is believed that smoking is harmful.

C. Smoking is harmful.

三个句子都讲吸烟有害，却用不同的句型表示出来。这三个句子的语气是不同的：

句子 A 用的是 I believe，表明作者的观点是认同吸烟有害的。

句子 B 用的是 it is believed 的句型，读后无法得知作者究竟抱有何种态度，只是"据认为"而已。

句子 C 这个句型传递的信息则是：吸烟有害，这是一个医学上公认的事实。

例 4. The book really deals with applied mathematics but the emphasis is on the adjective there.

这个句子中，adjective 为"形容词"，显然是指"applied"一词的含义。这个句子的意思为：本书是论述应用数学的，且重点在应用方面。

做出推断之前，必须细心，必须以事实为依据：

例 5. The old man staggered along the sidewalk. He grabbed at the picket fence to keep from falling. His torn gray overcoat flapped open in the winter wind.

有的考生觉得曾读过类似的文章，见过这个句子，就根据上下文判断：the old man is drunk.

显然这种推断缺乏足够的依据，staggered along... grabbed... 并不能说明这个人一定是喝醉了酒，倒有可能是因为"贫"、"病"加上"老"，所以才这样虚弱。当然也可能有别的原因。

阅读不是一个被动的过程，而是一个积极主动的过程，它需要大量的脑力活动，这就是说，一篇文章的意义不在于材料的本身，而是读者与文章不断交流的结果。读者把新知识和旧知识联系起来，可以完整地理解文章的意义，这种引申意义的脑力活动不仅仅是对词汇意义的解码，而是对文章的全面理解。阅读是一个判断、推理、归纳、总结的过程，考生需要把分散于文章中的各种信息联系起来，经过必要的判断、推理，得出自己对文章的认识。

***Exercise*:**

Read the following passages, and choose the accurate inference.

A. Upset that your husband forgot to call? Think telling him off will make you feel better? No so, says psychologist Brad Bushman, PHD, whose research shows that venting anger actually ends up making people unhappy. Why? We often say things we later regret, studies show. A better idea according to Bushman, is reading a good book, watching a funny TV show, or listening to a favorite CD. You'll soon calm down enough to deal more productively with the situation by having a calm discussion with whoever made you angry.

__________ 1. Women vent their anger more than men do.

__________ 2. Venting anger often involves hurtful verbal criticism.

__________ 3. Venting anger can damage the relationship between two people, leading to more unhappiness.

__________ 4. Women have a right to feel angry when their husbands forget them.

__________ 5. A primary goal of media is to help people better manage their anger.

B. Medical experts have warned for years that anorexia and bulimia can be deadly, but a growing number of teens are celebrating their disorders on the Web and sharing their tips and strategies for losing weight and exercising. It's a trend that worries and disturbs eating —disorder experts. "I love the feeling I get when I can feel my bones sticking out. I love feeling empty, like a hollow ground. I love knowing I went to the whole day without eating." So says a posting on one Web site promoting eating disorders as a lifestyle.

__________ 1. Teens don't take eating disorders as seriously as medical experts do.

__________ 2. Medical experts think that teens are stupid.

__________ 3. Medical experts are disturbed by how teens are dealing with eating disorders.

__________ 4. Teens think that medical experts don't know what they are talking about.

__________ 5. Teens with eating disorders don't care about other people.

答案：

A：2，3　　B：1，3

三、广泛阅读　攻克背景关

阅读理解测试中对英美国家文化背景知识的考查越来越频繁。文字符号只是介于作者和读者之间的一种载体，只有读者将自己的背景知识与文章的信息联系在一起，才能达到理解的效果。而不同民族具有不同的文化背景，他们的价值观念、风俗习惯等各有不同，一个民族认为天经地义、习以为常的事情，对另一个民族可能就完全陌生，无法接受。比如谈到人口问题，中国人就会联想到人口爆炸，食物、住房短缺，控制人口增长等，而西方人却认为如果不保持人口增长，就会带来人口老龄化，影响商业发展等一系列问题。因此读者在背景知识上的欠缺，常常就会导致其对考察内容的不理解。而《翻译硕士英语》阅读理解题涉及历史、地理、政治、经济、宗教和文化等多方面。有时一个词、一个短语或一个句子都有极其深刻的文化内涵，单单靠字典是解决不了问题的。在解答阅读理解题的过程中，必须要时刻将文章和它的背景联系起来。关于背景知识需要平时的大量积累、大量的阅读。阅读时应注意：

1. 注重背景知识的积累

英语背景知识即是英语国家的历史地理、政治制度、社会文化、风俗习惯等文化背景知识，它是影响阅读能力特别是理解能力的一个重要因素。而由于东西文化的差异，政治制度、风俗习性等的不同，学生往往在阅读英美读物时，就会对其所涉及的地理、历史、文化、风俗、政治、经济、科技等方面的知识缺乏了解，从而导致理解困难。如下面这段话：

"Why don't you go to church?" Asked the minister of the nonchurch goer. "Well. I'll tell you. The first time I went to church they threw water in my face and the second time they tie me to a woman I've had to keep ever since." "Yes." said the minister, "and the next time you go they'll throw dirt on you."

要充分理解这个语篇。学生必须知道，"threw water in my face"一句指的是，父母将新生儿抱到教堂洗礼时，牧师将水洒到小孩脸上；"tie me to a woman I've had to keep ever since" 指的是，在教堂举行了婚礼；"they'll throw dirt on you" 指人死后由牧师做最后祈祷并向棺材撩土再进行埋葬。如果读者不熟悉英美国家的宗教文化背景知识，就会导致理解受阻。

2. 注重英语思维模式的构建

英语思维模式指的是在使用英语时用英语进行思考(think in English)，而不是用本族语去思考。学英语而不学用英语思考，一定学不好。用英语思考，就是在使用英语进行表达和理解时，没有本族语思考的介入，没有"心译"的介入，或者说本族语思考的介入被压缩到了极不明显的程度，自己也感觉不到"心译"的负担。这才是达到了流利、熟练的境界。用英语思维是许多英语学习者都希望达到的一种境界，因为这是用英语流畅地表达思想的基础。中西文化差异很大，英语和汉语的表达方式也不同。对于一个生活在非英语环境中的中国学生来说，要做到部分或全部用英文来思考确有很大难度，但也不是可望而不可即。要尽量了解英语国家的文化背景知识，养成用英语而不是用汉语思维来理解表达。

3. 循序渐进扩大阅读量

1)应该扩充阅读文章的数量。考生不要觉得做做真题上的阅读就行了，那是远远不够的，起不到真正提高英语水平的作用。英语学习是相通的，提高英语水平的方式也是多种多样的，多多阅读就是其中的一个法宝。

2)阅读的时间和方式也可以比较灵活。可以晨读也可以穿插在每天的学习过程中来缓解压力和疲劳。英语的课外阅读不仅可以提升语感，也可以拓宽视野，逐渐养成良好的英语学习习惯。需要注意的是，我们一定不要将阅读这件事情当成一种压力，而应该将其转化为乐趣，并且全身心地投入其中，只有这样，才能达到最好的学习效果。

3)在材料的选择上，要注意形式和内容在难易程度上的搭配。如果阅读材料生词太多，内容太深，读起来困难，会挫伤学习者的学习积极性，或收效甚微。同时还要考虑阅读材料题材和内容的多样性，不仅读故事、人物传记，也读游记、科技文章及风土人情方面的读物等等。建议考生有针对性地选读一些有关各学科知识的文章，留意各类评论性文章，增加一些背景知识，有意识地强化记忆有关词汇，以便理解考试中将会遇到的各种内容的文章，从而收到事半功倍的效果。

4）中文阅读也不可少。语言学习都是相通的，从知识积累的角度来讲，不一定非要使用英文阅读的文化背景知识才能算数。大家可以充分利用图书馆，在自习的间隙，看书疲倦的时候，信手找来几本与语言学习本身无关的中文图书读读，这样既放松了身心，调整了学习效率，也在无形中积累了相关的背景知识，点滴成海。

四、更新观念　攻克速度关

1. 你是否善于阅读?

为了正确评价自己的阅读能力，可以对照检验一下自己在阅读时是否有以下影响阅读效率的行为，但第2、3条，得在你不注意时，由别人观察你进行。

1）你是否读得非常慢，非常仔细，不相信自己能全部理解所读的东西。

2）阅读时你的嘴唇和舌头是否在动。

3）阅读时你的头是否随着所读文字的符号位置而左右移动。

4）你是否经常回读，即，对读过的东西又重新读一遍，甚至几遍。

5）你是否读什么样体裁的文章都是一样的速度。

6）你是否有很多单词不认识，或不知道它在此处的含义。

如果对上述问题的回答是肯定的，那你确实需要找出阻碍你提高阅读速度的问题，进而提高阅读技能。如果只有一两项的回答是肯定的，那你就需要针对这一两项寻找有效的解决方法，改掉这些影响阅读速度的不良习惯。

要通过大量的快速阅读实践和训练，来掌握快速阅读技巧。阅读材料应该严格挑选，一般认为每行超过5~6个生单词，那就可以认为这篇文章不适合作为快速阅读的训练。快速阅读应强调“快速”，一开始就应加快速度，尽量摒弃慢速阅读习惯。

养成无声阅读的习惯

许多学生在阅读时，习惯地发出每个词的读音，有的学生发音器官虽没活动，但内心还在自言自语地读，这些都属于声读现象，严重影响阅读速度的提高。因此，一定要养成无声直接理解书面意义的阅读方法，即通过眼睛感知文字符号，直接获取信息。

养成按意群阅读的习惯

学生刚开始阅读时，往往习惯于逐词阅读，或用手指点着读，唯恐遗漏文章内容，这些只是对句子水平的理解。逐词阅读会使学生偏离篇章内容的预期和理解，最终影响阅读效率。高效率的阅读者一眼能看到四五个词的意群或句子。显而易见，阅读时将文章分成较大意义的意群，既能加快速度，又能把注意力集中在理解读物内容上，理解水平就能进一步提高。

养成纵式阅读的习惯

有相当一部分学生阅读时，有“回视”现象，即在读文章时，反复寻找先前读过的信息，而不是继续读下去获取完整的意思。这种习惯严重影响阅读速度，并使信息的扩展、逻辑推理和理解材料受到影响。因此，在阅读中，一定要求学生克服“回视”。从培养学生进行纵式阅读着手，提高阅读速度。在纵式阅读中，人的目光主要表现为上下移动，因而阅读可由慢速的横向或横式转变为纵向或纵式。让学生的目光在材料居中部位纵式移动，同时眼睛的余光扫视左右。要求学生按意群向前跳跃，捕捉关键词，抓住中心思想，摆脱抠语法和英译的习惯。

请用最快的速度完成以下文本框左边文章的阅读。阅读后不看原文，再完成右边框的练习。

Practice 1	**Ideas**
Hints for reading practice (part I) ***Set aside time each day*** Most of us can find 15 minutes or half an hour each day for some specific regular activity. It may be a free period or a regular wait, say in the queue for a bus or meal — even while eating breakfast. One famous surgeon always made it a rule to spend at least 15 minutes on general reading before he went to sleep each night. Whether he went to bed at 10 p.m. or 2:30 a.m. made no difference. Even if you can not always keep to this discipline, it is a good idea to make sure you always have a general interest book in your pocket. Don't forget it should be a book which entertains you and the English must not be too difficult for you. ***Check your progress through pacing*** Nearly all 'speed reading' courses have a 'pacing' element — some timing device which lets the student know how many words a minute he is reading. You can do this simply by looking at your watch every 5 or 10 minutes and noting down the page for the particular book you are reading. How do you know when 5 minutes have passed on your watch if you are busy reading the book? Well, this is difficult at first. A friend can help by timing you over a set period, or you can read within hearing distance of a public clock which strikes	Select the answer which is most accurate according to the information given in the passage. 1. The passage recommends setting aside for reading practice… A. two hours a day B. one hour a day C. 15 minutes or half a hour D. three times a day before meals 2. One famous surgeon always made it a rule to read… A. for 15 minutes at 10 p.m. each night B. at least 15 minutes at bedtime C. at least 15 minutes at either 10 p.m. or 2:30 a.m. D. whenever he had a spare moment 3. It is a good idea always to carry in your pocket… A. a book you will never forget B. a serious book C. several books for various kinds. D. an easy and entertaining English book 4. A 'pacing' device… A. times a student's reading speed B. is not included in most speed reading courses C. is an aid to vocabulary learning D. should be used whenever we read alone 5. Looking at your watch every 5 or 10 minutes… A. avoids the need for reading faster B. is not the same as pacing C. is not easy at first D. helps you to remember the page number you were at last time.

the quarter hours. Pace yourself every three or four days, always with the same kind of easy, general interest book. You should soon notice your habitual w. p. m. rate creeping up.

Check comprehension

Obviously there is little point in increasing your w. p. m. rate if you do not understand what you are reading. When you are consciously trying to increase your reading speed, stop after every chapter (if you are reading a novel) or every section or group of ten or twelve pages (if it is a textbook) and ask yourself a few questions about what your have been reading. If you find you have lost the thread of the story, or you cannot remember clearly the details of what was said, re-read the section or chapter.

'Lightening speed' exercise

Try this from time to time. Take four or five pages of the general interest book you happen to be reading at the time. Read them as fast as you possibly can. Do not bother about whether you understand or not. Now go back and read them at what you feel to be your 'normal' w.p.m. rate, the rate at which you can comfortably understand. After a 'lightening speed' read through (probably around 600 w.p.m) you will usually find that your 'normal' speed has increased — perhaps by as much as 50 — 100 w.p.m. This is the technique athletes use when they habitually run further in training than they will have to on the day of the big race.

(489 words)

6. The passage recommends pacing yourself...
A. every two days with different kinds of book
B. every three or four days with the same kind of book
C. every week with the same kind of book
D. as often as you read a book

7. When you are reading a novel the passage advises you to pause to check the content...
A. every chapter
B. every hour
C. every three or four pages
D. after every page

8. The purpose of pausing for thought every so often is to...
A. rest the eyes
B. make sure you have not missed any pages
C. make sure you really understand what you have read
D. prevent brain fatigue

9. If you have lost the thread of a story you are reading, the passage recommends...
A. choosing an easier book
B. glancing back over the chapter you have just read
C. asking a friend to help you with the different words
D. learning the previous chapter by heart

10. The purpose of the lightning speed exercise is to...
A. increase your normal speed by practicing at a very high rate
B. get through the book in half the time so that you can go on the next
C. help you understand more of the content of the book
D. enable you to win reading races against your friends

Keys: C B D A C B A C B A

Practice 2	Ideas
Hints for reading practice (part Ⅱ) ***Dictionaries slow you down!*** If you have chosen the right, fairly easy, sort of book for your general reading practice, you will not need to use a dictionary for such exercise. If you really must know the dictionary meaning of all words you meet (a doubtful necessity) jot them down on a piece of paper to look up later. Actually, the meanings of many words will be clear from the sentences around them — what we call the 'context'. Here is an example. Do you know the word 'sou' wester? It has two meanings in English as the following sentences indicate: a) In spite of the fact that the fishermen were wearing sou' westers, the storm was so heavy they were wet through. b) An east or north-east wind brings cold, dry weather to England, but a sou' wester usually brings rain. You should have guessed very easily that in sentence a) the word sou' wester refers to some kind of waterproof clothing, presumably quite thick and heavy since it is worn by fishermen in storms. In sentence b) it is clearly a kind of wind, coming from a south-westerly direction. Incidentally, you would have had the greatest difficulty in finding this word in most dictionaries since it often appears a long way down among the secondary meanings of a south. If you did not know that sou' meant 'south' in the first place you could only have found the word by the merest chance. ***Pay attention to paragraph structure*** Most paragraphs have 'topic sentence'	**Ideas** Select the answer which is most accurate according to the information given in the passage. 1. The use of a dictionary is... A. advisable for speed reading practice B. unnecessary for speed reading practice C. essential for speed reading practice D. of no help in improving general reading ability 2. You can avoid the need for reference books by... A. learning many vocabulary items in advance B. choosing a fairly easy book. C. Asking a friend D. Simply ignoring unknown words 3. If you really want to know what all the words mean... A. make a note and check later... B. use a bigger dictionary C. ask your instructor D. read more slowly 4. To understand a general reading book, a knowledge of the meaning of every single word in that book is... A. doubtfully necessary B. absolutely unnecessary C. absolutely necessary D. most advisable 5. Even if you don't know a word you can often get meaning by... A. wild guessing B. working it out mathematically C. working it out from the context D. comparing it with similar words 6. words like sou' wester are often difficult even to find in a dictionary. They may be... A. spelled wrongly B. listed under another word

which expresses the central idea. The remaining sentences expand or support that idea. It has been estimated that between 60% and 90% of all expository paragraphs in English have the topic sentence first. Always pay special attention to the first sentence of a paragraph; it is most likely to give you the main idea.

Sometimes, though, the first sentence in the paragraph does not have the feel of a 'main idea' sentence. It does not seem to give us enough new information to justify a paragraph. The next most likely place to look for the topic sentence is the last sentence of the paragraph.

Take this paragraph for example:

'Some students prefer a strict teacher who tells them exactly what to do. Others prefer to be left to work on their own. Still others like a democratic discussion type of class. No one teaching method can be devised to satisfy all students at the same time.'

Remember that the opening and closing paragraphs of passage or chapter are particularly important. The opening paragraph suggests the general direction and content of the piece, while the closing paragraph often summarizes the very essence of what has been said.

(453 words)

C. only put in by chance
D. taken from another language

7. The topic sentence of an expository paragraph in English...
A. usually comes in the middle
B. is most likely to be found at the end
C. is most often at the beginning
D. is usually omitted in expository writing

8. Most expository paragraphs in English have a clearly defined topic sentence. In such paragraphs the topic sentence comes first...
A. in about 40% of cases
B. in about 80% of cases
C. in about 20% of cases
D. very rarely

9. Sometimes we know the first sentence is not the topic sentence because...
A. it does not seem to give us enough new information
B. it is not long enough
C. it does not come at the beginning
D. it does not make complete sense

10. The closing paragraph of a piece of writing...
A. is not really very important
B. is often unnecessary repetition
C. often comes at the end
D. often summarizes the essence of the passage

Keys: B B A A C B C B A D

2. 广泛涉猎提高阅读速度

要加快阅读速度，还必须更新观念，对快速阅读更新认识。快速阅读与精读相比，阅读速度和理解之间的关系有所不同。弗莱指出，“速度和理解几乎没有关系”(Fry, 1981)。影响理解的主要因素不在于读速快慢，而在于词汇、语法结构、文化背景知识、个人生活经历、对某方面读物的熟悉程度等；而影响阅读速度的主要因素是对快速阅读技巧是否掌握得很好和长期形成的不良阅读习惯。我们在生活中发现，在相同条件下，对于同文化层次的人来说，他们在阅读一般的汉语读物时，有的阅读速度很快，而有的却较慢，这是令人深思的问题。若粗略作一调查，就可以发现这两部分人读速快慢的差别，除了其他的客观因素外，其中较明显的差别在于他们阅读的经常性与否，以及长期所形成的不同阅读习惯。阅读速度快的人往往善于对文章的内容和情节进行整体推测，善于综合思维，表现在他们的大脑在阅读中的工作快节奏；而速度慢的人在这方面则较差。

大家在阅读中，相信都有这样的经验，一篇文章即使有很多长难句，内容生涩，但正是你所熟悉和习惯的内容，读起来也很舒服，速度肯定有保证。正如生活中，你很热爱体育，上周刚看了一场足球，今天早上看《中国日报》有篇英语文章报道上周那场比赛的幕后花絮，看到这篇文章的时候是否很容易理解？

举这个例子是想告诉大家，不要单纯为了做题和阅读考试才去读，尤其对于准备时间比较充分的同学来说。最好的办法是早早就开始逼迫自己每天花十几分钟去读一些英语文章，特别是要读一些带有专业性质的文章，这样可以增加自己的知识面和敏感度。当坚持一两个月后，你自己的语感和猜测能力必然会有大幅度提升。试想一下，如果你突然遇到一篇讲美国社会心理学研究新进展的文章，而你平常从未接触过心理学或者类似的文章，一定非常吃力。所以要提高阅读速度，首先要逼迫自己有选择地读不同专业不同内容的英语文章，从平时开始，在做题以外的时候自然地去读。当你自然地理解了一篇东西，哪怕是猜测到一些大意，这个速度比生硬地去啃要快很多。

另外，我们也想在此强调指出：我们不能盲目地应用快读“技巧”，而应该根据不同情况调整阅读速度。如：对场景、人物性格、人物心理刻画要细读。其中最重要的一点就是要知道在什么时候快读，什么时候慢读。要提高阅读速度，正确的阅读方法是问题的关键。

适量的快速阅读的实践和训练对《翻译专业英语》考试阅读部分而言非常重要，而阅读在《翻译硕士英语》中所占的分值是最大的。多项选择题目越来越向文章的深度理解方面发展，多数学校的阅读量基本是在2500~3000字，一个小时内完成这个阅读量，并做完有一定难度的题目，阅读速度是实现这些的保证。

五、总结经验 攻克题型关

『多项选择类』

1. 主旨题

主旨题主要是考核学生对全篇文章或某个段落的整体理解或概括能力，要求考生理解全篇文章或某个段落的主体、中心大意和作者的真实意图等。这类考题多以下列方式提问：

What does the passage mainly discuss?

Which is the main idea of the last paragraph?

The purpose of the passage is to discuss ________.

Which of the following sentences is an opinion rather than a fact?

The author thinks that full factors ____________.

Which of the following is the best heading of the second paragraph?

The best title for this passage is ____________.

例：

An allowance is an important tool for teaching kids how to make plans for the use of money, save and make their own decisions. Children remember and learn from mistakes when their own dollars are lost or spent foolishly.

How large an allowance is suitable? Experts say there is not right amount. Actual amounts differ from region to region, and from family to family.

To set an suitable allowance for your child, work up a weekly plan. Allow for entertainment costs such as movies and snacks. Next, include everyday expenses such as lunch money, bus fare, school supplies. "If you make the child responsible for these bills," says Josephine Swanson, a consumer specialist, "he or she will learn to plan for necessary costs."

Finally, add some extra money to make saving possible. If you can keep your child's allowance in line with that of his friends. A child whose buying power falls away below his peers' can feel left out.

It can be tough, but don't excuse your children when they make a mistake with their allowance. When Brooke Stephens was ten and growing up in Jacksonville, her mother gave her $5 a week, $1.75 of which was for bus fare and lunch. "If you lose your money," Brooke's mother told her, "you walk home."

One week the girl spent all her allowance in a candy store, then she called home for a ride. "Mom made me walk home," recalls Stephens, now a financial planner in Brooklyn. "At first I was angry. But I finally realized that she was trying to teach me an important lesson."

Experts advise that an allowance should not be tied directly to a child's daily housework at home. Kids should help around the house not because they get paid for it but because they share responsibilities as members of a family. You might, however, pay a child for doing extra jobs at home, which can develop his or her initiative.

(中山大学 2014)

1. Which of the following is the possible title of the passage?

A. How to develop a child's early habits

B. How to work up an amount of pocket money

C. How to teach a child about money

D. How to teach a child to save money

解析：答案 C　主旨题。本文讨论的是关于给孩子零花钱的问题，以及孩子在使用零花钱方面的具体想法和影响，故 C 项正确。

2. 态度题

态度题考核考生通过阅读一段文字把握作者的态度观点、倾向性或者对某事的评价。这种题型考查了考生把握说话人态度倾向性的能力，需要考生对于文段有深刻的理解和把握，在适当的时候还需要进行一定程度上的推理、揣摩。题干中看到 attitude，believe，agree 等词时就可以判定其为态度题。

选项中表示态度的单词常见的有：

- 表示积极的态度：supportive，optimistic，consent，positive，approving，sympathetic，complimentary，affectionate，confident，appreciative，similar，identical
- 表示消极的态度：negative，indifferent，indignant，contempt，bias，pessimistic，skeptical，resent，disapproving，critical，doubtful，questioning，suspicious，scornful，contemptible，opposite，cynical
- 表示客观中立的态度：neutral，detached，reserved，objective，concerned，impartial unbiased，detached
- 错误选项，不选：subjective，puzzling，compromising，neutral

例：

The Japanese say they suffer from an economic disease called "structural pessimism". Overseas too, there is a tendency to see Japan as a harbinger of all that is doomed in the economies of the euro zone and America — even though figures released on November 14th show its economy grew by an annualised 6% in the third quarter, rebounding quickly from the March tsunami and nuclear disaster.

Look dispassionately at Japan's economic performance over the past ten years, though, and "the second lost decade", if not the first, is a misnomer. Much of what tarnishes Japan's image is the result of demography — more than half its population is over 45 — as well as its poor policy in dealing with it. Even so, most Japanese have grown richer over the decade.

In aggregate, Japan's economy grew at half the pace of America's between 2001 and 2010. Yet if judged by growth in GDP per person over the same period, then Japan has outperformed America and the euro zone. In part this is because its population has shrunk whereas America's population has increased.

Though growth in labour productivity fell slightly short of America's from 2000 to 2008, total factor productivity, a measure of how a country uses capital and labour, grew faster, according to the Tokyo-based Asian Productivity Organisation. Japan's unemployment rate is higher than in 2000, yet it remains about half the level of

1. The author's attitude about Japan's economy is ______.

A. cautiously optimistic

B. quiet undecided

C. rigorously neutral

D. slightly pessimistic

解析：答案 A　关于日本经济的态度那个题还是应该从整篇文章考虑，所以选"cautiously optimistic"。文章的写作手法主要是欲抑先扬，先给出他人的观点，接着分析支撑该观点的证据，通过反驳表明作者的态度。1）第 1 段是日本人对其经济形势持悲观态度；2）接下来的几段分别分析了这

America and Europe.

Besides supposed stagnation, the two other curses of the Japanese economy are debt and deflation. Yet these also partly reflect demography and can be overstated. People often think of Japan as an indebted country. In fact, it is the world's biggest creditor nation, boasting ¥253 trillion ($3.3 trillion) in net foreign assets.

To be sure, its government is a large debtor; its net debt as a share of GDP is one of the highest in the OECD. However, the public debt has been accrued not primarily through wasteful spending or "bridges to nowhere", but because of ageing, says the IMF. Social-security expenditure doubled as a share of GDP between 1990 and 2010 to pay rising pensions and health-care costs. Over the same period tax revenues have shrunk.

Falling tax revenues are a problem. The flip side, though, is that Japan has the lowest tax take of any country in the OECD, at just 17% of GDP. That gives it plenty of room to manoeuvre. Takatoshi Ito, an economist at the University of Tokyo, says increasing the consumption tax by 20 percentage points from its current 5% — putting it at the level of a high-tax European country — would raise ¥50 trillion and immediately wipe out Japan's fiscal deficit.

That sounds draconian. But here again, demography plays a role. Officials say the elderly resist higher taxes or benefit cuts, and the young, who are in a minority, do not have the political power to push for what is in their long-term interest. David Weinstein, professor of Japanese economy at Columbia University in New York, says the elderly would rather give money to their children than pay it in taxes. Ultimately that may mean that benefits may shrink in the future. "If you want benefits to grow in line with income, as they are now, you need a massive increase in taxes of about 10% of GDP," he says.

Demography helps explain Japan's stubborn deflation, too, he says. After all, falling prices give savers — most of whom are elderly — positive real yields even when nominal interest rates are close to zero. Up until now, holding government bonds has been a good bet. Domestic savers remain willing to roll them over, which enables the government to fund its deficits. Yet this comes at a cost to the rest of the economy.

In short, Japan's economy works better for those middle-aged and older than it does for the young. But it is not yet in crisis, and

一观点的原因，第二段是从经济形势角度来分析，作者最后一句话"Even so, most Japanese have grown richer over the decade"可窥见其态度。同样第三段，从经济总量的角度看，虽然GDP不如美国，但作者认为"Yet if judged by growth in GDP per person over the same period, then Japan has outperformed America and the euro zone"。第四段第一句话，虽然劳动生产力不如美国，但是要素生产力增长比美国快，而且在作者看来要素生产力比劳动生产力更重要"total factor productivity, a measure of how a country uses capital and labour"。接下来的6，7，8，9，10段分别从债务、税收、利率几个角度来分析，段落结构与前面一致，都是先摆出认为日本经济发展不好的观点，接着反驳，用though，yet，或but之类的转折词来表明自己的态度。基本上每段最后一句都可以隐射作者个人的

say there is plenty it could do to raise its potential growth as well as to lower its debt burden. 观点为谨慎支持。

(厦门大学 2014)

3. 推断题

推断题主要考核考生对作者在文章中没有明确指出的内容进行推理或判断的能力。因为这些内容往往没有明说，而是隐含在文章的字里行间，所以这类问题相对比较复杂，需要考生根据原文内容所提供的事实依据进行推理和判断。这类问题常以下列方式提问：

It can be inferred that ____________.

Which of the following statements is INCORRECT?

Which of the following is NOT an advantage of computer towns?

Which of the following is NOT true in Farewell's case?

Which of the following statement is true of the Hawaiian natives?

Which of the following is NOT true of John Waihee?

We can conclude from the passage that the author is ____________?

We learn from the first paragraph that ____________?

例：

But why, after years of often ferocious competition, have airlines decided to band together? Let's just say the timing is mutually convenient. North American airlines, having exhausted all means of earning customer loyalty at home, have been looking for ways to reach out to foreign flyers. Asian carriers are still hurting from the region-wide economic downturn that began two years ago-just when some of the airlines were taking delivery of new aircraft. Alliances also allow carriers to cut costs and increase profits by pooling manpower resources on the ground (rather than each airline maintaining its own ground crew) and code-sharing-the practice of two partners selling tickets and operating only one aircraft.

(广东外语外贸大学 2014)

2. According to the passage, setting up airline alliances will chiefly benefit ____________.

A North American airlines and their domestic travelers

B North American airlines and their foreign counterparts

C Asian airlines and their foreign travelers

D Asian airlines and their domestic travelers

解析：答案 B　推断题。文章表明，北美航空公司和亚洲航空公司都想向海外发展，如果联合就可以达到资源共享，降低成本，提高利润。故选项 B 为正确答案。

4. 细节题

细节题主要考核考生对文中与主题相关的观点、事实、原因、结果、关系、数字、词汇等细节的识别能力。这类试题在考试中所占的比例较大。问题涉及 who, whom, what, why, when, where, how, how many, how much 等。

Surnames are said to be ____________.

The author points out at the beginning that ____________.

Children in hospital usually turns to ____________ in order to catch up with their school work.

According to David Tebbutt, the purpose of Computertown UK is to ____________.

In the last paragraph, the author thinks that pictures ____________.

Pictures of animals were painted on the walls of caves in France and Spain because ____________.

例:

It might be easier to do something about North Korea's nuclear truculence if we could make head or tail of the cryptic videos it has been posting on the web. The latest shows a dreaming man, some Korean script and a video of rockets flying through space while fires burn in skyscrapers and a pianist plays "We Are the World" at dirge tempo. Is this a harmless fantasy? A thrown-down gauntlet? Should the west respond with a statement? Should it post a video of its own? It is hard to know. Our traditional media are being "replaced" by the internet. But the "information" coming out of the information economy is often hard to decipher, and composed for purposes that are hard to discern.

The film academic Stephen Apkon argues in *The Age of the Image*, published this week, that it is possible to speak of a new kind of literacy, one built on figuring out such non-verbal messages. At its humblest level, his book is about the "language" of film, but Mr Apkon has a larger philosophical point, too. Our culture is growing more global. While it still relies on words, they are increasingly wrapped up with images, and it is the images people remember. Elizabeth Daley, dean of the University of Southern California's School of Cinematic Arts, believes writing today is like Latin on the eve of the Renaissance — the language of a scholarly establishment. YouTube clips and other visuals are the equivalent of vernacular Italian. They are the street language, and the medium for much new and creative thinking.

1. Which of the following is INCORRECT according to the author?

A. Images do not always matter in public arguments more than we admit.

B. Videos on political issues are the most popular among all.

C. Videos carrying messages with a great emotional wallop can attract attention.

D. Activists must use street language to appeal the audience.

Images have always mattered in public arguments more than we admit. Few people cared that Richard Nixon won the 1960 presidential debates against John Kennedy, so unkempt did the Republican look. Mr Apkon quotes a neuroscientist who says people are so attuned to picking up subtle signals that they make decisions about whether they like or dislike politicians "immediately". And unsubtle, non-verbal messages with a great emotional wallop can now be broadcast more widely. Video of the shooting of Neda Agha-Soltan, captured during June 2009 protests against irregular Iranian elections, spread round the world. In the gut-wrenching Kony 2012 video (100m views in six days), American activists sought to enlist the US military in a manhunt for a Ugandan warlord.

Eyesight is the most trusted sense, Mr Apkon notes, and that means we need to be careful with it. There is a standing danger that the public will grow so upset by images of mistreatment that it will demand the government send the army off to war. This is arguably what happened Somalia in 1992, with America's poorly planned military response to the African country's famine. In future, Mr Apkon says, we are likely to need "a combination of scepticism and incisiveness", enabling citizens to "[critique] what is put in front of them with some level of sophistication".

That is unlikely. When the passions provoked by visual imagery lead to the same conclusion as the logic of a verbal argument, people are generally comfortable coming to a decision. But when passion and logic are at odds, one of them must be favoured.

Until recently, it was the essence of statesmanship, scholarship and justice to purge strong emotion from our deliberations. Images today, though, are so plentiful and sharp that they dominate our thought processes. Although Mr Apkon relishes the immediacy of YouTube, he fears that political advertisers will soon be able to craft stories around "hidden mental hungers", easily manipulating voters.

Citizens tend to think about voting in one of two ways. First, you base your vote on your identity. You are a farmer, so you choose the candidate best disposed towards farmers. The second theory is that you vote on arguments, independent of identity. You believe a sales tax should replace income tax, so you vote for the candidate who shares that opinion. But today's image-based communication has little to do with identity or arguments. It has to do with the lowest-common-denominator traits that mark you as a human animal.

There is no obvious solution. Even if we acquire the scepticism Mr Apkon speaks of, certain institutions "go with" certain styles of perceiving, absorbing and interpreting information. You would not think that there was anything "Protestant" about the printing press. And yet the press seems to have been a prerequisite for Protestantism's rise. Likewise, our own democracies, imperfect though they may be, are the culmination of the culture of the written word. Mr Apkon notes how Kennedy, in those 1960 debates, "tapped into a lever in the psyche more primal than mere facts".

In retrospect, that was an ominous moment. Once you find that lever, isn't democracy bound to lose a bit of its appeal, rather like a detective story in which you have been told the ending?

(对外经济贸易大学 2014)

解析：答案 A 细节题。题目是问哪一项不正确。原文第三段的第一句话说到：Images have always mattered in public arguments more than we admit. A 选项则是"Images do not always matter in public arguments more than we admit"与原文不符。故答案为 A。

5. 语义题

语义题一般从文章的某句话中选出一个单词、短语或词组进行提问，要求考生对其进行一定的分析，推测出其在文章中的特定含义。

常见的提问方式有：

The word "..." in line... probably means...

Which of the following has the closest meaning to...?

The author uses the expression... to refer to...

The word... can best be replaced by...

例：

The thrust of studies like Landes's is to identify those distinctive features of European civilization that lie behind Europe's rise to power and the creation of modernity more generally. Other historians have placed a greater emphasis on such features as liberty, individualism, and Christianity. In a review essay, the author listed some of the less well-known linkages that have proposed between western culture and modernity, including the tendencies to think quantitatively, enjoy pornography, and consume sugar. All such proposals assume the fundamental aptness of the question: what elements of European civilization led to European success? It is a short leap from this assumption to outright triumphalism. The typical book of this school is, The End of History and the Last Man, in

4. "This school (Para.5)" refers to people who ________.

A. are very cautious in linking western culture and modernity.

B. hold drastically different views from Landes.

C. believe in the absolute superiority of western culture.

D. follow in the footsteps of Nazism and communism.

4. 答案 C 语义题。最后一段最后一句对 this school 做了详细解

which Francis Fukuyama argues that after the collapse of Nazism and communism, the only remaining model for human organization in the industrial and communications ages is a combination of market economics and limited, pluralist, democratic government.

(武汉大学 2013)

释，这些人认为工业时代人类社会唯一幸存的生存模式是将民主政府与市场经济结合，充分展现了其对西方文化优越性的肯定，故 C 选项为答案。

『简答类』

1. 主题概括类(summary)

主题概括类题目要求用简练的语言组织几句话或是一段话，表明文章的大意。概括能力是阅读综合能力的一个体现，要求考生不能原封不动地照搬原文。一般说来，文章的开头部分会指出文章的中心思想。文章主体部分的每一段往往有主题句，通常在段首或段尾。有些文章的结尾还会对全文作一个总的概括。大家可参考以下几种写 summary 的策略：

1) summary 中只包含关键的内容，用概括性的语句，忽略细节描述，避免细节性语句，交代文章内容的梗概即可；

2) 将意义重复的句子和段落归纳整理，避免重复；

3) 简化描述，将修饰、描述性的词汇和语句省略，只需清楚交代关键要素和脉络即可；

4) 使用连接词，summary 也是一个连贯的段落，句群，句子与句子之间的逻辑关系要靠适当的连接词形成一个整体，表达更加清楚，层次更加分明；

5) 注意人称和语句的转换，如第一人称需转换成第三人称，直接引语需转换成间接引语等。

Example:

It's an exciting notion that one's very self could be broadened by the mastery of two or more languages. In obvious ways (exposure to new friends, literature and so forth) the self-reality is broadened. Yet it is different to claim — as many people do — to have a different personality when using a different language. A former colleague, for example, reported being ruder in Hebrew than in English. So what is going on here?

Benjamin Lee Whorf, an American linguist who died in 1941, held that each language encodes a worldview that significantly influences its speakers. Often called "Whorfinanism", this idea has its skeptics. But there are still good reasons to believe language shapes thought.

Which statement or notion is under discussion in this passage?

This influence is not necessarily linked to the vocabulary or grammar of a second language. Significantly, most people are not symmetrically bilingual. Many have learned one language at home from parents, and another later in life, usually at school. So bilinguals usually have different strengths and weaknesses in their different languages — and they are not always best in their first language. For example, when tested in a foreign language, people are less likely to fall into a cognitive trap (answering a test question with an obvious-seeming but wrong answer) than when tested in their native language. In part this is because working in a second language slows down the thinking. No wonder people feel different when speaking them. And no wonder they feel looser, more spontaneous, perhaps more assertive or funnier or blunter, in the language they were reared in from childhood.

What of "crib" bilinguals, raised in two languages? Even they do not usually have perfectly symmetrical competence in their two languages. But even for a speaker whose two languages are very nearly the same in ability, there is another big reason that person will feel different in the two languages. This is because there is an important distinction between bilingualism and biculturalism.

Many bilinguals are not bicultural. But some are. And of those bicultural bilinguals, we should be little surprised that they feel different in their two languages. Experiments in psychology have shown the power of "priming" — small unnoticed factors that can affect behavior in big ways. Asking people to tell a happy story, for example, will put them in a better mood. The choice between two languages is a huge prime. Speaking Spanish rather than English, for a bilingual and bicultural Puerto Rican in New York, might conjure feelings of family and home. Switching to English might prime the same person to think of school and work.

So there are two very good reasons that make people feel different speaking their different languages. We are still left with a third kind of argument, though.

People seem to enjoy telling tales about their languages' inherent properties, and how they influence their speakers. A group of French intellectual worthies once proposed, rather self-

答案: Whether bilingual people have a different personality when using a different language is under discussion in this passage.

解析: 在做关于主题概括类题目时，要抓住英语文章的规律。反映其主题的语句和线索往往出现在文章的 introduction 部分，即第一段，或者文章每一段的段首或段末或文章的末段。本文第一段提到，作者(注意：约翰逊是本文作者自己的名字)上周看到有人提到操双语的好处，其中唯独没有提到一个优势，即说双语的人在说不同语言时具有不同个性，甚至具有不同的世界观。一门语言是否影响说这种语言的人的思想和个性，这是本文所探讨的主要问题。从第二段和最后一段来看，作者对这个问题的回答基本上是否定的。比如作者在第二段中说，他承认学习一门新的语言能 broaden one's self，但并不认为说哪种语言就相应地具有哪种个性，这完全不是一码事。

flatteringly, that French be the sole legal language of the EU, because of its supposedly unmatchable rigor and precision. Some Germans believe that frequently putting the verb at the end of a sentence makes the language especially logical. We also see some unsurprising overlap with national stereotypes and self-stereotypes: French, rigorous; German, logical; English, playful. Of course.

In this case, Ms Chalaris, a scholar, at least proposed a specific and plausible line of causation from grammar to personality: in Greek, the verb comes first, and it carries a lot of information, hence easy interrupting. The problem is that many unrelated languages all around the world put the verb at the beginning of sentences. Many languages all around the world are heavily inflected, encoding lots of information in verbs. It would be a striking finding if all of these unrelated languages had speakers more likely to interrupt each other. Welsh, for example, is also both verb-first and about as heavily inflected as Greek, but the Welsh are not known as pushy conversationalists.

Neo-Whorfians continue to offer evidence and analysis that aims to prove that different languages push speakers to think differently. One such effort is forthcoming: "The Bilingual Mind" to be published in April. Meanwhile John McWhorter takes the opposite stance in "The Language Hoax", forthcoming in February. But strong Whorfian arguments do not need to be valid for people to feel differently in their different languages.

(北京科技大学 2014)

2. 观点态度题

观点态度题常常包含作者以及文中出现的人物的观点和态度。大多数情况下对于他们的态度和观点，文中有明确的说明，题目只是对原文内容进行了一定程度的转换。作者或文中人物的态度往往会通过字里行间流露出来，考生要从原文的用词和句式中判断其蕴藏的感情色彩。对于作者观点态度题，考生要弄清楚作者想要表达的中心思想，想要论证和说明的问题，相关的论据和论证等。对于文中出现的人物观点态度题，文中一般会出现如 Professor Smith believes/argues/states 等提示信息，这就要求从上下文仔细揣摩其观点。

Example:

We might marvel at the progress made in every field of study, but the methods of testing a person's knowledge and ability remain	**What's the author's attitude toward examinations?**

as primitive as ever they were. It really is extraordinary that after all these years educationists have still failed to device anything more efficient and reliable than examinations. For all the pious claim that examinations test what you know, it is common knowledge that they more often do the exact opposite. They may be a good means of testing memory, or the knack of working rapidly under extreme pressure, but they can tell you nothing about a person's true ability and aptitude.

As anxiety-makers, examinations are second to none. That is because so much depends on them. They are the mark of success or failure in our society. Your whole future may be decided in one fateful day. It doesn't matter that you weren't feeling very well, or that your mother died. Little things like that don't count: the exam goes on. No one can give of his best when he is in mortal terror, or after a sleepless night, yet this is precisely what the examination system expects him to do. The moment a child begins school, he enters a world of vicious competition where success and failure are clearly defined and measured. Can we wonder at the increasing number of "drop-outs": young people who are written off as utter failures before they have even embarked on a career? Can we be surprised at the suicide rate among students?

A good education should, among other things, train you to think for yourself. The examination system does anything but that. What has to be learnt is rigidly laid down by a syllabus, so the student is encouraged to memorize. Examinations do not motivate a student to read widely, but to restrict his reading; they do not enable him to seek more and more knowledge, but induce cramming. They lower the standards of teaching, for they deprive the teacher of all freedoms. Teachers themselves are often judged by examination results and instead of teaching their subjects, they are reduced to training their students in exam techniques which they despise. The most successful candidates are not always the best educated; they are the best trained in the technique of working under duress.

The results on which so much depends are often nothing more than a subjective assessment by some anonymous examiner. Examiners are only human. They get tired and hungry; they make mistakes. Yet they have to mark stacks of hastily scrawled scripts in a limited amount of time. They work under the same sort of pressure as the candidates. And their word carries weight. After a judge's decision you have the right of appeal, but not after an examiner's. There must surely be many simpler and more effective ways of assessing a person's true abilities. Is it cynical to suggest that examinations are merely a profitable business for the institutions that run them? This is what it boils down to in the last analysis. The best comment on the system is this illiterate message recently scrawled on a wall: "I were a teenage drop-out and now I are a teenage millionaire."

答案： The author's attitude toward examination is critical.

解析： 第一段中，作者认为考试并不能检验出一个人的能力倾向。第二段中，作者讨论到考试能使人成为焦虑者。第三和第四段中，作者指出考试并不能反映一个人的真正能力。

3. 推断题

有时，为了某种目的，作者往往不直接说出自己的看法和观点，而是含蓄地表达，这就出现了推断题(inference 也叫推理题，推论题)，这也是比较难的一个题型。考生可参考下列几个策略：

1)结合作者的思想观点、写作背景进行推论；

2)从作者的语气、语调、措辞等文体特征，读出作者的"言外之意"；

3)仔细体会某些重要词的含蓄意义及其感情色彩，如词义的褒贬；

4)寻找作者直接陈述的诸多事件之间的联系；

5) 得出某一推断后，再从上下文中寻找证据核实。

Example:

A jury convicted a doctor of murder early Saturday in the death of his wife six years ago, bringing an end to a trial that became the nation's latest true-crime cable TV obsession with its tales of jailhouse snitches, forced plastic surgery, philandering and betrayal.

Martin MacNeill was accused of knocking out Michele MacNeill with drugs after cosmetic surgery, then leaving her to die in a tub like one that was displayed during the trial.

Prosecutors asserted that he may have held her underwater for good measure and that he did it to take up a new life with another woman.

Michele MacNeill's daughters and other relatives let out a loud yelp before dissolving in tears as the jury delivered its verdict to the tense, packed courtroom.

What did "who moonlighted in other medical jobs, once consulting for a laser hair removal clinic" imply?

"We're just so happy he can't hurt anyone else," said Alexis Somers, one of his older daughters. "We miss our mom; we'll never see her again. But that courtroom was full of so many people who loved her."

Martin MacNeill, 57, showed little emotion when the verdict was read. He hugged his lawyer afterward and said, "It's OK."

He faces 15 years to life for first-degree murder when he is sentenced Jan. 7. He also was found guilty of obstruction of justice, which could add 1-15 years. MacNeill was led by deputies back to Utah County jail.

Randy Spencer, one of his lawyers, said he was disappointed before declining further comment.

The chief prosecutor, Chad Grunander, said the largely circumstantial case was the most difficult he ever brought to trial and that many prosecutors wouldn't bother trying, especially with medical examiners unable to produce a finding of homicide.

"It was an almost perfect murder," Grunander said in his closing argument, asserting MacNeill "pumped her full of drugs" that he knew would be difficult to detect once she was dead.

An early mistress of MacNeill's testified he once confided he could induce a heart attack in someone that would appear natural.

After deliberating for 11 hours, the jury issued its guilty verdict to murder and obstruction of justice shortly after 1 a.m. Saturday.

The case shocked the Mormon community of Pleasant Grove, 35 miles south of Salt Lake City, and captured national attention because the defendant was a wealthy doctor and a lawyer, a father of eight in a picture-perfect family and former bishop in his local congregation of The Church of Jesus Christ of Latter-day Saints.

Defense lawyers contend Michele MacNeill died of natural causes. They believe she had a heart attack and fell headfirst into the tub and noted the autopsy showed she had an enlarged heart, a narrowing of the heart arteries and liver and kidney deterioration.

"There's simply no proof of homicide", Spencer said. "The prosecution has presented to you their cherry-picked portion of the evidence."

He called the testimony of a handful of prison inmates angling for early release doubtful. The men who spent time behind bars with the doctor testified he had acknowledged killing his wife — or suggested that investigators could never prove he did it.

答案: According to the defense lawyer, MacNeill's medical working experience has no direct links with his crime. Since he has surrendered his law and medical licenses, his medical experience cannot be well to prove that he commit the crime. And we can inferred from the passage that his medical center is actually sometimes a laser hair removal clinic, not a residential center for people with cognitive disorders. All theses have nothing to do with this trial.

解析: 本题为推断题，根据原文上下文之间的联系，可以推断出此句话表示"即便他在此之前有过相关医疗的经验但是这也并不能断定他是杀害妻子的证据。并且他在其诊所的兼职进行激光脱毛，并不是治疗精神错乱的病人"。

Their testimony was the only direct evidence of murder, Grunander said. MacNeill's lawyers argued he would never admit murder to strangers in prison.

MacNeill was medical director of the Utah State Development Center, a residential center for people with cognitive disorders, ***who moonlighted in other medical jobs, once consulting for a laser hair removal clinic.*** He had a law degree but wasn't known to practice law and has since surrendered his law and medical licenses.

The highlight of the three-week trial was a mistress who MacNeill introduced as a nanny within weeks of his wife's death. His older daughters quickly recognized Gypsy Willis as his secret lover and said her mother had been arguing with her husband over the affair.

The daughters went to work uncovering what they call their father's secret life. They abandoned him while dogging authorities to open a murder investigation. It wasn't until MacNeill's release in July 2012 from a federal prison in Texas on charges of fraud that Utah prosecutors moved to file charges of murder and obstruction of justice.

Willis also served a federal sentence for using the identity of one of MacNeill's adopted daughters to escape a debt-heavy history. That daughter had been sent back to Ukraine, supposedly only for a summer.

For a time, MacNeill's only family defender was his only son. Damian, a 24-year-old law student, committed suicide in January 2010, according to his sisters, who have said he was haunted by their mother's death.

Prosecutors said MacNeill might have gotten away with a perfect murder, but his erratic behavior the day of his wife's death and shortly afterward was "dripping with motive."

They reminded jurors about testimony that MacNeill stood in the bathroom yelling what prosecutors called phony grief, "Why did you do this? All because of a stupid surgery," as paramedics tried to revive his wife.

Family testimony suggested it was MacNeill who insisted his 50-year-old wife, a former local beauty queen in her California hometown, get the surgery. Prosecutors said he used it as an excuse to mix painkillers, Valium and sleeping pills for her supposed recovery.

(广东外语外贸大学 2014)

4. 语义理解题

这类题目通常以 paraphrase(释义)的形式来考，即用自己的语言表达和原文相同的意思。做这类题时，首先在原文中准确定位，其次根据上下文确切地理解语句的含义，最后用不同的表达法将这一语句的意思传达出来。有两个解题思路：第一，对被考查句子的支持性细节进行理解，概括总结。此类被考查的句子往往是意义比较抽象的，甚至可能就是一个段落或者整篇文字的主题句，因此，我们总结句子前后的具体细节性内容时，其实就是对被考查句子意义的解释。第二，当第一种解题思路行不通，即被考查的句子前后也是比较抽象的句子时，考生可采取另一种解题思路，即通过同义或反义改写与被考查的句子相关的抽象句即可。

Example:

What Current Energy does isn't as easy as it looks. Maximizing the efficiency in your home means more than just chucking your incandescent lightbulbs. You might improve your attic insulation to prevent the loss of heat in the winter, but go overboard, and you could end up choking on indoor air pollution. Just as a house is more than four walls and a door, energy efficiency should be holistic, with insulation, appliances, lighting and clean electricity all working together.	**Why does the passage say that "What Current Energy does isn't as easy as it looks"?** 答案：Because achieving energy efficiency in home needs more efforts, such as preventing heat loss by improving attic installation, but not to excess. In the mean time, energy efficiency should also be holistic, with insulation, appliances, lighting and clean electricity all working together. 解析：很显然，本段的主题句便是第一句"What Current Energy does isn't as easy as it looks"。后面的部分都是对此句的细节支撑，即对主题句的解释说明。因此，我们只需对后面的细节性句子进行重新组织即可，便是对被考查句的解释。

Example:

In the old days, it was all done with cakes. For Marcel Proust, it was a visit to Mother's for tea and madeleines that provided the access to "the vast structure of recollection" that was to become his masterpiece on memory and nostalgia, "Remembrance of Past Things." These days, it's not necessary to evoke the past: you can't move without tripping over it.	Explain the beginning sentence "In the old days, it was all done with cakes." 答案：By saying this, the author implies that in the old days, one's recollection of the past often starts from the old habits, familiar surroundings or objects like tea and cakes, which sometimes trigger severe homesickness. 解析：从文中最后一句"These days, it's not necessary to evoke the past: you can't move without tripping over it."可得知和文中第一句表达的意思刚好相反，因此，我们只需结合内容理解，取最后一句的反义即可得到第一句的意思。

另外，对于“paraphrase”，大家可参阅以下几种策略：

1)用意义相近的词或短语替换原词。

Example：That's a massage the tireless Harberg *spreads with zeal*.

Paraphrase：Harberg *conveys the information to the public with great enthusiasm*.

2)句式的转变，如主动句与被动句之间的转换，多种定语表达法之间的转换(定语从句，分词结构，前后置定语等)，各种从句(如因果，让步，条件，伴随等)之间的转换等。

Example：Just as a house is more than four walls and a door，energy efficiency should be holistic，*with insulation，appliances，lighting and clean electricity all working together*.

Paraphrase：Energy efficiency is absolutely not an easy thing and should be complete，*by combining every related aspect together*.

3)简单句，复合句，复杂句三种句子结构之间的转换。

Example：Mark Twain is a well-known American writer. His experience as a pilot on a steamboat was no doubt an important factor that helped him to become a famous writer.

Paraphrase：Mark Twain，a well-known American writer，whose experience as a pilot on a steamboat was no doubt an important factor that helped him to become a famous writer.

5. 细节题

对于具体细节类考题，考生要根据题干中的核心词汇迅速回到原文中定位，在上下文全面扫描相关信息即可作出正确答案，但要注意捕捉一些与上下文相关的信息。

Example：

In what is shaping up as an academic Battle of the Titans — one that offers vast new learning opportunities for students around the world — Harvard and the Massachusetts Institute of Technology on Wednesday announced a new nonprofit partnership，known as edX，to offer free online courses from both universities. Harvard's involvement follows M.I.T.'s announcement in December that it was starting an open online learning project，MITx. Its first course，Circuits and Electronics，began in March，enrolling about 120,000 students，some 10,000 of whom made it through the recent midterm exam. Those who complete the course will get a certificate of mastery and a grade，but no official credit. Similarly，edX courses will offer a certificate but not credit. But Harvard and M.I.T. have a rival — they are not the only elite universities planning to offer free massively open online courses，or MOOCs，as they are known. This month，Stanford，Princeton，the University of Pennsylvania and the University of Michigan announced their partnership with a new commercial

Why do famous universities like MIT and Harvard offered non-profit online courses?

company, Coursera, with $16 million in venture capital. Meanwhile, Sebastian Thrun, the Stanford professor who made headlines last fall when 160,000 students signed up for his Artificial Intelligence course, has attracted more than 200,000 students to the six courses offered at his new company, Udacity.

The technology for online education, with video lesson segments, embedded quizzes, immediate feedback and student-paced learning, is evolving so quickly that those in the new ventures say the offerings are still experimental.

"My guess is that what we end up doing five years from now will look very different from what we do now," said Provost Alan M. Garber of Harvard, who will be in charge of the university's involvement.

EdX, which is expected to offer its first five courses this fall, will be overseen by a nonprofit organization governed equally by the two universities, each of which has committed $30 million to the project. The first president of edX will be Anant Agarwal, director of M.I.T.'s Computer Science and Artificial Intelligence Laboratory, who has led the development of the MITx platform. At Harvard, Dr. Garber will direct the effort, with Michael D. Smith, dean of the faculty of arts and sciences, working with faculty members to develop and deliver courses. Eventually, they said, other universities will join them in offering courses on the platform.

M.I.T. and Harvard officials said they would use the new online platform not just to build a global community of online learners, but also to research teaching methods and technologies.

Education experts say that while the new online classes offer opportunities for students and researchers, they pose some threat to low-ranked colleges.

"Projects like this can impact lives around the world, for the next billion students from China and India," said George Siemens, a MOOC pioneer who teaches at Athabasca University, a publicly supported online Canadian university. "But if I were president of a mid-tier university, I would be looking over my shoulder very nervously right now, because if a leading university offers a free circuits course, it becomes a real question whether other universities need to develop a circuits course."

答案： Famous universities like MIT and Harvard offered non-profit online courses because they not only want to build a global community of online learners, but also to research teaching methods and technologies.

解析： 本题为细节题，定位到原文第五段"M.I.T. and Harvard officials said they would use the new online platform not just to build a global community of online learners, but also to research teaching methods and technologies"即可得出答案。

The edX project will include not only engineering courses, in which computer grading is relatively simple, but also humanities courses, in which essays might be graded through crowd-sourcing, or assessed with natural-language software. Coursera will also offer free humanities courses in which grading will be done by peers.

In some ways, the new partnerships reprise the failed online education ventures of a decade ago. Columbia University introduced Fathom, a 2001 commercial venture that involved the University of Chicago, the University of Michigan and others. It lost money and folded in 2003. Yale, Princeton and Stanford collaborated on All Learn, a nonprofit effort that collapsed in 2006.

Many education experts are more hopeful about the new enterprises.

"Online education is here to stay, and it's only going to get better," said Lawrence S. Bacow, a past president of Tufts who is a member of the Harvard Corporation. Dr. Bacow, co-author of a new report on online learning, said it remained unclear how traditional universities would integrate the new technologies.

"What faculty don't want to do is just take something off the shelf that's somebody else's and teach it, any more than they would take a textbook, start on Page 1, and end with the last chapter," he said. "What's still missing is an online platform that gives faculty the capacity to customize the content of their own highly interactive courses."

(南京师范大学 2013)

六、全局掌控　攻克语篇关

语篇分析是从语篇的整体出发，对文章进行理解、分析和评价。它以语篇为基本单位，围绕语篇的基本内容解释词句，分析人物性格或事件缘由，总结中心思想和写作技巧。不同体裁和类型的文章结构常常在语篇结构上也具有不同的特征，同时，这些结构特点或用词特征也向读者传达出相关的语篇特征，所以如果考生能够熟悉各种文章的不同结构，就能够熟练地找到与考题相关的部分或段落，以便依据上下文找到正确的答案。

1. 阅读理解的层次

目前比较公认地将阅读理解的过程分为四个层次的是：

A. 字面理解(literal comprehension)，主要是指读者可以理解文章的单词和句型，回想文章大意、细节、事件发生的时间、地点、顺序和人物之间的关系、对比、人物特性和因果关系等。

B. 推断性理解(inferential comprehension)，主要是指读者根据字面意思推断出字里行间的隐含意思，包括作者的意图和观点等。

C. 评价性理解(evaluative comprehension)，主要是指读者根据自己的原则和观点对文章进行分析和评价。

D. 欣赏性理解(appreciative comprehension)，指读者最终对文章的写作技巧、思想水平等作出评价。

从上面的分类我们不难看出字面理解属于浅层理解，它依靠读者的语言知识即可完成。而推断性理解属于深层理解，它要依靠读者的语言能力和阅读技巧来完成。评价性理解和欣赏性理解属于理解的最高境界，指考生能根据文章的结构进行分析和逻辑判断，从字里行间推测出作者隐含的意义和作者的观点。读者凭借自己的阅读经验和评判原则，分析、评价文章的优劣、信息的真实性、事件的可能性和结论的合理性等，并表明自己的态度。这个层次上的理解已不局限于句子内部，而涉及句际间的关系，即：语篇微观结构分析。这一层次实际上是读者与作者的观点交融糅合的过程，属于深层理解，属于语篇的宏观结构。

2. 如何对文章进行语篇分析

从某种意义上讲，语篇分析也应该说是内容分析的一部分，因为语篇的形式及其组织结构的特点离不开语篇内容。语篇分析包括如风格在内的语篇构造特点分析。因此说语篇分析是从语篇的整体出发来解释词、句子的意思和语篇的主要内容。它包括从语篇表层结构上入手的语法手段(照应、替代、省略等)与词汇手段(复现关系、同现关系等)和逻辑联系语；从语篇深层入手的篇际分析模式，它包括叙事分析、语境分析、体裁分析和篇章结构分析等。语言分析和篇际分析相辅相成、互为补充；前者强调语言学各个层次、组织及结构上的分析；后者强调作者对语篇生成的修辞意图，强调读者在理解语篇时对这种修辞意图的理解。当然，两者不属于单一的某一种阅读模式，而是一种综合型的动态阅读模式。它要求语言知识和语言能力的兼得，在培养阅读技巧的同时注重文章的文化背景，从而达到对文章更高层次的理解。因此，运用语篇分析的知识来分析和解答以检查学生的推断性理解和评价性理解为主要目标的《翻译硕士英语》阅读理解题是很好的方法。语篇分析方法的运用主要是从微观和宏观两个方面入手。

(1)微观方面分析

从微观方面分析主要是指从语篇的关键词、词汇的衔接手段、逻辑连接语、语法手段等方面着手，这里主要从词汇的衔接关系以及逻辑连接语来作一分析。

〖词汇的衔接关系〗

Halliday 和 Hasan 把词汇衔接归纳为两大类：复现(reiteration)和同现(collocation)。其中复现又分为重复(repetition)，同义词或近义词(synonym or near-synonym)，上义词(superordinate)和泛指词(general word)四种。这里将从同义、近义、反义、上下义和搭配等五个方面来分析衔接手段在英语阅读语篇中所表达的功能。

A. 同义

同义是指具有相同意义的不同词项在语篇中的接应关系。从语义的角度来看，在语篇中，同义词的使用可以重复和补充上文的内容，使语段中的不同成分彼此相连，实现语篇的连贯。从修辞的角度来看，同义词的使用可以避免重复、防止单调、丰富语篇的趣味性。

例如，英语句子中的“hide”和“conceal”

a. He **hid** the money under the bed.

b. He **concealed** the money under the bed.

在某种特定的情况下，用某个词可能比用另一个词更恰当。如用“conceal”就比用“hide”更正式，有时候，两个词只是在某些句子或语境中才会是同义词。

语篇中两个或多个词在语义上的衔接既能丰富词汇的选择，又能方便读者更清晰地了解文章。如：

c. Economic and population trends in California show that Hispanics, blacks, and Asians will have increasing economic influence as their numbers continue to grow. Research says that California's population will expand by 500,000 people a year, two-thirds of this increase will be Hispanics and Asians, and the Hispanic 18-to-24-olds will increase by 40 percent.

只要理解了例中的“grow”，“expand”，“increase”等三个词语之间的同义关系，就能顺利地读懂整个语篇了。

B. 近义

近义词指具有相似或相近意义的不同词项在语篇中的接应关系。如

Each one of us is **unique**, worth while **individual**. We are interested in our own **personal** ways. The better we understand ourselves, the easier it becomes to realize our full potential.

例中，“unique”，“individual”和“personal”互为近义词。几个原本不相干的词因为同时出现在同一语境中并能够互相解释，使得语篇衔接性更好。

类似同义或近义的重述使得相关的词项频繁地出现在相同或相似的语言环境中，构筑起各种各样的衔接关系。有了这些同义词或近义词，句与句之间的关系更衔接也更加生动。

C. 反义

反义关系是指词项之间意义相反、相对或互补的关系。语篇中反义的复现使具有相反意义的词项之间形成鲜明的对照，在对照中将语篇的前后意义衔接起来，达到语篇连贯的目的。如

The players in the World Cup are **professionals**, ***while*** those who play in the Olympics must be **amateurs**. The Winner of the World Cup match is considered the world champion.

正如俗语所言万物皆有其两面性，任何事物都可以通过它的对立面得到解释，语言一也不例外。它们从不同的角度对一个人的性格特点进行了表述，考生可以清楚地理解整个语篇要表达的意思。

D. 上下义

语篇中，人们可以利用上下义这种语义关系使一些词语相互替代或共同出现，来实现语篇深层结构上的连贯。上下义的主要意义为内包，上义词和下义词在语义上具有包含和被包含的关系，两者是具有种属关系的一组词。两个下义词之间的关系为共下义词(cohyponym)关系。下义词同现在一个语段中，不仅可以使语篇组织严密，而且通过总分和分总结合，可以使语篇更具说服力。

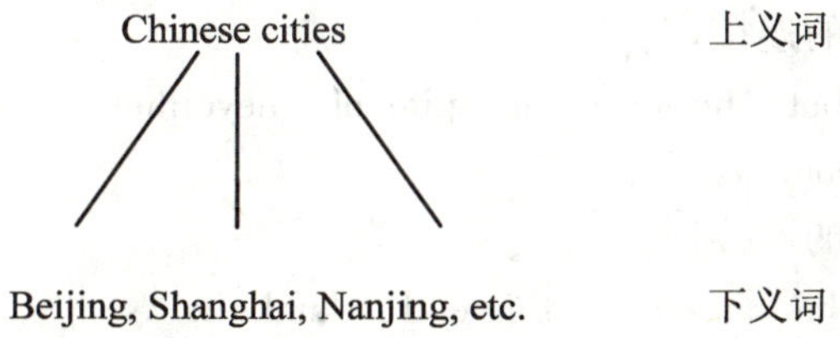

Mr Johsos's paintings show his attention to **geometric shapes** of all kinds. The paintings contain **circles**, **squares**, **triangles**, **pirrles**, etc.

上例中，"triangles"，"circles"，"squares"和"pirrles"都是"geometric shapes"的下义词。语篇中先出现上义词，再用几个下义词作为例子，进一步说明具体的几何图形有哪些。(注：英语中并不存在"pirrles"这个单词，所以学生必须通过词汇间的上下义关系，才能理解句子的意思)。

E. 搭配

搭配又称同现，是一种词汇共同出现的倾向性(co-currence tendency)。词汇的搭配是建立在语义基础上的，但搭配关系的本质是非直接的，不像同义、反义那样容易界定。但词汇的搭配并不是杂乱无章的，而是由一套套语义相关联的词汇网构成的。当人们遇到某个词语时，通常会联想到与之相关联的其他词语。语篇中能够搭配的词项可能不止两个，当两个或两个以上的词项搭配在一起时，便形成词汇的搭配链(collocational-chain)。多条语义上紧密相连的词汇搭配链出现在同一语篇中时，不仅使每一条链中所属的几个分散在语篇的不同部分的词项从语义上彼此联系起来，而且不同的衔接链在形式上或语义上相互重叠、相互交叉，形成链与链之间的紧密联系，从而促进了整个语篇的上下连贯。

If you **survive** the third stage successfully(or miss it completely), you will **move into** the fourth stage of culture shock called the "recovery phase" or the "at-ease-at-last phase". In this stage, you **become more comfortable** with the language and you also **feel more comfortable** with the customs of the host country.

这里"become more comfortable"和"feel more comfortable"是"move into"的结果，而"move into"又是"survive"的结果，它们之间有层层递进的关系。

【逻辑连接语】

逻辑连接语指的是表示各种逻辑意义的连句手段。其功能是表示两个或更多的句子之间的某种逻辑联系，从形式上可分为词、短语、分句。从功能上看逻辑连接语主要分为：添加、转折、因果、时空、解释和总结几种类型。

逻辑连接语表现了语篇中各个组成部分之间语义上的联系和发展，它们同时也是构成语篇的主要脉络和基本走向。要快速而准确地抓住语篇的意义，很大程度上取决于对语篇逻辑连接语的敏感和掌握。因此，考生应特别学习和掌握语篇中承担语义联络作用的词和词组。

常见的连接词和词组有：

A. 表示“添加”含义的连接词：

and，besides，in addition，further，furthermore，likewise，additionally，as well 等；

B. 表示“转折”关系的连接词：

after all，although，but，however，in spite of，nevertheless，nonetheless，on the other hand，otherwise，on the contrary 等；

C. 表示“原因”关系的连接词：

since，because，for this reason，to this end，thanks to 等；

D. 表示“结果”含义的连接词：

accordingly，as a consequence，consequently，as a result，thus，therefore，so，hence，inevitably，then，that being similarly，likewise 等；

E. 表示“列举”的连接词：

an example，as an illustration，for example，for instance，in other words，in particular，that is，especially，namely 等；

F. 表示“结论”的连接词：

in brief，in short，in sum，on the whole，to sum up，to conclude，lastly，finally 等。

当然，在语篇中，词汇衔接和逻辑连接语不是孤立出现的，它们交错出现，相互合作，共同起着连接句子的作用。

(2) 宏观方面分析

要想把握文章的深层意思和作者的主要意图，达到推断性理解、评价性理解和欣赏性理解，考生还必须从文章的宏观结构方面入手来分析语篇结构。语篇的宏观结构可以分为：叙述语体结构、论证语体结构、科技语体结构等。这里我们就叙述语体结构和论证语体结构及科技语体结构一一举例加以说明。

A. 叙述语体结构

叙述文就是叙述一个事件或一系列事件。叙述文通常包含以下几部分：标题(摘要)、开端(时间、地点、人物)、事件发展、高潮、结局。其六要素通常以 Who，When，Where，Why，What，How 来呈现。所以时间、空间顺序模式(time / space sequence pattern)是叙述文的常规语篇模式。叙述结构一般为：1) 开始叙述故事前往往有一个梗概。2) 走向(orientation)，确定时间、地点、人物和情景等。3) 叙述过程，多以过去时为主，按时间顺序介绍。4) 一个任意的结尾，正式示意叙述终结了。5) 各种形式的评估。

考试时，阅读叙述文的关键是抓住作者写作的目的和故事的主题。因此在阅读主题含蓄的叙述文时，考生要善于发现那些表现主题的线索。通常，主题可以通过对主人公动作的描写以及人物的刻画来表现。同时，故事发生的环境，如时间和地点，对故事的发生和发展也起着关键的作用。还有，人物对话因为能揭示人物的性格特征和内心世界，所以能够帮助考生将故事情节有机结合起来。

下面是一篇叙述文，考生可分析一下，作者是如何表现故事主题的，采用了一些什么手法，以及在阅读叙述文时应该注意一些什么样的问题。

I was just a boy when my father brought me to Harlem for the first time, almost 50 years ago. We stayed at the Hotel Theresa, a grand brick structure at 125th Street and Seventh Avenue. Once, in the hotel restaurant, my father pointed out Joe Louis. He even got Mr. Brown, the hotel manager, to introduce me to him, a bit paunchy but still the champ as far as I was concerned.	文章开头讲述了作者还是个小男孩时去哈莱姆市的情景。当时住在 Theresa 旅店，它是一幢雄伟的砖头建筑。在旅店餐馆里，父亲竟然认出了乔·路易斯(一位美国职业拳击运动员)，还让我和他打了招呼。这一切虽然发生在 50 年前，但是由于童年的印象极其深刻，作者至今还能清楚地指出人名和地名。那这个 Harlem 与作者又有什么样的渊源呢?
Much has changed since then. Business and real estate are booming. Some say a new renaissance is under way. Others decry what they see as outside forces running roughshod over the old Harlem.	在第二段开头，作者指出“Much has changed since then”，接着说“Business and real estate are booming”(商业和房地产繁荣起来)。由此可见，Harlem 市的剧烈变化才是作者想要强调的。
New York meant Harlem to me, and as a young man I visited it whenever I could. But many of my old haunts are gone. The Theresa shut down in 1966. National chains that once ignored Harlem now anticipate yuppie money and want pieces of this prime Manhattan real estate. So here I am on a hot August afternoon, sitting in a Starbucks that two years ago opened a block away from the Theresa, snatching at memories between sips of high-priced coffee. I am about to open up a piece of the old Harlem—the New York Amsterdam News—when a tourist asking directions to Sylvia's, a prominent Harlem restaurant, penetrates my daydreaming. He's carrying a book: Touring Historic Harlem.	作者成年之后又数次回到 Harlem 市，很多留住记忆的地方都已经没有了，城市在慢慢变化。“change”这个关键词渐渐凸显。

History. I miss Mr. Michaux's bookstore, his House of Common Sense, which was across from the Theresa. He had a big billboard out front with brown and black faces painted on it that said in large letters: "World History Book Outlet on 2,000,000,000 Africans and Nonwhite Peoples." An ugly state office building has swallowed that space.	变化又与作者的关系如何？第四段中出现"I miss Mr. Michaux's bookstore, his House of Common Sense, which was across from the Theresa"，其中的"miss"清晰地勾勒出作者对书店的感情。如果不够，作者用到了"ugly"，"swallow"等词体现出对新落成的市政大楼的敌意。
I miss speaker like Carlos Cooks, who was always on the southwest corner of 125th and Seventh, urging listeners to support Africa. Harlem's powerful political electricity seems unplugged—although the streets are still energized, especially by West African immigrants.	这一段是对上一段中对 Harlem 老城怀念的延续。"I miss speaker like Carlos Cooks, who was always on the southwest corner of 125th and Seventh, urging listeners to support Africa."没了之前激情澎湃的演讲者，这个城市的政治激情好像也没有延续下来。
Hardworking southern newcomers formed the bulk of the community back in the 1920s and 1930s, when Harlem renaissance artists, writers, and intellectuals gave it a glitter and renown that made it the capital of black America. From Harlem, W. E. B. Dubois, Langston Hughes, Paul Robeson, Zora Hurston, and others helped power America's cultural influence around the world.	本段开头说"… in the 1920s and 1930s, when Harlem renaissance artists, writers, and intellectuals gave it a glitter and renown that made it capital of black America. 即在 20 世纪二三十年代 Harlem 新兴的艺术家、作家和知识分子给 Harlem 带来了光明和名望，使得其成为美国黑人的首都，称为美国黑人的首都主要是因为其艺术和文化。
By the 1970s and 1980s drugs and crime had ravaged parts of the community. And the life expectancy for men in Harlem was less than that of men in Bangladesh. Harlem had become a symbol of the dangers of inner-city life.	但随着经济的发展和商业的繁荣，美国正经历另一次的 rebirth，尽管随之而来的也有一些社会问题，如毒品和犯罪等。
Now, you want to shout "Lookin' good!" at this place that has been neglected for so long. Crowds push into Harlem USA, a new shopping centre on 125th, where a Disney store shares space with HMV Records, the New York Sports Club, and a nine-screen	"Now, you want to shout 'Lookin' good!' at this place that has been neglected for so long,"这一句是作者对 Harlem 的变化大体还是持肯定态度的。

Magic Johnson theatre complex. Nearb, a Rite Aid drugstore also opened. Maybe part of the reason Harlem seems to be undergoing a rebirth is that it is finally getting what most people take for granted.	
Harlem is also part of an "empowerment zone"—a federal designation aimed at fostering economic growth that will bring over half a billion in federal, state, and local dollars. Just the shells of once elegant old brownstones now can cost several hundred thousand dollars. Rents are skyrocketing. An improved economy, tougher law enforcement, and community efforts against drugs have contributed to a 60 percent drop in crime since 1993.	更进一步地描述 Harlem 这个城市的变化之后的情况"the shells of once elegant old brownstones now can cost several hundred thousand dollars.","Rents are skyrocketing.",体现了作者对老城的怀恋，对现实的隐忧。

Exercise:

1. At the beginning the author seems to indicate that Harlem ____________.
   A. has remained unchanged all these years
   B. has undergone drastic changes
   C. has become the capital of Black America
   D. has remained a symbol of dangers of inner-city life
2. When the author recalls Harlem in the old days, he has a feeling of ____________.
   A. indifference　B. discomfort　C. delight　D. nostalgia
3. Harlem was called the capital of Black America in the 1920s and 1930s mainly because of its ____________.
   A. art and culture　B. immigrant population
   C. political enthusiasm　D. distinctive architecture
4. From the passage we can infer that, generally speaking, the author ____________.
   A. has strong reservations about the changes　B. has slight reservations about the changes
   C. welcomes the changes in Harlem　D. is completely opposed to the changes

(Keys: B D A C)

叙述文的典型结构在上文中体现得非常明显。文章在开头首先介绍了作者在 50 年前的情况，交代了故事的梗概，并确定了时间、地点和人物；在接下来的段落中作者叙述了纽约发生变化的主要方面和经过，主要是按时间顺序进行的；在文章的最后作者对这种现象进行了评价，指出美国正经历另一次的 rebirth，虽然随之而来的有些社会问题，但作者对 Hahem 的变化大体上是持肯定态度的。

而且作者在开头就交代“I was just a boy when my father brought me to Harlem for the first time, almost 50 years ago”，考生如果具备一定的背景知识，就会知道 Harlem 是纽约的黑人区，从而联想到一些与黑人历史相关的信息，在头脑中对文章的内容会有一个初步的猜测和判断，此时，阅读这篇文章就会相对容易一些。在解答阅读理解题的过程中，必要时刻将文章和它的背景联系起来。

B. 说明语体结构

说明文一般是用平实的语言客观地解释或探讨各种问题，如机器的制造过程、自然和社会现象产生的原因、工程项目的规划或问题的解决方案，介绍自然科学、社会科学领域的最新成果，社会经济发展过程中出现的新生事物等等。

说明事物可采用多种方式：例如举例和分解，分类法或类比、对比法，给事物下定义或分析事物产生的原因以及后果。举例说明文使用例子说明事物阐明观点；分解展开法着重于事物的区别、差异；分类展开法则强调事物的相似之处；类比说明事物如何相似；对比说明事物如何不同；因果说明文表明事物发生的原因及结果。除了用文字说明以外，说明文中常常使用数据、图片等资料。

由于说明文往往是对客观事物或事理的一种介绍与解释，所以是不受时间和空间影响的。尽管有时为了特殊表达的要求，会在个别地方采用其他时态，英语说明文的基本时态还是一般现在时。同时，说明文主要采用客观表述，避免主观色彩。由于在很多情况下，说明文是对客观存在的说明与介绍，因此语言的表述也应该尽可能地给人以客观可信的感觉。在英语中，采用被动语态，引进权威的信息来源以及选用委婉的词语是使说明文避免主观色彩，增加客观性，从而成为读者接受的重要语言手段。

无论采用什么说明方法，作者都是为了说明事物的本质特征，清晰地展现所说明的事物。因此，阅读说明文的关键是：抓住事物的特点，即抓住说明对象的本质特征。

相对而言，说明语体结构较为简单。一般按下列顺序进行：描述现状——引出中心问题——提出解决方案——阐述理由。

In general, our society is becoming one of giant enterprises directed by a bureaucratic management in which man becomes a small, well-oiled cog in the machinery. The oiling is done with higher wages, well-ventilated factories and piped music, and by psychologists and “human-relations” experts; yet all this oiling does not alter the fact that man has become powerless, that he does not wholeheartedly participate in his work and that he is bored with it. In fact, the blue-and the white-collar workers have become economic puppets who dance to the tune of automated machines and bureaucratic management.	作者利用比喻将社会比喻为“a giant enterprise”，而个人则是“a small, well-oiled cog in the machinery”，小齿轮由于涂好了油，所以运转良好。但是这却改变不了一个事实：“man has become powerless”，变成了“economic puppets”。个人即使在社会中工作状态良好，对于整个社会的意义却非常有限。这是一种普遍的现象，通过描述这个现状，作者让考生清晰地了解了本文讨论的是个人存在于社会中，会产生种种不可避免的问题。

The worker and employee are anxious, not only because they might find themselves out of a job; they are anxious also because they are unable to acquire any real satisfaction or interest in life. They live and die without ever having confronted the fundamental realities of human existence as emotionally and intellectually independent and productive human beings.	引出本文强调的一个主题，即“anxious”，焦虑问题。分析了员工焦虑的原因不单单是因为他们害怕失业，更重要的是他们在生活中得不到真正的满足与乐趣。
Those higher up on the social ladder are no less anxious. Their lives are no less empty than those of their subordinates. They are even more insecure in some respects. They are in a highly competitive race. To be promoted or to fall behind is not a matter of salary but even more a matter of self-respect. When they apply for their first job, they are tested for intelligence as well as for the tight mixture of submissiveness and independence. From that moment on they are tested again and again — by the psychologists, for whom testing is a big business, and by their superiors, who judge their behavior, sociability, capacity to get along, etc. This constant need to prove that one is as good as or better than one's fellow-competitor creates constant anxiety and stress, the very causes of unhappiness and illness.	进一步说明除了员工之外，社会高层的焦虑程度也不低。他们在某些方面会有更大的不安全感，因为他们处于一个高度竞争的环境中。 在这一段的结尾，作者还提出了一个推论，“the very causes of unhappiness and illness”，人们不快乐甚至生病的最主要的原因即，“constant anxiety and stress”，持续的焦虑和压力。点明了文章的主题。
Am I suggesting that we should return to the preindustrial mode of production or to nineteenth-century "free enterprise" capitalism? Certainly not. Problems are never solved by returning to a stage which one has already outgrown. I suggest transforming our social system from a bureaucratically managed industrialism in which maximal production and consumption are ends in themselves into a humanist industrialism in which man and full development of his potentialities — those of love and of reason — are the aims of all social arrangements. Production and consumption should serve only as means to this end, and should be prevented from ruling man.	针对焦虑及压力对人们的影响，作者建议将现在的社会体制转变成一种能让人充分发挥其潜力的新型社会体制。最终提出解决问题的办法。

Exercise:

1. By "a well-oiled cog in the machinery" the author intends to render the idea that man is ________.
   A. a necessary part of the society though each individual's function is negligible
   B. working in complete harmony with the rest of the society
   C. an unimportant part in comparison with the rest of the society, though functioning smoothly
   D. a humble component of the society, especially when working smoothly
2. The real cause of the anxiety of the workers and employees is that ________.
   A. they are likely to lose their jobs
   B. they have no genuine satisfaction or interest in life
   C. they are faced with the fundamental realities of human existence
   D. they are deprived of their individuality and independence
3. From the passage we can infer that real happiness of life belongs to those ________.
   A. who are at the bottom of the society
   B. who are higher up in their social status
   C. who prove better than their fellow-competitors
   D. who could keep far away from this competitive world
4. To solve the present social problems the author suggests that we should ________.
   A. resort to the production mode of our ancestors
   B. offer higher wages to the workers and employees
   C. enable man to fully develop his potentialities
   D. take the fundamental realities for granted

通过分析，我们发现，本文的结构如下：

第一段：提出个人与社会这个大工厂的关系，点明讨论的大环境。

第二段：指出员工焦虑的原因。

第三段：指出高层人员焦虑的原因。

进而推断出人们生活不如意的最主要根源即是焦虑。

第四段：最终提出解决焦虑的办法。

从结构上来说，这篇文章是一篇很典型的说明文，说明现状，然后通过不同例子的分析提出问题、推论出文章的主题，并最终提出解决问题的办法。因此在阅读这类文章时，应从结构入手，快速把握文章的结构特点，发现作者提出的问题，以及对问题的解释。

C. 论证体结构

当我们了解生活中的某件事情、某个现象或某些问题时，总会形成自己的看法、主张和观点，把这些看法、主张和观点表达出来，并加以阐释、说明，就是议论；写成文章，就是议论文。常见的议论文有：读后感、随笔、演说、序言、书评等。

阅读议论文，应该注意议论文的要素，即：论点、论据、论证。论点就是我们的看法和主张。一篇议论文，只有一个主要的看法和主张，这是文章的中心论点。有的议论文还有分论点。分论点是从中心论点分离出来的，从属于中心论点，几个分论点构成中心论点。论据是用来证明论点的根据，一般是用事实、道理、定律、公式来证明论点的正确性。作为依据的事实、史实和数据，必须确凿无误，否则论点就站不住脚。此外，论据要充分，也要可信。论证是运用论据证明论点的过程和方法。常用的论证方法有举例论证、说理论证、对比论证、比喻论证、引用论证、归谬论证，正反论证等。

论证的方式一般分为两种，立论和驳论。立论是对一定的事件总是从正面阐述见解和主张的论证方式。驳论是对片面的、错误的甚至反动的见解或主张进行批驳，只要批驳成立就行了。立论和驳论常常是互相的，文章中有时要立论，有时需要驳论，来阐明自己的正确观点。

论证体结构可分为四个阶段：

第一阶段：A 提出正面或反面观点；B 提出质疑；并常以 It is often said that...; It is generally agreed that...; A general truth holds that... 引出。

第二阶段：A 和 B 决定进行辩论。

第三阶段：提出论点，正方提出维护自己的观点，反方提出质疑和反对，或接受正方的观点，其过程以此类推。

第四阶段：决定讨论如何结束，争论有利于正方；或结论有利于反方。

议论文中若遇到推测作者论点的题目，考生不妨先读文章最后几段中的关键句。

The newspaper must provide for the reader the facts, pure, unprejudiced, objectively selected facts. But in these days of complex news it must provide more; it must supply interpretation, the meaning of the facts. This is the most important assignment confronting American journalism to make clear to the reader the problems of the day, to make international news as understandable as community news, to recognize that there is no longer any such thing (with the possible exception of such scribbling as society and club news) as "local" news, because any event in the international area has a local reaction in manpower draft, in economic strain, in terms, indeed, of our very way of life.	文章开门见山地提出论点：it must supply interpretation，即，现在的报纸新闻必须提供解释。并解释了提供解释的原因。
There is in journalism a widespread view that when you embark on interpretation, you are entering choppy and dangerous waters, the swirling tides of opinion. This is nonsense.	提出关于“interpretation”的第一种观点，“entering choppy and dangerous waters, the swirling tides of opinion.”即，自己卷入观点是非的洪流。

The opponents of interpretation insist that the writer and the editor shall confine himself to the "facts". This insistence raises two questions: What are the facts? And: Are the bare facts enough?	提出关于"interpretation"的第二种观点，与第一种截然相反，"the writer and the editor shall confine himself to the "facts"，即作者与编者只需将事实说明清楚即可。
As to the first query. Consider how a so-called "factual" story comes about. The reporter collects, say, fifty facts; out of these fifty, his space allotment being necessarily restricted, he selects the ten, which he considers most important. This is Judgment Number One. Then he or his editor decides which of these ten facts shall constitute the lead of the piece (This is important decision because many readers do not proceed beyond the first paragraph.) This is Judgment Number Two. Then the night editor determines whether the article shall be presented on page one, where it has a large impact, or on page twenty-four, where it has little. Judgment Number Three.	作者整理了三种Judgement，用以介绍如何呈现一个真实、客观的新闻故事。
Thus, in the presentation of a so-called "factual" or "objective" story, at least three judgments are involved. And they are judgments not at all unlike those involved in interpretation, in which reporter and editor, calling upon their general background, and their "news neutralism," arrive at a conclusion as to the significance of the news.	一方面指出评判新闻客观与否完全是有办法可循的，另一方面也指出这些评判的重要意义。
The two areas of judgment, presentation of the news and its interpretation, are both objective rather than subjective processes — as objective, that is, as any human being can be. (Note in passing: even though complete objectivity can never be achieved, nevertheless the ideal must always be the beacon on the murky news channels.) If an editor is intent on giving a prejudiced view of the news, he can do it in other	再次强调解释新闻中，保持客观的必要性。作者的观点得到进一步的阐释。

ways and more effectively than by interpretation. He can do it by the selection of those facts that support his particular viewpoint. Or he can do it by line play he gives a story-promoting it to page one or putting it on page thirty.	

Exercise:

1. The best title for the passage is ____________.
   A. Function of the Night Editor　　B. Interpreting the News
   C. Subjective Versus Objective Processes　　D. Choosing Facts
2. The author implies that ____________.
   A. in writing a factual story, the writer must use judgment
   B. fine writer should limit himself to the facts.
   C. reporters gives prejudiced view of the facts
   D. editors control what the reporters write
3. The beginning sentence should present the most important fact because ____________.
   A. it will influence the reader to continue
   B. most readers read only the first paragraph
   C. it is the best way to write according to the schools of journalism
   D. it details the general attitude of the writer
4. Readers are justified in thinking that the most important aspect of the news reported in the newspaper is that it should be ____________.
   A. interpreted in detail　　B. edited properly
   C. objectively reported　　D. impartial

(Keys: B A B C)

通过分析，我们发现本文由四部分组成：

第一部分(Para. 1)文章开门见山地提出论点：现在的报纸新闻必须提供解释。

第二部分(Para.2~3)列举两种不同地针对新闻解释的不同观点。

第三部分(Para.4~5)作者整理了三种评价方法来提出自己对于新闻解释的观点，那就是新闻解释虽然不可能完全避免主观因素的介入，但是应该尽量保持客观。

第四部分(Para.6)重申作者的观点。

议论文体的结构相对来说比较容易把握，首先提出问题，进而通过列举不同观点来引出作者自己的观点态度，并通过解释或举例来强化，并在最后一部分重申观点或提出下一次需要注意的问题。

第三部分

题型分项训练

一、多项选择题

1. 宏观经济专题

Passage 1 （厦门大学 2014）

The Japanese say they suffer from an economic disease called "structural pessimism". Overseas too, there is a tendency to see Japan as a harbinger of all that is doomed in the economies of the euro zone and America — even though figures released on November 14th show its economy grew by an annualized 6% in the third quarter, rebounding quickly from the March tsunami and nuclear disaster.

Look dispassionately at Japan's economic performance over the past ten years, though, and "the second lost decade", if not the first, is a misnomer. Much of what tarnishes Japan's image is the result of demography — more than half its population is over 45 — as well as its poor policy in dealing with it. Even so, most Japanese have grown richer over the decade.

In aggregate, Japan's economy grew at half the pace of America's between 2001 and 2010. Yet if judged by growth in GDP per person over the same period, then Japan has outperformed America and the euro zone. In part this is because its population has shrunk whereas America's population has increased.

Though growth in labour productivity fell slightly short of America's from 2000 to 2008, total factor productivity, a measure of how a country uses capital and labour, grew faster, according to the Tokyo-based Asian Productivity Organisation. Japan's unemployment rate is higher than in 2000, yet it remains about half the level of America and Europe.

Besides supposed stagnation, the two other curses of the Japanese economy are debt and deflation. Yet these also partly reflect demography and can be overstated. People often think of Japan as an indebted country. In fact, it is the world's biggest creditor nation, boasting ￥253 trillion ($3.3 trillion) in net foreign assets.

To be sure, its government is a large debtor; its net debt as a share of GDP is one of the highest in the OECD. However, the public debt has been accrued not primarily through wasteful spending or "bridges to nowhere", but because of aging, says the IMF. Social-security expenditure doubled as a share of GDP between 1990 and 2010 to pay rising pensions and health-care costs. Over the same period tax revenues have shrunk.

Falling tax revenues are a problem. The flip side, though, is that Japan has the lowest tax take of any country in the OECD, at just 17% of GDP. That gives it plenty of room to manoeuvre. Takatoshi Ito, an economist at the University of Tokyo, says increasing the consumption tax by 20 percentage points from its current 5% — putting it at the level of a high-tax European country — would raise ¥50 trillion and immediately wipe out Japan's fiscal deficit.

That sounds draconian. But here again, demography plays a role. Officials say the elderly resist higher taxes or benefit cuts, and the young, who are in a minority, do not have the political power to push for what is in their long-term interest. David Weinstein, professor of Japanese economy at Columbia University in New York, says the elderly would rather give money to their children than pay it in taxes. Ultimately that may mean that benefits may shrink in the future. "If you want benefits to grow in line with income, as they are now, you need a massive increase in taxes of about 10% of GDP," he says.

Demography helps explain Japan's stubborn deflation, too, he says. After all, falling prices give savers — most of whom are elderly — positive real yields even when nominal interest rates are close to zero. Up until now, holding government bonds has been a good bet. Domestic savers remain willing to roll them over, which enables the government to fund its deficits. Yet this comes at a cost to the rest of the economy.

In short, Japan's economy works better for those middle-aged and older than it does for the young. But it is not yet in crisis, and economists say there is plenty it could do to raise its potential growth rate, as well as to lower its debt burden.

Multiple-choice Questions:

1. The demography of Japan helps explain the following outcome EXCEPT ____________.
   A. Growth of GDP per person higher than the America's
   B. Growth of labor productivity slower than the America's
   C. Growing public debt
   D. Falling tax revenue
2. The 8th paragraph suggests that young Japanese may support ____________.
   A. higher tax rate
   B. higher health-care budget
   C. receiving more money than their parents
   D. higher salaries

3. According to the passage, the Japanese government could do a better job in ____________.
   A. encouraging higher birth rate
   B. taking care of the elderly
   C. giving young people more power
   D. funding its deficit
4. The author's attitude about Japan's economy is ____________.
   A. cautiously optimistic
   B. quiet undecided
   C. rigorously neutral
   D. slightly pessimistic

Short-answer Question:

5. According to the Takatoshi Ito, what measures should be taken to eliminate Japan's fiscal deficit?

Passage 2 (南京师范大学 2014)

It is a measure of how far the Keynesian revolution has proceeded that central thesis of "The General Theory" now sounds rather commonplace. Until it appeared, economist, in the classical (or non-socialist) tradition, had assumed that the economy, if left to itself, would find its equilibrium at full employment. Increase or decrease in wages and in interest rates would occur as necessary to bring about this pleasant result. If men were unemployed, their wages would fall in relation to prices. With lower wages and wider margins, it would be profitable to employ those from whose toil an adequate return could not previously have been made. It followed that steps to keep wages at artificially high levels, such as might result from the ill-considered efforts by unions, would cause unemployment. Such efforts were deemed to be the principal cause of the unemployment.

Movements in interest rates played a complementary role by insuring that all income would ultimately be spent. Thus, were people to decide for some reason to increase their savings, the interest rates on the now more abundant supply of loanable funds would fall. This, in turn, would lead to increased investment. The added outlays for investment goods would offset the diminished outlays by the more frugal consumers. In this fashion, changes in consumer spending or in investment decisions were kept from causing any change in total spending that would lead to unemployment.

Keynes argued that neither wage movements nor changes in the rate of interest had, necessarily, any such agreeable effect. He focused attention on the total of purchasing power in the economy — what freshmen are taught to call aggregate demand. Wage reductions might not increase employment; in conjunction with other changes, they might merely reduce this aggregate demand. And he held that interest was not the price that was paid to people to save but the price they got for exchanging holdings of cash, or its equivalent, their normal preference in assets, for less liquid forms of investment. And it was difficult to reduce interest beyond a certain level. Accordingly, if people sought to save more, this wouldn't necessarily mean lower interest rates and a resulting increase in investment. Instead, the total demand for goods might fall, along with employment and also investment, until savings were brought back into line with investment by the pressure of hardship which had reduced saving in favor of consumption. The economy would find its equilibrium not at full employment, but with an unspecified amount of unemployment.

Out of this diagnosis came the remedy. It was to bring aggregate demand back up to the level where all willing workers were employed. And this could be accomplished by supplementing private expenditure with public expenditure. This should be the policy where intentions to save exceeded intentions to invest. Since public spending would not perform this offsetting role if there were compensating taxation(which is a form of saving), the public spending should be financed by borrowing — by incurring a deficit, so far as Keynes can be condensed into a few paragraphs, this is it, "This General Theory" is more difficult. There are nearly 400 pages, some of them of fascinating obscurity.

1. Keynes emphasized that ____________.
   A. unemployment was largely caused by high wages
   B. interest rate fluctuations were desirable
   C. lowering salaries would eventually create more jobs
   D. the government should go into debt, if necessary, to provide jobs
2. The writer's attitude toward the Keynesian economic philosophy seems to be generally ____________.
   A. antagonistic B. questioning C. favorable D. mocking
3. It can be inferred from the passage that Keynes would ____________.
   A. favor the full employment of only those who wished to be employed
   B. favor full employment at the cost of forcing unwilling workers to work
   C. oppose government spending conjunction with private spending
   D. oppose a government deficit
4. It can be inferred from the passage that Keynes ____________.
   A. was widely admired in his day
   B. was not a socialist
   C. had no idea of what his theories would mean
   D. could not agree on the role of interest rates in developing economies
5. According to Keynes, which of the following do people prefer?
   A. Blue chip stocks B. Government securities
   C. Corporate bonds D. Cash

Passage 3(南京航空航天大学 2014)

The economy of the United States after 1952 was the economy of a well-fed, almost fully employed people. Despite occasional alarms, the country escaped any postwar depression and lived in a state of **boom**. An economic survey of the year 1955, a typical year of the 1950's, may be typical as illustrating the rapid economic growth of the decade. The national output was valued at 10 percent above that of 1954 (1955 output was estimated at 392 billion dollars). The production of manufacturers was about 40 percent more than it had averaged in the years immediately following World War Ⅱ. The country's business spent about 30 billion dollars for new factories and machinery. National income available for spending was almost a third greater than it had been in 1950. Consumers spent about 256 billion dollars; that is about 700 million dollars a day, or about twenty-five million dollars every hour, all round the clock. Sixty-five million people held jobs and only a little more than two million wanted jobs but could not find them. Only agriculture complained that it was not sharing in the room. To some observers this was an ominous echo of the mid-1920's. As farmer's share of their products declined, marketing costs rose. But there were, among the observers of the national economy, a few who were not as confident as the majority. Those few seemed to fear that the boom could not last and would eventually lead to the opposite-depression.

1. What is the best title of the passage?
   A. The Agricultural Trends of 1950's　　B. The Unemployment Rate of 1950's
   C. U.S. Economy in the 1950's　　D. The Federal Budget of 1952
2. In Line 3, the word "boom" could best be replaced by "________".
   A. nearby explosion　　B. thunderous noise
   C. general public support　　D. rapid economic growth
3. It can be inferred from the passage that most people in the United States in 1955 viewed the national economy with an air of ________.
   A. confidence　　B. confusion　　C. disappointment　　D. suspicion
4. Which of the following were LEAST satisfied with the national economy in the 1950's?
   A. Economists　　B. Farmers　　C. Politicians　　D. Steelworkers

Passage 4 （中山大学 2013）

According to a private study, the worst US economic recession in 70 years is forcing senior citizens out of retirement, leaving them fighting for jobs in a weak labor market or risking homelessness.

The study by Experience Works, showed 46 percent of the 2,000 low income people over 55 years who participated needed to find work to keep their homes. Nearly half of them had been searching for work for more than a year.

Experience Works is the nation's largest nonprofit provider of community service, training and employment opportunities for older workers.

"These people are at the age where they understandably thought their job-searching years were behind them," said Cynthia Metzler, president and CEO of Experience Works.

"But here they are, many in their 60s, 70s and beyond, desperate to find work so they can keep a roof over their heads and food on the table."

According to the study, many of the participants had no intention of working past their 60th birthday, but had to change plans after being laid off or following the death of a spouse. Over a third of the participants had retired.

Huge medical bills due to a personal illness or that of a spouse were also reasons for coming out of retirement, the survey found. The longest and deepest economic slump since the 1930s is making finding a job for the low-income elderly workers a difficult challenge.

According to Labor Department data, there were 2 million unemployed workers over the age of 55 in August, an increase of 69 percent from the same period last year. Between August 2008 and August this year, the number of unemployed workers 75 years and older increased by 33 percent.

The unemployment rate among workers 55 years and older was 6.7 percent in August after shooting to a record 7.1 percent in July. The national unemployment rate was at 9.7 percent in August, the highest in 26 years.

The Experience Works study found that 46 percent of the elderly job-seekers were sometimes forced to choose between paying rent, buying food or medication. Almost three-quarters believed their age made it harder to compete for jobs with younger workers.

"This study underscores the need to create policies that remove barriers to employment for older workers and provide additional programs and services specifically aimed at helping older people re-enter the work force or remain working," said Metzler.

1. What impact does the economic recession bring to American senior citizens?
   A. They are pulled back to be job-seekers again.
   B. They have to retire ahead of schedule.
   C. They are facing the risk of job losses.
   D. They must compete with youth for jobs.
2. From the passage, we can learn that Experience Works ____________.
   A. takes elderly job-seekers as its targets of services
   B. is the largest service provider for older workers worldwide
   C. is able to make a great profit by providing services every year
   D. offers community service, training and employment opportunities to Americans
3. Why do the old people still expect for jobs?
   A. Because they don't believe their job-searching years have passed.
   B. Because they want to gain more guarantee for their retirement.
   C. Because they have to depend on working to make their living.
   D. Because they would like to dispel their pains for job or spouse losses.
4. Which of the following statements about the unemployment rate in the US is true?
   A. The unemployment rate in July is the highest in the national unemployment rate.

B. Compared with the rate in July, the unemployment rate in August decreased a little.

C. 9.7 percent sets a record for the unemployment rate nationally since 26 years before.

D. Unemployed workers 55 years and older are mainly affecting the unemployment rate.

5. What can be inferred from Metzler's words in the last paragraph?

A. It is necessary for the government to clear up the obstacles in the job market.

B. More programs and services should be added to help senior citizens pull through.

C. The government should try to eliminate discrimination against elderly job-seekers.

D. Extra programs and services are needed to help senior citizens avoid being laid off.

Passage 5 （南京师范大学 2013）

What's hot for 2007 among the very rich? A $7.3 million diamond ring. A trip to Tanzania to hunt wild animals. Oh. And income inequality.

Sure, some leftish billionaires like George Soros have been railing against income inequality for years. But increasingly, centrist and right-wing billionaires are starting to worry about income inequality and the fate of the middle class.

In December, Mortimer Zuckerman wrote a column in U.S. News & World Report, which he owns. "Our nation's core bargain with the middle class is disintegrating," lamented the 117th-richest man in America. "Most of our economic gains have gone to people at the very top of the income ladder. Average income for a household of people of working age, by contrast, has fallen five years in a row." He noted that "Tens of millions of Americans live in fear that a major health problem can reduce them to bankruptcy."

Wilbur Ross Jr. has echoed Zuckerman's anger over the bitter struggles faced by middle-class Americans. "It's an outrage that any American's life expectancy should be shortened simply because the company they worked for went bankrupt and ended health-care coverage," said the former chairman of the International Steel Group.

What's happening? The very rich are just as trendy as you and I, and can be so when it comes to politics and policy. Given the recent change of control in Congress, popularity of measures like increasing the minimum wage, and efforts by California's governor to offer universal health care, these guys don't need their own personal weathermen to know which way the wind blows.

It's possible that plutocrats are expressing solidarity with the struggling middle class as part of an effort to insulate themselves from confiscatory tax policies. But the prospect that income inequality will lead to higher taxes on the wealthy doesn't keep plutocrats up at night. They can live with that.

No, what they fear was that the political challenges of sustaining support for global economic integration will be more difficult in the United States because of what has happened to the distribution of income and economic insecurity.

In other words, if middle-class Americans continue to struggle financially as the ultra-wealthy grow ever wealthier, it will be increasingly difficult to maintain political support for the free flow of goods, services, and capital across borders. And when the United States places obstacles in the way of foreign investors and foreign goods, it's likely to encourage reciprocal action abroad. For people who buy and sell companies, or who allocate capital to markets all around the world, that's the real nightmare.

1. What is the current topic of common interest among the very rich in America?
   A. The fate of the ultra-wealthy people.
   B. The disintegration of the middle class.
   C. The inequality in the distribution of wealth.
   D. The conflict between the left and the right wing.
2. What do we learn from Mortimer Zuckerman's lamentation?
   A. Many middle-income families have failed to make a bargain for better welfare.
   B. The American economic system has caused many companies to go bankrupt.
   C. The American nation is becoming more and more divided despite its wealth.
   D. The majority of Americans benefit little from the nation's growing wealth.
3. From the fifth paragraph we can learn that ________.
   A. the very rich are fashion-conscious
   B. the very rich are politically sensitive
   C. universal health care is to be implemented throughout America
   D. Congress has gained popularity by increasing the minimum wage
4. What is the real reason for plutocrats to express solidarity with the middle class?
   A. They want to protect themselves from confiscatory taxation.
   B. They know that the middle class contributes most to society.
   C. They want to gain support for global economic integration.
   D. They feel increasingly threatened by economic insecurity.
5. What may happen if the United States places obstacles in the way of foreign investors band foreign goods?
   A. The prices of imported goods will inevitably soar beyond control.
   B. The investors will have to make great efforts to re-allocate capital.
   C. The wealthy will attempt to buy foreign companies across borders.
   D. Foreign countries will place the same economic barriers in return.

Passage 6 （对外经济贸易大学 2012）

With thunderclouds looming over the trans-Atlantic economy, it was easy to miss a bright piece of news last weekend from the other crucible of world trade, the Pacific Rim. In Honolulu, where Barack Obama hosted a summit of Asia-Pacific leaders, Canada, Japan and Mexico expressed interest in joining nine countries (America, Australia, Brunei, Chile, Malaysia,

New Zealand, Peru, Singapore and Vietnam) in discussing a free-trade pact. Altogether, the possible members of the Trans-Pacific Partnership (TPP) produce 40% of world GDP — far more than the European Union.

Regional trade deals are not always a good idea. If they distract policymakers from global trade liberalisation, they are to be discouraged. But with the Doha round of global trade talks showing no flicker of life, there is little danger that the TPP will derail a broader agreement; and by cutting barriers, strengthening intellectual-property protections and going beyond a web of existing trade deals, it should boost world trade.

The creation of a wider TPP is still some way off. For it to come into being its architects — Mr. Obama, who faces a tough election battle next year, and Japan's Yoshihiko Noda, who faces crony politics laced with passionate protectionism — need to show more leadership.

Mr. Noda's announcement on November 11th that Japan was interested in joining the TPP negotiations was an exceedingly bold move. Signing up would mean dramatic changes in Japan, a country which has 800% tariffs on rice and exports 65 vehicles to America for every one that is sent to Japan. Mr.Noda's move could also transform the prospects of the TPP, most obviously by uniting two of the world's leading three economies but also by galvanising others. Until he expressed an interest, Canada and Mexico had also remained on the sidelines. Unwittingly or not, Mr. Noda has thrust mercantilist Japan into a central position on a trade treaty in which free movement of everything except labour is on the table.

Immense obstacles loom for Mr. Noda. He came into office in September casting himself as a conciliator of Japan's warring political factions. Many of those groups are opposed to the TPP. Farm co-operatives, which feather many a politician's nest, argue that it would rob Japan of its rice heritage. Doctors warn of the risks to Japan's cherished health system. Socialists see the TPP as a Washington-led sideswipe at China, which had hoped to build an East Asian trade orbit including Japan. Mr.Noda will have to contend not just with opposition from rival parties but also with a split on the issue inside his Democratic Party of Japan.

Since Honolulu, Mr. Noda has already pandered to protectionists by watering down his message. Having beamed next to Mr. Obama in a summit photo, he then protested that the White House had overstated his intention to put all goods and services up for negotiation. Polls, however, suggest the Japanese are crying out for leadership on the issue, not pusillanimity. More support the idea of entering TPP negotiations than oppose it. On their behalf Mr. Noda should lead Japan forthrightly into the discussions, confident that the country can bargain well enough to give its sacred industries such as farming and health care time to adjust.

It is also a test for Mr. Obama's new strategy of coping with China's rise by "pivoting" American foreign policy more towards Asia. He must stand up to the unions in the car industry which have long bellyached about the imbalance of trade with Japan. He should energetically promote the potential gains for jobs of his pro-Asia strategy — both at home and abroad. America should also stress that the TPP is meant to engage and incorporate China, rather than constrain it.

Such steps would help win support in Japan, while costing America little. And in joining the TPP, Japan would be forced to reform hidebound parts of its economy, such as services, which would stimulate growth. A revitalised Japan would add to the dynamism of a more liberalised Asia-Pacific region. That is surely something worth fighting for.

1. Which of the following main messages was conveyed in this passage?
   A. An inspiring idea to liberalize transpacific trade hinges on the courage of America and, especially, Japan.
   B. TPP is meant to engage and incorporate China, rather than constrain it.
   C. The farming and health care industries in Japan would be severely affected by the TPP.
   D. TPP as a Washington-led sideswipe at China will win support in Japan and add to a more liberalized Asia-Pacific region.
2. Which of the majority of the following groups has Mr. Noda's decision to join the TPP negotiations gained support from?
   A. His Democratic Party of Japan. B. Farm co-operatives and doctors.
   C. Socialists and protectionists. D. The public.
3. According to the passage, which of the following is NOT true?
   A. The members of the TPP produce 40% of world GDP — far more than the EU.
   B. The farming and health care industries in Japan could be affected by the TPP.
   C. The car industry in America has complained a lot about the trade with Japan.
   D. Before Mr. Noda announced Japan's interest in joining the TPP, Canada and Mexico were not actually involved in it.
4. What should America do to win support in Japan?
   A. They should support the unions in the American car industry.
   B. They should increase the employment rate both at home and abroad.
   C. They should show their intention to incorporate China in the TPP.
   D. They should give Japan sufficient time to reform the hidebound parts of its economy.
5. Which of the following could NOT be true as the possible consequences of Japan joining the TPP?
   A. It would increase the GDP of the TPP members.
   B. It could transform the prospects of the TPP.
   C. It would become conciliation between Japan's warring political factions.
   D. It would lead to a more liberalized transpacific trade relation.

Passage 7 （华南理工大学 2012）

Prices determine how resources are to be used. They are also the means by which products and services that are in limited supply are rationed among buyers. The price system of the United States is a very complex network composed of the prices of all the products bought and sold in the economy as well as those of a myriad of services, including labor, professional transportation, and public utility services.

The interrelationships of all these prices make up the "system" of prices. The price of any particular product or service is linked to a broad, complicated system of prices in which everything seems to depend more or less upon everything else.

If one were to ask a group of randomly selected individuals to define "price", many would reply that price is an amount of money paid by the buyer to the seller of a product of service or, in other words, that price is the money value of a product of service as agreed upon in a market transaction. This definition is, of course, valid as far as it goes. For a complete understanding of a price in any particular transaction, much more than the amount of money involved must be known. Both the buyer and the seller should be familiar with not only the money amount, but with the amount and quality of the product or service to be exchanged, the time and place at which the exchange will take place and payment will be made, the form of money to be used, the credit terms and discounts that supply to the transaction, guarantees on the product or service, delivery terms, return privileges, and other factors. In other words, both buyer and seller should be fully aware of all the factors that comprise the total "package" being exchanged for the asked — for amount of money in order that **they** may evaluate a given price.

1. What is the best title for the passage?
   A. The Inherent Weaknesses of the Price System.
   B. The Complexities of the Price System.
   C. Credit Terms in Transactions.
   D. Resource Allocation and the Public Sector.
2. According to the passage, the price system is related primarily to ____________.
   A. labor and education　　B. transportation and insurance
   C. utilities and repairs　　D. products and services
3. According to the passage, which of the following is NOT a factor in the complete understanding of price?
   A. Instructions that come with a product.　　B. The quantity of a product.
   C. The quality of a product.　　D. Warranties that cover a product.
4. In the last sentence of the passage, "they" refers to ____________.
   A. return privileges　　B. all the factors
   C. buyer and seller　　D. money
5. The paragraph following the passage most likely discusses ____________.
   A. unusual ways to advertise products
   B. types of payment plans for service
   C. theories about how products affect different levels of society
   D. how certain elements of a price "package" influence its market value

Passage 8 （南开大学 2011）

Bill Clinton wrestles with the complexities of his economic plan, a surprising trend that could ultimately make life a lot easier for the new president may be developing. A handful of analysts believe that technology is beginning to help improve productivity in the service sector. If they are right, middle-class living standards which have stagnated for the past 20 years could start to improve.

The service sector gets little attention in most popular discussions of America's economic problems. Manufacturing, where US workers go head-to-head with foreign competitors, is supposed to be the crucial area; services, which are mostly sheltered from international competition, are regarded as secondary at best. If anything, the growth of the service sector is seen as a symptom of our manufacturing decline, as steelworkers lose their high-paying jobs and become minimum-wage hamburger flippers. But serious analysts know that it is our performance in services not manufacturing that is the bigger economic problem.

In fact, US manufacturing performed reasonably well during the 1980s, with productivity growing at 2.9% per year. That was almost as fast as manufacturing productivity grew during the "good years" in 1950s and 1960s, and it was faster than productivity growth in most other advanced countries. So why didn't we feel better? Because near stagnation in service productivity-growth at only about 1.0% annually — held our living standard down.

Dominant service sector. The truth is that modern America is primarily a service economy. Currently, 70% of US workers are in the service sector, versus only 20% in manufacturing. If we could eliminate our persistent trade deficits in manufacturing, the prosperity would promote, but only slightly: A rough estimate is that completely eliminating our current trade deficit would raise the share of manufacturing in employment by only about 0.5%. In other words, like it or not, most Americans will work in the service sector for the foreseeable future. That means, in turn, that the productivity of the US work force as a whole depends mostly on the productivity of service workers.

But it is really possible to raise service productivity? Some service jobs, like housecleaning and hair cutting, seem resistant to technological change at least until we learn to build robot maids and barbers. In the past, however, we have seen major improvements in service productivity. During the 1950s and 1960s, for example, a linked set of technological and social changes-widespread availability of private cars and home refrigerators, the growth of supermarkets and an improved road system — led to huge increases in retail productivity. An earlier era saw a surge in office productivity because of such revolutionary innovations as typewriters, carbon paper and vertical file cabinets. Indeed the most significant American business success story of the late 20th century may well be Wal-Mart, which has applied extensive computerization and home-grown version of Japan's "just-in-time" inventory methods to revolutionize retailing.

Analysts like Stephen Roach of Morgan Stanley now believe that additional productivity gains in the office are possible. Computers, it seems, are finally being used to eliminate paperwork: back offices are shrinking, and corporate hierarchies are getting flatter. If you squint, you can see these micro changes starting to show up in the macro numbers. We are now officially a year and a half into an economic recovery, yet unemployment remains stubbornly high. One of the reasons for this lingering joblessness is that productivity is rising faster than expected, primarily in the service sector. If America eventually returns to full employment, the total economy could be bigger and more productive.

Technology investment is helping to fuel these changes. Preliminary data show that while overall investment in this recovery is weak by historical standards, computer-related investment is soaring. It looks as if the service sector has decided that it now really knows how to make information technology work.

Like any radical change, the coming revolution in service productivity will have its victims. Skilled weavers were impoverished by the power loom, and small food stores were savaged by the rise of the supermarket. This time, it's the middle managers who will lose. The past recession took an unprecedented toll of skilled, white-collar workers, and many of these jobs may never come back. But most of Americans could benefit from rising service productivity in the 1990s and that would be welcome news for Bill Clinton.

1. The passage suggests that the new trend of the rising service productivity may ______.
   A. turn out a great help to President Clinton with his policy making
   B. turn out a serious trouble to President Clinton with his policy making
   C. have nothing to do with Clinton's decision making
   D. initiate Clinton to make some reform policies in economy
2. The development of technology in the service sector is largely beneficial to ______.
   A. top wealthy people   B. average people
   C. middle managers   D. skilled workers
3. Which of the following statements illustrates that modern America is primarily a service economy?
   A. Service technology is developing fast.
   B. The demand of modern people for various services promotes the development of a service economy.
   C. The significance of manufacturing to the national economy has declined.
   D. High employment mainly depends on the development of the service industry.
4. The author appreciates the development of manufacturing in the 1980s for the following reasons EXCEPT that ______.
   A. US manufacturing productivity developed at a comparatively high speed in history
   B. the US manufacturing industry is rather competent in the world
   C. the growth speed of the US manufacturing industry is among the highest in the world

D. the growth speed of the service sector is not as fast as the manufacturing industry

5. At present investors like to venture their money in all of the following EXCEPT ____________.

A. information technology

B. manufacturing industries

C. the service industry

D. computer-related products

Passage 9 （浙江师范大学 2011）

Historical developments of the past half century and the invention of modern telecommunication and transportation technologies have created a world economy. Effectively the American economy has died and been replaced by a world economy. In the future, there is no such thing as being an American manager. Even someone who spends an entire management career in Kansas City is in international management. He or she will compete with foreign firms, buy from foreign firms, sell to foreign films, or acquire financing from foreign banks. The globalization of the world's capital markets that has occurred in the past 10 years will be replicated right across the economy in the next decade. An international perspective has become central to management. Without it managers are operating in ignorance and cannot understand what is happening to them and their firms.

Partly because of globalization and partly because of demography, the work forces of the next century are going to be very different from those of the last century. Most firms will be employing more foreign nationals. More likely than not, you and your boss will not be of the same nationality. Demography and changing social mores mean that white males will become a small fraction of the work force as women and minorities grow in importance. All of these factors will require changes in the traditional methods of managing the work force.

In addition, the need to produce goods and services at quality levels previously thought impossible to obtain in mass production and the spreading use of participatory management techniques will require a work force with much higher levels of education and skills. Production workers must be able to do statistical quality control; production workers must be able to do just in-time inventories. Managers are increasingly shifting from a "don't think, do what you are told" to a "think, I am not going to tell you what to do" style of management.

This shift is occurring not because today's managers are more enlightened than yesterday's managers but because the evidence is rapidly mounting that the second style of management is more productive than the first style of management. But this means that problems of training and motivating the work force both become more central and require different modes of behavior.

In the word of tomorrow managers cannot be technologically illiterate regardless of their functional tasks within the firm. They don't have to be scientists or engineers inventing new technologies, but they have to be managers who understand when to bet and when not to bet on new technologies. If they don't understand what is going on and technology effectively becomes a black box, they will fail to make the changes that those who do understand what is going on inside the black box make. They will be losers, not winners.

Today's CEOs are those who solved the central problems facing their companies 20 years ago. Tomorrow's CEOs will be those who solve central problems facing their companies today. Sloan hopes to produce a generation of managers who will be solving today's and tomorrow's problems and because they are successful in doing so they will become tomorrow's captains of business.

1. The author suggests that a manger should hold a ____________ view on management.
   A. economical   B. geographical   C. international   D. financial
2. Speaking of the problems of training and motivating laborers, the author implies that ____________.
   A. laborers should keep up with the rapid development of modern technology
   B. laborers pay more attention to wages
   C. laborers want to advance themselves
   D. there is a radical change in management style
3. Which of the following statements is NOT true?
   A. Globalization and demography lead to the differences between the work forces of the last century and those of the next century.
   B. At present, white males make up only a small proportion of work forces in American firms.
   C. In the next century, women and minorities will become the major part of work forces in the United States.
   D. The need to produce goods and services at quality levels previously will call for a work force with much higher levels of education and skills.
4. The main topic of this passage is ____________.
   A. the new concept of management
   B. the great shift of management style
   C. the qualities of managers for the 21st century
   D. the technique of modern management of managers

Passage 10 （西安外国语大学 2010）

Positive surprises from government reports on retail sales, industrial production, and housing in the past few months are leading economists to revise their real gross domestic product (GDP) forecasts upward supporting the notion that the recession ended in December or January.

Bear in mind: This recovery won't have the vitality normally associated with an upturn. Economists now expect real GDP growth of about 1.5 in the first quarter. That's better than the 0.4 the consensus projected in December, but much of the additional growth will come from a slower pace of inventory drawdowns, not from surging demand.

Moreover, the economy won't grow fast enough to help the labor markets much. The only good news there is that jobless claims have fallen back from their spike after September 11 and that their current level suggests the pace of layoffs is easing. The recovery also does not mean the

Federal Reserve will raise interest rates soon. The January price indexes show that inflation remains tame. Consequently, the Fed can take its time shifting monetary policy from extreme accommodation to relative neutrality.

Perhaps the best news from the latest economic reports was the January data on industrial production. Total output fell only 0.1, its best showing since July. Factory output was flat, also the best performance in six months. Those numbers may not sound encouraging, but manufacturers have been in recession since late 2000. The data suggest that the factory sector is finding a bottom from which to start its recovery.

Production of consumer goods, for instance, is almost back up to where it was a year ago. That's because consumer demand for motor vehicles and other goods and the housing industry remained healthy during the recession, and they are still growing in early 2002.

Besides, both the monthly home-building starts number and the housing market index for the past two months are running above the averages for all of 2001, suggesting that home-building is off to a good start and probably won't be a big drag on GDP growth this year.

Equally important to the outlook is how the solid housing market will help demand for home-related goods and services. Traditionally, consumers buy the bulk of their furniture, electronics, and textiles within a year of purchasing their homes. Thus, spending on such items will do well this year, even as car sales slip now that incentives are less attractive. Look for the output of consumer goods to top year-ago level in coming months.

Even the business equipment sector seems to have bottomed out. Its output rose 0.4% in January, led by a 0.6% jump computer gear. A pickup in orders for capital goods in the fourth quarter suggests that production will keep increasing — although at a relaxed pace — in coming months.

1. American economists are surprised to see that ____________.
   A. they have to revise the GDP forecasts so often
   B. their government is announcing the end of a recession
   C. US economy is showing some signs of an upturn
   D. GDP growth reflects stronger domestic demand
2. The most encouraging fact about the US economy is that ____________.
   A. employment rates have risen faster than expected
   B. the Federal Reserve will raise interest rates soon
   C. industrial production is reaching its lowest point
   D. some economic sectors have become leading industries
3. Of which of the following did the author provide a guardedly optimistic view?
   A. GDP growth.　　B. The number of layoffs.
   C. Price indexes.　　D. Output of consumer goods.
4. Which of the following is the guarantee of a better future for US economy?

A. Motor vehicles.　　B. Housing market.

C. Business equipment.　　D. Computer gear.

5. Which of the following best summarizes the US economic situation today?

A. American economists are painting a gloomy picture.

B. It is slowly warming up with moderate growth.

C. Recession may come back anytime in the coming months.

D. Most sectors are picking up at a surprisingly fast pace.

2. 财政金融专题

Passage 1 （中山大学 2015）

Americans often say that there are only two things a person can be sure of in life: death and taxes. **Americans do not have a comer on the "death" market**, but many people feel that the United States leads the world with the most taxes.

Taxes consist of the money which people pay to support their government. There are generally three levels of government in the United States: federal, state, and city; therefore, there are three types of taxes.

Salaried people who earn more than a few thousand dollars must pay a certain percentage of their salaries to the federal government. The percentage varies from person to person. It depends on their salaries. The federal government has a graduated income tax, that is, the percentage of the tax 14 to 70 percent increases as a person's income increases. With the high cost of taxes, people are not very happy on April 15, when the federal taxes are due.

The second tax is for the state government: New York, California, North Dakota, or any of the other forty-seven states. Some states have an income tax similar to that of the federal government. Of course, the percentage for the state tax is lower. Other states have a sales tax, which is a percentage charged to any item which you buy in that state. For example, a person might want to buy a packet of cigarettes for twenty-five cents. If there is a sales tax of eight percent in that state, then the cost of the cigarettes is twenty-seven cents. This figure includes the sales tax. Some states use income tax in addition to sales tax to raise their revenues. The state tax laws are diverse and confusing.

The third tax is for the city. This tax comes in two forms: property tax (people who own a home have to pay taxes on it) and excise tax, which is charged on cars in a city. The cities use these funds for education, police and fire departments, public works and municipal buildings.

Since Americans pay such high taxes, they often feel that they are working one day each week just to pay their taxes. People always complain about taxes. They often protest that the government uses their tax dollars in the wrong way. They say that it spends too much on useless and impractical programs. Although Americans have different views on many issues, they tend to agree on one subject: Taxes are too high.

1. How do you understand the sentence "Americans do not have a corner on the 'death' market?"
   A. Americans cannot monopolize this market.
   B. Americans do not have a secret place to keep from death in their life.
   C. Americans are not good at doing business in the death market.
   D. There is no such place as a death market in the US.
2. What's the attitude of the Americans towards the high taxes?
   A. Take them easy. B. Try to resist them.
   C. Take them as their duty. D. Complain and protest.
3. What's the difference between federal tax and state tax?
   A. They have the same percentage.
   B. The percentage for the state tax is higher than the federal tax.
   C. The percentage for the federal tax is higher than the state tax.
   D. It is not mentioned in the passage.
4. Which of the following is NOT true according to the passage?
   A. Excise tax is charged on cars.
   B. There is a unified state tax law.
   C. Income tax increases as a person's income increases.
   D. Some states have both an income tax and a sales tax.
5. Which of the following usages of the taxes is NOT mentioned in the passage?
   A. For raising their revenues.
   B. For public works and municipal buildings.
   C. For police and fire departments.
   D. For sustaining development.

Passage 2 （北京交通大学 2013）

Imagine waking up and finding the value of your assets has been halved. No, you're not an investor in one of those hedge funds that failed completely. With the dollar slumping to a 26-year low against the pound, already-expensive London has become quite unaffordable. A coffee at Starbucks, just as unavoidable in England as it is in the United States, runs about $8.

The once all-powerful dollar isn't doing a Titanic against just the pound. It is sitting at a record low against the euro and at a 30-year low against the Canadian dollar. Even the Argentine peso and Brazilian real are thriving against the dollar.

The weak dollar is a source of humiliation, for a nation's self-esteem rests in part on the strength of its currency. It's also a potential economic problem, since a declining dollar makes imported food more expensive and exerts upward pressure on interest rates. And yet there are substantial sectors of the vast U.S. economy—from giant companies like Coca-Cola to mom-and-pop restaurant operators in Miami — for which the weak dollar is most excellent news.

Many Europeans may view the U.S. as an arrogant superpower that has become hostile to foreigners. But nothing makes people think more warmly of the U.S. than a weak dollar. Through April, the total number of visitors from abroad was up 6.8 percent from last year. Should the trend continue, the number of tourists this year will finally top the 2000 peak. Many Europeans now apparently view the U.S. the way many Americans view Mexico — as a cheap place to vacation, shop and party, all while ignoring the fact that the poorer locals can't afford to join the merrymaking.

The money tourists spend helps decrease our chronic trade deficit. So do exports, which thanks in part to the weak dollar, soared 11 percent between May 2006 and May 2007. For first five months of 2007, the trade deficit actually fell 7 percent from 2006.

If you own shares in large American corporations, you're a winner in the weak-dollar gamble. Last week Coca-Cola's stock bubbled to a five-year high after it reported a fantastic quarter. Foreign sales accounted for 65 percent of Coke's beverage business. Other American companies profiting from this trend include McDonald's and IBM.

American tourists, however, shouldn't expect any relief soon. The dollar lost strength the way many marriages break up — slowly, and then all at once. And **currencies don't turn on a dime**. So if you want to avoid the pain inflicted by the increasingly pathetic dollar, cancel that summer vacation to England and look to New England. There, the dollar is still treated with a little respect.

1. Why do Americans feel humiliated?
   A. Their economy is plunging.
   B. Their currency has slumped.
   C. They can't afford trips to Europe.
   D. They have lost half of their assets.
2. How does the current dollar affect the life of ordinary Americans?
   A. They have to cancel their vacations in New England.
   B. They find it unaffordable to dine in mom-and-pop restaurants.
   C. They have to spend more money when buying imported goods.
   D. They might lose their jobs due to potential economic problems.
3. How do many Europeans feel about the U.S. with the devalued dollar?
   A. They feel contemptuous of it.
   B. They are sympathetic with it.
   C. They regard it as a superpower on the decline.
   D. They think of it as a good tourist destination.
4. What is the author's advice to Americans?
   A. They treat the dollar with a little respect.
   B. They try to win in the weak-dollar gamble.
   C. They vacation at home rather than abroad.
   D. They treasure their marriages all the more.

5. What does the author imply by saying "currencies don't turn on a dime" (Line 2, Para.7)?

A. The dollar's value will not increase in the short term.

B. The value of a dollar will not be reduced to a dime.

C. The dollar's value will drop, but within a small margin.

D. Few Americans will change dollars into other currencies.

Passage 3 （中南财经政法大学 2013）

For multinational corporations, tax planning has become extremely complex affairs. It has been stated that no multinational corporation possesses the ultimate tax expertise. Therefore, in addition to having their own experts, MNCs rely heavily on local tax experts and legal counsel.

Taxes have a very important impact on foreign direct investment decisions. Taxes will determine the financial structure of subsidiary, and they will influence pricing decisions. They may also lead to the formation of holding companies. An MNC may decide to establish a branch rather than a subsidiary because of a given tax situation. The absence of a tax treaty between the country of a would-be investor and the nation where a foreign investment is to take place might lead to cancellation of investment plans. An unfavorable depreciation allowance may keep the foreign investor out.

Basically, an tax system can be divided into direct and indirect taxes. Corporate and individual income taxes are direct, value-added taxes, sales taxes, and import duties are indirect taxes. Corporate income taxes (taxes levied on earning) vary among the industrialized nations. France, the United States, Holland, Canada, and Germany have rates of around 50 percent; Italy, the United Kingdom and Japan have rates of between 36 and 40 percent.

Less developed countries usually have lower corporate tax rates in order to attract foreign investment. Thus, **Brazil has a rate of 30 percent, and Indonesia has a 40 percent tax rate.** A corporate tax is levied on taxable earnings. Taxable earnings are more significant than the tax rate itself. They determine what can be deducted before the tax is computed; in other words, these items are tax deductible. Countries differ greatly in determining taxable earnings. Some allow accelerated depreciation, whereby the asset (usually the plant or equipment) is written off at a substantially higher rate during the first years than in the later years. This allows for smaller taxable earnings in the early years. Other countries allow tax-free investment reserves. These are used at a later stage for investment in undeveloped areas of countries or are sent when countries are in a recession.

A recent type of tax that has won recognition in the European Common Market is value-added tax (VAT). This is a national sales tax levied at each stage of production or at the sale of consumer goods. The tax is assessed in proportion to the value added during that stage. Generally, manufacturing goods, such as plant and equipment, have been exempted from this tax. In most cases, food items also have been exempted.

Here is an example of how VAT works. A tree owner sells part of a tree to a lumber mill for

$1 must set aside ten cents VAT to pay to the government. The lumber mill processes the tree into building material and sells the wood for $3 to a lumber wholesaler. The mill adds $2 in value, and thus sets aside 10 percent of the added value, or twenty cents, to pay to the government. And so the VAT continues until the final sale.

The VAT system offers advantages, such as rebates on exports. Profitable and unprofitable firms are taxed alike, as there is no possibility of tax deductions to determine taxable income. A badly run company is, therefore, forced to improve or go out of business. Further, VAT is easy to calculate and collect. But VAT is often accused of having contributed to serious inflation in countries where it was introduced, notably in Western Europe.

1. No multinational corporation possesses the ultimate tax expertise because ________.
   A. taxes have a very important impact on investment decision
   B. an unfavorable depreciation allowance keeps the foreign investor out
   C. many countries and regions involved have complicated tax systems
   D. an MNC is not allowed to learn ultimate tax expertise
2. Tax system can be divided into ________.
   A. income taxes and direct taxes　　B. indirect taxes and direct taxes
   C. value-added taxes and sales taxes　　D. import duties and sales taxes
3. The sentence in the 4th paragraph "Brazil has a rate of 30 percent, and Indonesia has a 40 percent" shows that ________.
   A. governments attach less importance to corporate tax rates
   B. lower tax rates are set to attract more foreign investment
   C. countries differ greatly in determining taxable earnings
   D. the two countries carry out lower tax rates than developed countries
4. One arrives at taxable earnings when ________.
   A. accelerated depreciation is allowed
   B. asset is written off in the end
   C. all tax-deductible items have been subtracted
   D. tax-free investment reserves are allowed
5. Which of the following is the problem that the VAT system causes?
   A. Rebates on exports.　　B. No tax deductions.
   C. Easy calculation and collection.　　D. Economic instability.

Passage 4 （湖南大学 2013）

If sustainable competitive advantage depends on workforce skills, American firms have a problem.

Human-resource management is not traditionally seen as central to the competitive survival of the firm in the United States. Skill acquisition is considered an individual responsibility. Labor is simply another factor of production to be hired and rented at the lowest possible cost much as one buys raw materials or equipment.

The lack of importance attached to human-resource management can be seen in the corporate hierarchy.

In an American firm the chief financial officer is almost always second in command. The post of head of human-resource management is usually a specialized job, off at the edge of the corporate hierarchy. The executive who holds it is never consulted on major strategic decisions and has no chance to move up to Chief Executive Officer (CEO). By way of contrast, in Japan the head of human-resource management is central — usually the second most important executive, after the CEO, in the firm's hierarchy. While American firms often talk about the vast amounts spent on training their work force, in fact they invest less in the skills of their employees than do either Japanese or German firms. The money they do invest is also more highly concentrated on professional and managerial employees. And the limited investments that are made in training workers are also much more narrowly focused on the specific skills necessary to do the next job rather than on the basic background skills that make it possible to absorb new technologies.

As a result, problems emerge when new breakthrough technologies arrive. If American workers, for example, take much longer to learn how to operate new flexible manufacturing stations than workers of Germany (as they do), the effective cost of those stations is lower in Germany than it is in the United States. More time is required before equipment is up and running at capacity, and the need for extensive retraining generates costs and creates bottlenecks that limit the speed with which new equipment can be employed. The result is a slower pace of technological change, And in the end the skills of the bottom half of the population affect the wages of the top half. If the bottom half can't effectively staff the processes that have to be operated, the management and professional jobs that go with these processes will disappear.

1. Which of the following applies to the management of human resources in American companies?
   A. They hire people at the lowest cost regardless of their skills.
   B. They see the gaining of skills as their employees' own business.
   C. They attach more importance to workers than to equipment.
   D. They only hire skilled workers because of keen competition.
2. What is the position of the head of human-resource management in an American firm?
   A. He is one of the most important executives in the firm.
   B. His post is likely to disappear when new technologies are introduced.
   C. He is directly under the chief financial executive.
   D. He has no say in making important decisions in the firm.
3. The money most American firms put in training mainly goes to ____________.
   A. workers who can operate new equipment
   B. technological and managerial staff

C. workers who lack basic background skills

D. top executives

4. What is the main idea of the passage?

A. American firms are different from Japanese and German firms in human-resource management.

B. Extensive retraining is indispensable to effective human-resource management.

C. The head of human-resource management must be in the central position in the firm's hierarchy.

D. The human-resource management strategies of American firms affect their competitive capacity.

Passage 5 (对外经济贸易大学 2012)

Since the late 1970's, in the face of a severe loss of market share in dozens of industries, manufacturers in the United States have been trying to improve productivity — and therefore enhance their international competitiveness — through cost-cutting programs. (Cost-cutting here is defined as raising labor output while holding the amount of labor constant.) However, from 1978 through 1982, productivity — the value of goods manufactured divided by the amount of labor input — did not improve; and while the results were better in the business upturn of the three years following, they ran 25 percent lower than productivity improvements during earlier, post-1945 upturns. At the same time, it became clear that the harder manufactures worked to implement cost-cutting, the more they lost their competitive edge.

With this paradox in mind, I recently visited 25 companies; it became clear to me that the cost-cutting approach to increasing productivity is fundamentally flawed. Manufacturing regularly observes a "40, 40, 20" rule. Roughly 40 percent of any manufacturing-based competitive advantage derives from long-term changes in manufacturing structure (decisions about the number, size, location, and capacity of facilities) and in approaches to materials. Another 40 percent comes from major changes in equipment and process technology. The final 20 percent rests on implementing conventional cost-cutting. This rule does not imply that cost-cutting should not be tried. The well-known tools of this approach — including simplifying jobs and retraining employees to work smarter, not harder — do produce results. But the tools quickly reach the limits of what they can contribute.

Another problem is that the cost-cutting approach hinders innovation and discourages creative people. As **Abernathy's study** of automobile manufacturers has shown, an industry can easily become prisoner of its own investments in cost-cutting techniques, reducing its ability to develop new products. And managers under pressure to maximize cost-cutting will resist innovation because they know that more fundamental changes in processes or systems will wreak havoc with the results on which they are measured. Production managers have always seen their job as one of minimizing costs and maximizing output. This dimension of performance has until recently sufficed as a basis of evaluation, but it has created a penny-pinching, mechanistic culture in most factories that has kept away creative managers.

Every company I know that has freed itself from the paradox has done so, in part, by developing and implementing a manufacturing strategy. Such a strategy focuses on the manufacturing structure and on equipment and process technology. In one company a manufacturing strategy that allowed different areas of the factory to specialize in different markets replaced the conventional cost-cutting approach; within three years the company regained its competitive advantage. Together with such strategies, successful companies are also encouraging managers to focus on a wider set of objectives besides cutting costs. There is hope for manufacturing, but it clearly rests on a different way of managing.

1. The author of the passage is primarily concerned with ________.
   A. summarizing a thesis　　B. recommending a different approach
   C. comparing points of view　　D. making a series of predictions
2. It can be inferred from the passage that the manufacturers mentioned in line 2 expected that the measures they implemented would ________.
   A. encourage innovation
   B. keep labor output constant
   C. increase their competitive advantage
   D. permit business upturns to be more easily predicted
3. The primary function of the first paragraph of the passage is to ________.
   A. outline in brief the author's argument
   B. anticipate challenges to the prescriptions that follow
   C. clarify some disputed definitions of economic terms
   D. summarize a number of long-accepted explanations
4. The author refers to Abernathy's study (Para.3) most probably in order to ________.
   A. qualify an observation about one rule governing manufacturing
   B. address possible objections to a recommendation about improving manufacturing competitiveness
   C. support an earlier assertion about one method of increasing productivity
   D. suggest the centrality in the United States economy of a particular manufacturing industry
5. The author's attitude toward the culture in most factories is best described as ________.
   A. cautious　　B. critical　　C. disinterested　　D. respectful

Passage 6 （电子科技大学 2012）

A contract is an agreement which is enforceable by law. It can be long or short, formal or informal, simple or complicated, and verbal or written. Without a contract or agreement to bind the contracting parties, any international business or transaction would be impossible. Long ago, people exchanged promises in making bargains and binding the conduct of others. This exchange of promises came to be known as "agreement" and became more and more important in the fields of business. A promise or agreement is reached as a result of the process of offer and acceptance. When an agreement is reached, a contract is formed. Once a contract is officially signed by the concerned parties, it creates legal obligations in the sense of law.

A contract is the only document between the parties to which they may refer for clarification of mutual responsibilities. It should not be viewed as merely a document that initiates transaction and then filed and forgotten by the contracting parties. It must be drafted with an awareness of the background of the law in which the transaction takes place. It is proper to obtain legal advice as to the best set of contractual terms appropriate to the product and type of business.

Though most of the contracts have many provisions in common, each is different from the others owing to the nature of the goods. Whether we are dealing with a long or pre-printed form of the contract, there are certain key provisions that every contract should contain to avoid ambiguity and possible future conflicts. Whether to include other specific provisions depends on the type of goods, shipping and insurance complexities, and degree of trust and mutual confidence existing between buyer and seller.

1. According to the passage the main purpose of making a contract is to ____________.
   A. legalize a promise between related parties
   B. bind the contracting parties
   C. initiate a transaction
   D. make bargains
2. A contract can not create legal obligations in the sense of law unless ____________.
   A. it is agreed on by concerned parties
   B. the contracting parties accept it
   C. it is enforced by law
   D. the contracting parties signed it officially
3. Which of the following statements about the contract is true?
   A. It must be an agreement in the written form.
   B. It is a way of minimizing conflicts in international business or transaction.
   C. Its main function in commerce is to begin a transaction.
   D. It should contain as many details as possible.
4. In drafting a contract of international transaction, one need not take into consideration ____________.
   A. the nature of the goods
   B. the product and type of business
   C. the laws of a specific country where the business is to be done
   D. the physical health of contracting parties
5. As to contents of a contract, which of the following is not true?

A. It differs from one another due to the difference existing in the nature of goods.

B. It should be presented in language that is clear and precise.

C. Apart from the key provisions that must be included, whether to include any other special provisions depends on a lot of factors.

D. When there is a high degree of mutual trust and confidence between the buyer and the seller, the inclusion of the key provisions is not required.

Passage 7 （上海理工大学 2011）

It's easy to see why the price of gasoline is so upsetting to so many people. Gas prices are the one economic indicator you see all the time, prominently posted on big signs — and the prices are at record levels, seemingly rising by the hour. That's created a new pastime: driving around until you hit the big score, saving a nickel a gallon.

Is this a good use of your time? Not really, once you calculate how long it takes to drive around looking for a bargain and how much gas you burn doing it. If you're already at the financial brink, higher gas prices might push you over — but for most people, they ought not to be that big a deal. Don't believe me? Here are the numbers. During its first five years, the average vehicle costs its owner around \$725 a month, according to Edmunds. com, an automotive website. That includes depreciation, insurance, maintenance and such, but not gas. That averaged \$1.94 a gallon last week, up 45 cents from a year ago. The average vehicle uses 550 gallons of gas annually. Do the math, and at today's price, it costs around \$1,070 a year to fuel an average vehicle, up from \$820. The difference: less than \$25 a month. Forego the Big Gulp, hot dog and chips that you get along with your fill-up, and you'll be ahead of the game.

If you must worry, at least worry about the right thing: the way energy prices will slow down the economy if they stay at current levels. "Higher energy costs flow into every nook and cranny of the economy," says Daniel Yergin, chairman of Cambridge Energy Research Associates. Each dollar-a-barrel price hike acts like a \$20 million-a-day tax — \$7.3 billion a year — on the rest of the economy, with another \$13 million a day for natural gas, also in short supply. Oil's up \$12 a barrel in the past year, a levy that runs more than \$100 billion annually. Even in an \$11 trillion economy, that stings.

Unlike previous price spikes, caused by supply shortages, the current jump is caused largely by higher demand as the U.S. economy recovers, China's surges and the rest of the world's fortunes improve. That's the bad news part of the good economic news. But while supply and demand drive prices in the long term, in the short term they're heavily influenced by financial players, such as traders on the New York Mercantile Exchange. Yergin estimates that the combination of anxiety about the Middle East and financial players have added \$6 to \$8 a barrel to oil prices, which closed at \$41.38 a barrel Friday. This means that even though world supplies are tight, oil could be knocked down to about \$30.

Maybe we need some out-of-the-box thinking to dull this price spike. Sure, there's a long-term problem, requiring less demand or more supply. But for now, perhaps the Bush administration could use the 660-billion-barrel Strategic Petroleum Reserve to push prices down. One approach, suggested by Loews CEO Jim Tisch, whose company has extensive energy holdings, is to trade some reserve oil for oil to be delivered in a year. Based on Friday's prices, we could swap six barrels today for seven we'd get in 2005. That seems smarter than what we're doing: filling the reserve at today's prices. Think of it. We'd both save money and reduce current demand.

The White House isn't going for that, however. "The President believes that the Strategic Petroleum Reserve should be used only in the event of an emergency, not to manipulate prices," said White House spokesman Trent Duffy. It should be noted that Bush **excoriated** Bill Clinton for using the reserve to drive down heating-oil prices to help A1 Gore. Sure, that was political — but not necessarily unsound economically.

OK, even if you insist on thinking inside the box, just remember that although the big picture is well worth your worry, your gas bill's not worth obsessing over. After all, at the current prices, conserving's important — even mental energy.

1. According to the passage, the average owner spends $725 a month on the following with the exception of ______.
   A. depreciation　　B. insurance　　C. maintenance　　D. gas
2. According to the author, what is the most serious consequence of the current higher oil price?
   A. The economy will slow down.
   B. Fewer people can afford to drive.
   C. People try to save pennies a gallon.
   D. People are wasting time looking for cheap oil.
3. Which of the following is NOT the cause for the current jump of oil prices according to the passage?
   A. U.S. economy recovers.
   B. China's economy is developing fast.
   C. The rest of the world is becoming rich.
   D. The supply of oil is becoming less and less.
4. "Excoriated" in the sixth paragraph is closest in meaning to ______.
   A. exasperated　　B. censured　　C. praised　　D. prevented
5. The author thinks the White House should ______.
   A. limit the oil prices
   B. manipulate prices by using the reserve
   C. save money
   D. reduce demand

Passage 8 （天津外国语大学 2011）

Chinese firms are going global for the usual reasons: to acquire raw materials, get technical know-how and gain access to foreign markets. But they are under the guidance of a state that many countries consider a strategic competitor, not an ally. As our briefing explains, it often appoints executives, directs deals and finances them through state banks. Once bought, natural-resource firms can become captive suppliers of the Middle Kingdom. Some believe China Inc can be more sinister than that: for example, America thinks that Chinese telecoms-equipment firms pose a threat to its national security.

Private companies have played a big part in delivering the benefits of globalisation. They span the planet, allocating resources as they see fit and competing to win customers. The idea that an opaque government might come to dominate global capitalism is unappealing. Resources would be allocated by officials, not the market. Politics, not profit, might drive decisions. Such concerns are being voiced with increasing fervour. Australia and Canada, once open markets for takeovers, are creating hurdles for China's state-backed firms, particularly in natural resources, and it is easy to see other countries becoming less welcoming too.

That would be a mistake. China is miles away from posing this kind of threat: most of its firms are only just finding their feet abroad. Even in natural resources, where it has been most active in dealmaking, it is not close to controlling enough supply to rig the market for most commodities.

Nor is China's system as monolithic as foreigners often assume. State companies compete at home and their decision-making is consensual rather than dictatorial. When abroad they may have mixed motives, and some sectors — defence and strategic infrastructure, for instance — are too sensitive to allow them in. But such areas are relatively few.

What if Chinese state-owned companies run their acquisitions for politics, not profit? **So long as other firms could satisfy consumers' needs**, it would not matter. Chinese companies could safely be allowed to own energy firms, for instance, in a competitive market where customers could turn to other suppliers. And if Chinese firms throw subsidised capital around the world, that's fine. America and Europe could use the money. The danger that cheap Chinese capital might undermine rivals can be better dealt with by beefing up competition law than by keeping investment out.

Not all Chinese companies are state-directed. Some are largely independent and mainly interested in profits. Often these firms are making the running abroad. Take Volvo's new owner, Geely. Volvo should now be able to sell more cars in China; without the deal its future was bleak.

Chinese firms can bring new energy and capital to flagging companies around the world; but influence will not just flow one way. To succeed abroad, Chinese companies will have to adapt. That means hiring local managers, investing in local research and placating local concerns — for example by listing subsidiaries locally. Indian and Brazilian firms have an advantage abroad thanks to their private-sector DNA and more open cultures. That has not been lost on Chinese managers.

1. In face of China's economic expansion abroad, the author of this article is ______.
   A. optimistic　B. pessimistic　C. neutral　D. noncommittal
2. According to the article, the reason why China cannot control the market for most commodities in energy sector is ______.
   A. China does not have enough money
   B. Chinese companies are reluctant to cooperate with foreign firms
   C. China is in initial stage of investing abroad
   D. Chinese companies are state-owned
3. What is Volvo's immediate benefit after Geely becomes its new owner?
   A. Sales go up.　B. Future becomes unpredictable.
   C. Workers have a salary hike.　D. Unemployment goes down.
4. "So long as other firms could satisfy consumers' needs, it would not matter." This implies that ______.
   A. Chinese cannot control the market companies
   B. the market is not competitive
   C. consumers do not like Chinese
   D. Indian companies are more powerful
5. It is suggested that Chinese firms should do the following if they want to succeed abroad ______.
   A. Stick to public ownership　B. Make changes to suit local conditions
   C. Invest more money　D. Have more decision making power

Passage 9 （对外经济贸易大学 2011 年）

It can be argued that much consumer dissatisfaction with marketing strategies arises from an inability to aim advertising at only the likely buyers of a given product.

There are three groups of consumers who are affected by the marketing process. First, there is the market segment — people who need the commodity in question. Second, there is the program target — people in the market segment with the "best fit" characteristics for a specific product. Lots of people may need **trousers**, but only a few qualify as likely buyers of very expensive designer **trousers**. Finally, there is the program audience — all people who are actually exposed to the marketing program without regard to whether they need or want the product.

These three groups are rarely identical. An exception occurs occasionally in cases where customers for a particular industrial product may be few and easily identifiable. Such customers, all sharing a particular need, are likely to form a meaningful target, for example, all companies with a particular application of **the product in question**, such as high-speed fillers of bottles at breweries. In such circumstances, direct selling (marketing that reaches only the program target) is likely to be economically justified, and highly specialized trade media exist to expose members of the program target — and only members of the program target — to the marketing program.

Most consumer-goods markets are significantly different. Typically, there are many rather than few potential customers. Each represents a relatively small percentage of potential sales. Rarely do members of a particular market segment group themselves neatly into a meaningful program target. There are substantial differences among consumers with similar demographic characteristics. Even with all the past decade's advances in information technology, direct selling of consumer goods is rare, and mass marketing — a marketing approach that aims at a wide audience — remains the only economically feasible mode. Unfortunately, there are few media that allow the marketer to direct a marketing program exclusively to the program target. Inevitably, people get exposed to a great deal of marketing for products in which they have no interest and so they become annoyed.

1. Which of the following does the passage suggest about highly specialized trade media?
   A. They should be used only when direct selling is not economically feasible.
   B. They can be used to exclude from the program audience people who are not part of the program target.
   C. They are used only for very expensive products.
   D. They are rarely used in the implementation of marketing programs for industrial products.
2. Which of the following does the passage suggests about direct selling?
   A. It is used in the marketing of most industrial products.
   B. It is often used in cases where there is a large program target.
   C. It is not economically feasible for most marketing programs.
   D. It is used only for products for which there are many potential customers.
3. The author mentions "trousers" (Paragraph 2) most likely in order to ________.
   A. make a comparison between the program target and the program audience
   B. emphasize the similarities between the market segment and the program target
   C. provide an example of the way three groups of consumers are affected by a marketing program
   D. clarify the distinction between the market segment and the program target
4. "the product in question" in Paragraph 3 means ________
   A. "the product in the previous question"
   B. "the product under discussion"
   C. "the product on sale"
   D. "the product in doubt"
5. Which of the following is true for most consumer-goods markets as can be inferred from the passage?
   A. The program audience is smaller than the market segment.

B. The program audience and the market segment are usually identical.

C. The market segment and the program target are usually identical.

D. The program target is larger than the market segment.

Passage 10 (对外经济贸易大学 2011)

Many United States companies have, unfortunately, made the search for legal protection from import competition into a major line of work. Since 1980 the United States International Trade Commission (ITC) has received about 280 complaints alleging damage from imports that benefit from subsidies by foreign governments. Another 340 charge that foreign companies "dumped" their products in the United States at "less than fair value". Even when no unfair practices are alleged, the simple claim that an industry has been injured by imports is sufficient grounds to seek relief.

Contrary to the general impression, this quest for import relief has hurt more companies than it has helped. As corporations begin to function globally, they develop an intricate web of marketing, production, and research relationships. The complexity of these relationships makes it unlikely that a system of import relief laws will meet the strategic needs of all the units under the same parent company.

Internationalization increases the danger that foreign companies will use import relief laws against the very companies the laws were designed to protect. Suppose a United States-owned company establishes an overseas plant to manufacture a product while its competitor makes the same product in the United States. If the competitor can prove injury from the imports — and that the United States company received a subsidy from a foreign government to build its plant abroad — the United States company's products will be uncompetitive in the United States, since they would be subject to duties.

Perhaps the most brazen (marked by contemptuous boldness) case occurred when the ITC investigated allegations that Canadian companies were injuring the United States salt industry by dumping rock salt, used to de-ice roads. The bizarre aspect of the complaint was that a foreign conglomerate with United States operations was crying for help against a United States company with foreign operations. The "United States" company claiming injury was a subsidiary of a Dutch conglomerate, while the "Canadian" companies included a subsidiary of a Chicago firm that was the second-largest domestic producer of rock salt.

1. The passage is chiefly concerned with ____________.

A. arguing against the increased internationalization of United States corporations

B. warning that the application of laws affecting trade frequently has unintended consequences

C. demonstrating that foreign-based firms receive more subsidies from their governments than United States firms receive from the United States government

D. advocating the use of trade restrictions for "dumped" products but not for other imports

2. Which of the following is the mininal basis for a complaint to the International Trade Commission?

   A. Foreign competitor has received a subsidy from a foreign government.

   B. Foreign competitor has substantially increased the volume of products shipped to the United States.

   C. Foreign competitor is selling products in the United States at less than fair market value.

   D. The company requesting import relief has been injured by the sale of imports in the United States.

3. Which of the following functions does the last paragraph perform in the passage?

   A. It summarizes the discussion thus far and suggests additional areas of research.

   B. It presents a recommendation based on the evidence presented earlier.

   C. It cites a specific case that illustrates a problem presented more generally in the previous paragraph.

   D. It introduces an additional area of concern not mentioned earlier.

4. Which of the following dangers does the passage warn?

   A. Companies in the United States may receive no protection from imports unless they actively seek protection from import competition.

   B. Companies that seek legal protection from import competition may incur legal costs that far exceed any possible gain.

   C. Companies that are United States-owned but operate internationally may not be eligible for protection from import competition under the laws of the countries in which their plants operate.

   D. Companies that are not United States-owned may seek legal protection from import competition under United States import relief laws.

5. According to the passage, which of the following did the International Trade Commission involve in?

   A. Investigating allegations of unfair import competition.

   B. Granting subsidies to companies in the United States that have been injured by import competition.

   C. Recommending legislation to ensure fair trade.

   D. Identifying international corporations that wish to build plants in the United States.

3. 政治法律专题

Passage 1 （北京科技大学 2014）

Constant vigilance: that is the task of the people who protect society from enemies intent on using subterfuge and violence to get their way. It is also the watch word of those who fear that the protectors will pursue the collective interest at untold cost to individual rights. Edward Snowden, a young security contractor, has come down on one side of that tussle by leaking documents showing that the National Security Agency (NSA) spied on millions of Americans' phone records on the internet activity of hundreds of millions of foreigners.

The documents, published by the *Guardian* and the *Washington Post*, include two big secrets. One is a court order telling Verizon, a telecoms company, to hand over "metadata", such as the duration, direction and location of subscribers' calls. The other gives some clues about a programme called PRISM, which collects e-mails, files and social-networking data from firms such as Google, Apple and Facebook. Much of this eavesdropping has long been surmised, and none of it is necessarily illegal. America gives wide powers to its law—enforcement and spy agencies. They are overseen by Congress and courts, which issue orders to internet firms.

Barack Obama has responded to the leaks by saying that he "welcomes" a debate on the trade-off between privacy, security and convenience. Despite the president's words, however, the administration and much of Congress seem unwilling to talk about the programmes they oversee; and the politicians and executives who do want to speak out are gagged by secrecy laws. Opinion polls show that Americans are divided about the merits of surveillance — which is partly because they know so little about what is going on. But spying in a democracy depends for its legitimacy on informed consent, not blind trust.

You might argue that the spies are doing only what is necessary. Al-Qaeda's assaults on September 11th 2001 demonstrated to politicians everywhere that their first duty is to ensure their own citizen's safety. With Islamist bombers, there is a good case for using electronic surveillance: they come from a population that is still hard for Western security services to penetrate, and they make wide use of mobile phones and the internet. The NSA's boss, Keith Alexander, says the ploys revealed by Mr. Snowden have stopped dozens of plots. The burden on society of sweeping up information about them has been modest compared with the wars launched against Afghanistan and Iraq. And the public seems happy: **if there were another attack on America, Mr. Snowden would soon be forgotten.**

Yet because the spies choose what to reveal about their work, nobody can judge if the cost and intrusion are proportionate to the threat. One concern is the size, scope and cost of the security bureaucracy: some 1.4 million people have "top secret" clearances of the kind held by Mr. Snowden. Is that sensible?

A second worry is the effect on America's ties with other countries. The administration's immediate response to the PRISM revelation was that Americans have nothing to fear: it touched only foreigners. That adds insult to injury in countries that count themselves as close American allies: the European Union, in particular, fastidiously protects its citizens' data. Fears abound that the spy agencies practice a cynical swap, in which each respects the letter of the law protecting the rights of its own people — but lets its allies do the snooping instead.

Lawyerly officials' denials of such machinations fail to reassure because of the third worry: the governments acting outside public scrutiny are not to be trusted. James Clapper, America's director of national intelligence, told Congress in March that the NSA does not gather data on "millions of Americans". He now says he answered in "the least untruthful manner" possible. Trawls through big databases may produce interesting clues — but also life-ruining false alarms, especially when the resulting decisions are cloaked in secrecy. Those on "no-fly lists", which ban an unknown number of people from most air travel, are not told what they have done wrong and cannot clear their names. In desperation, 13 American citizens, including some who were exiled from their own country by the travel ban, are suing the government.

Our point is not that America's spies are doing the wrong things, but that the level of public scrutiny is inadequate and so is the right of redress. Without these, officials will be tempted to abuse their powers, because the price of doing so is small. This is particularly true for those who bug and ban.

Spooks do need secrecy, but not on everything, always and everywhere. Officials will complain that disclosure would hinder their efforts in what is already an unfair fight. Yet some operational efficiency is worth sacrificing, because public scrutiny is a condition for popular backing. Even allowing for the need to keep some things clandestine, Americans need a clearer idea of what their spies are doing in their name.

1. According to the passage, which of the following statements about vigilance is true?

A. President Obama describes the spying as a defense of security.

B. Americans differ in their attitude towards the government's vigilance.

C. The administration and Congress feel ashamed of the spying.

D. America's law-enforcement and spy agencies are not entitled to spy.

2. The sentence in Paragraph 4 "if there were another attack on America, Mr. Snowden would soon be forgotten" probably means ________.

A. Americans need divert their attention from the spying event

B. Mr. Snowden matters little compared to America's potential enemies

C. Vigilance would be accepted by the public if America was faced with danger

D. Mr. Snowden's revelation of PRISM would be forgotten sooner or later

3. Americans have the following concerns regarding vigilance EXCEPT ________.

A. Spy agents leave Americans little privacy and less security

B. Spying will damage America's relation with other countries

C. It is not sensible to devote much money and energy to vigilance

D. There lacks effective scrutiny of the government's surveillance

4. The case that some citizens are banned from air travel in paragraph 7 is presented to illustrate ________.

A. the efficiency of spying

B. the absurdity of the ban

C. the inadequacy of the spying system

D. the interesting findings of spying

5. What is the author's stance on vigilance by the government?

A. Vigilance does more harm than good to American citizens.

B. Protection of society is merely an excuse for illegal vigilance.

C. The legitimacy of vigilance is still open to discussion.

D. Vigilance is necessary but should be better scrutinized by the public.

Passage 2 （四川大学 2013）

An important point in the development of a governmental agency is the codification of its controlling practices. The study of law or jurisprudence is usually concerned with the codes and practices of specific governments, past or present. It is also concerned with certain questions upon which a functional analysis of behavior has some bearing. What is a law? What role does a law play in governmental control? In particular, what effect does it have upon the behavior of the controller and of the members of the governmental agency itself?

A law usually has two important features. In the first place, it specifies behavior. The behavior is usually not described topographically but rather in terms of its effect upon others — the effect that is the object of governmental control. When we are told, for example, that an individual has "**committed perjury**", we are not told what he has actually said. "Robbery" and "assault" do not refer to specific forms of response. Only properties of behavior which are aversive to others are mentioned — in perjury the lack of a customary correspondence between a verbal response and certain factual circumstances, in robbery the removal of positive reinforces, and in assault the aversive character of physical injury. In the second place, a law specifies or implies a consequence, usually punishment. A law is thus a statement of a contingency of reinforcement maintained by a governmental agency. The contingency may have prevailed as a controlling practice prior to its codification as a law, or it may represent a new practice which goes into effect with the passage of the law. Laws are thus both descriptions of past practices and assurances of similar practices in the future. A law is a rule of conduct in the sense that it specifies the consequences of certain actions which in turn "rule" behavior.

The effect of a law upon the controlling agency. The government of a large group requires an elaborate organization, the practices of which may be made more consistent and effective by codification. How codes of law affect governmental agents is the principal subject of jurisprudence. The behavioral processes are complex, although presumably not novel. In order to maintain or "enforce" contingencies of governmental control, an agency must establish the fact that an individual has behaved illegally and must interpret a code to determine the punishment. It must then carry out the punishment. These labors are usually divided among special subdivisions of the agency. The advantages gained when the individual is "not under man but under law", have usually been obvious, and the great codifiers of law occupy places of honor in the history of civilization. Codification does not, however, change the essential nature of governmental action nor remedy all its defects.

1. In the development of a governmental agency, ____________.
   A. the standard on which the judgment may be made is more important than the actual application of this judgment
   B. the function of law is important
   C. the study of ordinance is the most important
   D. practice is more important than criterion
2. One of the prominent characteristics of a law is ____________.
   A. the result on the individual's behavior on which a restraining influence is being exercised
   B. the result of a behavior on the members of the governmental agency
   C. the result of a behavior on ordinary citizens
   D. Both A and B
3. What does the example "committed perjury" illustrate?
   A. The law will examine closely what the individual said in court.
   B. It illustrates that the law only has something to say when behavior has negative effects on others.
   C. Behavior which tends to avoid punishing stimulus will not be explicitly specified by law.
   D. Both B and C.
4. The other distinguishing trait of the law is ____________.
   A. punishment is carried out by the courts at all levels
   B. rules and court practices initiated by a governmental agency are specifically designed to increase government control
   C. a system of rules governing a conduct, activity or event incidental by nature
   D. any governmental reinforcement
5. How does codification of the laws affect governmental agents?
   A. The law will be interpreted objectively rather than subjectively.
   B. Government agencies have to compromise with factual conditions.
   C. Occasionally, governmental agencies have to redress, correct or adapt a law for their benefit.
   D. Laws can not be altered or modified but they can be incremented with new court decisions and also through jurisprudence.

Passage 3 （首都师范大学 2013）

The European Court of Human Rights ruled Tuesday that Abu Qatada, a radical Islamic preacher regarded as one of Al Qaeda's main inspirational leaders in Europe, cannot be deported from Britain to his native Jordan because his trial there would be tainted by evidence obtained by torture. The preacher, whose real name is Omar Mahmoud Mohammed Othman, is in prison in

Britain and has been convicted in his absence in Jordan of planning two bombing attacks. The British government had insisted that he be returned to Jordan as part of a wider strategy of dealing with international terrorism suspects by deportation.

Although it accepted Jordan's assurances that Mr. Othman would be treated humanely, the European court in Strasbourg, France, said in its ruling that evidence against Mr. Othman in the Jordan bombings "had been obtained by torturing one of his co-defendants". Deporting him would "legitimize the torture of witnesses and suspects," it said, and "result in a flagrant denial of justice."

Britain has wrestled for more than a decade with a sense that it had become a safe haven and incubator for Islamic extremism, struggling to balance civil liberties and due process with security. One former senior antiterrorism police officer, who requested anonymity in order to discuss delicate security issues, said Britain had tracked as many as 100 **nascent** terror plots at any one time since 2001, though only a few escalated into serious threats.

Britain's close links with the Middle East and Pakistan, its formerly generous asylum policies and a history of protecting free speech also combined to make it fertile ground for many others seeking to promulgate extremist interpretations of Islam. Former Prime Minister Tony Blair was fiercely criticized for trying to address Britain's problems with Islamic extremism by introducing indefinite detention without trial for "suspected international terrorists" in the wake of the Sept.11 attacks. Subsequent efforts have included more robust laws against inciting religious hatred, "control orders" that seek to monitor suspects without jailing them, tightened asylum procedures, and redoubled efforts to deport suspects.

All those measures have been subject to appeal at the European court, which sits above Britain's own Supreme Court as a final arbiter of appeals.

Many terror suspects sought by the United States, including the preacher Abu Hamza, have argued that the threat that the United States will hold them in isolation in supermaximum security prisons or at the Guantánamo Bay detention center in Cuba, and the possibility of the death penalty, constitute human rights violations.

1. Why did the European Court overrule Britain on Abu Qatada according to the passage?
   A. Because the British Court sits under the European Court.
   B. Because the laws on suspects changed after September 11.
   C. Because the evidence had been gained by torture.
   D. Because Abu Qatada was proved to be absent in the plot.
2. Which of the following words can best replace the underlined word "nascent" in Paragraph 3?
   A. sudden　　B. severe　　C. violent　　D. undeveloped
3. Why was Tony Blair criticized according to the passage?
   A. Improper efforts to deal with suspects.
   B. Too tightened laws for citizens.

C. No effective means to expel suspects.

D. Not efficient in dealing with British Problems.

4. What did Abu Hamza suggest according to the end of the passage?

A. Detention centers were widespread.

B. People were violated when threatened.

C. American citizens were always threatened.

D. European court sits above Britain's Supreme Court.

5. According to the passage, which of the following is NOT true?

A. Jordan assured Mr. Othman he would be treated humanely.

B. Britain struggled to balance civil liberties and due process with security.

C. Britain agreed on extremist interpretation of Islam.

D. Britain's asylum policies were generous before.

6. What topic is the passage mainly about?

A. Politics B. Religion C. Culture D. Law

Passage 4 （华东师范大学 2012）

I have observed that the Americans show a less decided taste for general ideas than the French. This is especially true in politics.

Although the Americans infuse into their legislation far more general ideas than the English, and although they strive more than the latter to adjust the practice of affairs to theory, no political bodies in the United States have ever shown so much love for general ideas as the constituent Assembly and the Convention in France. At no time has the American people laid hold on ideas of this kind with the passionate energy of the French people in the eighteenth century, or displayed the same blind confidence in the value and absolute truth of any theory.

This difference between the Americans and the French originates in several causes, but principally in the following one. The Americans are a democratic people who have always directed public affairs themselves. The French are a democratic people who for a long time could only speculate on the best manner of conducting them. The social condition of the French led them to conceive very general ideas on the subject of government, while their political constitution prevented them from correcting those ideas by experiment and from gradually detecting their insufficiency; whereas in America the two things constantly balance and correct each other.

It may seem at first sight that this is very much opposed to what I have said before, that democratic nations derive their love of theory from the very excitement of their active life. A more attentive examination will show that there is nothing contradictory in the proposition.

Men living in democratic countries eagerly lay hold of general ideas because they have but little leisure and because these ideas spare them the redouble of studying particulars. This is true, but it is only be understood of those matters while are not the necessary and habitual subjects of their thoughts. Mercantile men will take up very eagerly, and without any close scrutiny, all the general ideas on philosophy, politics, science, or the arts which may be presented to them; but for such as relate to commerce, they will not receive them without inquiry or adopt them without reserve. The same thing applies to statesman with regard to general ideas in politics.

If, then, there is a subject upon which a democratic people is peculiarly liable to abandon itself, blindly and extravagantly, to general ideas, the best corrective that can be used will be to make that subject a part of their daily practical occupation. They will then be compelled to enter into details, and the details will teach them the weak points of the theory. This remedy may frequently be a painful one, but its effect is certain.

Thus it happens that the democratic institutions which compel ever citizen to take a practical part in the government moderate that excessive taste for general theories in politics which the principle of equality suggests.

1. According to the writer, what kinds of ideas have been favored by the French people?
   A. Political ideas that can be adjusted to the practice of government.
   B. Concrete ideas that they believe to be truthful.
   C. General ideas in political affairs.
   D. Eighteenth century ideas.
2. Why do the Americans show less enthusiasm for general ideas than the French?
   A. The French constitution did not allow for experiment.
   B. In America, the constitution provides checks and balances.
   C. The social conditions in France led to different ideas.
   D. The Americans have always been in charge of their own public affairs.
3. Some people in democratic countries prefer general ideas because ________.
   A. in politics it is easier to study general ideas
   B. general ideas on different subjects are more interesting
   C. mercantile men prefer general ideas on philosophy, politics, science and the arts
   D. they do not have time to address details
4. What does the writer think would inhibit people's preference for general ideas?
   A. Teaching them the weak points of the theory.
   B. Encouraging them to take a practical part in democratic institutions.
   C. Trying to make them abandon those ideas.
   D. Compelling them to study details.
5. The writer's conclusion is that ________.
   A. the principle of equality must be paramount
   B. general theories in politics should be the most important part of democracy
   C. citizens should be forced to take part in democratic institutions
   D. people's taste for general ideas can be diminished through taking part in democratic institutions

Passage 5 （南开大学 2012）

Europeans have little reason to fear a strike from Iran. So why are they eagerly signing up to America's system to intercept Iranian missiles? Because they are scared of Russia. Within days of Russia's invasion of Georgia, Poland had agreed to host ten American interceptors. Ukraine offered to link up its early-warning radars and contribute to surveillance in space. The Czech Republic had already agreed to host the missile-tracking radar.

"We have crossed the Rubicon," said the Polish prime minister, Donald Tusk, as the deal was done. Russia said any country involved in America's missile defences made itself a legitimate target for nuclear attack. Condoleezza Rice, the American secretary of state, who went to Poland to sign the deal this week, retorted that such threatening language "isn't tolerable".

Missile defences cannot fend off Russia's huge arsenal, but countries hosting them place themselves under America's umbrella, in effect becoming part of the defence of its homeland. American officials said the war in Georgia could have made further delay seem like surrender to Russia. But Mr. Tusk offered another view: after Russia's invasion, America at last accepted Polish demands for help in modernising its armed forces, and for the deployment of an American Patriot anti-aircraft(and anti-missile) battery in Poland.

Iran strengthened America's case by boasting(apparently falsely) this week that it had tested a missile capable of launching satellites. Previously Iran claimed its missiles could reach targets as far away as Ukraine and the Balkans. But if it ever put objects into orbit, that would allow it to fire warheads a lot farther. The Kremlin still plays down the Iranian threat, and says America's real objective is to neutralise Russia's nuclear forces. America has invited the Russians to join in, to no avail.

Missile defenses do not just pose a geopolitical risk that could worsen the West's poor relations with Russia. They are also a technological gamble. The system is not fully proven. The two-stage interceptors that will be deployed in Europe have not been built yet, and the geometry of using ground interceptors against a future Iranian threat has still to be tested.

The Pentagon's independent office to evaluate new equipment said last October that it was far from being able to certify "a high probability of the system working in an operationally effective manner once deployed". It said intercepts of Iranian weapons were "very distinct" from past tests against simulated North Korean missiles over the Pacific, since shorter distances require a quicker response. The European system must also be able to deal with two kinds of missiles, intercontinental-range missiles fired at America and intermediate-range weapons fired at Europe, with different trajectories and speeds.

General Trey Obering, director of the Missile Defense Agency(MDA), calls Pentagon evaluators "very pessimistic". He says the two-stage interceptor is a simplified version of the three-stage version used above the Pacific. The principles of missile defense differ little regardless of range. Yet critics insist that America is wasting a fortune for an impossible technological fix. It has spent more than $110 billion on missile defense since Ronald Reagan launched his "star wars" Strategic Defense Initiative 25 years ago, evoking an impossibly ambitious "shield that could protect us from nuclear missiles just as a roof protects a family from rain". The new system is less ambitious, designed to fend off only a small number of missiles — but it will still cost as much as $10 billion a year.

The MDA is developing some 16 overlapping systems, designed to hit missiles in different phases of flight on the philosophy of "shoot early, shoot often". The European system will try to intercept missiles in mid-course in space, where warheads separate. In several tests, the MDA has shown that it can "hit a bullet with a bullet" or even, in the words of General Obering, "hit a spot on a bullet". In February an American ship shot down a spy satellite that had spun out of control.

But can the system be fooled by counter-measures? The lack of atmosphere in space means that missiles travel predictably, but it also means that decoys such as balloons move identically. How to identify a decoy dressed up as a warhead, or a warhead wrapped in a decoy? Critics such as Theodore Postol, of the Massachusetts Institute of Technology, say this problem is insurmountable, however powerful the radars and other sensors. "It is like trying to find a bomb hidden in a pile of suitcases only by looking at them, without being able to shake them and without sniffer dogs," he argues.

Not so, says Keith Englander, chief scientist at the MDA. Even in space there are "residual" effects that help to identify warheads. He says the system can already distinguish between warheads and balloons. It cannot yet handle more complex counter-measures, he admits, but these are harder to deploy than critics imagine.

Yet some criticisms have hit the mark. The MDA wants to develop new ways of watching a missile's flight "from birth to death" to try to identify a warhead. And if it cannot spot the real target, it is developing interceptors with multiple "kill vehicles" to destroy decoys too. Besides, the critics have a big weakness: if missile defenses were just expensive junk, why would the Russians protest so loudly?

1. The East Europeans have decided to sign up to U. S. missile defense system because __________.

   A. they are scared of possible missile strike from Iran

   B. by doing this U.S. can provide them with all necessary resources to modernize their armed forces

   C. that will help them neutralize Russia's nuclear power

   D. that will put them under the protection of America's military shield

2. According to the author, current missile defense system is a technological gamble because __________.

   A. more money has to be invested in developing the system — as much as $10 billion a year

B. the system has not been built yet

C. the efficiency of the system is yet to be tested

D. the Missile Defense Agency (MDA) has not confirmed its effectiveness so far

3. Compared with the old system designed for Ronald Reagan's Star Wars, the new system is marked for its ________.

A. range B. accuracy C. cost-effectiveness D. working strategy

4. In terms of counter-measures, some specialists are optimistic about the usability of the missile defense system because ________.

A. the system is able to identify and hit decoys

B. technological solutions will not make the system more expensive

C. interceptors are equipped with multiple kill vehicles, so decoys can not escape

D. decoys are harder to deploy, while the system will be able to distinguish more decoys with the help of sensory equipment

5. What is the author's attitude toward U.S. missile defense system?

A. It is technologically unfeasible.

B. It will work more efficiently than the old system intended for Star Wars.

C. It must overcome quite a few obstacles before people say yes.

D. It definitely excels in its technology and deployability, as evidenced in Russia's nervousness.

Passage 6 (上海理工大学 2012，武汉大学 2011)

This month Singapore passed a bill that would give legal teeth to the moral obligation to support one's parents. Called the Maintenance of Parents Bill, it received the backing of the Singapore Government.

That does not mean it hasn't generated discussion. Several members of the Parliament opposed the measure as un-Asian. Others who acknowledged the problem of the elderly poor believed it a disproportionate response. Still others believe it will subvert relations within the family; cynics dubbed it the "Sue Your Son" law.

Those who say that the bill does not promote filial responsibility, of course, are right. It has nothing to do with filial responsibility. It kicks in where filial responsibility fails. The law cannot legislate filial responsibility any more than it can legislate love. All the law can do is to provide a safety net where this morality proves insufficient. Singapore needs this bill not to replace morality, but to provide incentives to shore it up.

Like many other developed nations, Singapore faces the problems of an increasing proportion of people over 60 years of age. Demography is inexorable. In 1980, 7.2% of the population was in this bracket. By the turn of the century, that figure will grow to 11%. By 2030, the proportion is projected to be 26%. The problem is not old age itself. It is that the ratio of economically active people to economically inactive people will decline.

But no amount of government exhortation or paternalism will completely eliminate the problem of old people who have insufficient means to make ends meet. Some people will fall through the holes in any safety net.

Traditionally, a person's insurance against poverty in his old age was his family. This is not a revolutionary concept. Nor is it uniquely Asian. Care and support for one's parents is a universal value shared by all civilized societies.

The problem in Singapore is that the moral obligation to look after one's parents is unenforceable. A father can be compelled by law to maintain his children. A husband can be forced to support his wife. But, until now, a son or daughter had no legal obligation to support his or her parents.

In 1989, an Advisory Council was set up to took into the problems of the aged. Its report stated with a tinge of complacency that 95% of those who did not have their own income were receiving cash contributions from relations. But what of the 5% who aren't getting relatives' support? They have several options: (a) get a job and work until they die; (b) apply for public assistance(you have to be destitute to apply); or(c) starve quietly. None of these options is socially acceptable. And what if this 5% figure grows, as it is likely to do, as society ages?

The Maintenance of Parents Bill was put forth to encourage the traditional virtues that have so far kept Asian nations from some of the breakdowns encountered in other affluent societies. This legislation will allow a person to apply to the court for maintenance from any or all of his children. The court would have the discretion to refuse to make an order if it is unjust.

Those who deride the proposal for opening up the courts to family lawsuits mixes the point. Only in extreme cases would any parent take his child to court. If it does indeed become law, the bill's effect would be far more subtle.

First, it will reaffirm the notion that it is each individual's — not society's — responsibility to look after his parents. Singapore is still conservative enough that most people will not object to this idea. It reinforces the traditional values and it doesn't hurt a society now and then to remind itself of its core values.

Second, and more important, it will make those who are inclined to shirk their responsibilities think twice. Until now, if a person asked family elders, clergymen or the Ministry of Community Development to help get financial support from his children, the most they could do was to mediate. But mediators have no teeth, and a child could simply ignore their pleas.

But to be sued by one's parents would be a massive loss of face. It would be a public disgrace. Few people would be so thick-skinned as to say, "Sue and be damned". The hand of the conciliator would be immeasurably strengthened. It is far more likely that some sort of amicable settlement would be reached if the recalcitrant son or daughter knows that the alternative is a public trial.

It would be nice to think Singapore doesn't need this kind of law. But that belief ignores the clear demographic trends and the effect of affluence itself on traditional bends. Those of us who pushed for the bill will consider ourselves most successful if it acts as an incentive not to have it invoked in the first place.

1. By quoting the growing percentage points of the aged in the population, the author seems to imply that ________.
   A. the country will face mounting problems of the old in future
   B. the social welfare system would be under great pressure
   C. young people should be given more moral education
   D. the old should be provided with means of livelihood
2. Which of the following statements is CORRECT?
   A. Filial responsibility in Singapore is enforced by law.
   B. Fathers have legal obligations to look after their children.
   C. It is an acceptable practice for the old to continue working.
   D. The Advisory Council was dissatisfied with the problems of the old.
3. The author seems to suggest that traditional values ________.
   A. play an insignificant role in solving social problems
   B. are helpful to the elderly when they sue their children
   C. are very important in preserving Asian uniqueness
   D. are significant in helping the Bill get approved
4. The author thinks that if the Bill becomes law, its effect would be ________.
   A. indirect　　B. unnoticed　　C. apparent　　D. straightforward
5. At the end of the passage, the author seems to imply that success of the Bill depends upon ________.
   A. strict enforcement　　B. public support
   C. government assurance　　D. finial awareness

Passage 7 （华东师范大学 2010）

"They treat us like mules," the guy installing my washer tells me, his eyes narrowing as he wipes his hands. I had just complimented him and his partner on the speed and assurance of their work. He explains that it's rare that customers speak to him this way. I know what he's talking about. My mother was a waitress all her life, in coffee shops and fast-paced chain restaurants. It was hard work, but she liked it, liked "being among the public", as she would say. But that work had its sting, too — the customer who would treat her like a servant or, her biggest complaint, like she was not that bright.

There's a lesson here for this political season: the subtle and not-so-subtle insults that blue-collar and service workers endure as part of their working lives. And those insults often have to do with intelligence.

We like to think of the United States as a classless society. The belief in economic mobility is central to the American Dream, and we pride ourselves on our spirit of **egalitarianism**. But we also have a troubling streak of aristocratic bias in our national temperament, and one way it manifests itself is in the assumptions we mark about people who work with their hands. Working people sense this bias and react to it when they vote. The common political wisdom is that hot-button social issues have driven blue-collar voters rightward. But there are other cultural dynamics at play as well. And Democrats can be as oblivious to these dynamics as Republicans — though the Grand Old Party did appeal to them in St. Paul.

Let's go back to those two men installing my washer and dryer. They do a lot of heavy lifting quickly — mine was the first of 15 deliveries — and efficiently to avoid injury. Between them there is ongoing communication, verbal and nonverbal, to coordinate the lift, negotiate the tight fit, move in rhythm with each other. And all the while, they are weighing options, making decisions and so1ving problems — as when my new dryer didn't match up with the gas outlet.

Think about what a good waitress has to do in the busy restaurant: remember orders and monitor them, attend to a dynamic, quickly changing environment, prioritize tasks and manage the flow of work, make decisions on the fly. There's the carpenter using a number of mathematica1 concepts — symmetry proportion, congruence, the properties of angles — and visualizing these concepts while building a cabinet, a flight of stairs, or a pitched roof.

The hairstylist's practice is a mix of technique, knowledge about the biology of hair, aesthetic judgment, and communication skill. The mechanic, electrician, and plumber are troubleshooters and problem solvers. Even the routinized factory floor calls for working smarts. When has any of this made its way into our political speeches? From either party. Even on Labor Day.

Last week, the GOP masterfully invoked some old cultural suspicions: country folk versus city and east-coast versus heartland education. But these are symbolic populist gestures, not the stuff of true engagement. Judgments about intelligence carry great weight in our society, and we have a tendency to make sweeping assessments of people's intelligence based on the kind of work they do.

Political tributes to labor over the next two months will render the muscled arm, sleeve rolled tight against biceps. But few will also celebrate the thought bright behind the eye, or offer an image that links hand and brain. It would be fitting in a country with an egalitarian vision of itself to have a truer, richer sense of all that is involved in the wide range of work that surrounds and sustains us.

Those politicians who can communicate that sense will tap a deep reserve of neglected feeling. And those who can honor and use work in explaining and personalizing their policies will find a welcome reception.

1. To illustrate the intelligence of the working class, the author cites the examples of all of the following EXCEPT ____________.

A. hairstylist and waitress
B. carpenter and mechanic
C. electrician and plumber
D. street-cleaner and shop-assistant

2. In the sentence "we pride ourselves on our spirit of egalitarianism" (Para. 3), the word "egalitarianism" can be replaced by ________.

A. individualism B. enlightenment C. equality D. liberalism

3. We can conclude from the passage that ________.

A. in America, judgments about people's intelligence are often based on the kind of work they do

B. the subtle and not-so-subtle insults towards blue-collars are a daily phenomenon in America

C. the United States is a classless society

D. the old cultural suspicions of country folk versus city and east-coast versus heartland education show the Republican's true engagement

4. One of the major groups of targeted readers of the author should be ________.

A. blue-collar American workers
B. middle-class American businessmen
C. American politicians
D. American company leaders

5. Which of the following summarizes the main idea of the passage?

A. The Democratic Party and the Republican Party should stop symbolic populist gestures.

B. Political tributes should mind the subtle bias against the intelligence of the working class.

C. The ruling party should acknowledge the working smarts of blue-collars.

D. The whole American society should change the attitude towards the blue-collar workers.

4. 社会问题专题

Passage 1 （厦门大学 2014）

When George Orwell wrote in 1941 that England was "the most class-ridden country under the sun", he was only partly right. Societies have always had their hierarchies, with some group perched at the top. In the Indian state of Bihar the Ranveer Sena, an upper-caste private army, even killed to stay there.

By that measure class in Britain hardly seems entrenched. **But in another way Orwell was right, and continues to be.** As a new YouGov poll shows, Britons are surprisingly alert to class — both their own and that of others. And they still think class is sticky. According to the poll, 48% of people aged 30 or over say they expect to end up better off than their parents. But only 28% expect to end up in a different class. More than two-thirds think neither they nor their children will leave the class they were born into.

What does this thing that people cannot escape consist of these days? And what do people look at when decoding which class someone belongs to? The most useful identifying markers, according to the poll, are occupation, address, accent and income, in that order. The fact that income comes fourth is revealing: though some of the habits and attitudes that class used to define are more widely spread than they were, **class still indicates something less blunt than mere wealth**.

Occupation is the most trusted guide to class, but changes in the labour market have made that harder to read than when Orwell was writing. Manual workers have shrunk along with farming and heavy industry as a proportion of the workforce, while the number of people in white-collar jobs has surged. Despite this striking change, when they were asked to place themselves in a class, Brits in 2006 huddled in much the same categories as they did when they were asked in 1949. So, jobs, which were once a fairly reliable guide to class, have become misleading.

A survey conducted earlier this year by Expertian shows how this convergence on similar types of work has blurred class boundaries. Expertian asked people in a number of different jobs to place themselves in the working class or the middle class. Secretaries, waiters and journalists were significantly more likely to think themselves middle-class than accountants, computer programmers or civil servants. Many new white-collar jobs offer no more autonomy or better prospects than old blue-collar ones. Yet despite the muddle over what the markers of class are these days, 71% of those polled by YouGov still said they found it very or fairly easy to figure out which class others belong to.

In addition to changes in the labour market, two other things have smudged the borders on the class map. First, since 1945 Britain has received large numbers of immigrants who do not fit easily into existing notions of class and may have their own pyramids to scramble up. The flow of new arrivals has increased since the late 1990s, multiplying this effect.

Second, barriers to fame have been lowered. Britain's fast-growing ranks of celebrities — like David Beckham and his wife Victoria — form a kind of parallel aristocracy open to talent, or at least to those who are uninhibited enough to meet the requests of television producers. This too has made definitions more complicated.

But many Brits, given the choice, still prefer to identify with the class they were born into rather than that which their jobs or income would suggest. This often entails pretending to be more humble than is actually the case: 22% of white-collar workers told YouGov that they consider themselves working class. Likewise, the Expertian survey found that one in ten adults who call themselves working class are among the richest asset-owners, and that over half a million households which earn more than $191, 000 a year say they are working class. Pretending to be grander than income and occupation suggest is rarer, though it happens too.

If class no longer describes a clear social, economic or even political status, is it worth paying any attention to? Possibly, yes. It is still in most cases closely correlated with educational attainment and career expectations.

Multiple-choice Questions:

1. Why does the author say "... Orwell was right, and continues to be" (Paragraph 2)?

   A. Because there was stronger class consciousness in India.

B. Because more people hope to end up in a higher class.

C. Because people expect to gain more wealth than their parents.

D. Because Britons are still conscious of their class status.

2. "... class still indicate something less blunt than mere wealth" (Paragraph 3) indicate that ________.

A. class is still defined by its own habits and attitudes

B. class would refer to something more subtle than money

C. people from different classes may have the same habits or attitudes

D. income is unimportant in determining which class one belongs to

3. Which of the following statement is INCORRECT?

A. White-collar workers would place themselves in a different class.

B. People with different jobs may place themselves in the same class.

C. Occupation and class are no longer related with each other.

D. Changes in the workforce have made it difficult to define class.

4. When some successful white-collar workers choose to stay in the working class, it implies that ________.

A. they are showing modesty

B. they are showing self-respect

C. they are expressing boastfulness

D. they are making an understatement

Short-answer Question:

5. What factors are considered by the author as causes to the blurring of class distinction?

Passage 2 (南京师范大学 2014)

Davis, California, like many other American cities, has been threatened by unchecked growth, swarming automobiles, and steeply rising energy costs. But unlike towns and cities which leave energy policy to the federal government or energy corporations, the citizens of Davis have acted on their own.

After lengthy debate, Davis' City Council moved to curb growth. It turned against the automobile and embraced the bicycle as a means of transport. It sponsored an inquiry into energy uses and endorsed a series of measures aimed at reducing energy consumption by as much as one half. It cut back the use of petroleum-derived pesticides on the thousands of trees and shrubs that shade the city's streets, adopting instead a policy of biological control for insects. The city's own cars and trucks have been transformed into a fleet of compact vehicles. When a Davis employee has to get around town, he borrows a bike from the city rack. Davis even passed a law formally and solemnly sanctioning the clothesline.

The citizens of Davis have been involved in progressive city planning and energy conservation since 1968, when they persuaded the City Council to facilitate bicycle transportation by developing a system of bikeways. The City's general plan for development, drawn up in 1972, was based on questionnaires distributed to residents. When a survey of residents showed that automobiles represented 50 percent of energy consumption and space heating and cooling accounted for 25 percent, transportation and building construction became important focal points in the Davis plan.

Armed with survey information revealing that a building's east-west orientation on the lot, as well as its insulation, window area, roof and wall colors, overhang shading, and other factors greatly influenced space heating and cooling needs, the City Council drew up a building construction code which greatly reduced the cost of winter heating and eliminates the need for air conditioning even on Davis' hottest(114℉) day. To demonstrate to local builders and developers methods for complying with the new code, Davis built two model solar homes, a single-family dwelling which takes advantage of natural southern exposure sunlight and a duplex adaptable to difficult sitting situations where direct sunlight is blocked. Many of Davis' measures simply facilitates natural solar heating or sun-shading. Where most communities require that fences be built close to houses, Davis realized that practice meant blocking winter sunlight. New fences in Davis must be placed closer to the street, giving residents the benefit of natural solar heat in winter. Reducing required street widths provides more shade and saves asphalt to boot.

Davis' other energy conserving moves run the gamut — from a city ordinance encouraging cottage industry(to cut down on commuting and the need for new office building construction) to planting evergreens on city streets to reduce leaf pickup in the fall, from a ban on non-solar swimming pool heaters to a recycling center that supports itself by selling $3,000 worth of recyclables a month.

1. It can be inferred from the passage that Davis' City Council felt that ______________.
   A. bicycles are healthful because they promote physical fitness
   B. control of automobile traffic is an essential part of energy management
   C. Davis citizens are always ready to do the most modem, up-to-date thing
   D. survey results should always determine legislative actions
2. Why did Davis build two model solar homes instead of just one?
   A. To show what they could do when they put their minds to it.
   B. To show that even the hottest days could be mastered without air conditioning.
   C. To demonstrate that even multiple dwelling in difficult locations could be solar powered.
   D. To indicate that other cities were inadequate to the job.
3. The purpose of this article is probably to ______________.
   A. congratulate Davis on their fine work
   B. help Davis spread their message
   C. chide the federal government for not doing enough to help cities like Davis
   D. hold up Davis as an example to other cities

4. It appears that Davis is ____________.

A. a "good old American town"

B. committed to social justice

C. a medium-to-small-size city

D. blessed by a strong radical element in the population

5. The passage supports the conclusion that ____________.

A. Davis does not have much industry

B. Davis cannot go any further than it already toward being energy efficient

C. the days of the automobile are numbered

D. planning can solve all our problem

Passage 3 （国际关系学院 2014）

They say America is parched by a climate of hatred and they do not know what they are talking about, but they are right anyway.

The real hatred in America is the hatred between the desk-diner, who distinctly ordered the cheeseburger with ketchup, not mustard, and the mumbling delivery boy who doesn't give a damn. Or between the man who needs change for a phone call and the merchant who not only refuses but refuses with a deliberation that suggests he has waited years for precisely this opportunity.

Ponder the relationship between the man waiting outside a pay phone booth and the man snuggled up inside. The dialogue is silent but savage.

If you like gratitude in unexpected spurts, try opening the door of the phone booth when it is yours, smiling at the person waiting and saying "I'll just be another minute." or "This call may take a while. Sorry to make you wait." The impact is as galvanic as if the Vietcong were to wake a sleeping GI patrol and say, "Fellow, we've just got our radio working. Would you like to come over and listen to the superbowl?" Americans used to ask themselves, "How nice can I be without seeming ridiculous?" Now we ask, "How rude can I be and still get away with it?"

People don't accept apologies anymore. They simply enjoy **the sweet sting of hostility**. If you want to spread some happiness, try hailing the next off-duty cab driver, whether you want him or not. That Cossack brush-off he waves you does not betoken apology or regret. It is pure thrill. People crave triumph, and if they cannot get it through personal victory, they'll get it through personal viciousness. Most people have never known any triumph higher than looking out the window of an express train as it zips past a local.

Now, this actually happened. A furious woman with a nasal whine shrill enough to break glassware banged on the door of the apartment above hers and began one of those yelping threat-laden routines about shower curtains and seeping water and falling plaster and lawsuits and witnesses and full damage and everything.

The sleeping man who answered waited until the crescendo peaked, then smiled and said,

"How much?" The woman twitched. Her face retained color — iridescent in fact — and her hands kept flailing, but her audios was completely cut off.

The man went to his coat, pull out his checkbook, returned to the door, and repeated, "How much?" The woman went back to her own apartment in defeat. She'd been robbed of her fun. Here she had her whole case unassailably built, and the fight was over before she could land one punch.

1. According to Paragraph 1, hatred can leave a nation ____________.
   A. dried out and unproductive
   B. disorganized
   C. warlike
   D. silent but savage
   E. economically unstable
2. By enjoying "the sweet sting of hostility" (Para.5), the author suggests that ____________.
   A. most cab drivers approve of Cossacks
   B. sometimes personal viciousness can result in personal triumph
   C. more and more people are finding it more rewarding to be nasty than to be nice
   D. hostility is a conscious reaction to gratitude
   E. Being angry with others helps a person improve his character
3. People don't accept apologies anymore because ____________.
   A. acceptance would be a sign of weakness
   B. they are ashamed to do so
   C. most people would rather fight than switch
   D. most apologies are generally insincere
   E. to reject an apology may give some people a sense of personal triumph
4. The author's attitude is generally ____________.
   A. optimistic B. pessimistic C. tongue-in-check
   D. constructive E. prejudiced

Passage 4 （武汉大学 2013）

David Landes, author of *The Wealth and Poverty of Nations: Why Some Are So Rich and Some So Poor*, credits the world's economic and social progress over the last thousand years to "western civilization and its dissemination". The reason, he believes, is that Europeans invented systematic economic development. Landes adds that three unique aspects of European culture were crucial ingredients in Europe's economic growth. First, science developed as an autonomous method of intellectual inquiry that successfully disengaged itself from the social constraints of organized religion and from the political constraints of centralized from the use of a single vehicle of communication: Latin. This common tongue facilitated the spread of new ideas.

Second, Landes holds that the values of work, initiative, and investment made the difference for Europe. Despite his emphasis on science, Landes does not stress the notion of rationality as such. In his view, "what counts are work, thrift, honesty, patience, and tenacity." The only route to economic success for individuals of states is working hard, spending less than you earn, and investing the rest in productive capacity. This is the fundamental explanation of the problem posed by his book's subtitle: "Why Some Are So Rich and Some So Poor". For historical reasons, Europeans have, on balance, followed those practices and therefore have prospered.

Third, and perhaps most important, Europeans were learners. They "learned rather greedily." Even if Europeans possessed indigenous technologies that gave them an advantage, their most vital asset was the ability to assimilate knowledge from around the world and put it to use as in borrowing the concept of zero and taking paper and gunpowder from the Chinese via the Muslim world. Landes argues that a systematic resistance to learning from other cultures had become the greatest handicap of the Chinese by the eighteenth century.

Although his analysis of European expansion is almost nonexistent, Landes does not argue that Europeans were beneficent bearers of civilization to a benighted world. Rather, he relies on his own commonsense law: "when one group is strong enough to push another around and stands to gain by it, it will do so." He believes that specific cultural values enabled technological advances that in turn made some Europeans strong enough to dominate people in other parts of the world. Europeans therefore proceeded to do so with great viciousness and cruelty. By focusing on their victimization in this process, Landes advices to the postcolonial states to "stop whining and get to work". This is particularly important, he argues, because success is not permanent. Advantages are not fixed, so not only is there hope for undeveloped countries, but developed countries have little cause to be complacent, because the current situation "will press hard" on them.

The thrust of studies like Landes's is to identify those distinctive features of European civilization that lie behind Europe's rise to power and the creation of modernity more generally. Other historians have placed a greater emphasis on such features as liberty, individualism, and Christianity. In a review essay, the author listed some of the less well known linkages that have proposed between western culture and modernity, including the tendencies to think quantitatively, enjoy pornography, and consume sugar. All such proposals assume the fundamental aptness of the question: what elements of European civilization led to European success? It is a short leap from this assumption to outright triumphalism. The typical book of **this school** is, *The End of History and the Last Man*, in which Francis Fukuyama argues that after the collapse of Nazism and communism, the only remaining model for human organization in the industrial and communications ages is a combination of market economics and limited, pluralist, democratic government.

1. According to Landes, the main reason that some countries are so poor is that ________.

A. they lack work ethic　　B. they are scientifically backward

C. they lack rationality　　D. they are victimized by colonists

2. Landes believes that ____________.
   A. Europeans set out to bring civilization to an unfortunate world
   B. the Europeans dominated other countries simply because they were strong
   C. the desire of Europeans to colonize other countries stemmed from specific cultural values
   D. the colonized countries themselves were to blame for being victimized by Europeans
3. The cultural elements identified by Landes ____________ those identified by other historians.
   A. complicate   B. contradict   C. glorify   D. subsume
4. "This school(Para.5)" refers to people who ____________.
   A. are very cautious in linking western culture and modernity
   B. hold drastically different views from Landes
   C. believe in the absolute superiority of western culture
   D. follow in the footsteps of Nazism and communism
5. In discussing Landes's work, the author's tone is ____________.
   A. matter of fact   B. skeptical
   C. reproachful   D. enthusiastic

Passage 5（湖南大学 2013）

A white kid sells a bag of cocaine at his suburban high school. A Latino kid does the same in his inner-city neighborhood. Both get caught. Both are first-time offenders. The white kid walks into juvenile court with his parents, his priest, a good lawyer and medical coverage. The Latino kid walks into court with his mom, no legal resources and no insurance. The judge lets the white kid go with his family; he's placed in a private treatment program. The minority kid has no such option. He's detained.

There, in a nutshell, is what happens more and more often in the juvenile-court system. Minority youths arrested on violent felony charges in California are more than twice as likely as their white counterparts to be transferred out of the juvenile-justice system and tried as adults, according to a study released last week by the Justice Policy Institute, a research center in San Francisco. Once they are in adult courts, young black offenders are 18 times more likely to be jailed and Hispanics seven times more likely than are young white offenders. "Discrimination against kids of color accumulates at every stage of the justice system and **skyrockets** when juveniles are, tried as adults," says Dan Macallair, a co-author of the new study. "California has a double standard: throw kids of color behind bars, but rehabilitate white kids who commit comparable crimes."

Even as juvenile crime has declined from its peak in the early 1990s, headline grabbing violence by minors has intensified a get-tough attitude. Over the past six years, 43 states have passed laws that make it easier to try juveniles as adults. In Texas and Connecticut in 1996, the latest year for which figures are available, all the juveniles in jails were minorities. Vincent Schiraldi, the Justice Policy Institute's director, concedes that "some kids need to be tried as adults. But most can be rehabilitated."

Instead, adult prisons tend to brutalize juveniles. They are eight times more likely to commit suicide and five times more likely to be sexually abused than offenders held in juvenile detention. "Once they get out, they tend to commit more crimes and more violent crimes," says Jenni Gainsborough, a spokeswoman for the Sentencing Project, a reform group in Washington. The system, in essence, is training career criminals. And it's doing its worst work among minorities.

1. According to the passage, which of the following is TRUE?
   A. Kids shouldn't be tried as adults.
   B. Discrimination exists in the justice system.
   C. Minority kids are likely to commit crimes.
   D. States shouldn't pass the laws.
2. The word "skyrocket" (Para. 2) means ______________.
   A. rising sharply　　B. widening suddenly
   C. spreading widely　　D. expanding quickly
3. It can be inferred from the last paragraph that ______________.
   A. something seems to be wrong with the justice system
   B. adult prisons have bad influence on the juveniles
   C. juveniles in adult prison are ill-treated
   D. the career criminals are trained by the system
4. The passage shows that the author is ______________ the present situation.
   A. amazed at　　B. puzzled by
   C. disappointed at　　D. critical of

Passage 6 (中南大学 2013)

On New Year's Day, 50,000 inmates in Kenyan jails went without lunch. This was not some mass hunger strike to highlight poor living conditions. It was an extraordinary humanitarian gesture: the money that would have been spent on their lunches went to the charity Food Aid to help feed an estimated 3.5 million Kenyans who, because of a severe drought, are threatened with starvation. The drought is big news in Africa, affecting huge areas of east Africa and the Horn. If you are reading this in the west, however, you may not be aware of it — the media is not interested in old stories. Even if you do know about the drought, you may not be aware that it is devastating one group of people disproportionately: the pastoralists. There are 20 million nomadic or semi-nomadic herders in this region, and they are fast becoming some of the poorest people in the continent. Their plight **encapsulates** Africa's perennial problem with drought and famine.

How so? It comes down to the reluctance of governments, aid agencies and foreign lenders to support the herders'traditional way of life. Instead they have tended to try to turn them into commercial ranchers or agriculturalists, even though it has been demonstrated time and again that pastoralists are well adapted to their harsh environments, and that moving livestock according to the seasons or climatic changes makes their methods far more viable than agriculture in sub-Saharan drylands.

Furthermore, African pastoralist systems are often more productive, in terms of protein and cash per hectare, than Australian, American and other African ranches in similar climatic conditions. They make a substantial contribution to their countries' national economies. In Kenya, for example, the turnover of the pastoralist sector is worth $800 million per year. In countries such as Burkina Faso, Eritrea and Ethiopia, hides from pastoralists' herds make up over 10 per cent of export earnings. Despite this productivity, pastoralists still starve and their animals perish when drought hits. One reason is that only a trickle of the profits goes to the herders themselves; the lion's share is pocketed by traders. This is partly because the herders only sell much of their stock during times of drought and famine, when they need the cash to buy food, and the terms of trade in this situation never work in their favour. Another reason is the lack of investment in herding areas.

Funding bodies such as the World Bank and USAID tried to address some of the problems in the 1960s, investing millions of dollars in commercial beef and dairy production. It didn't work. Firstly, no one bothered to consult the pastoralists about what they wanted. Secondly, rearing livestock took precedence over human progress. **The policies and strategies of international development agencies more or less mirrored the thinking of their colonial predecessors.** They were based on two false assumptions: that pastoralism is primitive and inefficient, which led to numerous failed schemes aimed at converting herders to modern ranching models; and that Africa's drylands can support commercial ranching. They cannot. Most of Africa's herders live in areas with unpredictable weather systems that are totally unsuited to commercial ranching.

What the pastoralists need is support for their traditional lifestyle. Over the past few years, funders and policy-makers have been starting to get the message. One example is intervention by governments to ensure that pastoralists get fair prices for their cattle when they sell them in times of drought, so that they can afford to buy fodder for their remaining livestock and cereals to keep themselves and their families alive (the problem in African famines is not so much a lack of food as a lack of money to buy it). Another example is a drought early-warning system run by the Kenyan government and the World Bank that has helped avert livestock deaths.

This is all promising, but more needs to be done. Some African governments still favour forcing pastoralists to settle. They should heed the latest scientific research demonstrating the productivity of traditional cattle-herding. Ultimately, sustainable rural development in pastoralist areas will depend on increasing trade, so one thing going for them is the growing demand for livestock products: there will likely be an additional 2 billion consumers worldwide by 2020, the vast majority in developing countries. To ensure that pastoralists benefit, it will be crucial to give them a greater say in local policies. Other key tasks include giving a greater say to women, who play critical roles in livestock production. The rich world should pay proper attention to the plight of the pastoralists. Leaving them dependent on foreign food aid is unsustainable and will lead to more resentment, conflict, environmental degradation and malnutrition. It is in the rich world's interests to help out.

1. Which of the following CANNOT be concluded from the passage?
   A. Forcing Africa's nomadic herders to become ranchers will save them from drought.
   B. The difference between pastoralist and agriculturalist is vital to the African people.
   C. The rich world should give more support to the African people to overcome drought.
   D. Environmental degradation should be the major concern in developing Africa's pastoralism.
2. The word "encapsulates" in the sentence "Their plight encapsulates Africa's perennial problem with drought and famine." (Para. 1) can be replaced by ____________.
   A. concludes B. involves C. represents D. aggravates
3. What is the author's attitude toward African drought and traditional lifestyle of pastoralism?
   A. Neutral and indifferent. B. Sympathetic and understanding.
   C. Critical and vehement. D. Subjective and fatalistic.
4. When the author writes "the policies and strategies of international development agencies more or less mirrored the thinking of their colonial predecessors." (Para. 4), he implies all the following EXCEPT that the aid agencies did not ____________.
   A. have an objective view of the situation in Africa
   B. understand the unpredictable weather systems there
   C. feel themselves superior in decision making
   D. care about the development of the local people
5. The author's main purpose in writing this article is ____________.
   A. to evaluate the living conditions of Kenyan pastoralists
   B. to give suggestions on the support of the traditional pastoralism in Africa
   C. to illustrate the difference between commercial ranching and pastoralism
   D. to criticize the colonial thinking of western aid agencies

Passage 7 (中南财经政法大学 2013)

When you think of the tremendous technological progress we have made, it's amazing how little we have developed in other respects. We may speak contemptuously of the poor old Romans because they relished the orgies of slaughter that went on in their arenas. We may despise them because they mistook these goings on for entertainment. We may forgive them condescendingly because they lived 2000 years ago and obviously knew no better. But are our feelings of superiority really justified? Are we any less blood-thirsty? Why do boxing matches, for instance, attract such universal interest? Don't the spectators who attend them hope they will see some violence? Human beings remain as bloodthirsty as ever they were. The only difference between ourselves and the

Romans is that while they were honest enough to admit that they enjoyed watching hungry lions tearing people apart and eating them alive, we find all sorts of sophisticated arguments to defend sports which should have been banned long age; sports which are quite as barbarous as, say, public hangings or bearbaiting.

It really is incredible that in this day and age we should still allow hunting or bull-fighting, that we should be prepared to sit back and watch two men batter each other to pulp in a boxing ring, that we should be relatively unmoved by the sight of one or a number of racing cars crashing and bursting into flames. Let us not deceive ourselves. Any talk of "the sporting spirit" is sheer hypocrisy. People take part in violent sports because of the high rewards they bring. Spectators are willing to pay vast sums of money to see violence. A world heavyweight championship match, for instance, is front page news. Millions of people are disappointed if a big fight is over in two rounds instead of fifteen. They feel disappointment because they have been deprived of the exquisite pleasure of witnessing prolonged torture and violence.

Why should we ban violent sports if people enjoy them so much? You may well ask. The answer is simple: they are uncivilized. For centuries man has been trying to improve himself spiritually and emotionally admittedly with little success. But at least we no longer tolerate the sight madmen cooped up in cages, or public floggings of any of the countless other barbaric practices which were common in the past. Prisons are no longer the grim forbidding places they used to be. Social welfare systems are in operation in many parts of the world. Big efforts are being made to distribute wealth fairly. These changes have come about not because human beings have suddenly and unaccountably improved, but because positive steps were taken to change the law. The law is the biggest instrument of social change that we have and it may exert great civilizing influence. If we banned dangerous and violent sports, we would be moving one step further to improving mankind. We would recognize that violence is degrading and unworthy of human beings.

1. It can be inferred from the passage that the author's opinion of nowadays' human beings is __________.

A. not very high　　B. high

C. contemptuous　　D. critical

2. The main idea of this passage is __________.

A. vicious and dangerous sports should be banned by law

B. people are willing to pay vast sums money to see violence

C. to compare two different attitudes towards dangerous sports

D. people are bloodthirsty in sports

3. That the author mentions the old Romans is __________.

A. to compare the old Romans with today's people

B. to give an example

C. to show human beings in the past know nothing better

D. to indicate human beings are used to bloodthirsty

4. How many dangerous sports does the author mention in this passage?

A. Three. B. Five. C. Six. D. Seven.

5. The purpose of the author in writing this passage is ______.

A. that, by banning the violent sports, we human beings can improve ourselves

B. that, by banning the dangerous sports, we can improve the law

C. that we must take positive steps to improve social welfare system

D. to show law is the main instrument of social change

Passage 8 （对外经济贸易大学 2012）

THIS is not a good time to be foreign. Anti-immigrant parties are gaining ground in Europe. Britain has been fretting this week over lapses in its border controls. In America Barack Obama has failed to deliver the immigration reform he promised, and Republican presidential candidates would rather electrify the border fence with Mexico than educate the children of illegal aliens. America educates foreign scientists in its universities and then expels them, a policy the mayor of New York calls "national suicide".

This illiberal turn in attitudes to migration is no surprise. It is the result of cyclical economic gloom combined with a secular rise in pressure on rich countries' borders. But governments now weighing up whether or not to try to slam the door should consider another factor: the growing economic importance of **diasporas**, and the contribution they can make to a country's economic growth.

Diaspora networks — of Huguenots, Scots, Jews and many others — have always been a potent economic force, but the cheapness and ease of modern travel has made them larger and more numerous than ever before. There are now 215m first-generation migrants around the world: that's 3% of the world's population. If they were a nation, it would be a little larger than Brazil. There are more Chinese people living outside China than there are French people in France. Some 22m Indians are scattered all over the globe. Small concentrations of ethnic and linguistic groups have always been found in surprising places — Lebanese in west Africa, Japanese in Brazil and Welsh in Patagonia, for instance — but they have been joined by newer ones, such as west Africans in southern China.

These networks of kinship and language make it easier to do business across borders. They speed the flow of information: a Chinese trader in Indonesia who spots a gap in the market for cheap umbrellas will alert his cousin in Shenzhen who knows someone who runs an umbrella factory. Kinship ties foster trust, so they can seal the deal and get the umbrellas to Jakarta before the rainy season ends. Trust matters, especially in emerging markets where the rule of law is weak. So does a knowledge of the local culture. That is why so much foreign direct investment in China still passes through the Chinese diaspora. And modern communications make these networks an even more powerful tool of business.

Diasporas also help spread ideas. Many of the emerging world's brightest minds are educated at Western universities. An increasing number go home, taking with them both knowledge and contacts. Indian computer scientists in Bangalore bounce ideas constantly off their Indian friends in Silicon Valley. China's technology industry is dominated by "**sea turtles**" (Chinese who have lived abroad and returned).

Diasporas spread money, too. Migrants into rich countries not only send cash to their families; they also help companies in their host country operate in their home country. A Harvard Business School study shows that American companies that employ lots of ethnic Chinese people find it much easier to set up in China without a joint venture with a local firm.

Such arguments are unlikely to make much headway against hostility towards immigrants in rich countries. Fury against foreigners is usually based on two (mutually incompatible) notions: that because so many migrants claim welfare they are a drain on the public purse; and that because they are prepared to work harder for less pay they will depress the wages of those at the bottom of the pile.

The first is usually not true (in Britain, for instance, immigrants claim benefits less than indigenous people do), and the second is hard to establish either way. Some studies do indeed suggest that competition from unskilled immigrants depresses the wages of unskilled locals. But others find this effect to be small or non-existent.

Nor is it possible to establish the impact of migration on overall growth. The sums are simply too difficult. Yet there are good reasons for believing that it is likely to be positive. Migrants tend to be hard-working and innovative. That spurs productivity and company formation. A recent study carried out by Duke University showed that, while immigrants make up an eighth of America's population, they founded a quarter of the country's technology and engineering firms. And, by linking the West with emerging markets, diasporas help rich countries to plug into fast-growing economies.

Rich countries are thus likely to benefit from looser immigration policy; and fears that poor countries will suffer as a result of a "brain drain" are overblown. The prospect of working abroad spurs more people to acquire valuable skills, and not all subsequently emigrate. Skilled migrants send money home, and they often return to set up new businesses. One study found that unless they lose more than 20% of their university graduates, the brain drain makes poor countries richer.

1. The word "diaspora" (Para.2) in this passage means ____________.
   A. the movement of the Jewish people away from their own country to live and work in other countries
   B. the movement of the people from any nation or group away from their own country
   C. any group that has been dispersed outside its traditional homeland

D. a dispersion of an originally homogeneous entity, such as a language or culture

2. The author's attitude towards "disaporas" is that ______.
   A. there is increasing hostility towards immigrants in rich countries
   B. immigrant networks are a rare bright spark in the world economy and rich countries
   C. the diasporas should return to their homelands so that poor countries will not suffer as a result of "brain drain"
   D. hard-working immigrants will depress the wages of the locals although they may greatly increase productivity
3. Which of the following is true?
   A. Many immigrants claim much more benefits than the locals.
   B. All research findings show that the competition from unskilled immigrants depresses the wages of unskilled locals.
   C. Migrants into rich countries tend to send cash back into their families and have become a drain on the public purse.
   D. Diasporas help rich countries establish business ties with emerging markets in their home countries.
4. It can be inferred from the passage that ______.
   A. immigrants are prepared to work harder for less pay, which can stimulate the locals to work even harder
   B. with the increasing number of diasporas, they will form a new nation in the world
   C. the number of skilled migrants returning home is increasing
   D. the networks of kinship and language contribute to international business by taking advantage of legal loopholes
5. In which of the following aspect can the "sea turtles" make contribution to their homeland?
   A. They return home with knowledge and contracts to set up new business.
   B. They help companies in their home country operate in their host country.
   C. They work harder for less pay.
   D. They help to achieve a lower unemployment rate.

Passage 9 （湖南大学 2012，中南财经政法大学 2012A，中南大学 2011）

In 1985 when a Japan Air Lines (JAL) jet crashed, its president, Yasumoto Takagi, called each victim's family to apologize, and then promptly resigned. And in 1987, when a subsidiary of Toshiba sole sensitive military technology to the former Soviet Union, the chairman of Toshiba gave up his post.

These executive actions, which Toshiba calls "the highest form of apology", may seem bizarre to US managers. No one at Boeing resigned after the JAL crash, which may have been caused by a faulty Boeing repair.

The difference between the two business cultures centers around different definitions of delegation. While US executives give both responsibility and authority to their employees, Japanese executives delegate only authority — the responsibility is still theirs. Although the subsidiary that sold the sensitive technology to the Soviets had its own management, the Toshiba top executives said they "must take personal responsibility for not creating an atmosphere throughout the Toshiba group that would make such activity unthinkable, even in an independently run subsidiary."

Such acceptance of community responsibility is not unique to businesses in Japan. School principals in Japan have resigned when their students committed major crimes after school hours. Even if they do not quit, Japanese executives will often accept primary responsibility in other ways, such as taking the first pay cut when a company gets into financial trouble. Such personal sacrifices, even if they are largely symbolic, help to create the sense of community and employee loyalty that is crucial to the Japanese way of doing business.

Harvard Business School professor George Lodge calls the ritual acceptance of blame "almost a feudal way of purging the community of dishonor", and to some in the United States, such resignations look cowardly. However, in an era in which both business and governmental leaders seem particularly good at evading responsibility, many US managers would probably welcome an infusion of the Japanese sense of responsibility. If, for instance, US automobile company executives offered to reduce their own salaries before they asked their workers to take pay cuts, negotiations would probably take on a very different character.

1. According to the passage, if you want to be a good manager in Japan, you have to ______.
   A. apologize promptly for your subordinates' mistakes
   B. be skillful in accepting blames from customers
   C. make symbolic sacrifices whenever necessary
   D. create a strong sense of company loyalty
2. What's Professor George Lodge's attitude towards the resignations of Japanese corporate leaders?
   A. Sympathetic　　B. Biased
   C. Critical　　D. Approving
3. Which of the following statements is TRUE?
   A. Boeing had nothing to do with the JAL air crash in 1985.
   B. American executives consider authority and responsibility inseparable.
   C. School principals bear legal responsibility for students' crimes.
   D. Persuading employees to take pay cuts doesn't help solve corporate crises.
4. The passage is mainly about ______.
   A. resignation as an effective way of dealing with business crises
   B. the importance of delegating responsibility to employees
   C. ways of evading responsibility in times of crises
   D. the difference between two business cultures

5. Why did the chairman of Toshiba resign his position in 1987?

A. In Japan, the leakage of a slate secret to Russians is a grave came.

B. He had been under attack for shifting responsibility to his subordinates.

C. In Japan, the chief executive of a corporation is held responsible for the mistake made by its subsidiaries.

D. He had been accused of being cowardly towards crises that were taking place in his corporation.

Passage 10 （四川大学 2012）

Justice and injustice in criminal adjudication are more than abstract concept; in modern America each term conjures up its own paradigm image. Justice occurs in a somber courtroom where a robber reaches a legal decision. Injustice is a bloodthirsty mob bearing lit torches, intimidating on the doors of the jail desperate to wreak revenge upon the suspected wrongdoer held within.

This image of injustice provides many normative insights. One that courts have frequently drawn is that in criminal adjudication emotion is unalterably opposed to reason and thus to justice itself. Taking this principle a step farther, courts have urged that the more a legal issue might provoke popular rage, the harder courts must work to insulate the legal decision from emotive influence. The classic example is capital sentencing, an occasion which evokes strong emotions. Here the Supreme Court has worked to ensure that "any decision to impose the death sentence be, and appear to be, based on reason rather than caprice or emotion". The Court has, over a period of years, undertaken an extensive regulatory project aimed at suppressing emotive influence in capital cases by mandating rationalistic ruled to guide sentencing. This insistence upon the injustice of all emotion stems from a misconception of emotion and its influence upon criminal punishment. Although the mob at jail scene illustrates that anger can lead to injustice, it does not support the proposition that all decisions influenced by anger are morally tainted. Anger can be justified and have moral decision making is complex; untangling it involved a close examination of emotion than the law has generally undertaken.

This has obvious significance for criminal law as a form of social concord. But it is also important or its alleged role as a restraint on power. Criminal law does little or nothing to restrict the efforts of the various professionals now responsible for preventing and reshaping deviant behavior. Rather it is them who have colonized its territory, as in the welfare of the professional authority that legitimates them and because they enter into the enabling role of the state as dispenser of benefits. This is to say nothing of other forms of market and bureaucratic power and social control exercised by groups other than government. Under these conditions the alleged protections of the criminal law seem premised on a nineteenth century view of the state and society; those interested in the law in the twentieth century must look to the potential of administrative law rather than to criminal law. Either way critical writers would be wasting their time here.

Whilst there is a lot of truth in this picture of the declining importance of criminal law, it is sensible not to exaggerate its loss of functions. From a critical point of view it would seem to retain a crucial ideological significance as being the form of closet touch with public. It is hard to credit the idea that these central liberal (bourgeois) notions have been displaced by the newer disciplines and strategies.

1. The reason for the insulation of emotions in criminal adjudication is due to ____________.
   A. the severity of the possible punishment B. the social concern for the adjudication
   C. the Supreme Court decision D. the ideal of keeping order
2. According to the author's opinion, the origination of the insistence upon the injustice of all emotion is ____________.
   A. that emotion is inevitably against reason and justice
   B. the misunderstanding of emotion and its influence
   C. the courts' hard work to prevent the legal decision from emotive influence
   D. that the death sentence was based on reason through suppressing emotive influence
3. Regards to the role of anger in adjudication, which statement is INCORRECT?
   A. Only part of the decisions is influenced by anger, though it can bring biases.
   B. Though moral decision-making is complex, anger can be justified.
   C. Some decisions influenced by anger can be morally tainted.
   D. Because of anger, moral decision-making is quite complicated.
4. The declining importance of criminal law is a consequence of ____________.
   A. the loss of importance of criminal law and increase of interest in government as a benefit dispenser
   B. the exaggeration of the importance of criminal law and decrease of interest in government affairs
   C. the new trend in legal studies
   D. the new ideas pouring out in the administrative law field
5. The review is primarily ____________.
   A. dubious B. objective C. partial D. critical

5. 社会生活专题

Passage 1 (武汉大学 2014)

Beauty has always been regarded as something praiseworthy. Almost everyone thinks attractive people are happier and healthier, have better marriages and have more respectable jobs. Personal advisors give them better advice for finding jobs. Even judges are softer on attractive defendants. But in the executive circle, beauty can become a **liability**.

While attractiveness is a positive factor for a man on his way up the executive ladder, it is harmful to a woman.

Handsome male executives were considered as having more honesty than plainer men; effort and ability were thought to lead to their success.

Attractive female executives were considered to have less honesty than unattractive ones; their success was connected not with ability but with factors such as luck.

All unattractive women executives were thought to have more honesty and to be more capable than the attractive female executives. Interestingly, though, the rise of the unattractive overnight successes was connected more to personal relationships and less to ability than that of the attractive overnight successes.

Why are attractive women not thought to be able? An attractive woman is considered to be more feminine and an attractive man more manly than the less attractive ones. Thus, an attractive woman has an advantage in traditionally female jobs, but an attractive woman in a traditionally manly position appears to lack the "manly" qualities required.

This is true even in politics. "When the only clue is how he or she looks, people treat men and women differently," says Anne Bowman, who recently published a study on the effects of attractiveness on political candidates. She asked 125 undergraduate students to rank two groups of photographs, one of men and one of women, in order of attractiveness. The students were told the photographs were of candidates for political offices. They were asked to rank them again, in the order they would vote for them.

The results showed that attractive males completely defeated unattractive men, but the women who had ranked most attractive unchangeably received the fewest votes.

1. The word "liability" most probably means ______.

A. misfortune B. instability C. disadvantage D. burden

2. In traditionally female jobs, attractiveness ______.

A. strengthens the feminine qualifies required

B. makes women look more honest and capable

C. is of no importance to women

D. often enables women to succeed quickly

3. Bowman's experiment shows that when it comes to polities, attractiveness ______.

A. turns out to be a disadvantage to men

B. affects men and women alike

C. has as little effect on men as on women

D. is more of a disadvantage than an advantage to women

4. It can be inferred from the passage that people's views on beauty are often ______.

A. practical B. humorous C. funny D. radical

5. The author writes this passage to ____________.

A. discuss the disadvantages of being attractive

B. demand equal rights for women

C. give advice to job-seekers who are attractive women in executive and political circles

D. state the importance of appearance

Passage 2 （中南财经政法大学 2014）

Opinion polls was now beginning to show an unwilling general agreement that, whoever is to blame and whatever happens from now on, high unemployment is probably here to stay. This means we shall have to find ways of sharing the available employment more widely.

But we need to go further. We must ask some fundamental question about the future of work. Should we continue to treat employment as the norm? Should we not rather encourage many other ways for self-respecting people to work? Should we not create conditions in which many of us can work for ourselves, rather than for an employment? Should we not aim to revive the household and the neighborhood, as well as the factory and the office, as centers of production and work?

The industrial age has been the only period of human history in which most people's work has taken the form of jobs. The industrial age may now be coming to an end, and some of the changes in work patterns which it brought may have to be reversed. This seems a discouraging thought. But, in fact, it could offer the prospect of a better future for work. Universal employment, as its history shows has not meant economic freedom.

Employment became widespread when the enclosures of the 17th and 18th centuries made many people dependent on paid work by depriving them of the use of land, and thus of the means to provide a living for themselves. Then the factory system destroyed the cottage industries and removed work from people's homes. Later, as transport improved, first by rail and then by road, people travelled longer distances to their places of employment until, eventually, many people's work lost all connect with their home lives and the places in which they lived.

Meanwhile, employment put women at a disadvantage. It became customary for the husband to go out to paid employment, leaving unpaid work of the home and family to his wife.

All this may now have to change. The time has certainly come to switch some effort and resources away from the impractical goal of creating jobs for all, to the urgent practical task of helping many people to manage without full-time jobs.

1. What idea did the author derive form the recent opinion poll?

A. Available employment should be restricted to a small percentage of the population.

B. New jobs must be created in order to rectify high unemployment figures.

C. Jobs available must be distributed among more people.

D. The present high unemployment figures are a fact of life.

2. The passage suggests that we should now re-examine our thinking about work and

____________.

A. be prepared to admit that being employed is not the only kind of work

B. create more factories in order to increase our productivity

C. set up smaller private enterprises so that we in turn can employ others

D. be prepared to fill in time by taking up housework

3. The passage tells us that the arrival of the industrial age meant that ____________.

A. universal employment guaranteed prosperity

B. economic freedom came within everyone's reach

C. patterns of work were fundamentally changed

D. to survive, everyone had to find a job

4. As a result of the enclosures of the 17th and 18th centuries, ____________.

A. people were no longer legally entitled to own land

B. people were forced to look elsewhere for means of supporting themselves

C. people were not adequately compensated for the loss of their land

D. people were badly paid for the work they managed to find

5. It can be inferred from the passage that ____________.

A. the creation of jobs for all is an impossibility

B. we must make every effort to solve the problem of unemployment

C. people should start to support themselves by learning a practical skill

D. we should help people to get full-time jobs

Passage 3 （国际关系学院 2014）

Shams and delusions are esteemed for soundest truths, while reality is **fabulous**. If men would steadily observe realities only, and not allow themselves to be deluded, life, to compare it with such things as we know, would be like a fairy tale and the Arabian Nights' Entertainments. If we respected only what is inevitable and has a right to be, music and poetry would resound along the streets. When we are unhurried and wise, we perceive that only great and worthy things have any permanent and absolute existence, — that petty fears and petty pleasures are but the shadow of the reality.

This is always exhilarating and sublime. By closing the eyes and slumbering, and consenting to be deceived by shows, men establish and confirm their daily life of routine and habit every where, which still is built on purely illusory foundations. Children, who play life, discern its true law and relations more clearly than men, who fail to live it worthily, but who think that they are wiser by experience, that is, by failure. I have read in a Hindoo book, that "there was a king's son, who, being expelled in infancy from his native city, was brought up by a forester, and, growing up to maturity in that state, imagined himself to belong to the barbarous race with which he lived. One of his father's ministers having discovered him, revealed to him what he was, and the misconception of his character was removed, and he knew himself to be a prince. So soul," continues the Hindoo philosopher, "from the circumstances in which it is placed, mistakes its own character, until the truth is revealed to it by some holy teacher, and then it knows itself to be *Brahme*." I perceive that we inhabitants of New England live this mean life that we do because our vision does not penetrate the surface of things.

We think that that *is* which *appears* to be. If a man should walk through this town and see only the reality, where, think you, would the "Mill-dam" go to? If he should give us an account of the realities he beheld there, we should not recognize the place in his description. Look at a meeting-house, or a courthouse, or a jail, or a shop, or a dwelling-house, and say what that thing really is before a true gaze, and they would all go to pieces in your account of them. Men esteem truth remote, in the outskirts of the system, behind the farthest star, before Adam and after the last man. In eternity there is indeed something true and sublime. But all these times and places and occasions are now and here. God himself culminates in the present moment, and will never be more divine in the lapse of all the ages. And we are enabled to apprehend at all what is sublime and noble only by the perpetual instilling and drenching of the reality which surrounds us. The universe constantly and obediently answers to our conceptions; whether we travel fast or slow, the track is laid for us. Let us spend our lives in conceiving then. The poet or the artist never yet had so fair and noble a design but some of his posterity at least could accomplish it.

1. The writer's attitude toward the arts is one of ____________.
   A. indifference B. suspicion C. admiration
   D. repulsion E. flippancy
2. The author believes that a child ____________.
   A. should practice what the Hindoos preach
   B. frequently faces vital problems better than grownups do
   C. prefers to be a barbarian than to be a prince
   D. hardly ever knows his true origin
   E. is incapable of appreciating the arts
3. The passage implies that human beings ____________.
   A. cannot distinguish the true from untrue
   B. are immortal if they are lazy
   C. should be bold and fearless
   D. believe in fairy tales
   E. have progressed culturally throughout history
4. The word "fabulous" in the first line means ____________.
   A. wonderful B. delicious C. birdlike
   D. incomprehensible E. nonexistent
5. The author is primarily concerned with urging the reader to ____________.
   A. meditate on the meaninglessness of the present

B. look to the future for enlightenment
C. appreciate the present for its true value
D. honor the wisdom of past ages
E. spend more time in leisure activities

6. The passage is primarily concerned with problem of ________.
A. history and economics
B. society and population
C. biology and physics
D. theology and philosophy
E. music and art

Passage 4 （电子科技大学 2013）

You're busy filling out the application form for a position you really need; let's assume you once actually completed a couple of years of college work or even that you completed your degree.

Isn't it tempting to lie just a little, to claim on the form, that your diploma represents a Harvard degree? Or that you finished an extra couple of years back at State University? More and more people are turning to **utter** deception like this to land their job or to move ahead in their careers, for personnel officers, like most Americans, value degrees from famous schools. A job applicant may have a good education anyway, but he or she assumes that chances of being hired are better with a diploma from a well-known university. Registrars at most well-known colleges say they deal with deceitful claims like these at the rate of about one per week.

Personnel officers do check up on degrees listed on application forms, then, if it turns out that an applicant is lying, most colleges are reluctant to accuse the applicant directly. One Ivy League school calls them "impostors"; another refers to them as "**special cases**" one well-known West Coast school, in perhaps the most delicate phrase of all, says that these claims are made by "no such people".

To avoid outright lies, some job-seekers claim that they "attended" or "were associated with" a college or university. After carefully checking, a personnel officer may discover that "attending" means being dismissed after one semester. It may be that "being associated with" a college means that the job seeker visited his younger brother for a football weekend. One school that keeps records of false claims says that the practice dates back at least to the turn of the century — that's when they began keeping records, anyhow.

If you don't want to lie or even stretch the truth, there are companies that will sell you a phony diploma. One company, with offices in New York and on the West Coast, will put your name on a diploma from any number of nonexistent colleges. The price begins at around twenty dollars for a diploma from "Smoot State University". The prices increase rapidly for a degree from the "University of Purdue". As there is no Smoot State and the real school in Indiana is properly called Purdue University, the prices seem rather high for one sheet of paper.

1. The main idea of this passage is that ______.

A. employers are checking more closely on applicants now

B. lying about college degrees has become a widespread problem

C. college degrees can now be purchased easily

D. employers are no longer interested in college degrees

2. According to the passage, "special cases" refers to cases where ______.

A. students attend a school only part-time

B. students never attended a school they listed on their application

C. students purchase false degrees from commercial firms

D. students attended a famous school

3. We can infer from the passage that ______.

A. performance is a better judge of ability than a college degree

B. experience is the best teacher

C. past work histories influence personnel officers more than degrees do

D. a degree from a famous school enables an applicant to gain advantage over others in job competition

4. This passage implies that ______.

A. buying a false degree is not moral

B. personnel officers only consider applicants from famous schools

C. most people lie on applications because they were dismissed from school

D. society should be greatly responsible for lying on applications

5. As used in the second paragraph, the word "utter" means ______.

A. address　　B. thorough　　C. ultimate　　D. decisive

Passage 5 （华东师范大学 2012）

Of the great variety of opinions concerning "marriage for money", the following three are important with reference to the development of the importance of money. Marriages based exclusively upon economic motives have not only existed in all periods and at all stages of development, but are particularly common among primitive groups and conditions where they do not cause any offence at all. The disparagement of personal dignity that nowadays arises in every marriage that is not based on personal affection — so that a sense of decency requires the concealment of economic motives — does not exist in simpler cultures. The reason for this development is that increasing individualization makes it increasingly contradictory and discreditable to enter into purely individual relationships for other than purely individual reasons.

For nowadays the choice of a partner in marriage is no longer determined by social motives (though regard for the offspring may be considered to be such a motive), in so far as society does not insist upon the couple's equal social status — a condition, however, that provides a great deal of latitude and only rarely leads to conflicts between individual and social interests. In a quite undifferentiated society it may be relatively irrelevant who marries whom, irrelevant not only for the mutual relationship of the couple but also for the offspring. This is because where the constitutions, state of health, temperament, internal and external forms of life and orientations are largely the same within the group, the chance that the children will turn out well depends less upon whether the parents agree and complement each other than it does in highly differentiated society. It therefore seems quite natural and expedient that the choice of the partner should be determined by reasons other than purely individual affection. Yet personal attraction should be decisive in a highly individualized society where a harmonious relationship between two individuals becomes increasingly rare.

The declining frequency of marriage which is to be found everywhere in highly civilized cultural circumstances is undoubtedly due, in part, to the fact that highly differentiated people in general have difficulty in finding a completely sympathetic complement to themselves. Yet we do not possess any other criterion and indication for the advisability of marriage except mutual instinctive attraction. But, happiness is a purely personal matter, decided upon entirely by the couple themselves, and there would be no compelling reason for the official insistence on at least pretending love may be misleading — particularly in the higher strata, whose complicated circumstances often retard the growth of the purest instincts — no matter how much other conditions may affect the final results, it remains true that, with reference to procreation, love is decidedly superior to money as a factor selection. In fact, in this respect, it is the only right and proper thing.

Marriage for money directly creates a situation of panmixia — the indiscriminate pairing regardless of individual qualities — a condition that biology has demonstrated to be the cause of the most direct and detrimental degeneration of the human species. In the case of marriage for money, the union of a couple is determined by a factor that has absolutely nothing to do with racial appropriateness — just as the regard for money often enough keeps apart a couple who really belong together — and it should be considered as a factor in degeneration to the same extent to which the undoubted differentiation of individuals makes selection by personal attraction more and more important. This case also illustrates once more that the increasing individualization within society renders money increasingly unsuitable as a mediator of purely individual relationships.

1. According to the text, what is said to influence matrimonial compatibility and stability in simpler cultures?

   A. Personal dignity. B. Economic decline.

   C. Monetary considerations. D. Financial growth.

2. Marriages motivated by monetary aspirations are more likely not to be camouflaged in what strata of society?

   A. Upper middle. B. Middle middle.

   C. Lower middle. D. Lower lower.

3. The marriage rate is said to be decreasing because ________.
   A. we demand too much of our partners
   B. partners don't give compliments
   C. people are too differentiated socially
   D. the economic disparity in many regions is growing
4. How is the question of race in relation to marriage similar to the question of money?
   A. They fuel mutual instinctual attraction.
   B. They inspire individual responsibilities.
   C. They deflect superficial relationships.
   D. They prohibit suitable marriages.
5. Panmixia is said to ________.
   A. aid the selection process
   B. complement individualization
   C. inspire positive results
   D. set up biological decline

Passage 6 （中山大学 2012）

I live in the land of Disney, Hollywood and year-round sun. You may think people in such a glamorous, fun-filled place are happier than others. If so, you have some mistaken ideas about the nature of happiness.

Many intelligent people still equate happiness with fun. The truth is that fun and happiness have little or nothing in common. Fun is what we experience during an act. Happiness is what we experience after an act. It is a deeper, more abiding emotion.

Going to an amusement park or ball game, watching a movie or television, are fun activities that help us relax, temporarily forget our problems and maybe even laugh. But they do not bring happiness, because their positive effects end when the fun ends.

I have often thought that if Hollywood stars have a role to play, it is to teach us that happiness has nothing to do with fun. These rich, beautiful individuals have constant access to glamorous parties, fancy cars, expensive homes, everything that spells "happiness". But in memoir after memoir, celebrities reveal the unhappiness hidden beneath all their fun: depression, alcoholism, drug addiction, broken marriages, troubled children and profound loneliness.

Ask a bachelor why he resists marriage even though he finds dating to be less and less satisfying. If he's honest, he will tell you that he is afraid of making a commitment. For commitment is in fact quite painful. The single life is filled with fun, adventure and excitement. Marriage has such moments, but they are not its most distinguishing features.

Similarly, couples that choose not to have children are deciding in favor of painless fun over painful happiness. They can dine out ever they want and sleep as late as they want. Couples with infant children are lucky to get a whole night's sleep or a three-day vacation. I don't know any parent who would choose the word fun to describe raising children.

Understanding and accepting that true happiness has nothing to do with fun is one of the most liberating realizations we can ever come to. It liberates time: now we can devote more hours to activities that can genuinely increase our happiness. It liberates money: buying that new car or those fancy clothes that will do nothing to increase our happiness now seems pointless. And it liberates us from envy: we now understand that all those rich and glamorous people we were so sure are happy because they are always having so much fun actually may not be happy at all.

1. Which of the following is true?
   A. Fun creates long-lasting satisfaction.
   B. Fun provides enjoyment while pain leads to happiness.
   C. Happiness is enduring whereas fun is short-lived.
   D. Fun that is long-standing may lead to happiness.
2. To the author, Hollywood stars all have an important role to play that is to ________.
   A. write memoir after memoir about their happiness
   B. tell the public that happiness has nothing to do with fun
   C. teach people how to enjoy their lives
   D. bring happiness to the public instead of going to glamorous parties
3. In the author's opinion, marriage ________.
   A. affords greater fun　　B. leads to raising children
   C. indicates commitment　　D. ends in pain
4. Couples having infant children ________.
   A. are lucky since they can have a whole night's sleep
   B. find fun in tucking them into bed at night
   C. find more time to play and joke with them
   D. derive happiness from their endeavor
5. If one get the meaning of the true sense of happiness, he will ________.
   A. stop playing games and joking with others
   B. make the best use of his time increasing happiness
   C. give a free hand to money
   D. keep himself with his family

Passage 7 （厦门大学 2012）

For office innovators, the unrealized dream of the "paperless" office is a classic example of high-tech hubris. Today's office drone is drowning in more paper than ever before.

But after decades of hype, American offices may finally be losing their paper obsession. The demand for paper used to outstrip the growth of the US economy, but the past two or three years have seen a marked slowdown in sales — despite a healthy economic scene.

Analysts attribute the decline to such factors as advances in digital databases and communication systems. Escaping our craving for paper, however, will be anything but an easy affair.

"Old habits are hard to break," says Merilyn Dunn, a communications supplies director.

"There are some functions that paper serves where a screen display doesn't work. Those functions are both its strength and its weakness."

In the early to mid-1990s, a booming economy and improved desktop printers helped boost paper sales by 6 to 7 percent each year. The convenience of desktop printing allowed office workers to indulge in printing anything and everything at very little effort or cost.

But now, the growth rate of paper sales in the United States is flattening by about half a percent each year. Between 2004 and 2005, Ms. Dunn says, plain white office paper will see less than a 4 percent growth rate, despite the strong overall economy. A primary reason for the change, says Dunn, is that for the first time ever, some 47 percent of the workforce entered the job market after computers had already been introduced to offices.

"We're finally seeing a reduction in the amount of paper being used per worker in the workplace," says John Maine, vice president of a pulp and paper economic consulting firm. "More information is being transmitted electronically, and more and more people are comfortable with the information residing only in electronic form without printing multiple backups."

In addition, Mr. Maine points to the lackluster employment market for white-collar workers — the primary driver of office paper consumption for the shift in paper usage.

The real paradigm shift may be in the way paper is used. Since the advent of advanced and reliable office-network systems, data storage has moved away from paper archives. The secretarial art of "filing" is disappearing from job descriptions. Much of today's data may never leave its original digital format.

The changing attitudes toward paper have finally caught the attention of paper companies, says Richard Harper, a researcher at Microsoft. "All of a sudden, the paper industry has started thinking, 'We need to learn more about the behavioural aspects of paper use,'" he says. "They had never asked, they'd just assumed that 70 million sheets would be bought per year as a literal function of economic growth."

To reduce paper use, some companies are working to combine digital and paper capabilities. For example, Xerox Corp. is developing electronic paper: thin digital displays that respond to a stylus, like a pen on paper. Notations can be erased or saved digitally.

Another idea, intelligent paper, comes from Anoto Group. It would allow notations made with a stylus on a page printed with a special magnetic ink to simultaneously appear on a computer screen.

Even with such technological advances, the improved capabilities of digital storage continue to act against "**paperlessness**," argues Paul Saffo, a technology forecaster. In his prophetic and metaphorical 1989 essay, "The Electronic Piñata (彩罐)," he suggests that the increasing amounts of electronic data necessarily require more paper.

"The information industry today is like a huge electronic piñata, composed of a thin paper crust surrounding an electronic core," Mr. Saffo wrote. The growing paper crust "is most noticeable, but the hidden electronic core that produces the crust is far larger — and growing more rapidly. The result is that we are becoming paperless, but we hardly notice at all."

In the same way that digital innovations have increased paper consumption, Saffo says, so has video conferencing — with its promise of fewer in-person meetings — boosting business travel.

"That's one of the great **ironies of the information age**," Saffo says. "It's just common sense that the more you talk to someone by phone or computer, it inevitably leads to a face-to-face meeting. The best thing for the aviation industry was the Internet."

Multiple-choice Questions:

1. What function does the second sentence in the first paragraph serve?
   A. It further explains high-tech hubris.
   B. It confirms the effect of high-tech hubris.
   C. It offers a cause for high-tech hubris.
   D. It offers a contrast to high-tech hubris.
2. Which of the following is NOT a reason for the slowdown in paper sales?
   A. Workforce with better computer skills.
   B. Slow growth of the US economy.
   C. Changing patterns in paper use.
   D. Changing employment trends.
3. The two innovations by Xerox Corp. and Anoto Group feature ____________.
   A. integrated use of paper and digital form
   B. a shift from paper to digital form
   C. the use of computer screen
   D. a new style of writing
4. What is the author's attitude towards "paperlessness"?
   A. He reviews the situation from different perspectives.
   B. He agrees with some of the people quoted in the passage.
   C. He has a preference for digital innovations.
   D. He thinks airlines benefit most from the digital age.

Short-answer Question:

5. What does the author mean by "ironies of the information age" in the last paragraph?

Passage 8 （上海理工大学 2012）

There are a few common misconceptions. Beauty is only skin-deep. One's physical assets and liabilities don't count all that much in a managerial career. A woman should always try to look her best.

Over the last 30 years, social scientists have conducted more than 1,000 studies of how we react to beautiful and not-so-beautiful people. The virtually unanimous conclusion: Looks do matter, more than most of us realize. The data suggest, for example, the physically attractive individuals are more likely to be treated well by their parents, sought out as friends, and pursued romantically. With the possible exception of women seeking managerial jobs they are also more likely to be hired, paid well, and promoted.

Un-American, you say, unfair and extremely unbelievable? Once again, the scientists have caught us mouthing pieties while acting just the contrary. Their typical experiment works something like this. They give each member of a group — college students, perhaps, or teachers or corporate personnel managers a piece of paper relating an individual's accomplishments. Attached to the paper is a photograph. While the papers all say exactly the same thing the pictures are different. Some show a strikingly attractive person, some an average-looking character, and some an unusually unattractive human being. Group members are asked to rate the individual on certain attributes, anything from personal warmth to the likelihood that he or she will be promoted.

Almost invariably, the better looking the person in the picture, the higher the person is rated. In the phrase, borrowed from Sappho, that the social scientists use to sum up the common perception, what is beautiful is good.

In business, however, **good looks cut both ways for women**, and deeper than for men. A Utah State University professor, who is an authority on the subject, explains: In terms of their careers, the impact of physical attractiveness on males is only modest. But its potential impact on females can be tremendous, making it easier, for example, for the more attractive to get jobs where they are in the public eye. On another note, though, there is enough literature now for us to conclude that attractive women who aspire to managerial positions do not get on as well as who may be less attractive.

1. According to the passage, people often wrongly believe that in pursuing a career as manager ____________.
   A. a person's property or debts do not matter much
   B. a person's outward appearance is not a critical qualification
   C. women should always dress fashionably
   D. women should not only be attractive but also high-minded
2. The result of research carried out by social scientists show that ____________.
   A. people do not realize the importance of looking one's best
   B. women in pursuit of managerial jobs are not likely to be paid well
   C. good-looking women aspire to managerial positions
   D. attractive people generally have an advantage over those who are not
3. Experiments by scientists have shown that when people evaluate individuals on certain attributes ____________.
   A. they observe the principle that beauty is only skin-deep

B. they do not usually act according to the views they support

C. they give ordinary-looking persons the lowest ratings

D. they tend to base their judgment on the individual's accomplishments

4. "good looks cut both ways for women" (Para.5) means that ____________.

A. attractive women have tremendous potential impact on public job

B. good-looking women always get the best of everything

C. being attractive is not always an advantage for women

D. attractive women do not do as well as unattractive women in managerial positions

5. It can be inferred from the passage that in the business world ____________.

A. handsome men are not affected as much by their looks as attractive women are

B. physically attractive women who are in the public eye usually do quite well

C. physically attractive men and women who are in the public eye usually get along quite well

D. good looks are important for women as they are for men

Passage 9 （首都师范大学 2011）

Pop stars today enjoy a style of living which was once the prerogative only of Royalty. Wherever they go, people turn out in their thousands to greet them. The crowds go wild trying to catch a brief glimpse of their smiling, colorfully dressed idols. The stars are transported in their chauffeur driven Rolls-Royces, private helicopters or executive aeroplanes. They are surrounded by a permanent entourage of managers, pressagents and bodyguards. Photographs of them appear regularly in the press and all their comingsand goings are reported, for, like Royalty, pop stars are news. If they enjoy many of the privileges of Royalty, they certainly share many of the inconveniences as well. It is dangerous for them to make unscheduled appearances in public. They must be constantly shielded from the adoring crowds which idolize them. They are no longer private individuals, but public property. The financial rewards they receive for this sacrifice cannot be calculated, for their rates of pay are astronomical.

And why not? Society has always rewarded its top entertainers lavishly. The great days of Hollywood have become legendary: famous stars enjoyed fame, wealth and adulation on an unprecedented scale. By today's standards, the excesses of Hollywood do not seem quite so spectacular. A single gramophone record nowadays may earn much more in royalties than the films of the past ever did. The competition for the title "Top of the Pops" is fierce, but the rewards are truly colossal.

It is only right that the stars should be paid in this way. Don't the top men in industry earn enormous salaries for the services they perform to their companies and their countries? Pop stars earn vast sums in foreign currency — often more than large industrial concerns — and the taxman can only be grateful for their massive annual contributions to the exchequer. So who would be grudge them their rewards?

It's all very well for people in humdrum jobs to moan about the successes and rewards of others. People who make envious remarks should remember that the most famous stars represent only the tip of the iceberg. For every famous star, there are hundreds of others struggling to earn a living. A man working in a steady job and looking forward to a pension at the end of it has no right to expect very high rewards. He has chosen security and peace of mind, so there will always be a limit to what he can earn. But a man who attempts to become a star is taking enormous risks. He knows at the outset that only a handful of competitors ever get to the very top. He knows that years of concentrated effort may be rewarded with complete failure. But he knows, too, that the rewards for success are very high indeed: they are the recompense for the huge risks involved and if he achieves them, he has certainly earned them. That's the essence of private enterprise.

1. The sentence "Pop stars today enjoy a style of living was once the prerogative only of Royalty" (Para.1) means ______.
   A. their life was as luxurious as that of royalty
   B. They enjoy what once only belonged to the royalty
   C. They are rather rich
   D. Their way of living was the same as that of the royalty
2. What is the author's attitude toward top stars' high income?
   A. Approval.　B. Disapproval.　C. Ironical.　D. Critical.
3. It can be inferred from the passage that ______.
   A. there exists fierce competition in climbing to the top
   B. people are blind in idolizing stars
   C. successful Pop stars give great entertainment
   D. the tax they have paid are great
4. What can we learn from the passage?
   A. Successful man should get high-income repayment.
   B. Pop stars made great contribution to a country.
   C. Pop stars can enjoy the life of royalty.
   D. Successful men represent the tip of the iceberg.
5. Which paragraph covers the main idea?
   A. The first.　B. The second.　C. The third.　D. The fourth.

Passage 10 （武汉大学 2011）

I am one of the many city people who are always saying that given the choice we would prefer to live in the country away from the dirt and noise of a large city. I have managed to convince myself that if it weren't for my job I would immediately head out for the open spaces and go back to nature in some sleepy village buried in the county. But how realistic is the dream?

Cities can be frightening places. The majority of the population live in massive tower blocks, noisy, dirty and impersonal. The sense of belonging to a community tends to disappear when you live fifteen floors up. All you can see from your window is sky, or other blocks of flats. Children become aggressive and nervous — cooped up at home all day, with nowhere to play; their mothers feel isolated from the rest of the world. Strangely enough, whereas in the past the inhabitants of one street all knew each other, nowadays people on the same floor in tower blocks don't even say hello to each other.

Country life, on the other hand, differs from this kind of isolated existence in that a sense of community generally binds the inhabitants of small villages together. People have the advantage of knowing that there is always someone to turn to when they need help. But country life has disadvantages too. While it is true that you may be among friends in a village, it is also true that you are cut off from the exciting and important events that take place in cities. There's little possibility of going to a new show or the latest movie. Shopping becomes a major problem, and for anything slightly out of the ordinary you have to go on an expedition to the nearest large town. The city-dweller who leaves for the country is often oppressed by a sense of unbearable stillness and quiet.

What, then, is the answer? The country has the advantage of peace and quiet, but suffers from the disadvantage of being cut off the city breeds a feeling of isolation, and constant noise batters the senses. But one of its main advantages is that you are at the centre of things, and that life doesn't come to an end at half-past nine at night. Some people have found (or rather bought) a compromise between the two they have expressed their preference for the "quiet life" by leaving the suburbs and moving to villages within commuting distance of large cities. They generally have about as much sensitivity as the plastic flowers they leave behind — they are polluted with strange ideas about change and improvement which they force on to the unwilling original inhabitants of the villages.

What then of my dreams of leaning on a cottage gate and murmuring "morning" to the locals as they pass by. I'm keen on the idea, but you see there's my cat, Toby. I'm not at all sure that he would take to all that fresh air and exercise in the long grass. I mean, can you see him mixing with all those hearty males down the farm? No, he would rather have the electric imitation-coal fire any evening.

1. We get the impression from the first paragraph that the author ________.

   A. used to live in the country　　B. used to work in the city

   C. works in the city　　D. lives in the country

2. In the author's opinion, the following may cause city people to be unhappy EXCEPT ________.

   A. a strong sense of fear　　B. lack of communication

   C. housing conditions　　D. a sense of isolation

3. The passage implies that it is easy to buy the following things in the country EXCEPT ________.

A. daily necessities　　B. fresh fruits

C. designer clothes　　D. fresh vegetables

4. According to the passage, which of the following adjectives best describes those people who work in large cities and live in villages?

A. Original.　　B. Quiet.　　C. Arrogant.　　D. Insensitive.

5. Do you think the author will move to the country?

A. Yes, he will do so.　　B. No, he will not do so.

C. It is difficult to tell.　　D. He is in two minds.

6. 文化传播专题

Passage 1 （中山大学 2015）

The English are peculiar. Old houses in England, for instance, cost more than new ones. The older the house, the greater the charm it is considered to possess. Houses as hundred years old are thought more solid and less ugly than those being built today. Those two hundred years old are still more sought after and their long history lends an air of romance to them. You can imagine, then, my delight when as student I was offered the chance to rent a cottage that dated from 1661. The very age was attraction enough. Even before I had seen it I wanted it, and when I did see it for the first time its attraction doubled. There it stood, perched on the edge of a hill looking out over the countryside towards the sea, smoke drifting from its chimney promising a warm log fire within. Peering through the narrow leaded windows I could see that the ceiling still showed its old wooden beams, while the floor was covered in ancient flagstones. To someone born and bred in a modern city this country cottage promised escape into a rural idyll, a dream came true. I closed with the farmer who owned this delight without hesitation or haggling.

Only later did cold reality begin to take its toll on romantic illusion. Being built in an age innocent of damp-proofing the cottage was constantly wet. The view which it purchased from its point on the edge of a high hill it paid for by taking the full force of the wind that bore down on it from the sea. The damp and wind together made constant heating a necessity throughout the year. The only means of heating was the open fire which spoke to me so promisingly on that first day. On closer acquaintance it did not so much speak as spit in a bad tempered way, shooting burning shards of wood out to ruin the carpet. Among its other quirky habits it would also playfully and unexpectedly suddenly decide to puff large billows of smoke out into the room, enveloping everyone in fog. To clear this you would have to open the window to get the fire to draw. This would let in an icy blast in the process and the temperature would plunge. As for the tiny windows which looked so picturesque they were so tiny that the inside of the cottage was constantly in gloom, while the numerous small panes would rattle throughout the night doing their best to disturb one's sleep. From schooldays I remember hearing as an interesting if inconsequential fact that in past centuries the population were considerably shorter than today but its significance was brought home to me in no uncertain terms. When bouncing into the cottage on my first day to take possession I promptly knocked myself out by hitting my head on one of the beams. Even after I had to creep about the cottage with head bowed and knees bent. Only if I stood still could I stand straight by positioning myself between two beams. And yet... and yet despite all the difficulties I often dream of the cottage and wish I were back. Peculiar.

1. How do English people usually think of old houses?
   A. They are less expensive than the modern ones.
   B. They are more attractive than the modern ones.
   C. Their construction is less reliable than the modern ones.
   D. They should be given more protection than the modern ones.
2. From the description of the house, we can see that ____________.
   A. the house was installed with quite a few windows
   B. the ceiling and the floor were covered by ancient wooden materials
   C. the house was located on a hill near the sea
   D. the heating system of the house was very good
3. What did the author think about the house the time he saw it?
   A. He wanted earnestly to rent the house from the farmer.
   B. He thought the farmer must have the same feeling about the house.
   C. He felt his feeling of the house was similar to the owner hundred years ago.
   D. He thought the price of the house was close to what he expected.
4. When the author moved in, he ____________.
   A. experienced the romantic sense brought by the ancient house
   B. immediately found he was cheated by the owner of the house
   C. found his imagination about the house was completely wrong
   D. thought the house an ideal place to escape cold reality of life
5. The house needed heating all through the year because of ____________.
   A. its inner system
   B. its location
   C. its constructive style
   D. the peculiar local climate

Passage 2 （电子科技大学 2014）

According to some individuals, if your house is built in the right position, this may affect your success in life, which seems strange to many people. However, to believers in Feng-Shui, or the art of geomancy, not only the position but also the choice of decorations and even the color of your home can mean the difference between good fortune and disaster. This art has been practiced for centuries in China and is still used all over South East Asia. Even the huge Hong Kong banks call in a geomancer if they are planning to build new offices. They have such faith in his knowledge that if he advises them to move, they will alter their plans for even their biggest buildings.

Like many Oriental beliefs the geomancer's skill depends on the idea of harmony in nature. If there is no imbalance between the opposing forces of Yin and Yang, the building will bring luck to its inhabitants. This means that the house must be built on the right spot as well as facing the right direction, and also be painted an auspicious color. For instance, if there are mountains to the north, this will protect them from evil influences. If the house is painted red, this will bring happiness to the occupants while green symbolizes youth and will bring long life. Other factors, such as the owner's time and date of birth, are taken into account, too. The geomancer believes that unless all these are considered when choosing a site for construction, the fortune of the people using it will be at risk.

Indeed, to ignore the geomancer's advice can have fatal results. The death of the internationally famous Kung-Fu star, Brucee Lee, has been used as an example. It is said that when Lee found out that the house he was living in was an unlucky one, he followed a geomancer's advice and installed an eight-sided mirror outside his front door to bring him luck. Unfortunately, a storm damaged the mirror and the house was left unprotected from harmful influences. Soon afterwards Lee died in mysterious circumstances.

Not only is Feng-Shui still used in South East Asia, but it has also spread right across the world. Even in modern New York a successful commercial artist called Milton Glaser has found it useful. He was so desperate after his office was broken into six times that he consulted a geomancer. He was told to install a fish tank with six black fish and fix a red clock to the ceiling. Since then he has not been burglarized once. It may seem an incredible story, but no other suitable explanation has been offered.

1. From the passage we can infer that Feng-Shui is NOT used in ______.

   A. Hong Kong B. the United States

   C. Japan D. Thailand

2. Geomancers believe that ______.

   A. houses must only be painted red

   B. houses must face mountains

   C. nature and life should be in harmony

   D. green is an unlucky color

3. Geomancers think that the reason for Bruce Lee's death is that ______.

   A. he didn't follow the geomancer's advice

   B. he installed an eight-sided mirror

   C. he misunderstood the geomancer's advice

   D. a storm damaged the protection for his house

4. The story of Milton Glaser shows that ______.

   A. colors are not important in geomancy

B. geomancy is used by artists

C. geomancy is used in the West

D. the fight against crime is being won

5. Which of the following best describes geomancy?

A. It is a style of Oriental decoration.

B. It is a type of painting.

C. It is an ancient Chinese belief called Feng-Shui.

D. It is an architectural design.

Passage 3 （中南财经政法大学 2014）

We are all of us consumers. Every time we make a purchase, however humble, we are consciously or unconsciously using our power to choose. Since art is involved in most of the objects seen and used every day, one of the great needs of the consumer is a knowledge of the principles fundamental to good taste. Good taste, in the field of art, is the application of the principles of design to the problems in life where appearance as well as utility is a consideration. With the development of our appreciation of these principles, the meaning of the term "principles of design" broadens and deepens. These principles are never static. They should be regarded as flexible guides to be used in producing a desired result. It has been said that good taste is doing unconsciously the right things, at the right time, in the right way. Good taste in art can be acquired by applying the principles of beauty deliberately until the time is reached when the right thing is done unconsciously.

Good taste, then, includes the selection and arrangement of all our belongings — our communal as well as our personal possessions. For the sake of economy as well as beauty, it is important that every individual should understand and apply these principles of art. Since the appearance of the things we acquire causes us to enjoy some of them permanently, while others please for only a little while, it is an advantage to be able to judge discriminatory. Beauty is determined not by the cost but by the quality of the object chosen. Most people who enjoy the effect of richness would like to know how to appreciate the restraint which marks the difference between the rich and the gaudy, while others who like simple things wish to recognize the point where plainness ceases to be beautiful and becomes monotonous and unimaginative. Training will show where merely a variation of proportions or the addition of some simple note of contrast will result in a quality and beauty that might otherwise be lacking.

1. The principles of design ____________.

A. are fundamental to good taste because they are changeable

B. should not be regarded as unchangeable guides when they are used

C. are known to all of us consumers

D. could only be used deliberately in life

2. Good taste in art ____________.
   A. is a knowledge of the principles of design
   B. refers to our ability to appreciate the principles of design
   C. can only be acquired by doing things unconsciously
   D. can only be obtained by applying the principles of beauty intentionally
3. It is not stated in the passage that ____________.
   A. good taste includes both economy and beauty
   B. everyone of us should understand and apply the principles of art
   C. good taste is doing the right thing unconsciously
   D. good taste is involved in the arrangement of our possessions
4. It is implied in the passage that ____________.
   A. the people who enjoy the effect of richness have no knowledge of the fundamental principles of art
   B. merely a variation of proportion can bring beauty to some un attractive objects
   C. the people who like simple things appreciate all the monotonous and unimaginative things
   D. the difference between the rich and the gaudy is obvious
5. All of the following statements are true, except ____________.
   A. Beauty is determined by the quality of the objects
   B. The most expressive object must have a very beautiful appearance
   C. Every consumer uses his power to choose objects consciously or unconsciously
   D. The meaning of the term "principles of design" has been broadened and deepened

Passage 4 (华东师范大学 2014)

Television has broken down class and regional boundaries to a far greater extent than have other media. Books and newspapers are segregated by area and readership. Only the well-educated can read serious books, and the style of *The New York Times* only appeals to those with a certain level of education and wealth. Thus, to some extent, newspapers and books encourage the segregation of knowledge. Radio began to break down that segregation. Television goes much further. There are programs which cater to more elite audiences and are watched only by them, but insofar as television seeks the lowest common denominator and finds it. Americans as a group are introduced to the same themes in the same way. Docudramas, of which the series *Roots* is a prime example, as well as the six o'clock news are watched by millions of American of all education and social backgrounds. Everybody sees the same pictures and receives the same information.

Decide whether each of the following statements is true or false.

1. ____________ Different people read the same books.
2. ____________ The segregation of knowledge is encouraged by television.

3. ____________ Everyone reads *The New York Times*.
4. ____________ Different people from different parts of the country watch the same television programs.

Passage 5 （武汉大学 2014）

Auctions are public sales of goods, conducted by an officially approved auctioneer. He asks the crowd assembled in the auction-room to make offers, or "bids", for the various items on sale. He encourages buyers to bid higher figures and finally names the highest bidder as the buyer of the goods. This is called "**knocking down**" the goods, for the bidding ends when the auctioneer bangs a small hammer on a table at which he stands. This is often set on a raised platform called a rostrum.

The ancient Romans probably invented sales by auction, and the English word comes from the Latin Autcio, meaning "increase". The Romans usually sold in this way the spoils taken in war; these sales were called sub hasta, meaning "under the spear", a spear being stuck in the ground as a signal for a crowd to gather. In England in the eighteenth and nineteenth centuries, goods were often sold "by the candle": a short candle was lit by the auctioneer, and bids could be made while it stayed alight.

Practically all goods whose qualities vary are sold by auction. Among these are coffee, hides, skins, wool, tea, cocoa, furs, spices, fruit and vegetables and wines. Auction sales are also usual for land and property, antique furniture, pictures, rare books, old china and similar works of art. The auction-rooms as Christie's and Sotheby's in London and New York are world-famous.

An auction is usually advertised beforehand with full particulars of the articles to be sold and where and when they can be viewed by prospective buyers. If the advertisement cannot give full details, catalogues are printed, and each group of goods to be sold together, called a "lot", is usually given a number. The auctioneer need not begin with Lot one and continue in numerical order; he may wait until he registers the fact that certain dealers are in the room and then produce the lots they are likely to be interested in. The auctioneer's services are paid for in the form of a percentage of the price the goods are sold for. The auctioneer therefore has a direct interest in pushing up the bidding as high as possible.

1. Why is the end of the bidding called "knocking down"?
   A. Because the auctioneer knocks the buyer down.
   B. Because the auctioneers knocks the rostrum down.
   C. Because the goods are knocked down on to the table.
   D. Because the auctioneer bangs the table with a hammer.
2. The Romans used to sell by auction ____________.
   A. spoilt goods　　　　B. old worn-out weapons

C. property taken from the enemy　　D. spears

3. A candle used to bum at auction sales ____________.

A. because they took place at night

B. as a signal for the crowd to gather

C. to keep the auctioneer warm

D. to limit the time when offers could be made

4. The auctioneer may decide to sell the "lots" out of the order because ____________.

A. he sometimes wants to confuse the buyers

B. he knows from experience that certain people will want to buy certain items

C. he wants to keep certain people waiting

D. he wants to reduce the number of buyers

Passage 6 （天津外国语大学 2012）

What is the charm of necklaces? Why would anyone put something extra around her neck and then invest it with special significance? A necklace doesn't afford warmth in cold weather, like a scarf, or protection in combat, like chain mail; it only decorates. We might say it borrows meaning from what it surrounds and sets off: the head with its supremely important material contents, and the face, that register of the soul. When photograph reduces the reality it represents, they mention not only the passage from three dimensions to two, but also the selection of a *point du vue* favors the top of the body rather than the bottom and the front rather than the back. The face is the jewel in the crown of the body, and so we give it a setting.

When people are intensely concerned with something that is obviously impractical, anthropologists take note, for lovely useless things often express archaic to exist in contemporary American houses already heated by gas and electricity, yet most people want one and it is still the focus of the living room. This desire testifies, I think, to the hundreds of thousands of years during which we Homo sapiens huddled around a cave fire. We watch ourselves, rather anxiously, vanish backward down those lone temporary corridors, as my daughter gazes at her infinitely multiplied small self in the mutually opposed mirrors of the beauty salon, and wonders, is it me? Our fireplaces and necklaces and tombstones say it is, they are.

In American culture, an interest in necklaces seems to be rather **gender specific**. Many men to whom I mention the enterprise **feign polite interest** and then change the subject, though I know some who admire, construct, and wear necklaces, including the distinguished scientist and poet to whom this essay is dedicated. Most women, by contrast, become mildly or wildly enthusiastic. A doctor in Blois brought out her entire collection of costume jewelry for me, exhibited the most splendid pieces with an account of where and when they were purchased, and then explain them all with the help of a large glossy book on the history of costume jewelry, with dozens of pictures. A former student of mine who had moved to California mailed me six plastic boxes full of beads gleaned from a warehouse managed by an eccentric friend who just their settings; a feature bead painted with a naked lady; crystal roundels of truly exceptional shine; and tiny silver hematite seed beads. Beads lend themselves to exchange. Beads travel. And clearly these two facts are related.

1. The function of the necklace is to ____________.
   A. keep people warm
   B. provide people with protection
   C. make people beautiful
   D. build up people's confidence
2. Lovely useless things, according to the author, serve the purpose of ____________.
   A. decorating the house
   B. showing off one's artistic taste
   C. reminding people of things past
   D. revealing one's tendency to waste money
3. "Gender specific"(Para.3) means ____________.
   A. both men and women
   B. either men or women
   C. neither men nor women
   D. related to one sex only
4. From this article we can gather that ____________.
   A. only women like necklaces
   B. only men like necklaces
   C. most women like necklaces
   D. most men like necklaces
5. Some men "feign polite interest"(Para.3) means ____________.
   A. they are keenly interested
   B. they are not interested at all because they are men
   C. they are slightly interested
   D. they pretend to be interested out of politeness

Passage 7 （对外经济贸易大学 2012）

Print books may be under siege from the rise of e-books, but they have a tenacious hold on a particular group: children and toddlers. Their parents are insisting this next generation of readers spend their early years with old-fashioned books. This is the case even with parents who themselves are die-hard downloaders of books onto Kindles, iPads, laptops and phones. They freely acknowledge their digital double standard, saying they want their children to be surrounded by print books, to experience turning physical pages as they learn about shapes, colors and animals. Parents also say they like cuddling up with their child and a book, and fear that a shiny gadget might get all the attention. Also, if little Joey is going to spit up, a book may be easier to clean than a tablet computer.

As the adult book world turns digital at a faster rate than publishers expected, sales of e-books for titles aimed at children under 8 have barely budged. They represent less than 5 percent of total annual sales of children's books, several publishers estimated, compared with more than 25 percent in some categories of adult books.

Many print books are also bought as gifts, since the delights of an Amazon gift card are lost on most 6-year-olds. Children's books are also a bright spot for brick-and-mortar bookstores, since parents often want to flip through an entire book before buying it, something they usually cannot do with e-book browsing. A study commissioned by HarperCollins in 2010 found that books bought for 3-to 7-year-olds were frequently discovered at a local bookstore — 38 percent of the time.

And here is a question for a digital-era debate: is anything lost by taking a picture book and converting it to an e-book? Junko Yokota, a professor and director of the Center for Teaching Through Children's Books at National Louis University in Chicago, thinks the answer is yes, because the shape and size of the book are often part of the reading experience. Wider pages might be used to convey broad landscapes, or a taller format might be chosen for stories about skyscrapers. Size and shape "become part of the emotional experience, the intellectual experience. There's a lot you can't standardize and stick into an electronic format," said Ms. Yokota, who has lectured on how to decide when a child's book is best suited for digital or print format.

Publishers say they are gradually increasing the number of print picture books that they are converting to digital format, even though it is time-consuming and expensive, and developers have been busy creating interactive children's book apps. While the entry of new tablet devices from Barnes & Noble and Amazon this fall is expected to increase the demand for children's e-books, several publishers said they suspected that many parents would still prefer the print versions.

"There's definitely a predisposition to print," said Jon Yaged, president and publisher of Macmillan Children's Publishing Group. "And the parents are the same folks who will have no qualms about buying an e-book for themselves," he added.

That is the case in the home of Ari Wallach, a tech-obsessed New York entrepreneur who helps companies update their technology. He himself reads on Kindle, iPad and iPhone, but the room of his twin girls is packed with only print books. "I know I'm a **Luddite** on this, but there's something very personal about a book and not one of one thousand files on an iPad, something that's connected and emotional, something I grew up with and that I want them to grow up with," he said. "I recognize that when they are my age, it'll be difficult to find a 'dead-tree book,'" he added. "That being said, I feel that learning with books is as important a rite of passage as learning to eat with utensils and being potty-trained."

1. According to the passage, which of the following is NOT mentioned as the reasons for parents' preference to print books?
   A. They want their children to experience turning physical pages as they learn about shapes, colors and animals.
   B. They like cuddling up with their child and a book, and fear that a shiny gadget might get all the attention.

C. Children enjoy reading print books compared with digital versions.

D. Print books are easier to clean than electronic devices.

2. Which of the following can best describe the publishers' opinion?

A. They will convert more picture books to digital format because of the increased demand for children's e-books.

B. They will increase the number of print picture books because many parents want their children to be surrounded by print books.

C. Print books are reduced to gifts.

D. Parents would change their reading habits due to their concern for their children.

3. Which of the following is NOT mentioned as the advantages of the print books in the passage?

A. As part of the emotional and intellectual experience, the shape and size of the book cannot be adapted in an e-book.

B. There is a lot you can't standardize and stick into an electronic format.

C. There's something personal about a book and not one of any files in a computer.

D. Print books are better to children's health than the digital format.

4. The word "Luddite" in Line 3 in the last paragraph means a person ____________.

A. who is opposed to new technology or working methods

B. who is crazy about high-tech devices

C. who is stubborn and determined

D. who tends to follow suit

5. The primary function of the last paragraph of the passage is to ____________.

A. summarize the main ideas of the passage

B. illustrate the parents' digital double standard and the predisposition to print

C. exemplify a tech-obsessed parent

D. give a counter example to the prevailing trend of e-books

Passage 8 （湖南大学 2012）

For most thinkers since the Greek philosophers, it was self-evident that there is something called human nature, something that constitutes the essence of man. There were various views about what constitutes it, but there was agreement that such an essence exists — that is to say, that there is something by virtue of which man is man. Thus man was defined as a rational being, as a social animal, an animal that can make tools, or a symbol-making animal.

More recently, this traditional view has begun to be questioned. One reason for this change was the increasing emphasis given to the historical approach to man. An examination of the history of humanity suggested that man in our epoch is so different from man in previous times that it seemed unrealistic to assume that men in every age have had in common something that can be called "human nature". The historical approach was reinforced, particularly in the United States, by studies in the field of cultural anthropology. The study of primitive peoples has discovered such a diversity of customs, values, feelings, and thoughts that many anthropologists arrived at the concept that man is born as a blank sheet of paper on which each culture writes its text. Another factor contributing to the tendency to deny the assumption of a fixed human nature was that the concept has so often been abused as a shield behind which the most inhuman acts are committed. In the name of human nature, for example, Aristotle and most thinkers up to the eighteenth century defended slavery. Or in order to prove the rationality and necessity of the capitalist form of society, scholars have tried to make a case for acquisitiveness, competitiveness, and selfishness as innate human traits. Popularly, one refers cynically to "human nature" in accepting the inevitability of such undesirable human behavior as greed, murder, cheating and lying.

Another reason for skepticism about the concept of human nature probably lies in the influence of evolutionary thinking. Once man came to be seen as developing in the process of evolution, the idea of a substance which is contained in his essence seemed **untenable**. Yet I believe it is precisely from an evolutionary standpoint that we can expect new insight into the problem of the nature of man.

1. The traditional view of "human nature" was strongly challenged by ________.
   A. the emergence of the evolutionary theory
   B. the historical approach to man
   C. new insight into human behavior
   D. the philosophical analysis of slavery
2. According to the passage, anthropologists believe that human beings ________.
   A. have some traits in common
   B. are born with diverse cultures
   C. are born without a fixed nature
   D. change their characters as they grow up
3. The author mentioned Aristotle, a great ancient thinker, in order to ________.
   A. emphasize that he contributed a lot to defining the concept of "human nature"
   B. show that the concept of "human nature" was used to justify social evils
   C. prove that he had a profound influence on the concept of "human nature"
   D. support the idea that some human traits are acquired
4. The word "untenable" (Para. 3) most probably means ________.
   A. invaluable B. imaginable C. changeable D. indefensible
5. Most philosophers believed that human nature ________.
   A. is the quality distinguishing man from other animals
   B. consists of competitiveness and selfishness
   C. is something partly innate and partly acquired
   D. consists of rationality and undesirable behavior

Passage 9 （四川大学 2012）

The Eskimos believe that a human being is made up of a body, a soul, and a name, and it not complete unless it has all three. This belief has a great effect on the Eskimo's daily life and runs like a golden thread through the Eskimo culture.

As for the soul of man, the Eskimos do not claim to know exactly what it is — but then, who does? They see it, however, as the beginning of life, the initiator of all activities within a being, and the energy without which life cannot continue.

An Eskimo's name is believed to have a life of its own. It combines all the good qualities and talents of all the persons who have been called by it. One may imagine it as a procession of ancestors stretching into the dim past and surrounding the present bearer of the name with a sort of magic protective aura.

Many Eskimos believe that a newborn baby cries because it wants its name and will not be complete until it gets it. Immediately after a birth the angakok (medicine man) or some wise elders of the tribe gather to name the child. The name that is selected must be the name of someone who has died recently. The choice may in some cases call for much conjuring and soothsaying, and in other cases be self-evident. When my son was born, everyone realized that it was his great-grandfather, Mequsaq, who had died a few months before, who had been reborn in him. The newborn infant had a slight squint in the very same eye that old Mequsaq had lost to the cannibals in Baffin Land. This was taken as a sign from the name spirit that the baby should be called Mequsaq.

When, in 1927, I returned to Thule for a visit, I found that no fewer than five little girls had been named Navarana after my dear late wife. So great was the confidence in Navarana's ability and character that there was believed to be enough for all five children. It was thus a beautiful and touching memorial to her, though a slightly expensive one for me, since I had to give all the little girls presents.

More often he newborn child was given several names, so as to have the highest possible protection, and certain names became great favorites. Calling so many by the same name was often very confusing. This custom was continued in Christianized Greenland. In the little settlement of Kook, in the Upernavik district, all five hunters were called Gaba (after the archangel Gabriel). I was told that some years before, a great man called Gaba had died, and after his death several unmistakable signs indicated that his spirit was still active. To please the spirit, many boy babies were named after it. In order to distinguish between them they called them "fat Gaba", "Little Gaba", etc.

A Polar Eskimo would never mention himself by name. Doing so could break the name's magic protection. And since the ever jealous spirits are always listening, it could cause great trouble. It seemed strange to me in the beginning, when I met somebody in the dark of winter, that I was never able to get any information other than "Oanga" (it is I). Finally I learned to know them all by their voices.

The Eskimo people believe also in the magic protective power of amulets, However, it isn't the amulet itself that protects from harm — it is the properties that the amulet possesses. It is almost always the boys and the men who are given amulets, for they are the ones who expose themselves to all the dangers of nature while the women stay at home. When a girl is given amulets, it is usually to insure that she have strong sons. Great care goes into the selection of amulets. My wife Navarana carried a little ball of polished wood with her always. Wood cannot feel pain, and possession of it means great wealth; thus it is thought that a wooden amulet can insure the owner a rich and painless life.

One of the most popular amulets is the foot of a raven, which is put on a string around the necks of newborn babies. This is believed to be a very valuable charm because no bird can get along under as hard conditions as does the raven. The raven finds food where other animals starve to death — it can live on almost nothing.

At the end of my first walrus hunt at Thule, Ayorsalik, one of the hunters, decided that raven meat was to be eaten in my honor. The purpose of the raven feast, he said, was to make sure that the good luck I had had that morning would continue indefinitely.

Two of the younger men shot three ravens that had been hovering expectantly near our campfire. Ayorsalik out the pot on to boil, and the ravens were skinned and cooked.

Their taste was **revolting**, and later I ate that bird only in times of great hunger. On this occasion Ayorsalik handed me all three hearts and livers with his fingers; they went down, but they almost came up again. I don't know whether this ritual had any effect. But later on, whenever I had sizable game, Ayorsalik claimed I would lose the ravens' power if I were not to share with him.

Another interesting custom of the Eskimos is their ceremony of reverence for ancestors. On the rock of Agpat, near Thule, where the burial ground was, both men and women would sit for hour after hour in quiet meditation. Dressed in their finest clothing, they would stare out over the horizon without moving. They believed that during this stillness they received the wisdom of their ancestors. It is the nearest thing to religious devotion I have seen among them, and it is, I think, the most beautiful form of worship I have ever seen.

To the Eskimo, nature is full of evil spirits ready to work ill if a sin or breach of taboo is committed. When a tribe is afflicted with sickness or bad weather or starvation, it is up to the angakok to find out how the people, knowingly or unknowingly, have offended the spirits. He can summon his helping spirits, he can travel to the underworld, under the sea, and through rocks, and thus find out where the trouble is.

Essentially, angakoks are people who are experienced in the state of trance. I have often observed even the people serving in our house at Thule in a state of trance, sometimes for days on end. To understand the Eskimos, it is necessary to remember the long depressing winter with its black darkness and its aura of lurking evil, and the summer with its perpetual sunshine that wearies the mind and confuses the senses. Every fall we had a veritable epidemic of evil spirits along with the storms and the darkness of winter setting in. There was always panic at this time.

The Eskimos know no benevolent god. They believe that the spirits of the angakoks and the protective spells of names and amulets are their only defense against a cold and hostile land.

1. If asked "Who is it?" an Eskimo would answer only "It is I," because ________.
   A. he would not want anyone to know who he was
   B. if he said his own name he would break its spell
   C. he did not know his actual name
   D. Both A and B.
2. There is evidence in the passage that the author's wife had ________.
   A. won the Eskimos' approval during several visits
   B. many names
   C. been accepted by the Eskimos only because of their love for her husband.
   D. been an Eskimo herself
3. According to the passage, Eskimos depend most heavily on ________.
   A. evil spirits
   B. charms and magic
   C. a helpful god
   D. nature
4. The word "revolting" (Para. 12) means ________.
   A. shocking
   B. rebellious
   C. nauseating
   D. wicked
5. The Eskimos believed that sitting quietly near their buried ancestors ________.
   A. was the best way to express faith in God
   B. helped the hunters to find food
   C. gave them the wisdom of their ancestors
   D. was the best way to pay tribute to the dead.

Passage 10 （天津外国语大学 2011）

"Essays end up in books", — like this one —"but they start their lives in magazines", wrote Susan Sontag in her introduction to *The Best American Essays* 1992. That's what I see first, year and year: the magazines.

Hundreds of them. Some so slick they slip from my hands and slide off each other when I try to construct neat piles. Some of the satiny and scented fashion magazines display so much commercialized fetishism — high-gloss models brought to erotic ecstasy by luxurious handbags — that I feel, as I dutifully flip through the clingy pages searching for content, I must be a creature from a different planet, a terribly deprived and disadvantaged one. Still, that doesn't prevent me from sniffing the perfume ads along the way, and for an intoxicating moment sample a world where reading and writing essays seems not just a marginal occupation, but decidedly declasse.

The Best American Essays features a selection of the year's outstanding essays, essays of literary achievement that show an awareness of craft and forcefulness of thought. Hundreds of essays are gathered annually from a wide assortment of national and regional publications. These essays are then screened, and approximately one hundred are turned over to a distinguished guest editor, who may add a few **personal discoveries** and who makes the final selections. The list of Notable Essays appearing in the back of the book is drawn from the final comprehensive list that includes not only all the essays submitted to the guest editor but also many that were not submitted.

To qualify for the volume, the essay must be a work of respectable literary quality, intended as a fully developed, independent essay on a subject of general interest (not specialized scholarship), originally written in English (or translated by the author) for publication in an American periodical during the calendar year. Today's essay is a highly flexible and shifting form, however, so **these criteria are not carved in stone**.

Magazine editors who want to be sure their contribution will be considered each year should submit issues or subscriptions to Robert Atwan, Serial Editor, The Best American Essays, P.O, Box 220, Redville, **MA02137**. Writers and editors are welcome to submit published essays from any American periodical for consideration; unpublished work does not qualify for the series and cannot be reviewed or evaluated. Please note: all submissions must be directly from the publication and not in manuscript or printout format. Editors of online magazines and literary bloggers should not assume that appropriate work will be seen; they are invited to submitted printed copies of the essay (with full citations) to the address above.

1. "Essays end up in books", — like this one —"but they start their lives in magazines" (Para. 1), this sentence means ____________.
   A. essays end their life in books
   B. essays are first published in magazines and then in the book form
   C. essays in magazines can gain a larger readership
   D. essays play their ceaselessly active and important role in books
2. "... These criteria are not carved in stone" (Para.4). It can be safely assumed according to the article that this sentence means ____________.
   A. these criteria are written in books
   B. these criteria are fixed and remain unchanged
   C. these criteria are flexible and always change
   D. these criteria are authorized and powerful
3. How are the best essays selected?
   A. Selected by a group of specialists.
   B. Selected by three or four readers.
   C. Selected by American readers and Canadian readers.
   D. Selected first by the serial editor, and then finalizes by the guest editor.

4. The phrase "personal discoveries" (Para.3) most probably means ____________.

A. treasures accidentally found by a person

B. lost things finally recovered by someone

C. essays the guest editor wants to include in the book

D. essays readers like very much

5. Part of the serial editor's address reads "MA02137". Here MA is the abbreviation of a US state. It is ____________.

A. Maryland B. Michigan

C. Massachusetts D. Mississippi

7. 文学艺术专题

Passage 1 (南京航空航天大学 2014)

The blues was born on the Mississippi River Delta in the early 1900s. After the Civil War, the slaves were free but life was still not easy. They had to find new work. In the South, work camps were formed. Black people from these camps worked on farms and on building up the Mississippi River banks. During the week the people worked long and hard. They often lived alone, without their families, far from home. On the weekends, the workers got together at picnics or drinking places. Traveling black musicians with guitars entertained them. The musicians sang songs about the difficult life of the workers. These songs were called the blues.

If you have the blues it means you feel very sad. You can have the blues because you have no money, no job, no lover, no home, or no friend. You can have the St. Louis blues, the Memphis blues, or the Monday morning blues. Maybe you have had the homework blues or the examination blues. But blues songs were not always sad. Some of them were happy and many of them were funny.

Blues was a new kind of music. In blues songs some notes were flattened. These notes were called "blue notes". They made the music sound sad and different.

Early blues singers often had very interesting names like Blind Lemon Jefferson, Howlin Wolf, Muddy Waters, and Leadbelly. Sometimes the blues singers had song contests. Each singer sang new words or a new style of the blues song. They made up the music as they played. In this way they created new music. This is called improvisation. Later, improvisation became a very important part of jazz music.

Blues began in the country in the South. As blacks moved into the big cities to work, the blues went with them. There, they sang about life in the cities. W. C. Handy, a black band leader from Memphis made the blues popular all over America. In 1914 he wrote the most famous blues song of all, "The St. Louis Blues".

1. This passage is mainly concerned with ____________.

   A. the birth of American country music
   B. the birth of jazz music
   C. the birth of American popular music
   D. the birth of the blues

2. Blues songs were often about ____________.

   A. the hard life of black people
   B. the lonely life of black people
   C. the happy and funny life of black people
   D. the hard life of slaves

3. In the early 1900s, black people often got together at some drinking places on weekends mainly because ____________.

   A. they had found new work
   B. they had worked long and hard during weekdays
   C. they often lived alone, without their families
   D. they were good at singing and dancing

4. According to the passage, which of the following statements is true?

   A. After the Civil War, most black people found jobs in factories.
   B. No blues songs were about life in the cities.
   C. The blues was popular only in the country.
   D. The blues was born in the country in the South.

Passage 2 (国际关系学院 2014)

Music and literature, **the two temporal arts**, contrive their pattern of sound in time; or, in other words, of sounds and pauses. Communication may be made in broken words, the business of life be carried on with substantive alone; but that is not what we call literature; and the true business of the literary artist is to plait or weave his meaning, involving it around itself; so that each sentence, by successive phrases, shall first come into a kind of knot, and then, after a moment of suspended meaning, solve and clear itself. In every properly constructed sentence there should be observed this knot or hitch; so that we are led to foresee, to expect, and to welcome the successive phrase. The pleasure may be heightened by an element of surprise, as, very grossly, in the common figure of the antithesis, or with much greater subtlety, where an antithesis is first suggested and then deftly evaded. Each phrase, besides, is to be comely in itself; and between the implication and the evolution of the sentence there should be a satisfying equipoise of sound; for nothing more often disappoints the ear than a sentence solemnly and sonorously prepared, and hastily and weakly finished. Nor should the balance be too striking and exact, for the one rule is to be infinitely various; to interest, to disappoint, to surprise, and yet still to gratify; to be ever changing, as it were, the stitch, and yet still to give the effect of an ingenious neatness.

1. According to the author, great literature depends on its ____________.
   A. meaning　　B. sound　　C. ideas
   D. balance　　E. antithesis
2. The author calls music and literature "the two temporal arts" because they ____________.
   A. are not lasting　　B. are both used in temples
   C. are both based on antithesis　　D. both depend on patterns
   E. both depend on balance
3. The function of the literacy artist is to ____________.
   A. communicate with the reader　　B. carry on the business of life
   C. provide a knot stitch　　D. present his ideas attractively
   E. capture balance and antithesis
4. Antithesis is a means of seducing ____________.
   A. surprise　　B. subtlety　　C. comeliness
   D. balance　　E. equipoise
5. The author believes that the enjoyment of literature comes from ____________.
   A. an anticipation of the thought　　B. the originality of the thought
   C. shock　　D. rhythmic sound　　E. ingeniousness

Passage 3 （中山大学 2013）

Throughout all ages man has always carved colossal figures out of stone. This can be seen in the ancient ruins of Egypt, Persia and Babylon. In modern times America has also taken up the same challenge and has carved huge sculptures into her mountains.

On the East Coast of America not far from Atlanta, Georgia stands Stone Mountain, the largest mass of exposed granite in the world. Carved into the side of this mountain are three tremendous equestrian figures. They are sculptures of Jefferson Davis, Robert E. Lee and "Stonewall Jackson". It is a memorial to the Confederacy. The colossal figure of Lee alone measures 138 feet from the top of his head to the tip of his horse's hoof. To see these stone sculptures on the side of a mountain is most impressive and inspiring. It was commissioned in 1916 and was begun by Gutzon Borglum, the sculptor of Mt. Rushmore, but was not completed until 1969 by Walter K. Hancock.

In South Dakota, a western state, locates another achievement of man's ability to shape nature into his own image and the achievement is considered to be one of the great man-made wonders of the modern world. It is located in the Black Hills in the southwestern part of the state. It is called the "Shrine of Democracy" at Mount Rushmore about twenty-five miles from Rapid City. It is visible for 97 kilometers.

This monument was conceived by master sculptor, Gutzon Borglum and was begun in 1927. He was born in Idaho and his first commission was a statue of Abraham Lincoln in the Capitol in Washington, D. C. This masterpiece in stone consists of the faces of four U.S. presidents which are 60 feet high each. The monument took 14 years to complete and ranks as one of the great sculptures of the world equal to the colossal figures of gods and kings found in Egyptian temples and tombs. Some have argued that a fifth face should be carved next to the existing four, but this would be impossible because the stone on the rest of the mountain is not of good quality for carving.

A trip to America would not be complete without viewing one of these monuments. Their size, scope and grandeur stand as a testimony to both art and technology and the grandeur of America.

1. What can we learn from the first paragraph?
   A. All nations have carved colossal figures on the stone.
   B. Only in Egypt, Persia and Babylon can people carve colossal figures.
   C. There are also some great sculptures in America.
   D. America is a challenge to other countries.
2. What is carved into the surface of Stone Mountain?
   A. Two figures with horses.
   B. Three standing generals.
   C. The faces of four presidents.
   D. Three figures on horseback.
3. Which is true about the sculptures on Stone Mountain?
   A. They are the largest in the world.
   B. They are connected to the Confederacy.
   C. One has to stand on one side to see all of them.
   D. They are part of the Mt. Rushmore.
4. What do we know about Gutzon Borglum?
   A. He carved Abraham Lincoln first on Mt. Rushmore.
   B. He also carved some gods and kings in Egyptian temples and tombs.
   C. His original aim was five figures on Mt. Rushmore.
   D. He also did something for the sculptures on Stone Mountain.
5. Why a fifth figure was not carved onto Mount Rushmore?
   A. Because sculptor — Gutzon Borglum was against it.
   B. Because the monument would become too controversial.
   C. Because there is no more good stone for quality carving.
   D. Because there are not enough funds for the project.

Passage 4 （中国海洋大学 2013）

Many things make people think artists are weird and the weirdest may be this: artists' only job is to explore emotions, and yet they choose to focus on the ones that feel bad.

This wasn't always so. The earliest forms of art, like painting and music, are those best suited for expressing joy. But somewhere in the 19th century, more artists began seeing happiness as insipid, phony or, worst of all, boring as we went from Wordsworth's daffodils to Baudelaire's flowers of evil.

You could argue that art became more skeptical of happiness because modern times have seen such misery. But it's not as if earlier times didn't know perpetual war, disaster and the massacre of innocents. The reason, in fact, may be just the opposite: there is too much damn happiness in the world today.

After all, what is the one modern form of expression almost completely dedicated to depicting happiness? Advertising. The rise of anti-happy art almost exactly tracks the emergence of mass media, and with it, a commercial culture in which happiness is not just an ideal but an ideology.

People in earlier eras were surrounded by reminders of misery. They worked until exhausted, lived with few protections and died young. In the West, before mass communication and literacy, the most powerful mass medium was the church, which reminded worshippers that their souls were in peril and that they would someday be meat for worms. Given all this, they did not exactly need their art to be a **bummer** too.

Today the messages your average Westerner is bombarded with are not religious but commercial, and forever happy. Fast-food eaters, news anchors, text messengers, all smiling, smiling. Our magazines feature beaming celebrities and happy families in perfect homes. And since these messages have an agenda — to lure us to open our wallets to make the very idea of happiness seem unreliable. "Celebrate!" commanded the ads for the arthritis drug Celebrex, before we found out it could increase the risk of heart attacks.

What we forget — what our economy depends on is forgetting — is that happiness is more than pleasure without pain. The things that bring the greatest joy carry the greatest potential for loss and disappointment. Today, surrounded by promises of easy happiness, we need someone to tell us as religion once did, Memento mori: remember that you will die, that everything ends, and that happiness comes not in denying this but in living with it. It's a message even more bitter than a clove cigarette, yet, somehow, a breath of fresh air.

1. By citing the example of poets Wordsworth and Baudelaire, the author intends to show that ____________.

A. poetry is not as expressive of joy as painting or music

B. art grow out of both positive and negative feeling

C. poets today are less skeptical of happiness

D. artist have changed their focus of interest

2. The word "bummer" (Para. 5) most probably means something ____________.

A. religious B. unpleasant C. entertaining D. commercial

3. In the author's opinion, advertising ____________.

A. emerges in the wake of the anti-happy part

B. is a cause of disappointment for the general peer

C. replace the church as a major source of information

D. creates an illusion of happiness rather than happiness itself

4. We can learn from the last paragraph that the author believes ______.
   A. happiness more often than not ends in sadness
   B. the anti-happy art is distasteful by refreshing
   C. misery should be enjoyed rather than denied
   D. the anti-happy art flourishes when economy booms

5. Which of the following is true of the text?
   A. Religion once functioned as a reminder of misery.
   B. Art provides a balance between expectation and reality.
   C. People feel disappointed at the realities of morality.
   D. Mass media are inclined to cover disasters and deaths.

Passage 5 （武汉大学 2012）

When we consider great painters of the past, the study of art and the study of illusion cannot always be separated. By illusion I mean those contrivances of color, line, shape, and so forth that lead us to see marks on a flat surface as depicting three-dimensional objects in space. I must emphasize that I am not making a plea, disguised or otherwise, for the exercise of illusionist tricks in painting today, although I am, in fact, rather critical of **certain theories of non-representational art**. But to argue over these theories would be to miss the point. That the discoveries and effects of representation that were the pride of earlier artists have become trivial today I would not deny for a moment. Yet I believe that we are in real danger of losing contact with past masters if we accept the fashionable doctrine that such matters never had anything to do with art. The very reason why the representation of nature can now be considered something commonplace should be of the greatest interest to art historians. Never before has there been an age when the visual image was so cheap in every sense of the word. We are surrounded and assailed by posters and advertisements, comics and magazine illustrations. We see aspects of reality represented on television, postage stamps, and food packages. Painting is taught in school and practiced as a pastime, and many modest amateurs have mastered tricks that would have looked like sheer magic to the fourteenth-century painter Giotto. Even the crude colored renderings on a cereal box might have made Giotto's contemporaries gasp. Perhaps there are people who conclude from this that the cereal box is superior to a Giotto; I do not. But I think that the victory and vulgarization of representational skills create a problem for both art historians and critics.

In this connection it is instructive to remember the Greek saying that to marvel is the beginning of knowledge and if we cease to marvel we may be in danger of ceasing to know. I believe we must restore our sense of wonder at the capacity to conjure up by forms, lines, shades, or colors those mysterious phantoms of visual reality we call "pictures". Even comics and advertisements, rightly viewed, provide food for thought. Just as the study of poetry remains incomplete without an awareness of the language of prose, so, I believe, the study of art will be increasingly supplemented by inquiry into the "linguistics" of the visual image. The way the language of art refers to the visible world is both so obvious and so mysterious that it is still largely unknown except to artists, who use it as we use all language — without needing to know its **grammar and semantics**.

1. Which of the following statements does the author of the passage explicitly disagree with?
   A. In modern society even nonartists can master techniques that great artists of the fourteenth century did not employ.
   B. The ability to represent a three-dimensional object on a flat surface has nothing to do with art.
   C. In modern society the victory of representational skills has created a problem for art critics.
   D. The way that artists are able to represent the visible world is an area that needs a great deal more study before it can be fully understood.
2. Which of the following does the author suggest about art historians?
   A. They do not believe that illusionist tricks have become trivial.
   B. They generally spend little time studying contemporary artists.
   C. They have not given enough consideration to how the representation of nature has become commonplace.
   D. They generally tend to argue about theories rather than address substantive issues.
3. Which of the following best states the author's attitude toward comics, as expressed in the passage?
   A. They constitute an innovative art form.
   B. They can be a worthwhile subject for study.
   C. They are critically important to an understanding of modern art.
   D. Their visual structure is more complex than that of medieval art.
4. The author's statement regarding how artists use the language of art implies that ________.
   A. artists are better equipped than are art historians to provide detailed evaluations of other artists' work
   B. many artists have an unusually quick, intuitive understanding of language
   C. artists can produce works of art even if they cannot analyze their methods of doing so
   D. artists of the past, such as Giotto, were better educated about artistic issues than were artists of the author's time
5. Which of the following does the passage assert about commercial art?
   A. There are many examples of commercial art whose artistic merit is equal to that of great works of art of the past.
   B. Commercial art is heavily influenced by whatever doctrines are fashionable in the serious art world of the time.
   C. The line between commercial art and great art lies primarily in how an image is used, not

in the motivation for its creation.

D. The pervasiveness of contemporary commercial art has led art historians to undervalue representational skills.

6. Which of the following can be inferred from the passage about the adherents of "certain theories of nonrepresentational art"?

A. They consider the use of illusion to be inappropriate in contemporary art.

B. They do not agree that marks on a flat surface can ever satisfactorily convey the illusion of three-dimensional space.

C. They do not discuss important works of art created in the past.

D. They do not think that the representation of nature was ever the primary goal of past painters.

7. Which of the following can be inferred from the passage about the language of art by analyzing "grammar and semantics"?

A. The relationship between the drawings in a comic strip and the accompanying text.

B. The amount of detail that can be included in a tiny illustration on a postage stamp.

C. The sociological implications of the images chosen to advertise a particular product.

D. The particular juxtaposition of shapes in an illustration that makes one shape look as though were behind another.

Passage 6 （中山大学 2012）

Film has properties that set it apart from painting, sculpture, novels, and plays. It is also, in its most popular and powerful form, a story-telling medium that shares many elements with the short story and the novel. And since film presents its stories in dramatic form, it has even more in common with the stage play: Both plays and movies act out or dramatize, show rather than tell, what happens.

Unlike the novel, short story, or play, however, film is not handy to study; it cannot be effectively frozen on the printed page. The novel and short story are relatively easy to study because they are written to be read. The stage play is slightly more difficult to study because it is written to be performed. But plays are printed, and because they rely heavily on the spoken word, imaginative readers can conjure up at least a pale imitation of the experience they might have been watching a performance on stage. This cannot be said of the screenplay, for a film depends greatly on visual and other nonvisual elements that are not easily expressed in writing. The screenplay requires so much "filling in" by our imagination that we cannot really approximate the experience of a film by reading a screenplay, and reading a screenplay is worthwhile only if we have already seen the film. Thus, most screenplays are published not to read but rather to be remembered.

Still, film should not be ignored because studying it requires extra effort. And the fact that we do not generally "read" films does not mean we should ignore the principles of literary or dramatic analysis when we see a film. Literature and films do share many elements and communicate many things in similar ways. Perceptive film analysis rests on the principles used in literary analysis, and if we apply what we have learned in the study of literature to our analysis of films, we will be far ahead of those who do not. Therefore, before we turn to the unique elements of film, we need to look into the elements that film shares with any good story.

Dividing film into its various elements for analysis is a somewhat artificial process, for the elements of any art form never exist in isolation. It is impossible, for example, to isolate plot from character: Events influence people, and people influence events; the two are always closely interwoven in any fictional, dramatic, or cinematic work. Nevertheless, the analytical method uses such a fragmenting technique for ease and convenience. But **it** does so with the assumption that we can study these elements in isolation without losing sight of their interdependence or their relationship to the whole.

1. What is mainly discussed in the text?
   A. The uniqueness of film.
   B. The importance of film analysis.
   C. How to identify the techniques a film uses.
   D. The relationship between film analysis and literary analysis.
2. Why is it not handy to study film?
   A. Because screenplay is not as well written as literary works.
   B. Because a film cannot be effectively represented by a printed screenplay.
   C. Because a film is too complicated.
   D. Because publishers prefer to publish literary works.
3. From the third paragraph we learn that ______.
   A. the means by which we analyze a literary work cannot be applied to the analysis of the film
   B. a good film and a good story have many elements in common
   C. we should not pay extra effort to study films
   D. using the principles of literary analysis makes no difference in film analysis
4. Why can't we divide film into various elements for analysis?
   A. Because these elements are interwoven with each other and cannot keep be separated without failing to appreciate a film as a whole.
   B. Because films cannot be written down and it is inconvenient to analyse them.
   C. Because films elements are too complicated.
   D. Because films need not to be analysed in detail.
5. What does the word "it" refer to in the last sentence of the passage?
   A. The analytical method. B. The fragmenting technique.
   C. Ease. D. Convenience.

Passage 7 （首都师范大学 2012）

The close relationship between poetry and music scarcely needs to be argued. Both are aural modes which employ rhythm, rime, and pitch as major devices; to these the one adds linguistic meaning, connotation, and various traditional figures, and the other can add, at least in theory, all of these plus harmony, counterpoint, and orchestration techniques. In English the two are closely bound historically. Anglo-Saxon heroic poetry seems certainly to have been read or chanted to a harpist's accompaniment; the verb used in Beowulf for such a performance, the Finn episode, is singan, to sing, and the noun gyd, song. A major source of the lyric tradition in English poetry is the songs of the troubadours.

The distance between the gyd in Beowulf and the songs of Leonard Cohen or Bob Dylan may seem great, but is one of time rather than aesthetics. The lyric poem as a literary work and the lyrics of a popular song are both still essentially the same thing: poetry. Whether the title of the work be "Gerontion" or "Hound Dog", our criteria for evaluating the work must remain the same.

The most important prerequisite for both a significant poem and significant lyrics in a popular song is that the writer is faithful to his own personal vision or to the vision of the poem he is writing. Skill and craft for writing poetry are indeed necessary because these are the only means by which a poet can preserve the integrity of this vision in the poem. A poet must not, either because of lack of skill or because of worship of popularity, wealth or critical acclaim, go outside of his own or his own poem's vision — on pain of writing only the derivative or the trivial. Historically, the writers and singers of the lyrics of popular songs have seemed often to be incapable of personal vision, and to have confused both originality and morality with a servile compliance to popular taste.

1. According to the writer, the relationship between poetry and music ______.
   A. can be made but in a limited way
   B. is a debatable topic
   C. needs to be acknowledged more by poets
   D. is indisputable if you analyze history
2. The author cites Beowulf in order to show that ______.
   A. a songlike Beowulf can sound like a poem
   B. the distance between song and poetry is not so great
   C. songs generally evolve into poetry over time
   D. English poetry is highly connected to songs
3. According to the passage, which of the following statements is true?
   A. The differences between poetry and song lyrics have been overstated.
   B. Song lyrics and poetry must be treated analytically as the same.
   C. The lyrics of a song are no different from the lyrics of poetry.

D. The writer is willing to go outside of the vision.

4. A poem or a song can be significant when ________.

A. the writer has a personal vision of the poem or song

B. it is done by a faithful writer

C. it is written within the vision of the poem, song, poet or songwriter

D. the writer is willing to go outside of the vision

5. In the passage, the author focuses on ________.

A. the shared, most important evaluation criteria in song writing and poetry

B. the origins of songs and poems

C. how to evaluate a poem and a song's value from a lyrical standpoint

D. the difference between good poetry and songs and mediocre ones

Passage 8 (厦门大学 2011)

"Museum" is a slippery word. It first meant (in Greek) anything consecrated to the Muses: a hill, a shrine, a garden, a festival or even a textbook. Both Platos Academy and Aristotles Lyceum had a *mouseion*, a muses shrine. Although the Greeks already collected detached works of art, many temples — notably that of Hera at Olympia (before which the Olympic flame is still lit) — had collections of objects, some of which were works of art by well-known masters, while paintings and sculptures in the Alexandrian Museum were incidental to its main purpose.

The Romans also collected and exhibited art from disbanded temples, as well as mineral specimens, exotic plants, animals; and they plundered sculptures and paintings (mostly Greek) for exhibition. Meanwhile, the Greek word had slipped into Latin by transliteration (though not to signify picture galleries, which were called *pinacothecae*) and museum still more or less meant "Muses-shrine".

The inspirational collections of precious and semi-precious objects were kept in larger churches and monasteries — which focused on the gold-enshrined, bejewelled relics of saints and martyrs. Princes, and later merchants, had similar collections, which became the deposits of natural curiosities: large lumps of amber or coral, irregular pearls, unicorn horns, ostrich eggs, fossil bones and so on. They also included coins and gems — often antique engraved ones — as well as, increasingly, paintings and sculptures. As they multiplied and expanded, to supplement them, **the skill of the fakers grew increasingly refined**.

At the same time, visitors could admire the very grandest paintings and sculptures in the churches, palaces and castles; they were not "collected" either, but "site-specific", and were considered an integral part both of the fabric of the buildings and of the way of life which went on inside them — and most of the buildings were public ones. However, during the revival of antiquity in the fifteenth century, fragments of antique sculpture were given higher status than the work of any contemporary, so that displays of antiquities would inspire artists to imitation, or even better, to emulation; and so could be considered Muses-shrines in the former sense. The Medici garden near San Marco in Florence, the Belvedere and the Capitol in Rome were the most famous of such early "inspirational" collections. Soon they multiplied, and, gradually, exemplary "modern" works were also added to such galleries.

In the seventeenth century, scientific and prestige collecting became so widespread that three or four collectors independently published directories to museums all over the known world. But it was the age of revolutions and industry which produced the next sharp shift in the way the institution was perceived: the fury against royal and church monuments prompted antiquarians to shelter them in asylum-galleries, of which the Musee des Monuments Francais was the most famous. Then, in the first half of the nineteenth century, museum funding took off, allied to the rise of new wealth: London acquired the National Gallery and the British Museum, the Louvre was organized, the Museum-Insel was begun in Berlin, and the Munich galleries were built. In Vienna, the huge Kunsthistorisches and Naturhistorisches Museums took over much of the imperial treasure. Meanwhile, the decline of craftsmanship (and of public taste with it) inspired the creation of "improving" collections. The Victoria and Albert Museum in London was the most famous, as well as perhaps the largest of them.

Multiple-choice Questions:

1. The sentence "Museum is a slippery word" (Para. 1) means that ______________.
   A. the meaning of the word didn't change until after the 15th century
   B. the meaning of the word had changed over the years
   C. the Greeks held different concepts from the Romans
   D. princes and merchants added paintings to their collections
2. The idea that museum could mean a mountain or an object originates from ______________.
   A. the Romans　　B. Florence　　C. Olympia　　D. Greek
3. "... the skill of the fakers grew increasingly refined" (Para. 3) means that ______________.
   A. there was a great demand for fakers　　B. fakers grew rapidly in number
   C. fakers became more skillful　　D. fakers became more polite
4. Paintings and sculptures on display in churches in the 15th century were ______________.
   A. collected from elsewhere　　B. made part of the buildings
   C. donated by people　　D. bought by churches
5. Modern museums came into existence in order to ______________.
   A. protect royal and church treasures　　B. improve existing collections
   C. stimulate public interest　　D. raise more funds

Short-answer Question:

According to the passage, why did the connection between museums and "Muses-shrines" revive in the 15th century Europe?

Passage 9 （南京大学 2011）

Literature as Role-Playing

Doris B. Garey

1 To gain understanding of other people's emotions and evaluations, it is possible to use the specific method of observation and experiment. However, the more common, although not fully formalized, method is that used in everyday life no less than in the arts and humanities, through the imaginative sharing of other people's experience. When we have had actual experiences similar to those of another person, imaginative sharing is comparatively easy. When there's not, we can gain at least a certain amount of understanding through the device of "role-playing".

2 Morally enough, people will differ considerably from one another in their ability to role-play. They will find it hard to free themselves, even for a short time, from their habitual ways of thinking-feeling. But even the person who finds the process easiest will sometimes need help. The ways of thinking-feeling will seem so far removed from his own that he cannot begin to understand them without an interpreter. Indeed, without an interpreter he may be unaware that such ways of thinking-feeling exist. Hence certain kinds of literature, to serve as interpreters and to extend our ability in role-playing, become important.

3 Of course, many kinds of writing do not serve this particular purpose. We shall ignore those kinds whose primary purpose is to convey factual information. Second, we shall ignore those kinds whose primary purpose is preaching about how we should think and feel and act. Direct preaching and direct emotive-evaluation argument sometimes influence us, but they rarely promote role-playing — rarely give us the sense of experiencing other people's emotions and evaluations as if from inside. And third, we shall largely ignore those kinds whose chief effect is to promote daydreaming. Certain kinds of stories give us a chance to escape into a world of exciting adventures and high-powered romance which seems quite unlike our own everyday world. But in many of these escapes, we take our real-life desires along with us. This can be fun; but unlike role-playing it does not usually contribute much to an understanding of our fellow man.

4 The distinction between writing whose chief tendency is to promote daydreaming and writing which stimulates role-playing is quite fundamental. In both, prose fiction, verse, and drama are the main types; but otherwise the differences are great. For the sake of convenience, let us agree to call the first "escape literature" and the second "serious literature". The phrase "serious literature", incidentally, is not meant to suggest "literature which is always solemn"; indeed, some conspicuously humorous books, such as Mark Twain's *Huckleberry Finn*, would be classified as "serious literature" in our special sense of the phrase.

5 A habit of making this distinction will, among other things, help you to understand the attitude of professional critics. If you have read much literary criticism, you will have noticed that critics do not always agree in their evaluation of a given work. But you probably will have noticed, too, that in one respect professional critics (as contrasted with mere blurb-writers) do tend to stick

together. They regard certain works as worthy of careful comment, whereas they ignore others or dismiss them with a passing jeer. Generally speaking, however, the critics tend to concentrate their attention on "serious literature" because it represents a more significant interpretation of life.

6 No absolutely rigid line can be drawn between the two, of course; but as one way of convincing ourselves that the distinction has some importance, suppose we contrast our attitudes towards the "villain" in escape literature and in serious literature. In escape literature, the villain often gives us a feeling of "Oh, isn't he awful? But never mind, he'll get what's coming to him in the end." This reaction gives a complex sort of escape. When the villain "gets what is coming to him," we can increase our pleasure by moralizing smugly that "crime does not pay". This moral is again a sort of escape; for when we are more candid, we recognize quite clearly that in "real life" the evildoer is by no means always satisfactorily disposed of. We may also escape a sense of our won faults, because our condemnation of the villain assures us that we are really "good guys". At times, however, we may react with a feeling of "wouldn't it be fun to cut loose like that?" Then we are escaping in a different way — by imaging ourselves able to kick over the traces which in real life keep us acting as "good" people but which we also feel make our lives rather dull.

7 With serious literature, our reactions to the villain are likely to afford much less escape. A rather extreme illustration would be the villain-hero Macbeth. To be sure, we can force his story to point a moral that crime does not pay. But if we read Macbeth thoughtfully and then reflect on our reactions to it, we are likely to discover that we do not feel it as just one more crime-does-not-pay story. On the other hand, neither do we get any fun out of identifying ourselves with the central character and imagining ourselves able to cut loose as he does. At some points we identify ourselves with him, but our doing so does not give us the thrill of a carefree emotional escape. Rather, we feel ourselves shut up as in a nightmare. We share Macbeth's psychological suffering, and it is much more than a suffering due to the fear that some day he may be caught. We doubtless feel glad that an end has been put to his evil deeds, but the realization of his emotional state is what has made the deepest impression. If we return to the crime-does-not-pay thesis at all, we probably do so in an entirely different way from the usual one. It is not the bringing of the slain Macbeth's head on the stage that convinces us, but the psychological horror which we have previously shared with him.

8 Up to a point, you can see that the emotional experience here is at least roughly comparable to that gained from our role-playing of Hitler. Neither experience leaves us with a feeling of smug virtue. But unless we are ourselves persons of extraordinary imaginative insight, we shall not be able to gain as much from our own independent role-playing as from our careful reading of a great literary work. The author of such a work is not a person completely different from ordinary people, but in some ways his insights go deeper. We might say that he serves the purpose of a microscope or of a telescope, which enables us to see many things that we could not see with the naked eye.

9 Writers, who are able to afford us this role-playing experience, may serve this purpose in one of two main ways, or sometimes in both ways combined. Certain writers impress us as very

distinct types of personalities, with special insights into some aspects of human experience and perhaps conspicuous blindness to other aspects. When we read them, we are always conscious of looking at life through a particular pair of eyes. It is as though the glass in the telescope or the microscope which they provide us were tinted with a particular color. Certain other writers give us the impression of somehow escaping the confines of a particular personality and flowing into a great variety of other personalities. The glass in their telescope or microscope seems at least comparatively untinted.

10 Herman Melville, the author of *Moby Dick*, might be regarded as an example of the first type and Shakespeare as an example of the second. After we have read *Moby Dick*, we probably shall not find ourselves thinking, "What a remarkable insight Melville has into a character like Captain Ahab." Rather, we may perhaps feel, even if half-unconsciously, that Captain Ahab represents an embodiment of at least one important part of Melville's own nature. Other characters in this novel may impress us as embodiments of other parts of Melville's nature, parts not in harmony with the Ahab element; or sometimes as shadowy figures seen more casually through Melville's eyes. Insofar as we role-play in reading this book, therefore, we find ourselves entering into the role of Melville himself as one powerful and complex type of human personality — not into the roles of his various characters as such. In reading *Macbeth*, on the other hand, we are likely to role-play the central character himself and to forget Shakespeare altogether.

11 We might describe the two types, very roughly, as "lyric" and "dramatic"; but we do not imply that the first confines himself to writing what is usually called lyric poetry or that the second confines himself to writing plays. The terms seem applicable simply because we might think of lyric poetry as the most "natural" kind of writing for the first type to choose, and plays the most natural for the second.

12 It should go without saying that many writers are a mixture of the two types, though often with strong leanings to one side or to the other. We are not trying to decide which type or tendency is the "better". Common sense would suggest that when a writer concentrates on expressing himself, however indirectly, he will produce serious literature only if he has an interesting and humanly significant "self" to express. But it is also true that the predominantly "self-expressive" writer can present certain aspects of human experience more fully than can the most "universal" genius. Not even Shakespeare could have given us so much insight into John Donne's characteristic ways of looking at life as we can gain from reading John Donne himself.

13 The chief purpose of making the distinction between the predominantly "lyric" and the predominantly "dramatic" writers is that if we are aware of it, we shall be a little better able to approach different kinds of writers in different ways, to understand what each has to offer, and not to blame a particular author for failing to provide what is not appropriate to him.

14 Writers of serious literature differ from one another; but one quality seems to characterize literary artists and artists in other mediums as a group — they are all more fully alive than the majority of their fellow human beings. Perhaps this is the chief reason both for the interest they

arouse and for the resistance and resentment they encounter. On the spur of the moment we might suppose that all of us want to feel as fully alive as we can and hence that we would always feel grateful to the artist who can increase our feeling of aliveness, can make our emotional experience more varied and more intense. This assumption, however, is to some extent a mistake.

15 At times we resist intense emotional aliveness because we are afraid of getting hurt. In other words, if we care deeply for anything — if it arouses great joy in us-it also has the power to hurt us when it is withdrawn or when it perishes. We might be willing to accept intense experience of joy if we did not have to accept intense experience of disappointment and sorrow, too; but we are unwilling to accept both, and the two cannot be separated.

16 Sometimes, again, we resist intense emotional aliveness because we are afraid it will hinder us in various "practical" ways. We just "haven't time for that sort of thing"; we have our grades to make; we have our living to earn and the like. And anyhow, if we did feel and express our emotional aliveness, other people would consider us queer; and this kind of reaction from others not only would be disturbing in itself, but might also stand in the way of our worldly advancement.

17 The result is that whereas the audience for some kinds of cognitive writing is large and the audience for escape-literature is enormous, the audience for serious literature is comparatively small. You will doubtless have discovered that you appreciate some kinds of serious literature more (or like them even less) than you do other kinds, and you doubtless realize that your powers of appreciation could be increased. If you want to increase them, the first step will be to role-play, in a certain sense, the serious artist as such. In other words, you will role-play the person who "cares", the person who is intensely alive to at least some aspects of human experience.

18 A college senior once called on an instructor to announce a remarkable discovery. "I never used to do any thinking," she said excitedly, "but now I'm thinking all the time. And the more I think, the more I see that everything is connected with everything else." **The moment when this realization comes is glorious indeed. For some people, of course, it never does come. But it can, and reading serious literature is one way to hasten its coming.**

Ⅰ. For questions 1 to 10, choose the best answer.

1. Increasing our ability in role-playing while reading serious literature will result in ______.

   A. increased appreciation of life and more imaginative thinking

   B. greater understanding that everything is not necessarily connected with everything else

   C. our coming alive to every aspect of human experience and behavior

   D. disturbing realizations that will stand in the way of our worldly advancement

   E. increasing the audience for some kind of cognitive writing

2. One quality which seems to characterize artists of all kinds as a group is that they ______.

   A. understand what each has to offer

B. approach different writers in different ways

C. are more fully alive than most human beings

D. are treated with disinterest and disdain

E. are self-centered introverts

3. It is not the bringing of the slain Macbeth's head on the stage that convinces us of his emotional state so much as the ____________.

A. knowledge that crime does not pay

B. psychological horror previously shared with him

C. fulfillment of the biblical statement that "the wages of sin is death"

D. emotional experience we get from smug virtue

E. previous fear that some day he might be caught

4. The writer apparently feels that when a writer concentrates on expressing himself, he will produce serious literature only if he ____________.

A. writes what is usually called lyric poetry

B. writes what is usually called dramatic theatre

C. concentrates on special roles of his characters

D. has an interesting and humanly significant "self" to express

E. imitates writers like Melville, Donne, and Shakespeare

5. Many kinds of writing do not serve well as vehicles for role-playing. Which one of the following kinds of writing does serve well.?

A. Factually informative and practical

B. Prescriptive on how to think, feel, and act

C. Conducive to daydreaming and escape

D. Evocative of deeper insights into human personality

E. Argumentative and emotive in evaluation

6. By enabling us to perceive mentally many things we could not otherwise perceive, the author of a great literary work ____________.

A. serves the purpose of a microscope or telescope

B. reflects the feelings of the people

C. interprets his own sentiments clearly

D. expresses commonly held personal ideas

E. points up differences of growth and maturity

7. According to the author, there are a number of reasons why we resist intense emotional aliveness. Which of the following statements is not one of these reasons?

A. It interferes with practical things that "have to be done".

B. Other people might look upon us as strange.

C. There is less chance of getting hurt when one doesn't "let himself go" emotionally.

D. Man has a natural tendency to "take" more than he "gives".

E. Expression of one's emotions handicaps his individual advancement.

8. According to the author, critics tend to concentrate their attention on "serious literature" because they __________.

   A. do not always agree in their evaluation of a given work

   B. feel that "escape literature" is not worth bothering with

   C. dismiss the heroes of "escape literature" with a passing jeer

   D. rate conspicuously humorous books as purely "escape literature"

   E. find that it represents a more significant interpretation of life

9. With serious literature, our reaction to the villain may give us the feeling that __________.

   A. he will get what is coming to him

   B. we would like to cut loose like that

   C. our lives are rather dull generally

   D. the evildoer is always disposed of

   E. we recognize in him certain aspects of ourselves

10. The article achieves its effect chiefly by using __________.

   A. clever understatement　　B. gross exaggeration

   C. reasoned exposition　　D. sly humor

   E. abundant statistics

Ⅱ. For the definition given in each item in questions 11 to 15, find a matching word in the specified paragraph. The number given after each definition indicates the paragraph in which the word appears.

11. careful appraisals(1)

12. complacently(6)

13. idealistic; creative(8)

14. perceptions; discernments(9)

15. perceptive; intuitive(17)

Ⅲ. For the given word in each item in questions 16 to 20, decide which semantic variation best conveys the meaning of the author. The number given after each word indicates the paragraph in which the word appears.

16. formalized(1)

   A. made formal　　B. acted with formality

   C. given a definite shape

17. conspicuously(4)

   A. evidently; manifestly　　B. readily attracting attention

   C. prominently

18. dismiss(5)
   A. cease to consider
   B. send away
   C. discharge
19. moralizing(6)
   A. improving the morals of
   B. making moral reflections
   C. explaining in a righteous way
20. concentrates(12)
   A. draws to a common center
   B. focuses; intensifies efforts
   C. increases in strength or density

Ⅳ. Based on your understanding of the passage you have just read, give a brief answer in your own words, within 60 words, to the following question(10 points).

21. In Paragraph 18, the author says, "the moment when this realization comes is glorious indeed. For some people, of course, it never does come. But it can, and reading serious literature is one way to hasten its coming." What does "it" in this quote refer to? How can reading serious literature help to hasten its corning?

Passage 10 （天津外国语大学 2010）

This enthusiasm surprised me, since there is virtually nothing about the the Olympics that is culturally relevant to China. **Apart from Judo and Tae Kwon Do, whose links to China are indirect**, there are no traditional Chinese athletics in the Games. In ancient times, the Chinese nobility played cuju, a game that is remotely similar to soccer, and *chuiwan*, which resembles golf. The Forbidden City Museum has a painting of a Tang-dynasty emperor, Minghuang, involved in a polo-like game with the palace maidens. But the heart of the ancient Chinese athletic tradition, and the part of it that was more accessible to common people, consists of wushu, or traditional martial arts, and qigong, meditative breathing exercises. These activities are as much spiritual and aesthetic as they are physical; their goal is artistic expression and self-improvement, rather than winning. The ancient Chinese didn't build stadiums, because their athletics were not designed to draw paying crowds. The Chinese language didn't even have a term for "sports" until the nineteenth century, when foreigners introduced a more systematic approach to athletics.

Chinese historians draw the line between ancient and modern sports at 1840. That summer, the first full-sized British fleet arrived off Canton, accelerating the Opium War and kicking off China's most painful historical era. The missionaries and other outsiders who arrived in the late nineteenth century introduced Western ideas of competition to Chinese athletics. In the early twentieth century, China began to take an interest in the Olympic movement, and **a single Chinese sprinter competed in the 1932 Games**. Four years later, at the Berlin Olympics, China sponsored a delegation of sixty-nine athletes, among them **a mixed-gender wushu exhibition team** that performed before Hitler. By then, the Chinese were committed to the

Olympics, and they had come to see sports as a way in which the country could avenge the injustices of the past century. "There was a feeling of being the underdog and wanting to prove to the world that the Chinese were strong," James Riordan, of the University of Surrey, who has studied sports in the former Soviet Union and China, told me when I called him.

1. When the author writes "Apart from Judo and Tae Kwon Do, whose links to China are indirect..." he means ____________.
   A. Judo originated in Korea.
   B. Tae Kwon Do originated in Japan
   C. both sports were introduced into China from other countries
   D. both sports were introduced into China via a third country
2. That *wushu* and *qigong* are not considered a sport, according to the author, is because ____________.
   A. they are not included in the Olympics Games
   B. they are not related even remotely to soccer or golf
   C. they are good to look at
   D. they are not competitive
3. "A mixed gender wushu exhibition team" most probably means that ____________.
   A. the team consists of both men and women
   B. the team consists of gendermares
   C. the team consists of athletes of all ages
   D. the team consists of athletes from different parts of the country.
4. James Riordan believes that China sees sports as a way ____________.
   A. to win medals　　B. to win friends
   C. to show strength of the nation　　D. to win personal reputation
5. "A single Chinese sprinter competed in the 1932 Games." Give the name of this athlete.
   A. Zhang Boling.　　B. Liu Changchun.
   C. Dong Shouyi.　　D. Yan Xiu.

8. 语言教育专题

Passage 1 （中山大学 2015）

The Carnegie Foundation report says that many colleges have tried to be "**all things to all people**". In doing so, they have increasingly catered to a narrow minded careerism while failing to cultivate a global vision among their students. The current crisis, it contends, does not derive from a legitimate desire to put learning to productive ends. The problem is that **in too many academic fields, the work has no context**; skills, rather than being means, have become ends. Students are offered a variety of options and allowed to pick their way to a degree. In short, driven by careerism, "the nation's colleges and universities are more successful in providing credentials than in providing a quality education for their students." The report concludes that the special challenge confronting the undergraduate college is one of shaping an "integrated core" of common learning. Such a core would introduce students "to essential knowledge, to connections across the disciplines, and in the end, to application of knowledge to life beyond the campus."

Although the key to a good college is a high-quality faculty, the Carnegie study found that most colleges do very little to encourage good teaching. In fact, they do much to undermine it. As one professor observed: "Teaching is important, we are told, and yet faculty know that research and publication matter most." Not surprisingly, over the last twenty years colleges and universities have failed to graduate half of their four-year degree candidates. Faculty members who dedicated themselves to teaching soon discover that they will not be granted tenure, promotion, or substantial salary increases.

Yet 70 percent of all faculties say their interests lie more in teaching than in research. Additionally, a frequent complaint among young scholars is that "There is pressure to publish, although there is virtually no interest among administrators or colleagues in the content of the publications."

1. When a college tries to be "all things to all people", it aims to ________.
   A. satisfy the needs of all kinds of students simultaneously
   B. focus on training students in various skills
   C. encourage students to take as many courses as possible
   D. make learning serve academic rather than productive ends
2. By saying that "in too many academic fields, the work has no context" the author means that the teaching in these areas ________.
   A. ignores the actual situation
   B. is not based on the right perspective
   C. only focuses on an integrated core of common learning
   D. gives priority to the cultivation of a global vision among students
3. One of the reasons for the current crisis in American colleges and universities is that ________.
   A. a narrow-minded vocationalism has come to dominate many colleges
   B. students don't have enough freedom in choosing what they want to learn
   C. skills are being taught as a means to an end
   D. students are only interested in obtaining credentials
4. American colleges and universities failed to graduate half of their four-year degree candidates because ________.
   A. most of them lack high-quality faculties
   B. the interests of most faculty members lie in research

C. there are not enough incentives for students to study hard

D. they attach greater importance to research and publication than to teaching

5. It can be inferred from the passage that high-quality college education calls for ______.

A. putting academic work in the proper context

B. a commitment to students and effective teaching

C. the practice of putting leaning to productive ends

D. dedication to research in frontier areas of knowledge

Passage 2 (对外经济贸易大学 2014)

Since 2011, when Stanford University launched its first "massive open online courses", these free, internet-enabled programmes have cropped up everywhere, engaging millions of users. The largest Mooc providers? — Coursera, Udemy, Udacity, and EdX — offer free tuition, supplied by universities, often to hundreds of thousands of students at a time. But just a year after Moocs really started taking off, offering the promise of real disruption to the centuries-old higher-education business, user growth has started to slow.

Until May this year, visitors to Moocs were increasing rapidly. But since then the picture has become markedly less rosy. Over the past quarter the major Mooc providers in the US have seen stagnation or slowing growth in visitor numbers. The "summer slump" across the education sector might normally explain this kind of drop. However, this comes even as the major platforms have supplemented their offerings with more new courses and high-profile partner universities.

The decline, however, has not been universal, and exceptions to the trend may offer hints about how the market for Moocs could develop. Available data on visits to the major Mooc sites between November 2012 and August 2013 indicate that visits from India have doubled over the past nine months. India still has only about a third the number of Mooc users as the US. But that still makes it the largest market for Moocs outside America, even though it has only a fraction of the broadband penetration. As a largely English-speaking country, India illustrates how Moocs might develop in emerging markets if more content was available in Vietnamese, Mandarin, Indonesian or Portuguese.

Furthermore, Indian Mooc users include a higher proportion of younger people, even controlling for India's large youth population: more than 80 percent of Indian visitors to Mooc sites are under 34, while US and European visitors are fairly evenly spread across age groups. Indians also spend roughly five times as long as average visitors on Mooc sites.

Why India? It may be because India has the largest population of university-age students in the world (94m and growing), while higher education in India is inadequate in quantity and quality due to poor government regulation and corruption. With 17m students in higher education, India has one of the world's lowest higher-education enrolment ratios, even among developing nations.

Young Indians' enthusiasm for Moocs shows that there is an appetite for higher education, with or without sufficient supply of physical seats. But what is surprising is that Indians should be so motivated to visit Moocs when they are not yet accredited. You still cannot get a qualification from a Mooc. So are Moocs only aspirational for young Indians — the equivalent of flipping through a glossy university catalogue — or could they, in combination with targeted assessments, deliver tangible benefits to students and reap a return in exchange for outcomes delivered?

Many Mooc providers are already bundling courses into "packages" that roughly correspond to short certificated programmes. Universities still fear offering Mooc degrees, which could cannibalise fee-paying courses. But that will not stop ambitious education providers in emerging markets such as India offering real-world qualifications.

So Moocs could indeed be a disruptive development in emerging markets — where the majority of the world's youth reside. India lacks higher-education places but foreign universities face barriers to entry. So why not tap the Indian market through Moocs in combination with targeted assessments?

While it is unlikely that Moocs will dramatically change the economics of going to college for an American teenager, Moocs could be transformative in markets where there is not enough capacity to meet demand for university education. Just as some developing countries have bypassed fixed-line telephony for mobile solutions, Moocs could help developing countries to leapfrog the bricks-and-mortar model of higher education. And universities might be able to do well from them: for higher education, the fortune may indeed be at the bottom of the pyramid.

1. Which of the following is TRUE about MOOC?
   A. Mooc was first launched by Harvard University.
   B. High-profile universities are not interested.
   C. User number is growing rapidly especially in US.
   D. India now ranks the second in terms of the MOOC market.
2. Which of the following statements is NOT TRUE according to the author?
   A. India's interest penetration is quite high.
   B. India is a largely English-speaking country.
   C. India has a huge supply and demand problem of education.
   D. India's higher education system is poorly developed.
3. What is the biggest bottleneck of MOOC?
   A. It lacks enough funding since it is free.
   B. It cannot provide qualifications.
   C. Universities would not offer high-profile courses.
   D. It stops expanding in the developed world.
4. Which of the following is NOT MENTIONED according to the passage?
   A. Provide courses in Chinese and other languages as well.
   B. Try to combine courses with targeted assessments.

C. Develop courses on mobile platforms.

D. Bypass bricks-mortar schools.

5. Which of the following might be the best title for this passage?

A. Mooc Witnesses Its Fastest Development in the Past Several Years

B. Moocs Might Matter Even More in Emerging Markets

C. Mooc Will Be Better Developed If It Sues the Global Language of English

D. Mooc Will Take the Place of Traditional Course Offered in the Universities Very Soon

Passage 3 （中南财经政法大学 2014）

When they advise your kids to "get an education" if you want to raise the income, they tell you only half the truth. What they really mean is to get just enough education to provide manpower for your society, but not too much that you prove an embarrassment to your society.

Get a high school diploma, at least. Without that, you are occupationally dead, unless your name happens to be George Bernard Shaw or Thomas Alva Edison and you can successfully drop out in grade school.

Get a college degree, if possible. With a B.A., you are on the launching pad. But now you have to start to put on the brakes. If you go for a master's degree, make sure it is an M.B.A., and only from a first-rate university. Beyond this, the famous law of diminishing returns begins to take effect.

Do you know, for instance, that long-haul truck drivers earn more a year than full professors? Yes, the average 1977 salary for those truckers was $24,000, while the full professors managed to average just $23,930.

A Ph.D. is the highest degree you can get, but except in a few specialized fields such as physics or chemistry, where the degree can quickly be turned to industrial or commercial purposes, you are facing a dim future. There are more Ph.D.s unemployed or underemployed in this country than in any other part of the world by far.

If you become a doctor of philosophy in English or history or anthropology or political science or languages or-worst of all-in philosophy, you run the risk of becoming overeducated for our national demands. Not for our needs, mind you, but for our demands.

Thousands of Ph. D. s are selling shoes, driving cabs, waiting on tables and filling out fruitless applications month after month. And then maybe taking a job in some high school or backwater college that pays much less than the janitor earns.

You can equate the level of income with the level of education only so far. Far enough, that is, to make you useful to the gross national product, but not so far that nobody can turn much of a profit on you.

1. According to the writer, what the society expects of education is to turn out people who ________.

A. will not be a shame to the society

B. will become loyal citizens

C. can take care of themselves

D. can meet the demands as a source of manpower

2. If you are as gifted as Bernard Shaw or Edison, ____________.

A. you can get a high school diploma without difficulty

B. you will be successful in a grade school

C. you can be professionally successful without a diploma

D. the least you should do is to get a diploma

3. Ph.D.s are most likely to ____________.

A. have difficulty getting properly employed

B. be employed in the fields of commerce or industry

C. have to fill out application forms month after month for others

D. work in schools or colleges with low pay

4. Which of the following is NOT true?

A. Bernard Shaw didn't finish high school, nor did Edison.

B. One must think carefully before going for a master's degree.

C. The higher your educational level, the more money you will earn.

D. If you are too well educated, you'll make things difficult for the society.

5. The writer is critical of ____________.

A. the educational system　　B. the Ph.D.s

C. the society　　D. the employers

Passage 4 （天津外国语大学 2014）

People appear to be born to compute. The numerical skills of children develop so early and so inexorably that it is easy to imagine an internal clock of mathematical maturity guiding their growth. Not long after learning to walk and talk, they can set the table with impressive accuracy — one plate, one knife, one spoon, one fork, for each of the five chairs. Soon they are capable of noting that they have placed five knives, spoons, and forks on the table, and a bit later, that this amounts to fifteen pieces of silverware. Having thus mastered addition, they move on to subtraction. It seems almost reasonable to expect that if a child were secluded on a desert island at birth and retrieved seven years later, he or she could enter a second-grade mathematics class without any serious problems of intellectual adjustment.

Of course, the truth is not so simple. This century, the work of cognitive psychologists has illuminated the subtle forms of daily learning on which intellectual progress depends. Children were observed as they slowly grasped — or as the case might be bumped into — concepts that adults take for granted, as they refused, for instance, to concede that quantity is unchanged as water pours from a short stout glass into a tall thin one. Psychologists have since demonstrated that young children, asked to count the pencils in a pile, readily report the number of blue or red pencils, but must be coaxed into finding the total. Such studies have suggested that the rudiments of mathematics are mastered gradually, and with effort. They have also suggested that the very concept of abstract numbers — the idea of a oneness, a twoness, a threeness that applies to any class of objects and is a prerequisite for doing anything more mathematically demanding than setting a table — is itself far from innate.

1. What does the passage mainly discuss?
   A. Trends in teaching mathematics to children.
   B. The use of mathematics in child psychology.
   C. The development of mathematical ability in children.
   D. The fundamental concepts of mathematics that children must learn.
2. It can be inferred from the passage that children normally learn simple counting ____________.
   A. soon after they learn to talk
   B. by looking at the clock
   C. when they begin to be mathematically mature
   D. after they reach second grade in school
3. The author implies that most small children believe that the quantity of water changes when it is transferred to a container of a different ____________.
   A. color　　B. quality　　C. weight　　D. shape
4. According to the passage, when small children were asked to count a pile of red and blue pencils they ____________.
   A. counted the number of pencils of each color
   B. guessed at the total number of pencils
   C. counted only the pencils of their favorite color
   D. subtracted the number of red pencils from the number of blue pencils
5. With which of the following statements would the author be LEAST likely to agree?
   A. Children naturally and easily learn mathematics.
   B. Children learn to add before they learn to subtract.
   C. Most people follow the same pattern of mathematical development.
   D. Mathematical development is subtle and gradual.

Passage 5 （厦门大学 2014）

In her novel of *Reunion, American Style*, Rona Jaffe suggests that a class reunion "is more than a sentimental journey. It is also a way of answering the question that lies at the back of nearly all our minds. Did they do better than I?"

Jaffe's observation may be misplaced but not completely lost. According to a study conducted by social psychologist Jack Sparacino, the overwhelming majority who attend reunions aren't there invidiously to compare their recent accomplishments with those of their former classmates. Instead, they hope, primarily, to relive their earlier successes.

Certainly, a few return to show their former classmates how well they have done; others enjoy observing the changes that have occurred in their classmates (not always in themselves, of course). But the majority who attend their class reunions do so to relive the good times they remember having when they were younger. In his study, Sparacino found that, as high school students, attendees had been more popular, more often regarded as attractive, and more involved in extracurricular activities than those classmates who chose not to attend. For those who turned up at their reunions, then, the old times were also the good times!

It would appear that Americans have a special fondness for reunions, judging by their prevalence. Major league baseball players, fraternity members, veterans groups, high school and college graduates, and former Boy Scouts all hold reunions on a regular basis. In addition, family reunions frequently attract blood relatives from faraway places who spend considerable money and time to reunite.

Actually, in their affection for reuniting with friends, family or colleagues, Americans are probably not different from any other people, except that Americans have created a mind-boggling number and variety of institutionalized forms of gatherings to facilitate the satisfaction of this desire. Indeed, reunions have increasingly become formal events that are organized on a regular basis and, in the process, they have also become big business.

Shell Norris of Class Reunion, Inc., says that Chicago alone has 1,500 high school reunions each year. A conservative estimate on the national level would be 10,000 annually. At one time, all high school reunions were organized by volunteers, usually female homemakers. In the last few years, however, as more and more women have entered the labour force, alumni reunions are increasingly being planned by specialized companies rather than by part-time volunteers.

The first college reunion was held by the alumni of Yale University in 1792. Graduates of Pennsylvania, Princeton, Stanford, and Brown followed suit. And by the end of the 19th century, most 4-year institutions were holding alumni reunions.

The variety of college reunions is impressive. At Princeton, alumni parade through the town wearing their class uniforms and singing their alma mater. At Marietta College, they gather for a dinner-dance on a steamship cruising the Ohio River.

Clearly, the thought of cruising on a steamship or marching through the streets is usually not, by itself, sufficient reason for large numbers of alumni to return to campus. Alumni who decide to attend their reunions share a common identity based on the years they spent together as undergraduates. For this reason, universities that somehow establish a common bond — for example, because they are relatively small or especially prestigious — tend to draw substantial numbers of their alumni to reunions. In an effort to enhance this common identity, larger colleges and universities frequently build their class reunions on participation in smaller units, such as departments or schools. Or they encourage "affinity reunions" for groups of former cheerleaders, editors, fraternity members, musicians, members of military organizations on campus, and the like.

Of course, not every alumnus is fond of his or her alma mater. Students who graduated during the late 1960s may be especially reluctant to get involved in alumni events. They were part of the generation that conducted sit-ins and teach-ins directed at university administrators, protested military recruitment on campus and marched against "establishment politics". If this generation has a common identity, it may fall outside of their university ties — or even be hostile to them. Even as they enter their middle years, alumni who continue to hold unpleasant memories of college during this period may not wish to attend class reunions.

Multiple-choice Questions:

1. According to the passage, Sparacino's study ____________.
   A. provided strong evidence for Jaffe's statement
   B. showed that attendees tended to excel in high school study
   C. found that interest in reunions was linked with school experience
   D. found evidence for attendees' intense desire for showing off success
2. What mainly attracts many people to return to campus for reunion?
   A. The variety of activities for class reunion.
   B. The special status their university enjoys.
   C. Shared experience beyond the campus.
   D. Shared undergraduate experience on campus.
3. The rhetorical function of the first paragraph is to ____________.
   A. introduce Rona Jeffe's novel
   B. present the author's counterargument
   C. serve as prelude to the author's argument
   D. bring into focus contrasting opinions
4. What is the passage mainly about?
   A. Reasons for popularity and(non)attendance for alumni reunions.
   B. A historical perspective for alumni reunions in the United States.
   C. Alumni reunions and American university traditions.
   D. Alumni reunion and its social and economic implications.

Short-answer Question:

5. What are mentioned as distinct features of US class reunions?

Passage 6 （中山大学 2014）

An allowance is an important tool for teaching kids how to make plans for the use of money, save and make their own decisions. Children remember and learn from mistakes when their own dollars are lost or spent foolishly.

How large an allowance is suitable? Experts say there is no right amount. Actual amounts differ from region to region, and from family to family.

To set an suitable allowance for your child, work up a weekly plan. Allow for entertainment costs such as movies and snacks. Next, include everyday expenses such as lunch money, bus fare, school supplies. "If you make the child responsible for these bills," says Josephine Swanson, a consumer specialist, "he or she will learn to plan for necessary costs."

Finally, add some extra money to make saving possible. If you can, keep your child's allowance in line with that of his friends. A child whose buying power falls away below **his peers'** can feel left out.

It can be tough, but don't excuse your children when they make a mistake with their allowance. When Brooke Stephens was ten and growing up in Jacksonville, her mother gave her $5 a week, $1.75 of which was for bus fare and lunch." If you lose your money," Brooke's mother told her, "you walk home."

One week the girl spent all her allowance in a candy store, then she called home for a ride. "Mom made me walk home," recalls Stephens, now a financial planner in Brooklyn. "At first I was angry. But I finally realized that she was trying to teach me an important lesson."

Experts advise that an allowance should not be tied directly to a child's daily housework at home. Kids should help around the house not because they get paid for it but because they share responsibilities as members of a family. You might, however, pay a child for doing extra jobs at home, which can develop his or her initiative.

1. Which of the following is the possible title of the passage?
   A. How to Develop a Child's Early Habits
   B. How to Work up an Amount of Pocket Money
   C. How to Teach a Child About Money
   D. How to Teach a Child to Save Money
2. It can be inferred from the passage that if a child is given an allowance, he or she may __________.
   A. spend all the money very soon
   B. fall into the bad habit of wasting money
   C. feel responsible and careful about money
   D. lose the money and can not return home
3. In Paragraph 4, the words "his peers" refer to __________.
   A. his parents　　B. his friends
   C. his financial experts　　D. his teachers
4. Why does the writer mention Brooke Stephens?
   A. To question the opinion about pocket money.

B. To compare Stephens with other financial experts.

C. To explain that parents should be strict when children are developing good habits about money.

D. To suggest pocket money is useless in developing a child's sense of responsibility.

5. The writer implies in the passage that ______.

A. children may feel lonely if they have no pocket money

B. a child's early good habits can be developed if he or she is paid for all the housework

C. paying children for their housework is no good

D. children may learn to put aside some money if they are given a great amount of pocket money

Passage 7 （华东师范大学 2014）

Engineering students are supposed to be examples of practicality and rationality, but when it comes to my college education I am an idealist and a fool. In high school I wanted to be an electrical engineer and, of course, any sensible student with my aims would have chosen a college with a large engineering department, famous reputation and lots of good labs and research equipment. But that's not what I did.

I chose to study engineering at a small liberal-arts university that doesn't even offer a major in electrical engineering. Obviously, this was not a practical choice; I came here for more noble reasons. I wanted a broad education that would provide me with flexibility and a value system to guide me in my career. I wanted to open my eyes and expand my vision by interacting with people who weren't studying science or engineering. My parents, teachers and other adults praised me for such a sensible choice. They told me I was wise and mature beyond my 18 years, and I believed them.

I headed off to college sure I was going to have an advantage over those students who went to big engineering "factories" where they didn't care if you have values or were flexible. I was going to be a complete engineer: technical genius and sensitive humanist all in one.

Now I'm not so sure. Somewhere along the way my noble ideals crashed into reality, as all noble ideals eventually do. After three years of struggling to balance math, physics and engineering courses with liberal-arts courses, I have learned there are reasons why few engineering students try to reconcile engineering with liberal-arts courses in college.

The reality that has blocked my path to become the typical successful student is that engineering and the liberal arts simply don't mix as easily as I assumed in high school. Individually they shape a person in very different ways; together **they** threaten to confuse. The struggle to reconcile the two fields of study is difficult.

1. The author chose to study engineering at a small liberal-arts university because he ______.

A. intended to be a combination of engineer and humanist

B. wanted to be an example of practicality and rationality

C. intended to be a sensible student with noble ideals

D. wanted to coordinate engineering with liberal-arts courses in college

2. According to the author, by interacting with people who study liberal arts, engineering students can ________.

A. broaden their horizons

B. become noble idealists

C. receive guidance in their careers

D. balance engineering and the liberal arts

3. In the eyes of the author, a successful engineering student is expected ________.

A. to be imaginative with a value system to guide him

B. to be a technical genius with a wide vision

C. to have an excellent academic record

D. to be wise and mature

4. The author's experience shows that he was ________.

A. creative B. irrational C. ambitious D. unrealistic

5. The word "they" in "together they threaten to confuse" (Para. 5) refers to ________.

A. practicality and rationality B. engineering and the liberal arts

C. reality and noble ideals D. flexibility and a value system

Passage 8 （湖南师范大学 2014）

Proper arrangement of classroom space is important to encouraging interaction. Most of us have noticed how important physical setting is to efficiency and comfort in our work. Today's corporation hire human engineering specialists and spend a considerable amount of time and money to make sure that the physical environments of buildings are fit to the activities of their inhabitants.

Similarly, college classroom space should be designed to encourage the activity of critical thinking. We have entered already in the twenty-first century, but step into almost any college classroom and you **step back in time at least a hundred years**. Desks are normally in straight rows, so students can clearly see the teacher but not all their classmates. This assumption behind such an arrangement is obvious: Everything of importance comes from the teacher.

With a little imagination and effort, unless desks are fixed to the floor, the teacher can correct this situation and create space that encourages interchange among students. In small or standardized classes, chairs, desks, and tables can be arranged in a variety of ways: circles, U-shapes, or semicircles. The primary goal should be for everyone to be able to see everyone else. Larger classes, particular those held in lecture halls, unfortunately, allow much less flexibility.

Arrangement of the classroom should also make it easy to divide students into small groups for discussion or problem-solving exercises. Small classes with movable desks and tables present no problem. Even in large lecture halls, it is possible for students to turn around and form group of four to six. Breaking a class into small groups provides more opportunities for students to interact with each other, think out loud, and see how other students'thinking processes operate — all essential elements in developing new modes of critical thinking.

In courses that regularly use a small group format, students might be asked to stay in the same small groups throughout the course. A colleague of mine allows students to move around during the first two weeks, until they find a group they are comfortable with. He then asks them to stay in the same seat, with the same group, from that time on. This not only creates a comfortable setting for interaction but helps him learn students' names and faces.

Multiple-choice Questions:

1. Desk arrangement in a traditional classroom is associated with the idea that ________.
   A. students should not be active learners in the classroom
   B. it is useless for students to participate in class activity
   C. the teacher is the chief knowledge source
   D. it is important for students to see the blackboard clearly
2. The expression "step back in time at least a hundred years" (Para. 2) is intended to convey the idea that ________.
   A. college classrooms often remind you of your college life
   B. critical thinking was encouraged even a century ago
   C. a hundred years ago, desk arrangement in a classroom was quite different
   D. there is not much change in the college educational idea over the past hundred years
3. The primary purpose of desk rearrangement is ________.
   A. for the teacher to divide students into small groups
   B. to make it possible for students to interact with each other
   C. for the teacher to find out how students think
   D. to give students more opportunities to practise speaking
4. Which of the following is NOT true according to the passage?
   A. New kinds of desks and chairs should be made.
   B. Many companies are trying to improve the working settings for their employees.
   C. Interaction between students is essential to the training of critical thinking.
   D. A comfortable environment leads to higher working efficiency.

Short-answer Question:

5. What's the greatest advantage in allowing each student to find his own group?

Passage 9 （南京大学 2014）

A. **Why Teach English?**

Adam Gopnik

1. Whence, and where, and why the English major? The subject is in every mouth — or, at least, is getting kicked around agitatedly in columns and reviews and Op-Ed pieces. The English major is vanishing from our colleges as the Latin prerequisite vanished before it, we're told, a dying choice bound to a dead subject. The estimable Verlyn, Klinkenborg reports in the *Times* that "At Pomona College this spring, 16 students graduated with an English major out of a student body of 1,560, a terribly small number," and from other, similar schools, other, similar numbers.

2. In response, a number of defenses have been mounted, none of them, so far, terribly persuasive even to one rooting for them to persuade. As the bromides roll by and the platitudes chase each other round the page, those in favor of ever more and better English majors feel a bit the way we Jets fans feel, every fall, when our offense trots out on the field: I'm cheering as loud as I can, but let's be honest — this is not working well.

3. The defenses and apologias come in two kinds: one insisting that English majors make better people, the other that English majors (or at least humanities majors) make for better societies; that, as Christina Paxson, the president of Brown University, just put it in *The New Republic*, "there are real, tangible benefits to the humanistic disciplines — to the study of history, literature, art, theater, music, and languages." Paxson's piece is essentially the kind of Letter To A Crazy Republican Congressman that university presidents get to write. We need the humanities, she explains patiently, because they may end up giving us other stuff we actually like: "We do not always know the future benefits of what we study and therefore should not rush to reject some forms of research as less deserving than others."

4. Well, a humanities major may make an obvious contribution to everyone's welfare. But the truth is that for every broadly humane, technological-minded guy who contributed one new gadget to our prosperity there are six narrow, on-the-spectrum techno-obsessives who contributed twenty. Even Paxson's insistence that, after 9/11, it was valuable to have experts on Islam around is sadly dubious; it was Bernard Lewis, a leading scholar on the subject, who consulted closely with Dick Cheney before the Iraq War, with the results we know.

5. Nor do humanities specialists, let alone English majors, seem to be particularly humane or thoughtful or open-minded people, as the alternative better-people defense insists. No one was better read than the English upper classes who, a hundred years ago, blundered into the catastrophe of the Great War. Victorian factory owners read Dickens, but it didn't make Victorian factories nicer.

6. So why have English majors? Well, because many people like books. Most of those like to talk about them after they've read them, or while they're in the middle. Some people like to talk about

them so much that they want to spend their lives talking about them to other people who like to listen. Some of us do this all summer on the beach, and others all winter in a classroom. One might call this a natural or inevitable consequence of literacy. And it's this living, irresistible, permanent interest in reading that supports English departments, and makes sense of English majors.

7. Bill James dealt with this point wonderfully once, in talking about whether baseball is, as so many people within it insist, really a business, and not a sport at all. Well, James pointed out, if the sporting interest in baseball died, baseball would die; but if the business of baseball died — which, given all those empty ringside seats at Yankee Stadium, doesn't seem impossible — but the sporting interest persisted, baseball would be altered, but it wouldn't die. It would just reconstitute itself in a different way.

8. And so with English departments: if we closed down every English department in the country, loud, good, expert, or at least hyper-enthusiastic readers would still emerge. One sees this happening already, in the steady pulse of reading groups and books clubs which form, in effect, a kind of archipelago of amateur English departments. The woman with the notebook and the detailed parsing of how each love affair echoes each other in "Swann's Way" is already an English professor manqué.

9. If we abolished English majors tomorrow, Stephen Green blatt and Stanley Fish and Helen Vendler would not suddenly be freed to use their smarts to start making quantum proton-nuclear reactor cargo transporters, or whatever; they would all migrate someplace where they could still talk Shakespeare and Proust and the rest. Indeed, before there were English professors, there were... English professors. Dr. Johnson was the greatest English professor who ever lived — the great cham of literature, to whom all turned, Harold Bloom plus-plus — and he never had a post, let alone tenure, and his "doctorate" was one of those honorary jobs they give you, after a lifetime of literary labor, for Fine Effort. The best reading and talking about books was, in the past, often done by people who had to make their living doing something else narrowly related: Hazlitt by writing miscellaneous journalism, Sydney Smith by pretending to be a clergyman.

10. So then, the critic Lee Siegel asks, quite pertinently, why don't we just take books out of the academy, where they don't belong, and put them back in the living room, where they do? The best answer is a conservative one: institutions don't always have a good reason for existing, but there are very few institutions that do exist that didn't get invented for a reason. The space between a practice and a profession is as wide as any social space can be. And what professions do that practices can't remains open to what used to be called "the talents." To have turned the habits of reading and obsessing over books from a practice mostly for those rich enough to have the time to do it into one that welcomes, for a time anyway, anyone who can is momentous, English departments democratize the practice of reading. When they do, they make the books of the past available to all. It's a simple but potent act.

11. I am, let me add quickly, a living witness to this: my father is the son of a Jewish immigrant

butcher and grocer, a wise man but hardly a reader. My father, who loves to read, worked his way through Penn, back when you could, to become... a professor of English with a specialty in the eighteenth-century wits, Pope and Richardson and Swift and Fielding. Without an English department and an English major, he would never have had a chance to make that journey in so short and successful a time — and, I feel bound to say, the practice of talking about books would have been poorer for it. The best way we've found to make sure that everyone who loves to talk about books have a place to do it is to have English departments around.

12. The study of English, to be sure, suffers from its own discontents: it isn't a science, and so the "research" you do is not really research. But the best answer I have ever heard from a literature professor for studying literature came from a wise post-structuralist critic. Why was he a professor of literature? "Because I have an obsessive relationship with texts." You choose a major, or a life, not because you see its purpose, which tends to shimmer out of sight like an oasis, but because you like its objects. A good doctor said to me, not long ago, "You really sort of have to like assholes and ear wax to be a good general practitioner"; you have to really like, or not mind much, intricate and dull and occasionally even dumb arguments about books to study English.

13. The reward is that it remains the one kind of time travel that works, where you make a wish and actually become a musketeer in Paris or a used-car salesman in Pennsylvania. That one knows, of course, that the actuality is "fictional" or artificial doesn't change its reality. The vicarious pleasure of reading is, by the perverse principle of professions, one that is often banished from official discussion, but it remains the core activity.

14. So: Why should English majors exist? Well, there really are no whys to such things, anymore than there are to why we wear clothes or paint good pictures or live in more than hovels and huts or send flowers to our beloved on their birthday. No sane person proposes or has ever proposed an entirely utilitarian, production-oriented view of human purpose. We cannot merely produce goods and services as efficiently as we can, sell them to each other as cheaply as possible, and die. Some idea of symbolic purpose, of pleasure-seeking rather than rent seeking, of Doing Something Else, is essential to human existence. That's why we pass out tax breaks to churches, zoning remissions to parks, subsidize new ballparks and point to the density of theatres and galleries as signs of urban life, to be encouraged if at all possible. When a man makes a few billion dollars, he still starts looking around for a museum to build a gallery for or a newspaper to buy. No civilization we think worth studying, or whose relics we think worth visiting, existed without what amounts to an English department — texts that mattered, people who argued about them as if they mattered, and a sense of shame among the wealthy if they couldn't talk about them, at least a little, too. It's what we call civilization.

15. Even if we read books and talk about them for four years, and then do something else more obviously remunerative, it won't be time wasted. We need the humanities not because they will produce shrewder entrepreneurs or kinder CEOs but because, as that first professor said, they help us enjoy life more and endure it better. The reason we need the humanities is because we're

human. That's enough.

Ⅰ. For questions 1 to 5, choose the best answer(2 * 5).

1. The author thinks Paxson's argument for humanistic disciplines is ________.
   A. solid　B. justifiable　C. weak　D. groundless
2. Paragraph 4 mainly aims to prove that a humanities major does not necessarily ________.
   A. promote technology　B. help end the war
   C. make better people　D. improve the society
3. According to the author, English departments are similar to baseball as a(n) ________.
   A. business　B. sport　C. career　D. event
4. The examples of Hatzlitt and Sydney Smith show that literary work ________.
   A. is not as rewarding as other jobs　B. is not as profitable as other jobs
   C. is more honorary than other jobs　D. is more demanding than other jobs
5. According to the author, humanities prove all the following except ________.
   A. the promotion of prosperity　B. the fulfillment of life purpose
   C. an opportunity to seek pleasure　D. a platform to discuss books

Ⅱ. For each definition given below, find a matching word in the specified paragraph. The number given after each definition indicates the paragraph in which the word appears (1.5 * 5)

6. a defense of one's opinions(3)
7. make a mistake through ignorance(5)
8. a group of similar things(8)
9. important(10)
10 clear away(13)

Ⅲ. For each word given below, decide which semantic variation best conveys the meaning of the author. The number given after each word indicates the paragraph in which the word appears(1.5 * 5)

11. estimable(1)
   A. capable of being estimated　B. valuable
   C. worthy of esteem
12. mount(2)
   A. lift up　B. set up for defense
   C. arrange for use
13. tangible(3)
   A. capable of being perceived　B. capable of being identified
   C. capable of being appraised

14. miscellaneous(9)

A. dealing with diverse subjects
B. consisting of diverse things
C. having various traits

15. civilization(14, in "It's what we call civilization")

A. a high level of cultural development
B. the process of becoming civilized
C. refinement of thought and manners

Ⅳ. Based on your understanding of the passage, answer the following question within 80 words. (10 points)

How did the author answer the question "Why Teach English"? Give a list of his reasons.

B. *Now read a response to the above passage, and then answer the questions that follow.*

Why Read Literature?

by Micah Mattix

Adam Gopnik attempts to answer the question: "Why Teach English?" The fate of the English major is, as Gopnik notes, all the rage, but defenses of it are surprisingly unconvincing. He rightly points out that the two most common ones — that English majors make for better people and better societies — are patently false. Nor is studying literary texts, I might add, always the most effective means of improving reading or writing skills. "So why have English majors?" Gopnik asks:

Well, because many people like books. Most of those like to talk about them after they've read them, or while they're in the middle. Some people like to talk about them so much that they want to spend their lives talking about them to other people who like to listen. Some of us do this all summer on the beach, and others all winter in a classroom. One might call this a natural or inevitable consequence of literacy. And it's this living, irresistible, permanent interest in reading that supports English departments, and makes sense of English majors.

This is both right and wrong. Gopnik is absolutely right that reading and discussing literary works is natural.

Yet, the "instinct", if we want to use that word, is of a higher order than mere cravings, which Gopnik glosses over when he compares the impetus to read to our need for clothing and shelter: "there really are no whys to such things, anymore than there are to why we wear clothes or paint good pictures or live in more than hovels and huts or send flowers to our beloved on their birthday." Reading literature has nothing in common with living "in more than hovels and huts", but sending flowers? Yes, it is like sending flowers, because it is an expression of those higher things that make us most human — our emotions, our recognition of the need for a moral order, our ability to experience beauty and so forth.

Furthermore, while there is no reason English must be studied at university, and while

Gopnik is, again, right that its study at the university is supported by our "living, irresistible, permanent interest in reading", he misses an opportunity to address how English professors have at times failed to feed that interest over the years.

Gopnik compares Samuel Johnson to modern English professors: "Indeed, before there were English professors, there were... English professors. Dr. Johnson was the greatest English professor who ever lived — the great cham of literature, to whom all turned." His point in this admittedly rather brief aside is that people have always studied literature. But there is an important difference between Johnson and other men of letters and modern English professors. It is this: that the writing of these earlier men of letters differs from the writing of most English professors today. Earlier critics wrote mostly essays and reviews to help sift the wheat from the chaff. When they did write books, which was comparatively rare, they wrote mostly what we would call trade books — biographies, collections of essays, etc. — which, even if somewhat technical at times, were still accessible to a general readership. In short, the writing developed out of and nourished an interest in reading great poems, plays, and novels.

Today, instead of Joseph Addison's essays or Dr. Johnson's lives of poets, we have hundreds of books like *Equivocal Beings: Politics, Gender, and Sentimentality in the* 1790*s — Wollstonecraft, Radcliffe, Burney, Austen* (*Chicago*, 2012) or *Feminist Ecocriticism: Environment, Women, and Literature* (*Lexington*, 2012). Neither was written for the general public, nor are either likely to increase interest in these authors and texts.

One of the problems with English studies today, brought about in part by English professors themselves and in part by the modern research university, is the separation between "specialists" and the public. The science have a specialized vocabulary and knowledge that have developed organically, as it were, from its methods, and, because of this, scientists regularly must "translate" their discoveries for the public so that the their value can be understood. But the constraints of "discovery" and "original research", which are part of the scientific disciplines but not the humanities, were applied by English studies, pushing English professors to abandon reviews and criticism and pursue increasingly esoteric "research agendas". And because the jargon of English studies is often unnatural, any effort to "translate" it sounds absurd.

All this to say, Dr. Johnson was not an English professor in any modem sense, and one of the things English professors must do is to pursue the type of work that is organic to the discipline — evaluative criticism, introductions, translations, manuscript retrieval and preparation, and so forth. Some of these are recognized in the discipline, but others are not or are seen as inferior.

Gopnik himself admits that there is a difference between what English professors and scientists do. "The study of English, to be sure," he writes, "suffers from its own discontents: it isn't a science, and so the 'research' you do is not really research." Yet, his hedged "re-reading" of Dr. Johnson as a professor prevents him from fleshing out what this difference means.

English does not need to be studied at the university. But if it is in fifty or a hundred years, it will not be because of reports to Congress defending the humanities but because English and humanities professors move away from the research paradigm of the sciences and return to the sort of work natural to the discipline.

V. Give a summary, within 80 words, of Mattix's main argument against Gopnik's article. Then provide a brief answer to the following question.

Do you think the argument is valid? Which side are you on?

Passage 10 （首都师范大学 2013）

The Home Office has been threatened with legal action amid claims it mistakenly implied that 22 colleges were **bogus** or sub-standard.

English UK, an association representing more than 450 language colleges, said the alleged error could bankrupt the institutions. Its lawyers are demanding senior Home Office officials issue an immediate apology and retraction.

Last week, the Home Office said scores of colleges had lost their right to recruit overseas students because they could not meet the standards of a new inspection regime or had not applied to be on a compulsory register of institutions authorised to enrol overseas students.

Damian Green, the immigration minister, warned that "widespread abuse of the student visa system has gone on for too long". Too many students had come to the UK to find paid work and bring over their family, rather than to study, he said.

English UK said its colleges had not signed up for the register because their courses lasted less than a year. Only institutions that offer courses that last a year or more have to be on the register.

The association said institutions had decided not to voluntarily apply to be on the register because it would have been expensive. Tony Millns, chief executive of English UK, said the Home Office had "allowed it to be inferred that all the colleges on its list were bogus, fronts for illegal immigration, or of poor educational quality". "This has been enormously damaging to the reputation of perfectly legitimate and high-quality businesses," he said.

A letter sent by English UK's lawyers to the Home Office states the government published information that was "untrue, defamatory and gravely damaging to colleges' goodwill and reputations". "The potential damage is potentially substantial, irreparable and unquantifiable," it said.

The Home Office wants to curb overseas student numbers to reduce total net migration to Britain by 230, 000 between now and 2015. A spokesman for the UK Border Agency said senior officials would not be making an apology or retracting their statement. Ministers had made it clear that colleges not on the register were not necessarily those with poor educational standards, he said.

"Some simply failed to submit an application to demonstrate they meet our new higher standards," he said. "Widespread abuse of the student visa system has gone on for too long which is why we've made changes to ensure only first-class education providers should be given licences to sponsor international students."

1. Which of the following has the closest meaning of the underlined word "bogus" in Paragraph 1?
   A. standard　B. new　C. top-class　D. fake
2. Several colleges had lost their right to recruit overseas students because they ________.
   A. could not meet the standards　B. belong to the English UK
   C. had applied to be on the register　D. enrolled overseas students
3. According to the passage, which of the following statements is true?
   A. All the institutions including English UK have to be on the compulsory register.
   B. Most of the students had come to the UK in order to further their study there.
   C. The senior Home Office officials issued an immediate apology and retraction.
   D. English UK did not apply to be on the register because of the expensive cost.
4. According to the passage, which of the following statements is NOT true?
   A. The Home Office wants to control the overseas student number to the UK.
   B. All the colleges on the list of English UK were of poor educational quality.
   C. First-class education providers can get licenses to sponsor foreign students.
   D. There are new standards to be on the register that are higher than before.
5. The writer's attitude toward English UK can best be described as ________.
   A. positive　B. negative　C. neutral　D. indifferent
6. What section is the passage most probably selected from?
   A. Foreign affairs.　B. Social issues.　C. Business.　D. Education.

Passage 11　(华东师范大学 2013)

The Welsh language has always been the ultimate marker of Welsh identity, but a generation ago it looked as if Welsh would go the way of Manx. Once widely spoken on the Isle of Man but now extinct. Governments financing and central planning, however, have helped reverse the decline of Welsh. Road signs and official public documents are written in both Welsh and English, and schoolchildren are required to learn both languages. Welsh is now one of the most successful of Europe's regional languages, spoken by more than a half-million of the country's three million people.

The revival of the language, particularly among young people, is part of a resurgence of national identity sweeping through this small, proud nation. Last month Wales marked the second anniversary of the opening of the National Assembly, the first parliament to be convened here since 1404. The idea behind devolution was to restore the balance within the union of nations making up the United Kingdom. With most of the people and wealth, England has always had bragging rights. The partial transfer of legislative powers from Westminster, implemented by Tony

Blair, was designed to give the other members of the club-Scotland, Northern Ireland, and Wales-a bigger say and to counter **centrifugal** forces that seemed to threaten the very idea of the union.

The Welsh showed little enthusiasm for devolution. Whereas the Scots voted overwhelmingly for a parliament, the vote for a Welsh assembly scraped through by less than one percent on a turnout of less than 25 percent. Its powers were proportionately limited. The Assembly can decide how money from Westminster or the European Union is spent. It cannot, unlike its counterpart in Edinburgh, enact laws. But now that it is here, the Welsh are growing to like their Assembly. Many people would like it to have more powers. Its importance as figurehead will grow with the opening in 2003, of a new debating chamber, one of many new buildings that are transforming Cardiff from a decaying seaport into a Baltimore-style waterfront city. Meanwhile a grant of nearly two million dollars from the European Union will tackle poverty. Wales is one of the poorest regions in Western Europe—only Spain, Portugal, and Greece have a lower standard of living.

Newspapers and magazines are filled with stories about great Welsh men and women, boosting self-esteem. To familiar faces such as Dylan Thomas and Richard Burton have been added new icons such as Catherine Zeta-Jones, the movie star, and Bryn Terfel, the opera singer. Indigenous foods like salt marsh lamb are in vogue. And Wales now boasts a national airline, Awyr Cymru. Cymru, which means "land of compatriots," is the Welsh name for Wales. The red dragon, the nation's symbol since the time of King Arthur, is everywhere on T-shirts, rugby jerseys and even cell phone covers.

"Until very recent times most Welsh people had this feeling of being second-class citizens," said Dyfan Jones, an 18-year-old student. It was a warm summer night, and I was sitting on the grass with a group of young people in Llanelli, an industrial town in the south, outside the rock music venue of the National Eisteddfod, Wales's annual cultural festival. The disused factory in front of us echoed to the sounds of new Welsh bands.

"There was almost a genetic tendency for lack of confidence," Dyfan continued. Equally comfortable in his Welshness as in his membership in the English-speaking, global youth culture and the new federal Europe, Dyfan, like the rest of his generation, is growing up with a sense of possibility unimaginable ten years ago. "We used to think. We can't do anything, we're only Welsh. Now I think that's changing."

1. According to the passage, devolution was mainly meant to ________.
   A. maintain the present status among the nations
   B. reduce legislative powers of England
   C. create a better state of equality among the nations
   D. grant more say to all the nations in the union
2. The word "centrifugal" in the second paragraph means ________.
   A. separatist　　B. conventional　　C. feudal　　D. political

3. Wales is different from Scotland in all the following aspects EXCEPT ______.

A. people's desire for devolution

B. locals'turnout for the voting

C. powers of the legislative body

D. status of the national language

4. Which of the following is NOT cited as an example of the resurgence of Welsh national identity?

A. Welsh has witnessed a revival as a national language.

B. Poverty-relief funds have come from the European Union.

C. A Welsh national airline is currently in operation.

D. The national symbol has become a familiar sight.

5. According to Dyfan Jones what has changed is ______.

A. people's mentality

B. pop culture

C. town's appearance

D. possibilities for the people

Passage 12 (湖南大学 2012)

Given the lack of fit between gifted students and their schools, it is not surprising that such students often have little good to say about their school experience. In one study of 400 adult who had achieved distinction in all areas of life, researchers found that three-fifths of these individuals either did badly in school or were unhappy in school. Few MacArthur Prize fellows, winners of the MacArthur Award for creative accomplishment, had good things to say about their precollegiate schooling if they had not been placed in advanced programs. Anecdotal reports support this. Pablo Picasso, Charles Darwin, Mark Twain, Oliver Gold smith, and William Butler Yeats all disliked school. So did Winston Churchill, who almost failed out of Harrow, an elite British school. About Oliver Goldsmith, one of his teachers remarked, "Never was so dull a boy." Often these children realize that they know more than their teachers, and their teachers often feel that these children are arrogant, inattentive, or unmotivated. Some of these gifted people may have done poorly in school because their, gifts were not scholastic. Maybe we can account for Picasso in this way. But most fared poorly in school not because they lacked ability but because they found school unchallenging and consequently lost interest. Yeats described the lack of fit between his mind and school: "Because I had found it difficult to attend to anything less interesting than my own thoughts, I was difficult to teach." As noted earlier, gifted children of all kinds tend to be strong-willed nonconformists. Nonconformity and stubbornness(and Yeats's level of arrogance and self-absorption) are likely to lead to Conflicts with teachers.

When highly gifted students in any domain talk about what was important to the development of their abilities, they are far more likely to mention their families than their schools or teachers. A writing prodigy studied by David Feldman and Lynn Goldsmith was taught far more about writing by his journalist father than his English teacher. High-IQ children, in Australia studied by Miraca Gross had much more positive feelings about their families than their schools. About half of the mathematicians studied by Benjamin Bloom had little good to say about school. They all did well in school and took honors classes when available, and some skipped grades.

1. The main point the author is making about schools is that ________.
   A. they should satisfy the needs of students from different family backgrounds
   B. they are often incapable of catering to the needs of talented students
   C. they should organize their classes according to the students' ability
   D. they should enroll as many gifted students as possible
2. The author quotes the remarks of one of Oliver Goldsmith's teachers ________.
   A. to provide support for his argument
   B. to illustrate the strong will of some gifted children
   C. to explain how dull students can also be successful
   D. to show how poor Oliver's performance was at school
3. Many gifted people attributed their success ________.
   A. mainly to parental help and their education at home
   B. both to school instruction and to their parents' coaching
   C. more to their parents' encouragement than to school training
   D. less to their systematic education than to their talent
4. The root cause of many gifted students having bad memories of their school years is that ________.
   A. their nonconformity brought them a lot of trouble
   B. they were seldom praised by their teachers
   C. school courses failed to inspire or motivate them
   D. teachers were usually far stricter than their parents

Passage 13 （中国海洋大学 2012）

Graduation speeches are a bit like wedding toasts. A few are memorable. The rest tend to trigger such thoughts as, "Why did I wear such uncomfortable shoes?"

But graduation speeches are less about the message than the messenger. Every year a few colleges and universities in the US attract attention because they've managed to book high-profile speakers. And, every year, the media report some of these speakers' wise remarks.

Last month, the following words of wisdom were spread:

"You really haven't completed the circle of success unless you can help somebody else move forward." (Oprah Winfrey, Duke University).

"There is no way to stop change; change will come. Go out and give us a future worthy of the world we all wish to create together." (Hillary Clinton, New York University).

"This really is your moment. History is yours to bend." (Joe Biden, Wake Forest University).

Of course, the real "get" of the graduation season was first lady Michelle Obama's appearance at the University of California, Merced. "Remember that you are blessed," she told the class of 2009. "Remember that in exchange for those blessings, you must give something back… As advocate and activist Marian Wright Edelman says, 'Service is the rent we pay for living… it is the true measure, the only measure of success'".

Calls to service have a long, rich tradition in these speeches. However, it is possible for a graduation speech to go beyond cliche and say something truly compelling. The late writer David Foster Wallace's 2005 graduation speech at Kenyon College in Ohio talked about how to truly care about other people. It gained something of a cult after it was widely circulated on the Internet. Apple Computer CEO Steve Jobs' address at Stanford University that year, in which he talked about death, is also considered one of the best in recent memory.

But when you're sitting in the hot sun, fidgety and freaked out, do you really want to be lectured about the big stuff? Isn't that like trying to maintain a smile at your wedding reception while some relative gives a toast that amounts to "marriage is hard work"? You know he's right; you just don't want to think about it at that particular moment. In fact, as is the case in many major life moments, you can't really manage to think beyond the blisters your new shoes are causing.

That may seem anticlimactic. But it also gets to the heart of one of life's greatest, saddest truths: that our most "memorable" occasions may elicit the fewest memories. It's probably not something most graduation speakers would say, but it's **one of the first lessons of growing up**.

1. According to the passage, most graduation speeches tend to recall ________ memories.

   A. great　　B. trivial　　C. unforgettable　　D. unimaginative

2. "But graduation speeches are less about the message than the messenger" is explained ________.

   A. in the final paragraph　　B. in the last but one paragraph.

   C. in the first paragraph　　D. in the same paragraph.

3. The graduation speeches mentioned in the passage are related to the following themes EXCEPT ________.

   A. death　　B. success　　C. service　　D. generosity

4. It is implied in the passage that at great moments people fail to ________.

   A. remain clear-headed　　B. keep good manners

   C. remember others' words　　D. recollect specific details

5. What is "one of the first lessons of growing up"?

   A. Attending a graduation ceremony.

   B. Listening to graduation speeches.

   C. Forgetting details of memorable events.

   D. Meeting high-profile graduation speakers.

Passage 14 （武汉大学 2011）

I came away from my years of teaching on the college and university level with a conviction that enactment, performance, dramatization are the most successful forms of teaching. Students must be incorporated, made, so far as possible, an integral part of the learning process. The notion that learning should have in it an element of inspired play would seem to the greater part of the academic establishment merely silly, but that is nonetheless the case. Of Ezekiel Cheever, the most famous schoolmaster of the Massachusetts Bay Colony, his onetime student Cotton Mather wrote that he so planned his lessons that his pupils "came to work as though they came to play," and Alfred North Whitehead, almost three hundred years later, noted that a teacher should make his/her students "glad they were there".

Since, we are told, 80 to 90 percent of all instruction in the typical university is by the lecture method, we should give close attention to this form of education. There is, I think, much truth in Patricia Nelson Limerick's observation that "lecturing is an unnatural act, an act for which God did not design humans. It is perfectly all right, now and then, for a human to be possessed by the urge to speak, and to speak while others remain silent. But to do this regularly, one hour and 15 minutes at a time... for one person to drag on while others sit in silence?... I do not believe that this is what the Creator... designed humans to do."

The strange, almost incomprehensible fact is that many professors, just as they feel obliged to write dully, believe that they should lecture dully. To show enthusiasm is to risk appearing unscientific, unobjective; it is to appeal to the students' emotions rather than their intellect. Thus the ideal lecture is one filled with facts and read in an unchanged monotone.

The cult of lecturing dully, like the cult of writing dully, goes back, of course, some years. Edward Shils, professor of sociology, recalls the professors he encountered at the University of Pennsylvania in his youth. **They seemed "a priesthood, rather uneven in their merits but uniform in their bearing**; they never referred to anything personal. Some read from old lecture notes and then haltingly explained the thumb-worn last lines. Others lectured from cards that had served for years, to judge by the worn edges... The teachers began on time, ended on time, and left the room without saying a word more to their students, very seldom being detained by questioners... The classes were not large, yet there was no discussion. No questions were raised in class, and there were no office hours."

1. The author believes that a successful teacher should be able to ________.
   A. make dramatization an important aspect of students' learning
   B. make inspired play an integral part of the learning process
   C. improve students' learning performance
   D. make study just as easy as play

2. The majority of university professors prefer the traditional way of lecturing in the belief that

______.

A. it draws the close attention of the students

B. it conforms in a way to the design of the Creator

C. it presents course content in a scientific and objective manner

D. it helps students to comprehend abstract theories more easily

3. What the author recommends in this passage is that ______.

A. college education should be improved through radical measures

B. more freedom of choice should be given to students in their studies

C. traditional college lectures should be replaced by dramatized performances

D. interaction should be encouraged in the process of teaching

4. By saying "They seemed 'a priesthood, rather uneven in their merits but uniform in their bearing…'" (Para. 4), the author means that ______.

A. professors are a group of professionals that differ in their academic ability but behave in the same way

B. professors are like priests wearing the same kind of black gown but having different roles to play

C. there is no fundamental difference between professors and priests though they differ in their merits

D. professors at the University of Pennsylvania used to wear black suits which made them look like priests

5. Whose teaching method is particularly commended by the author?

A. Ezekiel Cheever's.

B. Cotton Mather's.

C. Alfred North Whitehead's.

D. Patricia Nelson Limerick's.

9. 科学技术专题

Passage 1 (对外经济贸易大学 2014)

It might be easier to do something about North Korea's nuclear truculence if we could make head or tail of the cryptic videos it has been posting on the web. The latest shows a dreaming man, some Korean script and a video of rockets flying through space while fires burn in skyscrapers and a pianist plays "We Are the World" at dirge tempo. Is this a harmless fantasy? A thrown-down gauntlet? Should the west respond with a statement? Should it post a video of its own? It is hard to know. Our traditional media are being "replaced" by the internet. But the "information" coming out of the information economy is often hard to decipher, and composed for purposes that are hard to discern.

The film academic Stephen Apkon argues in *The Age of the Image*, published this week, that it is possible to speak of a new kind of literacy, one built on figuring out such non-verbal messages. At its humblest level, his book is about the "language" of film, but Mr. Apkon has a larger philosophical point, too. Our culture is growing more global. While it still relies on words, they are increasingly wrapped up with images, and it is the images people remember. Elizabeth Daley, dean of the University of Southern California's School of Cinematic Arts, believes **writing today is like Latin on the eve of the Renaissance — the language of a scholarly establishment.** YouTube clips and other visuals are the equivalent of vernacular Italian. They are the street language, and the medium for much new and creative thinking.

Images have always mattered in public arguments more than we admit. Few people cared that Richard Nixon won the 1960 presidential debates against John Kennedy, so unkempt did the Republican look. Mr. Apkon quotes a neuroscientist who says people are so attuned to picking up subtle signals that they make decisions about whether they like or dislike politicians "immediately". And unsubtle, non-verbal messages with a great emotional wallop can now be broadcast more widely. Video of the shooting of Neda Agha-Soltan, captured during June 2009 protests against irregular Iranian elections, spread round the world. In the gut-wrenching Kony 2012 video (100m views in six days), American activists sought to enlist the US military in a manhunt for a Ugandan warlord.

Eyesight is the most trusted sense, Mr Apkon notes, and that means we need to be careful with it. There is a standing danger that the public will grow so upset by images of mistreatment that it will demand the government send the army off to war. This is arguably what happened Somalia in 1992, with America's poorly planned military response to the African country's famine. In future, Mr Apkon says, we are likely to need "a combination of scepticism and incisiveness", enabling citizens to "critique what is put in front of them with some level of sophistication".

That is unlikely. When the passions provoked by visual imagery lead to the same conclusion as the logic of a verbal argument, people are generally comfortable coming to a decision. But when passion and logic are at odds, one of them must be favoured.

Until recently, it was the essence of statesmanship, scholarship and justice to purge strong emotion from our deliberations. Images today, though, are so plentiful and sharp that they dominate our thought processes. Although Mr. Apkon relishes the immediacy of YouTube, he fears that political advertisers will soon be able to craft stories around "hidden mental hungers", easily manipulating voters.

Citizens tend to think about voting in one of two ways. First, you base your vote on your identity. You are a farmer, so you choose the candidate best disposed towards farmers. The second theory is that you vote on arguments, independent of identity. You believe a sales tax should replace income tax, so you vote for the candidate who shares that opinion. But today's image-based communication has little to do with identity or arguments. It has to do with the lowest-common-denominator traits that mark you as a human animal.

There is no obvious solution. Even if we acquire the scepticism Mr Apkon speaks of, certain institutions "go with" certain styles of perceiving, absorbing and interpreting information. You would not think that there was anything "Protestant" about the printing press. And yet the press seems to have been a prerequisite for Protestantism's rise. Likewise, our own democracies, imperfect though they may be, are the culmination of the culture of the written word. Mr Apkon notes how Kennedy, in those 1960 debates, "tapped into a lever in the psyche more primal than mere facts".

In retrospect, that was an ominous moment. Once you find that lever, isn't democracy bound to lose a bit of its appeal, rather like a detective story in which you have been told the ending?

1. Which of the following is INCORRECT according to the author?
   A. Images do not always matter in public arguments more than we admit.
   B. Videos on political issues are the most popular among all.
   C. Videos carrying messages with a great emotional wallop can attract attention.
   D. Activists must use street language to appeal the audience.
2. What does the author mean by saying "writing today is like Latin on the eve of the Renaissance — the language of scholarly establishment?" (Para.2)
   A. Videos are like Italian that served as the street language.
   B. A video is worth more than a thousand words.
   C. Writing would face extinction, just as Latin.
   D. Writing would be less popular among young people.
3. What is the author's attitude towards "seeing is believing"?
   A. Positive　　B. Dangerous　　C. Negative　　D. Useful
4. According to the author, what may "image-based communication" influence voter's behavior?
   A. People might vote on their identities.
   B. People might vote on their "hidden mental hungers".
   C. People might vote on arguments, independent of identity.
   D. People might vote on political advertisers who have better stories.
5. Which of the following constitutes the best title for this passage?
   A. In the Unthinking Age, Seeing Is Believing
   B. Images Matters Less Today Than in the Past
   C. Democracy Has Lost Its Appeal Nowadays
   D. Images in the Information Age

Passage 2 （南京航空航天大学 2014）

Personal computers and the Internet give people new choices about how to spend their time.

Some may use this freedom to share less time with certain friends or family members, but new technology will also let them stay in closer touch with those they care most about. I know this from personal experience.

E-mail makes it easy to work at home, which is where I now spend most weekends and evenings. My working hours aren't necessarily much shorter than they once were but I spend fewer of them at the office. This lets me share more time with my young daughter than I might have if she'd been born before electronic mail became such a practical tool.

The Internet also makes it easy to share thoughts with a group of friends. Say you do something fun see a great movie perhaps—and there are four or five friends who might want to hear about it. If you call each one, you may tire of telling the story.

With E-mail, you just write one note about your experience, at your convenience, and address it to all the friends you think might be interested. They can read your message when they have time, and read only as much as they want to. They can reply at their convenience, and you can read what they have to say at your convenience.

E-mail is also an inexpensive way stay in close touch with people who live far away. More than a few parents use E-mail to keep in touch, even daily touch, with their children off at college.

We just have to keep in mind that computers and the Internet offer another way of staying in touch. They don't take the place of any of the old ways.

1. The purpose of this passage is to ____________.
   A. explain how to use the Internet
   B. describe the writer's joy of keeping up with the latest technology
   C. tell the merits and usefulness of the Internet
   D. introduce the reader to basic knowledge about personal computers and the Internet
2. The use of E-mail has made it possible for the writer to ____________.
   A. spend less time working
   B. have more free time with his child
   C. work at home on weekends
   D. work at a speed comfortable to him
3. According to the writer, E-mail has an obvious advantage over the telephone because the former helps one ____________.
   A. reach a group of people at one time conveniently
   B. keep one's communication as personal as possible
   C. pass on much more information than the later
   D. get in touch with one's friends faster than the later
4. The best title for this passage is ____________.
   A. Computer: New Technological Advances
   B. Internet: New Tool to Maintain Good Friendship
   C. Computers Have Made Life Easier
   D. Internet: A Convenient Tool for Communication

Passage 3　(电子科技大学 2014)

Television — The most pervasive and persuasive of modern technologies, marked by rapid change and growth — is moving into a new era, an era of extraordinary sophistication and versatility, which promises to reshape our lives and our world. It is an electronic revolution of sorts, made possible by the marriage of television and computer technologies.

The word "television", derived from its Greek (tele: distant) and Latin (vision: sight) roots, can literally be interpreted as sight from distance. Very simply put, it works in this way: through a sophisticated system of electronics, television provides the capability of converting an image (focused on a special photo-conductive plate within a camera) into electronic impulses, which can be sent through a wire of cable. These impulses, when fed into a receiver (television set), can then be electronically reconstituted into that same image.

Television is more than just an electronic system, however. It is a means of expression, as well as a vehicle for communication, and as such becomes a powerful tool for reaching other human beings.

The field of television can be divided into two categories determined by its means of transmission. First, there is broadcast television, which reaches the masses through broad-based airwave transmission of television signals. Second, there is non-broadcast television, which provides for the needs of individuals or specific interest groups through controlled transmission techniques.

Traditionally, television has been a medium of the masses. We are most familiar with broadcast television because it has been with us for thirty-seven years in a form similar to what exists today. During those years, it has been controlled, for the most part, by the broadcast networks, ABC, NBC, and CBS, who have been the major purveyors of news, information, and entertainment. These giants of broadcasting have not only shaped television but our perception as well. We have come to look upon the picture tube as a source of entertainment, placing our role in this dynamic medium as the passive viewer.

1. With which topic is the passage primarily concerned?
   A. Recent changes in modern technology.
   B. The role of television in today's society.
   C. The marriage of broadcasting giants
   D. The content of broadcast television programs.
2. What is the literal meaning of the word "television"?
   A. Sight from distance.　　　B. Medium of the masses.
   C. Airwave transmission.　　　D. Vehicle for communication.
3. Which of the following is not mentioned in the passage as a function of electronics in television transmissions?

A. The conversion of image into electronic impulses.
B. The changing of one image into another image.
C. The sending of impulses through a wire cable.
D. The feeding of impulses into a receiver.

4. What field of television is intended for specific groups?
A. Broad-based B. Reconstituted
C. Non-broadcast D. Traditional

5. Which of the following statements about the relationship between the television and its viewers can be inferred from the passage?
A. Viewers have grown tired of television.
B. Viewers would prefer increased news coverage.
C. Viewers like to use television to reach other human beings.
D. Viewers do not take an active role in watching television.

Passage 4 （中山大学 2014）

Nowadays, a cellphone service is available to everyone, everywhere. Probably thousands of people have already been using it, but I just discovered it, so I'm going to claim it and also name it: Fake Foning.

The technology has been working well for me at the office, but there are infinite applications. Virtually in any public space.

Say you work at a big university with lots of talky faculty members buzzing about. Now, say you need to use the restroom. The trip down the hall will take approximately one hour, because a person can't walk into those talky people without getting pulled aside for a question, a bit of gossip, a new read on a certain line of Paradise Lost.

So, a cellphone. Any cellphone. Just pick it up. Don't dial. Just hold that phone to your face and start talking. Walk confidently down the hall engaged in fake conversation, making sure to tailor both the topic and content to the person standing before you whom you are trying to avoid.

For standard colleague avoidance, I suggest fake chatting about fake business:

"Yes, I'm glad you called, because we really need to hammer out the details. What's that? Yes, I read Page 12, but if you look at the bottom of 4, I think you can see the problem begins right there."

Be engaged in your fake fone conversation. Make eye contact with the people passing, nod to them, gesture keen interest in talking to them at a later time, point to your phone, shrug and move on.

Shoppers should consider fake foning anytime they spot a talky neighbor in the produce department pinching unripe peaches. Without your phone at your face, you'd be in for a 20-minute speech on how terrible the world is.

One important caution about fake foning. The other day I was fake foning my way past a colleague, and he was actually following me to get my attention. I knew he wanted to ask about a project I had not yet finished. I was trying to buy myself some time, so I continued fake foning with my doctor. "So I don't need the operation? Oh, doctor, that is the best news."

And then: Brrrrrrng! Brrrrrmg! Brrrrrmg! My phone started ringing, right there while it was planted on my face. My colleague looked at me, and I at him, and naturally I gasped. "What is the matter with this thing?" I said, pulling the phone away to look at it, and then putting it back to my ear.

"Hello? Are you still there?" Oops.

1. According to the passage, Fake Foning is ________
   A. a strategy to avoid people　　B. a device newly produced
   C. a service provided everywhere　　D. a skill of communication
2. In the author's opinion, in order to make fake foning look real one has to ________.
   A. talk about interesting matters
   B. behave politely to people passing by
   C. hold the phone while walking
   D. appear absorbed in conversation
3. What does the last example show?
   A. One effective way is to fake fone one's doctor.
   B. One has to be careful while fake foning.
   C. Fake foning may not cheat people.
   D. Fake foning is always quite successful.
4. After his phone suddenly began ringing, the author ________.
   A. immediately started talking to the caller
   B. immediately started talking to his colleague
   C. put the phone away and stopped talking
   D. continued with his fake conversation
5. What is the tone of the passage?
   A. Critical.　　B. Humorous.　　C. Serious.　　D. Unclear.

Passage 5 （厦门大学 2014）

Whenever we could, Joan and I took refuge in the streets of Gibraltar. The Englishman's home is his castle because he has not much choice. There is nowhere to sit in the streets of England, not even, after twilight, in the public gardens. The climate, very often, does not even permit him to walk outside. Naturally, he stays indoors and creates a cocoon of comfort. That was the way we lived in Leeds.

These southern people, on the other hand, look outwards. The Gibraltarian home is, typically, a small and crowded apartment up several flights of dark and dirty stairs. In it, one, two or even three old people share a few ill-lit rooms with the young family. Once he has eaten, changed his clothes, embraced his wife, kissed his children and his parents, there is nothing to keep the southern man at home. He hurries out, taking even his breakfast coffee at his local bar. He comes home late for his afternoon meal after an appetitive hour at his café. He sleeps for an hour, dresses, goes out again and stays out until late at night. His wife does not miss him, for she is out, too — at the market in the morning and in the afternoon sitting with other mothers, baby-minding in the sun.

The usual Gibraltarian home has no sitting-room, living-room or lounge. **The parlour of our working-class houses would be an intolerable waste of space**. Easy-chairs, sofas and such-like furniture are unknown. There are no bookshelves, because there are no books. Talking and drinking, as well as eating, are done on hard chairs round the dining-table, between a sideboard decorated with the best glasses and an inevitable display cabinet full of family treasures, photographs and souvenirs. The elaborate chandelier over this table proclaims it as the hub of the household and of the family. "Hearth and home" makes very little sense in Gibraltar. One's home is one's town or village, and one's hearth is the sunshine.

Our northern towns are dormitories with cubicles, by comparison. When we congregate — in the churches it used to be, now in the cinema, say, impersonally, or at public meetings, formally — we are scarcely ever man to man. Only in our pubs can you find the truly gregarious and communal spirit surviving, and in England even the pubs are divided along class lines.

Along this Mediterranean coast, home is only a refuge and a retreat. The people live together in the open air — in the street, market-place. Down here, there is a far stronger feeling of community than we had ever known. In crowded and circumscribed Gibraltar, with its complicated inter-marriages, its identity of interests, its surviving sense of siege, one can see and feel an integrated society.

To live in a tiny town with all the organization of a state, with Viceroy, Premier, Parliament, Press and Pentagon, all in miniature, all within arm's reach, is an intensive course in civics. In such an environment, nothing can be hidden, for better or for worse. One's successes are seen and recognized; one's failures are immediately exposed. Social consciousness is at its strongest, with the result that there is a constant and firm pressure towards good social behaviour, towards courtesy and kindness. Gibraltar, with all its faults, is the friendliest and most tolerant of places. Straight from the cynical anonymity of a big city, we luxuriated in its happy personalism. We look back on it, like all its exiled sons and daughters, with true affection.

Multiple-choice Questions:

1. Which of the following best explains the differences in ways of living between the English and the Gibraltarians?

   A. The family structure. B. Religious belief.

C. The climate.　　D. Eating habit.

2. The underlined part in the third paragraph implies that ________.
   A. English working-class homes are similar to Gibraltarian ones
   B. English working-class homes have spacious sitting-rooms
   C. English working-class homes waste a lot of space
   D. the English working-class parlour is intolerable in Gibraltar

3. We learn from the description of the Gibraltarian home that it is ________.
   A. modern　　B. luxurious　　C. stark　　D. simple

4. There is a much stronger sense of ________ among the Gibraltarians.
   A. togetherness　　B. survival　　C. identity　　D. leisure

Short-answer Question:

5. According to the passage, what contributes to the fact that people in Gibraltar tend to be well-behaved?

Passage 6　(电子科技大学 2013)

About a century ago, the Swedish physical scientist Arrhenius proposed a low of classical chemistry that relates chemical reaction rate to temperature. According to his equation, chemical reactions are increasingly unlikely to occur as temperature approaches absolute zero, and at absolute zero, reactions stop. However, recent experiment evidence reveals that although the Arrhenius equation is generally accurate in describing the kind of chemical reaction that occurs at relatively high temperature, at temperatures closer to zero a quantum-mechanical effect known as tunneling comes into play; this effect accounts for chemical reactions that are forbidden by the principles of classical chemistry. Specifically, entire molecules can tunnel through the barriers of repulsive forces from other molecules and chemically react even though these molecules do not have sufficient energy, according to classical chemistry, to overcome the repulsive barrier.

The rate of any chemical reaction, regardless of the temperature at which it takes place, usually depends on a very important characteristic known as its activation energy. Any molecule can be imagined to reside at the bottom of a so-called potential well of energy. Some chemical reaction corresponds to the transition of a molecule from the bottom of one potential well to the bottom of another. In classical chemistry, such a transition can be accomplished only by going over the potential barrier between the well, the height of which remain constant and is called the activation energy of the reaction. In tunneling, the reacting molecules tunnel from the bottom of one to the bottom of another well without having to rise over the harrier between the two wells. Recently researchers have developed the concept of tunneling temperature: the temperature below which tunneling transitions greatly outnumber Arrhenius transitions, and classical mechanics gives way to its quantum counterpart.

This tunneling phenomenon at very low temperatures suggested my hypothesis about a cold prehistory of life: formation of rather complex organic molecules in the deep cold of outer space, where temperatures usually reach only a few degrees Kelvin. Cosmic rays might trigger the synthesis of simple molecules, such as interstellar formaldehyde, in dark clouds of interstellar dust. Afterward complex organic molecules would be formed, slowly hut surely, by means of tunneling. After I offered my hypothesis, Hoyle and Wickramashinghe argued that molecules of interstellar formaldehyde have indeed evolved into stable polysaccharides such as cellulose and starch. Their conclusions, although strongly disputed, have generated excitement among investigators such as myself who are proposing that the galactic clouds are the places where the prebiological evolution of compounds necessary to life occurred.

1. The author is mainly concerned with ____________.
   A. describing how the principles of classical chemistry were developed
   B. initiating a debate about the kinds of chemical reaction required for the development of life
   C. explaining how current research in chemistry may be related to broader biological concerns
   D. clarifying inherent ambiguities in the laws of classical chemistry
2. In which of the following ways are the mentioned chemical reactions and tunneling reactions alike?
   A. In both, reacting molecules have to rise over the barrier between the two wells.
   B. In both types of reactions, a transition is made from the bottom of one potential well to the bottom of another.
   C. In both types of reactions, reacting molecules are able to go through the barrier between The two wells.
   D. In neither type of reaction does the rate of a chemical reaction depend on its activation energy.
3. The author's attitude toward the theory of a cold prehistory of life can best be described as ____________.
   A. neutral. B. skeptical.
   C. mildly positive. D. very supportive.
4. Which of the following best describes the hypothesis of Hoyle and Wickramasinghe?
   A. Molecules of interstellar formaldehyde can evolve into complex organic molecules.
   B. Interstellar formaldehyde can be synthesized by tunneling.
   C. Cosmic rays can directly synthesize complex organic molecules.
   D. The galactic clouds are the places where prebiological evolution of compounds necessary to life occurred.
5. The best title for this passage is ____________.
   A. Chemic Hypotheses B. Chemistry and Biology
   C. Biology Research D. Chemic and Biological Experiments

Passage 7 （湖南师范大学 2013）

Mathematics at Forefront of Gulf War

Like parents looking on in startled wonder at the works of their children, knots of mathematicians clustered last week around television sets in the San Francisco Hilton Hotel to watch the war against Iraq unfold.

The 4,000 mathematicians were attending joint meetings of the American Mathematical Society, the Mathematical Association of America and the Society for Industrial and Applied Mathematics.

While the world marveled at films of missiles striking Iraqi targets with **uncanny** accuracy, the mathematicians may have been the only watchers who understood the role they had played in the bombardment.

The technology employed in the allied air attack is firmly rooted in complex theorems and algorithms. If World War I was the chemist's war because of the poisonous gases used and World War II the physicist's war because of the atomic bomb, then this war. could be justifiably called the mathematician's war.

Virtually every mathematical discipline seems to be finding some application in operation Desert Storm:

Control theory, a mathematical discipline dealing with the control of mechanical systems, used in missile guidance and targeting systems.

Coding theory, used in signal and image processing to understand radar and satellite data.

Cryptography and cryptanalysis, used to encode allied communications and decipher enemy transmissions.

Statistics, used to plan the logistics of such a massive deployment of personnel and supplies.

Dr. Andre Manitius, a professor of electrical and computer engineering at George Mason University in Fairfax, Va., was struck by the precision bombing.

"What we are seeing is a direct result of the implementation of control theory," he said. "Mathematics here could be said to be actually saving lives because of the precision and accuracy made possible."

For example, he said, the Patriot system requires a tremendous amount of mathematical computations to hit an incoming Scud missile. Trajectory data retrieved from radar and satellites contain many errors that have to be cleaned up. And the changing positions of the incoming missile and the intercepting Patriot missile must be calculated forward in three dimensions.

All of this involves the use of complex algorithms, or mathematical recipes of computation steps that tell the missile's computer what to do.

Mathematics and the military are not new acquaintances, and government funding for math research has grown steadily since World War II. The National Security Agency is reportedly the largest employer of mathematicians in the United States. But many of the mathematicians gathered at the conference challenged their roles in weapon development.

Dr. Samuel Anderson, a mathematician at the New School of Social Research in New York, even suggested that mathematicians involved in Department of Defense research should "cease and desist that activity".

For better or for worse, mathematics appears linked inexorably with military technology. Said Dr. Samuel Rankin, head of the mathematical sciences department at Worchester Polytechnic Institute in Worchester, Mass.: "The further you go out into the scientific and technological frontiers, especially in the kinds of things we are seeing today, you are going to find mathematics."

Multiple-choice Questions:

1. According to Dr. Andre Manitius, which of the following statements is not true?
   A. Mathematics could save lives because it can show its precision and accuracy in an anti-missile system.
   B. The precision bombing is a direct result of the implementation of control theory
   C. Mathematics is the most important factor in Gulf War.
   D. To shoot down an enemy missile, the Patriot system requires many complex numerical values.
2. The word "uncanny" in the third paragraph most probably means ____________.
   A. strange B. incredible C. absolute D. ridiculous
3. Dr. Samuel Anderson holds that ____________.
   A. the changing positions of the incoming missile arid the intercepting Patriot missile must be calculated forward in three dimensions
   B. Gulf War could be justifiably called the mathematician's war
   C. mathematicians involved in Department of Defense research should quit their cooperation with the Department
   D. mathematicians in Department of Defense should quit the research of weapon development
4. According to this passage, which of the following statements is not true?
   A. Cryptography and cryptanalysis are used to encode allied. communications and decipher enemy transmissions in the War.
   B. The 4,000 mathematicians were attending joint meetings of the American Mathematical Society, the Mathematical Association of America, Worchester Polytechnic Institute and the Society for Industrial, and Applied Mathematics.
   C. We can say World War I was the chemist's war because of the poisonous gases used.
   D. Mathematics plays a very important role in the scientific and technological frontiers.

Short-answer Question:

5. What is the author's own attitude toward the relationship between mathematics and military

technology?

Passage 8 (上海理工大学 2013)

What might driving on an automated highway he like? The answer depends on what kind of system is ultimately adopted. Two distinct types are on the drawing board. The first is a special-purpose lane system, in which certain lanes are reserved for automated vehicles. The second is a mixed traffic system: fully automated vehicles would share the road with partially automated or manually driven cars. A special-purpose lane system would require more extensive physical modifications to existing highways, but it promises the greatest gains in freeway capacity.

Under either scheme, the driver would specify the desired destination, furnishing this information to a computer in the car at the beginning of the trip or perhaps just before reaching tile automated highway. If a mixed traffic system way was in place, automated driving could begin whenever the driver was on suitably equipped roads. If special-purpose lanes were available, the car could enter them and join existing traffic in two different ways. One method would use a special onramp.

As the driver approached the point of entry for tile highway, devices installed on the roadside would electronically cheek the vehicle to determine its destination and to ascertain it had the proper automation equipment in good working order. Assuming it passed such tests, the driver would then be guided through a gate and toward an automated lane. In this case, the transition from manual to automated control would take place on the entrance ramp. An alternative technique could employ conventional lanes, which would be shared by automated and regular vehicles. The driver would steer onto the highway and move in normal fashion to a "transition" lane. The vehicle would then shift under computer control onto a lane reserved for automated traffic. (The limitation of these lanes to automated traffic would, presumably, be well respected, because all trespassers could be swiftly identified by authorities.)

Either approach to joining a lane of automated traffic would harmonize the movement of newly entering vehicles with those already traveling. Automatic control here should allow for smooth merging, without the usual uncertainties and potential for accidents. And once a vehicle had settled into automated travel, the driver would be free to release the wheel, open the morning paper or just relax.

1. We learn from the first paragraph that two systems of automated highways ________.

   A. are being planned B. are being modified

   C. are now in wide use D. are under construction

2. A special purpose lane system is probably advantageous in that ________.

   A. it would require only minor changes to existing highways

   B. it would achieve the greatest highway traffic efficiency

   C. it has a lane for both automated and partially automated vehicles

D. it offers more lanes for automated vehicles

3. Which of the following is TRUE about driving on an automated highway?

A. Vehicles traveling on it are assigned different lanes according to their destinations.

B. A car can join existing traffic any time in a mixed lane system.

C. The driver should inform his car computer of his destination before driving onto it.

D. The driver should share the automated lane with those of regular vehicles.

4. We know from the passage that a car can enter a special purpose lane ____________.

A. by smoothly merging with cars on the conventional lane

B. by way of a ramp with electronic control devices

C. through a specially guarded gate

D. after all trespassers are identified and removed

5. When driving in an automated lane, the driver ____________.

A. should harmonize with newly entering cars

B. doesn't have to rely on his computer system

C. should watch out for potential accidents

D. doesn't have to hold on to the steering wheel

Passage 9 （湖南大学 2013）

Since the dawn of human ingenuity, people have devised ever more cunning tools to cope with work that is dangerous, boring, burdensome, or just plain nasty. That compulsion has resulted in robotics the science of conferring various human capabilities on machines. And if scientists have yet to create the mechanical version of science fiction, they have begun to come close.

As a result, the modern world is increasingly populated by intelligent **gizmos** whose presence we barely notice but whose universal existence has removed much human labor. Our factories hum to the rhythm of robot assembly arms. Our banking is done at automated teller terminals that thank us with mechanical politeness forthe transaction. Our subway trains are controlled by tireless robot drivers. And thanks to the continual miniaturization of electronics and micromechanics, there are already robot systems that can perform some kinds of brain and bone surgery with submillimeter accuracy — far greater precision than highly skilled physicians can achieve with their hands alone.

But if robots are to reach the next stage of laborsaving utility, they will have to operate with less human supervision and be able to make at least a few decisions for themselves — goals that pose a real challenge. "While we know how to tell a robot to handle a specific error," says Dave Lavery, manager of a robotics program at NASA, " we can't yet give a robot enough' commonsense'to reliably interact with a dynamic world."

Indeed the quest for true artificial intelligence has produced very mixed results. Despite a spell of initial optimism in the 1960s and 1970s when it appeared that transistor circuits and microprocessors might be able to copy the action of the human brain by the year 2010, researchers lately have begun to extend that forecast by decades if not centuries.

What they found, in attempting to model thought, is that the human brain's roughly one hundred billion nerve cells are much more talented — and human perception far more complicated — than previously imagined. They have built robots that can recognize the error of a machine panel by a fraction of a millimeter in a controlled factory environment. But the human mind can glimpse a rapidly changing scene and immediately disregard the 98 percent that is irrelevant, instantaneously focusing on the monkey at the side of a winding forest road or the single suspicious face in a big crowd. The most advanced computer systems on Earth can't approach that kind of ability, and neuroscientists still don't know quite how we do it.

1. Human ingenuity was initially demonstrated in ____________.
   A. the use of machines to produce science fiction
   B. the wide use of machines in manufacturing industry
   C. the invention of tools for difficult and dangerous work
   D. the elite's cunning tackling of dangerous and boring work
2. The word "gizmos" (Paragraph 2) most probably means ____________.
   A. programs B. experts C. devices D. creatures
3. According to the text, what is beyond man's ability now is to design a robot that can ____________.
   A. fulfill delicate tasks like performing brain surgery
   B. interact with human beings verbally
   C. have a little commonsense
   D. respond independently to a changing world
4. The author uses the example of a monkey to argue that robots are ____________.
   A. expected to copy human brain in internal structure
   B. able to perceive abnormalities immediately
   C. far less able than human brain in focusing on relevant information
   D. best used in a controlled environment

Passage 10 （厦门大学 2014）

A bus took him to the West End, where, among the crazy coloured fountains of illumination, shattering the blue dusk with green and crimson fire, he found the café of his choice, a tea-shop that had gone mad and turned. Bbylonian, a while palace with ten thousand lights. It towered above the other building like a citadel, which indeed it was, the outpost of a new age, perhaps a new civilization, perhaps a new barbarism; and **behind the thin marble front were concrete and steel**, just as behind the careless profusion of luxury were millions of pence, balanced to the last halfpenny. Somewhere in the background, hidden away, behind the ten thousand lights and acres of white napery and bewildering glittering rows of teapots, behind the thousand waitresses and cash-box girls and black-coated floor managers and temperamental long-haired violinists, behind the mounds of cauldrons of stewed steak, the vanloads of ices, were a few men who went to work juggling with fractions of a farming, who knew how many units of electricity it took to finish a steak-and-kidney pudding and how many minutes and seconds a waitress (five feet four in height and in average health) would need to carry a tray of given weight from the kitchen life to the table in the far corner. In short, there was a warm, sensuous, vulgar life flowering in the upper storeys, and a cold science working in the basement. Such as the gigantic tea-shop into which Turgis marched, in search not of mere refreshment but of all the enchantment of unfamiliar luxury. Perhaps he knew in his heart that men have conquered half the known world, looted whole kingdoms, and never arrived in such luxury. **The place was built for him.**

It was built for a great many other people too, and, as usual, they were al there. It seemed with humanity. The marble entrance hall, piled dizzily with bonbons and cakes, was as crowded and bustling as a railway station. The gloom and grime of the streets, the raw air, all November, were at once left behind, forgotten: the atmosphere inside was golden, tropical, belonging to some high mid-summer of confectionery. Disdaining the lifts, Turgis, once more excited by the sight, sound, and smell of it all, climbed the wide staircase until he reached his favourite floor, where an orchestra, led by a young Jewish violinist with wandering lustrous eyes and a passion for tremolo effects, acted as a magnet to a thousand girls, scented air, the sensuous clamour of the strings; and, as he stood hesitating a moment, half dazed, there came, bowing, sleek grave man, older than he was and far more distinguished than he could ever hope to be, who murmured deferentially: "For one, sir? This way, please," Shyly, yet proudly, Turgis followed him.

Multiple-choice Questions:

1. That "behind the thin marble front were concrete and steel" (Para. 1) suggests that ______.
   A. modern realistic commercialism existed behind the luxurious appearance
   B. there was a fundamental falseness in the style and the appeal of the café
   C. the architect had made a sensible blend of old and new building materials
   D. the café was based on physical foundations and real economic strength
2. The following words or phrases are somewhat critical of the tea-shop EXCEPT ______.
   A. "... turned Babylonian"　　B. "perhaps a new barbarism"
   C. "acres of white napery"　　D. "balanced to the last halfpenny"
3. In its context the statement that "the place was built for him" (Para. 1) means that the café was intended to ______.
   A. please simple people in a simple way　　B. exploit gullible people like him
   C. satisfy a demand that already existed　　D. provide relaxation for tired young men
4. Which of the following statements about the second paragraph is NOT true?
   A. The café appealed to most senses simultaneously.

B. The café was both full of people and full of warmth.
C. The inside of the café was contrasted with the weather outside.
D. It stressed the commercial determination of the café owners.

Short-answer Question:

5. What comparisons are made by the author in the second paragraph?

Passage 11 (华中师范大学 2012)

The Internet, E-commerce and globalization are making a new economic era possible. In the future, capitalist markets will largely be replaced by a new kind of economic system based on networked relationships, contractual arrangements and access rights.

Has the quality of our lives at work, at home and in our communities increased in direct proportion to all the new Internet and business-to-business Internet services being introduced into our lives? I have asked this question of hundreds of CEOS and corporate executives in Europe and the United States. Surprisingly, virtually everyone has said," No, quite contrary." The very people responsible for ushering in what some have called a "technological renaissance" say they are working longer hours, feel more stressed, are more impatient, and are even less civil in their dealings with colleagues and friends — not to mention strangers. And what's more revealing, they place much of the blame on the very same technologies they are so aggressively championing.

The techno gurus promised us that access would make life more convenient and give us more time. Instead, the very technological wonders that were supposed to liberate us have begun to enslave us in a web of connections from which there seems to be no easy escape.

If an earlier generation was preoccupied with the quest to enclose a vast geographic frontier, the. com generation, it seems, is more caught up in the colonization of time. Every spare moment of our time is being filled with some form of commercial connection, making time itself the most scarce of all resources. Our e-mail, voice mail and cell phones, our 24-hour Interact news and entertainment all seize for our attention.

And while we have created every kind of labor-and time-saving device to service our needs, we are beginning to feel like we have less time available to us than any other humans in history. That is because the great proliferation of labor-and-time-saving services only increases the diversity, pace and flow of comodified activity around us. For example, e-mail is a great convenience. However, we now find ourselves spending much of our day frantically responding to each other's electronic messages. The cell phone is a great time-saver, Except now we are always potentially in reach of someone else who wants our attention.

Social conservatives talk about the decline in civility and blame it on the loss of a moral compass and religious values. Has anyone bothered to ask whether the hyper speed culture is making all of us less patient and less willing to listen and defer, consider and reflect?

Maybe we need to ask what kinds of connections really count and what types of access really matter in the e-economy era. If this new technology revolution is only about hyper efficiency, then we risk losing something even precious than time — our sense of what it means to be a caring human being.

1. According to the passage, corporate executives think that ________.
   A. technology renaissance should be pushed forward
   B. technology has a profound impact on their lives
   C. technology actually results in a decline in their life quality
   D. technology should be aggressively championed
2. Which of the following is NOT true?
   A. Technology was supposed to free people.
   B. The.com generation became slaves of technology.
   C. New technologies occupy much of our time.
   D. It is difficult to avoid the influence of technology wonders.
3. What is the most valuable resource for the.com generation?
   A. Technological wonders.   B. Access to information.
   C. Time.   D. Time saving devices.
4. In the sixth paragraph, the author implied that ________.
   A. social conservatives blamed the loss of morality on technology
   B. the. com generation was less civil than the earlier generations
   C. the hyper speed culture led to the decline in civility
   D. technology might make people less impatient
5. An appropriate title for the passage might be ________.
   A. The New Internet Life
   B. The Drawbacks of Too Much Access
   C. The Failure of Technological Renaissance
   D. The Declining Quality of Life

Passage 12 (华东师范大学 2012)

He was an old man with a white beard and huge nose and hands. Long before the time during which we will know him, he was a doctor and drove a jaded white horse from house to house through the streets of Winesburg. Later he married a girl who had money. She had been left a large fertile farm when her father died. The girl was quiet, tall, and dark, and to many people she seemed very beautiful. Everyone in Winesburg wondered why she married the doctor. Within a year after the marriage she died.

The knuckles of the doctor's hands were extraordinarily large. When the hands were closed they looked like clusters of unpainted wooden balls as large as walnuts fastened together by steel rods. He smoked a cob pipe and after his wife's death sat all day in his empty office close by a window that was covered with cobwebs. He never opened the window. Once on a hot day in August he tried but found it stuck fast and after that he forgot all about it.

Winesburg had forgotten the old man, but in Doctor Reefy there were the seeds of something very fine. Alone in his musty office in the Heffner Block above the Paris Dry Goods Company's store, he worked ceaselessly, building up something that he himself destroyed. Little pyramids of truth he erected and after erecting knocked them down again that he might have the truths to erect other pyramids.

Doctor Reefy was a tall man who had worn one suit of clothes for ten years. It was frayed at the sleeves and little holes had appeared at the knees and elbows. In the office he wore also a linen duster with huge pockets into which he continually stuffed scraps of paper. After some weeks the scraps of paper became little hard round balls, and when the pockets were filled he dumped the mout upon the floor. For ten years he had but one friend, another old man named John Spaniard who owned a tree nursery. Sometimes, in a playful mood, old Doctor Reefy took from his pockets a handful of the paper balls and threw them at the nursery man. "That is to confound you, you blithering old sentimentalist," he cried, shaking with laughter.

The story of Doctor Reefy and his courtship of the tall dark girl who became his wife and left her money to him is a very curious story. It is delicious, like the twisted little apples that grow in the orchards of Winesburg. In the fall one walks in the orchards and the ground is hard with frost under foot. The apples have been taken from the trees by the pickers. They have been put in barrels and shipped to the cities where they will be eaten in apartments that are filled with books, magazines, furniture, and people. On the trees are only a few gnarled apples that the pickers have rejected. They look like the knuckles of Doctor Reefy's hands. One nibbles at them and they are delicious. Into a little round place at the side of the apple has been gathered all of its sweetness. One runs from tree to tree over the frosted ground picking the gnarled, twisted apples and filling his pockets with them. Only the few know the sweetness of the twisted apples.

The girl and Doctor Reefy began their courtship on a summer afternoon. He was forty-five then and already he had begun the practice of filling his pockets with the scraps of paper that became hard balls and were thrown away. The habit had been formed as he sat in his buggy behind the jaded grey horse and went slowly along country roads. On the papers were written thoughts, ends of thoughts, beginnings of thoughts.

One by one the mind of Doctor Reefy had made the thoughts. Out of many of them he formed a truth that arose gigantic in his mind. The truth clouded the world. It became terrible and then faded away and the little thoughts began again.

The tall dark girl came to see Doctor Reefy because she was **in the family way** and had become frightened. She was in that condition because of a series of circumstances also curious.

The death of her father and mother and the rich acres of land that had come down to her had seta train of suitors on her heels. For two years she saw suitors almost every evening. Except two they were all alike. They talked to her of passion and there was a strained eager quality in their voices and in their eyes when they looked at her. The two who were different were much unlike each other. One of them, a slender young man with white hands, the son of a jeweler in Winesburg, talked continually of virginity. When he was with her he was never off the subject. The other, a black-haired boy with large ears, said nothing at all but always managed to get her into the darkness, where he began to kiss her.

For a time the tall dark girl thought she would marry the jeweler's son. For hours she sat in silence listening as he talked to her and then she began to be afraid of something. Beneath his talk of virginity she began to think there was a lust greater than in all the others. At times it seemed to her that as he talked he was holding her body in his hands. She imagined him turning it slowly about in the white hands and staring at it. At night she dreamed that he had bitten into her body and that his jaws were dripping. She had the dream three times, then she became in the family way to the one who said nothing at all but who in the moment of his passion actually did bite her shoulder so that for days the marks of his teeth showed.

After the tall dark girl came to know Doctor Reefy it seemed to her that she never wanted to leave him again. She went into his office one morning and without her saying anything he seemed to know what had happened to her.

In the office of the doctor there was a woman, the wife of the man who kept the bookstore in Winesburg. Like all old-fashioned country practitioners, Doctor Reefy pulled teeth, and the woman who waited held a handkerchief to her teeth and groaned. Her husband was with her and when the tooth was taken out they both screamed and blood ran down on the woman's white dress. The tall dark girl did not pay any attention. When the woman and the man had gone the doctor smiled. "I will take you driving into the country with me," he said.

For several weeks the tall dark girl and the doctor were together almost every day. The condition that had brought her to him passed in an illness, but she was like one who has discovered the sweetness of the twisted apples, she could not get her mind fixed again upon the round perfect fruit that is eaten in the city apartments. In the fall after the beginning of her acquaintanceship with him she married Doctor Reefy and in the following spring she died. During the winter he read to her all of the odds and ends of thoughts he had scribbled on the bits of paper. After he had read them he laughed and stuffed them away in his pockets to become round hard balls.

1. According to the story Doctor Reefy's life seems very ____________.

A. eccentric　　B. normal　　C. enjoyable　　D. optimistic

2. The story tells us that the tall dark girl was in the family way. The phrase "in the family way" (Para. 8) means ____________.

A. troubled　　B. pregnant　　C. twisted　　D. cheated

3. Doctor Reef lives a ____________ life.

A. happy　　B. miserable　　C. easy-going　　D. reckless

4. The tall dark girl's marriage to Doctor Reef proves to be a ______ one.
   A. transient　B. understandable　C. perfect　D. funny
5. Doctor Reef's paper balls probably symbolize his ______.
   A. eagerness to shut himself away from society
   B. suppressed desire to communicate with people
   C. optimism about life
   D. cynical attitude towards life

Passage 13（湖南大学 2012）

Intel chairman Andy Grove has decided to cut the Gordian knot of controversy surrounding stem cell research by simply writing a check.

The check, which he pledged last week, could be for as much as $5 million, depending on how many donors make gifts of between $50,000 and $500,000. which he has promised to match. It will be made out to the University of California-San Francisco(UCSF).

Thanks in part to such private donations, university research into uses for human stem cells the cells earliest stages of development that can form any body part—will continue in California. With private financial support, the state will be less likely to lose talented scientists who would be tempted to leave the field or even leave the field or even leave the country as research dependent on federal money slows to a glacial pace.

Hindered by limits President Bush placed on stem cell research a year ago, scientists are turning to laboratories that can carry out work without using federal money. This is awkward for universities. Which must spend extra money building separate labs and keeping rigorous records proving no federal funds were involved. Grove's donation, a first step toward a $20 million target at UCSF, will ease the burden.

The president's decision a year ago to allow research on already existing stem cell lines was portrayed as a reasonable compromise between scientists' needs for cells to work with, and concerns that this kind of research cold lead to wholesale creation and destruction of human embryos. Cloned infants and a general contempt for human life.

But Bush's effort to please both sides ended up pleasing neither. And it certainly didn't provide the basis for cutting edge research. Of the 78 existing stem cell lines which Bush said are all that science would ever need, only one is in this country (at the University of Wisconsin), and only five are ready for distribution to researchers. All were grown in conjunction with mouse cells, making future therapeutic uses unlikely.

The Bush administration seems bent on satisfying the small but vocal group of Americans who oppose stem cell research under any conditions. Fortunately, Grove and others are more interested in advancing scientific research that could benefit the large number of Americans who suffer from Parkinson's disease, nerve injuries, heart diseases and many other problems.

1. For UCSF to carry on stem cell research, new funds have to come from ____________.

A. interested businesses and individuals

B. the United States federal government

C. a foundation set up by the Intel Company

D. executives of leading American companies

2. As a result of the limits Bush placed on stem cell research, American universities will ____________.

A. conduct the research in laboratories overseas

B. abandon the research altogether in the near future

C. have to carry out the research secretly

D. have to raise money to build separate labs

3. We may infer from the passage that future therapeutic uses of stem cells will be unlikely unless ____________.

A. human stem cells are used in the research

B. a lot more private donations can be secured

C. more federal money is used for the research

D. talented scientists are involved in the research

4. The reason lying behind President Bush's placing limits on stem cell research is that ____________.

A. his administration is financially pinched

B. he did not want to offend its opponents

C. it amounts to a contempt for human life

D. it did not promise any therapeutic value

Passage 14 （宁波大学 2012）

The fridge is considered a necessity. It has been so since the 1960s when packaged food first appeared with the label, "store in the refrigerator."

In my fridgeless fifties childhood, I was fed well and healthily. The milkman came daily, the grocer, the butcher, the baker and the ice-cream man delivered two or three times a week. The Sunday meat would last until Wednesday and surplus bread and milk became all kinds of cakes. Nothing was wasted and we were never troubled by rotten food. Thirty years on, food deliveries have ceased, fresh vegetables are almost unobtainable in the country.

The invention of the fridge contributed comparatively little to the art of food preservation. A vast way of well-tried techniques already existed-natural cooling, drying, smoking, salting, sugaring, bottling... What refrigeration did promote was marketing-marketing hardware and electricity, marketing soft drinks, marketing dead bodies of animal around the globe in search of a good price.

Consequently, most of the world's fridges are to be found, not in the tropics where they might prove useful, but in the wealthy countries with mild temperatures where they are climatically almost unnecessary. Every winter, millions of fridges hum away continuously, and at vast expense, busily maintaining an artificially-cooled space inside an artificially-heated house, while outside, nature provides the desired temperature free of charge.

The fridge's effect upon the environment has been evident, while its contribution to human happiness has been insignificant. If you don't believe me, try it yourself, invest in a food cabinet and turn off you fridge next winter. You may miss the hamburgers, but at least you'll get rid of that terrible hum.

1. The statement "In my fridgeless fifties childhood, I was fed well and healthily." (Para. 2) suggests that ____________.
   A. the author was well-fed and healthy even without a fridge in his fifties
   B. the author was not accustomed to using fridges even in his fifties
   C. there was no fridge in the author's home in the 1950s
   D. the fridge was in its early stage of development in the 1950s
2. Why does the author say that nothing was wasted before the invention of fridges?
   A. People would not buy more food than was necessary.
   B. Food was delivered to people two or three times a week.
   C. Food was sold fresh and did not get rotten easily.
   D. People had effective ways to preserve their food.
3. Who benefited the least from fridges according to the author?
   A. Inventors. B. Manufacturers.
   C. Consumers. D. Travelling salesmen.
4. Which of the following phrases in the fifth paragraph indicates the fridge's negative effect on the environment?
   A. Hum away continuously. B. Artificially-cooled space.
   C. Climatically almost unnecessary. D. With mild temperatures.
5. What is the author's overall attitude toward fridges?
   A. Neutral. B. Objective. C. Critical. D. Compromising.

10. 科普读物专题

Passage 1 （南京航空航天大学 2014）

Many people believe the glare from snow causes snowblindnenss. Yet, dark glasses or not, they find themselves suffering from headaches and watering eyes, and even snowblindness, when exposed to several hours of "snow light".

The United States Army has now determined that glare from snow does not cause snowblindness in troops in a snow-covered country. Rather, a man's eyes frequently find nothing to focus on in a broad expanse of barren snow-covered terrain. So his gaze continually shifts and jumps back and forth over the entire landscape in search of something to look at. Finding nothing, hour after hour, the eyes never stop searching and the eyeballs become sore and the eye muscles ache. Nature offsets this irritation by producing more fluid which covers the eyeball. The fluid covers the eyeball in increasing quantity until vision blurs, then is obscured, and the result is total, even though temporary, snowblindness.

Experiments led the Army to a simple method of overcoming this problem. Scouts ahead of a main body of troops are trained to shake snow from evergreen bushes, creating a dotted line as they cross completely snow-covered landscape, Even the scouts themselves throw lightweight, dark colored objects ahead on which they too can focus. The men following can then see something. Their gaze is arrested. Their eyes focus on a bush and having found something to see, stop scouring the snow-blanketed lanscape. By focusing their attention on one object at a time, the men can cross the snow without becoming hopelessly snowblind or lost. In this way the problem of crossing a solid white terrain is overcome.

1. When the eyes are sore, tears are produced to ______.
   A. clear the vision B. remedy snowblindness
   C. ease the irritation D. loosen the muscles
2. Snowblindness may be avoided by ______.
   A. concentrating to the solid white terrain
   B. searching for something to look at in snow-covered terrain
   C. providing the eyes with something to focus on
   D. covering the eyeballs with fluid
3. The scouts shake snow from evergreen bushes in order to ______.
   A. give the men behind something to see
   B. beautify the landscape
   C. warm themselves in the cold
   D. prevent the men behind from losing their way
4. A suitable title for this passage would be ______.
   A. A Snowblindness and How to Overcome It
   B. Natrue's Cure for Snowblindness
   C. Soldiers in the Snow
   D. Snow Vision

Passage 2 （电子科技大学 2014）

For about three centuries we have been doing science, trying science out, using science for the construction of what we call modern civilization. Every dispensable item of contemporary technology, from canal locks to dial telephones to penicillin, was pieced together from the analysis of data provided by one or another series of scientific experiments. Three hundred years seems a long time for testing a new approach to human inter-living, long enough to setback for critical appraisal of the scientific method, maybe even long enough to vote on whether to go on with it or not. There is an argument.

Voices have been raised in protest since the beginning, rising in pitch and violence in the nineteenth century during the early stages of the industrial revolution, summoning urgent crowds into the streets on the issue of nuclear energy. "Give it back," say some of the voices, "It doesn't really work, we've tried it and it doesn't work. Go back three hundred years and start again on something else less chancy for the race of man."

The principle discoveries in this century, taking all in all, are the glimpses of the depth of our ignorance of nature. Things that used to seem clear and rational, and matters of absolute certainty — Newtonian mechanics, for example — have slipped through our fingers; and we are left with a new set of gigantic puzzles, cosmic uncertainties, and ambiguities. Some of the laws of physics are amended every few years; some are canceled outright; some undergo revised versions of legislative intent as if they were acts of Congress.

Just thirty years ago we call it a biological revolution when the fantastic geometry of the DNA molecule was exposed to public view and the linear language of genetics was decoded. For a while, things seemed simple and clear: the cell was a neat little machine, a mechanical device ready for taking to pieces and reassembling, like a tiny watch. But just in the last few years it has become almost unbelievably complex, filled with strange parts whose functions are beyond today's imagining.

It is not just that there is more to do, there is everything to do. What lies ahead, or what can lie ahead if the efforts in basic research are continued, is much more than the conquest of human disease or the improvement of agricultural technology or the cultivation of nutrients in the sea. As we learn more about fundamental processes of living things in general we will learn more about ourselves.

1. What CANNOT be inferred from the first paragraph?

   A. Scientific experiments in the past three hundred years have produced many valuable items.

   B. For three hundred years there have been people holding a hostile attitude toward science.

   C. Modern civilization depends on science so man supports scientific progress unanimously.

   D. Some people think three hundred years is not long enough to set back for critical appraisal of scientific method.

2. The principle discovery in this century shows ______.

   A. man has overthrown Newton's laws of physics

   B. man has solved a new set of gigantic puzzles

   C. man has lost many scientific discoveries

   D. man has given up some of the once accepted theories

3. Now scientists have found in the past few years ________.
   A. the exposure of DNA to the public is unnecessary
   B. the tiny cell in DNA is a neat little machine
   C. man knows nothing about DNA
   D. man has much to learn about DNA
4. The writer's main purpose in writing the passage is to say that ________.
   A. science is just at its beginning
   B. science has greatly improved man's life
   C. science has made profound progress
   D. science has done too little to human beings
5. The writer's attitude towards science is ________.
   A. critical B. approving C. neutral D. regretful

Passage 3 (华东师范大学 2014)

Smoke, sulfur dioxide and carbon monoxide are main pollutants of the air. Smoke is made of very tiny particles of solid tarry material, which float in the air. Under special weather conditions the particles may mix with water vapor in the air and cause fog.

Fog is the biggest air pollution killer: in the famous London smog of 1952 about 4,000 people died as a result of breathing the sooty air. The sooty particles stick in the lungs and cause severe coughing. For a person whose lungs are already strained because of disease, the fog can be fatal.

In 1956 Britain introduced the first clean air laws. London air now contains 80 percent less impurities than it did in 1961 and there is 50 percent more sunshine in winter. Most fuels contain small amounts of sulfur. When these are burned they produce a colorless gas, sulfur dioxide. Most of this gas mixes with water in the air and comes back to earth as very weak sulfur acid. This eats into buildings and attacks fabrics like curtains in the home. It is also dangerous for people with chest complains, such as bronchitis.

The third major pollutant, carbon monoxide, is a deadly poison when it is concentrated. The automobile is the main source of carbon monoxide in the air. This colorless gas mixes with the hemoglobin of the blood to stop the body using oxygen properly. In a healthy person there is none of this gas in the blood. However, cigarette smoking puts more of this poison in the blood than anything else. The highest level found in a non-smoker occurred in a policeman after three hours directing traffic; 3.8 percent of the hemoglobin was as effected. In smokers, levels as high as 16 percent have been found.

1. The main pollutants of the air contain ________.
   A. fog, smoke, and carbon monoxide
   B. smoke, carbon monoxide and sulfur dioxide
   C. fuel, fog, and carbon monoxide

2. In the famous London smog of 1952, about ____________ people died.
   A. 4, 010　　B. 4, 100　　C. 4, 000
3. Sulfur acid is dangerous to people with ____________.
   A. bronchitis　　B. blood disease　　C. heart attack

Passage 4 （北京科技大学 2014）

A simple idea underpins science: "trust, but verify". Results should always be subject to challenge from experiment. That simple but powerful idea has generated a vast body of knowledge. Since its birth in the 17th century, modern science has changed the world beyond recognition, and overwhelmingly for the better. But success can breed complacency. Modern scientists are doing too much trusting and not enough verifying — to the detriment of the whole of science and of humanity.

Too many of the findings that fill the academic ether are the result of shoddy experiments or poor analysis. A rule of thumb among biotechnology venture-capitalists is that half of published research cannot be replicated. Even that may be optimistic. Last year researchers at one biotech firm found they could reproduce just six of 53 "landmark" studies in cancer research. In 2000-2010 roughly 80, 000 patients took part in clinical trials based on research that was later retracted because of mistakes or improprieties.

Even when flawed research does not put people's lives at risks — and much of it is too far from the market to do so — it squanders money and the efforts of some of the world's best minds. The opportunity costs of stymied progress are hard to quantify, but they are likely to be vast. And they could be rising.

One reason is the competitiveness of science. In the 1950s, when modern academic research took shape after its successes in the Second World War, it was still a rarefied pastime. The entire club of scientists numbered a few hundred thousand. As their ranks have swelled, scientists have lost their taste for self-policing and quality control. The obligation to "publish or perish" has come to rule over academic life. Competition for jobs is cut-throat. Full professors in America earned on average $135, 000 in 2012 — more than judges did. Every year six freshly minted Ph.Ds vie for every academic post. Nowadays verification does little to advance a researcher's career. And without verification, dubious findings live on to mislead.

Careerism also encourages exaggeration and the **cherry-picking of results.** In order to safeguard their exclusivity, the leading journals impose high rejection rates: in excess of 90% of submitted manuscripts. The most striking findings have the greatest chance of making it onto the page. Little wonder that one in three researchers knows of a colleague who has pepped up a paper by, say, excluding inconvenient data from results "based on a gut feeling". And as more research teams around the world work on a problem, the odds shorten that at least one will fall prey to an honest confusion between the sweet signal of a genuine discovery and a freak of the statistical noise.

Conversely, failures to prove a hypothesis are rarely even offered for publication, let alone accepted. "Negative results" now account for only 14% of published papers, down from 30% in 1990. Yet knowing what is false is as important to science as knowing what is true. The failure to report failures means that researchers waste money and effort exploring blind alleys already investigated by other scientists.

The hallowed process of peer review is not all it is cracked up to be, either. When a prominent medical journal ran research past other experts in the field, it found that most of the reviewers failed to spot mistakes it had deliberately inserted into papers, even after being told they were being tested.

All this makes a shaky foundation for an enterprise dedicated to discovering the truth about the world. What might be done to shore it up? One priority should be for all disciplines to follow the example of those that have done most to tighten standards. Ideally, research protocols should be registered in advance and monitored in virtual notebooks. This would curb the temptation to fiddle with the experiment's design midstream so as to make the results look more substantial than they are. Where possible, trial data also should be open for other researchers to inspect and test.

The most enlightened journals are already becoming less averse to humdrum papers. Some government funding agencies, including America's National Institutes of Health, which dish out $30 billion on research each year, are working out how best to encourage replication. And growing numbers of scientists, especially young ones, understand statistics. But these trends need to go much further. Journals should allocate space for "uninteresting" work, and grant-givers should set aside money to pay for it. Peer review should be tightened — or perhaps dispensed with altogether, in favor of post-publication evaluation in the form of appended comments. Lastly, policymakers should ensure that institutions using public money also respect the rules.

Science still commands enormous — if sometimes bemused — respect. But its privileged status is founded on the capacity to be right most of the time and to correct its mistakes when it gets things wrong. And it is not as if the universe is short of genuine mysteries to keep generations of scientists hard at work. The false trails laid down by shoddy research are an unforgivable barrier to understanding.

1. Which issue about science is mainly addressed in the passage?

   A. Science calls for more verification.

   B. Flawed science research does harm to humanity.

   C. Fierce competition exists in science.

   D. An objective evaluation of science is necessary.

2. Which of the following statements can best explain the major issue in science?

   A. Scientific research is too flawed to be turned into productivity.

   B. Scientists are unwilling to get papers published for promotion.

C. Competition in science leads to irrational pursuit of startling results.

D. Peer review mechanism is not fully implemented.

3. … "cherry-picking of results" (Para. 5) refers to ____________.

A. overstating the results to get papers published

B. keeping only positive results to get paper published

C. selecting only papers with the most favorable results

D. safeguarding the high quality of experiment results

4. According to the passage, negative results in scientific experiments should be ____________.

A. dismissed as complete failures and never to be considered

B. published to avoid unnecessary waste of money and effort

C. investigated a second time to confirm their inadequacy

D. adapted to incorporate with a new hypothesis

5. The passage suggests the following solutions to the issue in science EXCEPT ____________.

A. implementing higher standards in scientific experiment

B. carrying out larger scale of inspection and test of trial data

C. allocating more funding for the verification of science results

D. speeding up the application of science results to the market

Passage 5 （天津外国语大学 2014）

Human vision, like that of other primates, has evolved in an arboreal environment. In the dense, complex world of a **tropical forest**, it is more important to see well than to develop an acute sense of smell. In the course of evolution, members of the primate line have acquired large eyes while the snout has shrunk to give the eye an unimpeded view. Of mammals, only humans and some primates enjoy color vision. The red flag is black to the bull. Horses live in a **monochrome** world. Light visible to human eyes, however, occupies only a very narrow band in the whole electromagnetic spectrum. Ultraviolet rays are invisible to humans, though ants and honeybees are sensitive to them. Humans have no direct perception of infrared rays, unlike the rattlesnake, which has receptors tuned in to wavelengths longer than 0.7 micron. The world would look eerily different if human eyes were sensitive to infrared radiation. Then, instead of the darkness of night we would be able to move easily in a strange, shadowless world where objects glowed with varying degrees of intensity. But human eyes excel in other ways. They are, in fact, remarkably discerning in color gradation. The color sensitivity of normal human vision is rarely surpassed even by sophisticated technical devices.

1. What does the passage mainly discuss?

A. Ultraviolet rays. B. Human vision.

C. Sight and smell. D. The environment of primates.

2. Why does the author mention the "tropical forest"?

A. To explain why primates have developed keen vision.

B. To suggest that primates need to see only the color green.

C. To give an example of environmental change.

D. To indicate where large-eyed primates can be found.

3. Which of the following meanings is the word "monochrome" closest to?

A. Monotonous. B. Ultraviolet.

C. One-dimension. D. One-color.

4. It can be inferred from the passage that humans could move more easily at night if they ________.

A. had a narrower field of vision B. were color-blind

C. had infrared vision D. lived in an arboreal environment

5. According to the passage, the ability of humans to distinguish color differences is ________.

A. average B. weak C. excellent D. variable

Passage 6 （华东师范大学 2014）

It hasn't always been easy to know the time. A long time ago people looked at the sun. The sun was their clock. They could tell the time of day by the place of the sun in the sky: morning, noon, or afternoon.

After many years people began to see something else about the sun. When the sun shone on something, it made a dark shadow behind it. This was the place hat didn't get sunlight. As the sun moved across the sky, the shadow moved too. People could tell time better by the shadows than by the sun. They began to make sundials to tell the time.

Around the year 1200, someone made the first mechanical clock. It was a mechanical clock because it was a machine that ran by itself. It didn't need the help of anything in nature.

People carried the first watches in their pockets. Then during World War I men started wearing their watches on their wrists, not in their pockets. It was easier and faster to tell the time. Now almost everyone wears a wristwatch.

Many other clocks run on electricity. Electric clocks run better than most other clocks.

Today people want to know the exact time. Exact means the time is not a few minutes before or after, but the right time. Radio, TV, trains, airplanes, science, and business need to know that they have the same time.

Scientists have atomic clocks. They keep the exact time for the rest of the world. Atomic clocks are very exact. If they run for 300 years, they will not be more than one second slow. They are very expensive. One atomic clock costs more than $500, 000. There are 80 atomic clocks in the world in 14 countries. Anyone can find out the exact time from the atomic clock at the National Bureau of Standards in Boulder, Colorado.

Decide whether each of the following statements is true or false.

1. ____________ People could tell time better by the sun than by shadow.
2. ____________ Mechanical clock was a machine that ran by itself.
3. ____________ Wristwatches began during World War II.
4. ____________ Atomic clocks keep the exact time.

Passage 7 （首都师范大学 2013）

LGC Forensics, on a former RAF base in deepest Oxfordshire. (This lab deals mainly in chemical and biological traces, and DNA. Half a dozen others across the UK do marks and tracks, drugs, forensic pathology, firearms and digital forensics.)

The company is Britain's largest single supplier of outsourced forensic science services. It was scientists from LGC Forensics — it employs 675 of them, 225 on this site — who found the evidence that helped convict the killers of Joanna Yeates, Damilola Taylor, Milly Dowler, Vikki Thompson, Rachel Nickel and, most recently and famously, Stephen Lawrence.

For a much-hyped, very modern science that has advanced at breakneck speed since the discovery of genetic fingerprinting by Sir Alec Jeffreys in the mid-1980s and the launch, barely a decade later, of the world's first national DNA database by Britain's soon-to-be-defunct Forensic Science Service or FSS, DNA forensics still relies, above all, on painstaking process.

There's little glamour here, and a lot of methodical, meticulous, **minute** and above all time-consuming graft, exhibits come in and are logged. Depending on the nature of case and evidence, **an appropriate reporter**, the senior scientist on the investigation, is allocated.

"The reporter liaises with the police, establishes what has to be looked for, draws up a strategy" Sheriff explains. "They instruct the forensic examiners, review and interpret what they find. And it's the reporter who stands up in court."

Rigor, continuity, integrity of procedure are all. Everything is recorded: what handles material. where it's come from, what they do to it, what they find, where it goes next. Stray DNA, any risk of contamination, must be minimized: hence the protective clothing(junked after every session), the brown paper(bagged for eventual debris), the company DNA database that allows any staff DNA found to be swiftly discounted.

Because the thing about DNA evidence, strong as it is, large as it looms in the public's imagination, is that it connects a human and an object. It doesn't prove when the two came into contact. Nor does it necessarily prove they were actually in direct contact at all.

"It's not just the finding of the evidence," says Ros Hammond, a senior scientific adviser who has worked on many high-profile cases. "It's how did it get there, and can we rule out any other way it did so? And what does it mean?"

You have to be careful, analytical, determined, patient and — as five experts relate, in relation to six major cases — occasionally inspired.

1. What is the function of LGC Forensics according to the passage?
   A. Standing up in court. B. Analyzing cases.
   C. Dealing with DNA. D. Convicting killers.
2. What's work at the lab like according to the passage?
   A. Strict. B. Inspiring. C. Holy. D. Nauseous.
3. Which of the following words can best replace the underlined word "minute" in Paragraph 4?
   A. Immediate. B. Insignificant. C. Slight. D. Exact.
4. Which of the following is not the job of "an appropriate reporter" in Paragraph 4?
   A. Communicating with the police. B. Checking findings.
   C. Selecting the forensic examiners. D. Making a scheme.
5. What's the purpose of Ros Hammond's explanation?
   A. To illustrate its difficulties in the case.
   B. To help the public know its true function.
   C. To show its preciosity of the procedure.
   D. To indicate the job is challenging.
6. What is the passage mainly about?
   A. Britain's advance in DNA reserve.
   B. Behind the scenes at Britain's top forensic lab.
   C. The application of the DNA evidence.
   D. The glamour of the LGC forensics.

Passage 8 （华中师范大学 2013）

"How many of you have been angry at least once today?" asked the conductor of an anger-management seminar. According to an article on *The New York Times*, most of those in the room raised their hands. "The fact is," the seminar leader continued, "people get angry an average of 10 to 14 times a day. **But anger is especially endemic to work**. If you have a job, you're guaranteed to get angry."

Up would have gone my hand, had been in the room and heard that last mark. And I would have respectfully disagreed.

Although some statistics indicate that the number of on-the-job **flare-ups** has increased in recent years, to hold onto the nation that workplace anger is therefore guaranteed is counterproductive. It leaves one with the impression that any efforts to remain even-tempered at work are, at best, only a bandit.

Anger-management experts do offer a few common-sense guidelines to minimize work related to anger: don't let it fester; don't look for snubs in what are purely innocent incidents; don't get caught up in other people's gripes; if you stay to lose control, take a break. I would add, pray.

Instead of sitting there fuming over some encounter, why not use the time to listen for God's thoughts, his messages to you? To be sure, they will snuff out the heat of anger and bring calmness, clarity, and healing. "For I know the thoughts that I think toward you, saith the Lord, thoughts of peace, and not of evil, to give you an expected end."

Better still, one can act preemptively to prevent a volatile atmosphere on the job. A good start is to consider that the people we work with — whether it's the person at the desk across from ours or the president of the company — are not what we see on the surface.

If we take it for granted that our coworkers are so many individuals composed merely of an assortment of physical and emotional characteristics, then our overall expectations on the job, as well as our concern for the well-being of those we work with, are limited. But our true nature isn't the sum of material and sometimes fiery emotional elements. Each one of us is God's child. Everyone's true selfhood comes from this one source — God, divine Spirit — and is therefore purely good and spiritual.

"Man (including woman) is the offspring, not of the lowest, but of the highest qualities of Mind," wrote Mary Baker Eddy, author of *Science and Health with Key to the Scriptures*. This divine Mind, or God, is expressing in each of us these "highest qualities" as our real nature, respectfully and loving, and revealing our actual relation to one another as sons and daughters of God.

What we should be counting on at work, then, or anywhere else where people come into contact with one another, is an atmosphere in which everyone feels upheld by God's thoughts of peace. In this atmosphere, solid relationships develop and solution appears even in situations where il was believed that none were possible.

So, instead of bracing for a showdown with a fellow worker, you can arrive at work filled with the conviction that you and your colleagues, clients, and customers are all inherently good-natured — God-natured — the offspring of a totally loving creator. You're certain to have higher expectations, more compassion, more patience. A real peacemaker attitude. This is doing more than managing work-related anger. This is helping to eliminating it.

1. What does the sentence "But anger is especially endemic to work" (Para. 1) mean?
   A. Anger for sure would cause harm to one's work.
   B. Anger is as inevitable in workplace as anything else to a person.
   C. Anger can threaten one's position in a workplace.
   D. Anger is like an indisposition, it is unavoidable but insignificant.
2. What's the meaning of "flare-ups" (Para. 3)?
   A. Disagreements. B. Conflicts. C. Arguments. D. Debates.
3. What guidelines do the anger-management experts offer to subside workplace anger?
   A. Calm down and try to solve the problem.
   B. Take a breath to lose control.
   C. Divert your attention to pleasant things.
   D. All of the above.

4. What does the author of *Science and Heath With Key to the Scriptures* try to convey readers in the book?

   A. Man is created by God with divine qualities.

   B. Human beings' real nature is as respectful as God.

   C. We are all offspring of God, our relationship with others are that of brotherhood or sisterhood, so there's no reason for conflicts.

   D. All of the above points.

5. What's the best title for this passage?

   A. An Anger-Management Seminar

   B. The Work-related Anger

   C. Let's Help Eliminate Workplace Anger

   D. The Importance of Christian Belief

Passage 9 （电子科技大学 2013）

No one can be a great thinker who does not realize that as a thinker it is her first duty to follow her intellect to whatever conclusions it may lead. Truth gains more even by the errors of one who with due study and preparation, thinks for himself, than by the true opinions of those who only hold them because they do not suffer themselves to think. No that it is solely, or chiefly, to form great thinkers that freedom of thinking is required. On the contrary, it is as much or even more indispensable to enable average human beings to attain the mental stature which they are capable of. There have been and many again be great individual thinkers in a general atmosphere of mental slavery. But there never has been, nor ever will be, in that atmosphere an intellectually active people. Where any of heterodox speculation was for a time suspended, where there is a tacit convention that principles are not to be disputed: where the discussion of the greatest questions which can occupy humanity is considered to be closed, we cannot hope to find that generally high scale of mental activity which has made some periods of history so remarkable. Never when controversy avoided the subjects which are large and important enough to kindle enthusiasm was the mind of a people stirred up from its foundation and the impulse given which raised even persons of the most ordinary intellect to something of the dignity of thinking beings.

She who knows only her own side of the case knows little of that. Her reasons may be food, and no one may have been able to refute them. But if she is equally unable to refute the reasons of the opposite side; if she does not so much as know what they are, she has no ground for preferring either opinion. The rational position for her would be suspension of judgment, and unless she contents herself with that, she is either led by authority, or adopts, like the generality of the world the side to which she feels the most inclination. Nor is it enough that she should heat the arguments of adversaries from her own teachers, presented as they state them, and accompanied by what they offer as refutations. That is not the way to do justice to the arguments, or bring them into real contact with her own mind. She must be able to hear them form persons who actually believe them; who defend them in earnest, and do their very utmost for them. She must know them in their most plausible and persuasive form; she must feel the whole force of the difficulty which the true view of the subject has to encounter and dispose of; else she will never really possess herself of the portion of truth which meets and removes that difficulty. Ninety-nine in a hundred of what are called educated persons are in this condition; even of those who can argue fluently for their opinions. Their conclusion may be true, but it might be false for anything they know; they have never thrown themselves into the mental position of those who think differently form them and considered what such persons may have to say; and consequently they do not, in any proper sense of the word, know the doctrines which they themselves profess.

1. The best title for this passage is ______.
   A. The Age of Reason
   B. The Need for Independent Thinking
   C. The Value of Reason
   D. Stirring People's Minds
2. According to the author, it is always advisable to ______.
   A. have opinions which cannot be refuted
   B. adopt the point of view to which one feels the most inclination
   C. be acquainted with the arguments favoring the point of view with which one disagrees
   D. suspend heterodox speculation in favor of doctrinaire approaches
3. According to the author, in a great period such as the Renaissance we may expect to find ______.
   A. acceptance of truth
   B. controversy over principles
   C. inordinate enthusiasm
   D. a dread of heterodox speculation
4. According to the author, the person who holds orthodox beliefs without examination may be described in all of the following ways EXCEPT as ______.
   A. enslaved by tradition
   B. less than fully rational
   C. determined on controversy
   D. having a closed mind
5. It can be inferred from the passage that the author would be most likely to agree with which of the following statements "______".
   A. A truly great thinker makes no mistakes
   B. Periods of intellectual achievement are periods of unorthodox reflection
   C. The refutation of accepted ideas can best be provided by one's own teachers
   D. Excessive controversy prevents clear thinking

Passage 10 （厦门大学 2013）

What is it that brings about such an intimate connection between language and thinking? Is there no thinking without the use of language, namely in concepts and concept-combinations for which words need not necessarily come to mind? Has not everyone of us struggled for words although the connection between "thing" was already clear?

We might be inclined to attribute to the act of thinking complete independence from language if the individual formed or were able to form his concepts without the verbal guidance of his environment. Yet most likely the mental shape of an individual, growing up under such conditions, would be very poor. Thus we may conclude that the mental development of the individual and his way of forming concepts depend to a high degree upon language. This makes us realize to what extent the same language means the same mentality. In this sense thinking and language are linked together.

What distinguishes the language of science from language as we ordinarily understand the word? How is it that scientific language is international? What science strives for is an utmost acuteness and clarity of concepts as regards their mutual relation and their correspondence to sensory data. As an illustration, let us take the language of Education geometry and Algebra. They manipulate with a small number of independently introduced concepts, respectively symbols, such as the integral number, the straight line, the point, as well as with signs which designate the fundamental operations, that is the connections between those fundamental concepts. This is the basis for the construction between concepts and statements on the one hand and sensory data on the other hand is established through acts of counting and measuring whose performance is sufficiently well determined.

The super-national character of scientific concepts and scientific language is due to the fact that they have been set up by the best brains of all countries and all times. In solitude and yet in cooperative effort as regards the final effect they created the spiritual tools for the technical revolutions which have transformed the life of mankind in the last centuries. Their system of concepts has served as a guide in the bewildering chaos of perceptions so that we learned to grasp general truths from particular observations.

What hopes and fears does the scientific method imply for mankind? I do not think that this is the right way to put question. Whatever this tool in the hand of man will produce depends entirely on the goals alive in this mankind. Once these goals exist, the scientific method furnishes means to realize them. Yet it can not furnish the very goals. The scientific method itself would not have led anywhere, it would not even have been born without a passionate striving for clear understanding. Perfections of means and confusion of goals seem — in my opinion — to characterize our age. If we desire sincerely and passionately the safety, the welfare and the free development of the talents of all men, we shall not be in want of the means of approach such a state. Even if only a small part of mankind strives for such goals, their superiority will prove itself in the long run.

Multiple-choice Questions:

1. How does the writer draw the conclusion that mental development of an individual depends on much upon language?

   A. He studies statistics revealed by researchers.

B. By reasoning.

C. It is consensus.

D. He merely asserts it to be the case.

2. According to the writer, scientific language is ________.

A. super-national B. limited

C. abstract D. boring

3. It can be inferred from the passage that the technical revolutions ________.

A. have no spiritual tool

B. are coming

C. have little influence on the world

D. have transformed the life of mankind

4. Which of the following statements would the writer probably favor?

A. Scientific method can provide mankind with means to attain goals.

B. Scientific method would lead us to doom and chaos.

C. Scientific method can only lead to warfare.

D. Scientific method is more important than scientific language.

Short-answer Question:

5. According to the writer, what are the characteristics of our age?

Passage 11 (南京大学 2013)

The Rage to Know

Horace Freeland Judson

1. Certain moments of the mind have a special quality of well-being. A mathematician friend of mine remarked that his daughter, aged eight, had just stumbled without his teaching onto the fact that some numbers are prime numbers — those like 11 or 19 or 83 or 1,023, that cannot be divided by any other integer(except, trivially, by 1). "She called them 'unfair numbers'," he said. "And when I asked her why they were unfair, she told me, 'Because there's no way to share them out evenly.'" What delighted him most was not her charming turn of phrase nor her equitable turn of mind but — as a mathematician — the knowledge that the child had experienced a moment of pure scientific perception. She had discovered for herself something of the way things are.

2. The satisfaction of such a moment at its most intense — and this is what ought to be meant, after all, by the tarnished phrase "the moment of truth" — is not easy to describe. It partakes at once of exhilaration and tranquility. It is luminously clear. It is beautiful. The clarity of the moment of discovery, the beauty of what in that moment is seen to be true about the world, is the most fundamental attraction that draws scientists on.

3. Science is enormously disparate — easily the most varied and diverse of human pursuits. The

scientific endeavor ranges from the study of animal behavior all the way to particle physics, and from the purest of mathematics back again to the most practical problems of shelter and hunger, sickness and war. Nobody has succeeded in catching all this in one net. And yet the conviction persists — scientists themselves believe, at heart — that behind the diversity lies a unity. In those luminous moments of discovery, in the various approaches and the painful tension required to arrive at them, and then in the community of science, organized worldwide to doubt and criticize, test and exploit discoveries — somewhere in that constellation there are surely constants to begin with. Deeper is the lure that in the bewildering variety of the world as it is there may be found some astonishing simplicities.

4. Scientists do science for a variety of reasons, of course, and most of them are familiar to the sculptor, say, or to the surgeon or the athlete or the builder of bridges: the professional's pride in skill; the swelling gratification that comes with recognition accorded by colleagues and peers; perhaps the competitor's fierce appetite; perhaps ambition for a kind of fame more durable than most. At the beginning is curiosity, and with curiosity the delight in mastery — the joy of figuring it out that is the birthright of every child. I once asked Murray Gell-Mann, a theoretical physicist, how he got started in science. His answer was to point to the summer sky: "When I was a boy, I used to ask all sorts of simple questions — like, 'What holds the clouds up?'" Rosalind Franklin, the crystallographer whose early death deprived her of a share in the Nobel Prize that was given for the discovery of the structure of DNA (the stuff that genes are made of), one day was helping a young collaborator draft an application for research money, when she looked up at him and said, "What we can't tell them is that it's so much fun!" He still remembers her glint of mischief. The play of the mind, in an almost childlike innocence, is a pleasure that appears again and again in scientists' reflections on their work. The geneticist Barbara McClintock, as a woman in American science in the 1930's, had no chance at the academic posts open to her male colleagues, but that hardly mattered to her. "I did it because it was fun!" she said forty years later. "I couldn't wait to get up in the morning! I never thought of it as 'science.'"

5. Two hundred and fifty years before, Isaac Newton, shortly before his death, said:

> *I do not know what I may appear to the world, but to myself I seem to have been only like a boy playing on the sea shore, and diverting myself in now and then finding a smoother pebble or a prettier shell than ordinary, whilst the great ocean of truth lay all undiscovered before me.*

6. For some, curiosity and the delight of putting the world together deepen into a life's passion. Sheldon Glashow, a fundamental-particle physicist at Harvard, also got started in science by asking simple questions. "In eighth grade, we were learning about how the earth goes around the sun, and the moon around the earth, and so on," he said. "And I thought about that, and realized that the Man in the Moon always looking at us!" — that the moon as it circles always turns the same face to the earth. And I asked the teacher, "Why is the Man in the Moon always looking at us!" She was pleased with the question — but said "it was hard. And it turns out that

it's not until you're in college-level physics courses that one really learns the answers," Glashow said. "But the difference is that most people would look at the moon and wonder for a moment and say, "That's interesting — and forget it. But some people can't let go."

7. Curiosity is not enough. The word is too mild by far, a word for infants. Passion is indispensable for creation, no less in the sciences than in the arts. Medawar once described it in a talk addressed to young scientists. "You must feel in yourself an exploratory impulsion — an acute discomfort at incomprehension." This is the rage to know. The other side of the fun of science, as of art, is pain. A problem worth solving will surely require weeks and months of lack of progress, whipsawn between hope and the blackest sense of despair. The marathon runner or the young swimmer who would be a champion knows at least that the pain may be a symptom of progress. But here the artist and the scientist part company with the athlete — to join the mystic for a while. The pain of creation, though not of the body, is in one way worse. It must not only be endured but reflected back on itself to increase the agility, variety, inventiveness of the play of the mind. Some problems in science have demanded such devotion, such willingness to bear repeated rebuffs, not just for years but for decades. There are times in the practice of the arts, we're told, of abysmal self-doubt. These are like passages in the doing of science. Albert Einstein took eleven years of unremitting concentration to produce the general theory of relativity; long afterward, he wrote, "In the light of knowledge attained, the happy achievement seems almost a matter of course, and any intelligent student can grasp it without too much trouble. But the years of anxious searching in the dark, with their intense longing, their alternations of confidence and exhaustion, and the final emergence into the light — only those who have experienced it can understand it."

8. One path to enlightenment has been reported so widely, by writers and artists, by scientists, and especially by mathematicians, that it has become established as a discipline for courting inspiration. The first stage, the reports agree, is prolonged contemplation of the problem, days of saturation in the data, weeks of incessant struggle — the torment of the unknown. The aim is to set in motion the unconscious processes of the mind, to prepare the intuitive leap.

9. Identification with the problem grows so intimate that the scientist has the experience of the detective who begins to think like the terrorist, of the hunter who feels, as though directly, the silken ripple of the tiger's instincts. One great physical chemist was credited by his peers, who watched him awestruck, with the ability to think about chemical structures directly in quantum terms — so that if a proposed molecular model was too tightly packed, he felt uncomfortable, as though his shoes pinched. Joshua Lederberg, president of the Rockefeller University, who won his Nobel for discoveries that established the genetics of microorganisms, said recently, "One needs the ability to strip to the essential attributes of some actor in a process, the ability to imagine oneself inside a biological situation; I literally had to be able to think, for example, 'What would it be like if I were one of the chemical pieces in a bacterial chromosome?' — and to try to understand what my environment was, try to know where I was, try to know when I was

supposed to function in a certain way, and so forth."

10. In the classic strategy for achieving enlightenment, the weeks of saturation must be followed by a second stage that begins when the problem is deliberately set aside — put out of the active mind, the ceaseless pondering switched off. After several days of silence, the solution wells up. The mathematician Henri Poincare was unusually introspective about the process of discovery. (He also came nearer than anyone else to beating Einstein to the theory of relativity, except that in that case, though he had the pieces of the problems, inspiration did not strike.) In 1908, Poincare gave a lecture, before the Psychological Society of Paris, about the psychology of mathematical invention, and there he described how he made some of his youthful discoveries. He reassured his audience, few of them mathematical: "I will tell you that I found the proof of a certain theorem in certain circumstances. The theorem will have a barbarous name, which many of you will never have heard of. But that's of no importance, for what is interesting to the psychologist is not the theorem — it's the circumstances." The youthful discovery was about a class of mathematical functions which he named in honor of another mathematician, Lazarus Fuchs — but as he said, the mathematical content is not important here. The young Poincare believed, and for fifteen days he strove to prove, that no functions of the type he was pondering could exist in mathematics. He struggled with the disproof for hours every day. One evening, he happened to drink some black coffee, and couldn't sleep. Like Kekule with his carbon atoms, Poincare found mathematical expressions arising before him in crowds, combining and recombining. By the next morning, he had established a class of the functions that he had begun by denying. Then, a short time later, he left town to go on a geological excursion for several days. "The changes of travel made me forget my mathematical work." One day during the excursion, though, he was carrying on a conversation as he was about to board a bus. "At the moment when I put my foot on the step, the idea came to me, without anything in my former thoughts seeming to have paved the way for it, that the transformations I had used to define the Fuchsian functions were identical with those of non-Euclidean geometry." He did not try to prove the idea, but went right on with his conversation. "But I felt a perfect certainty," he wrote. When he got home, "for conscience's sake I verified the result at my leisure."

11. Science is our century's art. Nearly four hundred years ago, when modern science was just beginning, Francis Bacon wrote that knowledge is power. Yet Bacon was not a scientist. His slogan was the first clear statement of the promise by which, ever since, bureaucrats justify to each other and to king or taxpayer the spending of money on science. Knowledge is power; today we would say, less grandly, that science is essential to technology. Bacon's promise has been fulfilled abundantly, magnificently. The rage to know has been matched by the rage to make. Therefore — with the proviso abundantly demonstrated that it's rarely possible to predict which program of fundamental research will produce just what technology and when — the promise has brought scientists in the Western world unprecedented freedom of inquiry. Nonetheless, Bacon's promise hardly penetrates to the thing that it is the most interesting, difficult, pitiless, exciting

and beautiful pursuit that we have yet found. Science is our century's art.

Ⅰ. For questions 1 to 5, choose the best answer(2 * 5).

1. According to the author, with the variety in science comes the following except ____________.
   A. unity B. simplicity C. tension D. constancy.
2. Paragraph 4 mainly aims to ____________.
   A. show passion as a major motive for scientists
   B. compare scientists to other professionals
   C. discuss the role of curiosity in doing science
   D. illustrate how scientists achieved success
3. The creation in science resembles that in art because ____________.
   A. the pain in creation is hard to endure
   B. the experience involves trials and errors
   C. the pain of struggle indicates progress
   D. one is under a strong impulse to create
4. Based on Paragraph 9, we can infer that the author might also like the experience of the scientist at work to that of ____________.
   A. a musician who examines the instrument in hand
   B. an athlete who attempts to beat his component
   C. a teacher who imagines herself as a student
   D. a cook who tastes the dish he has just made
5. The example of the mathematician Henri Poincare shows that ____________.
   A. scientific discoveries may arise out of days of accumulation
   B. scientific discoveries are sometimes based on intuition
   C. "the moment of truth" may arrive after a period of inactivity
   D. a change of environment may lead to sudden enlightenment

Ⅱ. For each definition given below, find a matching word in the specified paragraph. The number given after each definition indicates the paragraph in which the word appears (1.5 * 5)

6. clearly(2)
7. essentially different(3)
8. emotion expressed through the eyes(4)
9. beset in two opposite ways at once(7)
10. continual; repeated(8)

Ⅲ. For each word given below, decide which semantic variation best conveys the meaning of the author. The number given after each word indicates the paragraph in which the

word appears(2 *5)

11. stumble(1)

A. move carelessly B. come to an obstacle

C. come by chance

12. swelling(4)

A. expanding gradually B. distended with emotion

C. filled with pride

13. divert(5)

A. turn aside B. entertain C. distract

14. saturation(8)

A. taking in as much as possible B. being unable to take any more

C. satisfying fully

15. strike(10)

A. occur suddenly B. come into one's mind

C. have an effect

Ⅳ. Based on your understanding of the passage, give a brief answer, within 80 words, to the following questions. (10 points)

According to the author, what are the major motivations for scientists who wish to be involved in their field? How do you understand the title "The Rage to Know"?

Passage 12 (南京航空航天大学 2012)

Learning disabilities are very common. They affect perhaps 10 percent of all children. Four times as many boys as girls have learning disabilities.

Since about 1970, new research has helped brain scientists understand these problems better. Scientists now know there are many different kinds of learning disabilities and that they are caused by many different things. There is no longer any question that all learning disabilities result from differences in the way the brain is organized.

You cannot look at a child and tell if he or she has a learning disability. There is no outward sign of the disorder. So some researchers began looking at the brain itself to learn what might be wrong.

In one study, researchers examined the brain of a learning-disabled person, who had died in an accident. They found two unusual things. One involved cells in the left side of the brain, which control language. These cells normally are white. In the learning-disabled person, however, these cells were gray. The researchers also found that many of the nerve cells were not in a line the way they should have been. The nerve cells were mixed together.

The study was carried out under the guidance of Norman Geschwind, an early expert on learning disabilities. Doctor Geschwind proposed that learning disabilities resulted mainly from problems in the left side of the brain. He believed this side of the brain failed to develop normally. Probably, he said, nerve cells there did not connect as they should. So the brain was like an electrical device in which the wires were crossed.

Other researchers did not examine brain tissue. Instead, they measured the brain's electrical activity and made a map of the electrical signals.

Frank Duffy experimented with this technique at Children's Hospital Medical Center in Boston. Doctor Duffy found large differences in the brain activity of normal children and those with reading problems. The differences appeared throughout the brain. Doctor Duffy said his research is evidence that reading disabilities involve damage to a wide area of the brain, not just the left side.

1. Scientists found that the brain cells of a learning-disabled person differ from those of a normal person in ______.
   A. structure and function　　B. color and function
   C. size and arrangement　　D. color and arrangement
2. Which of the following is NOT mentioned in the passage?
   A. Learning disabilities may result from the unknown area of the brain.
   B. Learning disabilities may result from damage to a wide area of the brain.
   C. Learning disabilities may result from abnormal organization of brain cells.
   D. Learning disabilities may result from problems in the left side of the brain.
3. All of the following statements are true EXCEPT that ______.
   A. many factors account for learning disorder
   B. a learning-disabled person shows no outward signs
   C. reading disabilities are a common problem that affects 10 percent of the population
   D. the brain activity of learning-disabled children is different from that of normal children
4. Doctor Duffy believed that ______.
   A. he found the exact cause of learning disabilities
   B. the problem of learning disabilities was not limited to the left side of the brain
   C. the problem of learning disabilities resulted from the left side of the brain
   D. the problem of learning disabilities did not lie in the left side of the brain
5. According to the passage we can conclude that further researches should be made ______.
   A. to investigate possible influences on brain development and organization
   B. to study how children learn to read and write, and use numbers
   C. to help learning-disabled children to develop their intelligence
   D. to explore how the left side of the brain functions in language learning

Passage 13 （南京航空航天大学 2012）

A study of older men in the Netherlands, known for its delicious chocolate, showed those who ate the same amount of one-third of a chocolate bar every day had lower blood pressure and a reduced risk of death.

The researchers say, however, it's too early to conclude that it was the chocolate that led to better health. The men who ate more cocoa products could have eaten other food that made them healthier. Experts also point out that eating too much chocolate can make you fat — a risk for both heart disease and high blood pressure.

"It's why too early to make recommendations about whether people should eat more cocoa or chocolate," said Brian Buijsse, an expert for nutrition at Wageningen University in The Netherlands, who co-authored the study.

Still, the Dutch Study, supported by grants from the Netherlands Prevention Foundation, appears to be the largest so far to document a health effect for cocoa beans. And it confirms findings of smaller, shorter-term studies that also linked chocolate with lower blood pressure.

Researchers examined the eating habits of 470 healthy men who were not taking blood pressure medicine. The men who ate the most products made from cocoa beans — including cocoa drinks, chocolate bars and chocolate pudding — had lower blood pressure and a 50 percent lower risk of death.

"This is a very important article providing epidemiological support for what many researchers have been observing is experimental models," said Cesar Fraga of the University of California Davis, who does similar research but was not involved in the new study.

Could the study results apply to women? "Our study consisted of elderly inch," Buijsse said. "If you look at the other studies, you will see the same effects in men and women, younger people and older people. The findings may be **generalizable** to women, but you never know."

1. We can learn from the text that ______.
   A. researchers have concluded that eating chocolate can lead to better health
   B. it's too early to say eating too much chocolate makes you gain weight
   C. people in the Netherlands are least likely to suffer from high blood pressure
   D. there had been other similar studies before the Dutch Study
2. Which of the following might NOT be considered a product made from cocoa beans?
   A. Chocolate bars. B. Coffee drink.
   C. Chocolate pudding. D. Cocoa drink.
3. We can infer from the last paragraph that ______.
   A. it has been concluded that the findings are generalizable to women
   B. it needs confirming whether women can share the same effects
   C. the study results cannot apply to women
   D. the findings are applicable to both men and women
4. Which of the following has the similar meaning to the underlined word "generalizable"?
   A. Useful. B. Popular. C. Attractive. D. Important.

5. What is the main purpose of the text?
   A. To encourage us to eat as much chocolate as possible.
   B. To prove to us that eating chocolate can reduce blood pressure.
   C. To inform us of a study about the health benefits of chocolate.
   D. To warn us not to eat cocoa products because they can make you fat.

Passage 14 （中山大学 2012）

When we eat may be just as important as what we eat. A new study shows that mice that eat when they should be sleeping gain more weight than mice that eat at normal hours. Another study sheds light on why we pack on the pounds in the first place. Whether these studies translate into therapies that help humans beat obesity remains to be seen, but they give scientists clues about the myriad factors that they must take into account.

Observations of overnight workers have shown that eating at night disrupts metabolism and the hormones that signal we're sated. But no one had done controlled studies on this connection until now. Biologist Fred Turek of Northwestern University in Evanston, Illinois, and graduate student Deanna Arble examined the link between a high-fat diet and what time of day mice eat. A control group of six **nocturnal** mice ate their pellets (60% fat by calories, mostly lard) during the night. Another group of six ate the same meal during the day, Turek says, which disrupts their circadian rhythm — the body's normal 24-hour cycle.

After 6 weeks, the off-schedule mice weighed almost 20% more than the controls, Turek and Arble report today in Obesity, supporting the idea that consuming calories when you should be sleeping is harmful. Turek and Arble acknowledge that the disrupted mice ate a tad more and were a tad more sluggish, but the differences could not account for all of the weight gain.

In the second study, a different team of researchers investigated the link between weight and the immune system. Hundreds of genes seem to affect the accumulation of fat, but one that helps protect us from infection might help us lose weight with little effort, biochemist Alan Saltiel of the University of Michigan, Ann Arbor, and colleagues suggest today in Cell. The researchers tested the weight-adding abilities of a protein called IKKe, which is linked with obesity, diabetes, and chronic, low-level inflammation. For 3 months, the team fed six mice missing IKKe genes a diet of high-fat chow.

Because IKKe's main job is immune defense, Saltiel's team didn't expect to find weight differences between knockout mice and controls. But the knockout mice did gain significantly less. Best of all, the girth the animals did add was less harmful to their overall health. "The knockout mice don't gain as much weight but also don't get diabetes, don't get insulin resistance, and don't get accumulation of lipids on the liver," Saltiel says, all of which contribute to the suite of health problems associated with being overweight. Saltiel calls IKKe "an especially appealing drug target for the treatment of metabolic disease".

Tom Maniatis, a molecular biologist at Harvard University, praises the study but remains skeptical about any drug that would inhibit IKKe. He helped develop the mice used in the experiment and notes that they are vulnerable to the flu. He suspects that suppressing IKKe may help people with diabetes or obesity, "but the first time the swine flu comes along, that's it."

Researchers are also enthusiastic about the circadian rhythm paper. Frank Scheer, a neuroscientist at Harvard who studies sleep, was struck that "you could see something happening to the disrupted mice in the first week already. That's consistent with human studies where we found changes in just 3 days."

Together, the papers suggest that there's no simple answer to why people gain weight. Says Turek, "It's clearly not just calories in versus calories out."

1. What does the word "nocturnal" mean in the second paragraph?

A. Hungry. B. Nightly. C. Healthy. D. Greedy.

2. Which of the following statements is CORRECT according to Fred Turek's research?

A. The nocturnal mice and the off-schedule mice ate different pellets.

B. The off-schedule mice ate significantly more and are more lively.

C. If the nocturnal mice consume calories during the day, it should be very harmful.

D. After 6 weeks, the group of mice ate at night gained more weight.

3. Which of the following statements about IKKe is INCORRECT?

A. The basic job of IKKe is to protect the body from diseases.

B. IKKe is a kind of protein.

C. IKKe is linked with many immune diseases.

D. The mice missing IKKe genes gain much more weight.

4. According to the passage, what's Tom Maniatis's attitude towards the second study?

A. Doubting. B. Supportive. C. Negative. D. Neutral.

5. Which of the following is the best title for this passage?

A. IKKe: An Appealing Drug Target for Losing Weight

B. Teach You How to Lose Weight

C. New Researches About Losing Weight

D. Calories in Versus Calories Out

Passage 15 （中南财经政法大学 2012B）

Crying is hardly an activity encouraged by society. Tears, be they of sorrow, anger, on joy, typically make Americans feel uncomfortable and embarrassed. The shedder of tears is likely to apologize, even when a devastating tragedy was the provocation. The observer of tears is likely to do everything possible to put an end to the emotional outpouring. But judging form recent studies of crying behavior, links between illness and crying and the chemical composition of tears, **both those responses to tears** are often inappropriate and may even be **counterproductive**.

Humans are the only animals definitely known to shed emotional tears. Since evolution has given rise to few, if any, purposeless physiological responses, it is logical to assume that crying has one or more functions that enhance survival.

Although some observers have suggested that crying is a way to elicit assistance form others (as a crying baby might from its mother), the shedding of tears is hardly necessary to get help. Vocal cries would have been quite enough, more likely than tears to gain attention. So, it appears, there must be something special about tears themselves.

Indeed, the new studies suggest that emotional tears may play a direct role in alleviating stress, University of Minnesota researchers who are studying the chemical composition of tears have recently isolated two important chemicals from emotional tears. Both chemicals are found only in tears that are shed in response to emotion. Tears shed because of exposure to cut onion would contain no such substance.

Researchers at several other institutions are investigating the usefulness of tears as a means of diagnosing human ills and monitoring drugs.

At Tulane University's Teat Analysis Laboratory Dr. Peter Kastl and his colleagues report that they can use tears to detect drug abuse and exposure to medication, to determine whether a contact lens fits properly of why it may be uncomfortable, to study the causes of "dry eye" syndrome and the effects of eye surgery, and perhaps even to measure exposure to environmental pollutants.

At Columbia University Dt. Liasy Faris and colleagues are studying tears for clues to the diagnosis of diseases away from the eyes. Tears can be obtained painlessly without invading the body and only tiny amounts are needed to perform highly refined analyses.

1. It is known from the first paragraph that ______.
   A. shedding tears gives unpleasant feelings to American
   B. crying may often imitate people or even result in tragedy
   C. crying usually wins sympathy from other people
   D. one who sheds tears in public will be blamed
2. What does "both those responses to tears" (Para. 1) refer to?
   A. Crying out of sorrow and shedding tears for happiness.
   B. The embarrassment and unpleasant sensation of the observers.
   C. The tear shedder's apology and the observer's effort to stop the crying.
   D. Linking illness with crying and finding the chemical composition of tears.
3. "Counterproductive" (Para. 1) very probably means "______".
   A. having no effect at all B. leading to tension
   C. producing disastrous impact D. harmful to health
4. What does the author say about crying?
   A. It is a pointless physiological response to the environment.
   B. It must have a role to play in man's survival.

C. It is meant to get attention and assistance.

D. It usually produces the desired effect.

5. What can be inferred from the new studies of tears?

A. Emotional tears have the function of reducing stress.

B. Exposure to excessive medication may increase emotional tears.

C. Emotional tears can give rise to "dry eye" syndrome in some cases.

D. Environmental pollutants can induce the shedding of emotional tears.

11. 医学健康专题

Passage 1 （中山大学 2015）

It is common today to identify, in some way, with one side of the brain. You may think, for example, that you are more "right brain" than "left". When we make such statements, we are referring to the fact that the two halves of the human brain deal with information from the senses, and hence the world, in different ways. In general, the left hemisphere is responsible for our processing of language and logic and the right deals with aspects of thought like emotions and spatial relationships. The hemispheres also control our movements, though the left hemisphere controls the right side of our bodies, and vice versa.

The fact that the two hemispheres of the brain work in different ways on different tasks is a relatively new discovery. That discovery was made by a psychobiologist named Roger Sperry and it won him a Nobel Prize in 1981. Sperry uncovered the inner workings of normal brains by studying the brain function of people who had a certain kind of brain damage. In most brains, the two halves are connected by the corpus callosum, a bundle of millions of nerves, which serves as a "bridge" of sorts between the two hemispheres, allowing them to communicate with each other. The people Sperry studied had had their corpus callosum cut, and because of this, their left and right brains couldn't exchange information. In a famous experiment, Sperry showed one such subject two pictures. The subject saw a picture of a knife with his right eye (controlled by the left brain) and a picture of a spoon with his left eye (controlled by the right brain). When asked to name what he saw, the subject said knife, because it is the left brain that deals with language and the naming of things. However, when asked to reach over with his left hand to a nearby table on which was placed both a knife and a spoon, and choose, without looking, the object he saw, the subject chose the spoon. This is because his left eye (controlled by the right brain) saw the spoon and his left hand (also controlled by the right brain) chose this rather than the knife. The subject himself was not at all conscious of the fact that he was seeing and choosing two different objects.

1. The right hemisphere of the human brain is responsible for ______________.

A. the right side of the body　　B. language

C. emotions D. touch

2. Roger Sperry studied ____________.

A. the corpus callosum B. people with abnormal brains

C. people with normal brains D. the connection between vision and touch

3. The corpus callosum ____________.

A. is only found in abnormal human brains B. is found between the two hemispheres

C. is part of the left hemisphere D. is where memory is stored

4. Roger Sperry's experiment shows that ____________.

A. one half of the brain processes language and the other processes touch

B. people see differently with each eye

C. the two hemispheres of the brain function in different ways

D. people are not conscious of the left and right halves of their brain

5. The subject of the knife/spoon experiment ____________.

A. was not aware that he was seeing two images

B. thought the spoon was a knife

C. could not tell the difference between a spoon and a knife

D. was unable to process visual information accurately

Passage 2 （四川大学 2014）

Gene therapy and gene-based drugs are two ways we could benefit from our growing mastery of genetic science. But there will be others as well. Here is one of the remarkable therapies on the cutting edge of genetic research that could make their way into mainstream medicine in the coming years.

While it's true that just about every cell in the body has the instructions to make a complete human, most of those instructions are inactivated, and with good reason: the last thing you want for your brain cells is to start churning out stomach acid or your nose to turn into a kidney. The only time cells truly have the potential to turn into any and all body parts is very early in a pregnancy, when so-called stem cells haven't begun to specialize.

Yet this untapped potential could be a terrific boon to medicine. Most diseases involve the death of healthy cells — brain cells in Alzheimer's, cardiac cells in heart disease, pancreatic cells in diabetes, to name a few; if doctors could isolate stem cells, then direct their growth, they might be able to furnish patients with healthy replacement tissue.

It was incredibly difficult, but last fall scientists at the University of Wisconsin managed to isolate stem cells and get them to grow into neural, gut, muscle and bone cells. The process still can't be controlled, and may have unforeseen limitations; but if efforts to understand and master stem-cell development prove successful, doctors will have a therapeutic tool of incredible power.

The same applies to cloning, which is really just the other side of the coin; true cloning, as first shown with the sheep Dolly two years ago, involves taking a developed cell and reactivating the genome within, resetting its developmental instructions to a pristine state. Once that happens, the **rejuvenated** cell can develop into a full-fledged animal, genetically identical to its parent.

For agriculture, in which purely physical characteristics like milk production in a cow or low fat in a hog have real market value, biological carbon copies could become routine within a few years. This past year scientists have done for mice and cows what Ian Wilmut did for Dolly, and other creatures are bound to join the cloned menagerie in the coming year.

Human cloning, on the other hand, may be technically feasible but legally and emotionally more difficult. Still, one day it will happen. The ability to reset body cells to a pristine, undeveloped state could give doctors exactly the same advantages they would get from stem cells: the potential to make healthy body tissues of all sorts, and thus to cure disease. That could prove to be a true "miracle cure."

1. The writer holds that the potential to make healthy body tissues will ________.
   A. aggravate moral issues of human cloning
   B. bring great benefits to human beings
   C. help scientists decode body instructions
   D. involve employing surgical instruments
2. The word "rejuvenated" (Para.5) most probably means ________.
   A. modified　　B. re-collected　　C. classified　　D. reactivated
3. The research at the University of Wisconsin is mentioned to show ________.
   A. the isolation of stem cells　　B. the effects of gene therapies
   C. the advantages of human cloning　　D. the limitations of tissue replacements
4. Which of the following is true according to the text?
   A. The principle of gene therapy is applicable to that of cloning.
   B. The isolation of stem cells is too difficult to be feasible.
   C. It is reasonable for all body instructions to be activated.
   D. Cloned animals will eventually take control of the world.
5. Towards the genetic research, the author's attitude can best be said to be that of ________.
   A. frustration　　B. indifference　　C. amazement　　D. opposition

Passage 3 (湖南大学 2013)

To paraphrase 18th century statesman Edmund Burke, "all that is needed for the triumph of a misguided cause is that good people do nothing." One such cause now seeks to end biomedical research because of the theory that animals have rights ruling out their use in research. Scientists need to respond forcefully to animal rights advocates, whose arguments are confusing the public and thereby threatening advances in health knowledge and care. Leaders of the animal rights movement target biomedical research because it depends on public funding, and few people understand the process of health care research. Hearing allegations of cruelty to animals in research settings, many are perplexed that anyone would deliberately harm an animal.

For example, a grandmotherly woman staffing an animal rights booth at a recent street fair was distributing a brochure that encouraged readers not to use anything that opposed immunizations, she wanted to know if vaccines come from animal research. When assured that they do, she replied, "Then I would have to say yes." Asked what will happen when epidemics return, she said, "Don't worry, scientists will find some way of using computers." Such well-meaning people just don't understand.

Scientists must communicate their message to the public in a compassionate, understandable way — in human terms, not in the language of molecular biology. We need to make clear the connection between animal research and a grandmother's hip replacement, a father's bypass operation, a baby's vaccinations, and even a pet's shots. To those who are unaware that animal research was needed to produce these treatments, as well as new treatments and vaccines, animal research seems wasteful at best and cruel at worst.

Much can be done. Scientists could "adopt" middle school classes and present their own research. They should be quick to respond to letters to the editor, lest animal rights misinformation go unchallenged and acquire a deceptive appearance of truth. Research institutions could be opened to tours, to show that laboratory animals receive humane care.

Finally, because the ultimate stakeholders are patients, the health research community should actively recruit to its cause not only well-known personalities such as Stephen Cooper, who has made courageous statements about the value of animal research, but all who receive medical treatment. If good people do nothing there is a real possibility that an uninformed citizenry will extinguish the precious embers of medical progress.

1. The author begins his article with Edmund Burke's words to ______.
   A. call on scientists to take some actions
   B. criticize the misguided cause of animal rights
   C. warn of the doom of biomedical research
   D. show the triumph of the animal rights movement
2. The example of the grandmotherly woman is used to show the public's ______.
   A. discontent with animal research　　B. ignorance about medical science
   C. indifference to epidemics　　D. anxiety about animal rights
3. The author believes that, in face of the challenge from animal rights advocates, scientists should ______.
   A. communicate more with the public　　B. employ hi-tech means in research
   C. feel no shame for their cause　　D. strive to develop new cures
4. From the text we learn that Stephen Cooper is ______.
   A. a well-known humanist　　B. a medical practitioner
   C. an enthusiast in animal rights　　D. a supporter of animal research

Passage 4 （北京航空航天大学 2013）

Radiation occurs from three natural sources: radioactive material in the environment, such as in soil, rock, or building materials; cosmic rays; and substances in the human body, such as radioactive potassium in bone and radioactive carbon in tissues. These natural sources account for an exposure of about 100 millirems a year for the average American.

The largest single source of man-made radiation is medical X-rays, yet most scientists agree that hazards from this source are not as great as those from weapons test fallout, since strontium 90 and carbon 14 become incorporated into the body, hence delivering radiation for an entire lifetime. The issue is, however, by no means uncontroversial. The last two decades have witnessed intensified examination and dispute about the effects of low-level radiation, beginning with the United Nations Scientific Committee on the Effects of Atomic Radiation, which reported in 1958 that "even the smallest amounts of radiation are likely to cause deleterious genetic and perhaps also somatic effect."

A survey conducted in Britain confirmed that an abnormally high percentage of patients suffering from arthritis of the spine who had been treated with X-rays contracted cancer. Another study revealed a high incidence of childhood cancer in cases where the mother had been given prenatal pelvic X-rays. These studies have pointed to the need to reexamine the assumption that exposure to low-linear energy transfer presents only a minor risk.

Recently, examination of the death certificates of former employees of a West Coast plant that produces plutonium for nuclear weapons revealed markedly higher rates for cancers of the pancreas, lung, bone marrow, and lymphatic system than would have been expected in a normal population.

While the National Academy of Sciences Committee attributes this difference to chemical or other environmental causes rather than radiation, other scientists maintain that any radiation exposure, no matter how small, leads to an increase in cancer risk. It is believed by some that a dose of one rem, if sustained over many generations, would lead to an increase of 1 percent in the number of serious genetic defects at birth, a possible increase of 1,000 disorders per million births.

In the meantime, regulatory efforts have been disorganized, fragmented, inconsistent, and characterized by internecine strife and bureaucratic delays. A Senate report concluded that coordination of regulation among involved departments and agencies was not possible because of jurisdictional disputes and confusion. One federal agency has been unsuccessful in its efforts to obtain sufficient funding and manpower for the enforcement of existing radiation laws, and the chairperson of a panel especially created to develop a coordinated federal program has resigned.

1. The primary purpose of the passage is to ______.

A. explain the difference between natural and man-made radiation

B. arouse concern about the risks connected with exposure to radiation

C. advocate limiting the use of atomic weapons testing, since the fallout is extremely hazardous

D. publicize the results of British medical survey

2. Which of the following, according to the passage, is a list of three natural sources of radiation?

A. Radioactive potassium in bone, strontium 90, uranium ore.

B. Carbon 14 in tissues, cosmic rays, X-rays.

C. Cosmic rays, radioactive potassium in bones, radioactive carbon in tissues.

D. X-rays, carbon 14, plutonium.

3. Which of the following does the author cite in support of the quotation from the United Nations Scientific Committee on the Effects of Atomic Radiation?

Ⅰ. Strontium 90 and carbon 14 become incorporated into the body and deliver radiation for an entire lifetime.

Ⅱ. An abnormally high percentage of patients with arthritis of the spine who were treated with X-rays subsequently contracted cancer.

Ⅲ. A high incidence of cancer appeared among children of mothers who had been given prenatal pelvic X-rays.

A. Ⅰ only B. Ⅰ, Ⅱ, and Ⅲ

C. Ⅰ and Ⅱ only D. Ⅱ and Ⅲ only

4. According to the passage, some scientists believe that a dose of one rem of radiation continued over a period of generations would ________.

A. raise the strontium 90 levels in the body but otherwise have little effect

B. relieve the acute suffering of those afflicted with arthritis of the spine without side effects

C. have the effect of increasing by 1 percent the cases of serious genetic defects

D. cause an additional 1,000 per million cases of cancer of the bone marrow or lymphatic system

5. It can be inferred from the last paragraph of the passage that the chairperson who resigned from the panel to develop a coordinated federal program for radiation regulation most likely did so because ________.

A. he or she disagreed with the findings of the Senate committee

B. regulatory efforts have been balked by disputes, confusion, and bureaucratic delays

C. he or she supported the position of the National Academy of Sciences Committee and opposed regulation of radiation exposure

D. he or she was disorganized and inconsistent in chairing the panel

Passage 5 (中南财经政法大学 2013)

The would-be sleeper who refights his daily battles in bed or rehearses tomorrow's problems finds it hard to fall asleep. Then he starts worrying about his inability to sleep, which increases his insomnia, which increases his worries, which... In a new development that may help the insomnia to break this vicious cycle, Dr. Werner P. Koella of the Worcester Foundation for the Experimental Biology has discovered a chemical in the brain that may control normal sleep.

The substance, known as serotonin, is one of a number of so-called neurohormones in the brain that researchers suspect play an important part in controlling the mind and the emotions. Such chemicals, researchers have learned, assist in transmitting nerve impulses from one nerve cell to another. Serotonin, Koella notes, is produced in particularly high concentrations in the hypothalamus, the "primitive" lower part of the brain and the brain stem, which joins the brain to the top of the spinal cord and is known to contain the centers controlling the level of transmitter substance in the brain stem and hypothalamus that regulate sleep. In preliminary experiments, Koella found that giving serotonin to cats produced signs of sleep. Electrode leads were implanted in the cats' brains and attached to an EEG (electroencephalogram) machine to record the brain waves; next, the serotonin was injected directly into the brain or an artery in the neck. The pupils of the animals' eyes narrowed and the electroencephalograms showed slow waves characteristic of deep sleep within five to ten minutes.

More recently, Koella deprived cats of serotonin. The animals, again equipped with implanted electrodes, were given PCPA, a drug that blocks the formation of serotonin. They were then placed in small compartments fitted with one-way mirrors and watched round the clock.

Normally cats sleep about 15 hours a day; but Koella's cats, after receiving PCPA, spent about 30 minutes of each day sleeping. Most of the time, their EEGs showed the brainwave patterns of arousal. Occasionally the cats would curl up as if to go to sleep, but would soon get back on their feet to wander about. The animals showed signs of irritability and often meowed complainingly after a few days of sleep deprivation, but had normal reflexes. The effects of the PCPA wore off eight days to two weeks after administration of the drug; the cats returned to their normal sleeping patterns as serotonin levels in their brains rose again.

Koella believes that at least some types of chronic insomnia may be caused by a drop in brain-serotonin levels. The Worcester physiologist is now working on chemical ways to raise the brain's serotonin levels and produce, in his words, "a truly physiological sleeping pill". Synthetic sleeping pills, such as barbiturates, bring sleep, but at a price: they depress the central nervous system, reduce heart action and respiration and they can become habit-forming or even addictive.

In one promising experiment toward the goal of letting the body "make its own pill", Koella has found that administration of 5-hydroxytryptophan, the chemical substance from which the body derives serotonin, will quickly restore a normal sleeping pattern to cats lacking in serotonin.

1. The brain stem is located ______.

A. in the hypothalamus

B. between the brain and the spinal cord

C. in the transmitter nerve cells

D. between the hypothalamus and the brain

2. The information in Paragraph 5 indicates that PCPA was responsible for ________.

A. a lack of sleep　　B. the cats' meowing

C. normal sleeping patterns　　D. sleeping about 15 hours a day

3. The language used in this article indicates that Dr. Koella ________.

A. is positive that serotonin controls sleep

B. is quite uncertain whether serotonin controls sleep

C. thinks that serotonin can't be extracted

D. thinks that serotonin might control sleep

4. A good title for this article would be ________.

A. The Cats Want to Sleep　　B. I Can't Sleep Tonight

C. How to Get Asleep　　D. Some New Sleep Research

Passage 6 （暨南大学 2013）

Granted, the study of racial and sex differences in intelligence has not exactly covered itself in glory. In a heated debate, scientists are calling for an end to research on possible links between race, gender and intelligence.

Neuroscientist Steven Rose of Britain's Open University argues, the problem is that both race and IQ are slippery concepts. Standard measures of intelligence are ridiculously flexible. In the 1930s and 1940s, for instance, when girls kept outscoring boys, IQ tests were repeatedly adjusted to make the results turn out "right". That calls into question what studies of intelligence actually measure, and whether it is too easy to choose and modify data to produce desired results. Worse, race in the sense of Caucasian, Asian and African is too broad to capture anything biological, including genetic differences.

As for sex, there are indeed structural and biochemical differences between male and female brains. But since boys and girls, and men and women, live very different lives and are treated differently first by parents and then by society, it's impossible to attribute those differences to native biology rather than experience. That is especially true now that discoveries in neuroplasticity have shown that brains of any age can change their structure and function in response to experience.

Defenders of studies of how intelligence varies by race or sex argue, the studies must continue because of the wealth of important knowledge they produce. In the 1960s, for instance, psychologist Arthur Jensen presented evidence that African-Americans are inferior in intellect due to inherited genes. That prompted psychologist James Flynn of the University of Otago, New Zealand, to examine decades of IQ data from dozens of countries, something he never would have done without Jensen's work to drive him. He discovered what is now called the Flynn effect, which is the increase in IQ scores over the last 70 or so years. The increase reflects generational improvements in abstract problem solving. The Flynn effect "shows that substantial increases in IQ can and have occurred over a short period of time," says psychologist Wendy Williams of Cornell University. "Genetics cannot explain such changes. Thus we look to environment... As experiences for blacks improve, so can and does IQ." That has already happened: one quarter of the IQ gap between black and white Americans has been erased in 30 years. Cultural effects are more powerful than we thought, says Williams, a conclusion that would have remained undiscovered if race and IQ were off limits.

There has been a parallel increase in understanding sex differences in IQ. The fact that experience shapes the brain, and that girls' and boys' experiences are different so their brain differences might be the result of different experiences, seems less like an argument against studying sex and IQ than a fascinating research project: how do sex-specific experiences leave a footprint in the folds of the cortex?

1. The opponents of race-IQ studies think that ____________.
   A. the studies lack clear purpose
   B. the measures of IQ are inconsistent
   C. the IQ tests cannot define intelligence
   D. the definition of race is too narrow
2. According to Paragraph 3, sex differences in IQ are mainly caused by ____________.
   A. innate biology
   B. life experience
   C. genetic structure
   D. social environment
3. Some scientists insist on the continuance of the studies because these studies ____________.
   A. help people get valuable knowledge
   B. help to increase people's intelligence
   C. help people solve abstract problems
   D. help to erase the IQ gap among people
4. It can be inferred from the passage that race-sex-IQ studies ____________.
   A. has been advocated by most scientists nowadays
   B. has altered the concept and categories of race
   C. has changed people's view on gender difference
   D. has stimulated relevant valuable researches
5. The author's attitude towards the studies of the link between sex, race and IQ is ____________.
   A. enthusiastic support
   B. strong disapproval
   C. reserved consent
   D. complete indifference

Passage 7 （暨南大学 2012）

Do you remember all those years when scientists argued that smoking would kill us but the doubters insisted that we didn't know for sure? That the evidence was inconclusive, the science uncertain? That the antismoking lobby was out to destroy our way of life and the government should stay out of the way? Lots of Americans bought that nonsense, and over three decades, some 10 million smokers went to early graves.

There are upsetting parallels today, as scientists in one wave after another try to awaken us to the growing threat of global warming. The latest was a panel from the National Academy of Sciences, enlisted by the White House, to tell us that Earth's atmosphere is definitely warming and that the problem is largely man-made. The clear message is that we should get moving to protect ourselves. The president of the National Academy, Bruce Alberts, added this key point in the preface to the panel's report: "Science never has all the answer. But science does provide us with the best available guide to the future, and it is critical that our nation and the world base important policies on the best judgments that science can provide concerning the future consequences of present actions."

Just as on smoking, voice now come from many quarters insisting that the science about global warming is incomplete, that it's OK to keep pouring fumes into the air until we know for sure. This is a dangerous game: by the time 100 percent people of the evidence is in, it may be too late. With the risks obvious and growing, a prudent people would take out an insurance policy now.

Fortunately, the White House is starting to pay attention. But it's obvious that a majority of the president's advisers still don't take global warming seriously. Instead of a plan of action, they continue to press for more research — a classic case of "**paralysis by analysis**."

To serve as responsible stewards of the planet, we must press forward on deeper atmospheric and oceanic research. But research alone is inadequate. If the Administration won't take the legislative initiative, Congress should help to begin fashioning conservation measures. A bill by Democratic Senator Robert Byrd of West Virginia, which would offer financial incentives for private industry, is a promising start. Many see that the country is getting ready to build lots of new power plants to meet our energy needs. If we are ever going to protect the atmosphere, it is crucial that those new plants be environmentally sound.

1. An argument made by supporters of smoking was that ______________.
   A. there was no scientific evidence of the correlation between smoking and death
   B. the number of early deaths of smokers in the past decades was insignificant
   C. people had the freedom to choose their own way of life
   D. antismoking people were usually talking nonsense
2. According to Bruce Alberts, science can serve as ______________.
   A. a protector   B. a judge   C. a critic   D. a guide
3. What does the author mean by "paralysis by analysis" (Para. 4)?
   A. Endless studies kill action.
   B. Careful investigation reveals truth
   C. Prudent planning hinders progress
   D. Extensive research helps decision-making
4. According to the author, what should the Administration do about global warming?
   A. Offer aid to build cleaner power plants.

B. Raise public awareness of conservation.

C. Press for further scientific research.

D. Take some legislative measures.

5. The author associates the issue of global warming with that of smoking because ________.

A. they both suffered from the government's negligence

B. a lesson from the latter is applicable to the former

C. the outcome of the latter aggravates the former

D. both of them have turned from bad to worse

Passage 8 （电子科技大学 2012）

Food can be divided into two basic categories: real food and pleasure food, Real food is fuel for the body's needs, while pleasure food, which is high in fat and/or sugar, is primarily for taste satisfaction. The categories are pretty obvious. Broccoli is real food. Cookies are in the pleasure group.

When you're hungry, you are faced with choices. If you're not suffering from excessive hunger, you can be rational about them. Go to the refrigerator. What looks good? If you have chosen a real food, say, a turkey sandwich, you can be certain your body can use it for fuel. Eat it and enjoy.

Two hours later you are hungry again. Back to the refrigerator. What looks good? Ice-cream. Stop! Employ your willpower just a little. Ice-cream isn't what your body needs. Does something else look good? Yes, a piece of toast with peanut butter and a glass of milk sound good too. Okay, go ahead — remembering that high-fat real foods should be eaten in moderation.

One trick is to eliminate pleasure foods from your kitchen. Instead, keep a variety of high quality foods available at all times. In short, buy lots of delicious real food — food you really like — and get rid of the **junk**.

But what if you have ice-cream on hand and nothing else sounds good? Although you don't want to eat pleasure foods whenever the urge strikes, there is a legitimate place for them in your diet. If you have analyzed your feelings and there are no other needs imitating hunger, eat the ice-cream. You have not failed. On the contrary, you have accepted your natural appetite, but not blindly.

Surprisingly, when you know you can eat anything you want, and that you never have to put up with unsatisfied hunger again, it takes a lot of pressure off. You'll begin to want to eat what your body needs, and your body will begin to need foods that will lead to slimness.

1. Which of the following statements is Not true?

A. The author is against getting rid of pleasure food altogether.

B. One can eat the high-fat real foods heartily since it is fuel for the body.

C. Make sure to keep pleasure food such as ice-cream in your diet.

D. Of course you can sometimes have ice-cream if you really want to.

2. What would be the best title for this passage?

A. Real Food and Pleasure Food

B. Reducing Weight

C. Limit Your Consumption of Pleasure Food

D. How to Choose Food When You Are Hungry

3. What can you assume from the last paragraph?

A. Being able to eat anything doesn't necessarily imply fatness.

B. Real foods may lead to slimness.

C. Eat only what your body needs.

D. Be sure to satisfy your hunger whenever it strikes you.

4. What can broccoli be except ______?

A. ice-cream　　B. cauliflower

C. a turkey sandwich　　D. a piece of toast

5. Judging from the fourth paragraph, what does "junk" mean?

A. Food like ice cream.　　B. Food you do not like.

C. Pleasure foods.　　D. Low-quality foods.

Passage 9 （湖南大学 2012）

For years, doctors advised their patients that the only thing taking multivitamins does is give them extensive urine. After all, true vitamin deficiencies are practically unheard of in industrialized countries. Now it seems those doctors may have been wrong. The results of a growing number of studies suggest that even a modest vitamin shortfall can be harmful to your health. Although proof of the benefits of multivitamins is still far from certain, the few dollars you spend on them is probably a good investment.

Or at least that's the argument put forward in the New England Journal of Medicine. Ideally, say Dr. Walter Willett and Dr. Meir Stampfer of Harvard, all vitamin supplements would be evaluated in scientifically rigorous clinical trials.

But those studies can take a long time and often raise more questions than they answer. At some point, while researchers work on figuring out where the truth lies, it just makes sense to say the potential benefit outweighs the cost.

The best evidence to date concerns folate, one of the B vitamins. It's been proved to limit the number of defects in embryos, and a recent trial found that folate in combination with vitamin B 12 and a form of B6 also decreases the re-blockage of arteries after surgical repair.

The news on vitamin E has been more mixed. Healthy folks who take 400 international units daily for at least two years appear somewhat less likely to develop heart disease. But when doctors give vitamin E to patients who already have he art disease, the vitamin doesn't seem to help. It may turn out that vitamin E plays a role in prevention but cannot undo serious damage.

Despite vitamin C's great popularity, consuming large amounts of it still has not been positively linked to any great benefit. The body quickly becomes saturated with C and simply excretes any excess.

The multivitamins question boils down to this: Do you need to wait until all the evidence is in before you take them, or are you willing to accept that there's enough evidence that they don't hurt and could help?

If the latter, there's no need to go to extremes and buy the biggest horse pills or the most expensive bottles. Large doses can cause trouble, including excessive bleeding and nervous system problems.

Multivitamins are no substitute for exercise and a balanced diet, of course. As long as you understand that any potential benefit is modest and subject to further refinement, taking a daily multivitamin makes a lot of sense.

1. According to the author, clinical trials of vitamin supplements ______________.
   A. often result in misleading conclusions
   B. take time and will not produce conclusive results
   C. should be conducted by scientists on a larger scale
   D. appear to be a sheer waste of time and resources
2. It has been found that vitamin E ______________.
   A. should be taken by patients regularly and persistently
   B. can effectively reduce the recurrence of heart disease
   C. has a preventive but not curative effect on heart disease
   D. should be given to patients with heart disease as early as possible
3. It can be seen that large doses of multivitamins ______________.
   A. may bring about serious side effects
   B. may help prevent excessive bleeding
   C. are likely to induce the blockage of arteries
   D. are advisable for those with vitamin deficiencies
4. The author concludes the passage with the advice that ______________.
   A. the benefit of daily multivitamin intake outweighs that of exercise and a balanced diet
   B. it's risky to take multivitamins without knowing their specific function
   C. the potential benefit of multivitamins can never be overestimated
   D. it's reasonable to take a rational dose of multivitamins daily

12. 旅游地理专题

Passage 1 （广东外语外贸大学 2014，厦门大学 2013，电子科技大学 2011）

Cooperative competition. Competitive cooperation. Confused? Airline alliances have travelers scratching their heads over what's going on in the skies. Some folks view alliances as a blessing to travelers, offering seamless travel, reduced fares and enhanced frequent-flyer benefits. Others see a conspiracy of big businesses, causing decreased competition, increased fares and fewer choices. Whatever your opinion, there's no escaping airline alliances: the marketing hype is unrelenting, with each of the two mega-groupings, Oworld and Star Alliance, promoting itself as the best choice for all travelers. And, even if you turn away from their ads, chances are they will figure in any of your travel plans. By the end of the year, Oworld and Star Alliance will between them control more than 40% of the traffic in the sky. Some pundits predict that figure will be more like 75% in 10 years.

But why, after years of often ferocious competition, have airlines decided to band together? Let's just say the timing is mutually convenient. North American airlines, having exhausted all means of earning customer loyalty at home, have been looking for ways to reach out to foreign flyers. Asian carriers are still hurting from the region-wide economic downturn that began two years ago — just when some of the airlines were taking delivery of new aircraft. Alliances also allow carriers to cut costs and increase profits by pooling manpower resources on the ground (rather than each airline maintaining its own ground crew) and code-sharing — the practice of two partners selling tickets and operating only one aircraft.

So alliances are terrific for airlines — but are they good for the passenger? Absolutely, say the airlines: think of the lounges, the joint FFP (frequent flyer programme) benefits, the round-the-world fares, and the global service networks. Then there's the promise of "seamless" travel: the ability to, say, travel from Singapore to Rome to New York to Rio de Janeiro, all on one ticket, without having to wait hours for connections or worry about your bags. Sounds utopian? Peter Buecking, Cathay Pacific's director of sales and marketing, thinks that seamless travel is still evolving. "It's fair to say that these links are only in their infancy. The key to seamlessness rests in infrastructure and information sharing. We're working on this." Henry Ma, spokesperson for Star Alliance in Hong Kong, lists some of the other benefits for consumers: "Global travellers have an easier time making connections and planning their itineraries." Ma claims alliances also assure passengers consistent service standards.

Critics of alliances say the much-touted benefits to the consumer are mostly pie in the sky, that alliances are all about reducing costs for the airlines, rationalizing services and running joint marketing programs. Jeff Blyskal, associate editor of *Consumer Reports* magazine, says the promotional ballyhoo over alliances is much ado about nothing. "I don't see much of a gain for consumers: alliances are just a marketing gimmick. And as far as seamless travel goes, I'll believe it when I see it. Most airlines can't even get their own connections under control, let alone coordinate with another airline."

Blyskal believes alliances will ultimately result in decreased flight choices and increased costs for consumers. Instead of two airlines competing and each operating a flight on the same route at 70% capacity, the allied pair will share the route and run one full flight. Since fewer seats will be available, passengers will be obliged to pay more for tickets.

The truth about alliances and their merits probably lies somewhere between the travel utopia presented by the players and the evil empires portrayed by their critics. And how much they affect you depends on what kind of traveler you are.

Those who've already made the elite grade in the FFP of a major airline stand to benefit the most when it joins an alliance: then they enjoy the FFP perks and advantages on any and all of the member carriers. For example, if you're a Marco Polo Club "gold" member of Cathay Pacifics Asia Miles FFP, you will automatically be treated as a valuable customer by all members of Oneworld, of which Cathay Pacific is a member — even if you've never flown with them before.

For those who haven't made the top grade in any FFP, alliances might be a way of simplifying the earning of frequent flyer miles. For example, I belong to United Airline's Mileage Plus and generally fly less than 25,000 miles a year. But I earn miles with every flight I take on Star Alliance member — All Nippon Airways and Thai Airways.

If you fly less than I do, you might be smarter to stay out of the FFP game altogether. Hunt for bargains when booking flights and you might be able to save enough to take that extra trip anyway. The only real benefit infrequent flyers can draw from an alliance is an inexpensive round-the-world fare.

The bottom line: for all the marketing hype, alliances aren't all things to all people — but everybody can get some benefit out of them.

Multiple-choice Questions:

1. Which is the best word to describe air travelers reaction to airline alliances?

   A. Delight. B. Indifference. C. Objection. D. Puzzlement.

2. According to the passage, setting up airline alliances will chiefly benefit ______.

   A. north American airlines and their domestic travelers

   B. north American airlines and their foreign counterparts

   C. Asian airlines and their foreign travelers

   D. Asian airlines and their domestic travelers

3. Which of the following is NOT a perceived advantage of alliances?

   A. Baggage allowance. B. Passenger comfort.

   C. Convenience. D. Quality.

4. One disadvantage of alliances foreseen by the critics is that air travel may be more expensive as a result of ______.

   A. less convenience B. higher operation costs

   C. less competition D. more joint marketing

5. According to the Passage, which of the following categories of travelers will gain most from airline alliances?

   A. Travelers who fly frequently economy class.

B. Travelers who fly frequently business class.
C. Travelers who fly occasionally during holidays.
D. Travelers who fly economy class once in a while.

Short-answer Question:

6. According to the cities, why will airline alliances put consumers at a serious disadvantage?

Passage 2 (厦门大学 2014)

Despite Denmark's manifest virtues, Danes never talk about how proud they are to be Danes. This would sound weird in Danish. When Danes talk to foreigners about Denmark, they always begin by commenting on its tininess, its unimportance, the difficulty of its language, the general small-mindedness and self-indulgence of their countrymen and the high taxes. No Dane would look you in the eye and say, "Denmark is a great country." You're supposed to figure this out for yourself.

It is the land of the silk safety net, where almost half the national budget goes toward smoothing out life's inequalities, and there is plenty of money for schools, day care, retraining program, job seminars — Danes love seminars: three days at a study centre hearing about waste management is almost as good as a ski trip. It is a culture bombarded by English, in advertising, pop music, the Internet, and despite all the English that Danish absorbs — there is no Danish Academy to defend against it — old dialects persist in Jutland that can barely be understood by Copenhageners. It is the land where, as the saying goes, "Few have too much and fewer have too little," and a foreigner is struck by the sweet egalitarianism that prevails, where the lowliest clerk gives you a level gaze, where Sir and Madame have disappeared from common usage, even Mr. and Mrs. It's a nation of recyclers — about 55% of Danish garbage gets made into something new — and no nuclear power plants. It's a nation of tireless planner. Trains run on time. Things operate well in general.

Such a nation of overachievers — a brochure from the Ministry of Business and Industry says, "Denmark is one of the world's cleanest and most organized countries, with virtually no pollution, crime, or poverty. Denmark is the most corruption-free society in the Northern Hemisphere. "So, of course, one's heart lifts at any sighting of Danish sleaze: skinhead graffiti on buildings ("Foreigners Out of Denmark!"), broken beer bottles in the gutters, drunken teenagers slumped in the park.

Nonetheless, it is an orderly land. You drive through a Danish town, it comes to an end at a stone wall, and on the other side is a field of barley, a nice clean line: town here, country there. It is not a nation of jay-walkers. People stand on the curb and wait for the red light to change, even if it's 2 a.m. and there's not a car in sight. However, Danes don't think of themselves as a waiting-at-2-a.m. — for-the-green-light people — that's how they see Swedes and Germans. Danes see themselves as jazzy people, improvisers, more free spirited than Swedes, but the truth is (though one should not say it) that Danes are very much like Germans and Swedes. Orderliness is a main selling point. Denmark has few natural resources, limited manufacturing capability; its future in Europe will be as a broker, banker, and distributor of goods. You send your goods by container ship to Copenhagen, and these bright, young, English-speaking, utterly honest, highly disciplined people will get your goods around to Scandinavia, the Baltic States, and Russia. Airports, seaports, highways, and rail lines are ultramodern and well-maintained.

The orderliness of the society doesn't mean that Danish lives are less messy or lonely than yours or mine, and no Dane would tell you so. You can hear plenty about bitter family feuds and the sorrows of alcoholism and about perfectly sensible people who went off one day and killed themselves. An orderly society c an not exempt its members from the hazards of life.

But there is a sense of entitlement and security that Danes grow up with. Certain things are yours by virtue of citizenship, and you shouldn't feel bad for taking what you're entitled to, you're as good as anyone else. The rules of the welfare system are clear to everyone, the benefits you get if you lose your job, the steps you take to get a new one; and the orderliness of the system makes it possible for the country to weather high unemployment and social unrest without a sense of crisis.

Multiple-choice Questions:

1. The author thinks that Danes adopt a ____________ attitude towards their country.
   A. boastful　　B. modest　　C. deprecating　　D. mysterious
2. Which of the following is NOT a Danish characteristic cited in the passage?
   A. Fondness of foreign culture.　　B. Equality in society.
   C. Linguistic tolerance.　　D. Persistent planning.
3. The author's reaction to the statement by the Ministry of Business and Industry is ____________.
   A. disapproving　　B. approving　　C. noncommittal　　D. doubtful
4. According to the passage, Danish orderliness ____________.
   A. sets the people apart from Germans and Swedes
   B. spares Danes social troubles besetting other people
   C. is considered economically essential to the country
   D. prevents Danes from acknowledging existing troubles
5. At the end of the passage the author states all the following EXCEPT that ____________.
   A. Danes are clearly informed of their social benefits
   B. Danes take for granted what is given to them
   C. the open system helps to tide the country over
   D. orderliness has alleviated unemployment

Short-answer Question:

6. What can you infer from the passage concerning the author's attitude toward Danish characteristics?

Passage 3 （华东师范大学 2014）

Capital of Massachusetts and, undeniably, of New England, Boston is a proud Yankee city and seaport thick with reminders of its past. Bostonians are fiercely loyal, regarding their city as the center of New England, and in colonial times of the whole New World. Boston was the spiritual heart of the Revolution, the birthplace of American commerce and industry, and leader of the new nation in the arts and education. These days, the original WASP (White Anglo Saxon Protestants) have been joined by successive generations of Blacks, Irish, Poles and Italians, and the city has developed a more cosmopolitan touch.

Boston has a cosier feel to it than most major American cities, and also something of a European flavor. It's compact and therefore a great place to walk (or jog). Within a comparatively small area you can stroll through 18th century cobbled streets, or on the Common where the colonists grazed their cattle, down by the harbor or river, or around such fine examples of modem architecture as in the Back bay or the impressive Government Center.

For all its historical associations, Boston is a city of youth and vitality and many of the city's businesses and courtesies satisfy the young and diverse population. In addition to prestigious Harvard and MIT, there are 70 accredited colleges in Greater Boston, enrolling over a quarter of a million students.

Boston acquired its nickname, "the Athens of America", by the 19th century and continues to earn it as a center for music, literature and the arts. At any time it is possible to see good theatre, modern dance and hear classical, jazz, folk or new wave music. Sport too has its place. In summer, when the Boston Red Sox baseball team is battling it out in the race for the American League title, the only real place to be is at Fenway Park, eating hot dogs and guzzling coke, but never on any account cheering for the opposition. In winter the mania transfers itself to basketball with the Celtics, football with the New England Patriots, and to ice hockey with Boston Bruins.

Decide whether each of the following statements is true or false.

1. ____________ Boston is a southern city.
2. ____________ In Colonia times, Boston was the spiritual heart of the Revolution, the birthplace of American commerce and industry.
3. ____________ Boston is a city of history, not of youth and vitality.
4. ____________ Boston has the nickname of "the Athens of America".
5. ____________ Red Sox is the name of the baseball team in Boston.

Passage 4 （中国海洋大学 2013）

And so I am to write a story — but of what, and where? Shall it be radiant with the sky of Italy or eloquent with the beau ideal of Greece? Shall it breathe odor and languor from the orient, or chivalry from the occident? Or gayety from France? Or vigor from England? No, no; these are all too old — my own New England; the land of bright fires and strong hearts; the land of deeds, and not of words; the land of fruits, and not of flowers; the land often spoken against, yet always respected — the latchet of whose shoes the nations of the earth are not worthy to unloose.

Now from this very heroic apostrophe, you may suppose that I have something very heroic to tell. By no means. It is merely a little introductory breeze of patriotism, such as occasionally brushes over every mind, bearing on its wings the remembrance of all we ever loved and cherished in the land of our early years; and if it should seem to be rodomontade to any people in other parts of the earth, let them only imagine it to be said about — Old Kentucky — Old England, or any other corner of the world in which they happened to be born and they will find it quite rational.

But, as touching our story, it is time to begin. Did you ever see the little village of Newbury, in New England? I dare say you never did; for it was just one of those out-of-the-way places where nobody ever came unless they came on purpose: a green little hollow, wedged like a bird's next between half a dozen high hills, that kept off the wind and kept out foreigners; so that the little place was straitly sui generis as if there were no another in the world. The inhabitants were all of that respectable old steadfast family who make it a point to be born, bred, married, to die, and be buried all in the selfsame spot. There were just so many houses, and just so many people lived in them; and nobody ever seemed to be sick, or to die either, at least while I was there. The natives grew old till they could not grow any older, and then they stood still, and lasted from generation to generation. There was, too, an unchangeability about all the externals of Newbury. Here was a red house, and there was a brown house, and across the way was a yellow house; and there was a straggling rail fence or a tribe of mullein stalks between. The minister lived here, and Squire Moses lived there, and Deacon Hart lived under the hill, and Messrs Nadab and Abihu Peters lived by the crossroad, and the old-wider Smith lived by the meeting-house, and Ebenezer Camp kept a shoemaker's shop on one side, and Patience Mosely kept a milliner's shop in front; and there was old Comfort Scran, who kept a store for the whole town, and sold axeheads, brass thimbles, licorice balls, fancy handkerchiefs, and everything else you can think of. Here, too, was the general post-office, where you might see letters marvelously folded, directed wrong side upward, stamped with a thimble, and superscribed to some of the Dollys, or Pollys, or Peters, or Moseses aforenamed or not named.

For the rest, as to manners, morals, arts, and sciences, the people in Newbury always went to their parties at three o'clock in the afternoon, and came home before dark; always stopped all work the minute the sun was down on Saturday night; always went to meeting on Sunday; had a schoolhouse with all the ordinary inconveniences; were in neighborly charity with each other; read their Bibles, feared their God, and were content with such things as they had — the best philosophy, after all.

1. In the first paragraph the author contrasts the East and the West as ____________.

A. indolent and gallant

B. charming and rude

C. foreign and familiar D. passive and aggressive

2. In the second paragraph we can see that the author assumes her readers ________.

A. prefer rigorous arguments B. share similar feelings

C. need a lot of persuading D. dislike figurative language

3. The author chooses New England as her subject matter because she knows it well and because its inhabitants are ________.

A. talkative rather than diligent B. productive rather than self-indulgent

C. romantic rather than serious D. charming rather than admired

4. The facts in the passage indicate that village of Newbury is ________.

A. accustomed to seeing vagabonds B. a densely populated area

C. socially and politically progressive D. located in a remote part of the country

5. The author's view of Newbury is ________.

A. retrospective B. detached C. impartial D. skeptical

Passage 5 （华中师范大学 2013，厦门大学 2011）

The biggest problem facing Chile as it promotes itself as a tourist destination to be reckoned with, is that it is at the end of the earth. It is too far south to be a convenient stop on the way to anywhere else and is much farther than a relatively cheap half-day's flight away from the big tourist markets, unlike Mexico, for example. Chile, therefore, is having to fight hard to attract tourists, to convince travellers that it is worth coming halfway round the world to visit. But it is succeeding, not only in existing markets like the USA and Western Europe but in new territories, in particular the Far East. Markets closer to home, however, are not being forgotten. More than 50% of visitors to Chile still come from its nearest neighbour, Argentina, where the cost of living is much higher.

Like all South American countries, Chile sees tourism as a valuable earner of foreign currency, although it has been far more serious than most in promoting its image abroad. Relatively stable politically within the region, it has benefited from the problems suffered in other areas. In Peru, guerrilla warfare in recent years has dealt a heavy blow to the tourist industry and fear of street crime in Brazil has reduced the attraction of Rio de Janeiro as a dream destination for foreigners.

More than 150,000 people are directly involved in Chile's tourist sector, an industry which earns the country more than US $950 million each year. The state-run National Tourism Service, in partnership with a number of private companies, is currently running a worldwide campaign, taking part in trade fairs and international events to attract visitors to Chile.

Chile's great strength as a tourist destination is its geographical diversity. From the parched Atacama Desert in the north to the Antarctic snowfields ofthe south, it is more than 5,000km long. With the Pacific on one side and the Andean mountains on the other, Chile boasts natural attractions. Its beaches are not up to Caribbean standards but resorts such as Vina del Mar are generally clean and unspoilt and have a high standard of services.

But the tromp card is the Andes mountain range. There are a number of excellent ski resorts within one hour's drive of the capital, Santiago, and the national parks in the south are home to rare animal and plant species. The parks already attract specialist visitors, including mountaineers, who come to climb the technically difficult peaks, and fishermen, lured by the salmon and trout in the region's rivers. However, **infrastructural development** in these areas is limited. The ski resorts do not have as many lifts and pistes as their European counterparts and the poor quality of roads in the south means that only the most determined travelers see the best of the national parks.

Air links between Chile and the rest of the world are, at present, relatively poor. While Chile's two largest airlines have extensive networks within South America, they operate only a small number of routes to the United States and Europe, while services to Asia are almost non-existent.

Internal transport links are being improved and luxury hotels are being built in one of its national parks. Nor is development being restricted to the Andes. Easter Island and Chile's Antarctic Territory axe also on the list of areas where the Government believes it can create tourist markets.

But the rush to open hitherto inaccessible areas to mass tourism is not being welcomed by everyone. Indigenous and environmental groups, including Greenpeace, say that many parts of the Andes will suffer if they become over-developed.

There is a genuine fear that areas of Chile will suffer the cultural destruction witnessed in Mexico and European resorts.

The policy of opening up Antarctica to tourism is also politically sensitive. Chile already has permanent settlements on the ice and many people see the decision to allow tourists there as a political move, enhancing Santiago's territorial claim over part of Antarctica.

The Chilean Government has promised to respect the environment as it seeks to bring tourism to these areas. But there are immense commercial pressures to exploit the country's tourism potential. The Government will have to monitor developments closely if it is genuinely concerned in creating a balanced, controlled industry and if the price of an increasingly lucrative tourist market is not going to mean the loss of many of Chile's natural riches.

Multiple-choice Questions:

1. Chile is disadvantaged in the promotion of its tourism by ____________.

   A. geographical location　　B. guerrilla warfare

   C. political instability　　D. street crime

2. Many of Chile's tourists used to come from EXCEPT ____________.

   A. USA　　B. the Far East

   C. western Europe　　D. her neighbours

3. According to the author, Chile's greatest attraction is ________.
   A. the unspoilt beaches B. the dry and hot desert
   C. the famous mountain range D. the high standard of services
4. According to the passage, in which area improvement is already under way?
   A. Facilities in the ski resorts. B. Domestic transport system.
   C. Air services to Asia. D. Road network in the south.
5. The objection to the development of Chile's tourism might be all EXCEPT that it ________.
   A. is ambitions and unrealistic B. is politically sensitive
   C. will bring harm to culture D. will cause pollution in the area

Short-answer Question:

6. Please refer to the underlined sentence in the passage. What does "infrastructural development" refer to in the context?

Passage 6 (湖南师范大学 2013)

Niagara Falls has become a tired old tourist sight. But if you look it over in an airplane, it becomes something completely new. You realize that it is not tired; only our way of looking at it is tired.

Most visitors go as close to the falls as possible, and watch the waters thundering down. It is fascinating, in a stupefying way. You stand there, hypnotized by the sheer force, the untiring action that goes on and on. But afterward you have a feeling — "So what, really? The water comes to the cliff and, naturally, it falls down."

But at altitude you see it all at once. You see Lake Ontario on one side and Lake Erie on the other, and linking them the 34-mile Niagara River. Then, coming down lower, you see the falls themselves, along a front almost a mile wide, plunges over a 182-foot cliff and flows off through a deep, narrow gorge. And right away, with a flash of understanding, you see the main fact about the Niagara Falls. The falls are moving, the seven-mile-long gorge is merely the track the falls have made as they move along. **This instantly reverses all your ideas**. On the ground it seemed that the water fell because there was this low place for it to fall into the gorge. Now you see it is the other way round. The falls are the cause, and the gorge is the result. Niagara Gorge looks like the track eaten into an apple by a worm.

Niagara differs from the waterfalls you find in mountains, where a thin stream of water comes down a mountainside, half-flying. Some of them are much higher than Niagara, and perhaps more beautiful, but they lack mass and cutting power. Niagara belongs to the heavy weights — where a whole solid river plunges bodily over a cliff.

The real sight from above is the gigantic movement of the falls themselves, digging the gorge.

The falls are still moving today. However, our century has tamed it a bit. A lot of water that used to plunge down now goes through the electric power stations, both American and Canadian.

Above in the air, you will understand the real difference between the American and Canadian falls. The American Falls get only about 10% of the water, while the Canadian Falls get 90%. Because the volume of water is greater, the Canadian Falls are eroding far more rapidly. Unlike the mountains and canyons of the West, Niagara is a short-time glory that was here yesterday and will be gone tomorrow.

Multiple-choice Questions:

1. According to the author, ____________.
   A. Niagara Falls is quite boring
   B. to have a new understanding of Niagara Falls, one should view it in the sky
   C. people's traditional way of looking at Niagara Falls is not out of date
   D. people can take plane from American to Canada to view Niagara Falls
2. According to the passage, which of the following statements is not true?
   A. One will be attracted deeply by the power of Niagara Falls when standing before it.
   B. Niagara Falls is between Lake Erie and Lake Ontario.
   C. The gorge forms because of the falls.
   D. Niagara River links Niagara Falls and Lake Ontario.
3. Which of the following descriptions of mountain fall is not true?
   A. The water stream of mountain falls is usually thin.
   B. Niagara Falls is lower than some mountain falls.
   C. Some mountain falls are more beautiful than Niagara Falls.
   D. Mountain falls often have a kind of sheer and overwhelming force.
4. After reading the passage, we can conclude that ____________.
   A. there is no need for us to view mountain falls after looking at the magnificent Niagara Falls
   B. people should stop building power stations in order to protect Niagara Falls
   C. the spectacle of Niagara Falls may disappear in the future
   D. canadians use the water of the Niagara River more efficiently than Americans

Short-answer Question:

5. In the 3rd paragraph, there is a sentence like "This instantly reverses all your ideas." Please give your explanation of why our ideas are instantly reversed.

Passage 7 (厦门大学 2012，中南大学 2012)

Stratford-on-Avon, as we all know, has only one industry — William Shakespeare — but there are two distinctly separate and increasingly hostile branches. There is the Royal Shakespeare Company (RSC), which presents superb productions of the plays at the Shakespeare Memorial Theatre on the Avon. And there are the townsfolk who largely live off the tourists who come, not to see the plays, but to look at Anne Hathaway's Cottage, Shakespeare's birthplace and the other sights.

The worthy residents of Stratford doubt that the theatre adds a penny to their revenue. They frankly dislike the RSC's actors, them with their long hair and beards and sandals and noisiness. It's all deliciously ironic when you consider that Shakespeare, who earns their living, was himself an actor (with a beard) and did his share of noise-making.

The tourist streams are not entirely separate. The sightseers who come by bus — and often take in Warwick Castle and Blenheim Palace on the side — don't usually see the plays, and some of them are even surprised to find a theatre in Stratford. However, the playgoers do manage a little sight — seeing along with their play going. It is the playgoers, the RSC contends, who bring in much of the town's revenue because they spend the night (some of them four or five nights) pouring cash into the hotels and restaurants. The sightseers can take in everything and get out of town by nightfall.

The townsfolk don't see it this way and local council does not contribute directly to the subsidy of the Royal Shakespeare Company. **Stratford cries poor traditionally**. Nevertheless every hotel in town seems to be adding a new wing or cocktail lounge. Hilton is building its own hotel there, which you may be sure will be decorated with Hamlet Hamburger Bars, the Lear Lounge, the Banquo Banqueting Room, and so forth, and will be very expensive.

Anyway, the townsfolk can't understand why the Royal Shakespeare Company needs a subsidy. (The theatre has broken attendance records for three years in a row. Last year its 1,431 seats were 94 percent occupied all year long and this year they'll do better.) The reason, of course, is that costs have rocketed and ticket prices have stayed low.

It would be a shame to raise prices too much because it would drive away the young people who are Stratford's most attractive clientele. They come entirely for the plays, not the sights. They all seem to look alike (though they come from all over) — lean, pointed, dedicated faces, wearing jeans and sandals, eating their buns and bedding down for the night on the flagstones outside the theatre to buy the 20 seats and 80 standing-room tickets held for the sleepers and sold to them when the box office opens at 10:30 a.m.

Multiple-choice Questions:

1. From the first two paragraphs, we learn that ______.
   A. the townsfolk deny the RSC's contribution to the town's revenue
   B. the actors of the RSC imitate Shakespeare on and off stage
   C. the two branches of the RSC are not on good terms
   D. the townsfolk earn little from tourism
2. It can be inferred from Paragraph 3 that ______.
   A. the sightseers cannot visit the Castle and the Palace separately
   B. the playgoers spend more money than the sightseers
   C. the sightseers do more shopping than the playgoers

D. the playgoers go to no other places in town than the theater

3. By saying "Stratford cries poor traditionally" (Para. 4), the author implies that ____________.

A. Stratford cannot afford the expansion projects

B. Stratford has long been in financial difficulties

C. the town is not really short of money

D. the townsfolk used to be poorly paid

4. According to the townsfolk, the RSC deserves no subsidy because ____________.

A. ticket prices can be raised to cover the spending

B. the company is financially ill-managed

C. the behavior of the actors is not socially acceptable

D. the theatre attendance is on the rise

5. From the text we can conclude that the author ____________.

A. is supportive of both sides

B. favors the townsfolk's view

C. takes a detached attitude

D. is sympathetic to the RSC

Short-answer Question:

6. According to the townsfolk, what is the reason that RSC deserves no subsidy?

Passage 8 （华中师范大学 2012）

California is a land of variety and contrast. Almost every type of physical land feature, sort of arctic ice fields and tropical jungles can be found within its borders. Sharply contrasting types of land often lie every close to one another.

People living in Bakersfield for instance, can visit the Pacific Ocean and the coastal plain, the fertile San Joaquin Valley, the arid Mojave Desert, and the high Sierra Nevada, all within a radius of about 100 miles. In other areas it is possible to go snow skiing in the morning and surfing in the evening of the same day, without having to travel long distance.

Contrast abounds in California. The highest point in the United States (outside Alaska) is in California and so is the lowest point (including Alaska). Mount Whitney, 14,494 feet above sea level, is separated from Death Valley, 282 feet below sea level, by a distance of only 100 miles. The two areas have difference in altitude of almost three miles.

California has deep, clear mountain lakes like Lake Tahoe, the deepest in the country, but it also has shallow, salty desert lakes. It has Lake Tulainyo, 12,020 feet above sea level and the lowest lake in the country, the Salton Sea, 236 feet below sea level. Some of its lakes like Owens Lake in Death Valley, are not lakes at all: they are dried up lake beds. In addition to mountains, lakes, valleys, deserts and plateaus, California has its Pacific coastline, stretching longer than the coastlines of Oregon and Washington combined.

1. Which of the following is the lowest point in the United States?

A. Lake Tulainyo. B. Mojave Desert.

C. Death Valley. D. The Salton Sea.

2. Where is the highest point in the United States located?

A. Lake Tahoe. B. Sierra Nevada.

C. Mount Whitney. D. Alaska.

3. How far away is Death Valley from Mount Whitney?

A. About 3 miles. B. Only 100 miles.

C. 282 feet. D. 14, 494 feet.

4. Which of the following is NOT mentioned in the passage as being within a radius of about 100 miles of Bakersfield?

A. The Pacific Ocean. B. San Joaquin Valley.

C. Mojave Desert. D. Oregon and Washington.

5. Which statement best demonstrates that California is a land of variety and contrast?

A. The highest lake in California is Lake Tulainyo.

B. It is possible to go surfing and snow skiing in some parts of California without having to travel a long distance.

C. Sierra Nevada, San Joaquin Valley, Mojave Desert and the Pacific Ocean all lie within a radius of about 100 meters.

D. Owens Lake, in Death Valley, is not really a lake at all.

Passage 9 （上海理工大学 2012）

"Welcome to the U.S.A.! Major Credit cards accepted!"

By the millions they are coming, no longer the tired, the poor, the wretched masses longing for a better living. These are the wealthy. "We don't have a budget," says a biologist from Brazil, as she walks with two companions through New York City's South Street. "We just use our credit cards."

The U.S. has long been one of the worlds most popular tourist destinations, but this year has been exceptional. First there was the World Cup, which drew thousands from every comer of the globe; then came the weakening of the U.S. dollar against major currencies. Now the U.S., still the worlds superpower, can also claim to be the world's bargain basement. **Nobody undersells America** these days on just about everything, from consumer electronics to fashion clothes to tennis rackets. Bottom retail prices — anywhere from 30% to 70% lower than those in Europe and Asia — have attracted some 47 million visitors, who are expected to leave behind $79 billion in 1994. That's up from $74 billion the year before.

True, not everyone comes just for bargains. There remains an undeniable fascination in the rest of the world with all things American, nourished by Hollywood films and U.S. television series. But shopping the U.S.A. is proving irresistible. Every week thousands arrive with empty suitcases ready to be filled; some even rent an additional hotel room to hold their purchases. The buying binge has become as important as watching Old Faithful Fountains erupt in Yellowstone Park or sunbathing on a beach in Florida.

The U.S. has come at last to appreciate what other countries learned long ago: the pouring in of foreign tourists may not always be convenient, but it does put money in the bank. And with a trade deficit at about \$130 billion and growing for the past 12 months, the U.S. needs all the deposits it can get. Compared with American tourists abroad, visitors to the U.S. stay longer and spend more money at each stop; and average of 12.2 night and \$1,624 a traveller versus the American's four nights and \$298.

1. From what the Brazilian biologist says, we know that tourists like her ____________.
   A. are reluctant to carry cash with them
   B. simply don't care how much they spend
   C. are not good at planning their expenditure
   D. often spend more money than they can afford
2. The reason why 1994 was impressive is that ____________.
   A. it witnessed a drop in the number of tourists to the U.S.
   B. it saw an unusually large number of tourists to the U.S.
   C. tourism was hardly affected by the weakening of the U.S. dollar that year
   D. tourists came to the U.S. for sightseeing rather than for bargains that year
3. By saying "Nobody undersells America" (Para. 3), the author means that ____________.
   A. no other country underestimates the competitiveness of American products
   B. nobody expects the Americans to cut the prices of their commodities
   C. nobody prevents the selling of American goods
   D. no other country sells at a lower price than America
4. Why does the author insists that all things American are fascinating to foreigners?
   A. Because they have gained much publicity through the American media.
   B. Because they represent the world's latest fashions.
   C. Because they reflect the most advanced technology.
   D. Because they are available at all tourist destinations.
5. From the passage we can conclude that the U.S. has come to realize that ____________.
   A. the weakening of the U.S. dollar can result in trade deficits
   B. tourism can make great contributions to its economy
   C. the lower the retail prices, the greater in profits
   D. visitors to the U.S. are wealthier than U.S. tourists abroad

Passage 10 （湖南大学 2011）

For centuries, explorers have risked their lives venturing into the unknown for reasons that were to varying degrees economic and nationalistic. Columbus went west to look for better trade routes to the Orient and to promote the greater glory of Spain. Lewis and Clark journeyed into the American wilderness to find out what the U.S. had acquired when it purchased Louisiana, and the Apollo astronauts rocketed to the moon in a dramatic show of technological muscle during the cold war. Although their missions blended commercial and political-military imperatives, the explorers involved all accomplished some significant science simply by going where no scientists had gone before.

Today Mars looms as humanity's next great terra incognita. And with doubtful prospects for a short-term financial return, with the cold war a rapidly fading memory and amid a growing emphasis on international cooperation in large space ventures, it is clear that imperatives other than profits or nationalism will have to compel human beings to leave their tracks on the planet's reddish surface. Could it be that science, which has long played a minor role in exploration, is at last destined to take a leading role? The question naturally invites a couple of others: Are there experiments that only humans could do on Mars? Could those experiments provide insights profound enough to justify the expense of sending people across interplanetary space?

With Mars the scientific stakes are arguably higher than they have ever been. The issue of whether life ever existed on the planet, and whether it persists to this day, has been highlighted by mounting evidence that the Red Planet once had abundant stable, liquid water and by the continuing controversy over suggestions that bacterial fossils rode to Earth on a meteorite from valuable data about the range of conditions under which a planet can generate the complex chemistry that leads to life. If it could be established that life arose independently on Mars and Earth, the finding would provide the first concrete clues in one of the deepest mysteries in all of science: the prevalence of life in the universe.

1. According to the passage, the chief purpose of explorers in going to unknown places in the past was ______.
   A. to display their country's military might
   B. to accomplish some significant science
   C. to find new areas for colonization
   D. to pursue commercial and state interests
2. At present, a probable inducement for countries to initiate large-scale space ventures is ______.
   A. international cooperation
   B. scientific research
   C. nationalistic reasons
   D. long-term profits
3. What is the main goal of sending human missions to Mars?
   A. To find out if life ever existed there.
   B. To see if humans could survive there.
   C. To prove the feasibility of large-scale space ventures.
   D. To show the leading role of science in space exploration.
4. By saying "With Mars the scientific stakes are arguably higher than they have ever been"

(Para. 4), the author means that ____________.

A. with Mars the risks involved are much greater than any previous space ventures

B. in the case of Mars, the rewards of scientific exploration can be very high

C. in the case of Mars, much more research funds are needed than ever before

D. with Mars, scientists argue, the fundamental interests of science are at issue

5. The passage tells us that proof of life on Mars would ____________.

A. make clear the complex chemistry in the development of life

B. confirm the suggestion that bacterial fossils traveled to Earth on a meteorite

C. reveal the kind of conditions under which life originates

D. provide an explanation why life is common in the universe

13. 生态环境专题

Passage 1 （中南财经政法大学 2015）

The coast of the State of Maine is one of the most irregular in the world. A straight line running from the southernmost coastal city to the northernmost coastal city would measure about 225 miles. If you followed the coastline between these points, you would travel more than ten times as far. This irregularity is the result of what is called a drowned coastline. The term comes from the glacial activity of the Ice Age. At that time, the whole area that is now Maine was part of a mountain range that towered above the sea. As the glacier descended, however, it applied enormous force on those mountains, and they sank into the sea.

As the mountains sank, ocean water charged over the lowest parts of the remaining land. And the highest parts of the former mountain range, nearest the shore, remained as islands. Marine fossils found here are 225 feet above sea level indicating the level of the shoreline prior to the glacier.

The 2500-mile-long rocky and jagged coastline of Maine keeps watch over nearly 2,000 islands. Many of these islands are tiny and uninhabited, but many are home to blooming communities. Mt. Desert Island is one of the largest, most beautiful of the Maine coast islands left behind by the glacier. Measuring 16 miles by 12 miles, Mt. Desert was very nearly formed as two distinct islands. It is split almost in half by Somes Sound, a very deep and very narrow stretch of water seven miles long.

For years, Mt. Desert Island, particularly its major settlement, Bar Harbor, has afforded summer homes for the wealthy. Recently, though, Bar Harbor has become a new arts community as well. But the best part of the island is the unspoiled forest land known as Acadia National Park. Since the island sits on the border between two different geographical zones, the park supports the plants and animals of both zones. It also lies in a major bird migration lane and is a resting spot for many birds.

The establishment of Acadia National Park in 1916 means that this natural monument will be preserved and that it will be available to all people, not just the wealthy. Visitors to Acadia may receive nature instruction from the park naturalists as well as enjoy camping, hiking, cycling, and boating. Or they may choose to spend time at the museum learning about the Stone Age inhabitants of the island.

1. According to the selection, the large number of small islands along the coast of Maine are the result of ________.

   A. glaciers forcing a mountain range into the sea

   B. Maine's location between the temperate and sub-Arctic zones

   C. the irregularity of the Maine coast

   D. the need for summer communities for wealthy tourists and artists

2. The content of the fourth paragraph indicates that the writer believes that ________.

   A. the continued existence of national parks is threatened by budget cuts

   B. the best way to preserve the environment on Mt. Desert Island is to limit the number of visitors

   C. national parks allow large numbers of people to visit and learn about interesting wilderness areas

   D. Mt. Desert Island is the most interesting tourist attraction in Maine

3. According to the selection, the coast of Maine is ________.

   A. 2,500 miles long   B. 3,500 miles long

   C. 225 miles long   D. 235 miles long

Passage 2 （中南财经政法大学 2015）

The threat of a global outbreak of bird flu makes it urgent for the international community to cooperate effectively. Wealthy countries will have to provide hundreds of millions of dollars for the testing and production of medicines necessary for treating patients suffering from bird flu. Developing countries, particularly in Southeast Asia, where the bird flu virus has spread since 1997, must work out special programs so that farmers will not hide sighs of possible outbreaks. In addition, the way such farm birds as chickens and ducks are traditionally raised and marketed in the developing world should be changed; there should be more distance between the birds and their keepers. Countries should deal with the disease with joint effort. If one country is inadequately prepared, it will be a threat to every other country.

The potential effects of a national outbreak of bird flu are enormous. Firstly, an outbreak may kill large numbers of people. World Health Organization (WHO) estimates that an outbreak similar to the mild Hong Kong flu of 1968 could kill as many as 7.4 millions people. If it were as dangerous as the 1918 Spanish flu, which killed 50 million, the number would be much higher. Secondly, such an outbreak may cause great financial damage. The latest outbreak of bird flu, which began in December 2003, has cost Southeast Asia more than $10 billion and depressed its

GDP by 1.5 percent. If a new outbreak of bird flu were to last for a whole year, $800 billion would be lost.

Despite the 124 human cases and 63 deaths from bird flu since December 2003, the virus remains mainly a disease of animals. However, the more animals that die of the disease, the more chances it has of spreading to people. Large numbers of dead or dying birds mean that more people will be exposed to the virus and change into a virus with new characteristics. If the international community works together efficiently, man can surely prevent such a virus and possibly save millions of lives.

1. Faced with the threat of a global outbreak of bird flu, the international community should ____________.
   A. establish new markets
   B. work together effectively
   C. stop birds from flying to other countries
   D. raise fewer chickens and ducks
2. The second paragraph focuses on ____________.
   A. World Health Organization
   B. flus in Hong Kong and Spain
   C. the economy of Southeast Asia
   D. possible effects of a bird flu outbreak
3. The number of people who have died of bird flu since 2003 is ____________.
   A. 63　B. 124　C. 7.4 million　D. 50 million
4. In the third paragraph, the author is mainly interested in ____________.
   A. stimulating financial growth
   B. reducing economic damages
   C. saving human lives
   D. protecting bird species
5. The passage deals with all the following aspects bird flu EXCEPT ____________.
   A. the origin and history of bird flu
   B. the importance of international cooperation
   C. the possible dangers of a national outbreak
   D. the significance of preventing it from spreading

Passage 3 （中南财经政法大学 2014）

Studies show that temperatures in 1990 were higher than in any year since people began keeping records of temperatures. Scientists say the record warmth last year continued a condition first observed in the 1980s. Average temperatures on earth have increased in the last one hundred eleven years. Most of the warmest years since 1880 took place since 1980. Some scientists say these findings strengthen the possibility that the greenhouse effect has began.

Greenhouses are clear glass or plastic buildings used to grow plants. The glass or plastic traps the heats of the sun. Even in bitter cold weather, the plants inside survive. Earth's atmosphere acts like a greenhouse. Carbon dioxide and other gases in the atmosphere trap heat from the sun. They prevent the heat from escaping into outer space. This balanced system makes it possible for plants, animals and people to survive on earth.

Now, however, the balance is changing. Human activities are producing greatly increased amounts of carbon dioxide and other gases, and the gases are trapping more heat. Scientists who believe in the greenhouse effect say increased temperatures will have major effects on earth's environment, agriculture and sea levels. They are testing their idea all the time.

American and British scientists organized the latest studies. Each group examined records of temperatures on land. The British scientists also examined records of temperatures at sea. The American scientists say the average temperature last year was fifteen and fifty-six hundredths degrees Celsius. That is the highest average temperature since their records began in 1880. It is almost one tenth of a degree higher than the old record high. The American scientists say parts of the eastern United States, Europe and Asia had higher than normal temperatures, The British records go back to 1850. The British scientists say they believe 1990 was the warmest year since then. They found evidence of record-high temperatures in Europe, west Siberia, East Asia and most of North America.

1. The temperature of which year was the highest in history?

A. 1980. B. 1990. C. 1880. D. 1850.

2. When did the average temperature of the world begin to increase?

A. 2 years ago. B. 111 years ago.

C. 11years ago. D. Last year.

3. Greenhouses depend on ________ energy.

A. mechanic B. solar C. electric D. atomic

4. According to the article, what's the main reason for the increase of world temperature?

A. More carbon dioxide and other gases are produced.

B. Heat prevents carbon dioxide from escaping into outer space.

C. The remains of plants, animals and human beings are trapping more heat.

D. Both B and C.

5. According to some American scientists, the record high temperature since 1880 is ________ Celsius.

A. 155.6 B. 1.556 C. 15.56 D. 15~56

Passage 4 (天津外国语大学 2014)

According to some scientists, migratory birds should be able to withstand the winter. A bird's feathery coat is good insulation against the cold. Because a bird is warm-blooded, its body temperature always remains constant, even if the temperature of its surroundings changes.

The factors that trigger migratory behavior in birds are difficult to explain. This behavior seems to be instinctive, not learned. For example many northern species leave their summer homes while the weather is still warm and the food supply plentiful. Young arctic terns born at the arctic breeding grounds will take off with the flock for distant lands they have never seen.

Bird migrations are probably regulated by the glandular system. Scientists suspect that the changing length of the day is the factor that triggers migratory behavior. In an experiment, migratory birds were kept in artificially lighted rooms. It was found that if periods of darkness were lengthened proportionately, the glands of the birds became active. These glands secrete hormones, which are chemicals that control numerous body functions. Shorter periods of daylight seem to change the hormone balance of birds, so that they retain more fat. This stored fat that provides the energy for a long flight. The same experiment revealed that the birds became more excited as the artificial night was lengthened. It is probably no coincidence that most flocks begin their migratory flights during the night.

1. What does the passage mainly discuss?

   A. Common migratory paths for birds.　　B. Why birds migrate.

   C. Species of birds that do not migrate.　　D. Migration in cold climates.

2. According to the passage, which of the following protects birds against cold weather?

   A. Glands.　　B. Hormones.　　C. Feathers.　　D. Artificial light.

3. In the 2nd paragraph, the author mentions young arctic terns as an example of birds that __________.

   A. do not migrate　　B. breed during migration

   C. migrate instinctively　　D. adapt to the cold

4. According to the passage, birds exposed to longer periods of darkness experience all of the following changes EXCEPT __________.

   A. activated glands　　B. excited behavior

   C. retention of more fat　　D. increased appetite

5. In the experiment mentioned in the passage, the scientists adjusted the birds' __________.

   A. food supply　　B. body temperatures

   C. exposure to light　　D. brain chemistry

Passage 5 （天津外国语大学 2014）

The winds of the earth behave in accordance with one simple pattern: equalize the surface temperatures by carrying heat away from the equator and moving it towards the poles. Because the process is enormous in scale, it involves complex intricacies which account for the unpredictability of weather despite the modern tools available to the forecaster. However, there are two observable features of global atmospheric circulation which are particularly applicable to North America.

One is the gentle, yet persistent, sinking current which falls from the upper atmosphere. Such subsidence is the end of the global convection cycle which begins with updrafts of warm air near the equator; the air loses moisture as it rises and begins to migrate towards the poles. At approximately thirty degrees latitude the air begins to sink, creating the hot, dry conditions common in the southwestern U.S. throughout the year, but especially during the summer. The other significant part of the worldwide phenomena is known as the jet stream, a shifting belt of high-speed winds blowing from the west across the width of the continent at high latitudes. The path of these rapid breezes on any given day is a key to predicting the surface conditions. During the summer months, the winds are generally along the Canadian border, although they may alter their course as high as Alaska or as low as Louisiana. The jet stream generally pulls wet air into Washington, Oregon and Canada from the Pacific Ocean. In the lower regions of North America, its effect is almost the opposite: the warm air from the deserts of Mexico and the southwestern U.S. is pulled towards the jet stream causing higher temperatures throughout the area. In the East, however, the cool air from the Gulf of Mexico is drawn up by the jet creating a cooling effect for the South and Midwest. In the winter, the jet moves to lower latitudes resulting in greater rainfall for southwestern states while the cool Canadian air causes winter storms in the northern areas.

1. What is the main topic of the passage?
   A. Wind circulation patterns.
   B. Jet stream winds.
   C. Pole equalization.
   D. Weather forecasting.
2. According to the passage, what causes the winds to rise at the tropical latitudes?
   A. Higher temperatures.
   B. Sinking currents.
   C. Gentle subsidence.
   D. Lower moisture.
3. Which of the following is NOT a characteristic of subsiding currents from the upper atmosphere?
   A. Relatively slow speed.
   B. Continuous.
   C. Falling.
   D. Intermittent.
4. Where does the jet stream typically run in the summer?
   A. Across Alaska.
   B. Through Louisiana.
   C. Along the Northern U.S. border.
   D. Across the Pacific Ocean.
5. What is the result of the lower elevations for the jet stream in winter?
   A. Less rain in the South.
   B. Warmer temperatures in the North.
   C. More rain in the Southwest.
   D. Warmer temperatures in the Midwest.

Passage 6 (对外经济贸易大学 2014)

Where do pesticides fit into the picture of environmental disease? We have seen that they now pollute soil, water, and food, that they have the power to make our streams fishless and our gardens and woodlands silent and birdless. **Man, however much he may like to pretend the contrary, is part of nature**. Can he escape a pollution that is now so thoroughly distributed throughout our world?

We know that even single exposures to these chemicals, if the amount is large enough, can cause extremely severe poisoning. But this is not the major problem. The sudden illness or death of farmers, farm workers, and others exposed to sufficient quantities of pesticides are very sad and should not occur. For the population as a whole, we must be more concerned with the delayed effects of absorbing small amounts of the pesticides that invisibly pollute our world.

Responsible public health officials have pointed out that the biological effects of chemicals are cumulative over long periods of time, and that the danger to the individual may depend on the sum of the exposures received throughout his lifetime. For these very reasons the danger is easily ignored. It is human nature to shake off what may seem to us a threat of future disaster. "Men are naturally most impressed by diseases which have obvious signs," says a wise physician, Dr. Rene Dubos, "yet some of their worst enemies slowly approach them unnoticed."

1. Which of the following is closest in meaning to the sentence "Man... is part of nature." (Para. 1)?
   A. Man appears indifferent to what happens in nature.
   B. Man acts as if he does not belong to nature.
   C. Man can avoid the effects of environmental pollution.
   D. Man can escape his responsibilities for environmental protection.
2. What is the author's attitude towards the environmental effects of pesticides?
   A. Pessimistic. B. Indifferent. C. Defensive. D. Concerned.
3. In the author's view, the sudden death caused by exposure to large amounts of pesticides ________.
   A. is not the worst of the negative consequences resulting from the use of pesticides
   B. now occurs most frequently among all accidental deaths
   C. has sharply increased so as to become the center of public attention
   D. is unavoidable because people can't do without pesticides in farming
4. People tend to ignore the delayed effects of exposure to chemicals because ________.
   A. limited exposure to them does little harm to people's health
   B. the present is more important for them than the future
   C. the danger does not become apparent immediately
   D. humans are capable of withstanding small amounts of poisoning
5. It can be concluded from Dr.Dubos' remarks that ________.
   A. people find invisible diseases difficult to deal with
   B. attacks by hidden enemies tend to be fatal
   C. diseases with obvious sighs are easy to cure
   D. people tend to overlook hidden dangers caused by pesticides

Passage 7 （首都师范大学 2013）

Aside from water vapour, the four principal greenhouse gases are carbon dioxide (CO_2), methane (CH_4), nitrous oxide (N_2O) and the halocarbons or CFCs (gases containing fluorine, chlorine and bromine). These gases — described in more detail here — can remain in the atmosphere for different amounts of time, from months to millennia, and affect the climate on very different timescales.

The lifetime in the air of CO_2, the most significant man-made greenhouse gas, is probably the most difficult to determine, because there are several processes that remove carbon dioxide from the atmosphere. Between 65% and 80% of CO_2 released into the air dissolves into the ocean over a period of 20-200 years. The rest is removed by slower processes that take up to several hundreds of thousands of years, including chemical weathering and rock formation. This means that once in the atmosphere, carbon dioxide can continue to affect climate for thousands of years.

Methane, by contrast, is mostly removed from the atmosphere by chemical reaction, persisting for about 12 years. Thus although methane is a **potent** greenhouse gas, its effect is relatively short-lived.

Nitrous oxide is destroyed in the stratosphere and removed from the atmosphere more slowly than methane, persisting for around 114 years.

Compounds containing chlorine and/or fluorine (CFCs, HCFCs, HFCs, PFCs) include a huge number of different chemical species, each of which can last in the atmosphere for a specific length of time — from less than a year to many thousands of years. The IPCC has published a comprehensive list of the atmospheric lifetime of the various CFCs and other greenhouse gases.

Water vapour is a very effective absorber of heat energy in the air, but it does not accumulate in the atmosphere in the same way as the other greenhouse gases. This is down to it having a very short atmospheric lifetime, of the order of hours to days, because it is rapidly removed as rain and snow. The amount of water vapour that the atmosphere can hold increases as the atmosphere gets warmer, so the greenhouse properties of water vapour are usually considered to act as part of a feedback loop, rather than a direct cause of climate change.

1. Why is it difficult to determine CO_2's atmospheric lifetime?
   A. Because it is difficult to be destroyed in the atmosphere.
   B. Because there is no effective technical devices available.
   C. Because it serves as a feedback loop in the atmosphere.
   D. Because it can be removed through several processes.
2. Generally, which of the four greenhouse gases mentioned in the passage has the shortest atmospheric lifetime?
   A. CO_2　　B. N_2O　　C. CH_4　　D. CFCs
3. Which of the following word can best replace the underline word "potent" (Para. 3)?
   A. Powerful　　B. Ineffective　　C. Poisonous　　D. Invisible
4. Why is water vapour NOT considered as a direct cause of climate change?
   A. Because it does influence climate.
   B. Because it increases when the atmosphere warms up.
   C. Because it can be removed by the chemical reactions.
   D. Because it is not a greenhouse gas.

5. According to the passage, which of the following is NOT true?

A. CO_2 is the most significant man-made greenhouse gas.

B. Methane is mostly removed by chemical reaction.

C. Nitrous is removed from the atmosphere more slowly than methane.

D. Water Vapour is not a greenhouse gas.

6. What section is most probably this passage selected from?

A. Current affairs　　B. Social issues

C. Environment　　D. Scientific revolution

Passage 8 （湖南大学 2013）

Two years ago, a Danish environmentalist called Bjorn Lomborg had an idea. We all want to make the world a better place but, given finite resources, we should look for the most cost-effective ways of doing so. He persuaded a bunch of economists, including three Nobel laureates, to draw up a list of priorities. They found that efforts to fight malnutrition and disease would save many lives at modest expense, whereas fighting global warming would cost a colossal amount and yield distant and uncertain rewards.

That conclusion upset a lot of environmentalists. This week, another man who upsets a lot of people embraced it. John Bolton, America's ambassador to the United Nations, said that Mr. Lomborg's Copenhagen Consensus provided a useful way for the world body to get its priorities straight. Too often at the UN, said Mr Bolton, everything is a priority. The secretary-general is charged with carrying out 9,000 mandates, he said, and when you have 9,000 priorities you have none.

So, over the weekend, Mr. Bolton sat down with UN diplomats from seven other countries to rank 40 ways of tackling ten global crises. The problems addressed were climate change, communicable diseases, war, education, financial instability, governance, malnutrition, migration, clean water and trade barriers.

Given a notional $50 billion, how would the ambassadors spend it to make the world a better place? Their conclusions were strikingly similar to the Copenhagen Consensus. After hearing presentations from experts on each problem, they drew up a list of priorities. The top four were basic health care, better water and sanitation, more schools and better nutrition for children. Averting climate change came last.

The ambassadors thought it wiser to spend money on things they knew would work. Promoting breast-feeding, for example, costs very little and is proven to save lives. It also helps infants grow up stronger and more intelligent, which means they will earn more as adults. Vitamin A supplements cost as little as $1, save lives and stop people from going blind. And so on.

For climate change, the trouble is that though few dispute that it is occurring, no one knows how severe it will be or what damage it will cause. And the proposed solutions are staggeringly expensive.

Mr. Lomborg reckons that the benefits of implementing the Kyoto protocol would probably outweigh the costs, but not until 2100. This calculation will not please Al Gore. Nipped at the post by George Bush in 2000, Mr. Gore calls global warming an onrushing catastrophe and argues vigorously that curbing it is the most urgent moral challenge facing mankind.

Mr. Lomborg demurs. We need to realize that there are many inconvenient truths, he says. But whether he and Mr. Bolton can persuade the UN of this remains to be seen.

1. According to some economists, fighting global warming ________.
   A. is of little help to make the world a better place
   B. is as favorable as fighting malnutrition and disease
   C. is not the first priority for us to make the world better
   D. is one of the priorities for us to make the world better
2. By saying everything is a priority, John Bolton means that ________.
   A. it is reasonable to think of fighting global warming as a priority
   B. if you thought that way, there would be no priority at all
   C. it is a useful way for the UN to get its priorities straight
   D. every mandate to be carried out is actually a priority
3. According to some UN diplomats, ________.
   A. fighting global warming is worth spending a huge amount of money on
   B. promoting breast-feeding is more urgent than fighting global warming
   C. averting climate change should be excluded from the list of priorities
   D. there are at least 40 effective ways to tackle the top ten global crises
4. According to the text, Mr.Lomborg ________.
   A. doubts whether climate change is occurring
   B. proposes an ideal solution for climate change
   C. knows clearly how severe the future climate change will be
   D. questions the immediate benefits of averting climate change
5. It seems that the UN ________.
   A. still takes averting climate change as a priority
   B. fails to realize many inconvenient truths in the world
   C. has its crucial policies challenged by many member countries
   D. is trying to tackle all the global crises to make the world better

Passage 9 （上海理工大学 2013）

In 1993, New York State ordered stores to charge a deposit on beverage (= drink) containers. Within a year, consumers had returned millions of aluminum cans and glass and plastic bottles. Plenty of companies were eager to accept the aluminum and glass as raw material for new products, but because few could figure out what to do with the plastic, much of it would end up buried in landfills. The problem was not limited to New York. Unfortunately, there were too few uses for second-hand plastic.

Today, one out of five plastic soda bottles is recycled in the United States. The reason for the change is that now there are dozens of companies across the country buying discarded plastic soda bottles and turning them into fence post, paint brushes, etc.

As the New York experience shows, recycling involves more than simply separating valuable materials from the rest of the rubbish. A discard remains a discard until somebody figures out how to give it a second life — and until economic arrangements exist to give that second life value. Without adequate markets to absorb materials collected for recycling, throwaways actually depress prices for used materials.

Shrinking landfill space and rising costs for burying and burning rubbish are forcing local governments to look more closely at recycling. In many areas, the East Coast especially, recycling is already the least expensive waste-management option. For every ton of waste recycled, a city avoids paying for its disposal, which, in parts of New York, amounts to savings of more than $100 per ton. Recycling also stimulates the local economy by creating jobs and reduces the pollution control and energy costs of industries that make recycled products by giving them a more refined raw material.

1. What regulation was issued by New York State concerning beverage containers?

   A. A fee should be charged on used containers for recycling.

   B. Throwaways should be collected by the state for recycling.

   C. Consumers had to pay for beverage containers and could get their money back on returning them.

   D. Beverage companies should be responsible for collecting and reusing discarded plastic soda bottles.

2. The returned plastic bottles in New York used to __________.

   A. be turned into raw materials　　B. be separated from other rubbish

   C. have a second-life value　　D. end up somewhere underground

3. The key problem in dealing with returned plastic beverage containers is __________.

   A. how to reduce their recycling costs　　B. to sell them at a profitable price

   C. how to turn them into useful things　　D. to lower the prices for used materials

4. Recycling has become the first choice for the disposal of rubbish because __________.

   A. recycling causes little pollution　　B. other methods are more expensive

   C. recycling has great appeal for the jobless　　D. local governments find it easy to manage

5. It can be concluded from the passage that __________.

   A. recycling is to be recommended both economically and environmentally

   B. local governments in the U.S. can expect big profits from recycling

   C. rubbish is a potential remedy for the shortage of raw materials

D. landfills will still be widely used for waste disposal

Passage 10 （电子科技大学 2013）

In 1960-1961, Chad harvested 9, 800 tons of cotton seed for the first time in its history, and put out the flag a little too soon. The efforts of the authorities to get the peasants back to work, as they had slacked off a great deal the previous year during independence celebrations, largely contributed to it. Also, rains were well spaced, and continued through the whole month of October. If the 1961-1962 total is back to the region of 45, 000 tons, it is mostly because efforts slackened again and sowing was started too late.

The average date of sowing is about July 1st. If this date is simply moved up fifteen or twenty days, 30, 000 to 60, 000 tons of cotton are gained, depending on the year. The peasant in Chad sows his millet first, and it is hard to criticize this instinctive priority given to his daily bread. An essential reason for his lateness with sowing cotton is that at the time when he should leave to prepare the fields he has just barely sold the cotton of the previous season. The work required to sow, in great heat, is psychologically far more difficult if one's pockets are full of money. The date of cotton sales should therefore be moved forward as much as possible, and purchases of equipment and draught animals encouraged.

Peasants should also be encouraged to save money, to help them through the difficult period between harvests. If necessary they should be forced to do so, by having the payments for cotton given to them in installments. The last payment would be made after proof that the peasant has planted before the deadline, the date being advanced to the end of June. Those who have done so would receive extra money whereas the last planters would not receive their last payment until later.

Only the first steps are hard, because once work has started the peasants continue willingly on their way. Educational campaigns among the peasants will play an essential role in this basic advance, early sowing, on which all the others depend. It is not a matter of controlling the peasants. Each peasant will remain master of his fields. One could, however, suggest the need for the time being of kind but firm rule, which, as long as it cannot be realized by the people, should at least be for the people.

1. In 1960-1961, Chad had a good harvest of cotton because ______.
   A. the government greatly encouraged peasants
   B. rains favored the growth of cotton
   C. Chad gained independence in the previous year
   D. Both A and B
2. We learn from the passage that the date of sowing cotton is usually ______.
   A. on June 15th　　B. on July 15th
   C. on July 1st　　D. on July 20th

3. As used in the third sentence of the second paragraph, daily bread refers to ____________.

   A. breakfast B. bread and butter

   C. rice D. millet

4. In order to help them through the difficult time between harvests the peasants have to ____________.

   A. sell cotton in advance B. be encouraged to save money

   C. sow cotton in time D. plant millet first

5. Which of the following is NOT true?

   A. Educational campaigns are very important to early sowing.

   B. Of all the advances that the writer hopes for, early sowing is the most important.

   C. Peasants should remain the masters of their fields.

   D. Government might as well make good and firm rule for peasants.

Passage 11 （暨南大学 2013）

All North American canids have a doglike appearance characterized by a graceful body, long muzzle, erect ears, slender legs, and bushy tail. Most are social animals that travel and hunt in groups or pairs. After years of persecution by humans, the populations of most North American canids, especially wolves and foxes, have decreased greatly. The coyote, however, has thrived alongside humans, increasing in both numbers and range.

Its common name comes from *coyotl*, the term used by Mexico's Nahuatl Indians, and its scientific name, canis latrans, means "barking dog". The coyote's vocalizations are varied, but the most distinctive are given at dusk, dawn, or during the night and consists of a series of barks followed by a prolonged howl and ending with short, sharp yaps. This call keeps the band alert to the locations of its members. One voice usually prompts others to join in, resulting in the familiar chorus heard at night throughout the west.

The best runner among the canids, the coyote is able to leap fourteen feet and cruise normally at 25-30 miles per hour. It is a strong swimmer and does not hesitate to enter water after prey. In feeding, the coyote is an opportunist, eating rabbits, mice, ground squirrels, birds, snakes, insects, many kinds of fruit, and carrion — whatever is available. To catch larger prey, such as deer or antelope, the coyote may team up with one or two others, running in relays to tire prey or waiting in ambush while others chase prey toward it. Often a badger serves as involuntary supplier of smaller prey: while it digs for rodents at one end of their burrow, the coyote waits for any that may emerge from an escape hole at the other end.

Predators of the coyote once included the grizzly and black bears, the mountain lion, and the wolf, but their declining populations make them no longer a threat. Man is the major enemy, especially since coyote pelts have become increasingly valuable, yet the coyote population continues to grow, despite efforts at trapping, shooting, and poisoning the animals.

1. According to the passage, in what way is the coyote unlike other North American canids?
   A. The coyote's body is not graceful.
   B. The coyote is not hunted by humans.
   C. The coyote population has not decreased.
   D. The coyote does not know how to swim.
2. All of the following statements describe the coyote's vocalizations EXCEPT ____________.
   A. Vocalizations communicate the locations of other coyotes
   B. The coyote uses its distinctive call to trick and catch prey
   C. A group of coyotes will often bark and howl together
   D. The coyote's scientific name reflects its manner of vocalizing
3. According to the passage, the coyote is an opportunist because it ____________.
   A. knows how to avoid being captured
   B. likes to team up with other coyotes
   C. has better luck than other predators
   D. takes advantage of circumstances
4. Which animal sometimes unknowingly helps the coyote catch food?
   A. Wolf.　　B. Rodent.　　C. Deer.　　D. Badger.
5. According to the passage, all the following statements are true EXCEPT ____________.
   A. the coyote is a serious threat to human activities
   B. the coyote is a skillful and athletic predator
   C. the coyote hunts cooperatively with other coyotes
   D. the coyote survives despite persecution by humans

Passage 12 （中南财经政法大学 2012）

Low-level slash-and-burn farming doesn't harm rainforest. On the contrary, it helps farmers and improves forest soils. This is the unorthodox view of a German soil scientist who has shown that burnt clearings in the Amazon, dating back more than 1,000 years, helped create patches of rich, fertile soil that farmers still benefit from today.

Most rainforest soils are thin and poor because they lack minerals and because the heat and heavy rainfall destroy most organic matter in the soils within four years of it reaching the forest floor. This means topsoil contains few of the ingredients needed for long-term successful farming.

But Bruno Glaser, a soil scientist of the University of Bayreuth, has studied unexpected patches of fertile soils in the central Amazon. These soils contain lots of organic matter.

Glaser has shown that most of this fertile organic matter comes from "black carbon"— the organic particles from camp fires and charred wood left over from thousands of years of slash-and-burn farming. "The soils, known as Terra Preta, contained up to 70 times more black carbon than the surrounding soil," says Glaser.

Unburnt vegetation rots quickly, but black carbon persists in the soil for many centuries.

Radiocarbon dating shows that the charred wood in Terra Preta soils is typically more than 1,000 years old.

"Slash-and-burn farming can be good for soils provided it doesn't completely burn all the vegetation, and leaves behind charred wood," says Glaser. "It can be better than manure." Burning the forest just once can leave behind enough black carbon to keep the soil fertile for thousands of years. And rainforests easily regrow after small-scale clearing. Contrary to the conventional view that human activities damage the environment, Glaser says: "Black carbon combined with human wastes is responsible for the richness of Terra Preta soils."

Terra Preta soils turn up in large patches all over the Amazon, where they are highly prized by farmers. All the patches fall within 500 square kilometers in the central Amazon. Glaser says the widespread presence of pottery confirms the soil's human origins.

The findings add weight to the theory that large areas of the Amazon have recovered so well from past periods of agricultural use that the regrowth has been mistaken by generations of biologists for "virgin" forest.

During the past decade, researchers have discovered hundreds of large earth works deep in the jungle. They are up to 20 meters high and cover up to a square kilometer. Glaser claims that these earth works, built between AD 400 and 1400, were at the heart of urban civilizations. Now it seems the richness of the Terra Preta soils may explain how such civilizations managed to feed themselves.

1. We learn from the passage that the traditional view of slash-and-burn farming is that ________.

   A. it does no harm to the topsoil of the rainforest

   B. it destroys rainforest soils

   C. it helps improve rainforest soils

   D. it diminishes the organic matter in rainforest soils

2. Most rainforest soils are thin and poor because ________.

   A. the composition of the topsoil is rather unstable

   B. black carbon is washed away by heavy rains

   C. organic matter is quickly lost due to heat and rain

   D. long-term farming has exhausted the ingredients essential to plant growth

3. Glaser made his discovery by ________.

   A. studying patches of fertile soils in the central Amazon

   B. examining pottery left over by ancient civilizations

   C. test-burning patches of trees in the central Amazon

   D. radiocarbon-dating ingredients contained in forest soils

4. What does Glaser say about the regrowth of rainforests?

   A. They take centuries to regrow after being burnt.

B. They cannot recover unless the vegetation is burnt completely.

C. Their regrowth will be hampered by human habitation.

D. They can recover easily after slash-and-burn farming.

5. From the passage it can be inferred that ____________.

A. human activities will do grave damage to rainforests

B. Amazon rainforest soils used to be the richest in the world

C. farming is responsible for the destruction of the Amazon rainforests

D. there once existed an urban civilization in the Amazon rainforests

Passage 13 （中南财经政法大学 2012）

Frustrated with delays in Sacramento, Bay Area officials said Thursday they planned to take matters into their own hands to regulate the region's growing pile of electronic trash. A San Jose councilwoman and a San Francisco supervisor said they would propose local initiatives aimed at controlling electronic waste if the California law-making body fails to act on two bills stalled in the Assembly. They are among a growing number of California cities and counties that have expressed the same intention.

Environmentalists and local governments are increasingly concerned about the toxic hazard posed by old electronic devices and the cost of safely recycling those products. An estimated 6 million televisions and computers are stocked in California homes, and an additional 6,000 to 7,000 computers become outdated every day. The machines contain high levels of lead and other hazardous substances, and are already banned from California landfills.

Legislation by Senator Byron Sher would require consumers to pay a recycling fee of up to $30 on every new machine containing a cathode ray tube. Used in almost all video monitors and televisions, those devices contain four to eight pounds of lead each. The fees would go toward setting up recycling programs, providing grants to non-profit agencies that reuse the tubes and rewarding manufacturers that encourage recycling.

A separate bill by Los Angeles-area Senator Gloria Romero would require high-tech manufacturers to develop programs to recycle so-called e-waste.

If passed, the measures would put California at the forefront of national efforts to manage the refuse of the electronic age.

But high-tech groups, including the Silicon Valley Manufacturing Group and the American Electronics Association, oppose the measures, arguing that fees of up to $ 30 will drive consumers to online, out-of-state retailers.

"What really needs to occur is consumer education. Most consumers are unaware they're not supposed to throw computers in the trash," said Roxanne Gould, vice president of government relations for the electronics association.

Computer recycling should be a local effort and part of residential waste collection programs, she added.

Recycling electronic waste is a dangerous and specialized matter, and environmentalists maintain the state must support recycling efforts and ensure that the job isn't contracted to unscrupulous junk dealers who send the toxic parts overseas.

"The graveyard of the high-tech revolution is ending up in rural China," said Ted Smith, director of the Silicon Valley Toxics Coalition. His group is pushing for an amendment to Sher's bill that would prevent the export of e-waste.

1. What step were Bay Area officials going to take regarding e-waste disposal?
   A. Exert pressure on manufacturers of electronic devices.
   B. Lay down relevant local regulations themselves.
   C. Lobby the lawmakers of the California Assembly.
   D. Rally support to pass the stalled bills.
2. The two bills stalled in the California Assembly both concern ____________.
   A. regulations on dumping hazardous substances into landfills
   B. the sale of used electronic devices to foreign countries
   C. the funding of local initiatives to reuse electronic trash
   D. the reprocessing of the huge amounts of electronic waste in the state
3. Consumers are not supposed to throw used computers in the trash because ____________.
   A. they contain large amounts of harmful substances
   B. this is banned by the California government
   C. some parts may be recycled for use elsewhere
   D. unscrupulous dealers will retrieve them for profit
4. High-tech groups believe that if an extra $30 is charged on every TV or computer purchased in California, consumers will ____________.
   A. abandon online shopping　　B. buy them from other states
   C. strongly protest against such a charge　　D. hesitate to upgrade their computers
5. We learn from the passage that much of California's electronic waste has been ____________.
   A. collected by non-profit agencies　　B. dumped into local landfills
   C. exported to foreign countries　　D. recycled by computer manufacturers

Passage 14 （厦门大学 2011）

The temperature of the sun is over 5, 000 degrees Fahrenheit at the surface, but it rises to perhaps more than 16 million degrees at the center. The sun is so much hotter than die earth that matter can exist only as a gas, except at the core. In the core of the sun, the pressures are so great against the gases that, despite the high temperature, there may be a small solid core. However, no one really knows, since the center of the sun can never be directly observed.

Solar astronomers do know that the sun is divided into five layers or zones. Starting at the outside and going down into the sun, the zones are the corona, chromosphere, photosphere, convection zone and finally the core. The first three zones are regarded as the sun's atmosphere. But since the sun has no solid surface, it is hard to tell where the atmosphere ends and the main body of the sun begins. The sun's outermost layer begins about 10, 000 miles above the visible surface and goes outward for millions of miles. This is the only part of the sun that can be seen during an eclipse such as the one in February 1979. At any other time, the corona can be seen only when **special instruments** are used on cameras and telescopes to shut out the glare of the sun's rays.

The corona is a brilliant, pearly white, filmy light, about as bright as the full moon. Its beautiful rays are a sensational sight during an eclipse. The corona's rays flash out in a brilliant fan that has wispy spike like rays near the sun's north and south poles. The corona is thickest at the sun's equator.

The corona rays are made up of gases streaming outward at tremendous speeds and reaching a temperature of more than 2 million degrees Fahrenheit. The rays of gas thin out as they reach the space around the planets. By the time the sun's corona rays reach the Earth, they are weak and invisible.

Multiple-choice Questions:

1. With what topic is the second paragraph mainly concerned?
   A. How the Sun evolved.
   B. The structure of the Sun.
   C. Why scientists study the Sun.
   D. The distance of the Sun from the planets.
2. The purpose of the "special instruments" (Para. 2) is to ________.
   A. magnify the image of the Sun
   B. block out the Sun's intense light
   C. measure the amount of energy emitted by the Sun
   D. photograph the Sun
3. It can be inferred from the passage that a clear view of the Sun's outer layer is usually prevented by ________.
   A. the Sun's rays B. an eclipse
   C. lack of light D. the great distance
4. According to the passage, as the corona rays reach the planets, they become ________.
   A. hotter B. clearer C. thinner D. stronger
5. Which of the following does the paragraph following the passage most likely discuss?
   A. The remaining layers of the Sun.
   B. The evolution of Sun to its present form.
   C. The eclipse of February.
   D. The scientists who study astronomy.

Short-answer Question:

6. What's the purpose of this passage?

Passage 15 （暨南大学 2011）

The Timber rattlesnake, once widespread throughout the eastern United States, is now on the endangered species list and is extinct in two eastern states in which it once thrived. Compared to its western cousins, the Timber rattlesnake may be especially vulnerable because of certain behaviors adapted for coping with the cold climate in which it lives.

Rattlesnakes are generally found in warm climates because, like all reptiles, they cannot generate or regulate their own body temperature internally and must rely on the sun's warmth for heat. But Timber rattlesnakes migrated into colder northern about 8, 000 years ago when glaciers retreated. In these northern regions, the snakes developed a number of adaptive strategies to survive, but ultimately these behaviors make them more vulnerable to human predation, their main threat.

One survival strategy the snakes have developed is hibernation. For approximately eight months of the year, the rattlers remain motionless in deep frost-free crevices, with their body temperature dropping as low as 40 degrees. In the spring when they emerge, they must warm their chilled bodies by sunning for three or four days on rocks in the open. This behavior, coupled with the fact that Timber rattlesnakes tend to concentrate in large numbers at their wintering sites, makes them easy prey. Gestating females are particularly vulnerable because they spend much of their time basking in the sun in order to produce live young from eggs. In addition, females have very long interbirth intervals, producing live young only every three to five years. If a frost or cold spell comes late in the year, the entire litter of six to twelve young may die.

Efforts are underway to protect the Timber rattlesnake and its habitat from further human depredation, but in many states it is already too late.

1. What is the main topic of the passage?

   A. Why Timber rattlesnakes hibernate.

   B. How Timber rattlesnakes are surviving.

   C. How Timber rattlesnakes adapted to northern climates.

   D. Why Timber rattlesnakes are endangered.

2. Which of the following is true about Timber rattlesnakes?

   A. They migrated to eastern states.

   B. They migrated northward during a warming period.

   C. They migrated to escape a cold climate.

   D. They migrated to the South to seek a warmer climate.

3. In which of the following places might a person be most likely to find Timber rattlesnakes in the spring?
   A. In the woods.
   B. In meadows.
   C. In bushy areas.
   D. In canyons.
4. According to the passage, which of the following does NOT contribute to the rattlesnake being an endangered animal?
   A. Hibernating for eight months.
   B. Basking in the sun.
   C. Congregating together.
   D. Having long intervals between births.
5. What is the author's tone attitude toward the topic?
   A. Accusative
   B. Nostalgic
   C. Regretful
   D. Humorous

14. 人物经历

Passage 1 （中山大学 2014）

Will there ever be another Einstein? This is the undercurrent of conversation at Einstein memorial meetings throughout the year. A new Einstein will appear, scientists say. But it may take a long time. After all, more than 200 years separated Einstein from Isaac Newton.

Many physicists say the next Einstein hasn't been born yet, or is a baby now. That's because the search for a **unified theory** that would explain all the forces of nature has pushed current mathematics to its limits. New math must be created after the problem can be solved.

But researchers say there are many other factors working against another Einstein appearing anytime soon. For one thing, physics is a much different field today. In Einstein's day, there were a few thousand physicists worldwide, and the theorists who could argue with Einstein probably would fit into a streetcar with seats to spare. Education is different, too. One key aspect of Einstein's training that is little noticed is the years of philosophy he read as a teenager — Kant, Schopenhauer and Spinoza, among others. It taught him how to think independently about space and time and it wasn't long before he became a philosopher himself.

And Einstein was a clever musician. The interplay between music and math is well-known. Einstein would play his violin hard as a way to think through a **knotty** physics problem.

Today, universities have produced millions of physicists. There aren't many jobs in science for them, so they go to Wall Street and Silicon Valley to apply their analytical skills. Those who stay in science don't work alone and they sometimes do experiment together which takes years.

It's hard to imagine a renegade like Einstein standing it. "Maybe there is an Einstein out there today," said Columbia University physicist Brian Greene, "but it would be a lot harder for him to be heard."

1. According to the second paragraph, the next Einstein will ______.
   A. have to create new math
   B. create a unified theory

C. have to be born now D. push math to its limits

2. The underlined words "knotty" (Para. 4) means "____________".

A. easy B. interesting C. strange D. difficult

3. Which of the following will be useful for the next Einstein to be born?

A. There will be music around. B. There will be no problems to solve.

C. There will be suitable philosophy to study. D. There are only a few physicists.

4. The bold words "unified theory" (Para. 2) refers to ____________.

A. agreement B. mathematical rule

C. unique idea D. physical saying

Passage 2 （中山大学 2014）

I remember meeting him one evening with his pushcart. I had managed to sell all my papers and was coming home in the snow. It was that strange hour in downtown New York when the workers were pouring homeward in the twilight. I marched among thousands of tired men and women whom the factory whistles had **unyoked**. They flowed in rivers through the clothing factory districts, then down along the avenues to the East Side.

I met my father near Cooper Union. I recognized him, a hunched, frozen figure in an old overcoat standing by a banana cart. He looked so lonely, the tears came to my eyes. Then he saw me, and his face lit with his sad, beautiful smile — Charlie Chaplin's smile.

"Arch, it's Mikey," he said. "So you have sold your papers! Come and eat a banana."

He offered me one. I refused it. I felt it crucial that my father sell his bananas, not give them away. He thought I was shy, and coaxed and joked with me, and made me eat the banana. It smelled of wet straw and snow.

"You haven't sold many bananas today, pop," I said anxiously.

He shrugged his shoulders.

"What can I do? No one seems to want them."

It was true. The work crowds pushed home morosely over the pavements. The rusty sky darkened over New York building, the tall street lamps were lit, innumerable trucks, street cars and elevated trains clattered by. Nobody and nothing in the great city stopped for my father's bananas.

"I ought to yell," said my father dolefully. "I ought to make a big noise like other peddlers, but it makes my throat sore. Anyway, I'm ashamed of yelling, it makes me feel like a fool. "

I had eaten one of his bananas. My sick conscience told me that I ought to pay for it somehow. I must remain here and help my father.

"I'll yell for you, pop," I volunteered.

"Arch, no," he said, "go home; you have worked enough today. Just tell mamma I'll be late."

But I yelled and yelled. My father, standing by, spoke occasional words of praise, and said

I was a wonderful yeller. Nobody else paid attention. The workers drifted past us wearily, endlessly; a defeated army wrapped in dreams of home. Elevated trains crashed; the Cooper Union clock burned above us; the sky grew black, the wind poured, the slush burned through our shoes. There were thousands of strange, silent figures pouring over the sidewalks in snow. None of them stopped to buy bananas. I yelled and yelled, nobody listened.

My father tried to stop me at last. "Nu," he said smiling to console me, "that was wonderful yelling. Mikey. But it's plain we are unlucky today! Let's go home."

I was frantic, and almost in tears. I insisted on keeping up my desperate yells. But at last my father persuaded me to leave with him.

1. "Unyoked" in the first paragraph is closest in meaning to "______________".
   A. sent out　　B. released　　C. dispatched　　D. removed
2. Which of the following in the first paragraph does NOT indicated crowds of people?
   A. Thousands of　　B. Flowed　　C. Pouring　　D. Unyoked
3. Which of the following is intended to be a pair of contrast in the passage?
   A. Huge crowds and lonely individuals.　　B. Weather conditions and street lamps.
   C. Clattering trains and peddlers' yells.　　D. Moving crowds and street traffic.
4. Which of the following words is NOT suitable to describe the character of the son?
   A. Compassionate.　　B. Responsible.
   C. Shy.　　D. Determined.
5. What is the theme of the story?
   A. The misery of the factory workers.
   B. How to survive in a harsh environment.
   C. Generation gap between the father and the son.
   D. Love between the father and the son.

Passage 3 (武汉大学 2014)

Practically speaking, the artistic maturing of the cinema was the single-handed achievement of David W. Griffith (1875-1948). Before Griffith, photography in dramatic films consisted of little more than placing the actors before a stationary camera and showing them in full length as they would have appeared on stage. From the beginning of his career as a director, however, Griffith, because of his love of Victorian painting, employed composition. He conceived of the camera image as having a foreground and a rear ground, as well as the middle distance preferred by most directors. By 1910 he was using close-ups to reveal significant details of the scene or of the acting and extreme long shots to achieve a sense of spectacle and distance. His appreciation of the camera's possibilities produced novel dramatic effects. By splitting an event into fragments and recording each from the most suitable camera position, he could significantly vary the emphasis from camera shot to camera shot.

Griffith also achieved dramatic effects by means of creative editing. By juxtaposing images and varying the speed and rhythm of their presentation, he could control the dramatic intensity of the events as the story progressed. Despite the reluctance of his producers, who feared that the public would not be able to follow a plot that was made up of such juxtaposed images, Griffith persisted, and experimented as well with other elements of cinematic syntax that have become standard ever since. These included the flashback, permitting broad psychological and emotional exploration as well as narrative that was not chronological, and the crosscut between two parallel actions to heighten suspense and excitement. In thus exploiting fully the possibilities of editing, Griffith transposed devices of the Victorian novel to film and gave film mastery of time as well as space.

Besides developing the cinema's language, Griffith immensely broadened its range and treatment of subjects. His early output was remarkably eclectic: it included not only the standard comedies, melodramas, westerns, and thrillers, but also such novelties as adaptations from Browning and Tennyson, and treatments of social issues. As his successes mounted, his ambitions grew, and with them the whole of American cinema. When he remade Enoch Arden in 1911, he insisted that a subject of such importance could not be treated in the then conventional length of one reel. Griffith's introduction of the American-made multireel picture began an immense revolution. Two years later, Judith of Bethulia, an elaborate historico-philosophical spectacle, reached the unprecedented length of four reels, or one hour's running time. From our contemporary viewpoint, the pretensions of this film may seem a trifle ludicrous, but at the time it provoked endless debate and discussion and gave a new intellectual respectability to the cinema.

1. The primary purpose of the passage is to ______.

   A. discuss the importance of Griffith to the development of the cinema

   B. deplore the state of American cinema before the advent of Griffith

   C. analyze the changes in the cinema wrought by the introduction of the multireel film

   D. document Griffith's impact on the choice of subject matter in American films

2. The author suggests that Griffith's film innovations had a direct effect on all of the following EXCEPT ______.

   A. film editing　　B. camera work

   C. scene composing　　D. sound editing

3. The author asserts that Griffith introduced all of the following into American cinema EXCEPT ______.

   A. consideration of social issues

   B. photographic approaches inspired by Victorian painting

   C. dramatic plots suggested by Victorian theater

   D. the flashback and other editing techniques

4. As it can be inferred from the passage, with which of the following statements would Griffith be most likely to agree?

A. The good director will attempt to explore new ideas as quickly as possible.
B. The most important element contributing to a film's success is the ability of the actors.
C. The camera must be considered an integral and active element in the creation of a film.
D. The proper composition of scenes in a film is more important than the details of their editing.

5. The author's attitude toward photography in the cinema before Griffith can best be described as ______.

A. sympathetic　　B. condescending　　C. amused　　D. nostalgic

Passage 4 （湖南师范大学 2014）

"Everything happens for the best," my mother said whenever I faced disappointment. "If you can carry on, one day something good will happen. And you'll realize that it wouldn't have happened if not for that previous disappointment."

Mother was right, as I discovered after graduating from college in 1932. I had decided to try for a job in radio, then work my way up to sports announcer. I hitchhiked to Chicago and knocked on the door of every station and got turned down every time.

In one studio, a kind lady told me that big stations couldn't risk hiring inexperienced person."Go out in the sticks and find a small station that'll give you a chance," she said.

I thumbed home to Dixon, Illinois. While there was no radio-announcing jobs in Dixon, my father said Montgomery Ward had opened a store and wanted a local athlete to manage its sports department. Since Dixon was where I had played high school football, I applied. The job sounded just right for me. But I wasn't hired.

My disappointment must have shown. "Everything happens for the best," Mom reminded me. Dad offered me the car to job hunt. I tried WOC Radio in Davenport, Iowa. The program director, a wonderful Scotsman named Peter MacArthur, told me they had already hired an announcer.

As I left his office, my frustration boiled over. I asked aloud, "How can a fellow get to be a sport announcer if he can't get a job in a radio station?"

I was waiting for the elevator when I heard MacArthur calling, "What was that you said about sports? Do you know anything about football?" Then he stood me before a microphone and asked me to broadcast an imaginary game.

On my way home, as I have many times since, I thought of my mother's words: "if you carry on, one day something good will happen. Something wouldn't have happened if not for that previous disappointment."I often wonder what direction my life might have taken if I'd gotten the job at Montgomery Ward.

Multiple-choice Questions:

1. When he graduated from college in 1932 ______.

A. he was in Chicago
B. he got a job in Chicago
C. a kind lady told him that she could give him a job
D. he couldn't find a job in radio station in Chicago

2. In Dixon, Illinois, his hometown, ____________.
A. there was no radio station at that time
B. his father opened a store
C. he was not hired as the manager of a sports department
D. he became the manager of a sports department

3. When he was turned down by the store, ____________.
A. he was disappointed by no means
B. his mother offered him a car
C. his mother gave him some advice
D. he drove out for sightseeing

4. Which of the following statements is not true?
A. He was turned down at first by WOC Radio.
B. He was not hired by WOC Radio at first.
C. He was hired after he broadcasted a 65-yard, run game.
D. He was tested by broadcasting an imaginary game.

Short-answer Question:

5. What is the main idea of this article?

Passage 5 （华中师范大学 2013）

Marianne Moore (1887-1972) once said that her writing could be called poetry only because there was no other name for it. Indeed her poems appear to be extremely compressed essays that happen to be printed in jagged lines on the page. Her subjects were varied: animals, laborers, artists, and the craft of poetry. From her general reading came quotations that she found striking or insightful. She included these in her poems, scrupulously enclosed in quotation marks, and sometimes identified in footnotes. Of this practice, she wrote, "Why the many quotation marks? I am asked... When a thing has been said so well that it could not be said better, why paraphrase it? Hence my writing is, if not a cabinet of fossils, a kind of collection of **flies in amber**." Close observation and concentration on detail are the methods of her poetry.

Marianne Moore grew up in Kirkwood, Missouri, near St. Louis. After graduation from Bryn Mawr College in 1909, she taught commercial subjects at the Indian School in Carlisle, Pennsylvania. Later she became a librarian in New York City. During the 1920s she was editor of The Dial, an important literary magazine of the period. She lived quietly all her life, mostly in Brooklyn, New York. She spent a lot of time at the Bronx Zoo, fascinated by animals. Her admiration of the Brooklyn Dodgers — before the team moved to Los Angeles — was widely known.

Her first book of poems was published in London in 1921 by a group of friends associated with the Imagist movement. From that time on her poetry has been read with interest by succeeding generations of poets and readers. In 1952 she was awarded the Pulitzer Prize for her Collected Poems. She wrote that she did not write poetry "for money or fame. To earn a living is needful, but <u>it</u> can be done in routine ways. One writes because one has a burning desire to objectify what it is indispensable to one's happiness to express..."

1. Moore mentioned "files in amber" (Para. 1) to refer to ____________.
   A. a close observation and concentration on detail
   B. a cabinet of fossils
   C. the use of footnotes
   D. the quotations in her poetry
2. From the passage we know that Moore used to be all of the following EXCEPT ____________.
   A. a teacher B. a commercial artist
   C. a magazine editor D. a librarian
3. Where did Moore spend most of her adult life?
   A. Bronx Zoo B. Brooklyn
   C. New York City D. Carlisle
4. The underlined "it" (Para. 3) refers to ____________.
   A. writing poetry B. becoming famous
   C. earning a living D. attracting readers
5. It can be inferred from the passage that Moore wrote poetry because she ____________.
   A. hoped to win awards B. wanted to earn a living
   C. felt a need to express herself D. wanted to earn fame

Passage 6 (上海理工大学 2013)

I am afraid to sleep. I have been afraid to sleep for the last few weeks. I am so tired that, finally, I do sleep, but only for a few minutes. It is not a bad dream that wakes me; it is the reality I took with me into sleep. I try to think of something else. Immediately the woman in the marketplace comes into my mind.

I was on my way to dinner last night when I saw her. She was selling skirts. She moved with the same ease and loveliness I often saw in the women of Laos. Her long black hair was as shiny as the black silk of the skirts she was selling. In her hair, she wore three silk ribbons, blue, green, and white. They reminded me of my childhood and how my girlfriends and I used to spend hours braiding ribbons into our hair.

I don't know the word for "ribbons", so I put my hand to my own hair and, with three fingers against my head. I looked at her ribbons and said "Beautiful". She lowered her eyes and said nothing. I wasn't sure if she understood me (I don't speak Laotian very well).

I looked back down at the skirts. They had designs on them: squares and triangles and circles of pink and green silk. They were very pretty. I decided to buy one of those skirts, and I began to bargain with her over the price. It is the custom to bargain in Asia. In Laos bargaining is done in soft voices and easy moves with the sort of quiet peacefulness.

She smiled, more with her eyes than with her lips. She was pleased by the few words I was able to say in her language, although they were mostly numbers, and she saw that I understood something about the soft playfulness of bargaining. We shook our heads in disagreement over the price; then, immediately, we made another offer and then another shake of the head. She was so pleased that unexpectedly, she accepted the last offer I made. But it was too soon. The price was too low. She was being too generous and wouldn't make enough money. I moved quickly and picked up two more skirts and paid for all three at the price set; that way I was able to pay her three times as much before she had a chance to lower the price for the larger purchase. She smiled openly then, and, for the first time in months, my spirit lifted. I almost felt happy.

The feeling stayed with me while she wrapped the skirts in a newspaper and handed them to me. When I left, though, the feeling left, too. It was as though it stayed behind in marketplace. I left tears in my throat. I wanted to cry. I didn't, of course. I have learned to defend myself against what is hard; without knowing it, I have also learned to defend myself against what is soft and what should be easy.

I get up, light a candle and want to look at the skirts. They are still in the newspaper that the woman wrapped them in. I remove the paper, and raise the skirts up to look at them again before I pack them. Something falls to the floor. I reach down and feel something cool in my hand. I move close to the candlelight to see what I have. There are five long silk ribbons in my hand, all different colors. The woman in the marketplace! She has given these ribbons to me!

There is no defense against a generous spirit, and this time I cry, and very hard, as if I could make up for all the months that I didn't cry.

1. Which of the following in NOT correct?

   A. The writer was not used to bargaining.

   B. People in Asia always bargain when buying things.

   C. Bargaining in Laos was quiet and peaceful.

   D. The writer was ready to bargain with the woman.

2. The writer assumed that the woman accepted the last offer mainly because woman ______.

   A. thought that the last offer was reasonable

   B. thought she could still make much money

   C. was glad that the writer knew their way of bargaining

   D. was tired of bargaining with the writer any more

3. Why did the writer finally decide to buy three skirts?
   A. The skirts were cheap and pretty.
   B. She liked the patterns on the skirts.
   C. She wanted to do something as compensation.
   D. She was fed up with further bargaining with the woman.
4. When did the writer left the marketplace, she wanted to cry, but did not because ____________.
   A. she had learned to stay cool and unfeeling
   B. she was afraid of crying in public
   C. she had learned to face difficulties bravely
   D. she had to show in public that she was strong
5. Why did the writer cry eventually when she looked at the skirts again?
   A. She suddenly felt very sad.
   B. She liked the ribbons so much.
   C. She was overcome by emotion.
   D. She felt sorry for the woman.

Passage 7 （天津外国语大学 2012）

About a dozen years ago my wife and I planted a hedge of twenty-seven arborvitae trees along the border of our backyard, which, although our house sits on nineteen acres of fields and woods, is also the back border of our property. A sloping hayfield with a realtor's dream of panoramic views lies directly behind us. So the hedge was our attempt to secure privacy for the future. The nurseryman who sold us the shrubs assured us they were the best species for our purpose and climate. I measured and marked the planting sites, called in "Chink" Norris (whose possibly racist nickname I've not looked into any more than I have the nurseryman's credentials) to come with his small backhoe and dig the holes. As advised, I faithfully watered and fertilized each tree throughout the holes. As advised, I faithfully watered and fertilized each tree throughout the first year, with results that were everything I'd been promised: dense, hardy, and luxuriant, a towering bulwark of green. Thus began an episode of great vexation and buffoonery in my life, known and (I have no doubt) merrily recounted in local circles as the tale of "Garret and his trees", or as my wife puts it, "Garret and the deer." It so happens that we live next to one of the county's most extensive "deer yard", those areas of canopied woods to which the deer retire in winter, making networks of deeply furrowed tracks and foraging as best they can until there's a declared winner in the yearly race between spring and starvation.

It also happens that deer find arborvitae a delicacy, related to the cedar that they also love, but thicker and more succulent. By the second winter they'd found and attacked my trees. I fought back, not with a vengeance — I stopped short of that — but with something close to obsession. I erected fence structures that made our backyard look like a scene from the Somme. I played recordings of wolves howling, recordings of me howling. I fired pistol shots at random hours of the night. I hung or sprinkled repellents of blood meal, urine, (mine), and deodorant soap. Hearing that deer were repelled by the scent of human hair, I asked some hair dressers to set aside their sweepings in a bag with, as the saying goes, my name on it.

As any warden will tell you, if deer are hungry enough they will get through anything, which this year included an electric fence hooked to a charger supposedly powerful enough to deter an elephant. So the farmer who'd helped me rig it up assured me. What he did not tell me, because he did not know, was that the insulating snowpack would prevent an animal from completing the circuit with the ground. In came the deer like a school of piranhas. This was shortly after a man from Connecticut purchased the hayfield behind our house for a price few of my neighbors could afforded and none of them could believe and set about measuring the foundations of a house.

1. The author and his wife planted a hedge along their backyard for the purpose of ____________.
   A. prevent deer　　B. protect privacy
   C. beautify the surroundings　　D. eco-friendly
2. The author collects hair in bags to prevent the invasion of deer because he knows that ____________.
   A. deer like the smell of human hair
   B. deer can be repelled by the smell of human hair
   C. deer die when eating human hair
   D. deer flee at the sight of human hair
3. Why does the author set up an electric fence?
   A. As a safety precaution.　　B. To prevent the harassment by deer.
   C. As part of house decoration plan.　　D. To halt potential thieves and robbers.
4. Why did the electric fence fail? It is because ____________.
   A. the deer are smart　　B. the winter is cold
   C. the fence is of low quality　　D. snowpack serves as an insulator
5. What measure was NOT taken by the author to deter the deer?
   A. Urine.　　B. Gun shots.　　C. Watchdog.　　D. Deodorant soup.

Passage 8 （湖南大学 2012）

Each summer, no matter how pressing my work schedule, I take off one day exclusively for my son. We call it dad-son day. This year our third stop was the amusement park, where we discovered that he was tall enough to ride one of the fastest roller coaster in the world. We blasted through face-stretching turns and loops for ninety seconds. Then, as we stepped off the ride, he shrugged and, in a distressingly calm voice, remarked that it was not as exciting as other rides he'd been on. As I listened, I began to sense something seriously out of balance.

Throughout the season. I noticed similar events all around me. Parents seemed hard pressed to find new thrills for indifferent kids. Surrounded by ever-greater stimulation, their young faces were looking disappointed and bored.

Facing their children's complaints of "nothing to do", parents were shelling out large numbers of dollars for various forms of entertainment. In many cases the money seemed to do little more than buy transient relief from the terrible moans of their bored children. This set me pondering the obvious question: "How can it be so hard for kids to find something to do when there's never been such a range of stimulate entertainment available to them?"

What really worries me is the intensity of the stimulation. I watch my little daughter's face as she absorbs the powerful onslaught of arousing visuals and bloody special effects in movies.

Why do children immersed in this much excitement seem starved for more? That was. I realized the point. I discovered during my own reckless adolescence that what creates excitement is not going fast, but going faster. Thrills have less to do with speed than changes in speed.

I'm concerned about the cumulative effect of years at these levels of feverish activity. It is no mystery to me why many teenagers appear apathetic and burned out, with a "been there, done that" air of indifference toward much of life. As increasing numbers of friends' children are prescribed medications — stimulants to deal with inattentiveness at school or anti-depressants to help with the loss of interest and joy in their lives — I question the role of kids' boredom in some of the diagnoses.

My own work is focused on the chemical imbalances and biological factors related to behavioral and emotional disorders. These are complex problems. Yet I've been reflecting more and more on how the pace of life and the intensity of stimulation may be contributing to the rising rates of psychiatric problems among children and adolescents in our society.

1. The author fell surprised in the amusement park at fact that ______________.
   A. his son was not as thrilled by the roller coasters ride as expected
   B. his son blasted through the turns and loops with his face stretched
   C. his son appeared distressed but calm while riding the roller coasters
   D. his son could keep his balance so well on the fast moving roller coasters
2. According to the author, children are bored ______________.
   A. unless their parents can find new thrills for them
   B. when they don't have any access to stimulating fun games
   C. when they are left alone at weekends by their working parents
   D. even if they are exposed lo more and more kinds of entertainment
3. From his own experience, the author came to the conclusion that children seem to expect ______________.
   A. a much wider variety of sports facilities
   B. activities that require sophisticated skills
   C. ever-changing thrilling forms of recreation
   D. physical exercises that are more challenging
4. In Para.6 the author expresses his doubt about the effectiveness of trying to change children's indifference toward much of life by ______________.

A. diverting their interest from electronic visual games

B. prescribing medications for their temporary relief

C. creating more stimulating activities for them

D. spending more money on their entertainment

5. In order to alleviate children's boredom, the author would probably suggest ____________.

A. adjusting the pace of life and intensity of stimulation

B. promoting the practice of dad-son days

C. consulting a specialist in child psychology

D. balancing school work with extracurricular activities

Passage 9 （厦门大学 2011）

Richard, King of England from 1189 to 1199, with all his characteristic virtues and faults cast in a heroic mould is one of the most fascinating medieval figures. He has been described as the creature and embodiment of the age of chivalry. In those days the lion was much admired in heraldry, and more than one king sought to link himself with its repute. When Richard's contemporaries called him "Coeur de Lion" (The Lion Heart), they paid a lasting compliment to the king of beasts. **Little did the English people owe him for his services**, and heavily did they pay for his adventures. He was in England only twice for a few short months in his ten years' reign; yet his memory has always English hearts, and seems to present throughout the centuries the pattern of the fighting man. In all deeds of prowess as well as in large schemes of war Richard shone. He was tall and delicately shaped strong in nerve and sinew, and most dexterous in arms. He rejoiced in personal combat, and regarded his opponents without malice as necessary agents in his fame He loved war, not so much for the sake of glory or political ends, but as other men love science or poetry, for the excitement of the struggle and the glow of victory. By this his whole temperament was toned; and united with the highest qualities of the military commander, love of war called forth all the powers of his mind and body.

Although a man of blood and violence, Richard was too impetuous to be either treacherous on habitually cruel. He was as ready to forgive as he was hasty to offend; he was open-handed and munificent to profusion; in war circumspect in design and skilful in execution; in political a child, lacking in subtlety and experience. His political alliances were formed upon his likes and dislikes; his political schemes had neither unity nor clearness of purpose. The advantages gained for him by military geoids were flung away through diplomatic ineptitude. When, on the journey to the East, Messina in Sicily was won by his arms he was easily persuaded to share with his polished, faithless ally, Philip Augustus, fruits of a victory which more wisely used might have foiled the French King's artful schemes. The rich and tenable acquisition of Cyprus was cast away even more easily than it was won. His life was one **magnificent parade**, which, when ended, left only an empty plain.

In 1199, when the difficulties of raising revenue for the endless war were at their height, good news was brought to King Richard. It was said there had been dug up near the castle of Chaluz, on the lands of one of his French vassals, a treasure of wonderful quality; a group of golden images of an emperor, his wife, sons and daughters, seated round a table, also of gold, had been unearthed. The King claimed this treasure as lord paramount. The lord of Chaluz resisted the demand, and the King laid siege to his small, weak castle. On the third day, as he rode daringly, near the wall. Confident in his hard-tried luck, a bolt from a crossbow struck him in the left shoulder by the neck. The wound, already deep, was aggravated by the necessary cutting out of the arrow-head. Gangrene set in, and Coeur de Lion knew that he must pay a soldier's debt. He prepared for death with fortitude and calm, and in accordance with the principles he had followed. He arranged his affairs, he divided his personal belongings among his friends or bequeathed them to charity. He declared John to be his heir, and made all present swear fealty to him. He ordered the archer who had shot the fatal bolt, and who was now a prisoner, to be brought before him. He pardoned him, and made him a gift of money. For seven years he had not confessed for fear of being compelled to be reconciled to Philip, but now he received the offices of the Church with sincere and exemplary piety, and died in the forty-second year of his age on April 6, 1199, worthy, by the consent of all men, to sit with King Arthur and Roland another heroes of martial romance at some Eternal round Table, which we trust the Creator of the Universe in His comprehension will not have forgotten to provide.

The archer was flayed alive.

Mutiple-choice Questions:

1. "little did the English people own him for his service" (Para. 1) means that the English ____________.
   A. paid few taxes to him
   B. gave him little respect
   C. received little protection from him
   D. had no real cause to feel grateful to him
2. To say that his life was a "magnificent parade" (Para. 2) implies that it was to some extent ____________.
   A. spent chiefly at war
   B. impressive and admirable
   C. lived too pompously
   D. an empty show
3. Richard's behavior as death approached showed ____________.
   A. bravery and self-control
   B. Wisdom and correctness
   C. devotion and romance
   D. chivalry and charity
4. The point of the last short paragraph is that Richard was ____________.
   A. cheated by his own successors
   B. determined to take revenge on his enemies
   C. more generous to his enemies than his successors
   D. unable to influence the behavior of his successors
5. The relationship between the first and second paragraphs is that ____________.
   A. each presents one side of the picture

B. the first generalizes the second gives examples

C. the second is the logical result of the first

D. both present Richard's virtues and faults

Short-answer Question:

6. What's the author's opinion of King Richard?

Passage 10 （武汉大学 2011）

I had an experience some years ago, which taught me something about the ways in which people make a bad situation worse by blaming themselves. One January, I had to hold two funerals on successive days for two elderly women in my community. Both had died "full of years", as the *Bible* would say. Their homes happened to be near each other, so I paid condolence calls on the two families on the same afternoon.

At the first home, the son of the deceased woman said to me, "If only I had sent my mother to Florida and gotten her out of this cold and snow, she would be alive today. It's my fault that she died." At the second home, the son of the other deceased woman said, "If only I hadn't insisted on my mother's going to Florida, she would be alive today... That long airplane ride, the sudden change of climate, was more than she could take. It's my fault that she's dead."

You see that any time there is a death, the survivors will feel guilty. Because the course of action they took turned out bad, they believe that the opposite course — keeping Mother at home, putting off the operation — would have turned out better. After all, how could it have turned out any worse?

There seem to be two elements involved in our willingness to feel guilty. The first is our pressing need to believe that the world makes sense, that **there is a cause for every effect and a reason for everything that happens that leads us to find patterns and connections** both where they really exist and where they exist only in our minds.

The second element is the view that we are the cause of what happens, especially the bad things that happen. It seems to be a short step from believing that every event has a cause to believe that every disaster is our fault. The roots of this feeling may lie in our childhood.

A baby comes to think that the world exists to meet his needs, and that he makes everything happen in it. He wakes up in the morning and summons the rest of the world to its tasks. He cries, and someone comes to attend to him. When he is hungry, people feed him, and when he is wet, people change him.

Very often, we do not completely outgrow that childish view that our wishes cause things to happen.

1. What is said about the two diseased elderly women?

A. They lived out a natural life.

B. They died of exhaustion after the long plane ride.

C. They weren't used to the change in weather.

D. They died due to lack of care by family members.

2. The author had to conduct the two women's funerals probably because ____________.

A. he wanted to comfort the two families
B. he was an official from the community
C. he had great pity for the deceased
D. he was minister of the local church

3. People feel guilty for the deaths of their loved ones because ____________.

A. they couldn't find a better way to express their sorrow

B. they believe that they were responsible

C. they had neglected the natural course of events

D. they didn't know things often turn in the opposite direction

4. According to the passage, the underlined part in Paragraph 4 probably means that ____________.

A. everything in the world is predetermined

B. the world can be interpreted in different ways

C. there is an explanation for everything in the world

D. we have to be sensible in order to understand the world

5. People have been made to believe since infancy that ____________.

A. everybody is at their command

B. life and death is an unsolved mystery

C. every story should have a happy ending

D. their wishes are the cause of everything that happens

15. 女性专题

Passage 1 （电子科技大学 2014）

All societies have distinct role expectations for men and for women. In the United States these expectations have been undergoing change for many decades. Today Americans live in a world of diverse family patterns and conflicting images of ideal life styles for men and women. The conventional norms of the first half century defined a successful woman as a wife and mother who stayed home to carry out a full array of household duties. The husband and father was expected to stay away from the home most of the day, earning enough money to pay the bills. Many adults still live by these expectations, but the traditional pattern is no longer held up as an ideal to be followed by everyone. Times have changed; there is no return to yesterday.

Although the women's movement and political controversies about such issues and the Equal Rights Amendment and sexual harassment suggest that changing sex roles is a recent issue, this is far from the case. Broad trends can be identified over the past hundred years. Women have increased their participation in the labor force from 18% in 1900 to over 50% today, and they give birth to fewer children than women did in the past. In 1910 the birthrate was 30 per 1,000 population; by the 1900s it had declined to 16 per 1, 000. These two trends — increasing participation in the labor force and decreasing family size — suggest that major long-term changes have restructured the role expectations of men and women. These changes are complex. The fact that more women are joining the labor force as full-time workers does not mean that a single sex role pattern is emerging.

On the contrary, we are living in a period of diverse family patterns. According to Kathleen Gerson, "the domestic woman who builds her life around children and homemaking persists, but she now coexists with a growing number of working mothers and permanently childless women."

Women today face hard choices as they make decisions about work, career, and motherhood. Despite women's liberation, women still earn less than men in the work place and are still expected to do most of the work in the home. Women work substantially more hours each week in the home and at the workplace than men do. Women are working harder than ever, yet many do not enjoy the benefits of full equality.

1. The traditional roles for men and women ____________.

   A. are diverse   B. are conflicting

   C. have been changing   D. are no longer followed

2. Changing sex roles is not a recent issue because ____________.

   A. women have increased their participation in the labor force over the past hundred years

   B. more and more women are becoming working mothers or childless women

   C. the conventional image of women has changed beyond recognition

   D. people have changed their expectations of women in modern society

3. The fact that more women are joining the labor force as full-time workers mean that ____________.

   A. women are becoming more independent   B. the family patterns are becoming diverse

   C. a single-role pattern is emerging   D. women are eager to work

4. It's stated in the last paragraph that ____________.

   A. women today still suffer from inequality in work and life

   B. women's liberation has promoted their social status

   C. the society expects more from women than from men

   D. women are more capable and diligent than men

5. According to this passage, which of the following statements is NOT true?

   A. Many people still follow the conventional norms of life style.

   B. Women today give birth to fewer children than women in the past.

   C. More and more women choose to work rather than to be housewives.

   D. Men do as much domestic work as women do at home.

Passage 2 （中山大学 2013）

A woman should some day write the complete philosophy of clothes. No matter how young, it is one of the things she wholly comprehends. There is an indescribably faint line in the matter of man's apparel, which somehow divides for her those who are worth glancing at and those who are not. Once an individual has passed this faint line on the way downward he will get no glance from her. There is another line at which the dress of a man will cause her to study her own. This line the individual at her elbow now marked for Carrie. She became conscious of an inequality. Her own plain blue dress, with its black cotton tape trimmings, now seemed to her shabby. She felt the worn state of her shoes.

"Let's see," he (Drouet) went on, "I know quite a number of people in your town. Morgenroth the clothier and Gibson the dry goods man."

"Oh, do you?" she interrupted; aroused by memories of longings their show windows had cost her.

At last he had a clew to her interest, and followed it deftly. In a few minutes he had come about into her seat. He talked of sales of clothing, his travels, Chicago, and the amusements of that city.

"If you are going there, you will enjoy it immensely. Have you relatives?"

"I am going to visit my sister," she explained.

"You want to see Lincoln Park," he said, "and Michigan Boulevard. They are putting up great buildings there. It's a second New York — great. So much to see — theatres, crowds, fine houses — oh, you'll like that."

There was a little ache in her fancy of all he described. Her insignificance in the presence of so much magnificence faintly affected her. She realized that hers was not to be a round of pleasure, and yet there was something promising in all the material prospect he set forth. There was something satisfactory in the attention of this individual with his good clothes. She could not help smiling as he told her of some popular actress of whom she reminded him. She was not silly and yet attention of this sort had its weight.

"You will be in Chicago some little time, won't you?" he observed at one turn of the now easy conversation.

"I don't know," said Carrie vaguely — a flash vision of the possibility of her not securing employment rising in her mind.

"Several weeks, anyhow," he said, looking steadily into her eyes.

There was much more passing now than the mere words indicated. He recognized the indescribable thing that made up for fascination and beauty in her. She realized that she was of interest to him from the standpoint, which a woman both delights in and fears. Her manner was simple, though for the very reason that she had not yet learned the many little affectations with which women conceal their true feelings. Some things she did appeared bold. A clever companion — had she ever had one — would have warned her never to look a man in the eyes so steadily.

"Why do you ask?" she said.

"Well, I'm going to be there several weeks. I'm going to study stock at our place and get new samples. I might show you round."

"I don't know whether you can or not. I mean I don't know whether I can. I shall be living with my sister, and —"

"Well, if she minds, we'll fix that." He took out his pencil and a little pocket note-book as if it were all settled. "What is your address there?"

She fumbled her purse which contained the address slip.

He reached down in his hip pocket and took out a fat purse. It was filled with slips of paper, some mileage books, a roll of greenbacks. It impressed her deeply. Such a purse had never been carried by anyone attentive to her. Indeed, an experienced traveler, a brisk man of the world, had never come within such close range before. The purse, the shiny tan shoes, the smart new suit, and the air with which he did things, built up for her a dim world of fortune, of which he was the center. It disposed her pleasantly toward all he might do.

1. What has probably been written about the man before this passage?

A. How he sold clothes to the girl. B. How he was dressed.

C. What he talked about dressing. D. How he commented on the girl's clothes.

2. The girl went to Chicago mainly to ______________.

A. travel B. visit her sister

C. buy clothes D. pursue a new life

3. What about the girl is true?

A. It was her first time to visit Chicago. B. She was very shy.

C. She was from a wealthy family. D. She had no interest in the man.

4. Which inference about the man is NOT true?

A. He was a traveling salesman. B. He was well dressed.

C. He was a serious person. D. He was going to visit the girl soon.

5. What tone does the author use when he writes about the girl?

A. Admiring. B. Ironic. C. Approving. D. Sympathetic.

Passage 3 （中山大学 2013）

"I WOULDN'T want to have someone take my daughter to a hospital for an abortion or something and not tell me. I would kill him if they do that." So much for Arnold Schwarzenegger's typically expressive support for Proposition 73, a constitutional amendment requiring doctors to give parents 48 hours' notice before carrying out an abortion on a girl under 18.

Will the voters agree with the governor? His own status — erstwhile hedonist turned responsible father of two teenage girls and two pre-teen boys — reflects his state's mixed feelings about sexual politics. California is one of the most sexually liberated states in the nation. It also boasts the fifth-worst rate for teenage abortions and the seventh for teenage pregnancies. In 2000, some 116,000 teenagers in California became pregnant, and almost 44,000 of them chose to have an abortion — including 1,620 under the age of 15. A recent Field Poll showed 45% of respondents in favor of the amendment, 45% against and 10% undecided.

The proposition's advocates are careful to argue that supporting parental notification is not the same as opposing abortion full stop. Mr. Schwarzenegger is a "pro-choice Republican" and the proposition would allow a minor to petition a court to allow her an abortion without notifying a parent. The real point, they say, is that a 17-year-old girl "can't get an aspirin from the school nurse, get a flu shot, or have a tooth pulled without a parent knowing", but a 13-year-old can have a surgical or chemical abortion without her parents' knowledge. And since a majority of the prospective fathers are over 21, the current system in effect condones statutory rape.

Opponents, including the California Nurses Association and Planned Parenthood, are unconvinced. As an editorial in the *Los Angeles Times* argued: "It's nice to think that all girls feel comfortable talking to their parents about sex, birth control and abortion. Nice, but absurd." Equally absurd, add other opponents, is the notion that a pregnant teenager from an abusive family will have the gumption to go to court — rather than to some backstreet operator — to seek her abortion. And they suspect the proposition is the start of an effort to ban all abortions: instead of speaking of a fetus, the proposition defines abortion as causing the "death of the unborn child".

Just how parental notification would affect the rate of teen pregnancies and abortions is an open question. Some 34 states require some parental involvement in a minor's decision to end a pregnancy, but there is no hard-and-fast correlation with the number of abortions. For example, New Mexico and New Hampshire require no parental notification, but according to the Alan Guttmacher Institute, which studies reproductive health, they ranked 18th and 25th in the rate of teen abortions in 2000. By contrast, Wyoming and Florida, which do have notification laws, ranked 14th and 7th. And even if notification laws deter abortions, they do not seem to deter teen pregnancies: Texas, for example, is ranked 26th in abortions for girls aged 15-19 but fifth in pregnancies for that age group.

This last statistic matters for California, where the main problem is teens getting pregnant in the first place. Roughly a quarter of California's 14-year-olds and three-fifths of its 17-year-olds have had sex. True, according to the Public Policy Institute of California, birth rates fell from 73 for every 1,000 15-19-year-olds in 1991 to just 44 in 2001. But California's teenage girls become mothers at between 4 and 12 times the rate of their peers in France, Spain, Italy, the Netherlands and Japan; the figures for blacks and Latinas in the state are particularly appalling. Whatever your views on abortion, these statistics add up to an awful lot of heartache.

1. Which of the following statements about Arnold Schwarzenegger is TRUE?
   A. He was elected governor of California 10 years ago.
   B. He used to attach much importance to personal enjoyment.
   C. He has been thinking of solving sexual problems for long.
   D. He has troubles with his two daughters and two sons.
2. Which of the following statements about California is NOT true?
   A. California is a sexually liberated state.
   B. California has a high abortion rate.
   C. 40% of the pregnant teenagers chose to have an abortion.
   D. A recent poll showed that less than half of the respondents supported the amendment.
3. Some people are in favor of the proposition because they think ____________.
   A. it may reduce the number of teenage pregnancies
   B. it might protect girls from being raped
   C. the current law is not fair to all girls
   D. the current law is attacked by many parents
4. Those who are against the proposition suspect that it may lead to ____________.
   A. a protest of teenage girls   B. full stop of abortion
   C. more cases of child abuse   D. serious social problems
5. The best title for the passage would probably be "____________".
   A. Hard Decisions to Make   B. A Constitutional Amendment
   C. Teenage Pregnancies   D. The State of California

Passage 4 （北京科技大学 2012）

Last week, *The Washington Post* ran a front-page story that said most stay-at-home moms aren't SUV-driving, daily yoga-doing, latte-drinking, upper-middle-class women who choose to leave their high-power careers to answer the call to motherhood. Instead, they are disproportionately low-income, non-college educated, young and Hispanic or foreign-born; in other words, they are women whose horizons are greatly limited and for whom the cost of child care, very often, makes work not a workable choice at all.

These findings, drawn from a new report by the Census Bureau, really ought to lead us to reframe our public conversations about who mothers are and why they do what they do. It should lead us away from all the moralistic bombast about mothers' "choices" and "priorities". It should get us thinking less about choice, in fact, and make us focus more on contingencies — the objective conditions that drive women's lives. And they should propel us to think about the choices that we as a society must make to guarantee that the best possible opportunities are available for all families.

The basic finding of this latest report — that the more choices mothers have, the more likely they are to work — has been known, to anyone who's taken the time to seriously look into the issue. Ever since 2003, when Lisa Belkin's article in The Times magazine about highly privileged and ultra-high-achieving moms — "The Opt-Out Revolution" — was generalized by the news media to claim that mothers overall were choosing to leave the work force **in droves**, researchers have been revisiting the state of mothers' employment and reaching very similar conclusions.

In 2007, the sociologists David Cotter, Paula England and Joan Hermsen looked carefully at four decades of employment data and found that women with choices — those with college educations — were overwhelmingly choosing to stay in the work force. The only women "opting out" in any significant numbers were the very richest — those with husbands earning more than $125, 000 a year — and the very poorest — those with husbands earning less than $23, 4000 a year. You might say that the movement of the richest women out of the workforce proves that women will, in the best of all possible worlds, go home. But these women often have husbands who, in order to earn those top salaries, work 70 or 80 hours a week and travel extensively; someone had to be home. Many left high-powered careers that made similar demands on their time.

The alternative narrative — of constricted horizons, not choice — that might have emerged from recent research has never really made it into the mainstream. It just can't, it seems, find a foothold. "The reason we keep getting this narrative is that there is this deep cultural ambivalence about mothers' employment," England told me this week. "On the one hand, people believe women should have equal opportunities, but on the other hand, we don't envision men taking on more child care and housework and, unlike Europe, we don't seem to be able to envision family-friendly work policies."

Why this matters — and why opening this topic up for discussion is important — is very clear: because our public policy continues to rest upon a fictitious idea, eternally recycled in the media, of mothers' free choices, and not upon the constraints that truly drive their behavior. "If journalism repeatedly frames the wrong problem, then the folks who make public policy may very well deliver the wrong solution," is how E. J. Graff, the associate director and senior researcher at Brandeis University's Schuster Institute for Investigative Journalism once put it in the Columbia Journalism Review, "If women are happily choosing to stay home with their babies, that's private decision. But it's a public policy issue if schools, jobs and other American institutions are structured in ways that make it frustratingly difficult, and sometimes impossible, for parents to manage both their jobs and family responsibilities."

1. What is the significance of the report run by the Census Bureau?

   A. It changes the images of what mothers are.

   B. The society should notice the importance of mothers' choices.

   C. We need talk about what mothers should do rather than the choices they have.

   D. More attention should be paid to opportunities offered to change women's current lives.

2. The phrase "in droves" in Paragraph 3 means ____________.

   A. under stimulation　　　　　　　　B. in groups

C. driven by conditions

D. none of the above

3. The fourth paragraph claims that ________.

A. the very richest prefer to opt out for the wealth they own

B. demands on time are the only reason for the poorest at home

C. financial affluence leads to the women's "opting out"

D. family responsibility forces women to stay at home

4. According to the passage, ________ is the root cause of women staying at home.

A. the media

B. their own choice

C. the public policy

D. school structure

5. What is the best title for the passage?

A. The Choice of Non-Working Women.

B. The Opt-Out Revolution of Women.

C. The Objective Condition of Women.

D. Women in Employment Market.

Passage 5 （电子科技大学 2012）

If women are mercilessly exploited year after year, they have only themselves to blame. Because they tremble at the thought of being seen in public in clothes that are out of fashion, they are always taken advantage of by the designers and the big stores. Clothes which have been worn only a few times have to be put aside because of the change of fashion. When you come to think of it, only a woman is capable of standing in front of a wardrobe packed full of clothes and announcing sadly that she has nothing to wear.

Changing fashions are nothing more than the intentional creation of waste. Many women spend vast sums of money each year to replace clothes that have hardly been worn. Women who cannot afford to throw away clothing in this way, waste hours of their time altering the dresses they have. Skirts are lengthened or shortened; neck lines are lowered or raised, and soon.

No one can claim that the fashion industry contributes anything really important to society. Fashion designers are rarely concerned with vital things like warmth, comfort and durability. They are only interested in outward appearance and they take advantage of the fact that women will put up with any amount of discomfort, as long as they look right. There can hardly be a man who hasn't at some time in his life smiled at the sight of a woman shaking in a thin dress on a winter day, or delicately picking her way through deep snow in high-heeled shoes.

When comparing men and women in the matter of fashion, **the conclusions to be drawn are obvious**. Does the constantly changing fashion of women's clothes, one wonders, reflect basic qualities of instability? Men are too clever to let themselves be cheated by fashion designers. Do their unchanged styles of dress reflect basic qualities of stability and reliability? That is for you to decide.

1. Designers and big stores always make money ________.

A. by mercilessly exploiting women workers in the clothing industry

B. because they are capable of predicting new fashions

C. by constantly changing the fashions in women's clothing

D. because they attach great importance to quality in women's clothing

2. To the writer, the fact that women put aside their old-fashioned dresses is seen as ______________.

A. a waste of money B. a waste of time

C. an expression of taste D. an expression of creativity

3. The writer would be less critical if fashion designers placed more stress on the ____________ of clothing.

A. cost B. appearance C. comfort D. suitability

4. According to the passage, which of the following statements is true?

A. New fashions in clothing are created for the commercial exploitation of women.

B. The constant changes in women's clothing reflect their strength of character.

C. The fashion industry makes an important contribution to society.

D. Fashion designs should not be encouraged since they are only welcomed by women.

5. By saying "the conclusion to be drawn are obvious", the writer means that ____________.

A. women's inconstancy in their choice of clothing is often laughed at

B. women are better able to put up with discomfort

C. men are also exploited greatly by fashion designers

D. men are more reasonable in the matter of fashion

Passage 6 （中山大学 2011）

She was glad of the lake. It's soft; dark water helped to soothe and quiet her mind. It took her away from the noisy, squawkish world of the cat-walk and let her lie untroubled at its side, listening only to the gentle lapping of its waves.

She felt at peace. Alone. Unhindered and free. Free to do nothing but watch and listen and dream. London, Paris, New York — names, only names. Names that had once meant excitement, then boredom, then frustration, then slavery. Names that had brought her to the edge of a breakdown and left her doubting her own sanity.

But here everything was at peace. The lake, the trees, the cottage. Here she could stay for the rest of her life. Here she would be happy to die.

Across the sun hurried a darkening filter of cloud. The ripples on the water, chased by a freshening wind, pushed their way anxiously from the far side of the lake until they almost bounced at her feet. And in the East there was thunder.

Quickly she gathered her things together and made for the cottage. But already the rain flecked the mater behind her and pattered the leaves as she raced beneath the trees. Sodden and breathless, she ran for the cottage door, and, as she opened it, the storm burst.

And there on the hearth, haggard and unwelcome, stood a man.

"Hello!"

It was an odd way to greet a complete stranger who had invaded her home, but it was all she could think of to say. A casual greeting to someone who seemed to be expecting her, waiting for her. Maybe it was the way they did things down here?

"I suppose you had to shelter from the storm too?" she asked.

The man said nothing.

She ought to have been angry at this rude intrusion on her privacy, but anger somehow seemed pointless. It was as if the cottage was his, the hearth was his, and she had come out of the storm to seek refuge at his door.

She watched him, cautiously; waiting for an explanation. He said nothing. Not a word.

"Did you get wet?" she asked.

He stood, huddled by the open fire, gazing at the dying embers.

She walked over, brushing against him as she bent to stir the logs into life, but still he did not move. The flames burst forth, lighting up the sadness in his dark eyes.

"And kneeled and made the cheerless grate blaze up and all the cottage warm..."

The words, spoken by him in a quiet, toneless voice, took her by surprise.

"Pardon?" she said.

But he seemed not to hear.

She tried once more. "It looks as if it's set in for the evening. Would you like to sit down for a while?"

His eyes followed her as she moved to take off her coat and brush out her hair.

"... and from her form withdrew the dripping cloak and shawl, and laid her soiled gloves by, untied her hat and let the damp lair fall..."

Poetry. He was quoting poetry.

He looked vaguely like a poet; lean, distressed, with a certain bitterness in his eyes and hopelessness in his form. And his voice was deep and languid, like the middle of the lake where the water ran darkest.

Yet those were not his lines. The words were not created by him. They were somehow familiar. Half remembered. Surely she had heard them before?

1. What does she think of the lake?

A. Dark. B. Alone. C. Free. D. Soft.

2. We can conclude that the main character "She" is a ________.

A. model B. teacher C. singer D. banker

3. As to names her profession brought her, she felt all the following EXCEPT ________.

A. confined B. fed up C. agitated D. stirred

4. She wished to stay by the lake for the rest of her life because ________.

A. she liked the beautiful scenery there B. she enjoyed the solitude there

C. she could withdraw from society　　　　D. she might encounter a stranger

5. Which of the following can NOT describe the man?

A. Desperate.　　B. Thin.　　C. Miserable.　　D. Conspicuous.

Passage 7 （华东师范大学 2011）

Students of United States history, seeking to identify the circumstances that encouraged the emergence of feminist movements, have thoroughly investigated the mid-nineteenth-century American economic and social conditions that affected the status of women. These historians, however, have analyzed less fully the development of specifically feminist ideas and activities during the same period. Furthermore, the ideological origins of feminism in the United States have been obscured because, even when historians did take into account those feminist ideas and activities occurring within the United States, they failed to recognize that feminism was then a truly international movement actually centered in Europe. American feminist activists who have been described as "**solitary**" and "individual theorists" were in reality connected to a movement — utopian socialism — which was already popularizing feminist ideas in Europe during the two decades that culminated in the first women's rights conference held at Seneca Falls, New York, in 1848. Thus, a complete understanding of the origins and development of nineteenth-century feminism in the United States requires that the geographical focus be widened to include Europe and that the detailed study already made of social conditions be expanded to include the ideological development of feminism.

The earliest and most popular of the utopian socialists were the Saint-Simonians. The specifically feminist part of Saint-Simonianism has, however, been less studied than the group's contribution to early socialism. This is regrettable on two counts. By 1832 feminism was the central concern of Saint-Simonianism and entirely absorbed its adherents' energy; hence, by ignoring its feminism, European historians have misunderstood Saint-Simonianism. Moreover, since many feminist ideas can be traced to Saint-Simonianism, European historians' appreciation of later feminism in France and the United States remained limited.

Saint-Simon's followers, many of whom were women, based their feminism on an interpretation of his project to reorganize the globe by replacing brute force with the rule of spiritual powers. The new world order would be ruled together by a male, to represent reflection, and a female, to represent sentiment. This complementarity reflects the fact that, while the Saint-Simonians did not reject the belief that there were innate differences between men and women, they nevertheless foresaw an equally important social and political role for both sexes in their utopia.

Only a few Saint-Simonians opposed a definition of sexual equality based on gender distinction. This minority believed that individuals of both sexes were born similar in capacity and character, and they ascribed male-female differences to socialization and education. The envisioned result of both currents of thought, however, was that women would enter public life in the new age and that sexual equality would reward men as well as women with an improved way of life.

1. It can be inferred that the author considers those historians who describe early feminists in the United States as "solitary" to be ____________.
   A. insufficiently familiar with the international origins of nineteenth-century American feminist thought
   B. overly concerned with the regional diversity of feminist ideas in the period before 1848
   C. not focused narrowly enough in their geographical scope
   D. insufficiently aware of the ideological consequences of the Seneca Falls conference
2. According to the passage, which of the following is true of the Seneca Falls conference on women's rights?
   A. It was primarily a product of nineteenth-century Saint-Simonian feminist thought.
   B. It was the work of American activists who were independent of feminists abroad.
   C. It was the culminating achievement of the utopian socialist movement.
   D. It was a manifestation of an international movement for social change and feminism.
3. The author's attitude toward most European historians who have studied the Saint-Simonians is primarily one of ____________.
   A. approval of the specific focus of their research
   B. disapproval of their lack of attention to the issue that absorbed most of the Saint-Simonians' energy after 1832
   C. approval of their general focus on social conditions
   D. disapproval of their lack of attention to links between the Saint-Simonians and their American counterparts
4. It can be inferred from the passage that the author believes that study of Saint-Simonianism is necessary for historians of American feminism because such study ____________.
   A. would clarify the ideological origins of those feminist ideas that influenced American feminism
   B. would increase understanding of a movement that deeply influence the Utopian socialism of early American feminists.
   C. would focus attention on the most important aspect of Saint-Simonian thought before 1832
   D. promises to offer insight into a movement that was a direct outgrowth of the Seneca Falls conference of 1848.
5. According to the passage, which of the following would be the most accurate description of the society envisioned by most Saint-Simonians?
   A. A society in which women were highly regarded for their extensive education.
   B. A society in which the two genders played complementary roles and had equal status.
   C. A society in which women did not enter public life.
   D. A social order in which a body of men and women would rule together on the basis of their spiritual power.

Passage 8 （国际关系学院 2011）

Questions 1-12 are based on the following two passages:

Is a person's gender an important influence on how he or she behaves with others? Contemporary sociologists and other scholars have argued this question fiercely. The following pair of passages presents two contrasting voices from that debate.

Text 1

[1] The desire to affirm that women and men are completely equal has made **some scholars** reluctant to show ways in which they are different, because differences between two groups of people have so often been used to "justify" unequal treatment and opportunity. Much as I understand and am in sympathy with those who wish there were no differences between women and men — only reparable social injustice — my research on styles of conversation tells me that, at least in this area, it simply isn't so. I believe that there are gender differences in ways of speaking, and we need to identify and understand them. Without such understanding, we are doomed to blame others or ourselves — or our own relationships — for the otherwise mystifying and damaging effects of our contrasting conversational styles.

[2] It is clear to me that **recognizing gender differences** in conversational styles would free individuals from the burden of an inappropriate sense of being at fault for chronic disagreements. Many **women and men** feel dissatisfied with their close relationships — with spouses, siblings, parents — and become even more frustrated when they try to talk things out. Taking a sociolinguistic approach to such troubling encounters makes it possible to explain these dissatisfactions without accusing anyone of being wrong and without blaming — or discarding — the relationship.

[3] **The sociolinguistic approach I take in my work is based on my belief that many frictions arise because, here in the United States, boys and girls grow up in what are essentially different cultures, so that talk between women and men is actually cross-cultural communication.** For little boys, talk is primarily a means of making statements of achievement through games like bragging contests. This may also be done by exhibiting knowledge or skill and by holding center stage through such verbal performance as storytelling, joking, or imparting information. **Little girls appear to be eager to share and compare interests and ideas. Emphasis is placed on displaying similarities and matching experiences. For them, the language of conversation is primarily a language of rapport: a way of establishing connection and negotiating relationships.** So this view of children's behavior predicts that more women than men will be comfortable speaking one-on-one, to individuals. And even when addressing an audience, women may be more concerned than men with establishing rapport.

Text 2

[1] Gender stereotypes should concern us for several reasons. First, they may dictate what we

notice and bias our perceptions in the direction of expectation. **Some researchers attempt to elucidate gender differences in order to help women and men understand and respond to one another better.** In the process, however, their work encourages people to notice and attend to differences rather than similarities, to perceive men and women in accordance with stereotypes that may not accurately depict their behavior or intentions. Second, gender stereotypes may not only describe behavior but also prescribe it, dictating how men and women "should" behave. People begin to act in ways that support other people's gender-role expectations of them.

[2] It is time to rethink our understanding of gender, to move away from the notion that men and women have two contrasting styles of interaction that were acquired in childhood. We need to move from a conceptualization of gender as an attribute or style of behavior to an under standing of gender as something people do in social interaction. As a **noted scholar** proposes, **"None of us is feminine or is masculine or fails to be either of those. In particular contexts people do feminine, in others, they do masculine."** People display contradictory behaviors as they encounter different social norms and pressures.

[3] Some researchers view male-female conversations as cross-cultural communication. The two-cultures approach postulates that difficulties in communication between men and women arise because of a clash of conversational styles. But this approach has a number of limitations. First, the coherence of male and female subcultures in childhood has been exaggerated. We arrive at **a contrasting picture of the cultures of boys and girls** only by singling out those children who fit common gender stereotypes and marginalizing others. We fail to notice the children who do not fit those stereotypes — for example, boys who excel at caring for younger siblings or girls who enjoy building things in shop class. Second, although children may choose same-sex playmates as preferred partners, they interact daily inside and outside school with the opposite sex. Children have countless experiences communicating with people of both sexes: they do not learn to communicate in gender-segregated worlds. They learn to display different styles of interaction in different contexts: they do not learn a single gender-related style. The same **child** may display dominance and give orders to a younger playmate but show deference and follow orders from an older friend.

1. Which topic do the two passages differ on?
   A. Whether boys and girls communicate in gender specific patterns.
   B. Whether important social behavior is learned in childhood.
   C. Whether adult conversational styles can be studied systematically.
   D. Whether gender plays a role in determining a child's playtime activities.
   E. Whether society concerns itself with the concept of gender roles

2. The primary purpose of Passage 1 is to ____________.
   A. present a historical overview of a controversy
   B. acknowledge previous errors in thinking

C. urge changes in organized activities provided for children

D. assert the value of a particular approach to an issue

E. downplay the significance of a recent discovery

3. Which suggestion about the work of "some scholars" (Para. 1) does Passage 1 make?

A. It will become widely accepted in the scientific community.

B. It is well intentioned but misguided.

C. It attempts to be objective but does not succeed.

D. It puts forth a convincing theory.

E. It could be used to excuse injustice in a society.

4. Passage 1 argues that "recognizing gender differences" (Para. 2) would most likely ____________.

A. cause people to exaggerate their similarities when communicating with one another

B. lead to further dissatisfaction in conversations among friends and relatives

C. promote the equal treatment of distinct social groups

D. relieve individuals of much of the blame for problems in relationships

E. affect the way that future research on gender is conducted

5. In "Little girls... relationships" (Para. 3), the author of Passage 1 assumes that for girls, a primary function of communication is to ____________.

A. foster a sense of intimacy between speaker and listener

B. establish a set of conversational rules shared by speaker and listener

C. convey information previously unknown by the listener

D. promote nostalgic feelings about past friendships

E. create an objective atmosphere for personal discussions

6. The author of Passage 2 would most likely challenge the claim made in Paragraph 3 of Passage 1 "The sociolinguistic... communication" by arguing that ____________.

A. children do not grow up in single-gender cultures

B. children may become skilled at deceiving adults

C. gender differences are impossible to assess scientifically

D. there is less conflict between men and women than sociologists assume

E. children's behaviors have changed dramatically in recent years

7. Which damaging effect of gender stereotypes does the sentence in Paragraph 1 of Passage 2 ("First... expectation") primarily emphasize?

A. They may offend the person being stereotyped.

B. They may distort our observations of people we meet.

C. They have been used to justify gender inequality.

D. They commonly cause miscommunication between men and women.

E. They reflect negatively on those who believe in them.

8. The assumptions underlying the research work described in Paragraph 1 of Passage 2("Some researches attempt to... to one another better") are most similar to the assumptions held by the ____________.

A. "scholars" underlined in Paragraph 1 of Passage 1

B. "women and men" underlined in Paragraph 2 of Passage 1

C. "noted scholar" underlined in Paragraph 2 of Passage 2

D. author of Passage 1

E. author of Passage 2

9. The quotation in Paragraph 2 of Passage 2 ("None... masculine") primarily serves to ____________.

A. introduce a personal experience

B. provide a typical example

C. elaborate on an idea

D. signal a change in topic

E. offer recent research data

10. Passage 2 suggests that some scholars construct "a contrasting picture of the cultures of boys and girls"(Paragraph 3 of Passage 2) by studying children whose ____________.

A. readiness to interact with strangers is apparent

B. demand for approval from adults is particularly strong

C. rebellion against authority results in creative behavior

D. personalities are highly idiosyncratic

E. actions correspond to a narrow preconception of behavior

11. The author of Passage 2 implies that the "boys" underlined in Paragraph 3 of Passage 2 and the "child" underlined in Paragraph 3 Passage 2 resemble one another in that they ____________.

A. have not learned to imitate adult behaviors

B. refuse to get along with their peers

C. do not conform to traditional gender stereotypes

D. openly mock adult expectations about their behavior

E. communicate primarily with children of their own gender

12. Which of the following best characterizes the ideas about gender communication styles as they are presented in the two passages?

A. Passage 1 argues that styles are based on competition, while Passage 2 suggests that they are a form of cooperation.

B. Passage 1 argues that styles are a burden, while Passage 2 implies that they can help facilitate relationships between men and women.

C. Passage 1 claims that styles are semantic, while Passage 2 suggests that they are whimsical.

D. Passage 1 suggests that styles are constant, while Passage 2 argues that they are fluid.

E. Passage 1 states that styles are random, while Passage 2 indicates that their patters become obvious upon closer scrutiny.

16. 历史专题

Passage 1 （四川大学 2014）

In eighteenth-century France and England, reformers rallied around egalitarian ideals, but few reformers advocated higher education for women. Although the public decried women's lack of education, it did not encourage learning for women. In spite of the general prejudice against learned women, there was one place where women could exhibit their erudition: the literary salon. Many writers have defined the woman's role in the salon as that of an intelligent hostess, but the salon had more than a social function for women. It was an informal university, too, where women exchanged ideas with educated persons, read their own works and heard those of others, and received and gave criticism.

In the 1750's, when salons were firmly established in France, some English women, who called themselves "Bluestocking" followed the example of the salonnieres (French salon hostesses) and formed their own salons. Most Bluestockings did not wish to mirror the salonnieres; they simply desired to adapt a proven formula to their own purpose — the elevation of women's status through moral and intellectual training. Differences in social orientation and background can account perhaps for differences in the nature of French and English salons. The French salon incorporated aristocratic attitudes that exalted courtly pleasure and emphasized artistic accomplishments. The English Bluestockings, originating from a more modest background, emphasized learning and work over pleasure. Accustomed to the regimented life of court circles, salonnieres tended toward formality in their salons. The English women, though somewhat puritanical, were more casual in their approach.

At first, the Bluestockings did imitate the salonnieres by including men in their circles. However, as they gained cohesion, the Bluestockings came to regard themselves as a women's group and to possess a sense of female solidarity lacking in the salonnieres, who remained isolated from one another by the primacy each held in her own salon. In an atmosphere of mutual support, the Bluestockings went beyond the salon experience. They traveled, studied, worked, wrote for publication, and by their activities challenged the stereotype of the passive woman. Although the salonnieres were aware of sexual inequality, the narrow boundaries of their world kept their intellectual pursuits within conventional limits. Many salonnieres, in fact, camouflaged their nontraditional activities behind the role of hostess and deferred to men in public.

Though the Bluestockings were trailblazers when compared with the salonnieres, they were not feminists. They were too traditional, too hemmed in by their generation to demand social and political rights. Nonetheless, in their desire for education, their willingness to go beyond the confines of the salon in pursuing their interests, and their championing of unity among women, the Bluestockings began the process of questioning women's role in society.

1. Which of the following best states the central idea of the passage?
   A. The establishment of literary salons was a response to reformers' demands for social rights for women.
   B. Literary salons were originally intended to be a meeting ground for intellectuals of both sexes, but eventually became social gatherings with little educational value.
   C. In England, as in France, the general prejudice against higher education for women limited women's function in literary salons to a primarily social one.
   D. For women, who did not have access to higher education as men did, literary salons provided an alternate route to learning and a challenge to some of society's basic assumptions about women.
2. According to the passage, which of the following was the way each group regarded as a significant distinction between the salonnieres and Bluestockings?
   A. The value of acquiring knowledge.
   B. The role of pleasure in the activities of the literary salon.
   C. The desirability of a complete break with societal traditions.
   D. The inclusion of women of different backgrounds in the salons.
3. Which of the following statements is most compatible with the principles of the salonnieres as described in the passage?
   A. Women should aspire to be not only educated but independent as well.
   B. The duty of the educated women is to provide an active political model for less educated women.
   C. Devotion to pleasure and art is justified in itself.
   D. Substance, rather than form, is the most important consideration in holding a literary salon.
4. Which of the following could best be considered a twentieth-century counterpart of an eighteenth-century literary salon as it is described in the passage?
   A. A social sorority. B. A community center.
   C. A lecture course on art. D. A humanities study group.
5. With which of the following would the author most probably respond?
   A. Admitted uncertainty. B. Qualified disagreement.
   C. Unquestioning approval. D. Complete indifference.

Passage 2 （武汉大学 2013）

In the art of the Middle Ages, we never encounter the personality of the artist as individual; rather it is diffused through the artistic genius of centuries embodied in the rules of religious art. Art of the Middle Ages is first a sacred script, the symbols and meanings of which were well settled. The circular halo placed vertically behind the head signifies sainthood, while the halo impressed with a cross signifies divinity. By bare feet, we recognize God, the angels, Jesus

Christ and the apostles, but for an artist to have depicted the Virgin Mary with bare feet would have been tantamount to heresy. Several concentric, wavy lines represent the sky, while parallel lines water or the sea. A tree, which is to say a single stalk with two or three stylized leaves, inform us that the scene is laid on earth. A tower with a window indicates a village, and, should an angel be watching from depicted with curly hair, a short beard, and a tonsure, while Saint Paul has always a bald head and a long beard.

A second characteristic of this iconography is obedience to a sacred mathematics. "The Divine Wisdom," wrote Saint Augustine, "reveals itself everywhere in numbers", a doctrine attributable to the neo-Platonists who revived the genius of Pythagoras. Twelve is the master number of the Church and is the product of three, the number of the Trinity, and four, the number of material elements. The number seven, the most mysterious of all numbers, is the sum of four and three. There are the seven ages of man, seven virtues, seven planets. In the final analysis, the seven-tone scale of Gregorian music is the sensible embodiment of the order of the universe. Numbers require also a symmetry. At Charters, a stained glass window show the four prophets, Isaac, Ezekiel, Daniel, and Jeremiah, carrying on their shoulders the four evangelists, Matthew, Mark, Luke and John.

A third characteristic of art is to be a symbolic language, showing us one thing and inviting us to see another. In this respect, the artist was called upon to imitate God, who had hidden a profound meaning behind the literal and wished nature itself to be a moral lesson to man. Thus, every painting is an allegory. In a scene of the final judgment, we can see the foolish virgins at the left hand of Jesus and the wise at his right, and we understand that this symbolizes those who are lost and those who are saved. Even seemingly insignificant details carry hidden meaning: The lion in a stained glass window is the figure of the Resurrection.

These, then, are the defining characteristics of art of the Middle Ages, a system within which even the most **mediocre** talent was elevated by the genius of the centuries. The artists of the early Renaissance broke with traditional at their own peril. When they are not outstanding, they are scarcely able to avoid insignificance and banality in their religious works, and, even when they are great, they are no more than the equals of the old masters who passively followed the sacred rules.

1. All of the following are likely to be found in the art of the Middle Ages EXCEPT ______.
   A. a circular halo placed vertically behind the head
   B. a lovely child with curly hair, a short beard, and a tonsure
   C. the lion in a stained glass window
   D. the Virgin Mary depicted with bare feet
2. Why is number seven so important in the art of the Middle Ages?
   A. It is a mysterious number signifying a lot of themes of divinity.
   B. A lot of images in the art of the Middle Ages much appear in seven.

C. There are seven most important divinities in the religion.

D. There are altogether seven colors in the palette.

3. According to the passage, which of the following statement is INCORRECT?

A. Parallel lines represent the water or the sea.

B. Twelve is the master number of the Church.

C. The artist does not teach man moral lesson in his art.

D. The order of the universe is manifested in the seven-tone scale-of Gregorian music.

4. All the following conclusion can be deducted from the passage EXCEPT ________.

A. little originality is allowed in the art of the Middle Ages

B. art has become an embodiment of the religious beliefs

C. the artists are generally confirmed in establishing themselves in the artistic community

D. the images in the art of the Middle Ages are so symbolic that they are difficult to understand

5. Which of the following can be substituted for the word "mediocre" in the last paragraph?

A. Mysterious. B. Undistinguished. C. Unorthodox. D. Outstanding.

Passage 3 （四川大学 2013）

"Sloganeering" did not originate in the 1960s. The term has a rich history. It originated from the Gaelic word slaughgharim, which signified a "host-shout", "war cry," or "gathering word or phrase of one of the old Highland clans; hence the shout or battle cry of soldiers in the field." English-speaking people began using the term by 1704. The term at the time meant "the distinctive note, phrase, or cry of any person or body of persons." Slogans were common throughout the European continent during the middle ages, and they were utilized primarily as "passwords to insure proper recognition of individuals at night or in the confusion of battle." The American revolutionary rhetoric would not have been the same without "the Boston Massacre", "the Boston Tea Party", "the shot heard around the world", and shouts of "no taxation without representation".

Slogans operate in society as "**social symbols**" and, as such, their intended or perceived meaning may be difficult to grasp and their impact or stimulation may differ between and among individuals and groups.

Because slogans may operate as "significant symbols" or as key words that have a standard meaning in a group, they serve both expressive and persuasive functions. Harold Lasswell recognized that the influencing of collective attitudes is possible by the manipulation of significant, symbols such as slogans. He believed that a verbal symbol might evoke a desired reaction or organize collective attitudes around a symbol. Murray Edelman writes that "to the political scientist patterning or consistency in the context in which specific groups of individuals use symbols is crucial, for only through such. patterning do common political meaning and claims arise." Thus, the slogans a group uses to evoke specific responses may provide us with an index for the group's norm, values, and conceptual rationale for its claims.

Slogans are so pervasive in today's society that it is easy to underestimate their persuasive power. They have grown in significance because of the medium of television and the advertising industry. Television, in addition to being the major advertising medium, has altered the nature of human interaction. Political images are less personal and shorter. They function as summaries and conclusions rather than bases for public interaction and debate. The style of presentation in television is more emotional, but the content is less complex or ideological. In short, slogans work well on television.

The advertising industry has made a science of sloganeering. Today, communication itself is a problem because we live in an "over-communicated" society. Advertisers have discovered that it is easier to link product attributes to existing beliefs, ideas, goals, and desires of the consumer rather than to change them. Thus, to say that a cookie tastes "homemade" or is as good as "Mom used to make" does not tell us if the cookie is good or bad, hard or soft, but simply evokes the fond memories of Mothers baking. Advertisers, then, are more successful if they present a product in a way that capitalizes on established beliefs or expectations of the consumer. Slogans do this well by crystallizing in a few words the key idea or theme one wants to associate with an issue, group, product, or event "Sloganeering" has become institutionalized as a virtual art form, and an advertising agency may spend months testing and creating the right slogan for a product or a person.

Slogans have a number of attributes that enhance their persuasive potential for social movements. They are unique and readily identifiable with a specific social movement or, social movement organization. "Gray Power," for instance, readily identifies the movement for elderly Americans, and "Huelga" (strike in Spanish) identifies the movement to aid Mexican American field workers in the west and southwest.

1. "Sloganeering" stems from a word that was used ______________.

   A. in the United States
   B. in the Ireland
   C. on the European continent
   D. frequently in revolutionary rhetoric

2. What is the writer's main purpose?

   A. To explain the history of slogans.
   B. To explain the persuasiveness of slogans.
   C. To explain how slogans have changed.
   D. To explain how slogans are used on television.

3. Because slogans are "social symbols" they ______________.

   A. can have different meanings in different cultural and economic settings
   B. are widely used as status symbols
   C. can be used to demonstrate high social standing
   D. are perceived as difficult to grasp

4. Lasswell's and Edelman's studies are important in that they ______________.

A. believe that a verbal symbol might evoke a desired reaction

B. demonstrate that patterning and consistency is crucial to the use of symbols

C. organize collective attitudes around a symbol

D. demonstrate a culture's principles are indicated by the slogans which are used

5. Television ____________.

A. has distorted the propose of slogans

B. has kept consistent the nature of human interaction

C. has made political images personal and shorter

D. utilizes slogans well

Passage 4 （武汉大学 2012）

Traditional research has confronted only Mexican and United States interpretations of Mexican-American culture. Now we must also examine the culture as we Mexican Americans have experienced it, passing from a sovereign people to compatriots with newly arriving settlers to, finally, a conquered people — a **charter minority** on our own land.

When the Spanish first came to Mexico, they inter-married with and absorbed the culture of the indigenous Indians. This policy of colonization through acculturation was continued when Mexico acquired Texas in the early 1800's and brought the indigenous Indians into Mexican life and government. In the 1820's, United States citizens migrated to Texas, attracted by land suitable for cotton. As their numbers became more substantial, their policy of acquiring land by subduing native populations began to dominate. The two ideologies clashed repeatedly, culminating in a military conflict that led to victory for the United States. Thus, suddenly deprived of our parent culture, we had to evolve uniquely Mexican-American modes of thought and action in order to survive.

1. The author's purpose in writing this passage is primarily to ____________.

A. suggest the motives behind Mexican and United States intervention in Texas

B. ring to light previously overlooked research on Mexican Americans

C. provide a historical perspective for a new analysis of Mexican-American culture

D. document certain early objectives of Mexican-American society

2. The author most probably uses the phrase "charter minority" (Para. 1) to reinforce the idea that Mexican Americans ____________.

A. are a native rather than an immigrant group in the United States

B. played an active political role when Texas first became part of the United States

C. have been misunderstood by scholars trying to interpret their culture

D. identify more closely with their Indian heritage than with their Spanish heritage

3. According to the passage, a major difference between the colonization policy of the United States and the Mexico in Texas in the 1800's was ____________.

A. degree to which policies were based on tradition
B. form of economic interdependency between different cultural groups
C. treatment of the native inhabitants
D. relationship between the military and the settlers

4. Which of the following statements most clearly contradicts the information in this passage?
A. While Texas was under Mexican control, the population of Texas quadrupled, in spite of the fact that Mexico discouraged immigration from the United States.
B. Most Indians living in Texas resisted Spanish acculturation and were either killed or enslaved.
C. By the time Mexico acquired Texas, many Indians had already married people of Spanish heritage.
D. Many Mexicans living in Texas returned to Mexico after Texas was annexed by the United States.

Passage 5 （厦门大学 2012）

Campaigning on the Indian frontier is an experience by itself. Neither the landscape nor the people find their counterparts in any other portion of the globe. Valley walls rise steeply five or six thousand feet on every side. The columns crawl through a maze of giant corridors down which fierce snow-fed torrents foam under skies of brass. Amid these scenes of savage brilliancy there dwells a race whose qualities seem to harmonize with their environment. Except at harvest time, when self-preservation requires a temporary truce, the Pathan tribes are always engaged in private or public war. Every man is a warrior, a politician and a theologian. Every large house is a real feudal fortress made, it is true, only of sun-baked clay, but with battlements, turrets, loopholes, drawbridges, etc. completed. Every village has its defense. Every family cultivates its vendetta; every clan, its feud. The numerous tribes and combinations of tribes all have their accounts to settle with one another. Nothing is ever forgotten, and **very few debts are left unpaid**. For the purposes of social life, in addition to the convention about harvest-time, a most elaborate code of honor has been established and is on the whole faithfully observed. A man who knew it and observed it faultlessly might pass unarmed from one end of the frontier to another. The slightest technical slip would, however, be fatal. The life of the Pathan is thus full of interest; and his valleys, nourished alike by endless sunshine and abundant water, are fertile enough to yield with little labor the modest material requirements of a sparse population.

Into this happy world the nineteenth century brought two new facts: the rifle and the British Government. The first was an enormous luxury and blessing; the second, an unmitigated nuisance. The convenience of the rifle was nowhere more appreciated than in the Indian highlands. A weapon which would kill with accuracy at fifteen hundred yards opened a whole new vista of delights to every family or clan which could acquire it. One could actually remain in one's own house and fire at one's neighbor nearly a mile away. One could lie in wait on some high crag, and at hitherto unheard of ranges hit a horseman far below. Even villages could fire at each other without the trouble of going far from home. Fabulous prices were therefore offered for these glorious products of science. Rifle-thieves scoured all India to reinforce the efforts of the honest smuggler. A steady flow of the coveted weapons spread its genial influence throughout the frontier, and the respect which the Pathan tribesmen entertained for Christian civilization was vastly enhanced.

The action of the British Government on the other hand was entirely unsatisfactory. The great organizing, advancing, absorbing power to the southward seemed to be little better than a monstrous spoil-sport. If the Pathan made forays into the plains, not only were they driven back (which after all was no more than fair), but a whole series of subsequent interferences took place, followed at intervals by expeditions which toiled laboriously through the valleys, scolding the tribesmen and exacting fines for any damage which they had done. No one would have minded these expeditions if they had simply come, had a fight and then gone away again. In many cases this was their practice under what was called the "butcher and bolt policy" to which the Government of India long adhered. But towards the end of the nineteenth century these intruders began to make roads through many of the valleys, and in particular the great road to Chitral. They sought to ensure the safety of these roads by threats, by forts and by subsidies. There was no objection to the last method so far as it went. But the whole of this tendency to road-making was regarded by the Pathans with profound distaste. All along the road people were expected to keep quiet, not to shoot one another, and above all not to shoot at travelers along the road. It was too much to ask, and a whole series of quarrels took their origin from this source.

Multiple-choice Questions:

1. The word "debts" in "very few debts are left unpaid" (Para. 1) means ____________.

   A. loans B. accounts C. killings D. bargains

2. Which of the following is NOT one of the geographical facts about the Indian frontier?

   A. Melting snows. B. Large population. C. Steep hillsides. D. Fertile valleys.

3. According to the passage, the Pathans welcomed ____________.

   A. the introduction of the rifle B. the spread of British rule

   C. the extension of luxuries D. the spread of trade

4. Building roads by the British ____________.

   A. put an end to a whole series of quarrels

   B. prevented the Pathans from carrying on feuds

   C. lessened the subsidies paid to the Pathans

   D. gave the Pathans a much quieter life

Short-answer Question:

5. What would be a suitable title for the passage?

Passage 6 （首都师范大学 2012）

Con men may outsmart people, but they have little originality. They usually rely on well-established cons known for their success in tricking **gullible** people. "**The Shell Game**" and "the Spanish Prisoner" are two old confidence tricks that I have been updated by con men in the modern world.

Created in the Middle Ages, "the Shell Game" is used to kick people into foolishly betting their money. First, the con man puts a pea under one of three shells. He then moves the shells around in a simple fashion, and asks a bystander which shell the pea is under. The answer seems obvious. However, while the con man is asking he skillfully moves the pea to a different shell. When the bystander loses money, several of the con man's collaborators, or shills, show the bystander that winning is "easy", and that he should continue to bet until he makes money. A modernized version of this same tick, called the "Three Card Monty" is now performed with face cards all around the world. The only difference is that in this version, the victim is asked to find the Queen card instead of a pea.

"The Spanish Prisoner" is a confidence trick that relies on a bystander's greed. In the traditional trick, a con man approaches a stranger and tells him of a desperate situation. A very wealthy man has been imprisoned in Spain under a false name, he says. If the stranger can maintain secrecy, he will be allowed to contribute money towards the prisoner's release which will result in a very handsome reward. Of course, after the gullible victim presents the money, the con man takes off and is never heard from again. A modern version of this trick called the "Nigerian Money Transfer Con" solicits victims' help through mass e-mails. People are asked to deposit money into an account that will be used to free the assets of a wealthy foreigner and result in a large reward. Once a victim responds, he or she may be strung along and asked to make continued deposits into the account until the victim cannot or will not make any further contributions. Needless to say, the deposited money always disappears, along with the con man.

1. The word "gullible" in Sentence 2 means "__________".
   A. unoriginal B. stupid C. overly trusting D. educated
2. The passage suggests that the reason the bystander loses at "the Shell Game" is __________.
   A. the con man moves the shells around so rapidly that the bystander can't follow his movements
   B. the bystander takes his eyes off the shells to look at the con man as he speaks
   C. one of the con man's shills secretly moves the pea to another shell
   D. the con man never puts a pea under a shell in the first place
3. The reason that a bystander will continue to bet money in "the Shell Game" is that __________.
   A. the con man's collaborators convince the bystander that he will win if he keeps playing
   B. it's fun to play a game of skill, whatever the outcome
   C. the odds are against him losing all the time
   D. the con man encourages him to keep playing

4. We can infer that those who cheat people are often called con men because ____________.
   A. many of them are former convicts
   B. the tricks they use involve gaining the confidence of their victims
   C. they often have contempt for their victims
   D. they usually engage their victims in conversation before cheating them
5. The author's attitude toward the victims of con men seems to be one of ____________.
   A. compassion B. forgiveness C. scorn D. indifference
6. On the basis of this passage, we can infer that well-established cons continue to be successful because ____________.
   A. people like to participate in activities that have a long track record
   B. some people don't mind being tricked as long as they are entertained in the process
   C. some people always believe that they can outsmart a cheater
   D. there will always be greedy and gullible people in the world, as well as people to take advantage of them
7. Which statement best expresses the central point of the passage?
   A. Some cons take advantage of the desire of people to help wealthy foreigners.
   B. Modem con men usually rely on versions of well-established cons to trick gullible people.
   C. Gullible people have only themselves to blame for falling victim to "Three Card Monty" and the "Nigerian Money Transfer Con".
   D. Throughout history, some people have succeeded in outsmarting others.

Passage 7 （西安外国语大学 2011）

The ancient Greeks and the Chinese believed that we first clothed our bodies for some physical reason, such as protecting ourselves from the elements. Ethnologists and psychologists have invoked psychological reasons: modesty, taboo, magical influence, or the desire to please. Anthropological research indicates that the function of the earliest clothing was to carry objects. Our hunting-gathering ancestors had to travel great distances to obtain food. For the male hunters, carrying was much easier if they were wearing simple belts or animal skins from which they could hang weapons and tools. For the female gatherers, more elaborate carrying devices were necessary. Women had to transport collected food back to the settlement and also had to carry babies, so they required bags or slings.

Another function of early clothing-providing comfort and protection — probably developed at the same time as utility. As human beings multiplied and spread out from the warm lands in which they evolved, they covered their bodies more and more to maintain body warmth. Today, we still dress to maintain warmth and to carry objects in our clothes. And like our hunting-gathering ancestors, most men still carry things on their person, as if they still needed to keep their arms free for hunting, while women tend to have a separate bag for carrying, as if they were still food-gatherers. But these two functions of clothing are only two of many uses to which we put the garments that we wear today.

There is a clear distinction between attire that constitutes "clothing" and attire that is more aptly termed "costume". **We might say that clothing has to do with covering the body, and costume concerns the choice of a particular form of garment for a particular purpose.** Clothing depends primarily on such physical conditions as climate, health, and textile, while costume reflects social factors such as personal status, religious beliefs, aesthetics, and the wish to be distinguished from or to emulate others.

Even in early human history, costume fulfilled a function beyond that of simple utility. Costume helped to impose authority or inspire fear. A chieftain's costume embodied attributes expressing his power, while a warrior's costume enhanced his physical superiority and suggested he was superhuman. Costume often had a magical significance such as investing humans with the attributes of other creatures through the recent times, professional or administrative costume is designed to distinguish the wearer and to express personal or delegated authority. Costume communicates the status of the wearer, and with very few exceptions, the aim is to display as high a status as possible. Costume denotes power, and since power is often equated with wealth, costume has come to be an expression of social class and material prosperity.

A uniform is a type of costume that serves the important function of displaying membership in a group: school, sports team, occupation, or armed force. Military uniform denotes rank and is intended not only to express group membership but also to protect the body and to intimidate. A soldier's uniform says. "I am part of a powerful machine, and when you deal with me, you deal with my whole organization." Uniforms are immediate beacons of power and authority. If a person needs to display power — a police officer, for example — then the body can be virtually transformed. Height can be exaggerated with protective headgear, thick clothing can make the body look broader and stronger, and boots can enhance the power of the legs. Uniforms also convey low social status; at the bottom of the scale, the uniform of the prisoner denotes membership in the society of convicted criminals.

Religious costume signifies spiritual or superhuman authority and possesses a significance that identifies the wearer with a belief or god. A successful clergy has always displayed impressive investments of one kind or another that clearly demonstrate the religious leader's dominant status.

1. According to the passage, what aspect of humanity's hunting-gathering past is reflected in the clothing of today?

   A. People cover their bodies because of modesty.

   B. Most men still carry objects on their person.

   C. Women like clothes that are beautiful and practical.

   D. Men wear pants, but women wear skirts or pants.

2. Which sentence below best expresses the essential information in the underlined sentence in Paragraph 3?

   A. Clothing serves a physical purpose, while costume has a personal, social, or psychological function.

B. We like clothing to fit our body well, but different costumes fit differently depending on the purpose.

C. Both clothing and costume are types of attire, but it is often difficult to distinguish between them.

D. People spend more time in choosing special costumes than they do in selecting everyday clothing.

3. Which of the following about costume does the author most likely believe as can be inferred from Paragraph 4?

A. We can learn about a society's social structure by studying costume.

B. Costume used to serve a simple function, but now it is very complex.

C. The main purpose of costume is to force people to obey their leaders.

D. Costume is rarely a reliable indicator of a person's material wealth.

4. Why does the author discuss the police officer's uniform in Paragraph 5?

A. To describe the aesthetic aspects of costume.

B. To identify the wearer with a hero.

C. To suggest that police are superhuman.

D. To show how costume conveys authority.

5. All of the following are likely to be indicated by a person's costume except ____________.

A. playing on a football team　　B. being a prisoner

C. having a heart condition　　D. leading a religious ceremony

Passage 8 （西安外国语大学 2011）

The founders of the Republic viewed their revolution primarily in political rather than economic or social terms. And they talked about education as essential to the public good — a goal that took precedence over knowledge as occupational training or self-improvement. Over and over again, the revolutionary generation, both liberal and conservative in outlook, asserted its conviction that the welfare of the republic rested upon an educated citizenry and that schools, especially free public schools, would be the best means of educating the citizenry in civic values and the obligations required of everyone in a democratic republican society. All agreed that the principal ingredients of a civic education were literacy and the inculcation of patriotic and moral virtues, some others adding the study of history and the study of principles of the republican government itself.

The founders, as was the case of almost all their successors, were long on exhortation and rhetoric regarding the value of civic education, but they left it to the textbook writers to distill the essence of those values for school children. Texts in American history and government appeared early as the 1790s. The textbook writers turned out to be very largely of conservative persuasion, more likely Federalist in outlook than Jeffersonian, and almost universally agreed that political virtue must rest upon moral and religious precepts. Since most textbook writers were New Englanders, this means that the texts were infused with Protestant and, above all, Puritan outlooks.

In the first half of the Republic, civic education in the schools emphasized the inculcation of civic values and made little attempt to develop participatory political skills. That was a task left to incipient political parties, town meetings, churches, and the coffee or alehouses where men gathered for conversation. Additionally, as a reading of certain federalist papers of the period would demonstrate, the press probably did more to disseminate realistic as well as partisan knowledge of government than the schools. The goal of education, however, was to achieve a higher form of *unum* for the new Republic. In the middle half of the nineteenth century, the political values taught in the public and private schools did not change substantially from those celebrated in the first years of the Republic. In the textbooks of the day, their rosy hues if anything became golden. To the resplendent values of liberty, equality, and a benevolent Christian morality were now added the middle-class virtues — especially of New England — of hard work, honesty and integrity, the rewards of individual effort, and obedience to parents and legitimate authority. But of all the political values taught in school, patriotism was preeminent; and whenever teachers explained to school children why they should love their country above all else, the idea of liberty assumed pride of place.

1. The passage deals primarily with the ________.
   A. content of early textbooks on American history and government
   B. role of education in late 18th-and early to mid-19th-century America
   C. influence of New England Puritanism on early American values
   D. establishment of universal, free public education in America
2. According to the passage, the founders of the Republic regarded education primarily as ________.
   A. a religious obligation B. a private matter
   C. a matter of individual choice D. a political necessity
3. The author states that textbooks written in the middle part of the nineteenth century ________.
   A. departed radically in tone and style from earlier textbooks
   B. mentioned for the first time the value of liberty
   C. treated traditional civic virtues with even greater reverence
   D. were commissioned by government agencies
4. Which of the following would LEAST likely have been the subject of an early American textbook?
   A. The American Revolution. B. Patriotism and other civic virtues.
   C. Principles of American government. D. Vocational education.
5. The author implies that an early American Puritan would likely insist that ________.
   A. moral and religious values are the foundation of civic virtue
   B. textbooks should instruct students in political issues of vital concern to the community

C. textbooks should give greater emphasis to the value of individual liberty than to the duties of patriotism

D. private schools with a particular religious focus are preferable to public schools with no religious instruction

Passage 9 （南京师范大学 2011）

In the history of the human race, the use of prisons as punishment for crimes is of fairly recent origin. A long time ago, prisons were merely places of preliminary detention. People were locked up in them to wait for torture, death, or other cruel punishment. In the late Middle Ages, the people of Europe became angry about the cruelties of that system and protested. Therefore, less cruel techniques of punishment were used. For example, people were sent away from their country and were never allowed to come back, or they were kept in prison.

The early settlers of America brought with them the idea of isolating prisoners. They could not see or talk to each other and could only read and exercise by themselves. After a long isolation, the prisoners could be released because they would not commit any more crimes. The Walnut Street Jail in America operated on this idea. In the latter part of the eighteenth century, however, a religious group stopped that system.

At the end of the nineteenth century, a new idea was introduced. It permitted prisoners to work together in groups during the day. It also reduced problems of administration. Afterwards, many prisons were built in America and abroad which operated on this idea.

1. The existence of the prison as punishment ____________.

A. started long ago　　B. first appeared in middle age

C. has a short history　　D. is for murderers

2. The prison to isolate criminal proved to be ____________.

A. comfortable　　B. unbearable　　C. acceptable　　D. futile

3. When prisoners were isolated, ____________.

A. they were alone and forbidden to contact with other people

B. they were not allowed to be with others except lunch time

C. they lived alone and occasionally need other's help

D. they should read and exercise by themselves

4. All statement are true EXCEPT ____________.

A. the new idea about the prison was accepted at the end of the 19th century

B. banishment and imprisonment were considered as comparatively less cruel punishment

C. isolation system proved to be very successful

D. the new idea of prison was spreading quickly and widely in the world

5. ____________ might serve as the most appropriate title.

A. Modern Prison　　B. The Prison and the New Idea

C. Isolation and Punishment　　D. The Development of Prison

二、简答题

1. 经济金融专题

Passage 1 (电子科技大学 2014)

Consumers are to be presented with two rival new year advertising campaigns as the Food Standards Agency goes public in its battle with the industry over the labelling of unhealthy foods.

The Guardian has learned that the FSA will launch a series of 10-second television adverts in January telling shoppers how to follow a red, amber and green traffic light labelling system on the front of food packs, which is designed to tackle Britain's obesity epidemic.

The campaign is a direct response to a concerted attempt by leading food manufacturers and retailers, including Kellogg's and Tesco, to derail the system. The industry fears that traffic lights would demonise entire categories of foods and could seriously damage the market for those that are fatty, salty or high in sugar.

The UK market for breakfast cereals is worth £1.27bn a year and the manufacturers fear it will be severely dented if red light labels are put on packaging drawing attention to the fact that the majority are high in salt and/or sugar.

The industry is planning a major marketing campaign for a competing labelling system which avoids colour-coding in favour of information about the percentage of "guideline daily amounts" (GDAs) of fat, salt and sugar contained in their products.

The battle for the nation's diet comes as new rules on television advertising come into force in January which will bar adverts for unhealthy foods from commercial breaks during programmes aimed at children. Sources at the TV regulators are braced for a legal challenge from the industry and have described the lobbying efforts to block any new ad ban or colour-coded labelling as "the most ferocious we've ever experienced".

Ofcom's chief executive, Ed Richards, said: "We are prepared to face up to any legal action from the industry, but we very much hope it will not be necessary." The FSA said it was expecting an onslaught from the industry in January. Senior FSA officials said the manufacturers' efforts to undermine its proposals on labelling could threaten the agency's credibility.

Terrence Collis, FSA director of communications, dismissed claims that the proposals were not based on science. "We have some of the most respected scientists in Europe, both within the FSA and in our independent advisory committees. It is unjustified and nonsensical to attack the FSA's scientific reputation and to try to undermine its credibility."

The FSA is understood to have briefed its ad agency, United, before Christmas, and will aim to air ads that are "non-confrontational, humorous and factual" as a counterweight to industry's efforts about the same time. The agency, however, will have a tiny fraction of the budget available to the industry.

Gavin Neath, chairman of Unilever UK and president of the Food and Drink Federation, has said that the industry has made enormous progress but could not accept red "stop" signs on its food.

Alastair Sykes, chief executive of Nestlé UK, said that under the FSA proposals all his company's confectionery and most of its cereals would score a red. "Are we saying people shouldn't eat confectionery? We're driven by consumers and what they want, and much of what we do has been to make our products healthier," he said.

Chris Wermann, director of communications at Kellogg's, said: "In principle we could never accept traffic light labelling."

The rival labelling scheme introduced by Kellogg's, Danone, Unilever, Nestlé, Kraft and Tesco and now favoured by 21 manufacturers, uses an industry-devised system based on identifying GDAs of key nutrients. Tesco says it has tested both traffic lights and GDA labels in its stores and that the latter increased sales of healthier foods.

But the FSA said it could not live with this GDA system alone because it was "not scientific" or easy for shoppers to understand at a glance.

***Questions*:**

1. When will instructions be given on reading the color-coded labels?
2. Where can customers find the red light labels?
3. What problem is the FSA trying to handle with the labeling system?
4. What information, according to the manufacturers, can be labeled on products?
5. What can not be advertised during children's programmes?

Passage 2 (中南财经政法大学 2013)

Kimiyuki Suda should be a perfect customer for Japan's carmakers. He's a young (34), successful executive at an Internet-services company in Tokyo and has plenty of disposable income. He used to own Toyota's Hilux Surf, a sport utility vehicle. But now he uses mostly subways and trains. "It's not so inconvenient at all," he says. "Besides, having a car is so 20th century."

Suda reflects a worrisome trend in Japan: the automobile is losing its emotional appeal, particularly among the young, who prefer to spend their money on the latest electronic gadgets. While minicars and luxury foreign brands are still popular, everything in between is slipping. Last year sales fell 6.7 percent—if you don't count the minicar market. There have been larger one-year drops in other nations: sales in Germany fell 9 percent in 2007 thanks to a tax hike. But analysts say Japan is unique in that sales have been eroding steadily over time. Since 1990, yearly new-car sales have fallen from 7.8 million to 5.4 million units in 2007.

Alarmed by this state of decay, the Japan Automobile Manufacturers Association launched a comprehensive study of the market in 2006. It found a widening wealth gap, demographic changes—fewer households with children, a growing urban population—and general lack of interest in cars led Japanese to hold their vehicles longer, replace their cars with smaller ones or give up car ownership altogether. "Japan's automobile society stands at a crossroad," says Ryuichi Kitamura, a transport expert and professor at Kyoto University. He says he does not expect the trend to be reversed, as studies show that younger Japanese customers are, the less interested they are in having a car. JAMA predicts a further sales decline of 1.2 percent in 2008. Some analysts believe that if the trend continues for much longer, further consolidation in the automotive sector (already under competitive pressure) is likely.

Japanese demographics have something to do with the problem. The country's urban population has grown by nearly 20 percent since 1990, and most city dwellers use mass transit (the country's system is one of the best developed in the world) on a daily basis, making it less essential to own a car. Experts say Europe, where the car market is also quite mature, **may be in for a similar shift**.

But in Japan, the "demotorization" process is also driven by cost factors. Owning and driving a car can cost up to $500 per month in Japan, including parking fees, car insurance, toll roads and various taxed. Taxes on a $17,000 car in Japan are 4.1 times higher than in the United States, 1.7 times higher than in Germany and 1.25 times higher than in the UK, according to JAMS. "Automobiles used to represent a symbol of our status, a Western, modern lifestyle that we aspired for," says Kitamura. "For today's young people," he argues, "such thinking is completely gone."

Cars are increasingly just a mobile utility; the real consumer time and effort goes into picking the coolest mobile phones and personal computers, not the hippest hatchback. The rental-car industry has grown by more than 30 percent in the past eight years, as urbanites book weekend wheels over the Internet. Meanwhile, government surveys show that spending on cars per household per year fell by 14 percent between 2000 and 2005, while spending on Net and mobile-phone subscriptions rose by 39 percent during the same period.

For Japanese car companies, the influences are enormous. "Japan is the world's second largest market, with a 17 to 18 percent share of our global sales," says Takao Katagiri, corporate vice president at Nissan Motor Co. The domestic market is where Japanese carmakers develop technology and build their know-how, and if it falters, it could gut an industry that employs 7.8 percent of the Japanese work force.

While surging exports, particularly to emerging markets, have more than offset the decline in domestic sales so far, companies are looking for ways to turn the tide. Nissan, for example, is trying to appeal to the digital generation with promotional blogs and even a videogame. A racing game for Sony's PlayStation, for example: offers players the chance to virtually drive the company's latest sporty model, the GT-R—a new marketing approach to create buzz and tempt them into buying cars. Toyota Motors has opened an auto mall as part of a suburban shopping complex near Tokyo, hoping to attract the kinds of shoppers who have long since stopped thinking about dropping by a car dealership. It's a bit akin to the Apple strategy of moving electronics out of the soulless superstore, and into more appealing and well-trafficked retail spaces. It worked for Apple, but then Apple is so 21st century.

Questions:

1. What are the hidden reasons for Japan's poor car market performance in addition to the cost factor?
2. What can we learn about Japan's car industry according to the text?
3. What does it mean when experts say Europe "may be in for a similar shift"?
4. What would be consequences if the domestic car market does not make much progress?
5. What is the main point of the last paragraph?

Passage 3 （北京科技大学 2012）

If you want to see what it takes to set up an entirely new financial center (and what is best avoided), head for Dubai. This tiny, sun-baked patch of sand in the midst of a war-torn and isolated region started with few advantages other than a long tradition as a hub for Middle Eastern trade routes. But over the past few years Dubai had built a new financial center from nothing.

Dozens of the world's leading financial institutions have opened offices in its new financial district, hoping to grab a portion of the $2 trillion-plus investment from the Gulf. Some say there is more hype than business, but few big firms are willing to risk missing out.

Dealmaking in Dubai centers around The Gate, a cube-shaped structure at the heart of the Dubai International Financial Centre (DIFC). A brainchild of the ruling al-Maktoum family, the DIFC is a tax-free zone for wholesale financial services. Firms licensed for it are not approved to serve the local financial market. The DIFC aims to become the leading wholesale financial centre in the Gulf, offering one-stop shopping for everything from stocks to sukuk bonds, investment banking and insurance. In August the Dubai bourse made a bid for a big stake in OMX, a Scandinavian exchange operator that also sells trading technology to many of the world's exchanges.

Dubai may have generated the biggest splash thus far, but much of the **Gulf region has seen a surge of activity** in recent years. Record flows of petrodollars have enabled governments in the area to spend billions on infrastructure projects and development. Personal wealth too is growing rapidly.

Qatar, Bahrain and Abu Dhabi also have big aspirations for their financial hubs, though they keep a lower profile than Dubai. They, too, are trying to learn from more established financial centers what they must do to achieve the magic mix of transparent regulation, good infrastructure and low or no taxes. Some of the fiercest competition between them is for talent. Most English-speaking professionals have to be imported.

Each of the Gulf hubs, though, has its own distinct characteristics. Abu Dhabi is trying to present itself as a more cultured, less congested alternative to neighboring Dubai, and is building a huge Guggenheim museum. Energy-rich Qatar is an important hub for infrastructure finance, with ambitions to develop further business in wealth management, private equity, retail banking and insurance. Bahrain is well established in Islamic banking, but it is facing new competition from London, Kuala Lumpur and other hubs that have caught on to Islamic finance. "If you've got one string to your bow and suddenly someone takes it away, you're in trouble," says Stuart Pearce of the Qatar Financial Center about Bahrain.

Saudi Arabia, by far the biggest economy in the Gulf, is creating a cluster of its own economic zones, including King Abdullah City, which is aimed at foreign investors seeking a presence in the country. Trying to cut down on the number of "**Suitcase bankers**" who fly in from nearby centers rather than live in the country, the Saudis now require firms working with them to have local business licences. Yet the bulk of the region's money is still flowing to established financial centre in Europe, America and other parts of Asia.

The financial hubs there offer lessons for aspiring centers in other parts of the developing world. Building the confidence of financial markets takes more than new skyscrapers, tax breaks and incentives. The DIFC, for instance, initially suffered from suspicions of government meddling and from a high turnover among senior executives. Trading on its stock market remains thin, and the government seems unwilling to float its most successful companies there. Making the desert bloom was never easy.

Questions:

1. What does the "Gulf region has seen a surge of activity" in Paragraph 4 refer to?
2. What is the purpose of discussing countries as Qatar and Bahrain in Paragraphs 5 and 6?
3. What is the implication of Stuart Pearce's comment in Paragraph 6?
4. Whom does "suitcase bankers" in Paragraph 7 refer to?
5. What is the main idea of the passage and what is the author's attitude towards the issue under discussion?

Passage 4 （华南理工大学 2012）

1. Put a jaguar, a bear, a tiger and a panda together and you might get a good show but you won't get a quiet life.

2. The Bric grouping—**Brazil, Russia, India and China**—has become a shorthand for the rise of emerging markets in the global economy. And after a rather stellar decade, the Brics mainly had a good crisis from which they are now rapidly exiting.

3. Goldman Sachs, the financial group that invented the category, reckons that China may well become the world's largest economy before 2030. Collectively, the Bric economies could well surpass output in the Group of Seven wealthy nations—which have dominated the management of the global economy—by 2032.

4. The Brics already have a bigger share of world trade than the US. China, probably the

world's biggest goods exporter last year, has been supplemented by India's software and back-office exports, Russia's oil and gas and the domination of a number of agricultural commodity markets by Brazil's super-competitive farmers.

5. While equities in G7 countries were struggling to stay in positive territory during the past five or so years, the Bric share prices, albeit with a steep drop and rapid recovery during the global financial crisis, finished the decade more than twice as high as in 2005. Bric **equity** indices have emerged; Bric funds have sprung up for investors to pile into the sector.

6. So as the world emerges from recession, is this a transformational moment when the center of gravity in the global economy and its governance decisively shifts? Is this a pivot point such as the Second World war, where the confident, innovative US muscled aside the weakened, debt-laden economies of Europe and remade the global financial architecture? And, most immediately, are Bric consumers up to the task of rebalancing the world economy by supplanting their acquisitive American counterparts?

7. The most likely answer is: not yet. Not only are the Brics such a disparate group **that almost any generalization is problematic**, but China, the dominant member of the quartet, still seems wedded to an economic model dependent on demand elsewhere.

8. "The so-called emerging economies, even some like Bangladesh, are undoubtedly players on the global stage," said Jean-Pierre Lehmann, professor of political economy at the IMD management school in Lausanne, Switzerland. "But I don't see any great cataclysm in the next 10 years, nor the center of finance definitely moving east."

9. Like a boy band or a street gang, the Brics might almost have been chosen for their disparate abilities rather than their similarities. **China's size and openness to trade give it as much economic clout as the rest put together**: Markus Jager, of Deutsche Bank, calls the hypercompetitive manufacturing exporter "the 800lb panda in the room". India, similar in population but poorer and economically more insular, is chiefly notable to investors and trading patterns for its software and business services. Brazil, despite a sprinkling of manufactures, remains one of the world's most efficient agro-exporters; Russia, after feebler attempts to diversify, essentially just sells oil and gas.

10. The story of their rapid progress is familiar but still dramatic. A decade ago, only one had an investment-grade credit ratting; now all do. Only 12 years ago, a Russian debt default and Brazilian currency crisis rocked the world economy; today, they have accumulated vast foreign exchange reserves.

11. The Brics contributed about half of global growth between 2000—2008 sharply higher than in the previous decade. Yet along with this growth has come an unbalancing of the global economy.

12. A Chinese growth model based on heavy investment and exports has accompanied vast current-account surplus across east Asia, matched by a current-account deficit in the US. And despite doing its bit to keep economic growth going during the crisis, it is far from clear that the

Middle Kingdom has effected a shift towards consumer demand that a true engine of world growth would achieve.

13. With a great flourish, Beijing announced a $585bn stimulus package in November 2008 and loosened bank credit. But its ability to create self-sustaining growth was suspect. Rather than handing out cash to consumers to get them spending—a move that might also have encouraged imports—a large chunk of the stimulus went into the old favorite, fixed investment. "If global demand does not recover in time or the stimulus measures fail to stir the animal spirits, China may end up creating overcapacity," said Jagar.

14. Razeen Sally, a trade expert at the London School of Economics, said: "The Chinese interventions had the effect of reinforcing existing problems and imbalances. We are going to see a lot of excess capacity in export-oriented industries like steel at exactly the wrong time."

15. The repegging of the *renminbi* against the dollar in 2008, after three years when it was allowed to crawl higher, has also done nothing to shift the Chinese economy from exports to consumer demand. The effect of that decision is multiplied by the copycat actions of many emerging-market countries holding their own currencies down lest they lose competitiveness to China.

16. Indeed, although the worldwide reduction in consumer demand had cut the absolute level of China's current-account surplus during the crisis, with fewer ships carrying toys and iPods out of Shenzhen and Shanghai, China continued to gain market share abroad. The International Monetary Fund and others reckon that the apparent rebalancing of the global economy over the past year is temporary. When demand picks up, so will Chinese exports, along with the old surpluses and deficits.

17. Despite pockets of profligacy, if anything, China's has become less rather than more of a consumer economy in the past decade. Its overall savings rate grew over the decade. Although much of this rise reflected corporate savings, household savings rose, too, and a greater share of national income went to companies rather than consumers in the first place.

18. A survey last year by the McKinsey Global Institute backed up what many economists have long argued: that the lack of a social safety net is one of the main reasons that Chinese households save. The top three reasons given were: educational needs, security in case of illness and caring for parents. Changing deep-seated structural factors such as this will not be quick. Nor will it be achieved simply by letting the *renminbi* rise.

19. As for the other Brics, whose trend growth rate is slower than China's, they are unlikely to have a noticeable effect on global demand for some time. Although growth in Brazil and India held up well during the crisis, the former is a relatively mature economy with less scope for rapid growth; the latter an underperformer with a chronic public finance problem and a household savings rate even higher than China's. Meanwhile, Russia, whose economy contracted sharply during the global recession, still depends on oil prices.

20. **A decade of rapid growth is not enough for the Brics to seize the baton of global economic leadership from the US and western Europe**. The grouping, or some of them, may have astonished the world with their progress over the past 10 years. But it will require a qualitative improvement as well as more growth to consolidate that shift of power.

Questions:

1. Find in Paragraph 7 and any other paragraph two synonyms of "Brazil, Russia, India and China" as a group.
2. What are the main reasons to group Brazil, Russia, India and China as a new economic category?
3. Find a metonymy in Paragraph 15 and a metaphor in Paragraph 12.
4. What is the particular reason for Chinese households to save money ?
5. Why the consumer economy remained weak in China?
6. In Paragraph 5, what does "equity" mean?
7. In Paragraph 7, what is the inside meaning of "... that any generalization is problematic" ?
8. Paraphrase "China's size and openness to trade give it as much economic clout as the rest put together". (Paragraph 9)
9. List two reasons for the statement "A decade of rapid growth is not enough for the Brics to seize the baton of global economic leadership from the US and western Europe" in the last paragraph.
10. Use one short sentence to summarize Paragraph 6.
11. What is strong with Brazil as one of the Brics?
12. According to the article, do you see any great cataclysm in the next 10 years in terms of the center of finance?

Passage 5 （内蒙古大学 2012）

Google is a world-famous company, with its headquarters in Mountain View, California. It was set up in a Silicon Valley garage in 1998, and inflated with the Internet bubble. Even when everything around it collapsed the company kept on inflating. Google's search engine is so widespread across the world that search became Google, and Google became a verb. The world fell in love with the effective, fascinatingly fast technology.

Google owes much of its success to the brilliance of S. Brin and L. Page, but also to a series of fortunate events. It was Page who, at Stanford in 1996, initiated the academic project that eventually became Google's search engine. Brin, who had met Page at a student orientation a year earlier, joined the project early on. They were both Ph. D candidates when they devised the search engine which was better than the rest and, without any marketing, spread by word of mouth from early adopters to, eventually, your grandmother.

Their breakthrough, simply put, was that when their search engine crawled the Web, it did more than just look for word matches, it also tallied and ranked a host of other critical factors like how websites link to one another. That delivered far better results than anything else. Brin and Page meant to name their creation Google(the mathematical term for the number 1 followed by 100 zeroes), but someone misspelled the word so it stuck as Google. They raised money from prescient professors and venture capitalists, and moved off campus to turn Google into business. Perhaps their biggest stroke of luck came early on when they tried to sell their technology to other search engines, but no one met their price, and they built it up on their own.

The next breakthrough came in 2000, when Google figured out how to make money with its invention. It had lots of users, but almost no one was paying. The solution turned out to be advertising, and it's not an exaggeration to say that Google is now essentially an advertising company, given that that's the source of nearly all its revenue. Today it is a giant advertising company, worth $100 billion.

Questions:

1. Apart from a series of fortunate events, what is it that has made Google so successful?
2. Google's search engine originated from ____________ started by L. Page.
3. How did Google's search engine spread all over the world?
4. Brin and Page decided to set up their own business because no one would ____________.
5. The revenue of the Google company is largely generated from ____________.

Passage 6 (曲阜师范大学 2011)

The term "**Industrial Revolution**" describes the process of economic change from a stable agricultural and commercial society to the modern industrial society which is dependent on the use of machinery rather than hand tools. While the process was historically a gradual one and not the sudden change which the word "revolution" suggests, the economic, social, and political results were indeed revolutionary.

Basically, it meant the change from hand work to machine power—made possible by the use of steam for power through the perfection of the improved steam engine of James Watt in 1769, which made Thomas Newcomen's invention of 1708 practical for industrial use. The domestic system of production(goods produced in many homes and gathered for sale by a middleman) was replaced by the factory system. Coupled with the technological England, were the equally significant technological improvements in agriculture.

Historically, the first stage of the Industrial Revolution began slowly about 1960, gathered momentum after 1815, and extended into the 1870s, with the main source of power being the stream engine. Profits for the capitalists came from the manufacturing process itself, in contrast to the Commercial Revolution when profits had come chiefly from the transportation of goods. Coal replaced wood as fuel, and iron machines replaced wooden machines.

Later, the second stage of the Industrial Revolution set in during the 1870s and extended to 1914—brought about by a new source of power, electricity, from Michael Faraday's dynamo of 1831. Characteristic of this stage was the adoption of mass production techniques and the development of finance capitalism, with profits derived from the investment of finance capital rather than from the manufacturing process alone, as in the formation of the United States Steel Corporation in 1901. It was in this second stage that the swift industrialization and urbanization of western Europe and the United States took place.

Questions:

1. What is "Industrial Revolution"?
2. Give a brief introduction of the history of the Industrial Revolution.

Passage 7 （南开大学 2011）

A few years ago, at the height of the dotcom boom, it was widely assumed that a publishing revolution, in which the printed word would be supplanted by the computer screen, was just around the comer. It wasn't for many, there is still little to march the joy of cracking the spine of a good hook and settling down for an hour or two of reading. But a recent flurry of activity by big technology companies—including Google, Amazon, Microsoft and Yahoo! —suggests that the dream of bringing books online is still very much alive.

The digitizing of thousands of volumes of print is not without controversy. On Thursday, Google, the world's most popular search engine, posted a first installment of books on Google Print, an initiative first mooted a year ago. This collaborative effort between Google and several of the world's leading research libraries aims to make many thousands of books available to be searched and read online free of charge. Although the books included so far are not covered by copyright, the plan has attracted the ire of publishers.

Five large book firms are suing Google for violating copyright on material that it has scanned and, although out of print, is still protected by law. Google has said that it will only publish short extracts from material under copyright unless given express permission to publish more, but publishers are unconvinced. Ironically, many publishers are collaborating with Google on a separate venture, Google Print Publisher, which aims to give readers an online taste of books that are commercially available. The searchable collection of extracts and book information is intended to tempt readers to buy the complete books online or in print form.

Not to be outdone, Amazon, the world's largest online retailer, has unveiled plans for its own foray into the mass e. book market. The firm, which began ten years ago as an online book retailer, now sells a vast array of goods. No doubt piqued that Google, a relative newcomer, should impinge upon its central territory, Amazon revealed on Thursday that it would introduce two new services. Amazon Pages will allow customers to search for key terms in selected books and then buy and read online whatever part they wish, from individual pages to chapters or complete works. Amazon Upgrade will give customers online access to books they have already purchased as hard copies. Customers are likely to have to pay around five cents a page, with the bulk going to the publisher.

Microsoft, too, has joined the online-book bandwagon. At the end of October, the software giant said it would spend around \$200m to digitize texts, starting with 150, 000 that are in the public domain, to avoid legal problems. It will do so in collaboration with the Open Content Alliance, a consortium of libraries and universities. (Yahoo! has pledged to make 18, 000 books available online in conjunction with the same organization.) On Thursday, coincidentally the same day as Google and Amazon announced their initiatives, Microsoft released details of a deal with the British Library, the country's main reference library, to digitize some 25m pages; these will be made available through MSN Book Search, which will be launched next year.

These companies are hoping for a return to the levels of interest in e-books seen when Stephen King, a bestselling horror writer, published "Riding the Bullet" exclusively on the internet in 2000. Half a million copies were downloaded in the first 48 hours after publication. But this proved to be a high-water mark rather than a taste of things to come. While buyers were reluctant to sit in front of a computer screen to read the latest novels dedicated e-book-reading gadgets failed to catch on.

The market for e-books is growing again, though from a tiny base. Both retailers and publishers reckon they will eventually be able to persuade consumers to do a lot more of their reading on the web. Some even hope they can become to online books what Apple's iTunes is to online music. But there are crucial differences between downloading fiction and downloading funk. Online music was driven from the bottom up: illegal file-sharing services became wildly popular, and legal firms later took over when the pirates were forced (by a wave of lawsuits) to retreat; the legal providers are confident that more and more consumers will pay small sums for music rather than remain beyond the law. And the iPod music player and its like have proved a fashionable and popular new way to listen to songs. The book world has no equivalent.

So the commercial prospects for sellers of online books do not yet look very bright. But they may get a lift from some novel innovations. The ability to download mere parts of books could help, for instance: sections of manuals, textbooks or cookery books may tempt some customers; students may wish to download the relevant sections of course books; or readers may want a taste of a book that they subsequently buy in hard copy.

And the ability to download reading matter onto increasingly ubiquitous hand-held electronic devices and 3G phones may further encourage uptake. In Japan, the value of e-books (mainly manga comic books) delivered to mobile phones has jumped, though! It will be worth only around 6 billion yen (\$51m), according to estimates.

Questions:

1. Why do many publishers seek collaboration with Google while others are suing it?

2. Will the prospect of online fiction equal that of online music?

Passage 8 （南开大学 2010）

Nations, like people, occasionally get the blues; and right now the United States, normally the world's most self-confident place, is glum. Eight out of ten Americans think their country is heading in the wrong direction. The hapless George Bush is partly to blame for this: his approval ratings are now sub-Nixonian. But many are concerned not so much about a failed president as about a flailing nation.

One source of angst is the sorry state of American capitalism. The "Washington consensus" told the world that open markets and deregulation would solve its problems. Yet American house prices are falling faster than during the Depression, petrol is more expensive than in the 1970s, banks are collapsing, the euro is kicking sand in the dollar's face, credit is scarce, recession and inflation both threaten the economy, consumer confidence is an oxymoron and Belgians have just bought Budweiser, "**America's beer**".

And it's not just the downturn that has caused this discontent. Many Americans feel as if they missed the boom. Between 2002 and 2006 the incomes of 99% rose by an average of 1% a year in real terms, while those of the top 1% rose by 11% a year; three-quarters of the economic gains during Mr Bush's presidency went to that top 1%. Economic envy, once seen as a European vice, is now rife. The rich appear in Barack Obama's speeches not as entrepreneurial role models but as modern versions of the "**malefactors of great wealth**" denounced by Teddy Roosevelt a century ago: this lot, rather than building trusts, avoid taxes and ship jobs to Mexico. Globalisation is under fire: free trade is less popular in the United States than in any other developed country, and a nation built on immigrants is building a fence to keep them out. People mutter about nation-building beginning at home: why, many wonder, should American children do worse at reading than Polish ones and at maths than Lithuanians?

Abroad, America has spent vast amounts of blood and treasure, to little purpose. In Iraq, finding an acceptable exit will look like success; Afghanistan is slipping. America's claim to be a beacon of freedom in a dark world has been dimmed by Guantánamo, Abu Ghraib and the flouting of the Geneva Conventions amid the panicky "unipolar" posturing in the aftermath of September 11th.

Now the world seems very multipolar. Europeans no longer worry about American ascendancy. The French, some say, understood the Arab world rather better than the neoconservatives did. Russia, the Gulf Arabs and the rising powers of Asia scoff openly at the Washington consensus. China in particular spooks America—and may do so even more over the next few weeks of Olympic medal-gathering. Americans are discussing the rise of China and their consequent relative decline; measuring when China's economy will be bigger and counting its missiles and submarines has become a popular pastime in Washington. A few years ago, no politician would have been seen with a book called "The Post-American World". Mr. Obama has been conspicuously reading Fareed Zakaria's recent volume.

America has got into funks before now. In the 1950s it went into a Sputnik-driven spin about Soviet power; in the 1970s there was Watergate, Vietnam and the oil shocks; in the late 1980s Japan seemed to be buying up America. Each time, the United States rebounded, because the country is good at fixing itself. Just as American capitalism allows companies to die, and to be created, quickly, so its political system reacts fast. In Europe, political leaders emerge slowly, through party hierarchies; in America, the primaries permit inspirational unknowns to burst into the public consciousness from nowhere.

Still, countries, like people, behave dangerously when their mood turns dark. If America fails to distinguish between what it needs to change and what it needs to accept, it risks hurting not just allies and trading partners, but also itself.

Questions:

1. In your opinion, why were Americans unhappy at the loss of Budweiser or "America's beer" (Para. 2)?
2. How to interpret the return of the modern version of "malefactors of great wealth" (Para. 3)?

Passage 9 （广东外语外贸大学 2010）

In the old days, it was all done with cakes. For Marcel Proust, it was a visit to Mother's for tea and madeleines that provided the access to "the vast structure of recollection" that was to become his masterpiece on memory and nostalgia, "Remembrance of Past Things". These days, it's not necessary to evoke the past: you can't move without tripping over it.

In an age zooming forward technologically, why all the backward glances? The Oxford English Dictionary's first definition of nostalgia reads: "acute longing for familiar surroundings; severe homesickness." With the speed of computers doubling every 18 months, and the net doubling in size in about half that, no wonder we're aching for familiar surroundings. Since the cornerstone of the Information Age is change, anything enduring becomes precious. "People are looking for something authentic," says McLaren. Trouble is, nostalgia has succumbed to trends in marketing, demographics and technology. "Nostalgia ain't what it used to be," says Michael J. Wolf, senior partner at Booz-Allen & Hamilton in New York. "These are the new good old days."

Baby boomers form the core of the **nostalgia market**. The boomers, defined by American demographers as those born between 1946 and 1964, are living long and prosperous lives. In both Europe and America, they remain the Holy Grail for admen, and their past has become everyone's present. In a study on "entertainment imprinting", two American marketing professors, Robert Schindler and Morris Holbrook, asked people ranging in age from 16 to 86 which popular music from the past they liked best. People's favorite songs, they found, tended to be those that were popular when they were about 24, with their affection for pop songs diminishing on either side of that age. Doubtless Microsoft knows about entertainment imprinting, or at least nostalgia. The company hawks its latest Explorer to the strains of Simon and Garfunkel's "Homeward Bound", just as it launched Windows 98 to the tune of "Start Me up" by the Rolling Stones. Boomers remember both tunes from their 20s.

If boomers are one market that values memories, exiles are another. According to the International Organization of Migration, more than 150 million people live today in a country other than the one where they were born—double the number that did so in 1965. This mass movement has sources as dire as tyranny and as luxurious as the freedoms of an EU passport. But exiles and refugees share one thing: homes left behind. Type in "nostalgia" on the search engine Google, and one of the first sites that pop up is the nostalgia page of The Iranian, an online site for Iran's exiles, most of whom fled after 1978's Islamic revolution. Perhaps the savviest exploitation of nostalgia has been the secondhand-book site alibris. com, which features stories of clients' rediscovering long-lost books on it. One John Mason Mings writes of the glories of finding a book with information on "Kickapoo Joy Juice", ad dreaded medicine of his youth. A Pennsylvanian waxes over alibris's recovery of his first-grade primer "Down Cherry Street". The Net doesn't merely facilitate nostalgia—it promotes it. Web-based auction houses have helped jump-start markets for vintage items, form marbles to Apple Macintoshes.

Cutting-edge technology, designed to be transient, has even bred its own inst a nostalgia. Last year a $666 Apple I went for $18, 000 to a British collector at a San Francisco auction. "Historic! Microsoft Multiplan for Macintosh" crows one item on eBay's vintage Apple section. Surf to The Net Nostalgia Quiz to puzzle over questions like "In the old days, Altavista used to have which one of these URLs?"

Those who don't remember their history are condemned to repeat it. Or so entertainment moguls hope, as they market 70's TV hits like "Charlie's Angels" and "Scooby Doo," out next year, to a generation that can't remember them the first time round. If you've missed a Puff Daddy track or a "Sopranos" episode, panic not. The megahits of today are destined to be the golden oldies of 2020, says Christopher Nurko of the branding consultant FutureBrand. "I guarantee you, Madonna's music will be used to sell everything," he says. "God help me, I hope it's not selling insurance." It could be. When we traffic in the past, nothing's sacred.

Questions:

1. Explain the beginning sentence "In the old days, it was all done with cakes"(Para. 1).
2. What is the other big group besides baby boomers which values memories? What do these people share?
3. What is "nostalgia market"? What do they sell in the nostalgia market?

2. 社会专题

Passage 1 （中山大学 2015）

Congratulations! You wowed your prospective employers on your first interview and have been called back for an encore. So, how will the second interview be different from the first? This time around, expect to spend more time at the company, talk to more people, individually and collectively, and have your skills and personality scrutinized more closely.

The Employer's Point of View

From an employer's perspective, the second interview is a chance to closely evaluate a candidate's abilities and interpersonal skills. Your prospective employer wants to see that you can do the job and work well with colleagues.

Be aware that many employers bring in several candidates on the same day to streamline the second interview process. Your challenge is to distinguish yourself from the other candidates. To show you're a good fit with the company, focus on explaining how your abilities and experiences would enable you to do the job. Be specific. Offer concrete examples that highlight your competence and compatibility.

Who You'll Meet

On your first interview, you probably met with one or two people. This time, be prepared to meet several more over the course of the day, including potential managers, coworkers and other staff members. You may meet individually with several people, who will most likely ask you similar questions.

Keep your answers consistent but mix up your delivery so that your answers don't sound stale or staged. If possible, before the interview acquire a list of the people you'll be meeting with and do a little research on each one. Then ask questions that show your knowledge of each person. If you meet with a panel or group, be sure to make eye contact with both the individual asking the question and the group as a whole.

Steps for Follow Up

It's rare to receive an offer on the spot, but it does happen occasionally. If the feedback is consistently positive over the course of the day, you may get a job offer at the end of the interview. If that happens, don't make a hasty decision. Ask for time to think about it. If you don't get an offer, be sure to immediately send a brief thank you note to every person you spoke with. Some companies make hiring decisions in a matter of days, but many can take weeks to make their final choice.

Be patient, be flexible and be ready for an offer or an invitation for yet another interview.

Questions:

Answer the following questions with NO MORE THAN TEN WORDS.

1. What is the passage mainly concerned with?
2. What are the purposes of the second interview for the employer according to the passage?
3. What is the difference between the first and the second interviews concerning the people you meet?
4. If you get a job offer on the spot, what is recommended according to the passage?
5. After the second interview, what is right attitude for you to have?

Passage 2 （广东外语外贸大学 2014）

A jury convicted a doctor of murder early Saturday in the death of his wife six years ago, **bringing an end to a trial that became the nation's latest true-crime cable TV obsession** with its tales of jailhouse snitches, forced plastic surgery, philandering and betrayal.

Martin MacNeill was accused of knocking out Michele MacNeill with drugs after cosmetic surgery, then leaving her to die in a tub like one that was displayed during the trial.

Prosecutors asserted that he may have held her underwater for good measure and that he did it to take up a new life with another woman.

Michele MacNeill's daughters and other relatives let out a loud yelp before dissolving in tears as the jury delivered its verdict to the tense, packed courtroom.

"We're just so happy he can't hurt anyone else," said Alexis Somers, one of his older daughters. "We miss our mom; we'll never see her again. But that courtroom was full of so many people who loved her."

Martin MacNeill, 57, showed little emotion when the verdict was read. He hugged his lawyer afterward and said, "It's OK."

He faces 15 years to life for first-degree murder when he is sentenced Jan. 7. He also was found guilty of obstruction of justice, which could add 1-15 years. MacNeill was led by deputies back to Utah County jail.

Randy Spencer, one of his lawyers, said he was disappointed before declining further comment.

The chief prosecutor, Chad Grunander, said the largely circumstantial case was the most difficult he ever brought to trial and that many prosecutors wouldn't bother trying, especially with medical examiners unable to produce a finding of homicide.

"It was an almost perfect murder," Grunander said in his closing argument, asserting MacNeill "pumped her full of drugs" that he knew it would be difficult to detect once she was dead.

An early mistress of MacNeill's testified he once confided he could induce a heart attack in someone that would appear natural.

After deliberating for 11 hours, the jury issued its guilty verdict to murder and obstruction of justice shortly after 1 a. m. Saturday.

The case shocked the Mormon community of Pleasant Grove, 35 miles south of Salt Lake City, and captured national attention because the defendant was a wealthy doctor and a lawyer, a father of eight in a picture-perfect family and former bishop in his local congregation of The Church of Jesus Christ of Latter-day Saints.

Defense lawyers contend Michele MacNeill died of natural causes. They believe she had a heart attack and fell headfirst into the tub and noted the autopsy showed she had an enlarged heart, a narrowing of the heart arteries and liver and kidney deterioration.

"There's simply no proof of homicide", Spencer said. "The prosecution has presented to you their cherry-picked portion of the evidence."

He called the testimony of a handful of prison inmates angling for early release doubtful. The men who spent time behind bars with the doctor testified he had acknowledged killing his wife—or suggested that investigators could never prove he did it.

Their testimony was the only direct evidence of murder, Grunander said. MacNeill lawyers argued he would never admit murder to strangers in prison.

MacNeill was medical director of the Utah State Development Center, a residential center for people with cognitive disorders, **who moonlighted in other medical jobs, once consulting for a laser hair removal clinic**. He had a law degree but wasn't known to practice law and has since surrendered his law and medical licenses.

The highlight of the three-week trial was a mistress who MacNeill introduced as a nanny within weeks of his wife's death. His older daughters quickly recognized Gypsy Willis as his secret lover and said her mother had been arguing with her husband over the affair.

The daughters went to work uncovering what they call their father's secret life. They abandoned him while dogging authorities to open a murder investigation. It wasn't until MacNeill's release in July 2012 from a federal prison in Texas on charges of fraud that Utah prosecutors moved to file charges of murder and obstruction of justice.

Willis also served a federal sentence for using the identity of one of MacNeill's adopted daughters to escape a debt-heavy history. That daughter had been sent back to Ukraine, supposedly only for a summer.

For a time, MacNeill's only family defender was his only son. Damian, a 24-year-old law student, committed suicide in January 2010, according to his sisters, who have said he was haunted by their mother's death.

Prosecutors said MacNeill might have gotten away with a perfect murder, but his erratic behavior the day of his wife's death and shortly afterward was "dripping with motive".

They reminded jurors about testimony that MacNeill stood in the bathroom yelling what prosecutors called phony grief, "Why did you do this? All because of a stupid surgery," as paramedics tried to revive his wife.

Family testimony suggested it was MacNeill who insisted his 50-year-old wife, a former local beauty queen in her California hometown, get the surgery. Prosecutors said he used it as an excuse to mix painkillers, Valium and sleeping pills for her supposed recovery.

Questions:

1. Paraphrase "bringing an end to a trial that became the nation's latest true-crime cable TV obsession" (Para. 1).
2. What did "who moonlighted in other medical jobs, once consulting for a laser hair removal clinic" (Para. 18) imply?

Passage 3 (中山大学 2014)

The Working Time Regulations (WTRs) introduced a new right to paid holidays for most workers. However, some workers were not covered when the WTRs came into force in October 1998. Since the regulations were amended, with effect from 1 August 2003, the majority of these workers have been entitled to paid holidays, and since 1 August 2004 the regulations have also applied to junior doctors.

Workers who qualify are entitled to no fewer than four weeks of paid holiday a year, and public holidays (normally eight days in England and Wales) count towards this. However, workers and employers can agree longer holidays.

For the first year of work, special accrual rules apply. For each month of employment, workers are entitled to one twelfth of the annual holiday. After the first year of employment, you can take your holiday entitlement at any time, with your employer's approval.

Before taking holidays, you must give your employer notice of at least twice the length of the holiday you want to take: for instance, to take a five-day holiday, you must give at least ten days' notice. If your employer does not want you to take that holiday, they can give you counter-notice equal to the holiday—for example, five days' notice not to take a five-day holiday.

If the employer wants you to take holiday at a given time, e. g. when there is a shutdown at the same time every year, they must give you notice of at least twice the length of the holiday. There is no right for the worker to take that holiday at a different time.

Holiday cannot be carried over to the next year, unless your contract of employment allows this to happen. Nor can you be paid in lieu of your holiday. However, when you leave the job, you are entitled to receive payment for any outstanding holiday, provided your contract specifically allows for this.

It may be that your contract gives you better rights, or your holiday rights might be specified in a collective agreement. Your union representative can advise you on this.

Questions:

Answer the following questions, using NO MORE THAN THREE WORDS AND/OR A NUMBER from the passage.

1. In what year were the regulations extended to cover most of the workers who were originally excluded?
2. What is the minimum annual paid holiday which workers are entitled to?
3. During a worker's first year of employment, what proportion of their annual holiday does a month's work give?
4. What can an employer give a worker to stop them taking holiday that they have requested?
5. What is given as a possible reason for an employee having to take a holiday at a certain time?

Passage 4 （北京科技大学 2014）

The American dream has taken hit after hit in the past half-decade. It just suffered another blow, based on a new poll. Yet young people seem determined to turn things around, giving us all cautious cause for optimism.

When writer James Truslow Adams coined the phrase in 1931 he called the American dream "that dream of a land in which life should be better and richer and fuller for everyone, with opportunity for each according to ability or achievement." So it was all about opportunity, which largely has disappeared amid a poor job market, heavy debts, and wages that have stalled for 25 years.

In more recent times, the American dream became closely identified with home ownership. But that idea suffered a blow in the housing bust. Just 65% of Americans own their home, down from 69% pre-bust, and four out of five Americans are rethinking the reasons they'd want to buy a house.

Perhaps the newest definition of the American dream comes from the National Endowment for Financial Education, which found that nearly half of adults define the dream as a comfortable retirement. Most just want to quit work at 65 or 67 and not worry. That's their dream, which far outplaces the 17% who cling to home ownership as the embodiment of Adam's vision.

Now we see yet another blow to yet another version of the American dream, which at times has been described as each generation doing better than the last. Seven in 10 Americans say that when today's children are adults, they'll have less financial security than adults today, according to an Allstate National Journal Heartland Monitor poll.

Adults overwhelmingly believe childhood and parenthood were better for earlier generations; 79% say it was better to have been a child when they were young. Most believe today's kids will have a poorer chance of holding a steady job and owning a home without too much debt, and that their children will have less opportunity to achieve a comfortable retirement.

The downbeat view doesn't stop here. Adults also believe that today's children will display less patriotism, a poorer work ethic, and less civic responsibility when they come of age.

All this pessimism would be deadly troublesome if not for one thing: young people aren't buying it. More than half of teens in the poll say it's better to be a kid today, and nearly half say that when they are at their parents' age they will have more opportunity—not less.

Maybe that's because young people learned a lot during the Great Depression. They saw their parents get socked. But with no real assets at risk themselves they came through it unscathed, financially speaking, and yet took the lessons to heart and are more conscious about spending and debt than Mom and Dad have been.

Maybe that's because they've seen stocks come roaring back and the housing market begin to recover. Mom and Dad may not be whole yet, and still stinging. But those who began their careers in the past five years and were smart enough to sign up for a 401(k) have been building wealth steadily.

Maybe that's because, stereotypes be damned, they know something about their work ethic that boomers and other elders do not: Millennials are pretty darned committed to their careers—they just see it in different terms.

Or maybe it's just because young people can't imagine life without the internet or smartphones or, well, reality TV. Toddlers today play on iPads. With mobile technology, young professionals can get their jobs done at the beach. By comparison, older generations grew up in the dinosaur age. We had outrageous long-distance bills, three channels and a TV with rabbit ears. Dude, what's so great about that?

Questions:

1. What is the passage mainly about?
2. What specific aspects about American dream are discussed in the passage?
3. How do you interpret the first sentence in paragraph eight: "All the pessimism would be deadly troublesome if not for one thing: young people aren't buying it." (Para. 8)?
4. What is the author's attitude towards the issue being discussed?
5. Could you give a title to the passage?

Passage 5 （湖南大学 2013）

Women who apply for jobs in middle or senior management have a higher success rate than men, according to an employment survey. But of course far fewer of them apply for these positions. The study, by recruitment consultants NB Selection, shows that while one in six men who appear on interview shortlist get jobs, the figure rises to one in four for women.

Reasons for higher success rates among women are difficult to isolate. One explanation suggested is that if a woman candidate manages to get on a shortlist, then she has probably already proved herself to be an exceptional candidate. Dr. Marx said that when women apply for positions they tend to be better qualified than their male counterparts but are more selective and conservative in their job search. Women tend to research thoroughly before applying for positions or attending interviews. Men, on the other hand, seem to rely on their ability to sell themselves and to convince employers that any shortcomings they have will not prevent them from doing a good job.

Managerial and executive progress made by women is confirmed by the annual survey of boards of directors carried out by Korn International. This year the survey shows a doubling of the number of women serving as non-executive directors compared with the previous year. However, progress remains painfully slow and there were still only 18 posts filled by women out of a total of 354 non-executive positions surveyed.

In Europe a recent feature of corporate life in the recession has been the de-layering of management structures. Hilary Sears said that this has halted progress for women in as much as de-layering has taken place either where women are working or in layers they aspire to. Sears also noted a positive trend from the recession, which has been the growing number of women who have started up on their own.

In business as a whole, there are a number of factors encouraging the prospect of greater equality in the workforce. Demographic trends suggest that the number of women going into employment is steadily increasing. In addition a far greater number of women are now passing through higher education, making them better qualified to move into management positions. Organizations such as the European Women's Management Development Network provide a range of opportunities for women to enhance their skills and contacts.

However, Ariane Antal, director of the International Institute for Organization Change for Archamps in France, said that there is only anecdotal evidence of changes in recruitment patterns. And she said: "It's still so hard for women to even get on to shortlists—there are so many hurdles and barriers." She agreed that there have been some positive signs but said: "Until there is a belief, among employers, until they value the difference, nothing will change."

Questions:

1. From the passage, we can see that males applicants ____________ female applicants for top posts.
2. Women are more ____________ than men when they apply for positions or attending interviews.
3. What aspect of company structuring has disadvantaged women in getting management positions?
4. According to Sears; the number of female-run business is ____________.
5. Which group of people should change their attitude to recruitment so as to have a greater equality in the workforce?

Passage 6 (暨南大学 2012)

Surfing the net can be an excitement, but after too long on the net, even a phone can be a shock. My boyfriend's Liverpudlian accent suddenly becomes indecipherable after the clarity of his words on screen; a secretary's tone seems more rejecting than I'd imagined it would be. Time itself becomes fluid—hours become minutes, and alternately seconds stretch into days. Weekends, once a highlight of my week, and now just two ordinary days.

For the last three years, since I stopped working as a producer for Charlie Rose, I have done much of my work as a telecommuter. I submit articles and edit them via email and communicate with colleagues on the Internet mailing lists. My boyfriend lives in England, so much of our relationship is computer-mediated.

If I desired, I could stay inside for weeks without wanting anything. I can order food, and manage my money, love and work. In fact, at times I have spent as long as three weeks alone at home, going out only to get mail and buy newspapers and groceries. I watched most of the blizzard on TV.

But after a while, life itself begins to feel unreal. I start to feel as though I have merged with my machines, taking data in, spitting them back out, just another node on the net. Others on line report the same symptoms. We start to strongly dislike the outside forms of socializing. It's like attending an AA meeting in a bar with everyone holding a half-sipped drink. We have become the net opponents' worst nightmare.

What first seemed like a luxury, crawling from bed to computer, not worrying about hair, and clothes and face, has become an avoidance, a lack of discipline. And once you start replacing real human contact with cyber-interaction, coming back out of the cave can be quite difficult.

At times, I turn on the TV and just leave it to chatter in the background, something that I'd never done previously. The voices of the programs soothe me, but then I'm jarred by the commercials. I find myself sucked in by soap operas, or compulsively needing to keep up with the latest news and the weather. "Dateline", "Frontline", "Nightline", CNN, New York 1, every possible angle of every story over and over and over, even when they are of no possible use to me. Work moves from foreground to background.

Questions:

1. Why does the author say even a phone call can be a shock after too long a time on the Internet?
2. What can we infer about the author and her boyfriend's locations?
3. What is the author's attitude to the computer?
4. What does the phrase "coming back out of the cave" in the Paragraph 5 mean?
5. What can be inferred from the last paragraph?

Passage 7 （华中师范大学 2012）

These days we hear a lot of nonsense about the "great classless society". The idea that the twentieth century is the age of the common man has become one of the great clichés of our time. The same old arguments are put forward in evidence. Here are some of them: monarchy as a system of government has been completely discredited. The monarchies that survive have been deprived of all political power. Inherited wealth has been savagely reduced by taxation and, in time, the great fortunes will disappear altogether. In a number of countries the victory has been complete. The people rule; the great millennium has become a political reality. But has it? Close examination doesn't bear out the claim.

It is a fallacy to suppose that all men are equal and that society will be leveled out if you provide everybody with the same educational opportunities. (It is debatable whether you can ever provide everyone with the same educational opportunities, but that is another question.) The fact is that nature dispenses brains and ability with a total disregard for the principle of equality. The old rules of the jungle, "survival of the fittest", and "might is right" are still with us. The spread of education has destroyed the old class system and created a new one. Rewards are based on merit. For "aristocracy" read "meritocracy"; in other respects, society remains unaltered: the class system is rigidly maintained.

Genuine ability, animal cunning, skill, the knack of seizing opportunities, all bring material rewards. And what is the first thing people do when they become rich? They use their wealth to secure the best possible opportunities for their children, to give them "a good start in life". For all the lip service we pay to the idea of equality, we do not consider this wrong in the western world. Private schools which offer unfair advantages over state schools are not banned because one of the principles in a democracy is that people should be free to choose how they will educate their children. In this way, the new meritocracy can perpetuate itself to a certain extent: an able child from a wealthy home can succeed far more rapidly than his poorer counterpart. Wealth is also used indiscriminately to further political ends. It would be almost impossible to become the leader of a democracy without massive financial backing. Money is as powerful a weapon as ever it was.

In societies wholly dedicated to the principle of social equality, privileged private education is forbidden. But even here people are rewarded according to their abilities. In fact, so great is the need for skilled workers that the least able may be neglected. Bright children are carefully and expensively trained to become future rulers. In the end, all political ideologies boil down to the same thing: class divisions persist whether you are ruled by a feudal king or an educated peasant.

Questions:

1. What is the main idea of this passage?
2. Why does the author think that the same educational opportunities can't get rid of inequality?
3. Who can obtain more rapid success?

Passage 8　(武汉大学 2012)

Much has been written about poverty but none of the accounts seem to get at the root of the problem. It must be noted that the weakening effects of poverty are not only the result of lack of money but are also the result of powerlessness. The poor are subject to their social situation instead of being able to affect it through action, that is, through behavior, that flows from an individual's decisions and plans, in other words, when social scientists have reported on the psychological consequences of poverty, it seems reasonable to believe that they have described the psychological consequences or **powerlessness**. The solution to poverty most frequently suggested is to help the poor secure more money without otherwise changing the present power relationship. This appears to implement the idea of equality while avoiding any unnecessary threat to the established centers of power. But since the consequences of poverty are related to powerlessness, not absolute supply of money available to the poor, and since the amount of power purchasable with a given supply of money decreases as a society acquires a large supply of goods and services, the solution of raising the incomes of the poor is likely, unless accomplished by other measures, to be ineffective in a wealthy society.

In order to reduce poverty-related psychological and social problems in the United States, the major community will have to change its relationship to neighborhoods of poverty in such a fashion that families in the neighborhoods have a greater interest in the broader society and can more successfully participate in the decision-making process of the surrounding community. Social action to help the poor should have the following characteristics: the poor should see themselves as the source of the action. The action should affect in major ways the preconceptions of institutions and persons who define the poor. The action should demand much in effect or skill. The action should be successful and the successful self-originated important action should increase the feeling of potential worth and individual power of individuals who are poor.

The only initial resource which a community should provide to neighborhoods of poverty, should be on a temporary basis and should consist of organizers who will enable the neighborhoods quickly to create powerful independent democratic organizations of the poor. Through such organizations, the poor will then negotiate with the outsiders for resources and opportunities without having to submit to **concurrent** control from outside.

***Questions*:**

Please use NO MORE THAN TEN WORDS to answer each question.

1. By "powerlessness" the author most probably means that the poor are not in a condition to ______________.
2. The author expresses his opinion in the first paragraph that it is no use raising the income of poor while not ______________.
3. The primary role of the majority community in helping the neighborhoods of poverty is to ______________ organizations.
4. What does the word "concurrent" most probably mean?

5. The author's main purpose in writing this passage is to propose a way that the poor can be ____________

Passage 9 （武汉大学 2011）

Women often complain that dating is like a cattle market, and a paper just published in Biology Letters by Thomas Pollet and Daniel Nettle of Newcastle University, in England, suggests they are right. They have little cause for complaint, however, because the paper also suggests that in this particular market, it is women who are the buyers.

Mr. Pollet and Dr. Nettle were looking for evidence to support the contention that women choose men of high status and resources, as well as good looks. That may sound common sense, but it was often denied by social scientists until a group of researchers who called themselves evolutionary psychologists started investigating the matter two decades ago. Since then, a series of experiments in laboratories have supported the contention. But as all zoologists know, experiments can only tell you so much. Eventually, you have to look at natural populations.

And that is what Mr. Pollet and Dr. Nettle have done. They have examined data from the 1910 census of the United States of America and discovered that marriage is, indeed, a market. Moreover, as in any market, a scarcity of buyers means the sellers have to have particularly attractive goods on offer if they are to make the exchange.

The advantage of picking 1910 was that America had not yet settled down, demographically speaking. Though the long-colonized eastern states had a sex ratio of one man to one woman, or thereabouts, in the rest of the country the old adage "go west, young man" had resulted in a surplus of males. Mr. Pollet and Dr. Nettle were thus able to see just how picky women are, given the chance.

Rather than looking at the whole census, the two researchers relied on a sample of one person in 250. They then assigned the men in the sample a socioeconomic status score between zero and 96, on a scale drawn up in 1950. They showed that in states where the sexes were equal in number, 56% of low status men were married by the age of 30, while 60% of high status men were. As the men went west, then, so did their marriage opportunities.

Questions:

Please use NO MORE THAN TEN WORDS for each question.

1. A paper published in Biology Letters agreed with women that ____________.
2. What is the contention which is often denied by social scientists?
3. Although the experiments support the contention, all zoologists suggest that ____________.
4. In the market of marriage, a scarcity of buyers means sellers have to ____________ to make the exchange.

5. What had given two researchers the chance to see how picky women were?

3. 文化专题

Passage 1 （电子科技大学 2013）

People have been painting pictures for at least 30,000 years. The earliest pictures were painted by people who hunted animals. They used to paint pictures of the animals they wanted to catch and kill. Pictures of this kind have been found on the walls of caves in France and Spain. No one knows why they were painted there. Perhaps the painters thought that their pictures would help them to catch these animals. Or perhaps human beings have always wanted to tell stories according to pictures.

About 5,000 years ago the Egyptians and other people in the Near East began to use pictures as a kind of writing. They drew simple pictures or signs to represent things and ideas, and also to represent the sounds of their language. The signs these people used became a kind of alphabet. The Egyptians used to record information and to tell stories by putting picture-writing and pictures together. When an important person died, scenes and stories from his life were painted and carved on the walls of the place where he was buried. Some of these pictures are like modem comic-strip stories. It has been said that Egypt is the home of the comic-strip. But, for the Egyptians, pictures still had magic power. So they did not try to make their way of writing simple. The ordinary people could not understand it.

By the year 1,000 BC, people who lived in the area around the Mediterranean Sea had developed a simpler system of writing. The signs they used were very easy to write, and there were fewer of them than in the Egyptian system. This was because each sign, or letter, represented only one sound in their language. The Greeks developed this system and formed the letters of the Greek alphabet. The Romans copied the idea, and the Roman alphabet is now used all over the world.

These days we can write down a story, or record information, without using pictures. But we still need pictures of all kinds: drawings, photographs, signs and diagrams. We find them everywhere: in books and newspapers, in the streets, and on the walls of the places where we live and work. Pictures help us to understand and remember things more easily, and they can make a story much more interesting.

Questions:

1. Why were pictures of animals painted on the walls of caves in France and Spain?
2. In what ways was the Greek alphabet simpler than the Egyptian system?
3. What did the Egyptian signs later become?
4. What did the author want to convey in the last paragraph?
5. What is the tone of this passage?

Passage 2 （中国海洋大学 2013）

The decline of civility and good manners may be worrying people more than crime, according to *Gentility Recalled*, edited by Digby Anderson, which laments the breakdown of traditional codes that once regulated social conduct. It criticizes the fact that "manners" are scorned as repressive and outdated.

The result, according to Mr. Anderson—director of the Social Affairs Unit, an independent think-tank—is a society characterized by rudeness: loutish behavior on the streets, jostling in crowds, impolite shop assistants and bad-tempered drivers.

Mr. Anderson says the cumulative effect of these—apparently trivial, but often offensive—is to make everyday life uneasy, unpredictable and unpleasant. As they are encountered far more often than crime, they can cause more anxiety than crime.

When people lament the disintegration of law and order, he argues, what they generally means is order, as manifested by courteous forms of social contact. Meanwhile, attempts to reestablish restraint and self-control through "politically correct" rules are artificial.

The book has contributions from 12 academics in disciplines ranging from medicine to sociology and charts what it calls the "coarsening" of Britain. Old-fashioned terms such as "gentleman" and "lady" have lost all meaningful resonance and need to be re-evaluated, says Rachel Trickett, honorary fellow and former principal of St Hugh's College. Oxford, says that the notion of a "lady" protects women rather than demeaning them.

Feminism and demands for equality have blurred the distinctions between the sexes, creating situations where men are able to dominate women because of their more aggressive and forceful natures, she says: "Women, without some code of deference or respect, become increasingly victims."

Caroline Moore, the first woman fellow of Peterhouse, Cambridge, points out that "gentleman" is now used only with irony or derision. "The popular view of a gentleman is poised somewhere between the imbecile parasite and the villainous one: between Woosteresque chinless wonders, and those heartless capitalist toffs who are... the stock-in-trade of television." She argues that the concept is neither class-bound nor rigid; conventions of gentlemanly behavior enable a man to act naturally as an individual within shared assumptions while taking his place in society. "Politeness is no constraint, precisely because the manners... are no 'code' but a language, rich flexible, restrained and infinitely subtle."

For Anthony O'Hear, professor of philosophy at the University of Bradford, manners are closely associated with the different forms of behavior appropriate to age and status. They curb both the impetuosity of the youth and the bitterness of old age. Egalitarianism, he says, has led to people failing to act their age. "We have vice-chancellors with earrings, aristocrats as hippies..., the trendy vicar on his motorbike."

Dr. Athena Leoussi, sociology lecturer at Reading University, bemoans the deliberate neglect by people of their sartorial appearance. Dress, she says, is the outward expression of attitudes and aspirations. "The ubiquitousness of jeans displays a utilitarian attitude that has led to the cultural impoverishment of everyday life."

Dr. Leoussi says that while clothes used to be seen as a means of concealing taboo forces of sexuality and violence, certain fashions—such as leather jackets have the opposite effect.

Dr. Bruce Charlton, a lecturer in public health medicine in Newcastle upon Tyne, takes issue with the excessive informality of relations between professionals such as doctors and bank managers, and their clients. He says this has eroded the distance and respect necessary in such relationships.

Tristam Engelhardt, professor of medicine in Houston. Texas, says manners are bound to morals. "Manners express a particular set of values," he says. "Good manners interpret and transform social reality. They provide social orientation."

***Questions*:**

1. Why is the decline of good manners more worrying?
2. How does Rachel Trickett see the term "lady"?
3. In Caroline Moore's view, what image does the media project the gentleman?
4. In Anthony O'Hear's view, how does a well mannered person behave?
5. How does Dr. Bruce Charlton view the relationship between doctors and patients?

Passage 3 (华南理工大学 2011)

On the whole, books are less limited than ourselves. Often they sit on the shelves absorbing dust long after the writer has turned into a handful of dust—and it is precisely the appetite for this posthumous dimension that sets one's pen in motion.

So as we toss and turn these rectangular objects in our hands we won't be terribly amiss if we surmise that we fondle, as it were, the urns with our returning ashes. After all, what goes into writing a book is, ultimately, a man's only life. Whoever said that to philosophize is an exercise in dying was right in more ways than one, for by writing a book nobody gets younger.

Nor does one become any younger by reading one. Since this is so, our natural preference should be for good books. The paradox, however, lies in the fact that in literature "good" is defined by its distinction from "bad". What's more, to write a good book, a writer must read a great deal of pulp—otherwise he won't be able to develop the necessary criteria. That's what may constitute bad literature's best defense at the Last Judgment.

Since we are all moribund, and since reading books is time-consuming, we must devise a system that allows us a semblance of economy. Of course, there is no denying the pleasure of holding up with a fat, slow-moving, mediocre novel; but in the end, we read not for reading's sake but to learn. Hence the need for the works that bring the human predicament into its sharpest possible focus. Hence, too, the need for some compass in the ocean of available printed matter.

The role of that compass, of course, is played by literary criticism, by reviewers. Alas, its needle oscillates wildly. What is north for some is south for others. The trouble with a reviewer is threefold: (a) he can be a hack, and as ignorant as ourselves; (b) he can have strong predilections for a certain kind of writing or simply be on the take with the publishing industry; and(c) if he is a writer of talent, he will turn his review writing into an independent art form—George Luis Borges is a case in point—and you may end up reading reviews rather than the books.

In any case, you find yourselves adrift in the ocean, clinging to a raft whose ability to stay afloat you are not so sure of. The alternative, therefore, would be to develop your own taste, to build your own compass, to familiarize yourself, as it were, with particular stars and constellations—dim or bright but always remote. This, however, takes a hell of a lot of time and you may easily find yourself old and grey, heading for the exit with a lousy volume under your arm.

So where is one's terra firma, even though it may be but an uninhabitable island? Where is our good man Friday? Before I come up with my suggestion, I'd like to say a few words about my humble self—not because of my personal vanity, but because I believe that the value of an idea is related to the context in which it emerges. Indeed, had I been a publisher, I'd be putting on my books' covers not only their author's names but also the exact age at which they composed this or that work, to enable their readers to decide whether they care to reckon with the views contained in a book written by a person so much younger—or so much older—than themselves.

The source of the suggestion to come belongs to the category of people for whom literature has always been a matter of some hundred names; to the people who feel awkward at large gatherings, do not dance at parties, tend to find metaphysical excuses for adultery, and are finicky about discussing politics; the people who dislike themselves far more than their detractors do; who still prefer alcohol and tobacco to heroin or marijuana—those who, in W. H. Auden's words, "one will not find on the barricades and who never shoot themselves or their lovers". If such people occasionally find themselves swimming in their blood on the floor of prison cells or speaking form a platform, it is because they object not to some particular injustice but the order of the world as a whole.

They have no illusion about the objectivity of their views; on the contrary, they insist on their unpardonable subjectivity. They act in this fashion, however, not for the purpose of shielding themselves from possible attack. Taking the stance opposite to Darwinian—they consider vulnerability the primary trait of living matter. This has less to do with masochistic tendencies than with their instinctive knowledge that extreme subjectivity, prejudice, and indeed idiosyncrasy are what help art to avoid cliché. And the resistance to cliché is what distinguishes art from life.

Now that you know the background of what I am about to say, I may just as well say it; the way to develop good taste in literature is to read poetry. If you think that I am speaking out of professional partisanship, you are mistaken: I am no union man. The point is that being the supreme form of human locution, poetry is not only the most concise way of conveying the human experience; it also offers the highest possible standards for any linguistic operation—especially one on paper.

The more one reads poetry, the less tolerant one becomes of any sort of verbosity. A child of epitaph and epigram, poetry is a great disciplinarian to prose. It teaches the latter not only the value of each word but also the mercurial mental patterns of the species, alternatives to linear composition, the knack of omitting the self-evident, emphasis on detail, the technique of anticlimax. Above all, poetry develops in prose that appetite for metaphysics which distinguishes a work of art from mere belles letters.

Please, don't get me wrong: I am not trying to debunk prose. The truth of the matter is that literature started with poetry, with the song of a nomad that predates the scribblings of a settler. All I am trying to do is to be practical and spare your eyesight and brain cells a lot of useless printed matter. Poetry, one might say, has been invented for just this purpose.

All you have to do is to arm yourselves with the works of poets in your mother tongue, preferably form the first half of this century, and you will be in great shape.

If your mother tongue is English, I might recommend to you Robert Frost, Thomas Hardy, W. B. Yeats, T. S. Eliot, W. H. Auden, Marianne Moore and Elizabeth Bishop.

If, after going through the works of any of these, you drop a book of prose picked from the shelf, it won't be your fault. If you continue to read it, that will be to the author's credit: that will mean that this author has something to add to the truth about our existence. Or else, it would mean that reading is your incurable addiction. As addictions go, it is not the worst.

Questions:

1. According to the author of this passage, what sets one's pen in motion?
2. The author suggests that the way to develop good taste in literature is to read poetry. Why?
3. Paraphrase the sentence "Since we are all moribund, and since reading books is time-consuming, we must devise a system that allows us a semblance of economy." (Para. 4)

Passage 4 （北京科技大学 2011）

Think of the solitude felt by Marie Smith before she died earlier this year in her native Alaska, at 89. She was the last person who knew the language of the Eyak people as a mother-tongue. Or imagine Ned Mandrell, who died in 1974—he was the last native speaker of Manx, similar to Irish and Scots Gaelic. Both these people had the comfort of being surrounded, some of the time, by enthusiasts who knew something precious was vanishing and tried to record and learn whatever they could of a vanishing tongue. In remote parts of the world, dozens more people are on the point of taking to their graves a system of communication that will never be recorded or reconstructed.

Does it matter? Plenty of languages—among them Akkadian, Etruscan, Tangut and

Chibcha—have gone the way of the dodo, without causing much trouble to posterity. Should anyone lose sleep over the fact that many tongues—from Manchu (spoken in China) to Hua (Botswana) and Gwich'in (Alaska)—are in danger of suffering a similar fate?

Compared with groups who lobby to save animals or trees, campaigners who lobby to preserve languages are themselves a rare breed. But they are trying both to mitigate and publicise an alarming acceleration in the rate at which languages are vanishing. Of some 6,900 tongues spoken in the world today, some 50% to 90% could be gone by the end of the century. In Africa, at least 300 languages are in near-term danger, and 200 more have died recently or are on the verge of death. Some 145 languages are threatened in East and South-East Asia.

Some languages, even robust ones, face an obvious threat in the shape of a political power bent on imposing a majority tongue. A youngster in any part of the Soviet Union soon realised that whatever you spoke at home, mastering Russian was the key to success.

Nor did English reach its present global status without ruthless tactics. In years past, Americans, Canadians and Australians took native children away from their families to be raised at boarding schools where English rules. In all the Celtic fringes of the British Isles there are bitter memories of children being punished for speaking the wrong language.

But in an age of mass communications, the threats to linguistic diversity are less draconian and more spontaneous. Parents stop using traditional tongues, thinking it will be better for their children to grow up using a dominant language (such as Swahili in East Africa) or a global one (such as English or Spanish). And even if parents try to keep the old speech alive, their efforts can be doomed by films and computer games.

The result is a growing list of tongues spoken only by white-haired elders. A book edited by Peter Austin, an Australian linguist, gives some examples: Njerep, one of 31 endangered languages counted in Cameroon, reportedly has only four speakers left, all over 60. The valleys of the Caucasus used to be a paradise for linguists in search of unusual syntax, but Ubykh, one of the region's baffling tongues, officially expired in 1992.

The effort to keep languages alive can lead to hard arguments, especially where limited funds are available to spend on education and official communications. In both America and Britain, some feel that, whatever people speak at home, priority should go to making sure that children know English well.

But supporters of linguistic diversity make strong arguments too. Nicholas Ostler, a scholar who heads the Foundation for Endangered Languages, a non-profit group based in Britain, says multilingual children do better academically than monolingual ones. He rejects the notion that a common tongue helps to avoid war: think of Rwanda, Bosnia and Vietnam.

Mark Alber, a Canadian writer, says the protection of endangered species is closely linked to the preservation of tongues. On a recent expedition in Australia, a rare turtle was found to have two varieties; a dying but rich native language, Gagudju, had different words for each kind.

Thanks to electronics, saviours of languages have better tools than ever before; words and sounds can easily be posted on the Internet. Education techniques are improving, too. In New Zealand Maori-speakers have formed "language nest", in which grandparents coach toddlers in the old tongue. Australia's dying Kamilaroi language was boosted by pop songs teenagers liked. But whatever tricks or technology are used, the only test of a language's viability is everyday life. "The way to save languages is to speak them," says Mr. Austin. "People have to talk to people."

Questions:

1. According to this passage, what has caused the disappearance or vanishing of some languages?
2. Does the electronic age have any impact on language diversity? If so, what is it?
3. What is the main purpose of this passage?

Passage 5 （华中师范大学 2011）

The history of English since 1700 is filled with many movements and counter-movements, of which we can notice only a couple. One of these is the vigorous attempt made in the eighteenth century, and the rather half hearted attempts made since, to regulate and control the English language. Many people of the eighteenth century, not understanding very well the forces which govern language, proposed to polish and prune and restrict English, which they felt was proliferating too wildly. There was much talk of an academy which would rule on what people could and could not say and write. The academy never came into being, but the eighteenth century did succeed in establishing certain attitudes which, though they haven't had much effect on the development of the language itself, have certainly changed the native speaker's feeling about the language.

In part a product of the wish to fix and establish the language was the development of the dictionary. The first English dictionary was published in 1603; it was a list of 2,500 words briefly defined. Another product of the eighteenth century was the invention of "English grammar". As English came to replace Latin as the language of scholarship it was felt that one should also be able to control and dissect it, parse and analyze it, as one could to Latin. What happened in practice was that the grammatical description that applied to Latin was removed and superimposed on English. This was silly, because English is an entirely different kind of language, with its own forms and signals and ways of producing meaning. Nevertheless, English grammars on the Latin model were worked out and taught in the schools. In many schools they are still being taught. This activity is not often popular with school children, but it is sometimes an interesting and instructive exercise in logic. The principal harm in it is that it has tended to keep people from being interested in English and has obscured the real features of English structure.

Questions:

1. What is the topic of this passage?
2. What is the primary reason for many people in the 18th century to try hard to "control" the English language?
3. It is suggested in the first paragraph that no organization is authoritative enough to ______________.
4. What does the author think of English grammar developed in the 18th century?
5. What problem(s) the teaching of English grammar based on Latin model may bring about?

4. 语言教育专题

Passage 1 （武汉大学 2014）

Cooperation is the only safeguard we have against the development of neurotic tendencies. It is therefore very important that children should be trained and encouraged in cooperation, and should be allowed to find their own way amongst children of their age, in common tasks and shared games. Any barrier to cooperation will have serious consequences. The spoilt child, for example, who has learned to be interested only in himself, will take this lack of interest in others to school in him. His lessons will interest him only insofar as he thinks he can gain his teacher's favor. He will listen only to what he considers advantageous to himself. As he approaches adulthood, the result of his lack of social feeling will become more and more evident. When he first misconstrued the meaning of life, he ceased training himself for responsibility and independence. By now he is painfully ill-equipped for life's tests and difficulties.

We cannot blame a child for his early mistakes. We can only help him to correct them and remember them when he begins to suffer consequences. We do not expect a child who has never been taught geography to score high marks in an examination paper on the subject. Similarly, we cannot expect a child who has never been trained in cooperation to respond appropriately when tasks that demand cooperation are set before him. But all of life's problems demand an ability to cooperate if they are to be resolved; every task must be mastered within the framework of human society and in a way that furthers human welfare. Only the individual who understands that life means contribution will be able to meet his difficulties with courage and with a good chance of success.

If teachers, parents and psychologists understand the mistakes that can be made in ascribing a meaning to life, and provided they do not make the same mistakes themselves, we can be confident that children who lack social feeling will eventually develop a better sense of their own capacities and of the opportunities in life. When they meet problems, they will not stop trying; they will not look for an easy way out, try to escape or throw the burden onto the shoulders of others; they will not demand extra consideration or special sympathy; they will not feel humiliated and seek revenge, or ask, "What is the use of life? What do I get from it?" They will say, "We must make our own lives. It is our own task and we are capable of performing it. We are masters of our own actions. If something new must be done or something old replaced, no one can do it but ourselves." If life is approached in this way, as a cooperation of independent human beings, there are no limits to the progress of our human civilization.

Questions:

1. What is the main idea of this passage?
2. How would a spoilt children response to challenges in life when he approaches adulthood?
3. Who can face all of life's problems with bravery and is less likely to lose?
4. What should we do when the child begins to suffer the the consequences of his early mistakes?
5. What can be inferred from the dialogue in the last paragraph?

Passage 2 （北京科技大学 2014）

It's an exciting notion that one's very self could be broadened by the mastery of two or more languages. In obvious ways (exposure to new friends, literature and so forth) the self-reality is broadened. Yet it is different to claim—as many people do—to have a different personality when using a different language. A former colleague, for example, reported being ruder in Hebrew than in English. So what is going on here?

Benjamin Lee Whorf, an American linguist who died in 1941, held that each language encodes a worldview that significantly influences its speakers. Often called "Whorfinanism", this idea has its skeptics. But there are still good reasons to believe language shapes thought.

This influence is not necessarily linked to the vocabulary or grammar of a second language. Significantly, most people are not symmetrically bilingual. Many have learned one language at home from parents, and another later in life, usually at school. So bilinguals usually have different strengths and weaknesses in their different languages—and they are not always best in their first language. For example, when tested in a foreign language, people are less likely to fall into a cognitive trap (answering a test question with an obvious-seeming but wrong answer) than when tested in their native language. In part this is because working in a second language slows down the thinking. No wonder people feel different when speaking them. And no wonder they feel looser, more spontaneous, perhaps more assertive or funnier or blunter, in the language they were reared in from childhood.

What of "crib" bilinguals, raised in two languages? Even they do not usually have perfectly symmetrical competence in their two languages. But even for a speaker whose two languages are very nearly the same in ability, there is another big reason that person will feel different in the two languages. This is because there is an important distinction between bilingualism and biculturalism.

Many bilinguals are not bicultural. But some are. And of those bicultural bilinguals, we should be little surprised that they feel different in their two languages. Experiments in psychology have shown the power of "priming"—small unnoticed factors that can affect behavior in big ways. Asking people to tell a happy story, for example, will put them in a better mood. The choice between two languages is a huge prime. Speaking Spanish rather than English, for a bilingual and bicultural Puerto Rican in New York, might conjure feelings of family and home. Switching to English might prime the same person to think of school and work.

So there are two very good reasons that make people feel different speaking their different languages. We are still left with a third kind of argument, though.

People seem to enjoy telling tales about their languages' inherent properties, and how they influence their speakers. A group of French intellectual worthies once proposed, rather self-flatteringly, that French be the sole legal language of the EU, because of its supposedly unmatchable rigor and precision. Some Germans believe that frequently putting the verb at the end of a sentence makes the language especially logical. We also see some unsurprising overlap with national stereotypes and self-stereotypes: French, rigorous; German, logical; English, playful. Of course.

In this case, Ms. Chalaris, a scholar, at least proposed a specific and plausible line of causation from grammar to personality: in Greek, the verb comes first, and it carries a lot of information, hence easy interrupting. The problem is that many unrelated languages all around the world put the verb at the beginning of sentences. Many languages all around the world are heavily inflected, encoding lots of information in verbs. It would be a striking finding if all of these unrelated languages had speakers more likely to interrupt each other. Welsh, for example, is also both verb-first and about as heavily inflected as Greek, but the Welsh are not known as pushy conversationalists.

Neo-Whorfians continue to offer evidence and analysis that aims to prove that different languages push speakers to think differently. One such effort is forthcoming: "The Bilingual Mind" to be published in April. Meanwhile John McWhorter takes the opposite stance in "The Language Hoax", forthcoming in February. But strong Whorfian arguments do not need to be valid for people to feel differently in their different languages.

Questions:

1. Which statement or notion is under discussion in this passage?
2. Do bilinguals feel more comfortable with their first language? Why or why not?
3. According to the passage, why do people feel different when they speak different languages?
4. Why are Greeks likely to interrupt in conversation according to some scholars?
5. Does the author agree on the causation from language to personality? How does he argue for or against it?

Passage 3 （北京科技大学 2013）

For half a century an influential group of Western linguists, led by Noam Chomsky, have argued that language is an innate human faculty, the product of a "language organ" in the mind. Other prominent "innatists" include Steven Pinker, an evolutionary psychologist and author of "The Language Instinct", and Derek Bickerton, a linguist at the University of Hawaii and developer of a "bio-program" theory of language. Innatists believe that all languages share fundamental features. And linguistic innatism is part of a wider debate about just how much of human nature is wired into the brain.

Daniel Everett, a linguist at Bentley University in Massachusetts, disagrees on both innatism and the fundamental similarity of languages. He spent years learning tiny languages in forbidding jungle villages, experiences he recounted in his 2008 memoir, "Don't Sleep, There Are Snakes". In his new book, "Language: The Cultural Tool", Mr. Everett moves away from narrow linguistic anthropology to broad theory. He argues that language is not the product of a "language organ" but an extension of general intelligence.

Instead of unfolding in the same way in Paris and Papu a New Guinea, languages are crafted by their speakers to meet their needs. He cites the Piraha, the Brazilian Amazonian group he has spent the longest time living with. There are no numbers beyond two in Piraha because, Mr. Everett argues, they have no money, engage in little barter trade, do not store food for the future and do not think about the distant past. This "living for the moment", which the Piraha enjoy (they think Western life sounds dreadful), shapes their language.

That different cultures have different words is unsurprising. It is when these differences affect cognition (the Piraha cannot do maths, for example) that things get interesting. But Mr. Everett's most controversial argument, and his biggest challenge to linguistic innatism, is about grammar.

Mr. Chomsky has argued that "recursion" is the key feature of all human language. This is the embedding of smaller units inside bigger ones: a subordinate clause is a kind of recursion, embedding a sentence in a bigger one. Mr. Everett says that the Piraha lack grammatical recursion, and that even if recursion is universal (Piraha use it in stories if not within sentences), this does not prove the existence of the language organ. Information is naturally organized with smaller bits nesting inside larger ones. That nearly all humans would find this linguistically useful is little different than widely varying societies independently inventing the bow and arrow—it is simply useful, and no proof of an instinct. True instincts, like turtles making their way to the sea or ducklings bonding with their mothers, require no learning. Language does. Animals do not truly excel in their deployment of basic instincts, whereas some humans clearly use language much better than others.

But Mr. Everett, in trying to reach a popular audience while making an argument aimed at professional linguists, makes some awkward compromises. He cites a paper by other researchers claiming to have found that there are no features that are common to all languages, an argument that is crucial to his thesis. But he does not give enough detail for the reader. Later he even contradicts himself, saying that all languages have nouns and verbs.

He argues that differences between societies lead to profound differences between languages, but fails to drive the point home fully. Or take Banawá, another Amazonian language, in which the default gender of an unknown person or mixed group of people is feminine, not masculine as in most languages. The Banawá also practice rigid gender segregation, even whipping young girls bloody after their first menstruation. Could the unusual gender-assignment of Banawá be a product of this gender-segregated Banawá society? "The only answer at present is, 'Perhaps'," he writes. Even the lack of grammatical recursion in Piraha? Mr. Everett's key piece of evidence that it is culture that creates language, cannot tell the whole tale. Similar tribal cultures have languages bristling with recursion.

Mr. Everett thinks it possible that culture influences grammar, but he is not sure. He acknowledges that conjecture about what causes linguistic differences has been a staple of much irresponsible amateur linguistics. It is hard to work out where culture has affected language, where language affects culture and cognition (a hot topic of psycholinguistic research), and where the differences are unrelated. Mr. Everett has reminded the innatists, and an impressively modest and reasoned one will consider that Mr. Chomsky once called him a charlatan. His case is not wholly proven, but it deserves a serious reading.

***Questions*:**

1. According to the passage, what are the major differences between Noam Chomsky and Daniel Everett regarding language?
2. What conclusion does Daniel Everett draw from the fact that the Pirahii do not have numbers beyond two?
3. How do Noam Chomsky and Daniel Everett explain respectively the phenomenon that information is organized with small inside larger ones?
4. What is the weakness of Daniel Everett's argument in his new book according to the author of the passage?
5. What is the author's attitude towards the debates between Damel Everett and Noam Chomsky?

Passage 4 （南京师范大学 2013）

In what is shaping up as an academic Battle of the Titans—one that offers vast new learning opportunities for students around the world—Harvard and the Massachusetts Institute of Technology on Wednesday announced a new nonprofit partnership, known as edX, to offer free online courses from both universities. Harvard's involvement follows M. I. T.'s announcement in December that it was starting an open online learning project, MITx. Its first course, Circuits and Electronics, began in March, enrolling about 120,000 students, some 10,000 of whom made it through the recent midterm exam. Those who complete the course will get a certificate of mastery and a grade, but no official credit. Similarly, edX courses will offer a certificate but not credit. But Harvard and M. I. T. have a rival—they are not the only elite universities planning to offer free massively open online courses, or MOOCs, as they are known. This month, Stanford, Princeton, the University of Pennsylvania and the University of Michigan announced their partnership with a new commercial company, Coursera, with $16 million in venture capital. Meanwhile, Sebastian Thrun, the Stanford professor who made headlines last fall when 160,000 students signed up for his Artificial Intelligence course, has attracted more than 200,000 students to the six courses offered at his new company, Udacity.

The technology for online education, with video lesson segments, embedded quizzes, immediate feedback and student-paced learning, is evolving so quickly that those in the new ventures say the offerings are still experimental.

"My guess is that what we end up doing five years from now will look very different from what we do now," said Provost Alan M. Garber of Harvard, who will be in charge of the university's involvement.

EdX, which is expected to offer its first five courses this fall, will be overseen by a nonprofit organization governed equally by the two universities, each of which has committed $30 million to the project. The first president of edX will be Anant Agarwal, director of M. I. T.'s Computer Science and Artificial Intelligence Laboratory, who has led the development of the MITx platform. At Harvard, Dr. Garber will direct the effort, with Michael D. Smith, dean of the faculty of arts and sciences, working with faculty members to develop and deliver courses. Eventually, they said, other universities will join them in offering courses on the platform.

M. I. T. and Harvard officials said they would use the new online platform not just to build a global community of online learners, but also to research teaching methods and technologies.

Education experts say that while the new online classes offer opportunities for students and researchers, they pose some threat to low-ranked colleges.

"Projects like this can impact lives around the world, for the next billion students from China and India," said George Siemens, a MOOC pioneer who teaches at Athabasca University, a publicly supported online Canadian university. "But if I were president of a mid-tier university, I would be looking over my shoulder very nervously right now, because if a leading university offers a free circuits course, it becomes a real question whether other universities need to develop a circuits course."

The edX project will include not only engineering courses, in which computer grading is relatively simple, but also humanities courses, in which essays might be graded through crowd-sourcing, or assessed with natural-language software. Coursera will also offer free humanities courses in which grading will be done by peers.

In some ways, the new partnerships reprise the failed online education ventures of a decade ago. Columbia University introduced Fathom, a 2001 commercial venture that involved the

University of Chicago, the University of Michigan and others. It lost money and folded in 2003. Yale, Princeton and Stanford collaborated on All Learn, a nonprofit effort that collapsed in 2006.

Many education experts are more hopeful about the new enterprises.

"Online education is here to stay, and it's only going to get better," said Lawrence S. Bacow, a past president of Tufts who is a member of the Harvard Corporation. Dr. Bacow, co-author of a new report on online learning, said it remained unclear how traditional universities would integrate the new technologies.

"What faculty don't want to do is just take something off the shelf that's somebody else's and teach it, any more than they would take a textbook, start on Page 1, and end with the last chapter," he said. "What's still missing is an online platform that gives faculty the capacity to customize the content of their own highly interactive courses."

Questions:

1. Why do famous universities like M. I. T. and Harvard offer non-profit online courses?
2. What are the disadvantages of the online courses according to the passage?
3. How has the online courses offered by famous universities got along since the initial attempt made by Columbia University in 2001?

Passage 5 (湖北大学 2013)

The easiest way to start an academic brawl is to ask what an educated person should know. The last time Harvard University tackled that question was in 1978, when it established its Core Curriculum, which focused less on content than on mastering ways of thinking. Like Harvard's so-called Red Book standards of 1945, which helped inspire a generation of distribution requirements, the core had broad resonance at other major universities. Now, after a four-year process initiated under controversial former president Lawrence Summers, the nation's most famous university has come up with a whole new set of guidelines that proponents say will help clarify how liberal-arts subjects like philosophy and art history shed light on the hurly-burly of more quotidian topics. "Students will be more motivated to learn if they see a connection with the kinds of problems, issues and questions they will encounter in later life," says interim president Derek Bok. Harvard isn't the only institution rethinking what and how to teach its students. Yale, Rutgers and the universities of Pennsylvania and Texas have recently made similar changes, and now that Harvard has joined the club, others are likely to follow.

Harvard's new curriculum establishes eight primary subject areas that all students will have to take. The categories include Societies of the World, encompassing subjects like anthropology and international relations; Ethical Reasoning, a practical approach to philosophy; and the United States in the World, which will likely span multiple departments, including sociology and economics. The plan, which is expected to be formally approved by the faculty in May, won't go into effect before September 2009 at the earliest.

But the school is already preemptively dismissing charges that it is embracing purely practical knowledge. "We do not propose that we teach the headlines," said a report published on Feb. 7 by the curriculum committee, comprising professors, students and a dean. "**Only that the headlines, along with much else in our students' lives, are among the things that a liberal education can help students make better sense of.**"

One point likely to raise eyebrows among academic traditionalists is the rationale for the newly mandated study of Empirical Reasoning, which will cover math, logic and statistics. It is being added, the committee report says, because graduates of Harvard "will have to decide, for example, what medical treatments to undergo, when a defendant in court has been proven guilty, whether to support a policy proposal and how to manage their personal finances". Does this mean balancing a checkbook is on a par with balancing equations? What about learning for learning's sake? What about the study of history, which Harvard will no longer require, even though its recently announced new president, Drew Gilpin Faust—the first woman to head the institution—is a renowned historian.

The plan's advocates say the curriculum is flexible enough that students will still be able to take courses in whatever interests them, be it ancient art or cutting-edge science. What's crucial, they say, is that the new approach emphasizes the kind of active learning that gets students thinking and applying knowledge. "Just as one doesn't become a marathon runner by reading about the Boston Marathon," says the committee report, "so, too, one doesn't become a good problem solver by listening to lectures or reading about statistics." Acknowledging how important extracurricular activities have become on campus, the report calls for a stronger link between the endeavors students pursue inside and outside the classroom. Those studying poverty, for example, absorb more if they also volunteer at a homeless shelter, suggests Bok, whose 2005 book, *Our Underachieving Colleges*, cites a finding that students remember just 20% of the content of class lectures a week later.

There were, however, some contemporary concerns that didn't make the final cut. In October, before finalizing its recommendations, the committee proposed mandating the study of "reason and faith". That drew sharp criticism from faculty members like psychology professor Steven Pinker. "The juxtaposition of the two words makes it sound like 'faith' and 'reason' are parallel and equivalent ways of knowing," he wrote in the Harvard Crimson. "But universities are about reason, pure and simple." Though 71% of incoming students say they attend religious services and many already elect to study religion, the committee gave in, ultimately substituting a "culture and belief" requirement. It turned out to be more practical.

Questions:

1. Paraphrase the sentence "Only that the headlines, along with much else in our students' lives, are among the things that a liberal education can help students make better sense of."

2. According to the advocates, what are the new merits of the new curriculum?
3. What are the two aspects mentioned in the article that may cause criticism about the new curriculum?
4. What writing skills does the author use to describe the opponents' opinion?
5. Summarize the passage in 4-5 sentences.

Passage 6 （中国海洋大学 2013）

The University in Transformation, edited by Australian futurists Sohail Inayatullah and Jennifer Gidley, presents some 20 highly varied outlooks on tomorrow's universities by writers representing both Western and non-Western perspectives. Their essays raise a broad range of issues, questioning nearly every key assumption we have about higher education today.

The most widely discussed alternative to the traditional campus is the Internet University—a voluntary community to scholars/teachers physically scattered throughout a country or around the world but all linked in cyberspace. A computerized university could have many advantages, such as easy scheduling, efficient delivery of lectures to thousands or even millions of students at once, and ready access for students everywhere to the resources of all the world's great libraries.

Yet the Internet University poses dangers, too. For example, a line of franchised courseware, produced by a few superstar teachers, marketed under the brand name of a famous institution, and heavily advertised, might eventually come to dominate the global education market, warns sociology professor Peter Manicas of the University of Hawaii at Manoa. Besides enforcing a rigidly standardized curriculum, such a "college education in a box" could undersell the offerings of many traditional brick and mortar institutions, effectively driving them out of business and throwing thousands of career academics out of work, note Australian communications professors David Rooney and Greg Hearn.

On the other hand, while global connectivity seems highly likely to play some significant role in future higher education, that does not mean greater uniformity in course content—or other dangers—will necessarily follow. Counter-movements are also at work.

Many in academia, including scholars contributing to this volume, are questioning the fundamental mission of university education. What if, for instance, instead of receiving primarily technical training and building their individual careers, university students and professors could focus their learning and research efforts on existing problems in their local communities and the world? Feminist scholar Ivana Milojevic dares to dream what a university might become "if we believed that childcare workers and teachers in early childhood education should be one of the highest (rather than lowest) paid professionals"?

Co-editor Jennifer Gidley shows how tomorrow's university faculty, instead of giving lectures and conducting independent research, may take on three new roles. Some would act as brokers, assembling customized degree-credit programs for individual students by mixing and matching the best course offerings available from institutions all around the world. A second group, mentors, would function much like today's faculty advisers, but are likely to be working with many more students outside their own academic specialty. This would require them to constantly be learning from their students as well as instructing them.

A third new role for faculty, and in Gidley's view the most challenging and rewarding of all, would be as meaning-makers: charismatic sages and practitioners leading groups of students/colleagues in collaborative efforts to find spiritual as well as rational and technological solutions to specific real-world problems.

Moreover, there seems little reason to suppose that any one form of university must necessarily drive out all other options. Students may be "enrolled" in courses offered at virtual campuses on the Internet, between—or even during—sessions at a real world problem focused institution.

As co-editor Sohail Inayatullah points out in his introduction, no future is inevitable, and the very act of imagining and thinking through alternative possibilities can directly affect how thoughtfully, creatively and urgently even a dominant technology is adapted and applied. Even in academia, the future belongs to those who care enough to work their visions into practical, sustainable realities.

***Questions*:**

1. What's the book reviewer's attitude toward the Internet University?
2. According to the review, what are the potential dangers of the Internet University?
3. According to the review, what is the fundamental mission of traditional university education?
4. What are the three new roles envisioned for tomorrow's university faculty?
5. Which category of writing does the review belong to?

Passage 7 （中南财经政法大学 2012）

For more than 2000 years, a liberal education has been the ideal of the West—for the brightest, if not for all, students. The tradition goes back to Plato, who argued in *The Republic* that "leadership should be entrusted to the philosopher". More recently, in a World War Ⅱ-era treatise, a Harvard University committee concluded that a liberal education best prepared an individual to become " an expert in the general art of the free man and the citizen". The report, which led to the introduction of Harvard's general education curriculum, concluded, " The fruit of education is intelligence in action. The aim is mastery of life."

In recent years, the fruit has spoiled and such high-sounding rhetoric has been increasingly challenged. Critics have charged that liberal arts education is elitist education, based on undefined and empty shibboleths. Caroline Bird, social critic and author, argues in *The Case Against College* that the liberal arts are a religion, " the established religion of the ruling class." Bird writes, " The exalted language, the universalistic setting, the ultimate value, the inability to define, the appeal to personal witness... these are all the familiar modes of .religious discourse."

Students in the 1960s charged that such traditional liberal arts courses as "Western Thought and Institutions" and "Contemporary Civilization" were ethnocentric and imperialistic. Other students found little stimulation in a curriculum that emphasized learning to both formulate ideas and engage in rational discourse. They preferred, instead, to express themselves in experience and action; they favored feeling over thought, the nonverbal over the verbal, the concrete over the abstract. In the inflationary, job-scarce economy of the 1970s, many students argue that the liberal arts curriculum is "**irrelevant**" because it neither prepares them for careers nor teaches them marketable skills. In its present form, moreover, liberal arts education is expensive education.

Partly in response to these charges and, more immediately to faculty discontent, Harvard recently approved a redesigning of the liberal arts program. Faculty had complained that the growing numbers and varieties of courses had "eroded the purpose of the existing general education program". Students, they felt, could use any number of courses to satisfy the university's minimal requirements, making those requirements meaningless. The new core curriculum will require students to take eight courses carefully distributed among five basic areas of knowledge. The Harvard plan proposed to give students " a critical appreciation of the ways in which we gain knowledge and understanding of ourselves". Plausible as this credo may be, it rests on rhetoric and not solid research evidence—like curriculum innovations of the 1960s.

In an era of educational accounting and educational accountability, it would be helpful to have a way of determining what the essential and most valuable "core" of a university education is and what is peripheral and mere tradition. What are the actual effects of a liberal education, this most persistent of Western ideals? It is sobering to realize that we have little firm evidence.

Against this background, we recently designed and carried out a new study to get some of the evidence. Our findings suggest that liberal arts education does, in fact, change students more or less as Plato envisioned, so that the durability of this educational ideal in western civilization may not be undeserved. In our research, liberal education appears to promote increases in conceptual and social-emotional sophistication. Thus, according to a number of new tests we developed, students trained in the liberal arts are better able to formulate valid concepts, analyze arguments, define themselves, and orient themselves maturely to their world. The liberal arts education in at least one college also seems to increase the leadership motivation pattern—a desire for power, tempered by self-control.

We started our study from two fundamental premises: first, that the evidence to date was probably more a reflection of the testing procedures used than of the efficacy of higher education; and, second, that new tests should be modeled on what university students actually do rather than on what researchers can easily score. If liberal education teaches articulate formation of complex concepts, then student research subjects should be asked to form concepts from complex material and then scored on how well they articulate them, rather than being asked to choose the "best" of five concepts by putting a check mark in one of the boxes. Any study of the effects of higher education has the difficult task of distinguishing educational effects from simply maturational effects. In order to have some control over the effects of maturation , therefore, we tested students who were receiving three different kinds of higher education: A traditional four-year liberal arts education at a prestigious Eastern US institution; A four-year undergraduate program for training teachers and other professionals; A two-year community college that offers career programs in data processing, electronics , nursing secretarial skills, and business administration.

At all three institutions, last-year students scored higher than first-year students, but seniors at the liberal arts college far outdistanced their counterparts at the teachers' and community colleges.

Questions:

1. Why did some critics charge the liberal arts education?
2. How did students in the 1970s consider liberal arts courses? What does the word "irrelevant" imply?
3. What did the author think of the Harvard's efforts in redesigning liberal arts program?
4. What was the major aim of the author's research?
5. What can we infer from the author's designing of the study as far as the natural maturation with age and testing are concerned?

Passage 8 （北京航空航天大学 2012）

Here comes John Smith walking toward me. Even though he is but a passing acquaintance, the American greeting ritual demands that I utter a few words to reassure him of my good will. But what form of address should I use? John? Smith? Dr. Smith? A decision such as this is usually made unconsciously.

As native speakers in the American speech community, we have grown up learning the rules of address at the same time that we were acquiring the grammatical rules of American-English. At first thought, it might seem a trivial pursuit to examine the ways in which we address one another. But forms of address reveal many assumptions we make about members of our speech community.

Our initial decision about the appropriate address form is based on relative ages. If the person being addressed is a child, then almost all the rules that we have unconsciously assimilated can safely be ignored, and we use the simple formula First Name. The child, in turn, addresses an adult by using the formula Tilte plus Last Name.

But defining a "child" is not always easy. I address my son's roommate at college by FN, even though he is an adult under the law. I, too, have the relative age of a child to a 75-year-old acquaintance who calls me Pete. Let us assume that John Smith is not a child who can be addressed by FN but is either my contemporary or my elder. The next important determiner for the form of address will then be the speech situation.

If the situation is a formal one, then I must disregard all other rules and use social Identity plus Last Name. John Smith will always be addressed as Dr. Smith (or sometimes simply as Doctor, with Last Name understood) in the medical setting of office or hospital. (I am allowed to call him if my status is at least as high as his or if we are friends outside of our social roles, but the rest of my utterance must remain respectful.)

We are also obliged to address certain other people by their social identity in formal situation: public officials (Congressman: Your Honor). educators (Professor or Doctor), leaders of meetings(Mr. Chairman), Roman Catholic priests(Father Dafly) and nuns(Sister Anna), and so forth. By the way, note the sexist distinction in the formulas for priests and nuns. The formula for a priest is Father plus Last Name, but for a nun it is Sister plus Religious Name(usually an FN).

Most conversations, however, are not carried on in formal speech situations, and so the basic decision is when to use FN to TLN. A social acquaintance or newly hired colleague of approximately the same age and rank is usually introduced on an FN basis. "Pete, I'd like you to meet Harry." Now a problem arises if both age and rank of cone of the parties are higher: "Pete, I'd like you to meet Attorney Brown."

Attorney Brown may, of course, at any time signal me that he is willing to suspend the rules of address and allow an FN basis. Such a suspension is his privilege to bestow, and it is usually handled humorously, with a remark like, "**I answer quicker to Bruce.**" Complications arise when relative age and relative rank are not both the same. A young doctor who joins a hospital finds it difficult to address a much older doctor. They are equal in rank(and therefore FN should be used) but the great disparity in ages calls for TLN. In such cases, the young doctor can use the No-Name(NN) formula, phrasing his utterances adroitly to avoid using any term of address at all.

English is quite exceptional among the world's languages in this respect. Most European languages oblige the speaker to choose between the familiar and formal second person singular(as in the French tu and vous), as English once did when "thou" was in use. This is the basic American system, but the rules vary according to speech situations, subtle friendship or kin relationships between the speakers, regions of the country, and so forth.

Southern speech, for example, adds the formula Title plus First Name (Mr. Charlie) to indicate familiar respect. Southerners are also likely to specify kin terms (as in Cousin Jane) whereas in most of the United States FN is used for cousins.

Address to strangers also alters some of the rules. A speaker usually addresses a stranger whose attire and behavior indicate higher status by saying sir. But sometimes speakers with low status address those with obviously higher status by spurning this rule and instead using Mac or buddy—as when a construction worker asks a passing executive, socially identified by his atlacie' case, "You got a match, buddy?"

Questions:

1. According to the author, what are the important determiners for the form of address in the basic American system?
2. What does the speaker mean in the underline part "I answer quicker to Bruce." of Paragraph 8? Please explain it in your own words.
3. Which formula is used when a young man addresses an elder person but with the same rank?
4. What are some exceptions to the rules of the basic American system? Give an example.

Passage 9 （西安外国语大学 2012）

Nature or Nurture

Among the thousands of business schools now operating around the world you would be hard-pressed to find one that doesn't believe it can teach the skills of entrepreneurship. However, of the people who immediately spring to mind when one thinks of entrepreneurs—Bill Gates, Richard Branson or Oprah Winfrey, for example—few have done more than deliver a speech at a business school. Indeed, a recent study by King's College in London has suggested what many intuitively suspect: that entrepreneurship may actually be in the blood—more to do with genes than classroom experience. All of which invites the question—does an entrepreneur really need a business-school education?

Not surprisingly some of the best-known schools in the field have a ready answer to this: they don't actually profess to create entrepreneurs, rather they nurture innate ability. Or as Timothy Faley of the entrepreneurial institute at Michigan's Ross School of Business puts it: "A good idea is not enough. You need to know how to transform a good idea into a good business."

Schools do this in a number of ways. One is to ensure that faculty are a mix of classic academics and business people with experience of setting up their own successful firms. They can also create "incubators" where students nurture ideas and rub shoulders on a day-to-day basis with the external business world, receiving both advice and hard cash in the form of investment.

Arguably such help is now more important than ever. The modern entrepreneur is faced with a more complex world than when Richard Branson began by selling records out of a phone box. According to Patrice Houdayer, head of one of Europe's best-known entrepreneurship schools, EMLYON in France, new businesses used to move through a distinct series of growth steps—what he terms garage, local, national and international. Now however, thanks to the communications revolution, they can leapfrog these stages and go global more or less straightaway—encountering a whole new set of problems and challenges. In this context Professor Houdayer maintains that the increasingly diverse nature of MBA classes can help the nascent entrepreneur in three ways: by plugging them into an international network of contacts and advisors, by preparing them for the pitfalls and opportunities associated with dealing across different cultures and by exposing them to the different ways that business is conducted around the globe.

Of course entrepreneurship, at least according to the business schools, has moved on in more than just its international aspect. The thinking now is that entrepreneurship is no longer just the province of the small, growing company, but should be applied and practised in organisations of every size. And, because every concept must have a name, this idea of the big company entrepreneur now has its own designation—intrapreneurship.

At first sight intrapreneurship looks like an excellent idea. Too many large organisations ossify once they reach a certain size and the creative spark that made them successful in the first place can all too easily be stifled by bureaucracy, conformity and an unwillingness to take risks. What is a better way to tackle this than to throw a few mavericks with fire and ambition into the corporate mix? Except, some decry, haven't we just seen the results of letting mavericks have their own way at the levers of power? Creating such radically bright ideas as the sub-prime mortgage, for example, and playing fast and loose with the basic rules of risk management, and consequently plunging us into the worst economic crisis since the 1930s.

An interesting point say the schools, but for Veronique Bouchard, who teaches on the Global Entrepreneurship Programme at EMLYON, there's a big difference between an entrepreneur and a "mad trader". She argues that what is being advocated is not giving free rein to any reckless notion, but harnessing the innovative resources that will be present in every thriving business. That means creating an environment which encourages new ideas and approaches, but which also builds in checks and balances. By doing this an organisation will avoid the sort of anarchy that resulted in the last stages of the banking boom years. And it will also eliminate the "spend because it's there" attitude that develops when individuals are afraid of abandoning redundant projects because they fear they will not be able to access funding again. The corollary of all this is that to be truly effective, schools should not just be educating intrapreneurs themselves. Perhaps even more importantly they also need to be educating the businesses which host them.

Questions:

1. What does the title of the text suggest?
2. In what respects is entrepreneurship different from intrapreneurship?
3. What are the benefits of staying in business schools?
4. What kind of people are mavericks?
5. Summarize the main idea of the text in three sentences.

Passage 10　(华东师范大学 2012)

By the mid-century there emerged a trend in writing that favored a new approach to constructing the novel that abandoned many of the time-honored traditions of form. Indeed, there has been debate about whether many of the works of the times should rightly be considered novels at all. Although not all writers of the period pursued experimental methods, two of them, William

Burroughs and Henry Miller, served as exemplary figures.

William Burroughs published journals depicting his travels through South America and North Africa. He was heavily influenced by his encounter with foreign languages and associations with strange customs. The impact of his experiences on his writing led to a uniquely detached style. Often it is difficult to determine who is telling the stories, or where the characters have come from. In his most celebrated work *Naked Lunch*, Burroughs is said to have physically cut up the manuscript and pasted it back together, to further disturb the conventional notion of narration. Although these writing techniques did not boost initial sales of his works, American academia accepts him as an important practitioner of literary theory.

Henry Miller wrote about his personal life in a depth that previous authors had avoided. In order to better expose compulsive desires, he used very graphic language to describe the details of his intimate relationships. His books *Tropic of Capricorn* and *Tropic of Cancer* were banned in some states when they were first published. Although there are disagreements about Miller's moral positions, he is acknowledged as an important contributor to mid-twentieth century American fiction.

***Questions*:**

1. What is the main topic of this passage?
2. What did the passage preceding this one probably discuss?
3. What can we assume about Burroughs' earlier works?
4. What is the most difficult aspect of reading the book *Naked Lunch*?
5. What can we infer about the works of the two men?

5. 人物传记专题

Passage 1 （武汉大学 2013）

"I want to criticize the social system, and to show it at work, at its most intense." Virginia Woolf's provocative statement about her intentions in writing. Mrs. Dalloway has regularly been ignored by the critics, since it highlights an aspect of her literary interests very different from the traditional picture of the "poetic" novelist concerned with examining states of reverie and vision and with following the intricate pathways of individual consciousness. But Virginia Woolf was a realistic as well as a poetic novelist, a satirist and social critic as well as a visionary: literary critics' cavalier dismissal of Woolf's social vision will not withstand scrutiny.

In her novels, Woolf is deeply engaged by the questions of how individuals are shaped (or deformed) by their social environments, how historical forces impinge on people's lives, how class, wealth, and gender help to determine people's fates. Most of her novels are rooted in a realistically rendered social setting and in a precise historical time.

Woolf's focus on society has not been generally recognized because of her intense antipathy to propaganda in art. The pictures of reformers in her novels are usually satiric or sharply critical. Even when Woolf is fundamentally sympathetic to their causes, she portrays people anxious to reform their society and possessed of a message or program as arrogant or dishonest, unaware of how their political ideas serve their own psychological needs. (Her Writer's Diary notes: "the only honest people are the artists," whereas "these social reformers and philanthropists... harbor... discreditable desires under the disguise of loving their kind...") Woolf detested what she called "preaching" in fiction, too, and criticized novelist D. H. Lawrence(among others) for working by this method.

Woolf's own social criticism is expressed in the language of observation rather than in direct commentary, since for her, fiction is a contemplative, not an active art. She describes phenomena and provides materials for a judgment about society and social issues; it is the reader's work to put the observations together and understand the coherent point of view behind them. As a moralist, Woolf works by indirection, subtly undermining officially accepted mores, mocking, suggesting, calling into question, rather than asserting, advocating, bearing witness: hers is the satirist's art.

Woolf's literary models were acute social observers like Chekhov and Chaucer. As she put it in The Common Reader, "It is safe to say that not a single law has been framed or one stone set upon another because of anything Chaucer said or wrote; and yet, as we read him, we are absorbing morality at every pore." Like Chaucer, Woolf chose to understand as well as to judge, to know her society root and branch—a decision crucial in order to produce art rather than polemic.

***Questions*:**

1. What would be the most appropriate title for the passage?
2. Why did Woolf choose Chaucer as a literal model?
3. How did Woolf criticize novelist D. H. Lawrence(among others)?
4. Why are most of Woolf's novels rooted in a social setting and a precise historical time?
5. Why have few people recognized Woolf's focus on society in her literal works?

Passage 2 (四川大学 2013)

The Wisdom of Socrates

I will try to explain to you what has given rise to these slanders and given me a bad name. Listen then. Some of you will think that I am joking, but I assure you that I will tell you the whole truth. I have gained this bad reputation, Athenians, simply by reason of a certain kind of wisdom. What kind of wisdom? It is by that sort of wisdom which is possible to men. It may be that in having that I am really wise. But the men of whom I was speaking just now must be wise in a wisdom which is greater than human wisdom, or in some way which I cannot describe since I know nothing of it myself; and if any man says that I do know anything of superhuman wisdom, he lies and wants to slander me. (Interruptions.) Do not interrupt me, Athenians, even if you think that I am speaking arrogantly I am going to say something which is not my own. I will tell you who says it and he deserves to be believed by you. I will bring the god of Delphi to be the witness of the fact of my wisdom and of its nature. You remember Chaerephon. From youth upwards he was my comrade. You remember his character. He was impetuous. Once he went to Delphi and ventured to put this question to the OracIe—(interruptions)—I entreat you again, my friends, not to cry out—he asked if there was any man who was wiser than I, and the priestess answered that there was no man. Chaerephon himself is dead, but his brother here will confirm what I say.

Why do I tell you this? **I am going to explain to you the origin of my unpopularity**. When I heard what the Oracle had said I began to reflect. What could God mean by this dark saying? I knew very well that I was not wise, even in the smallest degree. Then what could he mean by saying that I was the wisest of men? It cannot be that he was speaking falsely for he is a god and cannot lie. For a long time I was at a loss to understand his meaning. After turning it over in my mind for a long time I thought of away of testing the matter. I went to a man who was said to be wise, thinking that there if anywhere I should prove the Oracle wrong, and meaning to point out to the Oracle its mistake. I should be able to say, "You said that I was the wisest of men, but this man is wiser than I am." So I examined the man—I need not tell you his name; he was a politician—but this was the result, Athenians. When I talked with him I found that though a great many persons, and most of all he himself thought that he was wise, yet he was not wise. Then I tried to prove to him that he was not wise though he fancied he was, and by so doing I made him, and many of the bystanders, Elders my enemies. So when I went away I thought to myself, I am wiser than this man. Probably neither of us knows any thing that is really good, but he thinks that he has knowledge, when he has not, while I having no knowledge, do not think that I have, I do not think that I knew what I do not know, and on this point, at any rate I seem to be a little wiser than he is.

Next I went to another man who was said to be even wiser than the last, with exactly the same result. Here again I made him, and many other men, my enemies.

I went on to one man after another, making enemies every day. This caused me much unhappiness and anxiety, but I thought that I must set God's command above everything? So I had to go to every man who seemed to possess any knowledge, and search for the meaning of the Oracle. This was the result of the search which I made at God's bidding: the men whose reputation for wisdom stood highest were among those most lacking in it, while others, who were looked down on as common people, were much better fitted to learn.

Now I must describe to you the wanderings which I undertook to make full proof of the Oracle. After the politicians I went to the poets, thinking that I should and myself clearly more ignorant than they. So I took up the poems on which I thought they had spent most pains, and ask them what they meant, hoping to learn something from them. I am ashamed to tell you the truth, my friends, but I must say it. Almost any of the bystanders could have talked about the works of these poets better than the poets themselves. So I soon found out that it is not by wisdom that the poets create their works, but by a certain natural power and by inspiration, like soothsayers and prophets who say fine things but who understand nothing of what they say. At the same time I saw that, because of their poetry, they thought that they were the wisest of men in other matters too, which they were not. So I went away again, thinking that I had the same advantage over the poets as I had over the politicians.

Finally I went to the skilled workmen, for I knew very well that I possessed no knowledge at all worth speaking of, and I was sure that I should find that they knew many fine things, and in that I was not mistaken. But, Athenians, they made the same mistake as the poets. Each of them believed himself to be extremely wise in matters of the greatest importance because he was skilled in his own art. I asked myself, on behalf of the Oracle, whether I would choose to remain as I was, without either their wisdom or their ignorance, or to possess both, as they did. I made answer to myself and to the Oracle that it was better for me to remain as I was.

By reason of this examination, Athenians, I have made enemies of a very bitter and fierce kind, who have spread abroad a great number of slanders about me. People say that I am a wise man, thinking that I am wise myself in any matter in which I show another man to be ignorant. But, my friends, I believe that only God is really wise, and that by this Oracle he meant that men's wisdom is worth little or nothing. I do not think he meant that Socrates was wise. He only took me as an example as though he would say to men, "He among you is the wisest who, like Socrates, knows that his wisdom is worth little at all."

Questions:

1. When Socrates says that he is not wise, what does he mean by "being wise"? When he says that he possesses a certain kind of wisdom, what kind of wisdom has he in mind? When he says that only God is really wise, is he thinking of the first sense of "wisdom" or second?
2. In the second sentence of the second paragraph, Socrates promises to explain to the audience the origin of his unpopularity. What exactly is the explanation which he offers on this point?
3. Can you tell from this passage whether Socrates had a sympathetic audience or a hostile one?

Passage 3 (暨南大学 2013)

Mohammud Yunus, a banker from Bangladesh, is a bona fide visionary. His dream is the total eradication of poverty from the world. What he has invented is called a micro-credit. It is both terribly simple and completely revolutionary. Yunus' bank gives loans as little as \$30 to the destitute. A typical borrower would be a Bangladeshi women (96% of the bank's borrowers are women) who has never touched money before. All her life, her father and husband will have told her she is useless and is a burden to the family; finally, widowed or divorced, she will have been forced to beg to feed her children. Yunus' bank lends her money—and doesn't regret it. She uses the loan to buy an asset that can immediately start paying income—such as cotton to weave, or raw materials for bracelets to sell, or a cow she can milk. She repays the loan in tiny installments until she becomes self-sufficient. Then if she wants, she can take out a new, larger loan. Either way, she is no longer poor.

The Grameen Bank ("rural bank" in Bengali), which Yunus has built over the last 30 years, has more than 3.7 million borrowers in 46,000 villages throughout Bangladesh. In 2004, it made loans of more than $473.78 million. The bank actively seeks out the most deprived of Bangladesh society: beggars, illiterates, and widows. Yet, it claims a loan repayment rate of 99 percent. Most western banks would be delighted with such a small ratio of bad debts.

Born in Chittagong, Yunus studied at Vanderbilt University in Tennessee, before becoming head of the Economics Department at Chittagong University. The terrible manmade famine of 1974, which killed 1.5 million Bangladeshis, changed his life forever. "While people were dying of hunger on the streets, I was teaching elegant theories of economics. I started hating myself for the arrogance of pretending I had the answers. Why did people who worked 12 hours a day, seven days a week, not have enough to eat? I decided that the poor themselves would be my teachers. I began to study them and question them on their lives."

Then he made his big discovery. One day, when he was interviewing a woman who made bamboo stools, he learned that, because she had no capital of her own, she had to borrow the equivalent of 23 cents to buy raw bamboo for each stool made. After repaying the middleman, she kept only 1.5 cents in profit. With the help of graduate students, Yunus discovered that there were 42 other villagers facing the same predicament.

"Their poverty was not a personal problem due to laziness or lack of intelligence, but a structural one: lack of capital. The existing system made it certain that the poor could not save a penny and could not invest in bettering themselves."

Borrowers who are not destitute are excluded, and so, usually, are men. Yunus soon discovered that lending to women was much more beneficial to whole families—and that women were more careful about their debts. To be eligible for a loan, a person must prove she understands how Grameen works. Borrowers promise to abide by "the 16 decisions", a set of personal commitments. The most important is to join with four fellow borrowers, none of whom can be a family member, to form a group. The group provides a borrower with self-discipline and courage. Peer pressure and peer support effectively replace collateral.

Studies of the Grameen method suggest that after a wife joins the bank, her husband is likely to show her more tenderness and respect. Divorce rates drop among Grameen borrowers, as do birth rates.

Yunus' method works well wherever the social life of the poor is tightly knit. But in many urban settings, the lack of community has been the greatest stumbling block. However, Yunus does not pretend to have solution to all problems.

"People say I am crazy, but no one can achieve anything without a dream," he says. "If one is going to make headway against poverty, one cannot do business as usual. One must be revolutionary and think the unthinkable."

Questions:

1. What had Yunus invented?
2. To whom does the bank lend money?
3. What doesn't the bank require of borrowers?
4. What must borrowers promise to do?
5. What is the repayment rate?

Passage 4 （四川大学 2013）

"I've been expecting you!" Marek repeated, when he had seated his guest in a comfortable leather chair. Nothing on earth would have induced Bondy to own up to his vision of the fallen inventor. "Just fancy!" he said, with a rather forced gaiety. "What a coincidence! It struck me only this very morning that we hadn't seen each other for twenty years. Twenty years, Rudy, think of it!"

"Hm," said Marek. "And so you want to buy my invention."

"Buy it?" said G. H. Bondy hesitatingly. "I really don't know... I haven't even given it a thought. I wanted to see you and—"

"Oh, come, you needn't pretend," Marek interrupted him. "**I knew that you were coming**. You'd be sure to, for a thing like this. This kind of invention is just in your line. There's a lot to be done with it." He made an eloquent motion with his hand, coughed, and began again more deliberately. "The invention I am going to show you means a bigger revolution in technical methods than Watt's invention of the steam-engine. To give you its nature briefly, it provides, putting it theoretically, for the complete utilization of atomic energy."

Bondy concealed a yawn. "But tell me, what have you been doing all these twenty years?"

Marek glanced at him with some surprise.

"Modern science teaches that all matter—that is to say, its atoms—is composed of a vast number of units of energy. An atom is in reality a collection of electrons, i. e. of the tiniest particles of electricity."

"That's tremendously interesting," Bondy broke in. "I was always weak in physics, you know. But you're not looking well, Marek. By the way, how did you happen to come by this playth... this, er ... factory?"

"I? Oh, quite by accident. I invented a new kind of filament for electric bulbs... But that's nothing; I only came upon it incidentally. You see, for twenty years I've been working on the combustion of matter. Tell me yourself, Bondy, what is the greatest problem of modem industry?"

"Doing business," said Bondy. "And are you married yet?"

"I'm a widower," answered Marek, leaping up excitedly. "No, business has nothing to do with it, I tell you. It's combustion. The complete utilization of the heat-energy contained in matter! Just consider that we use hardly one hundred-thousandth of the heat that there is in coal, and that could be extracted from it! Do you realize that?"

"Yes, coal is terribly dear!" said Mr. Bondy sapiently.

Marek sat down and cried disgustedly, "Look here, if you haven't come here about my Karburator, Bondy, you can go."

"Go ahead, then," Bondy returned, anxious to conciliate him.

Marek rested his head in his hands, and after a struggle came out with, "For twenty years I've been working on it, and now-now, I'll sell it to the first man who comes along! My magnificent dream! The greatest invention of all the ages! Seriously, Bondy, I tell you, it's something really amazing."

"No doubt, in the present wretched state of affairs," assented Bondy.

"No, without any qualification at all, amazing. Do you realize that it means the utilization of atomic energy without any residue whatever?"

"Aha." said Bondy. "So we're going to do our heating with atoms. Well, why not?... You've got a nice place here, Rudy. Small and pleasant. How many hands do you employ?"

Marek took no notice. "You know," he said thoughtfully, "it's all the same thing, whatever you call it—the utilization of atomic energy, or the complete combustion of matter, or the disintegration of matter. You can call it what you please."

"I'm in favour of 'combustion'!" said Mr. Bondy. "It sounds more familiar."

"But 'disintegration' is more exact—to break up the atoms into electrons, and harness the electrons and make them work. Do you understand that?"

"Perfectly," Bondy assured him. "The point is to harness them!"

"Well, imagine, say, that there are two horses at the ends of a rope, pulling with all their might in opposite directions. Do you know what you have then ?"

"Some kind of sport, I suppose," suggested Mr. Bondy.

"No, a state of repose. The horses pull, but they stay where they are. And if you were to cut the rope—"

"—The horses would fall over," cried G. H. Bondy, with a flash of inspiration.

"No, but they would start running; they would become energy released. Now, pay attention. Matter is a team in that very position. Cut the bonds that hold its electrons together, and they will..."

"Run loose!"

"Yes, but we can catch and harness them, don't you see? Or put it to yourself this way: we burn a piece of coal, say, to produce heat. We do get a little heat from it, but we also get ashes, coal-gas, and soot. So we don't lose the matter altogether, do we?"

"No. —Won't you have a cigar?"

"No, I won't—But the matter which is left still contains a vast quantity of unused atomic energy. If we used up the whole of the atomic energy, we should use up the whole of the atoms. In short, the matter would vanish altogether."

"Aha! Now I understand,"

"It's just as though we were to grind corn badly—as if we ground up the thin outer husk and threw the rest away, just as we throw away ashes. When the grinding is perfect, there's nothing or next to nothing left of the grain, is there? In the same way, when there is perfect combustion, there's nothing or next to nothing left of the matter we burn. It's ground up completely. It is used up. It returns to its original nothingness. You know, it takes a tremendous amount of energy to make matter exist at all. Take away its existence, compel it not to be, and you thereby release an enormous supply of power. That's how it is, Bondy."

"Aha. That's not bad."

"Pflüger, for instance, calculates that one kilogramme of coal contains twenty-three billions of calories. I think that Pfluger exaggerates."

"Decidedly."

"I have arrived at seven billions myself, theoretically. But even that signifies that one kilogramme of coal, if it underwent complete combustion, would run a good-sized factory for several hundred hours!"

"The devil it does!" cried Mr. Bondy, springing from his chair.

"I can't give you the exact number of hours. I've been burning half a kilogramme of coal for six weeks at a pressure of thirty kilogrammetres and, man alive," said the engineer in a whisper, turning pale, "it's still going on... and on... and on."

Bondy was embarrassed; he stroked his smooth round chin. "Listen, Marek," he began, hesitatingly. "You're surely... er ... a bit... er... overworked."

Marek's hand thrust the suggestion aside. "Not a bit of it. If you'd only get up physics a bit, I could give you an explanation of my Karburator in which the combustion takes place. It involves a whole chapter of advanced physics, you know. But you'll see it downstairs in the cellar. I shovelled half a kilogramme of coal into the machine, then I shut it up and had it officially sealed in the presence of witnesses, so that no one could put any more coal in. Go and have a look at it for yourself—go on—go now! You won't understand it, anyway, but—go down to the cellar! Go on down, man, I tell you!"

"Won't you come with me?" asked Bondy in astonishment.

"No, you go alone. And... I say, Bondy... don't stay down there long."

"Why not?" asked Bondy, growing a trifle suspicious.

"Oh, nothing much. Only I've a notion that perhaps it's not quite healthy down there. Turn on the light, the switch is just by the door. That noise down in the cellar doesn't come from my machine. It works noiselessly, steadily, and without any smell... The roaring is only a... a ventilator. Well, now, you go on. I'll wait here. Then you can tell me."

Bondy went down the cellar steps, quite glad to be away from that madman for a while(quite mad, no doubt whatever about it) and rather worried as to the quickest means of getting but of the place altogether. Why, just look, the cellar had a huge thick reinforced door just like an armour-plated safe in a bank. And now let's have a light. The switch was just by the door. And there in the middle of the arched concrete cellar, clean as a monastery cell, lay a gigantic copper cylinder resting on cement supports. It was closed on all sides except at the top, where there was a grating bedecked with seals. Inside the machine all was darkness and silence. With a smooth and regular motion the cylinder thrust forth a piston which slowly rotated a heavy fly-wheel. That was all. Only the ventilator in the cellar window kept up a ceaseless rattle.

Perhaps it was the draught from the ventilator or something—but Mr. Bondy felt a peculiar breeze upon his brow, and an eerie sensation as though his hair were standing on end; and then it seemed as if he were being borne through boundless space; and then as though he were floating in the air without any sensation of his own weight G. H. Bondy fell on his knees, lost in a bewildering, shining ecstasy. He felt as if he must shout and sing, he seemed to hear about him the rustle of unceasing and innumerable wings. And suddenly someone seized him violently by the hand and dragged him from the cellar. It was Marek, wearing over his head a mask or a helmet like a diver's, and he hauled Bondy up the stairs.

Up in the room he pulled off his metal head-covering and wiped away the sweat that soaked his brow.

"Only just in time," he gasped, showing tremendous agitation.

***Questions*:**

1. Two things show that Marek had some idea of what might happen to Bondy in the cellar. What are they?
2. Marek says, "I knew that you were coming."(Para. 4) Was there a definite arrangement for them to meet at that time? Or was Marek only guessing that Bondy would come? How do you know?

Passage 5 （中山大学 2012）

Few modern travel writers excite more hostility and awe than Sir Wilfred Thesiger, who died in 2003. Despising the "drab uniformity of the modern world", Sir Wilfred slogged across Africa and Asia, especially Arabia, on animals and on foot, immersing himself in tribal societies. He delighted in killing-lions in Sudan in the years before the second world war, Germans and Italians during it. He disliked "soft" living and "intrusive" women and revered murderous savages, to whom be gave guns. He thought educating the working classes a waste of good servants. He kicked his dog. His journeys were more notable as feats of masochistic endurance than as exploration. Yet his first two books, *Arabian Sands*, about his crossing of the Empty Quarter, and *The Marsh Arabs*, about southern Iraq, have a terse brilliance about them. As records of ancient cultures on the point of oblivion, they are unrivalled.

Sir Wilfred's critics invariably sing the same chorus. They accuse him of hypocrisy, noting that his part-time primitive lifestyle required a private income and good connections to obtain travel permits. They argue that he deluded himself about the motives of his adored tribal companions. In Kenya, where he lived for two decades towards the end of his life, his Samburu "sons" are calculated to have fleeced him of at least $1m. Homosexuality, latent or otherwise, explains him, they conclude, pointing to the photographs he took of beautiful youths.

This may all be true, but it does not diminish his achievements. Moreover, he admits as much himself in his autobiography and elsewhere, in 1938, before his main travels, for example, Sir Wilfred wrote of his efforts to adopt foreign ways: "I don't delude myself that I succeed but I get my interest and pleasure trying."

In this authorised biography, Alexander Maitland adds a little colour to the picture, but no important details. He describes the beatings the explorer suffered at his first boarding school. Quoting from Sir Wilfred's letters, he traces the craggy traveler's devotion to his dead father, his mother and three brothers. At times, Sir Wilfred sounds more forgiving, especially of friends, and more playful than his reputation has suggested. As for his sexuality, Mr. Maitland refers coyly to occasional "furtive embraces", presumably with men. Wearisome as this topic has become, Mr. Maitland achieves nothing by skirting it; and his allusion to Sir Wilfred's "almost too precious" relationship with his mother is annoyingly vague.

There may be a reason why Mr. Maitland struggles for critical distance. He writes that he and Sir Wilfred were long-standing friends, but he fails to mention that he collaborated with the explorer on four of his books and later inherited his London flat. If Mr. Maitland found it so difficult to view his late friend and benefactor objectively, then perhaps he should not have tried. An earlier biography by Michael Asher, who scoured the deserts to track down Sir Wilfred's former fellow travellers, was better; Mr. Maitland seems to have interviewed almost nobody black or brown.

His book is, however, a useful companion to the explorer's autobiography, *The Life of My Choice*. Hopefully, it will also refer readers back to Sir Wilfred's two great books, and to sentences as lovely as this: "Memories of that first visit to the Marshes have never left me: firelight on a half-turned face, the crying of geese, duck flighting in to feed, a boy's voice singing somewhere in the dark, canoes moving in procession down a waterway, the setting sun seen crimson through the smoke of burning reed-beds, narrow waterways that wound still deeper into the Marshes."

Questions:

1. According to the first paragraph, what kind of life did Sir Wilfred Thesiger long for?

2. Why did Sir Wilfred's behavior call forth some criticism?
3. How does Sir Wilfred Thesiger respond to the critics?
4. In Alexander Maitland's writing, what kind of person was Sir Wilfred Thesiger?
5. Was Alexander Maitland one of the opponents against Sir Wilfred Thesiger?

Passage 6 （东华大学 2012）

Oftentimes a first job can be very memorable. For many, it was their first sniff of what the real world was like. The job usually paid very little, was very labor intensive and had very little reward. With every day on the job growing longer and longer, the anticipation that was built up for the first paycheck grew by the day until it was boiling over. Although the money wasn't much in reality, it seemed like a lot as a kid.

Vanderbilt Baseball Coach Tim Corbin remembers to this day what his first job was like.

Growing up in Wolfeboro, N. H., Corbin's first job was as a bus boy at Bailey's Restaurant, now known as Morrissey's Front Porch.

Corbin began working at the restaurant, which was a local favorite, when he was in seventh grade and worked his way up from bus boy to dishwasher and ultimately to the grill.

"It was a good job, and I actually worked there until my 12th-grade year," Corbin said. "The owners were sports fans, and they allowed me to play summer ball while I was working, so it was very convenient."

Although his family didn't make him get a job, Corbin knew his family wanted him to gain the experience of having a real job.

"I think they wanted me to work, and they wanted me to understand the value of a dollar, " Corbin said. "I didn't really consider it work. Back then—yard work was more work than working at Bailey's Restaurant."

A town of about 7,000 residents on the eastern side of the state, Wolfeboro had additional places for a kid to work, but Bailey's Restaurant was the place that caught Corbin's eye.

"I worked there because there were a lot of athletes that worked there, and it was just kind of a fun place to work," Corbin said.

Like most first jobs, Corbin wasn't going to break the bank when he cashed his paycheck for working 30-hour weeks.

"The pay wasn't enough to pay off my student loans," Corbin said with a laugh. "I don't know what the child labor laws were back then, but they used them pretty well."

Corbin eventually moved his way up to working the grill. Working the grill also introduced Corbin to what turned out to be his least favorite part about working at Bailey's.

"The worst part was scraping the grill at the end of the night," Corbin said. "It was just such a hassle every night."

Despite there being a few negatives, Corbin also remembers the perks of working there.

"One of the perks was that we got to eat free food," Corbin said. "The other good part about working there was that it was just a fun atmosphere."

Questions:

1. What grade was Corbin in when he started working at Bailey's Restaurant?
2. Why did Corbin's family want him to work?
3. How many hours did Corbin have to work every week?
4. Which part of the job did Corbin hate most?

Passage 7 （南开大学 2011）

From the time Beethoven settled permanently in Vienna, which he was soon induced to do by the kindness of his aristocratic friends, the only noteworthy external features of his career are the productions of his compositions. In spite of the usual hostile criticism for obscurity, exaggeration and unpopularity, his reputation became worldwide and by degrees actually popular. As his later works became notorious for their extravagance and unintelligibility his earlier works became better understood. He was no man of business, but, in a thoroughly unpractical way, he was suspicious and exacting in money matters, which in his later years frequently turned up in his conversation as a grievance, and at times, especially during the depreciation of the Austrian currency between 1808 and 1815, were a real anxiety to him. Nevertheless, with a little more skill his external prosperity would have been great. He was always a personage of importance, as is testified by more than one amusing anecdote, like those of his walks with Goethe and his half-ironical comments on the hats which flew off more for him than for Goethe; and in 1815 it seemed as if the summit of his fame was reached when his 7th symphony was performed.

Signs of deafness had given him grave anxiety as early as 1798. For a long time he successfully concealed it from all but his most intimate friends. While he consulted physicians and quacks with eagerness; but neither quackery nor the best skill of his time availed him, and it has been pointed out that the root of the evil lay deeper than could have been supposed during his lifetime. Although his constitution was magnificently strong and his health was preserved by his passion for outdoor life, a post-mortem examination revealed a very complicated state of disorder, evidently dating almost from childhood (if not inherited) and aggravated by lack of care and good food. The touching document addressed to his brothers in 1802, and known as his "will", should be read in its entirety. No verbal quotation short of the whole will do justice to the overpowering outburst which runs almost in one long unpunctuated sentence through the whole tragedy of Beethoven's life, as he knew it then and foresaw it. He reproaches men for their injustice in thinking and calling him pugnacious, stubborn and misanthropic when they do not know that for six years he has suffered from an incurable condition, aggravated by incompetent doctors. He dwells upon his delight in human society, from which he has had so early to isolate himself, but the thought of which now fills him with dread as it makes him realize his loss, not only in music but in all finer interchange of ideas, and terrifies him lest the cause of his distress should appear. He declares that, when those near him had heard a flute or a singing shepherd while he heard nothing, he was only prevented from taking his life by the thought of his art, but it seemed impossible for him to leave the world until he had brought out all that he felt to be in his power. He requests that after his death his present doctor, if surviving, shall be asked to describe his illness and to append it to this document in order that at least then the world may be as far as possible reconciled with him. He leaves his brothers his property, such as it is, and in terms not less touching, if more conventional than the rest of the document, he declares that his experience shows that only virtue has preserved his life and his courage through all his misery.

During the last twelve years of his life, his nephew was the cause of most of his anxiety and distress. His brother, Kaspar Karl, had often given him trouble; for example, by obtaining and publishing some of Beethoven's early indiscretions, such as the trio variations, op. 44, the sonatas, op. 49 and other trifles, of which the late opus number is thus explained. In 1815, after Beethoven had quarreled with his oldest friend, Stephan Breuning, for warning him against trusting his brother in money matters, Kaspar died, leaving a widow of whom Beethoven strongly disapproved, and a son, nine years old, for the guardianship of whom Beethoven fought the widow through all the law courts. The boy turned out utterly unworthy of his uncle's persistent devotion, and gave him every cause for anxiety. He failed in all his examinations, including an attempt to learn some trade in the polytechnic school, whereupon he fell into the hands of the police for attempting suicide, and after being expelled from Vienna, joined the army. Beethoven's utterly simple nature could neither educate nor understand a human being who was not possessed by the wish to do his best. His nature was passionately affectionate, and he had suffered all his life from the want of a natural outlet for it. He had often been deeply in love and made no secret of it; but Robert Browning had not a more intense dislike of "the artistic temperament" in morals, and though Beethoven's attachments were almost all hopelessly above him in rank, there is not one that was not honorable and respected by society as showing the truthfulness and serf-control of a great man. Beethoven's orthodoxy in such matters has provoked the smiles of Philistines, especially when it showed itself in his objections to Mozart's Don Giovanni, and his grounds for selecting the subject of Fidelio for his own opera. The last thing that Philistines will ever understand is that genius is far too independent of convention to abuse it: and Beethoven's life, with all its mistakes, its grotesqueness and its pathos, is as far beyond the shafts of Philistine wit as his art.

***Questions*:**

1. What was Beethoven's response to the signs of deafness when they appeared?
2. What do you know from this passage about the deeper root of Beethoven's health problem?
3. Why does the author say that Beethoven's nephew was the cause of his anxiety?

Passage 8 （中山大学 2011）

George has stolen some money. The police had caught him and he had been put in prison. Now his trial was about to begin, and he felt sure that he would be found guilty and sent to prison for a long time.

Then he discovered that an old friend of his was one of the **jury** at his trial. Of course, he didn't tell anybody, but he managed to see his friend secretly one day. He said to him, "Jim, I know that the jury will find me guilty of having stolen the money. I cannot hope to be found not guilty of taking it — that would be too much to expect. But I should be grateful to you for the rest of my life if you could persuade the other members of the jury to add a strong recommendation for mercy to their statement that they consider me guilty."

"Well, George," answered Jim, "I shall certainly try to do what I can for you as an old friend, but of course I cannot promise anything. The other eleven people on the jury look terribly strong — minded to me."

George said that he would quite understand if Jim was not able to do anything for him, and thanked him warmly for agreeing to help.

The trial went on, and at last the time came for the jury to decide whether George was guilty or not. It took them five hours, but in the end they found George guilty, with a strong recommendation for mercy.

Of course, George was very pleased, but he didn't have a chance to see Jim for some time after the trial. At last, however, Jim visited him in prison, and George thanked him warmly and asked him how he had managed to persuade the other members of the jury to recommendation mercy.

"Well, George," Jim answered, "as I thought, those eleven men were very difficult to persuade, but I managed it in the end by tiring them out. Do you know, those fools had all wanted to find you not guilty!"

Questions:

1. How do you define "jury" (Para. 2)?
2. What did George expect Jim to do?
3. What did Jim do to help George?
4. How long did the jury spent on making a decision?
5. What do you think is the biggest fool?

Passage 9 （内蒙古大学 2011）

One summer my wife Chris and I were invited by friends to row down the Colorado River in a boat. Our expedition included many highly successful people, the kind who have staffs to take care of life's daily work. But in the wilder rapids, all of us naturally set aside any pretenses and put out backs into every stroke to keep the boat from tumbling over. At each night's encampment, we all hauled supplies and cleaned dishes. After only two days in the river, people accustomed to being spoiled and indulged had become a team, working together to cope with the unpredictable twists and turns of the river.

I believe that in life as well as on boat trips, teamwork will make all our journeys successful ones. The rhythms of teamwork have been the rhythms of my life. I played basketball alongside famous players, and the team I now coach, the New York Knicks, has recovered from years of adversity to become a major contender in the 1990s.

I'm persuaded that teamwork is the key to making dreams come true. We all play on a number of teams in our lives—as part of a family, as a citizen, as a member of an agreement, written or unwritten. It contains the values and goals for every team member.

For example, in the late 1970s a General Motors plant in Fremont, Calif, was the scene of constant warfare between labor and management. Distrust ran so high at the labor contract was hundreds of pages of tricky legal terms. GM spent millions trying to keep the facility up to date, but productivity and quality were continually poor. Absenteeism was so out of control that the production line couldn't even start up on some mornings. Finally in the early 1980s, GM shut down the plant.

GM became convinced that it had to create new production systems based on teamwork. In the mid 1980s it reopened the Fremont plant with Toyota, starting from scratch with a much simpler and shorter labor contract. It promised that executive salaries would be reduced and jobs performed by outside sellers would be given to employees before any layoffs were considered. Over a hundred job classifications were cut to just two. Instead of doing one boring job over and over, workers agreed to be part of small teams, spending equal time on various tasks.

Questions:

1. What comment did the author make about the highly successful people traveling with him?
2. Why was it easy for boats to tumble over in the Colorado?
3. What happened to the New York Knicks in the 1980s?
4. What caused the sharp conflict in the GM plant in the late 1970s?
5. What spirit was encouraged in the reopened GM plant?

6. 科普专题

Passage 1 （中山大学 2013）

A lot of people think we could be headed for trouble by tampering with Mother Nature and producing genetically altered food. But those who promote genetically modified foods say it's no more unnatural than traditional selective breeding, to say nothing about synthetic fertilizers and chemical pesticides.

Most Canadians regularly eat bioengineered food. Anyone who consumes cheese, potatoes, tomatoes, soybeans, corn, wheat, and salmon is taking in genetically modified (GM) food. In addition, 75% of processed foods contain GM ingredients. In fact, around 65% of the food we get from the shops has some genetically modified component. GM food does not have to be labeled as such in Canada, so most of us don't know we're eating it. Some of the items that have a high likelihood of containing GM material might surprise you. They include chocolate bars, baby food, margarine, canned soup, ice cream, salad dressing, yogurt, cereals, cookies, and frozen French fries. And, there's nothing new about this.

Farmers and plant breeders have used genetically modified foods for centuries; if they hadn't, we'd probably still be eating grass instead of wheat. They've refined the foods we eat through selective crossbreeding, combining different types of wheat, for example, and eliminating weaker varieties. Today, genetic engineering is changing the nature of plant breeding even more: it's no longer just a case of mixing different varieties of the same species. Now, genes from completely different life forms are being combined-fish genes into tomatoes to make the latter more frost resistant, for example.

Such "tampering with Nature" makes a lot of people anxious. They wonder if the foods that come out of genetic modification are safe for human consumption. Scientists say they are completely safe; GM is just a way of adding genes to plants to make it possible for them to survive without the use of pesticides and to increase yields. But, the non-believers point out that scientists said that nuclear power, the toxic insecticide DDT, and a host of other things, were also completely harmless.

Fans of agricultural biotechnology think producing GM food is a move in the right direction, that it will ultimately improve health, the environment, and the economy. They're convinced it will solve the world's hunger problems by boosting the nutritional content of foods, lead to a drop in pesticide and herbicide use, and result in more efficient and profitable farming. Critics say it could also create superweeds and insects, disrupt global food systems, destroy ecological diversity, put small farms out of business, and cause long-term environmental problems. All that aside, they think consumers have a right to know what is in their food.

After all, GM products do pose some problems. In 1998, a researcher at the Rowett Institute for Agriculture in Aberdeen announced to the world that genetically engineered potatoes did some nasty things to the rats they were tested on. The potatoes were engineered to produce a molecule which is a natural insecticide that makes them resistant to aphids. But, the rats that ate the potatoes didn't grow as large as normal rats and were less resistant to disease. Further research showed that the added gene wasn't the only cause for concern: the genetic-engineering process itself was causing some serious problems in the development of organs such as the kidney and spleen.

Some genetic modifications have been clearly beneficial. For example, one variety of maize has been genetically manipulated to produce a natural insecticide that protects it from the cornborer moth. Scientists have also developed GM soybeans which are not damaged by some common herbicides used to kill weeds. What is more, the rats that were fed GM potatoes may not have been harmed as a result of the genetic modification but possibly as a result of the way the potatoes were grown; all in all, there are just too many variables to blame the genetic-engineering process alone. Still, some believe that the potential problems with gene modification are so well known that existing safeguards, in both America and the European Union, can prevent them.

Supporters of GM foods look on the bright side. According to the International Service for the Acquisition of Agri-biotech Applications (financed largely by biotechnology firms) the insect-resistant maize has increased yields in fields where it is planted by 9%. And, there might be an environmental advantage too. In 1997, 2.8 million hectares of the variety of maize were planted in the U. S. and farmers were able to avoid using $190 million worth of insecticide. Herbicide-resistant soybeans also needed less spraying, pumping between 20% and 40% fewer chemicals into the environment.

Questions:

Using NO MORE THAN THREE WORDS OR A NUMBER from the passage, answer the following questions.

1. How much of the food Canadians buy contains GM ingredients?
2. What method did farmers use to improve the quality of crops before genetic modifications became possible?
3. What chemical substances may be less necessary as a result of the genetic modification of agricultural products?
4. List one thing mentioned in the reading passage which can damage crops.
5. List one thing mentioned in the reading passage which crops can be protected from damage by genetic modification.

Passage 2 (华中师范大学 2013)

The treatment, in the early 1880s, of an Austrian hysteric called Anna O is generally regarded as the beginning of talking-it-through as a form of therapy. But psychoanalysis, as this version of talk therapy became known, is an expensive procedure. Anna's doctor, Josef Breuer, is estimated to have spent over 1,000 hours with her.

Since then, things have improved. A typical course of a modern talk therapy, such as cognitive behavioural therapy, consists of 12-16 hour-long sessions and is a reasonably efficient way of treating conditions like depression and anxiety (hysteria is no longer a recognized diagnosis). Medication, too, can bring rapid change. Nevertheless, treating disorders of the psyche is still a hit-and-miss affair, and not everyone wishes to bare his soul or take mind-altering drugs to deal with his problems. A new kind of treatment may, though, mean he does not have to. Cognitive-bias modification (CBM) appears to be effective after only a few 15-minute sessions, and involves neither drugs nor the discussion of feelings. It does not even need a therapist. All it requires is sitting in front of a computer and using a program that subtly alters harmful thought patterns.

This simple approach has already been shown to work for anxiety and addictions, and is now being tested for alcohol abuse, post-traumatic-stress disorder and several other disturbances of the mind. It is causing great excitement among researchers. As Yair Bar-Haim, a psychologist at Tel Aviv University who has been experimenting with it on patients as diverse as children and soldiers, puts it, "It's not often that a new evidence-based treatment for a major psychopathology comes around."

CBM is based on the idea that many psychological problems are caused by automatic, unconscious biases in thinking. People suffering from anxiety, for instance, may have what is known as an attentional bias towards threats: they are drawn irresistibly to things they perceive to be dangerous. Similar biases may affect memory and the interpretation of events. For example, if an acquaintance walks past without saying hello, it might mean either that he has ignored you or that he has not seen you. The anxious, according to the theory behind CBM, have a bias towards assuming the former and reacting accordingly.

The goal of CBM is to alter such biases, and doing so has proved surprisingly easy. A common way of debiasing attention is to show someone two words or pictures—one neutral and the other threatening—on a computer screen. In the case of social anxiety these might be a neutral face and a disgusted face. Presented with this choice, an anxious person instinctively focuses on the disgusted visage. The program, however, prods him to complete tasks involving the neutral picture, such as identifying letters that appear in its place on the screen. Repeating the procedure around a thousand times, over a total of two hours, changes the user's tendency to focus on the anxious face. That change is then carried into the wider world.

Emily Holmes of Oxford University, who studies the use of CBM for depression, describes the process as like administering a cognitive vaccine. When challenged by reality in the form of, say, the unobservant friend, the recipient of the vaccine finds he is inoculated against inappropriate anxiety.

In a recent study of social anxiety by Norman Schmidt of Florida State University and his colleagues, which involved 36 volunteers who had been diagnosed with anxiety, half underwent eight short sessions of CBM and the rest were put in a control group and had no treatment. At the end of the study, a majority of the CBM volunteers no longer seemed anxious, whereas in the control group only 11% had shed their anxiety. Although it was only a small trial, these results compare favourably with those of existing treatments. An examination of standard talk therapy carried out in 2004, for instance, found that half of patients had a clinically significant reduction in symptoms. Trials of medications have similar success rates.

Many other researchers are now exploring CBM. A team at Harvard, led by Richard

McNally, is seeking volunteers for a month-long programme that will use smart-phones to assess the technique's effect on anxiety. And Dr. Bar-Haim and his team are examining possible connections between cognitive biases and post-traumatic-stress disorder in the American and Israeli armies.

Not all disorders are amenable to CBM. One study, by Hannah Reese (also at Harvard) and her colleagues, showed that it is ineffective in countering arachnophobia (perhaps not surprising, since this may be an evolved response, rather than an acquired one). Moreover, Dr. Wiers found that the approach bias towards alcohol is present in only about half of the drinkers he studies. He hypothesises that for the others, drinking is less about automatic impulses and more about making a conscious decision. In such cases CBM is unlikely to work.

Colin MacLeod of the University of Western Australia, one of the pioneers of the technique, thinks CBM is not quite ready for general use. He would like to see it go through some large, long-term, randomised clinical trials of the sort that would be needed if it were a drug, rather than a behavioural therapy. Nevertheless, CBM does look extremely promising, if only because it offers a way out for those whose answer to the question, "Do you want to talk about it?" is a resounding "No".

Questions:

1. What's the major advantage of cognitive-bias modification (CBM) compared with the talk therapy?
2. What is the attentional bias? Could you give an example of this bias and offer a way to cure the problem?
3. What's the author's opinion about CBM? Does CBM work in treating any disorders of the psyche?

Passage 3 (南京师范大学 2013)

If you lock a bunch of high-IQ people in a room and tell them to get on with a simple task, what will they emerge with? Lower IQs, for one thing. A study done by Virginia Tech and a few other institutions, written up over the winter in a publication of the Royal Society, tried to replicate how people think under social pressure. Subjects with an average IQ of 126 were clustered into problem-solving groups and exposed to judgments about their work. A pecking order formed. The low performers showed high responses in the part of the brain that regulates fear. Most of the men became "high performers", most of the women "low performers", but no one blossomed. The scientists concluded that "individuals express diminished cognitive capacity in small groups, an effect that is exacerbated by perceived lower status". In other words, they get dumber.

This confirms common sense. Maybe you can communicate with a slower person by turning off brainpower you have, but you can't communicate with a cleverer person by creating brainpower you don't have. Yet this is the first ill word any scientist has had for the way groups think in a very long time. Group intelligence is in vogue. Over the past decade or two, story after story has spoken glowingly of "bandwagon effects" and the "hive mind", of "memes" and the "wisdom of crowds". Are these profound new insights or are they a cognitive-science trend on which the tide is now receding?

They are both. There is certainly something measurable that can be called collective intelligence. A fascinating study of its operation was carried out by scientists at Carnegie-Mellon university, MIT and other universities and published in the magazine *Science* two years ago. The authors started by describing the concept of "g", or "general intelligence". The English psychologist Charles Spearman discovered g in 1904, showing that practically all mental tasks are positively correlated. If you're good at maths, you're more likely to be a good poet. And since there is an intellectual component to a lot of things we don't think of as "brainwork", if you're a good poet you're more likely to be a good soldier or a good athlete, too.

The idea that mental talents should be so unfairly meted out in society was disheartening to people's sense of fairness in Spearman's age and it is repugnant to egalitarians today. People have spent a century trying to debunk the idea of *g*, and they have failed. So this unpopular concept has become "arguably, the most replicated result in all of psychology", as the scientists put it. They therefore had the idea that if they could find a collective equivalent of g-group intelligence correlated across all tasks—they would probably have found group intelligence. They asked small groups to do a variety of mental tests and then play a computer in a game of draughts.

A collective equivalent of *g* is just what they found. Moreover, it was not just an artefact of the individual intelligence that made up the groups. The correlation of group thinking with the average intelligence of the group, or with the intelligence of the group's smartest member, was weak. Strong correlations were with the "average social sensitivity of group members, the equality in distribution of conversation turn-taking and the proportion of females". In plainer English: listening helps. Office bullies and alpha-types who can't shut up drive down productivity. And there is a benefit to gender diversity. One article commenting on the study speculated that this might be due to women's readiness to admit when they don't know something.

These two findings—that there is such a thing as collective intelligence and that working in groups makes individuals a bit duller—are not necessarily contradictory. A human being probably loses a bit of thinking capacity in subordinating himself to a group, no matter what feats the collective is able to carry out. Whether this trade-off is worthwhile depends on what the groups are doing. If western culture as it existed until two decades ago stood for any one thing, it was the defence of the individual against the herd. Individuals produced King Lear and the Discourse on the Method. The "wisdom of crowds" produces a few retail fads at best, book-burnings and pogroms at worst.

Our own time thinks itself different. It is marked by integration of markets and innovations in networking and sales. Crowd-sourced Wikipedia(flawed, quick and free) helped drive Britannica

(authoritative, labour-intensive and dear) out of the paper encyclopedia business. No one has the time to read King Lear, let alone write it. Anybody who can spark a retail fad is acclaimed a genius. The wisdom of crowds, in fact, may be just an updated version of the age-old wisdom of retail: when it comes to what the crowd wants, the crowd is omniscient.

Questions:

1. According to the passage, what motivated scientists to find about collective intelligence?
2. What are the two findings about collective intelligence?

Passage 4 (中南财经政法大学 2013)

Joy and sadness are experienced by people in all cultures around the world, but how can we tell when other people are happy or despondent? It turns out that the expression of many emotions may be universal. Smiling is apparently a universal sign of friendliness and approval. Baring the teeth in a hostile way, as noted by Charles Darwin in the nineteenth century, may be a universe sign of anger. As the originator of the theory of evolution, Darwin believed that the universal recognition of facial expressions would have survival value. For example, facial expressions could signal the approach of enemies(or friends) in the absence of language.

Most investigators concur that certain facial expressions suggest the same emotions in a people. Moreover, people in diverse cultures recognize the emotions manifested by the facial expressions. In classic research Paul Ekman took photographs of people exhibiting the emotions of anger, disgust, fear, happiness, and sadness. He then asked people around the world to indicate what emotions were being depicted in them. Those queried ranged from European college students to members of the Fore, a tribe that dwells in the New Guinea highlands. All groups including the Fore, who had almost no contact with Western culture, agreed on the portrayed emotions. The Fore also displayed familiar facial expressions when asked how they would respond if they were the characters in stories that called for basic emotional responses. Ekman and his colleagues more recently obtained similar results in a study of ten cultures in which participants were permitted to report that multiple emotions were shown by facial expressions. The participants generally agreed on which two emotions were being shown and which emotion was more intense.

Psychological researchers generally recognize that facial expressions reflect emotional states. In fact, various emotional states give rise to certain patterns of electrical activity in the facial muscles and in the brain. The facial-feedback hypothesis argues, however, that the causal relationship between emotions and facial expressions can also work in the opposite direction. According to this hypothesis, signals from the facial muscles ("feedback") are sent back to emotion centers of the brain, and so a person's facial expression can influence that person's emotional state.

Consider Darwin's words: "The free expression by outward signs of an emotion intensifies it. On the other hand, the repression, as far as possible, of all outward signs softens our emotions."

Can smiling give rise to feelings of good will, for example, and frowning to anger?

Psychological research has given rise to some interesting findings concerning the facial-feedback hypothesis. Causing participants in experiments to smile, for example, leads them to report more positive feelings and to rate cartoons (humorous drawings of people or situations) as being more humorous. When they are caused to frown, they rate cartoons as being more aggressive.

What are the possible links between facial expressions and emotion? One link is arousal, which is the level of activity or preparedness for activity in an organism. Intense contraction of facial muscles, such as those used in signifying fear, heightens arousal. Self-perception of heightened arousal then leads to heightened emotional activity. Other links may involve changes in brain temperature and the release of neurotransmitters (substances that transmit nerve impulses.) The contraction of facial muscles both influences the internal emotional state and reflects it. Ekman has found that the so-called Duchenne smile, which is characterized by "**crow's feet**" wrinkles around the eyes and a subtle drop in the eye cover fold so that the skin above the eye moves down slightly toward the eyeball, can lead to pleasant feelings.

Ekman's observation may be relevant to the British expression "**keep a stiff upper lip**" as are commendation for handling stress. It might be that a "stiff" lip suppresses emotional response-as long as the lip is not quivering with fear or tension. But when the emotion that leads to stiffening the lip is more intense, and involves strong muscle tension, facial feedback may heighten emotional response.

Questions:

1. Why did the author mention "Cow's feet" wrinkles and "keep a stiff upper lip" in the text?
2. According to Darwin, what was one of the functions of facial expressions when lack of language?
3. What do you know about the Fore people of New Guinea according to the text?
4. What does the facial-feedback hypothesis refer to?
5. What is the author's purpose of writing?

Passage 5 （北京航空航天大学 2013）

After thirty years of investigation into cell genetics, researchers made startling discoveries in the 1960s and early 1970s which culminated in the development of processes, collectively known as recombinant deoxyribonucleic acid (rDNA) technology, for the active manipulation of a cell's genetic code. The technology has created excitement and controversy because it involves altering DNA—which contains the building blocks of the genetic code.

Using rDNA technology, scientists can transfer a portion of the DNA from one organism to a single living cell of another. The scientist chemically "snips" the DNA chain of the host cell at a predetermined point and attaches another piece of DNA from a donor cell at that place creating a completely new organism.

Proponents of rDNA research and development claim that it will allow scientists to find cures for disease and to better understand how genetic information controls an organism's development. They also see many other potentially practical benefits, especially in the pharmaceutical industry. Some corporations employing the new technology even claim that by the end of the century all major diseases will be treated with drugs derived from microorganisms created through rDNA technology. Pharmaceutical products already developed, but not yet marketed, indicate that these predictions may be realized.

Proponents also cite nonmedical applications for this technology. Energy production and waste disposal may benefit: genetically altered organisms could convert sewage and other organic material into methane fuel. Agriculture might also take advantage of rDNA technology to produce new varieties of crops that resist foul weather, pests, and the effects of poor soil.

A major concern of the critics of rDNA research is that genetically altered microorganisms might escape from the laboratory. Because these microorganisms are laboratory creations that, in all probability, do not occur in nature, their interaction with the natural world cannot be predicted with certainty. It is possible that they could cause previously unknown, perhaps incurable diseases. The effect of genetically altered microorganisms on the world's microbiological predator-prey relationships is another potentially serious problem pointed out by the opponents of rDNA research. Introducing a new species may disrupt or even destroy the existing ecosystem. The collapse of interdependent relationships among species, extrapolated to its extreme, could eventually result in the destruction of humanity.

Opponents of rDNA technology also cite ethical problems with it. For example, it gives scientists the power to instantly cross evolutionary and species boundaries that nature took millennia to establish. The implications of such power would become particularly profound if genetic engineers were to tinker with human genes, a practice that would bring us one step closer to Aldous Huxley's grim vision in Brave New World of **a totalitarian society that engineers human beings to fulfill specific roles.**

Questions:

1. What is the author primarily concerned with doing in this passage?
2. According to the passage, what are the potential benefits of rDNA technology? Please sum up briefly.
3. What are the major arguments of opponents of rDNA research and development? Please make a brief summary.
4. In the last sentence of the passage, the author makes reference to "a totalitarian society that engineers human beings to fulfill specific roles." What is his purpose by doing that?

Passage 6 （南京师范大学 2012）

Most people consider dieting to mean eating less in order to lose weight. This, however, is only partially true, because people diet for different reasons, including medical reasons, such as diabetes, and ethical reasons such as vegetarianism. However, there is also dieting to stay healthy, whilst living on a low budget.

What you want to aim for is a nutritionally balanced diet without overeating, which is, in fact, a common problem. Indeed, many people overeat without even realizing it. So, dispense with large meals and above all fast foods.

Fast foods may be convenient, but they have little nutritional value. They are full of fats that are very unhealthy but contain little in the way of proteins and minerals that your body needs. That is why you can feel hungry shortly after eating fast foods. So, avoid them!

Rice and pasta is cheap and easy to cook and makes a delicious meal if used with the correct ingredients. It is also very healthy because it is high in essential carbohydrates which are essential for providing you with energy. But don't eat too much because carbohydrates are stored by the body in the form of fat. Fruit is another very good source of vitamins and minerals. And the good news is that you can eat as much fruit or vegetables as you wish, without getting fat in the process. But always remember to wash fruit thoroughly before eating because often they are coated in chemical pesticides that are highly poisonous.

Meat is an excellent source of protein, which is essential for a healthy body. But too much meat is bad for you, especially red meat such as lamb, beef and pork. So don't eat too much. One or two times a week is fine, but don't eat it every day. White meat, such as chicken, however, is much healthier. And the good news is that it's a lot cheaper than red meat, so you can eat more of it. Again, however, two or three times a week is fine.

You need to aim for a well balanced diet. And fish is a healthy alternative to meat. Once again, however, avoid fried fish. Steamed or boiled fish is far better for you. And you can eat as much fish as you like without any danger of putting on weight. The same goes for vegetables that are full of vitamins and minerals and essential for maintaining a healthy lifestyle. But don't overlook them. One of the biggest problems is that people cook vegetables for too long and lose much of the natural goodness. Vegetables only need to be cooked for a few minutes at a time. But boil them don't fry them, because, once again, fried food contains a lot of unhealthy fat.

Many people avoid eating bread because of fear of putting on weight. But let me reassure you. You can eat as much bread as you wish. In fact, it is an excellent healthy food. But avoid white bread. Instead eat whole wheat or brown bread.

But one of the main ways of eating healthily is to avoid big meals. Try to eat three medium size meals a day. And if you do feel the need to eat something between meals, then fruit or yoghurt is an excellent substitute. But avoid sweets and chocolate.

Questions:

1. Please list at least 6 types of health food that are mentioned in this passage.
2. What advice is given concerning eating meat?
3. How do people avoid big meals in order to keep fit?

Passage 7 （中南大学 2012）

Americans are sleeping less to cram in more work and play, a self-defeating cycle that leaves half the work force complaining that drowsiness interferes with their job, researchers said Tuesday.

The National Sleep Foundation said adults of all ages get less than the recommended eight hours of sleep a night, putting themselves at risk of auto accidents and over the longer-term, greater risk of diseases such as high blood pressure and diabetes.

The foundation released its "Sleep in America" poll that found a third of adults slept only 6.5 hours a night during the work week. People got more sleep on weekends but still not eight hours.

The poll of 1,154 adults found 45 percent of respondents will sleep less in order to get more work done.

Surfing the Internet and watching television are also seen as prime contributors to the lack of sleep. Those activities were blamed by 43 percent for staying up late, with other causes including partner snoring, noise, pain and small children.

"Sleep is viewed as expendable," said James Walsh, a vice president of the foundation and executive director of St. Luke's Hospital Sleep Medicine/Research Center, in Chesterfield, Missouri.

"The people who stay up to work, they work more, but it's probably the same people who complain they can't concentrate the next day," Walsh said at a press conference.

Fifty-one percent said sleepiness on the job interferes with the amount of work they get done and nearly one in five adults reported making occasional or frequent work errors due to drowsiness.

National Transportation Safety Board Chairman Jim Hall said sleep problems permeated society. He said operator fatigue had been on the agency's priority list of safety improvements for over a decade.

"**Human fatigue is one of the most endemic safety issues in our society**", said Hall, who recounted the death of a friend's son when he fell asleep at the wheel of his pickup truck.

Half of the poll's respondents admitted to driving while drowsy. Among 18 to 29-year-old, 24 percent reported falling asleep at the wheel at some point during the past year.

Naps on the job can restore short-term alertness according to research. One third of those surveyed said they would nap at work if it was allowed.

Union Pacific Corp. is letting train crews sleep briefly when idled. Sixteen percent of those surveyed said **their employers currently endorsed on-the-job naps**.

Melissa Cullen, a Maryland woman who suffered major injuries and lost her father when a fatigued shiftworker's car hit their vehicle head-on just before Christmas, said attitudes to drowsy driving had to change.

"Can anyone tell me why driving while tired is less irresponsible than driving while drunk?" Cullen asked.

***Questions*:**

1. Paraphrase the sentence "Their employers currently endorsed on-the-job naps."
2. Explain in your own words the saying "Human fatigue is one of the most endemic safety issues in our society."
3. What is the major issue(s) raised in this article?

Passage 8 （湖南大学 2011）

The newborn can see the difference between dull or bright solid colors and look stronger at stripes and angles than at circular patterns. Within three weeks, however, his preference shifts dramatically to the human face.

Why should a baby with so little visual experience attend more to a human face than to any other kind of pattern? Some scientists think this preference represents a built-in advantage for the human species. The object of prime importance to the physically helpless infant is a human being. Babies seem to have a natural tendency to the human face as potentially rewarding. Researchers also point out that the newborn wisely relies more on pattern than on outline, size, or color. Pattern remains stable, while outline changes with point of view; size, with distance from an object; and brightness and color, with lighting.

Mothers have always claimed that they could see their newborns looking at them as they held them, despite what they have been told. The experts who thought that perception had to await physical development and the consequence of action were wrong for several reasons. Earlier research techniques were less sophisticated than they are today. Physical skills were once used to indicate perception of objects-skills like visual tracking and reaching for an object, both of which the newborn does poorly. Then, too, assumptions that the newborn's eye and brain were too immature for anything as sophisticated as pattern recognition caused opposing data to be thrown away. Since perception of form was widely believed to follow perception of more "basic" qualities such as color and brightness, the possibility of its presence from birth was rejected.

***Questions*:**

1. What does a newborn baby like to see most?
2. Why do the newborn pay more attention to a human face than any other kind of objects?
3. Contrary to what they believe, what have mothers been told about newborns?
4. According to earlier research on the newborn's perception, what happened to scientists?
5. What is the main idea of the passage?

Passage 9 （浙江师范大学 2011）

1. Morally and socially, laughter has not been well regarded throughout history. Prior to the last hundred years or so, laughter in public was about as socially acceptable as vigorous breaking of wind would be today. In Medieval times, physicians located each emotion in some organ of the body. Love, for example, was seated in the heart—if they had chosen another particular organ which would seem to be a more logical contender, we would be sending each other quite different shapes on Valentine's Day. The seat of laughter was the spleen, apparently to indicate that laughter was viewed as a "low" form of behavior.

2. It is no surprise that Victorian England was not big on laughter. Nevertheless, Queen Victoria did deliver one immortal quip in comment on a man charged with the attempted murder of the British Prime Minister, and who was pleading insanity—"We do not believe that anyone could be insane who would wish to murder a Conservative Prime Minister". Neither was laughter popular with the Church. The Puritans in particular looked upon it with disdain and permitted it only when it served to illustrate a moral lesson.

3. Sigmund Freud distinguished between malign and benign laughter. Laughter was malignant, he argued, when it indicated an underlying pathology, i. e., served as an outlet for underlying sexual and aggressive impulses. Benign laughter did not indicate any underlying pathology. An example of benign humor is where a person masters unfortunate or unpleasant situations by turning them around and making a joke of them.

4. In humor, as in everything else, there are different levels of quality. This can range from the sparkling wit of Oscar Wilde to the crudity of the drinking-club "blue" joke. In my opinion the ethnic joke is fairly low on the totem pole. The object of these jokes is to highlight supposed negative characteristics in the target group, e. g., in the Irish joke, Paddy is always stupid. Of course this does not mean that many such jokes cannot be funny; simply that, as a genre, they are cruel and biased. Here is one I read recently, of American origin—Question: "What is a real quick way to learn Irish?" Answer: "Repeat the following words in quick succession—WHALE, OIL, BEEF, HOOKED".

5. Since the mid 1940s it has gradually come to be well accepted that tension and stress are bad for the health. We know that someone with a Type A personality, characterized by seriousness, cynicism, stress, concern with time, hostility and impatience, has a greater risk of having a heart attack than the Type B, personality. Type B personalities are defined as those who do not exhibit the characteristics itemized above for Type A, i. e., they are less serious, more relaxed, not particularly competitive, slow to anger, more patient, etc. If psychological factors such as stress and tension can cause illness, and they can, then, surely, opposing psychological factors such as a sense of humor, which will lessen and deflate stress and tension, must have a positive effect on health.

6. Although it remains to be unambiguously demonstrated that humor is good for your health,

there is no doubt that it enhances the quality of life. There are few more pleasant sensations than sharing a laugh with friends. Well, I will leave it at that, and I hope that your opinion of my musings on this subject is more favorable than Dr. Samuel Johnson's reply to an author who had sent him his manuscript for review— "Your manuscript is both good and original; but the part that is good is not original and the part that is original is not good".

Questions:

1. What is the thesis of this article?
2. Divide the article into several parts with the Paragraphs number indicated.
3. What are the main writing skills applied in Paragraphs 2 and 3?
4. By using Dr. Samuel Johnson's reply to an author in Paragraph 6, what did the author intend to demonstrate?
5. Give a possible title to the article.

Passage 10 （北京交通大学 2011）

Recently we have seen a large number of fairly high-profile libel cases involving scientists and doctors, including Dr. Peter Wilmshurst, Dr. Henrik Thomsen, Dr. Simon Singh, and my own.

In many of them, lawyers have been dismissive of any special pleading for science in the libel reform movement: if you want to step out and criticise, they explain, you should be aware of the implications and ready to defend your point. But in science, the assumptions and traditions are different, and with good reason. In science and medicine, criticising each others' ideas and practices isn't an aberration, or a special occasion: it's exactly what you are supposed to do, all of the time, and with very good reason.

Medicine is almost unique among all human activities in that it's possible to do enormous harm even when you set out with the absolute best of intentions, and there are many examples of this, even in mainstream healthcare. On paper, for example, it made perfect sense to give antiarrhythmics preventively to everyone who'd had a heart attack, rather than just the people who had abnormal hearth rhythms. But it turned out that this practice had killed more Americans than died in the whole of the Vietnam war.

In medicine, when you make a mistake about whether something works or not, it's possible to cause death and suffering on a genuinely biblical scale.

That's why we have systems to try and stop us making such mistakes, and at the heart of all these lies mutual criticism: criticising each others ideas and practices. This isn't something that's marginal, or tolerated by the profession. It's something that is welcomed and actively encouraged. More than that, it's institutionalised.

Every week, in every academic institution in the country, you'll find a "journal club", where research past and present is laid bare and torn apart by eminent professors and first-year students alongside each other. Almost every hospital in the world has a "grand round", where a consultant and their medical team present a difficult case to the entire hospital, and everyone debates what went wrong and why. The questions after a research presentation at an academic conference are often a blood bath, but this isn't taken personally, because it's normal, like some strange kind of consensual intellectual S&M: we do it because we know it's good for us, and nobody threatens legal action.

In a BBC World Service documentary out today—made with the BBC Radio science unit, rather than current affairs—we explain why science is different, and why it is dangerous to have laws that restrict the everyday scrutiny of each others' ideas and practices that scientists and doctors necessarily engage in.

Under the current libel laws, reading about cases such as Wilmshurst's, Thomsen's, Singh's and my own, scientists and doctors are increasingly aware that every utterance could have bizarre and unpredictable legal consequences; that even if you're proved right, a case may still take years of working unpaid every evening and weekend, and hundreds of thousands of pounds you cannot spare.

In science and medicine, mutual criticism has a massive societal benefit, because we all benefit from the way it makes medicine safer, but the burden of libel is shouldered entirely by individuals who are unprepared and often unprotected. You cannot reasonably expect scientists to be experts in the details of libel law as well as their own field, and you cannot reasonably expect people to constantly and unpredictably put their families' homes at stake, just for doing the job we expect of them.

In my view, as a society, we have to choose. At the moment, we expect scientists and doctors to speak out when they see problems with other peoples ideas and practices, and unthinkingly, not even in the melodramatic sense of a whistleblower: it's simply the job.

But with the law in its current state, doctors and scientists might be wiser simply to stop giving any view about any drug or health-related product that is marketed for commercial purposes, in any forum, and make it clear that from now on, decisions and utterances about efficacy should be made solely by the manufacturers, or only on very rare occasions, under tightly controlled circumstances and after extensive legal review.

If that's what we want, then we should leave the law unchanged and communicate this fact clearly to all doctors and scientists: because we cannot expect them all to be expert defamation lawyers and we cannot expect them to shoulder the burden of a law that is expensive, long-winded, unclear, unpredictable and could destroy you in a moment.

Questions:

1. According to the author of this passage, what is essential in science and medicine?
2. Why is criticism especially important for medicine?
3. What kind of dilemma are scientists and doctors now faced with?

7. 自然环境专题

Passage 1 （暨南大学 2012）

People living on parts of the south coast of England face a serious problem. In 1993, the owners of a large hotel and of several houses discovered, to their horror, that their gardens had disappeared overnight. The sea had eaten into the soft limestone cliffs on which they had been built. While experts were studying the problem, the hotel and several houses disappeared altogether, sliding down the cliff and into the sea.

Erosion of the white cliffs along the south coast of England has always been a problem but it has become more serious in recent years. Dozens of homes have had to be abandoned as the sea has crept farther and farther inland. Experts have studied the areas most affected and have drawn up a map for local people, forecasting the year in which their homes will be swallowed up by the hungry sea.

Angry owners have called on the Government to erect sea defenses to protect their homes. Government surveyors have pointed out that in most cases, this is impossible. New sea walls would cost hundreds of millions of pounds and would merely make the waves and currents go further along the coast, shifting the problem from one area to another. The danger is likely to continue, they say, until the waves reach an inland area of hard rock which will not be eaten as limestone is. Meanwhile, if you want to buy a cheap house with an uncertain future, apply to a house agent in one of the threatened areas on the south coast of England. You can get a house for a knockdown price but it may turn out to be a knockdown home.

Questions:

1. What is the cause of the problem that people living on parts of the south coast of England face?
2. Why can't the erosion be stopped?
3. Why is it not feasible to build sea defenses to protect against erosion?
4. What implications does the expert's study on the problem of erosion have?
5. What consequences do you have to take if you want to buy a cheap house in this area?

Passage 2 （南开大学 2012）

"FACTORIES of death" is how James Hansen, a crusading American scientist, describes power stations that burn coal. Coal is the dirtiest of fossil fuels, producing twice the carbon dioxide that natural gas does when it is burned. That makes it a big cause of global warming.

But some of the world's biggest economies rely on coal. It provides almost 50% of America's and Germany's power, 70% of India's and 80% of China's. Digging up coal provides a livelihood for millions of people. And secure domestic sources of energy are particularly prized at a time when prices are volatile and many of the big oil and gas exporters are becoming worryingly nationalistic. It is hard to see how governments can turn their backs on such a cheap and reliable fuel.

There does, however, seem to be a way of reconciling coal and climate. It is called carbon capture and storage (CCS), or carbon sequestration, and entails hoovering up carbon dioxide from the smokestacks of power plants and other big industrial facilities and storing it safely underground, where it will have no effect on the atmosphere. The technologies for this are already widely used in the oil and chemical industries, and saltwater aquifers and depleted oilfields offer plenty of promising storage space. Politicians are pinning their hopes on clean coal: Angela Merkel and Barack Obama, among others, are keen on the idea.

But CCS is proving easier to talk up than to get going. There are no big power plants using it, just a handful of small demonstration projects. Utilities refuse to make bigger investments because power plants with CCS would be much more expensive to build and run than the ordinary sort. They seem more inclined to invest in other low-carbon power sources, such as nuclear, solar and wind. Inventors and venture capitalists, in the meantime, are striving to create all manner of new technologies—bugs for biofuels, revolutionary solar panels, smart-grid applications—but it is hard to find anyone working on CCS in their garage (although some scientists are toying with pulling carbon dioxide directly out of the air instead of from smokestacks: see Technology Quarterly in this issue). Several green pressure groups, and even some energy and power company bosses, think that the whole idea is unworkable.

With the private sector sitting on its hands, Western governments are lavishing subsidies on CCS. Some $3.4 billion earmarked for CCS found its way into America's stimulus bill. The European Union, which already restricts greenhouse-gas emissions through a cap-and-trade scheme, unveiled further incentives for CCS last year. Britain, Australia and others have also vowed to help fund demonstration plants partly because they reckon the private sector is put off by the huge price-tag on a single CCS power plant, and also in the belief that the cost of CCS will fall with experience.

The private sector, however, is reluctant to fork out not just because of the upfront cost of power plants, but also because, tonne for tonne, CCS looks like an expensive way of cutting carbon. The cost of it may fall, but probably not by much, given the familiarity of the technologies it uses.

Politicians should indeed encourage investment in clean technologies, but direct subsidies are not the way to do it. A carbon price or tax, which raises the cost of emitting carbon dioxide while leaving it up to the private sector to pick technologies, is the better approach. CCS is not just a potential waste of money. It might also create a false sense of security about climate change, while depriving potentially cheaper methods of cutting emissions of cash and attention—all for the sake of placating the coal lobby.

Questions:

1. Why are those governments reluctant to give up the use of coal, although they know coal-burning will cause global warming?
2. What are the disadvantages of CCS(carbon capture and storage)?
3. Is there any better approach to balance the use of coal and the protection of environment?

Passage 3 (暨南大学 2011)

It is animals and plants which lived in or near water whose remains are most likely to be preserved, for one of the necessary conditions of preservation is quick burial, and it is only in the seas and rivers, and sometimes lakes, where mud and silt have been continuously deposited, that bodies and the like can be rapidly covered over and preserved.

But even in the most favorable circumstances only a small fraction of the creatures that die are preserved in this way before decay sets in or, even more likely, before scavengers eat them. After all, all living creatures live by feeding on something else, whether it be plant or animal, dead or alive, and it is only by chance that such a fate is avoided. The remains of plants and animals that lived on land are much more rarely preserved, for there is seldom anything to cover them over. When you think of the innumerable birds that one sees flying about, not to mention the equally numerous small animals like field mice and voles which you do not see, it is very rarely that one comes across a dead body, except, of course, on the roads. They decompose and are quickly destroyed by the weather or eaten by some other creature.

It is almost always due to some very special circumstances that traces of land animals survive, as by falling into inaccessible caves, or into an ice crevasse, like the Siberian mammoths, when the whole animal is sometimes preserved, as in a refrigerator. This is what happened to the famous Beresovka mammoth which was found preserved and in good condition. In his mouth were the remains of fir trees-the last meal that he had before he fell into the crevasse and broke his back. The mammoth has now been restored in the Paleontological Museum in St. Petersburg. Other animals were trapped in tar pits, like the elephants, sabre-toothed cats, and numerous other creatures that are found at Rancho la Brea, which is now just a suburb of Los Angeles. Apparently what happened was that water collected on these tar pits, and the bigger animals like the elephants ventured out on to the apparently firm surface to drink, and were promptly bogged in the tar. And then, when they were dead, the carnivores, like the sabre-toothed cats and the giant wolves, came out to feed and suffered exactly the same fate. There are also endless numbers of birds in the tar as well.

Questions:

1. Why are animals or plants which lived in or near water most likely to be preserved?
2. Why are land animals or plants much more rarely preserved?
3. What usually happens to the dead bodies of animals?

4. How were the remains of the Beresovka mammoth accidentally preserved?

5. Why have so many animals been trapped in the tar pits at Rancho la Brea?

Passage 4 （北京航空航天大学 2011）

Petrolem, like coal, is found in sedimentary rocks, and was probably formed from long-dead living organisms. The rocks in which it is found are almost always of ocean origin and the petroleum-forming organisms must have been ocean creatures rather than trees. Instead of originating in accumulating woody matter, petroleum may be the product of the accumulating fatty matter of ocean organisms such as plankton, the myriads of single-celled creatures that float in the surface layers of the ocean.

The fat of living organisms consists of atom combinations that are chiefly made up of carbon and hydrogen atoms. It does not take much in the way of chemical change to turn that into petroleum. It is only necessary that the organisms settle down into the ooze underlying shallow arms of the ocean under conditions of oxygen shortage. Instead of decomposing and decaying, the fat accumulates, is trapped under further layers of ooze, undergoes minor rearrangements of atoms, and finally is petroleum.

Petroleum is lighter than water and, being liquid, bends to ooze upward through the porous rock that covers it. There are regions on Earth where some reaches the surface and the ancients spoke of pitch, bitumen, or asphalt. In ancient and medieval times, such petroleum see pages were more often looked on as medicines rather than fuels.

Of course, the surface see pages are in very minor quantities. Petroleum stores, however, are sometimes overlain with nonporous rock. The petroleum seeping upward reaches that rock and them remains below it in a slowly accumulating pool. If a hole can be drilled through the rock overhead, the petroleum can move up through the hole. Sometimes the pressure on the pool is so great that the petroleum gushes high into the air. The first successful drilling was carried through in 1859 in Titusville, Pennsylvania, by Edwin Drake.

If one found the right spot then it was easy to bring up the liquid material. It was much easier to do that than to send men underground to chip out chunks of solid coal. Once the petroleum was obtained, it could be moved overland through pipes, rather than in fright trains that had to be laboriously loaded and unloaded, as was the case with coal.

The convenience of obtaining and transporting petroleum encouraged its use. The petroleum could be distilled into separate fractions, each made up of molecules of a particular size. The smaller the molecules, the easier it was to evaporate the fraction.

Through the latter half of the nineteenth century, the most important fraction of petroleum was "kerosene" made up of middle-sized molecules that did not easily evaporate. Kerosene was used in lamps to give light.

Toward the end of the nineteenth century, however, engines were developed which were powered by the explosions of mixtures of air and inflammable vapors within their cylinders. The most convenient inflammable vapor was that derived from "gasoline" a petroleum fraction made up of small molecules and one that therefore vaporized easily.

Such "internal combustion engines" are more compact that earlier steam engines and can be made to start at a moments' notice, whereas steam engines require a waiting period while the water reserve warms to be boiling point.

As automobiles, trucks, buses, and aircraft of all sorts came into use, each with internal combustion engines, the demand for petroleum zoomed upward. Houses began to be heated by burning fuel oil rather than coal. Ships began to use oil; electricity began to be formed from the energy of burning oil.

In 1900, the energy derived from burning petroleum was only 4 percent that of coal. After World War Ⅱ, the energy derived from burning the various fractions of petroleum exceeded that of coal, and petroleum is not the chief fuel powering the world's technology.

The greater convenience of petroleum as compared with coal is, however, balanced by the fact that petroleum exists on Earth in far smaller quantities than coal does. (This is not surprising, since the fatty substances from which petroleum was formed are far less common on Earth than the woody substances from which coal was formed.)

The total quantity of petroleum now thought to exist on Earth is about 14 trillion gallons. In weight that is only one-ninth as much as the total existing quantity of coal and, at the present moment, petroleum is being used up much more quickly. At the present rate of the use, the world's supply of petroleum may last for only thirty years or so.

There is another complication in the fact that petroleum is not nearly so evenly distributed as coal is. The major consumers of energy have enough local coal to keep going but are, however, seriously short of petroleum. The United Stated has 10 percent of the total petroleum reserves of the world in its own territory, and has been a major producer for decades. It still is, but its enormous consumption of petroleum products is now making it an oil importer, so that it is increasingly dependent on foreign nations for this vital resource. The Soviet Union has about as much petroleum as the United States, but it uses less, so it can be an exporter.

Nearly three-fifths of all known petroleum reserves on Earth is to be found in the territory of the various Arabic-speaking countries. Kuwait, for instance, which is a small nation at the head of the Persian Gulf, with an area only three-fourths that of Massachusetts and a population of about half a million, possesses about one-fifth of all the known petroleum reserves in the world.

The political problems this creates are already becoming crucial.

Questions:

1. In what way is petroleum unlike coal?
2. How is petroleum formed?
3. On what ground does the author finally say that petroleum creates crucial political problems? Please give an example of such crucial political problems.

Passage 5 （西安外国语大学 2011）

The Greenhouse Effect and Global Warming

Carbon dioxide and other naturally occurring gases in the earth's atmosphere create a natural greenhouse effect by trapping and absorbing solar radiation. These gases act as a blanket and keep the planet warm enough for life to survive and flourish. The warming of the earth is balanced by some of the heat escaping from the atmosphere back into space. Without this compensating flow of heat out of the system, the temperature of the earth's surface and its atmosphere would rise steadily.

Scientists are increasingly concerned about a human-driven greenhouse effect resulting from a rise in atmospheric levels of carbon dioxide and other heat-trapping greenhouse gases. The man-made greenhouse effect is the exhalation of industrial civilization. A major contributing factor is the burning of large amounts of fossil fuels—coal, petroleum, and natural gas. Another is the destruction of the world's forests, which reduces the amount of carbon dioxide converted to oxygen by plants. Emissions of carbon dioxide, chlorofluorocarbons, nitrous oxide, and methane from human activities will enhance the greenhouse effect, causing the earth's surface to become warmer. The main greenhouse gas, water vapor, will increase in response to global warming and further enhance it.

There is agreement within the scientific community that the buildup of greenhouse gases is already causing the earth's average surface temperature to rise. This is changing global climate at an unusually fast rate. According to the World Meteorological Organization, the earth's average temperature climbed about 1 degree F in the past century, and nine of the ten warmest years on record have occurred since 1990. A United Nations panel has predicted that average global temperatures could rise as much as 10.5 degrees F during the next century as heat-trapping gases from human industry accumulates in the atmosphere.

What are the potential impacts of an enhanced green house effect? According to estimates by an international committee, North American climatic zones could shift northward by as much as 550 kilometers (340 miles). Such a change in climate would likely affect all sectors of society. In some areas, heat and moisture stress would cut crop yields, and traditional farming practices would have to change. For example, in the North American grain belt, higher temperature and more frequent drought during the growing season might require farmers to switch from corn to wheat and to use more water for irrigation.

Global warming may also cause a rise in sea level by melting polar ice caps. A rise in sea level would accelerate coastal erosion and inundate islands and low-lying coastal plains, some of which are densely populated. Millions of acres of coastal farmland would be covered by water. Furthermore, the warming of seawater will cause the water to expand, thus adding to the potential danger.

Global warming has already left its fingerprint on the natural world. Two research teams recently reviewed hundreds of published papers that tracked changes in the range and behavior of plant and animal species, and they found ample evidence of plants blooming and birds nesting earlier in the spring. Both teams concluded that rising global temperatures are shifting the ranges of hundreds of species—thus climatic zones—northward. These studies are hard evidence that the natural world is already responding dramatically to climate change, even though the change has just begun. If global warming trends continue, changes in the environment will have an enormous impact on world biology. Birds especially play a critical role in the environment by pollinating plants, dispersing seeds, and controlling insect populations; thus, changes in their populations will reverberate throughout the ecosystems they inhabit.

Questions:

1. According to the passage, how do carbon dioxide and other greenhouse gases affect the earth-atmosphere system?
2. What can be inferred from Paragraph 3 about global climate change?
3. According to Paragraph 4, what is one effect that climate change could have on agriculture in North America?
4. What evidence does the author give that climate zones have shifted northward?
5. An introductory sentence for a brief summary of the passage is provided below:
   "Scientists are concerned about the greenhouse effect and its role in global warming."
   Complete the summary by writing THREE sentences that express the most important ideas in the passage.

8. 政治专题

Passage 1 （华东师范大学 2011）

Every four years, beginning in 1984, the artists Antoni Muntadas and Marshall Reese have collected political ads from the Presidential election, adding a dozen or so particularly striking new spots to their project, "Political Advertisement". On a recent evening, they met at Goldcrest studios, in the meatpacking district, to work on the seventh edition of the film, which has become what Reese calls "the longest-running video art project in the world". The artists would be screening the film—now a seventy-five-minute compilation of a hundred and two ads, spanning fifty-six years—at the Museum of Modern Art, on October 30th.

Reese, at the keyboard of an Avid editing workstation, called up ads, while Muntadas looked over his shoulder and made comments. They viewed ads featuring telephones—Clinton's 3 a. m. ad, Obama's response, and a McCain phone ad—and discussed which one they should use. Several days of watching political commercials had left them feeling a little dazed. Muntadas seemed somewhat weary, but Reese was animated, almost punchy. Muntadas, who is sixty-six, grew up in Spain under Franco, an experience that sharpened his awareness of the dangers of political propaganda. Reese, fifty-two, watched political ads as a kid in Washington, D. C., and he views the medium with nostalgia, even affection. "One of my first experiences was waiting in line in my elementary school and seeing a classmate with a can of Goldwater ginger ale," he said.

Reese explained that, in making their selections, they hoped both to spotlight innovative ads and to show how certain motifs return again and again. The politician's desk, which Nixon used to considerable effect in 1960, is one such trope; the testimonial, such as Caroline Kennedy's endorsement of Obama, dates to the earliest political ads, like those in the Eisenhower-Stevenson race, in 1952.

This year, in addition to hundreds of ads produced by the campaigns and the national committees, there are ads made by political-action committees and special-interest groups. And there are the straight-to-YouTube videos, like "Obama Girl", and all the smashups and parodies these videos inspired. "The campaign can no longer control its messaging—that's the big change this year," Reese said. "But Obama does well in that environment," he added, calling up the Senator's smiling face. "He's an empty screen, on which people project what they want him to be." Their potential selections included the Phil de Vellis "Vote Different" mashup of Ridley Scott's 1984 Apple ad, with Hillary Clinton as the Big Brother figure on the screen, and the California Nurses Association's anti-Palin ad, "One Heartbeat Away", which is a remake of an anti-Dan Quayle ad from 1988.

Watching "Political Advertisement" in its entirety is a powerful but disorienting experience. Time hurtles forward with each Presidential election, but there is no clear progress on the fundamental issues. Jobs, better schools, tax relief, help for small businesses, change, peace through strength, and out-of-touch Washington insiders ebb and flow in importance. It's morning again in America in 1984, with the Reagan ads, but soon it's nighttime, with the darkening sky of a 1992 Ross Perot spot on the national debt. Tonally, the film is a perfect hybrid of its creators' sensibilities. It's funny and nostalgic, and has an innocent quality, while at the same time offering a bleak view of a specifically American form of propaganda, born in 1952, that has grown to shape our political process—not just the way we sell our politicians but the nature of the political discourse itself.

The film will close, Reese said, with an excerpt from the music video that Jesse Dylan and William made from Obama's "Yes We Can" speech. It points the way toward a new kind of user-made political advertising, in which it is impossible to say where personal expression leaves off and propaganda begins.

"This edit's still going to end 'To Be Continued', same as every other," Reese said. "We'll be back."

Questions:

1. Why was Reese so enthusiastic about political ads?

2. Describe Antoni Muntadas and Marshell Reese's art "political advertisement".
3. Why do they make these selections?
4. What does the sentence "Watching Political Advertisement in its entirety is a powerful but disorienting experience" mean in this text?
5. What does the film reveal with its interesting ads and quality?

Passage 2 （湖北大学 2011）

The striving of countries in Central Europe to enter the European Union may offer an unprecedented chance to the continent's Gypsies(or Roman) to be recognized as a nation, albeit one without a defined territory. And if they were to achieve that they might even seek some kind of formal place—at least a total population outnumbers that of many of the Union's present and future countries. Some experts put the figure at 4m-plus; some proponents of Gypsy rights go as high as 15m.

Unlike Jews, Gypsies have had no known ancestral land to hark back to. Though their language is related to Hindi, their territorial origins are misty. Romanian peasants held them to be born on the moon. Other Europeans (wrongly) thought them migrant Egyptians, hence the derivative Gypsy. Most probably they were itinerant metal workers and entertainers who drifted west from India in the 7th century.

However, since communism in Central Europe collapsed a decade ago, the notion of Romanestan as a landless nation founded on Gypsy culture has gained ground. The International Romany Union, which says it stands for 10m Gypsies in more than 30 countries, is fostering the idea of "self-rallying". It is trying to promote a standard and written form of the language; it waves a Gypsy flag(green with a wheel) when it lobbies in such places as the United Bations; and in July it held a congress in Prague, The Czech capital. Where President Vaclav Havel said that Gypsies in his own country and elsewhere should have a better deal.

At the congress a Slovak-born lawyer, Emil Scuka, was elected president of the International Tomany Union. Later this month a group of elected Gypsy politicians, including members of parliament, mayors and local councilors from all over Europe (OSCE), to discuss how to persuade more Gypsies to get involved in politics.

The International Romany Union is probably the most representative of the outfits that speak for Gypsies, but that is not saying a lot. Of the several hundred delegates who gathered at its congress, few were democratically elected; oddly, none came from Hungary, whose Gypsies are perhaps the world's best organized, with some 450 Gypsy bodies advising local councils there. The union did, however, announce its ambition to set up a parliament, but how it would actually be elected was left undecided.

So far, the European Commission is wary of encouraging Gypsies to present themselves as a nation. The might, it is feared, open a Pandora's box already containing Basques, Corsicans and other awkward peoples. Besides, acknowledging Gypsies as a nation might backfire, just when several countries, particularly Hungary, Slovakia and the Czech Republic, are beginning to treat them better, in order to qualify for EU membership. "The EU's whole premise is to overcome differences, not to highlight them," says a nervous Eurocrat.

But the idea that the Gypsies should win some kind of special recognition as Europe's largest continent wide minority, and one with a terrible history of persecution, is catching on. Gypsies have suffered many pogroms over the centuries. In Romania, the country that still has the largest number of them (more than 1m), in the 19th century they were actually enslaved. Hitler tried to wipe them out, along with the Jews.

"Gypsies deserve some space within European structures," says Jan Marinus Wiersma, a Dutchman in the European Parliament who suggests that one of the current commissioners should be responsible for Gypsy affairs. Some prominent Gypsies say they should be more directly represented, perhaps with a quota in the European Parliament. That, they argue, might give them a boost. There are moves afoot to help them to get money for, among other things, a Gypsy university.

One big snag is that Europe's Gypsies are, in fact, extremely heterogeneous. They belong to many different, and often antagonistic, clans and tribes, with no common language or religion, Their self-proclaimed leaders have often proved quarrelsome and corrupt. Still, says, Dimitrina Petrova, head of the European Roma Rights Center in Budapest, Gypsies' shared experience of suffering entitles them to talk of one nation; their potential unity, she says, stems from "being regarded as sub-human by most majorities in Europe".

And they have begun to be a bit more pragmatic. In Slovakia and Bulgaria, for instance, Gypsy political parties are trying to form electoral blocks that could win seats in parliament. In Macedonia, a Gypsy party already has some—and even runs a municipality. Nicholas Gheorge, an expert on Gypsy affairs at the OSCE, reckons that, spread over Central Europe, there are now about 20 Gypsy MPS and mayors, 400-odd local councilors, and a growing number of businessmen and intellectuals.

That is far from saying that they have the people or the cash to forge a nation. But, with the Gypsy question on the EU's agenda in Central Europe, they are making ground.

Questions:

1. What do you think this article talks about?
2. What is the Europe Commission's attitude toward the issue of Gypsies presenting themselves as a nation?
3. What is the biggest problem for Gypsies in forming a nation?

Passage 3 (四川大学 2010)

At seven o'clock each morning a bell sounds in the red brick buildings on the steep bank of the Hudson River at Ossining, New York. As it rings, an entire, separate town of some 2, 300 persons comes to life. It is the prison town of Sing Sing, a world of men who are confined but also living, working, playing—and hoping. Sing Sing is a town that lives on hope.

The seven o'clock bell is the signal for Sing Sing's 1,748 inmates and 514 man staff to begin another round of duties. The prisoners rise, wash and dress. They make up their narrow beds army-style and make certain that the objects on their dressers are regulation neat. By 7:15, when guards come along the runways to unlock the individual cells, the men are ready. They file slowly to the mess hall, falling into step along the way with friends and acquaintances. Each man grabs a tray and gets a breakfast of oatmeal with milk and sugar, bread, and coffee; he takes his seat at one of the long rows of eating benches, places the tray before him, and begins his breakfast. So starts the day in Sing Sing.

Breakfast over, the men file from the mess hall and under the watchful eyes of guards, drop their eating utensils into boxes provided at the doors. At five minutes to eight they go outside in a long, chattering line down to the cluster of prison workshops.

The prison has a dual function: it has its own permanent population, but it also serves as a receiving station for the great flow of prisoners from New York City. Here they come to be examined, screened, and eventually transferred to upstate institutions.

For the first two weeks, the new arrival is put through a series of mental, physical, and psychological examinations and given courses to prepare him for prison life. In each batch of new prisoners there are hardened men for whom prison can serve just one function—to remove them from society and keep them from doing further harm. But in each batch there are also those who can be helped and encouraged and turned into law-abiding citizens. It is toward these that most of the effort at the prison is directed.

Sing Sing is a school, hospital, and factory as well as a prison. If initial tests show that a man is illiterate, he goes to the prison school to receive the equivalent of an eighth-grade education. If he needs medical treatment, he is sent to the prison hospital. If he shows some special aptitude, or appears capable of learning a trade, he is assigned to a regular job in one of the shops.

The shops cover a wide range of activities. A man may be assigned to the printshop to learn the printer's trade, or to the neighboring machine shop, where a twelve-month course turns raw trainees into good auto mechanics. Many of the prisons "graduates" incapable of earning an honest living before, now support themselves on the good wages they make as skilled workers.

The shops are busy until 11:40 a. m., when the men straggle up the slope to the mess hall for dinner. In the afternoons some men go back to the shops. Others may meet and talk with relatives in the prison's visiting room. Athletes may spend hours running and drilling on the basketball court.

The day's work ends at 3:30, giving the men more than an hour of relative freedom before the supper whistle sounds at 4:40. With the evening meal, the day ends. The men go directly from the mess hall to their cell blocks and are locked in for the night. Each cell is equipped with a set of radio headphones tuned into programs sent over the prison circuit. A prisoner may read one of the well-thumbed volumes from the prison library, which circulates about 36,000 volumes a year, or he may work, as many inmates do, on a correspondence course to improve his chances of making a living when he gets out. Lights go out at ten o'clock. This routine does not vary greatly for any of Sing Sing's inmates.

"We run the prison like a city of eighteen hundred people, only of course with a lot more police," says Warden Wilfred I. Denno. "Anything you couldn't do on the outside, you can't do on the inside. You can't fight, you can't abuse an officer, you can't steal. If you do, you'll be punished. We hold court twice a week and try to make the punishment fit the crime."

This code is impressed on the prisoner from the start; it underlies his every move on every day he spends in Sing Sing. He is faced with clear alternatives. If he misbehaves, he received punishment in the form of restricted privileges or even strict confinement. In one typical week there were only five infractions of prison rules, most of which were minor. One man was reprimanded for not reporting to work on time, one for creating a disturbance by trying to shove his way into the mess-hall line ahead of those already waiting. In three weeks of reports there was only one case of serious, outright rebellion against prison discipline. An inmate who was to be released in a month suddenly refused to follow an officer's order. He was promptly placed in segregation for the rest of his prison term. There are no dark holes or bread-and-water routines at Sing Sing—in segregation, the cells and the food are the same as in the rest of the prison. But a man's movements are restricted. He is kept locked in his cell, isolated from his fellows, and cannot go to the movies or to the commissary.

If a prisoner behaves, he accumulates "**good time**", an important source of hope for most prisoners. Good time is the time by which, through his own good conduct, a prisoner may reduce his minimum sentence. Good behavior earns a man ten days good time a month. So a prisoner facing a three-to-six-year term would be able to appear before the parole board for possible release at the end of two years.

Release then is not automatic. The parole board must consider many other factors. All that good time does is to guarantee a prisoner the right to appear before the parole board earlier than he otherwise could.

The real importance of good time is that it gives a prisoner the one hope that stirs all Sing Sing—the hope of earlier parole, the hope of freedom. A prisoner has to hope, "Once you take away a man's hope, you make a bitter man," Warden Denno says. That is the problem of Sing Sing: to punish and yet avoid the deprivation of hope that can make an imprisoned man more desperate, more vengeful, and a greater menace to society.

Questions:

1. What is Sing Sing? Describe in your own words the functions of Sing Sing.
2. Why would Warden Wilfred I. Denno compare running the prison to running a city?

3. What does "good time" refer to? Does it have any importance to the prisoners?

Passage 4 （西南政法大学 2011）

China's top legislature on Monday started discussions on a constitutional amendment on protecting private property and human rights.

A draft of the amendment, submitted by the National People's Congress (NPC) Standing Committee to the NPC session on Monday, calls for private property not to be encroached upon and says that the State should add compensation to the current law that "the State has the right to expropriate urban and rural land".

Xia Bing, a lawyer with a Shanghai-based law firm, says, "It is a substantive **breakthrough in China** and makes me think of the past when we were proud of being penniless and giving all our possessions to the country."

China began its reforms and opening-up in the late 1970s. By 2003, per capital GDP had reached US $1, 000. More and more, Chinese have bought or are planning to buy houses and cars, which are coming to be regarded as modern necessities. The economic boom has brought a change in people's thinking: there's pride in getting rich through hard work in a lawful way. By the end of last November, China had 2. 97 million private enterprises, with registered capital of more than 334. 7 billion yuan.

"The practice of encouraging the private sector but avoiding reference to it in the law doesn't sit well with the private sector," says Lian Xisheng, a legal scholar at China University of Politics and Law.

This will be the first time in New China that capital goods, property, and invisible capital such as intellectual property rights will have Constitutional protection.

The draft also includes the Three Represents, which emphasize that the Communist Party represents the fundamental interests of the majority of the people. Also, protection of human rights will be written into the Constitution.

Article 33 of Chapter Two of the Constitution will be altered to say, "The State respects and protects human rights."

Wang Zhaoguo, vice-chairman of the Standing Committee, says that "this principle is adopted by the Party and the State to respect and protect human rights. Writing it into the Constitution will provide a legal guarantee for its implementation."

Zhu Guanglei, a professor of law at Tianjin's Nankai University, says that **this unusual event means significant progress for China**. "Just 20 years ago, human rights were still regarded as a 'capitalist notion' here, but now they will have a place in the fundamental law," he says. "This development shows what a great leap forward China has made in human rights protection over the past two decades," Zhu adds.

The amendments were proposed by the CPC Central Committee last October and adopted by the NPC Standing Committee in December.

They need a two-third consenting majority of the nearly 3, 000 NPC deputies to be approved. It is currently in the middle of a 10-day annual session in Being.

A vote has been scheduled for Sunday, March 14.

Questions:

1. What does the phrase "a breakthrough in China" mean(Para. 3)? Why it is called a "a breakthrough in China"?
2. What are the changes in people's thinking after reforms and opening-up in the late 1970s?
3. "This unusual event means significant progress for China." (Para. 10). Why?
4. Please make some comments on the significance of the amendments.

Passage 5 （华东师范大学 2010）

BANKS mimic other banks. They expose themselves to similar risks by making the same sorts of loans. Each bank's appetite for lending rises and falls in sync. What is safe for one institution becomes dangerous if they all do the same, which is often how financial trouble starts. The scope for nasty spillovers is increased by direct linkages. Banks lend to each other as well as to customers, so one firm's failure can quickly cause others to fall over, too.

Because of these connections, rules to ensure the soundness of each bank are not enough to keep the banking system safe. Hence the calls for "macroprudential" regulation to prevent failures of the financial system as a whole. Although there is wide agreement that macroprudential policy is needed to limit systemic risk, there has been very little detail about how it might work. Two new reports help fill this gap. One is a discussion paper from the Bank of England, which sketches out the elements of a macroprudential regime and identifies what needs to be decided before it is put into practice. The other paper, by the Warwick Commission, a group of academics and experts on finance from around the world, advocates specific reforms.

The first step is to decide an objective for macroprudential policy. A broad aim is to keep the financial system working well at all times. The bank's report suggests a more precise goal: to limit the chance of bank failure to its "social optimum". Tempering the **boom-bust credit cycle** and taking some air out of **asset-price bubbles** may be necessary to meet these aims, but both reports agree that should not be the main purpose of regulation. Making finance safer is ambitious enough.

Policymakers then have to decide on how they might achieve their goal. The financial system is too willing to provide credit in good times and too shy to do so in bad times. In upswings banks are keen to extend loans because write-offs seem unlikely. The willingness of other banks to do the same only reinforces the trend. Borrowers seem less likely to default because with lots of credit around, the value of their assets is rising. As the boom gathers pace, even banks that are wary of making fresh loans carry on for fear of ceding ground to rivals. When recession hits, each bank becomes fearful of making loans partly because other banks are also reluctant. Scarce credit hurts asset prices and leaves borrowers prey to the cash-flow troubles of customers and suppliers.

Since the cycle is such an influence on banks, macroprudential regulation should make it harder for all banks to lend so freely in booms and easier for them to lend in recessions. It can do this by tailoring capital requirements to the credit cycle. Whenever overall credit growth looks too frothy, the macroprudential body could increase the minimum capital buffer that supervisors make each bank hold. Equity capital is relatively dear for banks, which benefit from an implicit state guarantee on their debt finance as well as the tax breaks on interest payments enjoyed by all firms. Forcing banks to hold more capital when exuberance reigns would make it costlier for them to supply credit. It would also provide society with an extra cushion against bank failures.

Each report adds its own twist to this prescription. The Bank of England thinks extra capital may be needed for certain sorts of credit. If capital penalties are not targeted, it argues, banks may simply cut back on routine loans to free up capital for more exotic lending. The Warwick report says each bank's capital should also vary with how long-lived its assets are relative to its funding. Firms with big maturity mismatches are more likely to cause systemic problems and should be penalised. The ease of raising cash against assets and of rolling over debt varies over the cycle, and capital rules need to reflect this. Regulators should also find ways to match different risks with the firms which can best bear them. Banks are the natural bearers of credit risk since they know about evaluating borrowers. Pension funds are less prone to sudden withdrawals of cash and are the best homes for illiquid assets.

The Warwick group is keen that macroprudential policy should be guided by rules. If credit, asset prices and GDP were all growing above their long-run average rates, say, the regulator would be forced to step in or explain why it is not doing so. Finance is a powerful lobby. Without such a trigger for intervention, regulators may be swayed by arguments that the next credit boom is somehow different and poses few dangers. The bank frets about regulatory capture, too, but doubts that any rule would be right for all circumstances. It favours other approaches, such as frequent public scrutiny, to keep regulators honest.

No regulatory system is likely to be fail-safe. That is why Bank of England officials stress that efforts to make bank failures less costly for society must be part of regulatory reform. That includes making banks' capital structures more flexible, so that some kinds of debt turn into loss-bearing equity in a crisis. Both reports favour making systemically important banks hold extra capital, as they pose bigger risks when they fail.

The Warwick group also thinks cross-border banks should abide by the rules of their host countries, so that macroprudential regulation fits local credit conditions. That would require that foreign subsidiaries be independently capitalised, which may also be necessary for a cross-border bank to have a credible "living will", a guide to its orderly resolution. This advice will chafe most in the European Union, where standard rules are the basis of the single market. But varying rules on capital could also be used as a macroeconomic tool in the euro area, where monetary policy cannot be tailored to each country's needs. Regulation to address negative spillovers that hurt financial stability might then have a positive spillover for economic stability.

Questions:

1. What is the situation facing banks and why?
2. Based on your understanding of this passage, what might be the meaning of "boom-bust credit cycle" and "asset-price bubbles" in the third paragraph?
3. How do the bank of England and Warwick group respond to the "macroprudential" regulation?
4. Why does the bank of England emphasize taking efforts to make bank failures less costly for society should be part of the regulatory reform? What measure does it suggest to achieve this goal?
5. Why will the European Union feel annoyed about the advice of the Warwick group put forward in the last paragraph of this passage?

三、特殊题型

Passage 1 （对外经济贸易大学 2014）

One November evening in 1989 I was loafing in my room at university when a friend began thumping on the door. "What is it?" I shouted irritably. "The Berlin Wall just fell," he shouted back. For months afterwards I walked around in a daze of wonder, as crowds ransacked secret-police headquarters and Nelson Mandela walked out of jail. Two lines from Wordsworth about the French Revolution, which I'd read in some article about the 1989 revolutions, kept going through my mind:

Bliss was it in that dawn to be alive,

Bhutto be young was very heaven!

It was the most optimistic political moment I've lived through, my generations of 1945 or 1968. ______ 1 ______.

Now we're at the peak of political pessimism. The political year is opening with almost nobody on either right or left expecting anything good. The great questions seem to be: how will an intervention in Syria go wrong? And will the US House of Representatives vote to repeal "Obama care" for the 41st time? ______ 2 ______ The utopian urge persists; it has just migrated from politics to technology. Instead of developing a political policy to solve a problem, people now develop an app.

In politics, you can hardly count all the lights that have failed since the invasion of Iraq a decade ago. Faith in unregulated capitalism died with Lehman Brothers. Then Barack Obama, the Occupy movements and the Tea Party all rapidly disappointed their followers. In 2009 in

Copenhagen, it became clear the world wouldn't agree to combat climate change. Now the Arab spring is eating its own children, the Russian demonstrators have gone home, and hardly anyone believes in the European project any more. ____________ 3 ____________, even before its intellectual underpinning was revealed as an academic paper whose authors had accidentally left important bits of data off their spreadsheet.

The western liberating impulse-previously directed at Iraq, Iran and Cuba-has died too. Myanmar finally opened up, and ethnic conflict promptly began. Even people who believed in al-Qaedaare now presumably disillusioned.

It's hard to find a self-proclaimed political messiah anywhere: Hugo Chávez is dead, and Fidel Castro himself says Cuba's revolution has failed. Politicians have been reduced to celebrities who can gain our attention only with Anthony Weineresqueprivate antics. ____________ 4 ____________. Meanwhile a rash of TV series like House of Cards, Veep and The Thick of It portray politics as a greedy, narcissistic pursuit. No wonder political parties are shedding members at record speed. The last emotion that still animates lots of western voters is rage at immigrants-an archetypal expression of pessimism. Andrew Adonis, leading thinker of the UK's Labour party, says: "We're in one of those periods like the 1970s where politicians manifestly don't have the answers."

But meanwhile a group of people has stood up who do claim to have answers: technologists. In 2007, just as western economies began to crumble, Apple launched the iPhone. ____________ 5 ____________. The latter took time to decide how to use their new might. Nicole Boyer, director of the Adaptive Edge consultancy in San Francisco, explains: "Tech was late to the game for social problems. It took a generation of tech entrepreneurs to make money and then say, 'OK, what are we going to do?'" Now they are busy remaking the world: Google's Eric Schmidt negotiates with North Korea, Jeff Bezos tries to save newspapers, Mark Zucker berg plots to get the world's poor online and Bill Gates fights infectious disease. "They have something of the white knight about them," muses Adonis. "There is a profound tech-optimism."

Moreover, adds Boyer, "the Silicon Valley mindset has propagated itself all over the planet". In the tech-utopian worldview, mobile phones are saving Africa, social media are empowering activists and Google's driver less car will end the human misery that is commuting. Hopes for a solution to climate change now rest more on Silicon Valley than on Washington. Evgeny Morozov'srecent book title parodies the current mood: To Save Everything, Click Here. We have nothing to lose but our privacy.

In this budding tech-utopia, government scarcely features. Great technological achievements of the past—the atomic bomb, the moon landing and even the internet—began within the US government. Today, whether people like government or loathe it, they mostly ignore it.

Choose the following sentences marked A to E to complete the above article.

1. ____________ 2. ____________ 3. ____________ 4. ____________

5. ________

A. Austerity became the latest light to fail.

B. Since then, credibility has kept leaching from politicians to techies.

C. Strangely, it actually turned out pretty well.

D. But hope springs eternal.

E. Mandela on his deathbed still towers over today's lot.

Passage 2 （对外经济贸易大学 2013）

A Bad Time for Britain to Say "auf Wiedersehen"

History records that the then prime minister scoffed at such self-interested realism. Waving a map delineating past German expansionism, she embarked on a doomed effort to thwart unification. François Mitterrand was enlisted but the French president soon changed sides in the face of Helmut Kohl's resolve. Britain found itself marginalised in Washington, where George H. W. Bush backed Mr. Kohl, and unwelcome in Bonn.

________ 1 ________. This is not to say they are good. The relationship between Angela Merkel and David Cameron has turned from lukewarm to distinctly cool. Asked when the two leaders will next meet, one German official remarks: "What's the point?"

The eurozone crisis has bred a more assertive Germany—witness its willingness this week to scupper the proposed takeover of BAE Systems by EADS. ________ 2 ________.

The rot set in last December when Mr. Cameron tried to veto deeper economic and political eurozone integration. His pitch for special privileges and protections for the City of London was viewed in Berlin as an attempt to unpick the essential fabric of the single market—the EU's cherished "acquis".

________ 3 ________. What's the point of Ms. Merkel striking deals in Downing Street if they are cast aside when he feels a need to play to the eurosceptic gallery?

Germany recently signed up to a British initiative to freeze the EU budget. Now it finds Mr. Cameron waving a unilateral veto. British ministers are also questioning some of the union's fundamental pillars, including free movement of people.

It is one thing to stand aside from European integration. Another constantly to congratulate oneself for staying out of a "doomed" eurozone. Britain's economy, mired in recession and with a deficit to rival that of Greece, is hardly a role model. And when Mr Cameron trumpets the importance of the City, Germans are inclined to recall that all the trouble started with the anything-goes financial capitalism it had made a trademark.

________ 4 ________? British disengagement from "core" Europe is inevitable. The government has already said it will not join a new banking union. Mr Cameron is now suggesting a two-tier EU budget so that Westminster can pay less.

Were Britain planning to leave the union—and on its present trajectory it is heading in that direction—such complacency might just make sense. But Mr. Cameron insists that EU membership remains vital to the nation's prosperity. Any serious business leader would agree.

Britain, albeit mostly by choice, is sliding fast into Europe's second division. Whether a new relationship can be made to work will depend on how many friends it has.

__________ 5 __________. The breakdown of the EADS-BAE deal was another reminder, if one were needed, that Britain cannot escape the consequences of decisions taken on the continent. Mr Cameron has chosen the wrong moment to bid auf Wiedersehen to a natural ally.

Choose the following sentences marked A to E to complete the above article.

1. __________ 2. __________ 3. __________ 4. __________

5. __________

A. But the real argument with Britain is about Europe

B. Relations between Britain and Germany are not as bad now as they were then

C. The answer at the moment is precious few

D. Mr. Cameron's indulgence of hardline Tory eurosceptics has cast him as an unreliable partner

E. What does it matter if the Germans are cross

Passage 3 （对外经济贸易大学 2012）

With China's growing influence over the global economy, and its increasing ability to project military power, competition between the United States and China is inevitable. __________ 1 __________. Most academic analysts are not so sanguine. If history is any guide, China's rise does indeed pose a challenge to America. Rising powers seek to gain more authority in the global system, and declining powers rarely go down without a fight. And given the differences between the Chinese and American political systems, pessimists might believe that there is an even higher likelihood of war.

I am a political realist. Western analysts have labeled my political views "hawkish", and the truth is that I have never overvalued the importance of morality in international relations. __________ 2 __________. In fact, morality can play a key role in shaping international competition between political powers—and separating the winners from the losers. __________ 3 __________. They were writing in the pre-Qin period, before China was unified as an empire more than 2,000 years ago. It was perhaps the greatest period for Chinese thought, and several schools competed for ideological supremacy and political influence. They converged on one crucial insight: The key to international influence was political power, and the central attribute of political power was morally informed leadership. Rulers who acted in accordance with moral norms whenever possible tended to win the race for leadership over the long term.

Over the next decade, China's new leaders must play a larger role on the world stage and offer more security protection and economic support to less powerful countries. __________ 4 __________. Such competition may cause diplomatic tensions, but there is little danger of military clashes. That's because future Chinese-American competition will differ from that between the United States and the Soviet Union during the cold war. ____________ 5 ____________.

China's quest to enhance its world leadership status and America's effort to maintain its present position is a zero-sum game. It is the battle for people's hearts and minds that will determine who eventually prevails. And, as China's ancient philosophers predicted, the country that displays more humane authority will win.

Choose the following sentences marked A to E to complete the above article.

1. ____________ 2. ____________ 3. ____________ 4. ____________

5. ____________

A. Neither China nor America needs proxy wars to protect its strategic interests or to gain access to natural resources and technology

B. I came to this conclusion from studying ancient Chinese political theorists like Guanzi, Confucius, Xunzi and Mencius

C. This will mean competing with the United States politically, economically and technologically

D. Leaders of both countries assert optimistically that the competition can be managed without clashes that threaten the global order

E. But realism does not mean that politicians should be concerned only with military and economic might

Passage 4 （对外经济贸易大学 2011）

Most economists in the United States seem captivated by the spell of the free market. ____________ 1 ____________ A price that is determined by the seller or, for that matter(for that matter: so far as that is concerned), established by anyone other than the aggregate of consumers seems pernicious. ____________ 2 ____________ In fact, price-fixing is normal in all industrialized societies because the industrial system itself provides, as an effortless consequence of its own development, the price-fixing that it requires. Modern industrial planning requires and rewards great size. Hence, a comparatively small number of large firms will be competing for the same group of consumers. That each large firm will act with consideration of its own needs and thus avoid selling its products for more than its competitors charge is commonly recognized by advocates of free-market economic theories. ____________ 3 ____________ Each large firm will thus avoid significant price-cutting, because price-cutting would be prejudicial to the common interest in a stable demand for products. Most economists do not see price-fixing when it occurs because they expect it to be brought about by a number of explicit agreements among large firms; it is not.

Moreover, those economists who argue that allowing the free market to operate without interference is the most efficient method of establishing prices have not considered the economies of non-socialist countries other than the United states. These economies employ intentional price-fixing, usually in an overt fashion. Formal price-fixing by cartel and informal price-fixing by agreements covering the members of an industry are commonplace. ______ 4 ______ The countries that have avoided the first and used the second would have suffered drastically in their economic development. There is no indication that they have.

Socialist industry also works within a framework of controlled prices. In the early 1970's, the Soviet Union began to give firms and industries some of the flexibility in adjusting prices that a more informal evolution has accorded the capitalist system. ______ 5 ______ rather, Soviet firms have been given the power to fix prices.

Choose the following sentences marked A to E to complete the above article.

1. ______ 2. ______ 3. ______ 4. ______

5. ______

A. But each large firm will also act with full consideration of the needs that it has in common with the other large firms competing for the same customers.

B. Consequently, nothing seems good or normal that does not accord with the requirements of the free market.

C. Economists in the United States have hailed the change as a return to the free market. But Soviet firms are no more subject to prices established by a free market over which they exercise little influence than are capitalist firms.

D. Accordingly, it requires a major act of will to think of price-fixing (the determination of prices by the seller) as both "normal" and having a valuable economic function.

E. Were there something peculiarly efficient about the free market and inefficient about price-fixing?

Passage 5 （对外经济贸易大学 2010 年）

______ 1 ______. Three centre on the United States. A fourth relates to China, and the fifth is that oil prices could rise to over $70 per barrel even without a major political or terrorist disruption and much higher with one. Most of these risks reinforce each other. A further oil shock, a dollar collapse and a soaring American budget deficit would all generate much higher inflation and interest rates. ______ 2 ______. Larger budget deficits will produce larger American trade deficits, and thus more protectionism and dollar vulnerability, Realization of any one of the five risks could substantially reduce world radically reverse the global outlook.

______ 3 ______. It has already reached an annual rate of $870 billion, well above 7% of the economy. It is expected that the deficit would exceed $1 trillion per year by 2010.

There are three reasons for this dismal prospect. First, American merchandise imports are now almost twice as large as exports; hence exports would have to grow twice as fast as imports merely to halt the deterioration. Second, economic growth is likely to remain faster in America than in its major markets and higher incomes there increase demand for imports much faster than income growth elsewhere increase demand for American exports. Third, ____________ 4 ____________.

Fears of a hard landing for the dollar and the world economy are of course not new. The situation is much more ominous today, however, because of the record current-account deficits and international debt, and the high probability of further rapid increase in both. ____________ 5 ____________, which were associated with stagflation, rather than the 1980s when a sharp fall in energy costs and inflation cushioned dollar depreciation (but still produced higher interest rates and Black Monday for the stock market).

Choose the following sentences marked A to E to complete the above article.

1. ____________ 2. ____________ 3. ____________ 4. ____________

5. ____________

A. America's large debtor position means that its net investment income payments to foreigner will escalate steadily, especially as interest rates rise

B. A sharp dollar decline would increase the likelihood of further oil price rises

C. The potential escalation of oil prices suggest a parallel with the dollar declines of the 1970s

D. The most alarming new prospect is another sharp deterioration in America's current-account deficit

E. Five major risks threaten the world economy

Passage 6 (对外经济贸易大学 2010)

About one commercial bank out of every four has a trust department that provides specialized fiduciary services for its customers. To engage in the trust business, a bank must obtain from its chartering agency trust powers that enable it to offer these specialized financial services. The following sections provide an introduction to the trust function.

With roughly 75 percent of banking-industry participants not engaged in trust operations, trust services obviously play a somewhat limited role in the industry. Since 1981 the percentage contribution of these revenues to total operating income and total assets has been increasing after declining since 1975. As of year-end 1983, trust income was \$4. 2 billion and amounted to 1. 74 percent of total operating income and 0. 185 percent of total bank assets. Over the eight-year period 1975 to 1983, trust income grew at a compound annual rate of 12. 78 percent compared to 17. 42 percent for total operating income and 11. 81 percent for total assets.

Trust departments generate revenue by charging fees for the services they provide. In the early days of the trust business, these fees usually were calculated as a percentage of income earned from trust assets. Today, most fee income is based upon principal value or a combination of principal value and income. To illustrate, a fee schedule based upon principal value for personal trust accounts might range from 1 percent to 25 percent annually, depending upon the size of the account. One of the controversial areas in trust management is how to measure fee income. The service objectives of trust and agency relationships involve five major operations: 1) record keeping, 2) safekeeping, 3) personal and financial counseling, 4) investing, and 5) control of assets.

Personal trusts and employee-benefit accounts are the major business lines of trust departments, as of December 31, 1980, these two lines accounted for $440 billion or 77 percent of total trust assets of $571 billion. In each of the major business lines, common stocks are the major investment vehicle, as they account for roughly 48 percent or total trust assets. Personal trusts have the highest proportion of assets in common stocks at 56 percent.

Decide whether the following statements are TRUE, FALSE or NOT GIVEN, and write the answer in the blanket.

1. ____________ Most small-sized banks usually have a trust department.
   A. TRUE B. FALSE C. NOT GIVEN
2. ____________ Trust services occupy a very important position in the banking industry.
   A. TRUE B. FALSE C. NOT GIVEN
3. ____________ Nowadays, banks charge fees for the trust services they provide which were counted as part of the earning from trust assets.
   A. TRUE B. FALSE C. NOT GIVEN
4. ____________ The trust service operations include safekeeping, counseling and investing, etc.
   A. TRUE B. FALSE C. NOT GIVEN
5. ____________ In personal trusts and employee-benefit accounts of trust departments during the 1980s, common stocks are the major investment vehicle.
   A. TRUE B. FALSE C. NOT GIVEN

Passage 7 （西安外国语大学 2013）

Information Restatement

Directions: ***Read each of the following sentences, try to understand its meaning, and then use a different but adequate structure to restate the same meaning.***

***Example*:**

The original sentence:

It would be difficult to over-praise the book.

A possible version:

This book deserves much praise.

1. A favorite definition of joking has long been the ability to find similarity between dissimilar things—that is, hidden similarities.

2. Nine out of ten doctors responding to a survey said they recommend our product to their patients if they recommend anything.

3. Heavy smokers and drinkers run a fifteen times greater risk of developing cancer of the mouth and throat than non-smokers and non-drinkers.

4. This book contains a totally new outlook which combines the wisdom of the past with scientific knowledge to solve the problems of the present.

5. This organization may succeed marvelously at what it wants to do, but what it wants to do may not be all that important.

6. According to the definition of traditional Chinese medicine, acupuncture is the treatment of disease—not just the alleviation of pain—by inserting very fine needles into the body at specific points.

7. Taxes being so high, the descendants of the wealthy class of the nineteenth century are being forced to rent out their estates to paying guests.

8. Like other timeless symbols, flags have accompanied mankind for thousands of years, gaining ever wider meaning, yet losing none of their inherent and original force.

9. Where there is an absence of reliable information about drugs, the risks involved in using them are greatly increased

10. The city's safety record with school buses is generally a good one, but of course this record is only as good as the school bus drivers themselves.

Passage 8 （四川外国语大学 2013）

A. One of the most pivotal moments in American literature occurred near the end of the nineteenth century as authors such as a young man named Stephen Crane began to embrace a literary style forged in Europe a bit earlier and which would come to be known as naturalism. Crane was born to parents in the ministry and grew up in a household grounded in religious beliefs and context. Yet, before long, Crane had, for the most part, rejected religion and the idea of divine intervention in favor of a more hands-on approach to the world. As he began to develop as a writer, naturalist themes of man versus nature, the unrelenting power of nature, and an objective view of the world began to dominate his writing's masterful short story *The Open Boat* stands as one of the most complete and developed works of the naturalist genre.

B. The first apparent element of naturalism in *The Open Boat* is its subject matter—a shipwreck. Being as true to life as possible is one of the most common goals of a naturalistic writer, and, in this short story, Crane is no exception. It did not come from Crane's imagination. Rather, it stemmed from his personal experience. As a young war reporter, Crane was on his way from Florida to Cuba when his vessel, the Commodore, encountered a violent tempest. Within hours, the ship had sunk, leaving a few lucky survivors on a tiny lifeboat to be subjected to the full of nature. Throughout the story Crane depicts scene after scene as if they were snapshots or a short film of what the men in the boat were up against. Through his prose, Crane is able to reveal the unadulterated brutal realism manifest in nature itself.

C. At the end of the story, the men's realization of the strength of nature helps them to overcome their fear of drowning and accept the death of the oiler. The men are afraid of drowning, which is evident when they recite, "If I am going to be drowned" This is recited all three different times, before and during their long night out on the boat. thus suggesting that the men are afraid of drowning. During the long night, "A high cold star on a winter's night is the word he feels that she says to him. Thereafter he knows the pathos of his situation." Each man realizes that nature is greater than him; therefore, each man understands that he must endure whatever nature throws to him. Also, during this night on the boat, each man comes to the conclusion that his fate is in the hands of nature. In the morning, the men see that they will not be rescued by anyone. As a result of their understanding of their situation that is acquired during the night about the might of nature. they are able to overcome their fear of drowning, and thus death.

D. Prior to the time when the men jump out of the boat, "the correspondent, observing the others, knew that they were not afraid." The men, because they understand the strength of nature, are able to conquer their fear of death. The men accept their fate; whatever it may be. "There were no hurried words, no pallor, no plain agitation. The men simply looked at the shore." The correspondent, in the face of mortal peril before leaving the boat, is also not afraid of dying. "it merely occurred; d to him that if he should drown it would be a shame." When the men swim onto shore, they know that they may die or just as easily live; the outcome is out of their control. Thus, it comes as no surprise to the men when they see of their comrades. The oiler, dead. The fact that he is the strongest of the men when he "was swimming strongly and rapidly." further shows the power of nature the men have come to realize. The men's understanding of nature allows them to overcome their fear of death by drowning and make a run at the shore without trepidation.

E. As Crane continues with the theme of man versus nature in *The Open Boat*, the element of pessimism crucial to any naturalistic work, becomes quite apparent. The men are at the mercy of the storms and the seas and cannot do much to save themselves. In this sense, Crane reveals the indifference of nature and the universe in relation to the life or plight of human beings in general. It's obvious to him that angels will not swoop down and save the unfortunate men. The situation of the shipwreck is ideal because ordinary, everyday people must face an extreme situation from which it is more than likely that they will perish. Crane continually creates a mood of impending doom and the punishing nature of the universe throughout the story. Along the way, he provides little commentary on the situation, forcing readers to place themselves immediately on the boat with the men while enforcing the dark tone of the story. But, even to Crane and most naturalist writers, all is not lost.

F. While Crane's work *The Open Boat* is a dark account of a chance situation that turns fatal for many, but not all, of the crew of the *Commodore*, it also sets forth the main elements of a naturalistic literary work at the turn of the twentieth century. Despite the fact that nature can be unrelenting and compassionless towards humans at any given moment, Crane ultimately shows how individuals still always have the capacity to strive together to overcome hardships and disaster. Furthermore, the accuracy and detail by Crane shun any possibility of a **sugarcoated reality** and reveals the true ferocity of nature as it is.

Questions 1-5

Do the following statements agree with the claims of the writer in Reading Passage 1? On your Answer Sheet write,

YES if the statement agrees with the claims of the writer

NO if the statement contrast the claims of the writer

NOT GIVERN if it is impossible to say what the writer thinks about this.

1. In Crane's view' nature is merciless to human sufferings.
2. Naturalists' view of life was often obstructed by spirituality.
3. A negative outlook on life and events is a major theme of *The Open Boat.*
4. Naturalists placed more emphasis on representing life as it appeared to them.
5. In *The Open Boat*, Crane attempts to address his own spiritual beliefs to his readers.

Questions 6-10

For each question below, choose the answer that best completes the sentence. Then write the corresponding letter on the Answer Sheet.

6. Which of the following can be inferred from the first paragraph about Stephen Crane?

   A. He enjoyed the ministry and listening to preachers.

   B. He did not enjoy writing when he was young.

   C. He was rivaled by no other author of his time.

   D. He was not in tune with the beliefs of his parents.

7. According to the second paragraph, *The Open Boat* is important as a naturalist work because ______.

   A. it is true account taken from Crane's own personal experience

   B. the story is completely fabricated from Crane's imagination

   C. it is based on a series of events in a shipwreck that Crane heard of

   D. it does not attempt to glorify Crane's heroism against nature

8. The author discusses nature in Paragraph C in order to ______.

   A. show that nature is always a strong support for people in plight

   B. prove that it is a futile effort to fight against the forces of nature

   C. highlight the importance of mutual efforts in surviving a disaster

D. Reveal Crane's belief that only divine intervention can save human

9. Besides shipwreck, another naturalistic element of *The Open Boat*, is manifest in ________.

A. placing the reader in the midst of the plight of the characters

B. depicting a bleak scene in a more or less light tone

C. keeping the reader far removed from the actual plotline

D. providing the reader with an open ending with different possibilities

10. The underlined phrase "sugarcoated reality" in Paragraph F most probably means ________.

A. reality which is depicted in an obscure manner

B. reality which is made to appear ideal

C. reality which is bitter and cruel

D. reality which is promising and meaningful

Passage 9 （四川外国语大学 2013）

A. The pressure to transform our institutions of learning continues. Virtually every enterprise and institution is grappling with the disruptions and opportunities caused by Web-enabled infrastructures and practices. New best practices, business models, innovations, and strategies are emerging, including new ways to acquire, assimilate, and share knowledge. Using technologies that are already developed or that will be deployed over the next five years, best practices in knowledge sharing not only are diffusing rapidly but will be substantially reinvented in all settings: educational institutions, corporations, government organizations, associations, and nonprofits. But institutions of learning are in a unique position to benefit from an added opportunity: providing leadership in e-knowledge.

B. E-knowledge finds expression in many shapes and forms in a profoundly networked world. It is not just a digitized collection of knowledge. E-knowledge consists of knowledge objects and knowledge flows that combine content, context, and insights on application. E-knowledge also emerges from interactivity within and among communities of practice and from the troves of tacit knowledge and tradecraft that can be understood only through conversations with knowledgeable practitioners. E-knowing is the act of achieving understanding by interacting with individuals, communities of practice, and knowledge in a networked world. E-knowledge commerce consists of the transactions based on the sharing of knowledge. These transactions can involve the exchange of digital content/context and/or tacit knowledge through interactivity. Transactable e-knowledge can be exchanged for free or for fee. E-knowledge is enabling not only the emergence of new best practices but also the reinvention of the fundamental business models and strategies that exist for e-learning and knowledge management.

C. E-knowledge is technologically realized by the fusion of e-learning and knowledge management and through the networking of knowledge workers. Transactable e-knowledge and knowledge networking will become the lifeblood of knowledge sharing. They will create a vibrant market for e-knowledge commerce and will stimulate dramatic changes in the knowledge ecologies of enterprises of all kinds. They will support a "Knowledge Economy" based on creating, distributing, and adding value to knowledge, the very activities in which colleges and universities are engaged. Yet few colleges and universities have taken sufficient account of the need to use their knowledge assets, i. e., the valuable resources in their possession, to achieve strategic differentiation.

D. In "IT Doesn't Matter," a recent article in *Harvard Business Review*, Nicholas G. Carr endorsed corporate leaders' growing view that information technology offers only limited potential for strategic differentiation. Similar points are starting to be made about e-learning, and knowledge management has been under fire as ineffectual for some time. The truth is that IT, e-learning, and knowledge management can provide strategic differentiation only if they drive genuine innovation and business practice changes that yield greater value for learners. Carr's article provoked a host of contrary responses, including a letter from John Seely Brown and John Hagel Ⅲ. Brown is well-known for his insights into the ways in which knowledge sharing can provide organizations with a solid basis for strategic differentiation. In this article, we argue that knowledge sharing—if it sparks innovation, changes in organizational dynamics, and new sources of value—can also make the difference in academia and e-learning.

E. It is remarkable how unreflective many academics and educators are about the nature of knowledge, outside of their immediate domains of interest. To be sure, they hold some types of knowledge in high regard, and they respect the highly personalized knowledge that academics and practicing professionals have accumulated. But academic knowledge substantially remains a "cottage industry", with both tacit and explicit knowledge the purview of isolated craftspeople and professional guilds. True, there has always been academic collaboration, but there is little systematic sharing of learning content, context, and supporting materials. When asked about it, many faculty respond, "Why would I want to share course materials and content with anyone?" Similarly, knowledge generated by research activities often stays within a laboratory or research team and rarely crosses disciplinary boundaries. In most academic settings, knowledge resides in archipelagos of individual knowledge clusters, unavailable for systematic sharing. Yet such defiance of the networked world will soon be unsustainable.

F. It is the challenge of institutional leadership to get faculty and staff to reflect on the nature of knowledge and on how knowledge can be understood and shared in different ways. Knowledge can be modeled as a "thing" and a "flow" at the same time. It is a static resource—a snapshot, if you will—and a dynamic flow between the various states of the known and the unknown. Knowledge flows between tacit (subjective) and explicit (objective) states; it often exists in transition between the two; and it also exists in symbiosis, combining these two dimensions. However, much of the classic knowledge management literature, in identifying these two dimensions, still tends to treat knowledge more as a thing (knowledge-as-resource). Current thinking places greater emphasis on the emergent quality of knowledge, as it is realized through practice and knowledge networking. Brown and many before him have argued that knowledge is a social construct. People can understand information individually and in isolation. However, knowledge—even the abstractions of mathematics—can be understood only in context, which means through interactivity and communication with others. Interactivity and knowledge sharing not only are integral to "knowing" but are essential for continually evolving knowledge to new plateaus of meaning. As Alfred Beerli asserts, "Knowledge can be regarded as the only unique resource that grows when shared, transferred, and managed skillfully."

G. People experience and act on knowledge in a host of different ways. When preparing our book *Transforming e-Knowledge*, we referred to the "acquisition, assimilation, and sharing of knowledge." This was a code for the range of knowledge skills that are needed to succeed in the Knowledge Economy. But in practice, knowledge use is much more complicated than that and includes interpreting, reflecting, creating, applying, realizing, understanding, associating, recognizing, repurposing, and enhancing knowledge. In a pervasively networked world, individuals are part of intersecting networks of interest and communities of practice. Knowledge becomes tangible as digitized content, as context that can be digitally shared, and through direct and indirect interactions. Knowledge can be created by asking a question and watching the responses provoke numerous conversations, responses, and interactions among network participants. The networked world continuously refines, reinvents, and reinterprets knowledge, often in an autonomic manner.

H. In summary, leading-edge individuals and institutions are on the threshold of major advances in their capacity to acquire, assimilate, utilize, reflect on, and share knowledge. Between now and 2014, the elements of e-knowledge, e-knowing, and e-knowledge commerce will mature, using technologies that are largely developed and that await deployment and widespread use. Academia will need to become far more reflective about knowledge—the forms, uses, and sharing—if it is to be a vanguard participant. The knowledge ecology of colleges and universities will need to change if they are to move from a culture of knowledge hoarding to one of knowledge sharing. In institutions where this happens, learners, faculty, staff, and other stakeholders will derive greater value from a set of genuinely new experiences.

Questions 1-6

The reading passage has eight paragraphs A-H. Choose the most suitable headings for paragraphs B-F from the list of headings below.

List of Headings

(1) Introduction

(2) Realization of E-Knowledge Networks

(3) The Wide Range of Knowledge Use

(4) Significance of Knowledge Sharing

(5) Overlooking the Potentials of Knowledge Assets
(6) Defining Knowledge from a New Perspective
(7) Technological Advances in E-Knowing
(8) Evolution of Knowledge Networking
(9) Negative Views on Knowledge Sharing
(10) Formation of E-Knowledge and Its Function
(11) The Role of Transactable E-Knowledge
(12) How to Create Knowledge

Example: Paragraph A(1)

1. Paragraph B ( )
2. Paragraph C ( )
3. Paragraph D ( )
4. Paragraph E ( )
5. Paragraph F ( )
6. Paragraph G ( )

Questions 7-11

Do the following statements agree with the claims of the writer in Reading Passage 2? On your Answer Sheet, write,

YES if the statement agrees with the claims of the writer
NO if the statement contradicts the claims of the writer
NOT GIVERN if it is impossible to say what the writer thinks about this.

7. E-knowledge is primarily based on practices used in business.
8. The key to the success of knowledge management and e-leaning is offering strategic differentiation.
9. Knowledge sharing makes sense only if knowledge is available in academia and e-learning.
10. Communities of practice are one source of E-knowledge.
11. Knowledge use does not only refer to the acquisition, assimilation, and sharing of knowledge.

Questions 12-15

Complete the following paragraph. For each blank use ONE OR TWO WORDS from the passage.

Thanks to the advent of the computer, learning institutions today are provided with new ways of acquiring knowledge, through tools that are 12. ________ fast and which are already being 13. ________ in all fields and settings, despite the 14. ________ the process may entail, which all institutions are now 15. ________.

Passage 10 (四川外国语大学 2013)

A. Today, like most other kinds of theater and music. the musical drama of opera enjoys a myriad of different forms and interpretations. Operas can exhibit both comical moods as well as the most tragic ones while the actors may be of the highest caliber of simply part-time novices. But it has not always been this way. Since its beginning in Italy around the year 1600, the opera has experienced a number of shifts and trends. In the beginning, it was heavily influenced by classical Greek drama and attempted to adhere to its heroic subject matter and theme. Yet, by the eighteenth century, two distinct forms were beginning to branch out from the original operatic base in Italy. Italian audiences were able to witness two fundamental styles: one was the serious, tragedy-like type known as opera seria, while the other, a lighter, on more earthy and comic style, was called opera buffa. Their distinct styles reflected the social mentality of the era and its ability to change and grow in a new direction, which later influenced further alterations in modem opera.

B. The first half of the eighteenth century was dominated by the opera seria, which most closely resembled the earliest form of the opera. The opera seria, which first arose in the cities of Naples and Venice, had taken on a clear, practically inflexible form by around 1720. In its very essence, as both the libretti and the musical composition demonstrate, the opera seria was a product of the philosophical movement that arose in the late 1600's, the famous Enlightenment, that seized all of Europe and affected so many different aspects of life. The philosophers of the Enlightenment, when they turned their ideas to opera, maintained that this musical-dramatic form should reflect the new ideals of clarity and unity, which were based primarily off of ancient Greek philosophical treatises. Thus, write Grout and Palisca, Italian opera seria "aimed to be clear, simple, rational, faithful to nature, of universal appeal, and capable of giving pleasure to its audiences without causing them undue mental fatigue."

C. One of the early forms of impetus for these changes in opera came from the scholars at the Arcadian Academy in Rome, led primarily by Gian Vincenza Gravina. These reformers wanted above all to subject the Italian opera to the guidelines of Greek tragedy; in other words, they aimed to purge the older Baroque operas of their extravagant characterization and complex plots, as well as to take away the comic elements and to regulate the opera's composition, both musically and structurally. In so doing, these reforms led in essence to "the restriction of the music's role in dramatic developments," claims Sadie, and left the part of explaining occurrences and events in the story to the rather dry and unaccompanied recitatives.

D. Some members of the audience found further difficulties with the opera seria. First. The organization of the opera never deviated from the usual norm. It was always composed of three acts and within each act were it fundamental components: the recitatives and the arias. Recitatives are the singing of the cast. which pushes the action of the opera forward. Arias usually followed as a climax and revealed the emotion or internal conflict of the actors. The main issue was that such a rigid structure made the opera monotonous and at times predictable. If there had been more flexibility, the operas would have been more vivid and alive, yet the composers were bound by the predominant philosophical constraints of the early 1700s. A frequent problem for composers of opera seria was that, due to the rather structured forms of almost all ingredients of the music, it was difficult to achieve much contrast, in either action or music. In essence, then. the opera seria in the hands of most composers, was little more than a mere stringing together of many different arias and recitatives. For the more daring, and in many ways more skilled composers, however, there were ways to avoid this strict rigidity. The ritornello, or the instrumental interlude, of the da capo aria, for instance, could be dropped, as was noted before, or could be changed just enough to give variation. Also. although often criticized, each singer's ornamental improvisation and final cadenza (i. e., the elaborate, ornamental melodic flourish interpolated into an aria) did provide another means of contrast, as did. somewhat later in the century, the emergence of more variation in the orchestral parts and in dynamic contrasts. as well as the increasing use of ensembles and other pieces; eventually even dance numbers and ballets came to be included in opera seria. Even the meter and keys, which for the most part were standardized, could be varied ever so slightly. and gained more freedom as time went on.

E. After around 1770, the arias had also achieved some flexibility, due to the possibility of using forms other than the da capo, even, under French influence, the use of the rondo aria These newer arias, as stated, had become much longer, but had retained their simple melodic lines, as well as "a certain blandness of rhythm and harmony". On the whole, in the period after 1770, the increasing diffusion and freedom in opera seria can be seen, and this phenomenon eventually led to its abandonment as a pure and strict dramatic form.

F. The stage, then, was ripe for change in the form of the opera buffa, which was beginning to manifest itself within the opera seria itself through the intermezzo. The intermezzo was already an integral part of the opera seria in that it was a short performance break between acts and was less predictable than the major production. Later, toward the tum of the century, these Performances grew to be of a larger size and greater importance, and they were eventually performed as opera in their own right, no longer intermixed with the serious opera. The later intermezzi typically had two or three short acts, each consisting of one or two arias far each main role, and usually ending in a duet. Over time. the style of the intermezzo caught on and was eventually put on separately. eventually being dubbed the opera buffa. This type of opera was characterized by a light, even comic, motif. More importantly, it was less constrained and displayed elements of free emotion and subject matter that mirrored everyday life. Not, for example, heroes from Greek tragedies. Further, music began to play a greater role in the opera was spontaneous, and often mirrored the emotions of the characters. Because the themes were more true to life, the audience could relate more closely with the opera buffa. As it developed, the opera buffa also began to take on more serious subject matter yet retained its free flowing manner.

G. By the late 1700s, the influence of the Enlightenment was beginning to lose its luster, and the two predominant forms of opera began to merge into one. The opera seria started to display More elasticity in its form and structure and even included some dancing in its performances. Likewise, the opera buffa began to engage in more sophisticated themes. By the end of the century, even the most sensitive opera enthusiast could hardly distinguish between the two. **More importantly, as each form changed, they were able to provide the audience with the best of both words ans a more complete opera experience, as they were composed with intellectual integrity, stimulation sprinkles with lightheartedness, and humor.** From this, the modern form of opera was born.

Questions 1-5

Summarize the information about operas as discussed in the passage. Match the appropriate statements to the type of opera with which they are associated. You are required to select three statements for the opera seria and two for the opera buffa.

Opera serial

1. ( )
2. ( )
3. ( )

Opera buffa

4. ( )
5. ( )

A. Its main structure was always composed around three acts.
B. It allowed emotions to be expressed more freely by the actors.
C. It developed out of a short intermission type of production.
D. It was the predominant form of opera in Italy during the early 1700s.
E. It contained climactic arias, which helped move the plot forward.
F. It was constructed around rational thought and simplicity.
G. It was popular because of its light subject matter in the seventeenth century.

Questions 6-10

Do the following statements agree with the claims of the writer in Reading Passage 10? On your Answer Sheet, write,

YES	if the statement agrees with the claims of the writer
NO	if the statement contradicts the claims of the writer
NOT GIVEN	if it is impossible(to say what the writer thinks about this

6. The composers of opera seria were, for the most part, bound by social obligation.

7. The action and imagination of the opera seria confused the audience.
8. The style and delivery of the opera buffa became even more restrained than the opera seria.
9. By the late eighteenth century, the opera buffa had taken on a slightly different character from mere comic opera.
10. The opera buffa was born from the intermezzo, which was a part of the opera seria.

Questions 11-15

For each question below, choose the answer that best completes the sentence. Then write the corresponding letter on the Answer Sheet.

11. According to the passage, two forms in eighteenth-century Italian opera arose because ________.
    A. most opera enthusiasts were demanding a more flexible, exciting style
    B. it was heavily grounded and influenced by classical domestic drama
    C. Traditional themes of heroism were enjoyed by the regular audience
    D. the way people thought was beginning both to develop and change
12. The author discusses the Enlightenment in Paragraph B in order to ________.
    A. discuss how it was the pinnacle of intellectual thought in Europe
    B. Indicate what was most responsible for the traits of the opera seria
    C. contrast structure of the opera seria with that of the opera buffa
    D. note that though it was a major social influence, it affected the opera little
13. Which of the following can be inferred from Paragraph B about the opera seria?
    A. It was created by people who were influenced by the Enlightenment.
    B. It had little connection with the plots or themes of classical Greek drama.
    C. It failed to reveal a story ambitious enough to make the audience think.
    D. It was too complicated for the average Italian to comprehend completely.
14. Which of the following can be inferred about the audience's response to the opera seria?
    A. The majority of the audience frowned upon the content of the opera seria.
    B. The audiences were most attracted by the recitative singing in the opera seria
    C. A large number of audience members found the opera seria to be quite enjoyable.
    D. The fact that the opera seria focused on themes from everyday life was respected.
15. According to Paragraph G which of the following statements best expresses the essential information of the underlined sentence?
    A. The changes in both forms of opera were complementary and eventually allowed the audience to fully enjoy the musical genre.
    B. The intellectual integrity, lightheartedness, and humor that the operas were filled with made them the most satisfying form of entertainment.
    C. Operas changed in order to become complete because they no longer satisfied the intellectual and comedic needs of their audiences.

D. Both forms of opera came to resemble each other in musical composition.

Passage 11 （四川外国语大学 2012）

A. From the beginning of the 20th century, people abroad have been uncomfortable with the global impact of American culture. More recently, globalization has been the main enemy for academics, jouralists, and political activists who loathe what they see as the trend toward cultural uniformity. Still, they usually regard global culture and American culture as synonymous. And they continue to insist that Hollywood, McDonald's, and Disneyland are eradicating regional and local eccentricities.

B. Despite those allegations, the cultural relationship between the United States and the rest of the world over the past 100 years has never been one-sided. On the contrary, the United States was, and continues to be, as much a consumer of foreign intellectual and artistic influences as it has been a shaper of the world's entertainment and tastes.

Section A

C. In fact, as a nation of immigrants from the 19th to the 21st century, the United States has been a recipient as much as an exporter of global culture. Indeed, the influence of immigrants on the United States explains why its culture has been so popular for so long in so many places American culture has spread throughout the world because it has incorporated foreign styles and ideas. What Americans have done more brilliantly than their competitors overseas is repackage the cultural products we receive from abroad and then retransmit them to the rest of the planet. That is why a global mass culture has come to be identified, however simplistically, with the United States.

D. Americans, after all, did not invent fast food, amusement parks, or the movies. Before the Big Mac, there were fish and chips. Before Disneyland, there was Copenhagen's Tivoli Gardens(which Walt Disney used as a prototype for his first theme park in Anaheim, California, a model later re-exported to Tokyo and Paris). And in the first two decades of the 20th century, the two largest exporters of movies around the world were France and Italy.

Section B

E. So, the origins of today's international entertainment cannot be traced only to P. T. Baum's circuses or Buffalo Bill's Wild West Show. The roots of the New global culture lie as well in the European modernist assault, in the early 20th century, on 19th century literature, music, painting, and architecture—particularly in the modernist refusal to honor the traditional boundaries between high and low culture. Modernism in the arts was improvisational eclectic, and irreverent. Those traits have also been characteristic of American popular culture.

F. The artists of the early 20th century also challenged the notion that culture was a means of intellectual or moral improvement. They did so by emphasizing style and craftsmanship at the expense of philosophy, religion, or ideology. They deliberately called attention to language in their novels, to optics in their paintings, to the materials in and function of their architecture, to the structure of music instead of its melodies.

G. Although modernism was mainly a European affair, it inadvertently accelerated the growth of mass culture in the U. S. Surrealism, with its dream like associations, easily lent itself to the wordplay and psychological symbolism of advertising, cartoons, and theme parks Dadaism ridiculed the snobbery of elite cultural institutions and reinforced an already-existing appetite (especially among the immigrant audiences in the United States) for-low-alas disreputable nickelodeons and vaudeville shows. Stravinsky's experiments with unorthodox, atonal music validated the rhythmic innovations of American jazz. Modernism provided the foundations for a genuinely new culture. But the new culture turned out to be neither modernist nor European. Instead, American artists transformed an avant-garde project into a global phenomenon.

Section C

H. It is in popular culture that the reciprocal relationship between America and the rest of the world can best be seen. There are many reasons for the ascendancy of American mass culture. Certainly, the ability of American-based media conglomerates to control the production and distribution of their products has been a major stimulus for the worldwide spread of American entertainment. But the power of American capitalism is not the only, or even the most important explanation for the global popularity of America's movies and television shows.

I. The effectiveness of English as a language of mass communications has been essential to the acceptance of American culture. Unlike German, Russian, or Chinese, the simpler structure and grammar of English, along with its tendency to use shorter, less abstract words and more concise sentences, are all advantageous for the composers of song lyrics, ad slogans, cartoon captions, newspaper headlines, and movie and TV dialogue. English is thus a language exceptionally well suited to the demands and spread of American mass culture.

J. Another factor is the international complexion of the American audience. The heterogeneity of America's population—its regional, ethnic, religious, and racial diversity—forced the media, from the early years of the 20th century, to experiment with messages, images, and story lines that had a broad multicultural appeal. The Hollywood studios, mass-circulation magazines, and the television networks have had to learn how to speak to a variety of groups and classes at home. This has given them the techniques to appeal to an equally diverse audience abroad.

K. One important way that the American media have succeeded in transcending internal social divisions, national borders, and language barriers is by mixing up cultural styles American musicians and composers have followed the example of modernist artists like Picasso and Braque in drawing on elements from high and low culture. Aaron Copland, George Gershwin, and Leonard Bernstein incorporated folk melodies, religious hymns, blues and gospel songs, and jazz into their symphonies, concertos, operas, and ballets. Indeed, an art form as quintessentially American as jazz evolved during the 20th century into art amalgam of African Caribbean, Latin American, and modernist European music. This blending of forms in American's mass culture has its appeal to multiethnic and international audiences by capturing their different experiences and tastes.

Section D

L. Finally, American culture has imitated not only the modernists' visual flamboyance, but also their tendency to be apolitical and anti-ideological. The refusal to browbeat an audience with a social message has accounted, more than any factor for the worldwide popularity of American entertainment. American movies, in particular, have customarily focused on human relationships and private feelings, not on the problems of a particular time and place. They tell tales about romance, intrigue, success, failure, moral conflicts, and survival. The most memorable movies of the 1930s (with the exception of The Grapes of Wrath) were comedies and musicals about mismatched people falling in love, not socially conscious films dealing with issues of poverty and unemployment. Similarly, the finest movies about World War Ⅱ (like Casablanca) or the Vietnam War (like The Deer Hunter) linger in the mind long after those conflicts have ended because they explore their character's most intimate emotions rather than dwelling on headline events.

M. Such intensely personal dilemmas are what people everywhere wrestle with. So Europeans, Asians, and Latin Americans flocked to *Titanic*, as they once did to *Gone With the Wind*, not because those films celebrated American values, but because people all over the world could see some part of their own lives reflected in the stories of love and loss.

N. America's mass culture has often been crude and intrusive, as its critics have always complained. But American culture has never felt all that foreign to foreigners. And, at its best, it has transformed what it received from others into a culture everyone, everywhere, could embrace—a culture that is both emotionally and, on occasion, artistically compelling for millions of people throughout the world.

O. So, despite the current resurgence of anti-Americanism—not only in the Middle East but in Europe and Latin America—it is important to recognize that America's movies, television shows, and theme parks have been less — imperialistic than cosmopolitan. In the end, American mass culture has not transformed the world into a replica of the United States. Instead, America's dependence on foreign cultures has made the United States a replica of the world.

Questions 1-4

Choose the correct headings for the four sections A—D from the list of headings below. Write the correct number, i—xi, in the parentheses numbered 1-4 on your Answer Sheet.

i　Major Stimuli for the Growth of American Culture

ⅱ American Entertainment Industry
ⅲ Globalization of American Culture
ⅳ Pop Culture Potpourri in the United States
ⅴ The Influence of Modernism on American Culture
ⅵ America's Dependence on Foreign Cultures
ⅶ Human Relationships in American Mass Culture
ⅷ The Main features of American Culture
ⅸ American Culture and Global Culture: A Reciprocal Relationship
ⅹ The History of American Mass Culture

1. Section A. ( )
2. Section B. ( )
3. Section C. ( )
4. Section D. ( )

Questions 5-9

Do the following statements agree with the claims of the writer in Reading Passage 11? In the parentheses numbered 5-9 on your Answer Sheet, write,

YES if the statement agrees with the claims of the writer
NO if the statement contradicts the claims of the writer
NOT GIVEN if it is impossible to say that the writer thinks about this

5. European modernists approved of the traditional boundaries between high and low culture.
6. The artists of the early 20th century spotlighted style and craftsmanship.
7. American mass culture is cosmopolitan rather than imperialistic.
8. American culture penetrates worldwide through economic and political power.
9. Americans receive foreign cultures and try to keep them intact when transmitting them to other countries.

Questions 10-15

For each question below, choose the answer that best completes the sentence. Then mark the corresponding letter on the Answer Sheet with a single line through the center.

10. According to the author, modernism ________.
    A. is one of the origins of contemporary global culture
    B. is valued for its emphasis on philosophy, religion, or ideology
    C. propagated that culture was a means of intellectual or moral improvement
    D. was a phenomenon peculiar to the United States
11. The passage is mainly about ________.
    A. why American culture has become the enemy of people

B. why American culture has gained worldwide popularity

C. how American mass culture has exerted its impact on Europe

D. how America's mass culture has developed its own features

12. Contemporary intellectuals oppose globalization mainly because ____________.

A. they prefer the new world wide trend toward cultural uniformity

B. they find American cultural products harmful to regional and local economies

C. they believe that it replaces cultural diversity with cultural uniformity

D. they believe that it propagates the advantages of American cultural polities

13. Which of the following is not the reason for the ascendancy of American mass culture?

A. Some American businesses' control over the production and distribution of their cultural products.

B. The simpler structure and grammar as well as the short and less abstract words of the English language.

C. American's proficiency at composing song lyrics, ad slogans, cartoon captions etc.

D. Immigrants and America's regional, ethnic, religious and racial diversity.

14. American movies are popular because ____________.

A. people care about the social and political messages conveyed by American movies

B. people often prefer stories about romance, intrigue, war, success and failure, etc.

C. American movies help lessen the anxieties caused by poverty and unemployment

D. American movies highlight human relationships and emotions

15. The author's attitude toward American culture is ____________.

A. supporting

B. indifferent

C. detached

D. sarcastic

Passage 12 (四川外国语大学 2012)

A. Erecting the tallest building in the world is a pursuit both pointless and exhilarating. Someone will always build a bigger one, but that doesn't diminish the intense allure of height, which can make a building famous whether or not there is anything else to recommend it American architect Frank Lloyd Wright, who never much liked cities, understood this perfectly when, in 1956, he unveiled a fantasy known as the Mile High Illinois, a five-hundred-and-twenty-eight-story tower that he proposed for downtown Chicago, overlooking Lake Michigan. An elegant spire, pencil-thin, it was a cavalier dismissal of the group of boxy office buildings that were turning most of America's urban centers into a blur. Although it was unbuildable, it grabbed more headlines than any real building could have, and it gave the illusion that Wright was in command of a type of building that he had always disdained.

B. The Burj Khalifa, in Dubai—the new holder of the title of World's Tallest Building—is no less extravagant a media gesture. Unlike Wright's design, to which it bears a startling resemblance, this building is very real—all one hundred and sixty stories (or two thousand seven hundred and seventeen of it). For decades skyscrapers have been topping each other in only small increments: Kuala Lumpur's Petronas Towers (one thousand four hundred and eighty-two feet) are thirty-two feet taller than Chicago's Sears Tower (or Willis Tower, as it is now called); the Shanghai World Financial Center is about a hundred and thirty feet taller than the Petronas Towers; Taipei 101, in Taiwan, is fifty feet taller than the Shanghai tower; and so on. But the Burj Khalifa represents a quantum leap over these midgets. Even if you put the Chrysler Building on top of the Empire State Building, that still wouldn't equal its height.

C. As with most super-tall buildings, function is hardly the point of the Burj Khalifa. Certainly, it's not as if there weren't enough land to build on in Dubai, or any need for more office or residential space, after a decade-long construction spree that makes the excesses of Florida look almost prudent. Dubai doesn't have as much oil as some other emirates, and saw a way to make itself rich by turning an expanse of sand beside the Arabian Gulf into an all-in-one business center, resort, and haven for flight capital. When the tower was first planned, by Emaar Properties, a real-estate entity partly owned by the government, it was called Burj Dubai, which means Dubai Tower—just in case anyone might have missed the fact that the world's most high-flying, come-from-nowhere city was also home to the world's tallest building. But while the building was going up, growth in Dubai ground to a halt, leaving much of the new real estate unoccupied and unsold. This past November, Dubai ran out of money, was unable to make payments on sixty billion dollars' worth of debt, and had to be rescued by a ten-billion-dollar bailout from Abu Dhabi, the conservative, oil-rich emirate next door. At the building's opening, Dubai announced that the skyscraper would bear the name of Abu Dhabi's ruler, Sheikh Khalifa bin Zayed al-Nahyan. It's as if Goldman Sachs were rename its new headquarters the Warren Buffett Tower.

D. Dubai is unlike any other city, but imagine a cross between Hong Kong and Las Vegas that tries to operate as if it were Switzerland, and you begin to get the idea. There are more glitzy glass towers than you can count, many of them put up not so much to house people or businesses as to give to rich Indians, Russians, Iranians, and Southeast Asians a place to park some cash away from nosy local governments. Given the general level of tasteless showiness on display—not to mention the often appalling living conditions of Dubai's armies of migrant construction workers—the Burj Khallfa should be an easy building to loathe, and the embarrassing way that its completion coincided with the near-meltdown of Dubai's economy makes it easy to mock as a symbol of hubris. And yet the Burj Khalifa turns out to be far more sophisticated, even subtle, than one might expect. The tower is a shimmering silver needle, its delicacy as startling as its height. You would think that anything this huge would dominate the sky, but the Burj Khallfa punctuates it instead.

E. The tower was designed by the architect Adrian Smith and the engineer William Baker, both of Skldmore, Owings & Merrill. (Smith left the firm during construction, and Baker and his colleagues George Efstathiou and Eric Tomich saw the project through to completion.) Skidmore has built plenty of iconic skyscrapers before. A generation ago, its architect-engineer team Bruce Graham and Fazlur Khan revolutionized skyscraper design with the bundled tube structure of the Sears Tower. The Burj doesn't use bundled tubes, though to look at it from the outside you might think it did. From a distance it looks like a cluster of variously sized metal rods, the tallest at the center. The building has a Y-shaped floor plan, with three lobes buttressing a hexagonal central core, which houses the elevators. The structure provides a lot of exterior walls with windows overlooking the Gulf and the desert. The first twenty or so floors are fairly bulky, giving the building a wide stance on the ground, but as it rises there is spiraling sequence of setbacks. By the time you get about a third of the way to the top, the tower has gracefully metamorphosed into a slender building, and it keeps on narrowing until only a central section remains.

F. One advantage of this configuration is that, because the building's shape varies at each level, wind cannot create an organized vortex around it and stress on the structure is thereby reduced. The setbacks, the Skidmore team likes to say, — confuse the wind. But the design has an aesthetic virtue, too, giving the Burj Khalifa, for all its twenty-first-century ingenuity, a lyrical profile that calls to mind the skyscrapers of eighty or ninety years ago. The defining towers of the New York skyline, at least before the Second World War, were skinny compared with today's skyscrapers, and their vertical lines gave intense visual pleasure. We've sacrificed all that for efficiency: office tenants today want lots of hodzontal space, which means huge, open floors and stocky, inelegant towers. The Burj Khalifa has three million square feet of interior space which sounds like a lot, but in fact it is four hundred thousand square feet less than the Shanghai World Financial Center, which is fifty-nine stories shorter. Even the MetLife Building, less than a third of the height of the Burj, has 2.4 million square feet. The Burj Khalifa can afford not to care about square footage because, notwithstanding a few small, high-priced office suites on the narrow floors at the top, it isn't an office building. Most of the building is given over to condominium apartments. (At the bottom, there will be a hotel designed and managed by Giorgio Armani.) The decision to make most of the building residential speaks volumes about the extent to which Dubai's economy has been based on the sale of condominiums to absentee owners for investment. Whether or not the decision to fill the tower with apartments made economic sense, it was certainly the right thing to do architecturally. The profile of the Burj has a magnetism that is lacking in almost every other super-tag building of our time. Furthermore, the tower doesn't indulge in the showy engineering tricks that have become so common today; it doesn't get wider as it rises, or lean to one side, or appear to be made of broken shards. There is something appealing about a building that relies on the most advanced engineering but doesn't flaunt it.

Questions 1-5

Do the following statements agree with the claims of the writer in Reading Passage 2? In the parentheses numbered 1-5 on your Answer Sheet, write,

YES if the statement agrees with the claims of the writer

NO if the statement contradicts the claims of the writer

NOT GIVEN if it is impossible to say what the writer thinks about this

1. The Buru Khalifa is the tallest skyscraper now which is even taller than the total height of the Chrysler Building and the Empire State.
2. There were not actually enough land and great need to build such a skyscraper in Dubai.
3. To get an idea about what kind of city Dubai is like, it is suggested to imagine a cross between Hong Kong and Las Vegas.
4. You can't justify the Burj Khalifa by the standards that apply to most commercial buildings.
5. Although erecting the tallest building in the world is frivolous, it is still an exciting pursuit.

Questions 6-10

Classify the following as typical of the skyscrapers built

A. before the Second World War

B. after the Second World War

C. Both before and after the Second World War

Then mark the corresponding letter on the Answer Sheet with a single line through the center.

6. intense visual pleasure
7. lots of horizontal space
8. stocky and inelegant towers
9. towers are skinny
10. intense allure of height

Questions 11-15

For each question below, choose the answer that best completes the sentence. Then mark the corresponding letter on the Answer Sheet with a single line through the center.

11. According to the author, Frank Lloyd Wright designed the Mile High Illinois most probably because ______________.

    A. he wanted to try a new architectural style he had always liked

    B. he could make the building a famous landmark

    C. he appreciated the boxy office building in American cities

    D. he was in command of seemingly unbuildable skyscrapers

12. The tallest building among the following ones is ______________.

A. Kuala Lumpur's Petronas Towers

B. Chicago's Willis Tower

C. The Shanghai World Financial Center

D. Taipei 101

13. The Burj Dubai was renamed as the Burj Khalifa because ____________.

A. Abu Dhabi rescued Dubai from its financial difficulties

B. Khalifa successfully led the architect-engineer team of the world's tallest building

C. the new name is a tribute to the architect of the super-tall building

D. Khalifa is the name of the ruler of Dubai

14. The design of the Burj Khalifa ____________.

A. conforms to the revolutionized-bundled tube structure

B. uses variously sized metal rods to reduce the stress of wind

C. features a variety in shape at each level of the building

D. has an aesthetic discredit for its closeness to old-fashioned skyscrapers

15. According to the author, the Burj Khalifa ____________.

A. is a loathsome building for the terrible living conditions of its construction workers

B. is an office building with a luxurious hotel at the bottom

C. boasts of its use of the most advanced engineering quite unusual today

D. relies on the most advanced engineering but doesn't indulge in the showy tricks

Passage 13 (四川外国语大学 2012)

A. After a long break, online bookseller Amazon is back trying to encourage us to read in a new way. Its website now features this description of its Kindle reading device: "Availability: In Stock. Ships from and sold by Amazon. com. Gift-wrap available." This good news for consumers comes after the first batch of the devices sold out in just six hours late last year.

B. This seems like a fitting time to ask: If the Internet is the most powerful communications advance ever—and it is—then how do this medium and its new devices affect how and what we read?

C. Aristotle lived during the era when the written word displaced the oral tradition, becoming the first to explain that how we communicate alters what we communicate. That's for sure. It's still early in the process of a digital rhetoric replacing the more traditionally written word. It's already an open question whether constant email and multitasking leaves us overloaded humans with the capability to handle longer-form writing.

D. Amazon CEO Jeff Bezos dedicated his most recent shareholder letter to explaining his cultural ambitions for the Kindle. Laptops, Black Berrys and mobile phones have — "shifted us more toward information snacking, and I would argue toward shorter attention spans". He hopes that — "Kindle and its successors may gradually and incrementally move us over years into a world with longer spans of attention, providing a counterbalance to the recent proliferation of info-snacking tools."

E. To an info-snacker of many years, the prospect of a gourmet meal sounds pretty good. Perhaps a new digital device like the Kindle can help us regain the attention spans earlier devices helped us lose. If so, this could become a great era for books, or more accurately for the future of words that for centuries could be delivered only in book form.

F. Digitized words can be spread at low cost in newly interactive ways. As the marketing for the Kindle puts it, over 100,000 books can be delivered wirelessly in less than a minute, — whether you're in the back of a taxi, at the airport, or in bed.

G. *In Print Is Dead*: *Books in Our Digital Age*—published in hardcover last November, and now available for the Kindle—author Jeff Gomez challenges authors and publishers to think creatively about the new medium: "It's not about the page versus the screen in a technological grudge match. It's about the screen doing a dozen things the page can't do." Digitized words should count for more. "What's going to be transformed isn't just the reading of one book, but the ability to read a passage from practically any book that exists, at any time that you want to, as well as the ability to click on hyperlinks, experience multimedia, and add notes and share passages with others."

H. The book introduced a disciplined way of thinking about topics, organized around contents pages, indexing, citation and bibliography. These are at the root of Web structure as well. One theme for the next annual conference on the book is that the digital experience could simply be an evolution: "The information architecture of the book, embodying as it does thousands of years' experience with recorded knowledge, provides a solid grounding for every adventure we might take in the new would of digital media."

I. The not-so-positive case is that, at least so for, we're not giving up on books for the same words on screens—we're giving up on words. Pick your data point: A recent National Endowment for the Arts report, "To Read or Not to Read," found that 15-to 24-year-olds spend an average of seven minutes reading on weekdays; people between 35 and 44 spend 12 minutes; and people 65 and older spend close to an hour.

J. Much is at stake. As Mr. Gomez concluded, "what's really important is the culture of ideas and innovation" books represent. But "to expect future generations to be satisfied with printed books is like expecting the BlackBerry users of today to start communicating by writing letters, stuffing envelopes and licking stamps."

K. Innovations to address our evolving expectations include combining traditional books with newer media. Scholastic plans a new series for kids called — "39 Clues", which will feature books, online games and collecting card; the aim is to get kids "excited about books in a whole new way." Leapfrog's Leapster device for toddlers looks a junior videogame device, but actually teaches key skills through titles like "Letters on the Loose" and "Numbers on the Run."

L. Marshal McLuhan more than 40 years ago warned, "The electric technology is within the gates, and we are numb, deaf, blind and mute about its encounter with the Gutenberg technology on and through which the American way of life was formed." Maybe McLuhan was too pessimistic. With innovations like the Kindle, digital media can help return to us our attention spans and extend what makes books great: words and their meaning.

Questions 1-5

Do the following statements agree with the claims of the writer in reading passage 13? In the parentheses numbered 1-5 on your Answer Sheet, write,

YES if the statement agrees with the claims of the writer

NO if the statement contradicts the claims of the writer

NOT GIVEN if it is impossible to say what the writer thinks about this

1. Emails and media multitasking distract young people from reading on weekdays.
2. Digitized words, though at a higher cost, can be accessed more easily and more quickly.
3. Kinde has made it possible for people to read any book that exists at any time they want.
4. Kindle further motivates the evolution of words that have been delivered only in book form.
5. The inbention of Kindle will prove the McLuhan's warning is well grounded.

Questions 6-10

For each question below, choose the answer that best completes the sentence. Then mark the corresponding letter on the Answer Sheet with a single line through the center.

6. According to the passage, the information-snacking tools ____________.
   A. are the grounding of the evolution of digital books
   B. are invented to replace written words
   C. can free people from overloaded work
   D. may decrease people's attention spans
7. Jeff Bezos's cultural ambition for the Kindle is that ____________.
   A. it will make a huge profit for him and his shareholders
   B. it will preclude the proliferation of info-snacking tools
   C. it will help solve the problem of recovering attention spans
   D. It will assist people in reducing the cost of spreading recorded knowledge
8. The National Endowment for the Arts report indicates that ____________.
   A. more and more people are inclined to favor digital books
   B. people, especially young people, tend to spend little time reading books
   C. the prospects of digital books are brightening
   D. the conventional book form will vanish
9. According to Mr. Gomez, the future generations will ____________.
   A. finally comprehend the importance of culture and innovation
   B. possibly begin to write letters with paper and envelops
   C. surely get unsatisfied with printed books

D. incrementally expect to use BlackBerry to communicate

10. The series "39 Clues" is designed for children to ____________.

A. arouse kids' interest in books

B. make kids get excited about computer technology

C. introduce a new software to kids

D. help kids get familiar with the new media

Passage 14 （国际关系学院 2014）

Directions: Explain in English how you understand the following quotes:

1. Those who expect to reap the blessings of freedom must undergo the fatigue of supporting it. (T. Paine)
2. Love and reason do not go together.
3. Always laugh when you can. It's a cheap medicine. (Lord Byron)
4. All good things are cheap, all bad things are very dear. (H. D. Thoreau)
5. Experience keeps a dear school, yet fools will learn in no other. (Benjamin Franklin)

Passage 15 （国际关系学院 2013）

Directions: Explain in English how you understand the following sayings and quotes:

1. We, are all born ignorant, but one must work hard to remain stupid. (Benjamin Franklin)
2. Man is a reasoning rather than a reasonable animal. (Alexander Hamilton)
3. I don't have a problem with the Nobel prize; it's the popular obsession over it that I find objectionable—For populations in countries like China and South Korea, it has become a matter of national validation if successful, and national scorn if not. Come on, folks, it's an individual prize for a writer's body of work. (*Harvard Goldblatt's* comment on the attention Chinese paid to Mo Yan who won the Nobel Prize in Literature)
4. Life is the art of drawing sufficient conclusion from insufficient premises. (Samuel Butler)
5. You can't hold a man down without staying down with him. (Booker T. Washington)

Passage 16 （国际关系学院 2012）

Directions: Explain in English how you understand the following sayings and quotes:

1. I was asked to memorize what I did not understand and, my memory being so good, it refuses to be insulted in that manner. (Aleister Crowley)
2. Any girl can be glamorous. All you have to do is stand still and look stupid. (Hedy Lamarr)
3. If it is true that our species is alone in the universe, then I'd have to say the universe aimed rather low and settled for very little. (George Carlin)
4. I don't want to own anything that won't fit into my life. (Fred Allen)
5. People will pay more to be entertained than educated. (Johnny Carson)

Passage 17　(国际关系学院 2011)

Directions: Explain in English how you understand the following sayings and quotes:

1. It is always safe to learn, even from our enemies; seldom safe to venture to instruct, even our friends. (Charles Caleb Colton)
2. To know that we know what we know, and to know that we do not know what we do not know, that is true knowledge. (Nicolaus Copemicus)
3. Dictionary is the only place that success comes before work.
4. The difference between school and life? In school, you're taught a lesson and then given a test. In life, you're given a test that teaches you a lesson. (Tom Bodeo)
5. I have as much authority as the Pope; I just don't have as many people who believe it. (George Carlin)

第四部分

模拟试题

模拟试题 1

PART Ⅱ Reading Comprehension(2'×20=40')

Section A

***In this section there are three reading passages followed by 10 questions or unfinished statements, each with four suggested answers marked A, B, C and D. Choose the one that you think is the best answer. Mark your answers on your answer sheet.* (2'×10=20')**

Passage 1

Ignore all the grumbling you will hear in the next few days about *Standard & Poor's*. Yes, the ratings agency miscalled tens of billions of dollars of mortgage bonds leading up to the financial crisis. Yes, it's an organization fraught with conflicts of interest, where debt issuers game the system to get the highest ratings. And yes, even in coming to its conclusion about the U. S. credit worthiness it appears *S&P's* team of crack analysts made a minor $2 trillion error in calculating how much debt the U. S. would accumulate in the next 10 years(they said $22 trillion, but best guesses are $20 trillion). Know this: The ratings agency's decision on Friday to downgrade the credit rating of the U. S. government to AA+ from AAA—stripping the U. S. of the highest rating for the first time in 70 years—was 100% correct.

There are a lot of reasons the U. S. no longer deserves the *S&P's* highest credit rating. Not all are political. U. S. growth is slowing. The current recovery has dragged on at an anemic pace for more than two years, and it's not clear when that will end. Economists had been looking for the U. S. GDP to grow 3% this year. It will be more like 2%.

But the slower growth trend is likely to extend past the current recovery, no matter when we pull out of it. The recoveries from the past two recessions have been among the slowest on record, and suggests the underlying strength of the U. S. economy is weakening. But that's just the beginning of why the downgrade makes sense.

There's more: The aging of the U. S. population is likely to significantly boost healthcare costs and increase inflation. And a multi-decade long increase in the wealth gap in the U. S. has led to a vast increase in the amount of debt most Americas have. It has lowered the standard of our healthcare and education systems, and also made the U. S. more vulnerable to future financial crisis.

But, to be sure, a large part of the current downgrade is political. And those aren't going away anytime soon either. The fracturing of our political system has led to the rise of political parties that are unwilling to compromise on our biggest challenges. It is clear that the rise of the Tea Party and the pledge of Republicans in general to never raise taxes, along with the Democrats unwillingness to cut Social Security, produced the downgrade. In its decision to downgrade the U. S. debt, the *S&P* specifically cited the lack of tax increases and cuts to entitlement programs in the debt ceiling deal as the reason they were lowering the U. S. 's rating. Worse, *S&P* said the U. S. is likely to face a further ratings downgrade if the government continues to extend the Bush tax cuts for the wealthiest Americas.

So what does the downgrade mean? Despite the mistakes *S&P* has made in the recent past, it's ratings still matter. As I pointed out earlier this week, on average countries with lower ratings have higher interest rates. So borrowing costs of not only the U. S. government but also American consumers is likely to go up, even if not significantly at first. What's more, Treasury bonds, long one of the most stable securities in the market, are likely to get more volatile.

That being said, one should not view the current downgrade of the U. S. debt as a new economic event. It is the latest blow that the U. S. economy has taken from the huge ramp up in housing and other debt that lead to the financial crisis. Economists have long predicted that the credit crisis would cause the U. S. economy to grow at a slower pace for years to come. How exactly that slower growth would play out was not clear. Now we have one more piece of the puzzle—relatively higher interest rates that will make it harder for the government, Americans and corporations to borrow money and expand. And after all the borrowing we have done in the past few decades, it's an outcome we deserve.

1. Which of the following is firmly believed by the author?
   A. It's the rating agency's fault that they believed that tens of billions of dollars of mortgage bonds leading up to the financial crisis.
   B. The *S&P* has been controled by the debt issuers to get the highest ratings.
   C. The *S&P's* team of crack analysts made a minor mistake in calculating how much debt the U. S. would accumulate in the next 10 years.
   D. It's the first time in some 70 years that the U. S. has been deprived of the highest credit rating.
2. Which one is not reason for the downgrade of the U. S. credit ratings?
   A. U. S. economy growing is slowing.

B. The underlying strength of the US economy is weakening.

C. Higher standard of healthcare and increased inflation.

D. The fracturing of our political system.

3. Speaking of the political reasons which lead to the downgrade of the credit rating, the *S&P* believes that ________.

A. U. S. is in need of tax increases

B. The cuts to entitlement programs in the debt ceiling deal also leads to the lowing of downgrade

C. The fracturing of U. S. political system has led to the rise of political parties that are unwilling to compromise on our biggest challenges

D. U. S. is likely to face a further ratings downgrade if the government continues to extend the Bush tax cuts for the wealthiest Americas

4. According to the author, which of following is not one of the impacts of the downgrade?

A. *S&P* has made a mistake in downgrading U. S. credit ratings.

B. Borrowing costs of both American government but also consumers is possibly increase.

C. American treasury bonds are likely to get more volatile.

D. It will be more difficult for American companies to expand after the credit crisis.

5. The main topic of this passage is ________.

A. U. S. economy is slowing down

B. the America has been downgraded by the *S&P*

C. it's not fair for the U. S. has been downgraded

D. the analysis of the *S&P* U. S. credit rating downgrade

Passage 2

Ever since John Wheeler coined the phrase "black hole", these complex astronomical phenomena have held a peculiar fascination for physicists and laymen alike. Physicists are interested because of the extreme conditions inside and at the edge of a black hole—a region where gravity is so strong that nothing was thought to be able to escape. These conditions test the intersection between the two theories that lie at the heart of modern physics: quantum mechanics and Einsteinian gravity (the latter known, rather confusingly, as the general theory of relativity). Both theories agree perfectly with those observations that have been made so far. But the two seem to be incompatible with each other, putting out of reach one grand, unified theory. Many physicists would like to overcome this obstacle.

Laymen are probably more captivated by Dr. Wheeler's nomenclature than by the details of the physics. But black holes are not really black. In the paper that catapulted him to fame in 1974, Stephen Hawking predicted that some black holes should emit radiation (although in a manner that is still not fully understood). And now, it seems that another famous coinage by Dr.

Wheeler— "black holes have no hair"—is also false.

What Dr. Wheerler meant by the hairlessness of black holes was that they could be characterized by just three numbers: mass, angular momentum(roughly speaking, how fast a hole spins) and electric charge. To describe a star, one would have, by contrast, to say what each of the zillions of atoms inside it was doing. Once Dr. Hawking discovered that a black hole radiates, however, the lack of hair led to a paradox. Drop something—an encyclopedia, say—into a black hole, and it would be destroyed and eventually re-emitted as Hawking radiation in a random way. The information in the encyclopedia would be lost. But quantum mechanics dictates, perhaps surprisingly, that information cannot be destroyed. If the encyclopedia were to fall into a star it would be possible(though admittedly very hard) to reconstruct it by reversing the paths of all the atoms of which it had been composed.

Before Dr. Hawking's paper, that points was finessed because no one could prove that the information was not somehow preserved within the black hole. But the Hawking radiation, which is predicated by an ad hoc combination of relativity and quantum mechanics, trumps that finesse and leaves an apparent paradox.

In a paper just published in *Nuclear Physics* B, Samir Mathur and his colleagues at Ohio State University seem to have solved the paradox using string theory, which is the best available attempt to reconcile relativity and quantum mechanics. This theory, which postulates that everything in the universe is a consequence of tiny strings oscillating in ten dimensions, was thought to have observable consequences only at very small scales—as much smaller than atoms as atoms are smaller than the solar system. Dr. Mathur showed, however, that at high densities of matter, such as those within a black hole, the effects attributable to strings can grow to large sizes.

According to Dr. Mathur, the interior of a black hole can be thought of as a ball of strings. This ball modulates the Hawking radiation in a way that reflects the arrangement of the strings inside the hole. So, in effect, it acts as a repository of the information carried by things that have fallen into the hole. Thus, as quantum mechanics requires, no information is destroyed.

Besides resolving the information paradox, this theory has the added benefit—at least in the special cases that Dr. Mathur has been able to work out exactly—of getting rid of the "singularity" that had been thought to lie at the center of every black hole. A singularity is a mathematical anomaly where physical theories such as general relativity break down because quantities that should be finite diverge to infinity. It would therefore be quite a boon if Dr. Mathur is correct, and singularities do not actually exist.

His result also has a bearing on wider cosmological issues. The early universe would have had a density similar to a black hole, and so the "string-ball" theory would have applied there, too. Though Dr. Mathur is cautious on the matter, his theory might supply an alternative explanation about why—when viewed on the grandest scale—the universe appears remarkably uniform.

At the moment, this uniformity is put down to a phenomenon known as cosmic inflation, in which the universe is supposed to have expanded rapidly when it was very young. That expansion would have "locked in" the universe's initial uniform state by stopping local concentrations of matter from forming. Trying the early universe together with strings might provide an alternative explanation for cosmic uniformity.

String theory is often criticized because it abstract and thus hard to compare with reality. But although no one can yet see a black hole close up, and thus test Dr. Mathur's ideas for real, the fact that string theory seems able, in this case, to resolve long-standing inconsistencies between general relativity and quantum mechanics is a big point in its favor.

1. From the passage we know that ____________.
   A. quantum mechanics can explain the phenomena of black holes
   B. Einsteinian gravity can explain the phenomena of black holes
   C. neither quantum mechanics nor Einsteinian gravity can explain the phenomena of black holes until now
   D. quantum mechanics and Einsteinian gravity are incompatible with each other
2. Laymen are probably more captivated by ____________.
   A. the radiation of black holes
   B. the coinage of black hole
   C. the general theory of relativity
   D. the string theory
3. The string theory ____________.
   A. suggests that it is hard to explain the phenomena of black holes by using physical theory
   B. can explain what is the black hole
   C. has solved the paradox between quantum mechanics and Einsteinian gravity
   D. is a kind of mathematical theory
4. According to ____________, if a dog is thrown into the black hole, the information that is in the black hole may be changed.
   A. Dr. Wheeler's idea
   B. Stephen Hawking's idea
   C. quantum mechanics
   D. the string theory
5. The best title of the passage should be ____________.
   A. Black Holes—Hair Today
   B. Black Holes
   C. New Theory
   D. String Theory

Section B

Directions: *In this section there are two passages followed by a number of questions. You are required to give a brief answer in two or three lines to each of the questions.* (2'×10=20')

Passage 1

One of the bosses in the film *Horrible Bosses* announces that it is time to "trim some of the fat". He then tries to fire the fat employees. In real life, companies are more humane. But they do worry about their employees' health, and the effect this has on productivity and insurance premiums. Many are trying to nudge their staff to keep fit.

At GE Capital's office in suburban Connecticut, for example, employees may not smoke on company property. The office gym has personal trainers and flyers with recipes for kale and quinoa salad. Outside the cafeteria, a sign warns of the calorific peril of the chicken pot pie; inside, the salad bar has color-coded tongs to convey which salad toppings should be used "freely" or "sparingly".

Health premiums in America have more than doubled in the past decade. The proportion of adults who are not merely chubby but clinically obese has more than doubled since 1980, to a third. Small wonder more firms are offering wellness programmes. This year 73% of employers surveyed by PwC said they offered some type of wellness initiative; of those with more than 5,000 workers, 88% did.

Such programmes used to involve little more than a few leaflets urging staff to exercise, eat less and quit smoking. Now they are pushier. Many firms ban smoking on the premises. Many also offer incentives for living healthily. This can mean cash, or something more complicated.

This month Humana, a health insurer, launched a programme to reward healthy behavior with points that can be used towards hotels and electronic gadgets. The trendiest human-resources departments subscribe to the theory, peddled by behavioral economists, that people are not rational actors—given the choice between good health later and a doughnut now, the doughnut will usually win. But people can be manipulated to act more wisely.

Large firms are often the most ambitious. At IBM, employees receive a $150 bonus for exercising, eating nutritious meals and so on. One such bonus is designed not just for an employee but for his entire family. According to IBM's own data, caring for a diabetic child is six times costlier than caring for a healthy one. One study of the exercise bonus scheme showed that participants' annual health costs grew 19% more slowly than those of non-participants. In any other field such results would be dismal. IBM considers it a triumph.

GE has experimented with various tactics. In 2009 it worked with United Healthcare, an insurer, to give diabetics cheaper drugs and nutritional programmes, an effort to avert costly complications. A new health plan, meanwhile, aims to wring value from health spending. GE pays for 100% of preventive care but tries to steer employees toward cheaper, more effective treatment. "This isn't about big brother telling people what to do," says John Rice, GE's vice-chairman, "but helping them make better choices."

More and more firms are jumping on the wellness bandwagon. United last year announced a partnership with the YMCA, a gym, and Walgreens, a pharmacy, to prevent those at risk of diabetes from acquiring it. Express Scripts, which manages drug plans, has a lab that studies how workers use (legal) drugs and how they might be nudged to take the right ones at the right time. It calls this "Consumerology". Healthways, which helps employers create health programmes, offers workers different incentives to take their medicine. (For example, one diabetic may be persuaded by $3. Another may require $20. Others may simply do it because not taking your medicine can lead to complications such as having your foot amputated.)

It is unclear how many of these programmes actually work. Some appear to. United's intervention for pre-diabetics is an expansion of a model tested by the National Institutes of Health, which reduced the likelihood of developing diabetes by 58% over three years. Kevin Volpp, the director of the Centre for Health Incentives at the University of Pennsylvania, found that GE's anti-smoking incentives prompted 9.4% of smokers to remain smoke-free after 18 months. Without incentives, only 3.6% of those who tried to quit succeeded. A review published in *Health Affairs* last year found that firms saved $3.27 for every dollar they spent on health programmes.

However, Dr. Volpp sounds a note of caution. Companies with programmes that flop are less likely to broadcast their results. Some initiatives reward healthy employees for activities they might have done anyway. Others prompt only temporary change. "Short-term weight loss is not a particularly big trick," says James Pope, the chief science officer for Healthways. "Long-term weight loss is." PwC's survey found that more than half of employers with wellness programmes judged them to have had only a minimal effect. Nevertheless, a healthy 89% planned to expand their programmes.

In future, some firms may stop offering health insurance, dumping employees on new state exchanges created by Barack Obama's health law. Those who continue to offer insurance may try controversial means to keep it affordable. **A growing number of Healthways' clients want to use sticks as well as carrots**, says Dr Pope. At Safeway, a grocery chain, the premium that employees pay for their health insurance falls if they keep their weight and cholesterol under control. In other words, the unhealthy are penalized. GE first offered incentives to employees who stopped smoking; now those who still smoke must pay $650 more for their health insurance. Companies may be nudging now, but in future they may shove.

Questions:

1. Why does the author employ the film *Horrible Bosses* in the first paragraph?
2. In what way are the trendiest human-resources departments' programmes consistent with behavioral economists' theory?
3. What can we infer from the examples of GE and IBM?
4. What does Dr. Volpp remind us of?

5. Paraphrase the sentence "A growing number of Healthways' clients want to use sticks as well as carrots". (The last paragraph)

Passage 2

The Art of Pleasing

——A Letter to His Son

DEAR BOY:

The art of pleasing is a very necessary one to possess; but a very difficult one to acquire. It can hardly be reduced to rules; and your own good sense and observation will teach you more of it than I can. Do as you would be done by, is the surest method that I know of pleasing. Observe carefully what pleases you in others, and probably the same thing in you will please others. If you are pleased with the complaisance and attention of others to your humors, your tastes, or your weaknesses, depend upon it the same complaisance and attention, on your part to theirs, will equally please them. Take the tone of the company that you are in, and do not pretend to give it; be serious, gay, or even trifling, as you find the present humor of the company; this is an attention due from every individual to the majority. Do not tell stories in company; there is nothing more tedious and disagreeable; if by chance you know a very short story, and exceedingly applicable to the present subject of conversation, tell it in as few words as possible; and even then, throw out that you do not love to tell stories; but that the shortness of it tempted you.

Of all things, banish the egotism out of your conversation, and never think of entertaining people with your own personal concerns, or private, affairs; though they are interesting to you, they are tedious and impertinent to everybody else; besides that, one cannot keep one's own private affairs too secret. Whatever you think your own excellencies may be, do not affectedly display them in company; nor labor, as many people do, to give that turn to the conversation, which may supply you with an opportunity of exhibiting them. If they are real, they will infallibly be discovered, without your pointing them out yourself, and with much more advantage. Never maintain an argument with heat and clamor, though you think or know yourself to be in the right: but give your opinion modestly and coolly, which is the only way to convince; and, if that does not do, try to change the conversation, by saying, with good humor, "We shall hardly convince one another, nor is it necessary that we should, so let us talk of something else."

Remember that there is a local propriety to be observed in all companies; and that what is extremely proper in one company, may be, and often is, highly improper in another.

The jokes, the *bon-mots*, the little adventures, which may do very well in one company, will seem flat and tedious, when related in another. The particular characters, the habits, the cant of one company, may give merit to a word, or a gesture, which would have none at all if divested of those accidental circumstances. Here people very commonly err; and fond of something that has entertained them in one company, and in certain circumstances, repeat it with emphasis in another, where it is either insipid, or, it may be, offensive, by being ill-timed or misplaced.

Nay, they often do it with this silly preamble; "I will tell you an excellent thing"; or, "I will tell you the best thing in the world." This raises expectations, which, when absolutely disappointed, make the relater of this excellent thing look, very deservedly, like a fool.

If you would particularly gain the affection and friendship of particular people, whether men or women, endeavor to find out the predominant excellency, if they have one, and their prevailing weakness, which everybody has; and do justice to the one, and something more than justice to the other. Men have various objects in which they may excel, or at least would be thought to excel; and, though they love to hear justice done to them, where they know that they excel, yet they are most and best flattered upon those points where they wish to excel, and yet are doubtful whether they do or not. As, for example, Cardinal Richelieu, who was undoubtedly the ablest statesman of his time, or perhaps of any other, had the idle vanity of being thought the best poet too; he envied the great Corneille his reputation, and ordered a criticism to be written upon the "Cid." Those, therefore, who flattered skillfully, said little to him of his abilities in state affairs, or at least but en passant, and as it might naturally occur. But the incense which they gave him, the smoke of which they knew would turn his head in their favor, was as a *bel esprit* and a poet. Why? Because he was sure of one excellency, and distrustful as to the other.

You will easily discover every man's prevailing vanity, by observing his favorite topic of conversation; for every man talks most of what he has most a mind to be thought to excel in. Touch him but there, and you touch him to the quick. The late Sir Robert Walpole (who was certainly an able man) was little open to flattery upon that head; for he was in no doubt himself about it; but his prevailing weakness was, to be thought to have a polite and happy turn to gallantry; of which he had undoubtedly less than any man living: it was his favorite and frequent subject of conversation: which proved, to those who had any penetration, that it was his prevailing weakness. And they applied to it with success.

Women have, in general, but one object, which is their beauty; upon which, scarce any flattery is too gross for them to swallow. Nature has hardly formed a woman ugly enough to be insensible to flattery upon her person; if her face is so shocking, that she must in some degree, be conscious of it, her figure and her air, she trusts, make ample amends for it. If her figure is deformed, her face, she thinks, counterbalances it. If they are both bad, she comforts herself that she has graces; a certain manner; a je ne sais quoi, still more engaging than beauty. This truth is evident, from the studied and elaborate dress of the ugliest women in the world. An undoubted, uncontested, conscious beauty, is of all women, the least sensible of flattery upon that head; she knows that it is her due, and is therefore obliged to nobody for giving it her. She must be flattered upon her understanding; which, though she may possibly not doubt of herself, yet she suspects that men may distrust.

Do not mistake me, and think that I mean to recommend to you abject and criminal flattery: no; flatter nobody's vices or crimes: on the contrary, abhor and discourage them. But there is no living in the world without a complaisant indulgence for people's weaknesses, and innocent, though ridiculous vanities. If a man has a mind to be thought wiser, and a woman handsomer than they really are, their error is a comfortable one to themselves, and an innocent one with regard to other people; and I would rather make them my friends, by indulging them in it, than my enemies, by endeavoring(and that to no purpose) to undeceive them.

There are little attentions likewise, which are infinitely engaging, and which sensibly affect that degree of pride and self-love, which is inseparable from human nature; as they are unquestionable proofs of the regard and consideration which we have for the person to whom we pay them. As, for example, to observe the little habits, the likings, the antipathies, and the tastes of those whom we would gain; and then take care to provide them with the one, and to secure them from the other; giving them, genteelly, to understand, that you had observed that they liked such a dish, or such a room; for which reason you had prepared it: or, on the contrary, that having observed they had an aversion to such a dish, a dislike to such a person, etc., you had taken care to avoid presenting them. Such attention to such trifles flatters self-love much more than greater things, as it makes people think themselves almost the only objects of your thoughts and care.

These are some of the arcane necessary for your initiation in the great society of the world. I wish I had known them better at your age; I have paid the price of three-and-fifty years for them, and shall not grudge it, if you reap the advantage. Adieu.

Questions:

1. What is the surest method of pleasing according to the author? And what does the author mean by saying so?
2. What shall be done to gain the affection and friendship of particular people?
3. Why does attention to trifles flatter self-love much more than greater things according to the author?
4. To what extent do you agree or disagree with what the author has argued in the text?
5. What do you think of this letter's writing style?

模拟试题 2

PART Ⅱ　Reading Comprehension(2'×20=40')

Section A

Directions: ***In this section there are two reading passages followed by 10 questions or unfinished statements, each with four suggested answers marked A, B, C and D. Choose the one that you think is the best answer. Mark your answers on your answer sheet.*** **(2'×10=20')**

Passage 1

"Please don't take your organs to heaven," reads the American bumper sticker. "Heaven knows that we need them here on earth." Last year more than 7, 000 Americans died while awaiting an organ transplant—almost double the number of American soldiers killed in Iraq since 2003. In Europe, too, thousands of people whose lives could be extended or transformed (by having sight restored, for example) through transplants forfeit the opportunity for want of available organs.

Research by the World Health Organisation (WHO) has found that only one in ten people in need of a new kidney, the body part most in demand, manages to get one. In the poorest places, of course, a complex transplant—which in the American health system costs $500, 000—is unthinkable for most people anyway. But the gap between supply and demand for organs affects the poor too, by creating a market in body parts where abuses are rife.

In prosperous and middle-income countries, the waiting lists for organ transplants grow ever longer as ageing populations, hypertension and obesity (a big cause of diabetes-driven kidney failure) take their toll. The problem has been exacerbated by a fall in road deaths in rich countries, which—along with strokes and heart attacks—are the main source of organs for transplant. Small wonder that people scour the globe to procure the organs they or their loved ones need; or that unscrupulous intermediaries offer help.

The latest of many organ-harvesting scandals is now raging in India, one of several poor countries where the sale of organs used to be legal but has now been banned, with the apparent effect of driving the trade underground. A doctor, Amit Kumar, is awaiting trial after reportedly confessing to having performed hundreds of illegal transplants for rich clients from America, Britain, Canada, Saudi Arabia and Greece. He has been accused of luring labourers into his clinics with job offers; victims were then offered up to $2, 000, a princely sum, to part with a kidney. Some who refused are said to have had kidneys removed anyway after being drugged.

Another kidney racket flourished in South Africa between 2001 and 2003. Donors were recruited in Brazil, Israel and Romania with offers of $5, 000-20, 000 to visit Durban and forfeit a kidney. The 109 recipients, mainly Israelis, each paid up to $120, 000 for a "transplant holiday"; they pretended they were relatives of the donors and that no cash changed hands.

Knowingly or unknowingly, Europeans may have benefited from another racket, operating on their doorstep, in a region where the West claims to be upholding human rights. Carla del Ponte, until recently the chief prosecutor at the war-crimes court for ex-Yugoslavia, claims in a new book that in 1999, guerrillas from Kosovo harvested the organs of 300 captive Serbs at a secret site in Albania. The authorities in Kosovo and Albania have hotly denied the story.

1. Which of the following affects the poor the most according to the first two paragraphs?
   A. More than 7, 000 Americans died during waiting for organ transplant last year.
   B. Only 10% people in need could succeed in getting organ transplant operation.
   C. Organ transplant operation is very complex and costly even in America.
   D. The large gap between demand and supply creates markets of body parts.

2. The best reason that leads to a large gap between organ demand and supply is ____________.
   A. in prosperous and middle-income countries, more and more people died of various diseases
   B. in prosperous countries, the supply of organs reduces for the fewer traffic accident death
   C. there is a larger and larger demand while the supply seems to become less and less
   D. more and more nations begin to take measures to ban the once legal sale of organs
3. Which of the following is true according to Para. 4?
   A. The last of many organ-harvesting scandals is now taking place in India.
   B. After being banned the sale of organs in India has now disappeared.
   C. Amit Kumar was on trial for performing hundreds of illegal organ transplants.
   D. For a large amount of income, some job hunters went to part with a kidney.
4. What does the author feel about the present situation in organ-transplant profession?
   A. Pleased.
   B. Concerned.
   C. Indifferent.
   D. Sympathetic
5. What message does this passage mainly aim to convey?
   A. More people are awaiting to have lives extended transformed through transplants.
   B. Organ transplant operations are too expensive and complex for poor people to have.
   C. Organ exchange markets have been in existence in many parts of the world.
   D. The gap between demand and supply creates organ markets especially immoral exchanges.

Passage 2

Constant vigilance: that is the task of the people who protect society from enemies intent on using subterfuge and violence to get their way. It is also the watch word of those who fear that the protectors will pursue the collective interest at untold cost to individual rights. Edward Snowden, a young security contractor, has come down on one side of that tussle by leaking documents showing that the National Security Agency (NSA) spied on millions of Americans' phone records on the internet activity of hundreds of millions of foreigners.

The documents, published by the *Guardian* and the *Washington Post*, include two big secrets. One is a court order telling Verizon, a telecoms company, to hand over "metadata", such as the duration, direction and location of subscribers' calls. The other gives some clues about a programme called PRISM, which collects e-mails, files and social-networking data from firms such as Google, Apple and Facebook. Much of this eavesdropping has long been surmised, and none of it is necessarily illegal. America gives wide powers to its law-enforcement and spy agencies. They are overseen by Congress and courts, which issue orders to internet firms.

Barack Obama has responded to the leaks by saying that he "welcomes" a debate on the trade-off between privacy, security and convenience. Despite the president's words, however, the administration and much of Congress seem unwilling to talk about the programmes they oversee; and the politicians and executives who do want to speak out are gagged by secrecy laws. Opinion polls show that Americans are divided about the merits of surveillance—which is partly because they know so little about what is going on. But spying in a democracy depends for its legitimacy on informed consent, not blind trust.

You might argue that the spies are doing only what is necessary. Al-Qaeda's assaults on September 11th 2001 demonstrated to politicians everywhere that their first duty is to ensure their own citizens' safety. With Islamist bombers, there is a good case for using electronic surveillance: they come from a population that is still hard for Western security services to penetrate, and they make wide use of mobile phones and the internet. The NSA's boss, Keith Alexander, says the ploys revealed by Mr Snowden have stopped dozens of plots. The burden on society of sweeping up information about them has been modest compared with the wars launched against Afghanistan and Iraq. And the public seems happy: **if there were another attack on America, Mr Snowden would soon be forgotten.**

Yet because the spies choose what to reveal about their work, nobody can judge if the cost and intrusion are proportionate to the threat. One concern is the size, scope and cost of the security bureaucracy: some 1.4 million people have "top secret" clearances of the kind held by Mr Snowden. Is that sensible?

A second worry is the effect on America's ties with other countries. The administration's immediate response to the PRISM revelation was that Americans have nothing to fear: it touched only foreigners. That adds insult to injury in countries that count themselves as close American allies: the European Union, in particular, fastidiously protects its citizens' data. Fears abound that the spy agencies practice a cynical swap, in which each respects the letter of the law protecting the rights of its own people—but lets its allies do the snooping instead.

Lawyerly officials denials of such machinations fail to reassure because of the third worry: the governments acting outside public scrutiny are not to be trusted. James Clapper, America's director of national intelligence, told Congress in March that the NSA does not gather data on "millions of Americans". He now says he answered in "the least untruthful manner" possible. Trawls through big databases may produce interesting clues—but also life-ruining false alarms, especially when the resulting decisions are cloaked in secrecy. Those on "no-fly lists", which ban an unknown number of people from most air travel, are not told what they have done wrong and cannot clear their names. In desperation, 13 American citizens, including some who were exiled from their own country by the travel ban, are suing the government.

Our point is not that America's spies are doing the wrong things, but that the level of public scrutiny is inadequate and so is the right of redress. Without these, officials will be tempted to abuse their powers, because the price of doing so is small. This is particularly true for those who bug and ban.

Spooks do need secrecy, but not on everything, always and everywhere. Officials will complain that disclosure would hinder their efforts in what is already an unfair fight. Yet some operational efficiency is worth sacrificing, because public scrutiny is a condition for popular backing. Even allowing for the need to keep some things clandestine, Americans need a clearer idea of what their spies are doing in their name.

1. According to the passage, which of the following statements about vigilance is true?
   A. President Obama describes the spying as a defense of security.
   B. Americans differ in their attitude towards the government's vigilance.
   C. The administration and Congress feel ashamed of the spying.
   D. America's law-enforcement and spy agencies are not entitled to spy.
2. The sentence in Paragraph 4 "if there were another attack on America, Mr Snowden would soon be forgotten" probably means ________.
   A. Americans need divert their attention from the spying event
   B. Mr Snowden matters little compared to America's potential enemies
   C. Vigilance would be accepted by the public if America was faced with danger
   D. Mr Snowden's revelation of PRISM would be forgotten sooner or later
3. Americans have the following concerns regarding vigilance EXCEPT ________.
   A. Spy agents leave Americans little privacy and less security
   B. Spying will damage America's relation with other countries
   C. It is not sensible to devote much money and energy to vigilance
   D. There lacks effective scrutiny of the government's surveillance
4. The case that some citizens are banned from air travel in Paragraph 7 is presented to illustrate ________.
   A. the efficiency of spying
   B. the absurdity of the ban
   C. the inadequacy of the spying system
   D. the interesting findings of spying
5. What is the author's stance on vigilance by the government?
   A. Vigilance does more harm than good to American citizens.
   B. Protection of society is merely an excuse for illegal vigilance.
   C. The legitimacy of vigilance is still open to discussion.
   D. Vigilance is necessary but should be better scrutinized by the public.

Section B

Directions: ***In this section there are two passages followed by a number of questions. You are required to give a brief answer in two or three lines to each of the questions.*** **(2'×10=20')**

Passage 1

Can electricity cause cancer? In a society that literally runs on electric power, the very idea seems preposterous. But for more than a decade, a growing band of scientists and journalists has pointed to studies that seem to link exposure to electromagnetic fields with increased risk of leukemia and other malignancies. The implications are unsettling, to say the least, since everyone comes into contact with such fields, which are generated by everything electrical, from power lines and antennas to personal computers and micro-wave ovens. Because evidence on the subject is inconclusive and often contradictory, it has been hard to decide whether concern about the health effects of electricity is legitimate—or the worst kind of paranoia.

Now the alarmists have gained some qualified support from the U. S. Environmental Protection Agency. In the executive summary of a new scientific review, released in draft form late last week, the EPA has put forward what amounts to the most serious government warning to date. The agency tentatively concludes that scientific evidence "suggests a casual link" between extremely low-frequency electromagnetic fields—those having very longwave-lengths—and leukemia, lymphoma and brain cancer, While the report falls short of classifying ELF fields as probable carcinogens, it does identify the common 60-hertz magnetic field as "a possible, but not proven, cause of cancer in humans."

The report is no reason to panic—or even to lost sleep. If there is a cancer risk, it is a small one. The evidence is still so controversial that the draft stirred a great deal of debate within the Bush Administration, and the EPA released it over strong objections from the Pentagon and the White House. But now no one can deny that the issue must be taken seriously and that much more research is needed.

At the heart of the debate is a simple and well-understood physical phenomenon: When an electric current passes through a wire, it generates an electromagnetic field that exerts forces on surrounding objects, For many years, scientists dismissed any suggestion that such forces might be harmful, primarily because they are so extraordinarily weak. The ELF magnetic field generated by a video terminal measures only a few milligauss, or about one-hundredth the strength of the earth's own magnetic field, the electric fields surrounding a power line can be as high as 10 kilovolts per meter, but the corresponding field induced in human cells will be only about 1 millivolt per meter. This is far less than the electric fields that the cells themselves generate.

How could such minuscule forces pose a health danger? The consensus used to be that they could not, and for decades scientists concentrated on more powerful kinds of radiation, like X-rays, that pack sufficient wallop to knock electrons out of the molecules that make up the human body. Such "ionizing" radiations have been clearly linked to increased cancer risks and there are regulations to control emissions.

But epidemiological studies, which find statistical associations between sets of data, do not prove cause and effect. Though there is a body of laboratory work showing that exposure to ELF fields can have biological effects on animal tissues, a mechanism by which those effects could lead to cancerous growths has never been found.

The Pentagon is far from persuaded. In a blistering 33-page critique of the EPA report, Air Force scientists charge its authors with having "biased the entire document" toward proving a link.

"Our reviewers are convinced that there is no suggestion that (electromagnetic fields) present in the environment induce or promote cancer," the Air Force concludes. "It is astonishing that the EPA would lend its imprimatur on this report." Then Pentagon's concern is understandable. There is hardly a unit of the modern military that does not depend on the heavy use of some kind of electronic equipment, from huge ground-based radar towers to the defense systems built into every warship and plane.

***Questions*:**

1. What is the author's major concern with the passage?
2. What is the EPA's view towards the impact of electricity upon cancer?
3. Why did the Pentagon and White House object to the release of the report?
4. What do you think ordinary citizens may do after reading the different arguments?
5. What is your understanding of the writing style of the passage?

Passage 2

October and June

O. Henry

The Captain gazed gloomily at his sword that hung upon the wall. In the closet nearby was stored his faded uniform, stained and worn by weather and service. What a long, long time it seemed since those old days of war's alarms!

And now, veteran that he was of his country's strenuous times; he had been reduced to abject surrender by a woman's soft eyes and smiling lips. As he sat in his quiet room he held in his hand the letter he had just received from her—the letter that had caused him to wear that look of gloom. He re-read the fatal paragraph that had destroyed his hope.

> *In declining the honor you have done me in asking me to be your wife, I feel that I ought to speak frankly. The reason I have for so doing is the great difference between our ages. I like you very, very much, but I am sure that our marriage would not be a happy one. I am sorry to have to refer to this, but I believe that you will appreciate my honesty in giving you the true reason.*

The Captain sighed, and leaned his head upon his hand. Yes, there were many years between their ages. But he was strong and rugged, he had position and wealth. Would not his love, his tender care, and the advantages he could bestow upon her make her forget the question of age? Besides, he was almost sure that she cared for him.

The Captain was a man of prompt action. In the field he had been distinguished for his decisiveness and energy. He would see her and plead his cause again in person. Age! What was it to come between him and the one he loved?

In two hours he stood ready, in light marching order, for his greatest battle. He took the train for the old Southern town in Tennessee where she lived.

Theodora Deming was on the steps of the handsome, porticoed old mansion, enjoying the summer twilight, when the Captain entered the gate and came up the gravelled walk. She met him with a smile that was free from embarrassment. As the Captain stood on the step below her, the difference in their ages did not appear so great. He was tall and straight and clear-eyed and browned. She was in the bloom of lovely womanhood.

"I wasn't expecting you," said Theodora; "but now that you've come you may sit on the step. Didn't you get my letter?"

"I did," said the Captain; "and that's why I came. I say, now, Theo, reconsider your answer, won't you?"

Theodora smiled softly upon him. He carried his years well. She was really fond of his strength, his wholesome looks, his manliness—perhaps, if—

"No, no," she said, shaking her head, positively; "it's out of the question. I like you a whole lot, but marrying won't do. My age and yours are—but don't make me say it again—I told you in my letter."

The Captain flushed a little through the bronze on his face. He was silent for a while, gazing sadly into the twilight. Beyond a line of woods that he could see was a field where the boys in blue had once bivouacked on their march toward the sea. How long ago it seemed now!

Truly, Fate and Father Time had tricked him sorely. Just a few years interposed between himself and happiness!

Theodora's hand crept down and rested in the clasp of his firm, brown one. She felt, at least, that sentiment that is akin to love.

"Don't take it so hard, please," she said, gently. "It's all for the best. I've reasoned it out very wisely all by myself. Some day you'll be glad I didn't marry you. It would be very nice and lovely for a while—but, just think! In only a few short years what different tastes we would have! One of us would want to sit by the fireside and read, and maybe nurse neuralgia or rheumatism of evenings, while the other would be crazy for balls and theatres and late suppers. No, my dear friend. **While it isn't exactly January and May, it's a clear case of October and pretty early in June."**

"I'd always do what you wanted me to do, Theo. If you wanted to—"

"No, you wouldn't. You think now that you would, but you wouldn't. Please don't ask me any more."

The Captain had lost his battle. But he was a gallant warrior, and when he rose to make his final adieu his mouth was grimly set and his shoulders were squared.

He took the train for the North that night. On the next evening he was back in his room, where his sword was hanging against the wall. He was dressing for dinner, tying his white tie into a very careful bow. And at the same time he was indulging in a pensive soliloquy.

"Upon my honor, I believe Theo was right, after all. Nobody can deny that she's a peach, but she must be twenty-eight, at the very kindest calculation."

For you see, the Captain was only nineteen, and his sword had never been drawn except on the parade ground at Chattanooga, which was as near as he ever got to the Spanish-American War.

***Questions*:**

1. What is your view towards the author's employing of the words "faded", "stained", "worn" to describe the uniform of the Captain, and "veteran" to suggest his military experiences?
2. Since "the captain carried his years well", then why did Theodora turn down the captain's proposal by the question of age?
3. "While it isn't exactly January and May, it's a clear case of October and pretty early in June." What is your understanding by the two metaphors used by Theodora here?
4. Do you prefer a happy ending to the one in this passage that the Captain finally failed in his proposal?
5. What is your reflection on the last two paragraphs of this passage?

模拟试题 3

PART Ⅱ Reading Comprehension(2'×20=40')

Section A

In this section there are two reading passages followed by 10 questions or unfinished statements, each with four suggested answers marked A, B, C and D. Choose the one that you think is the best answer. Mark your answers on your answer sheet. (2'×10=20')

Passage 1

The venerable Augusta National Golf Club has been playing host to the Masters Tournament since 1934. But this year it is also playing host to another great drama, the relaunching of the most valuable personal brand in the world. Tiger Woods's penchant for cocktail waitresses and porn actresses ended up costing an astonishing amount of money: two economists at the University of California, Davis, have calculated that his biggest corporate sponsors, such as Nike and Gatorade, saw as much as $12 billion wiped off the value of their shares in the wake of the scandal. But Mr Woods's warm reception at Augusta suggests that he is well on his way to recovering his star power.

Brand Tiger is thus likely to join a long list of brands that have come back refreshed after a spell in rehab. These include not just the predictable roster of celebrity brands such as Martha Stewart and Kobe Bryant, but also a surprising number of solid corporate citizens such as Johnson & Johnson and Coca-Cola. Brand-threatening scandals are becoming a regular feature of the corporate landscape, thanks to a toxic mixture of globalisation, which scatters corporate activities hither and yon, and the internet, which allows bad news to spread like wildfire. Oxford Metrica, a consultancy, estimates that executives have an 82% chance of facing a corporate disaster within any five-year period, up from 20% two decades ago. Indeed, just the day after Mr. Woods made his return to golf, the American government fined Toyota over $16m for its tardiness in addressing safety concerns.

The key to a successful relaunch lies in making a cool-headed assessment of how much the scandal damages your company. Does it involve life and limb, rather than less consequential matters? Has it spread beyond particular products or particular divisions to afflict the entire corporate brand? If the answer to both questions is yes, then companies are well advised to go into collective overdrive; if it is no, then they can experiment with more nuanced responses, such as lopping off a tainted product or sacrificing a rogue division.

Marsh & McLennan and JetBlue provide good examples of companies that took a no-holds-barred approach to brand rehabilitation. In 2004 Marsh & McLennan was accused of taking kickbacks to recommend insurance providers to its clients, an accusation that went to the very heart of its identity as one of the country's biggest insurance brokers. The firm was not content with issuing grovelling apologies and paying $850m in compensation. It also appointed a new boss, Michael Cherkasky, who was the head of its financial-investigation division, Kroll. Mr Cherkasky proceeded to de-emphasise the insurance business and boost other divisions, such as Mercer Consulting and Kroll.

In 2007 bad weather presented JetBlue with a nightmare of its own. Thousands of passengers were left stranded and one planeload of unfortunates spent eight hours sitting on the tarmac, with precious little food or drink to sustain them. The company's founder and boss David Neeleman immediately recognised that this made a mockery of his promise to "bring humanity back to air travel". He threw himself into dealing with the problem, issuing public apologies, telling his employees to contact passengers personally by phone and e-mail, producing a retroactive passengers' "Bill of Rights" and ponying up around $25m in compensation.

The JetBlue case underlines two of the most important rules of successful crisis management. First, the boss needs to take charge. This means sidelining corporate cluck-cluckers such as lawyers (who worry that any admission of guilt will lead to lawsuits) or financial officers (who obsess about the bottom line). It also means putting the survival of the company above personal considerations (Mr Neeleman stepped down three months after the crisis). Many of the most damaging crises, by contrast, have resulted from foot-dragging at the top—as appears to be the case with Toyota today.

Crises can even give brands a long-term boost, provided the rehabilitation is properly handled. Coca-Cola emerged stronger from its disastrous recipe change in 1985. In response to widespread outrage from customers, it reverted to the original formulation within three months. The whole episode reminded consumers of their fierce attachment to Coke, and thus ended up increasing sales. Tiger Woods, too, could well emerge with added lustre from his own debacle. There is nothing Americans like more than a redemption story—particularly when the man being redeemed is supremely good at his job.

1. It can be inferred from the passage that ________.
   A. Martha Stewart and Kobe Bryant were ever caught in scandals
   B. Nike and Gatorade have got a replacement for Tiger Woods
   C. Tiger Wood's fans felt ashamed of what he had done
   D. Johnson & Johnson and Coca-Cola didn't hire Tiger Woods
2. Which of the following is NOT a measure companies may take in face of a scandal?
   A. To cut away a certain product.
   B. To compensate for the dead.
   C. To pool the wisdom of the employees.
   D. To get rid of an inefficient section.
3. The examples of Marsh & McLennan and JetBlue shoe that ________ for brand rehabilitation.
   A. companies should spare no efforts
   B. cutting down some business is good
   C. showing sincerity is most important
   D. companies need to handle crisis immediately
4. In terms of brand rehabilitation, the author's attitude towards lawyer and financial officers is ________.
   A. nonchalant
   B. admiring
   C. disapproving
   D. paradoxical
5. We can infer from the last paragraph that ________.
   A. Coca-Cola has undergone several crises since it was founded
   B. the former boss of Coca-Cola was the victim of a crisis
   C. Tiger Woods has a chance to reach his career peak again
   D. Americans expect Tiger Woods to play golf better than before

Passage 2

Sake wa ten no biroku, goes the Japanese saying: Sake is heaven's reward. For more than a thousand years, the Japanese have relished the delicacy of their fermented rice brew and built their social lives around it. On ceremonial occasions they break open a cedar cask, and the exchange of ritual sake toasts seals wedding vows. In a less formal tradition, workers ease the day's stress at red lantern-lighted watering holes that collectively offer thousands of variations of the beverage. Says Tokyo management consultant Masataka Takada: "Sitting at the bar, sipping sake side by side with a colleague, lets the conversation flow."

At least that is how it used to be. Nowadays fewer and fewer drinkers seem to agree with

Takada. A growing preference for just 15% of Japan's alcohol market, while beer makes up 70%; as recently as 1970 sake had a 30% share. That trend plus high land and labor costs are pushing smaller sake brewers out of business. Among the 2,000 companies still brewing, about half are losing money.

For the Koyama Brewery, the sake crisis threatens a family business that began in 1885. The sole remaining sake producer in the city of Tokyo, it is tucked into four ancient vine-covered warehouses near a local highway and sits over an abundant underground water supply. A large ball made of cedar needles, once a sign to the public that the year's brew was ready, now hangs year-round near the company entrance next to a sake vending machine. Fourth-generation president Kozo Koyama is struggling to combine mechanization and tradition in a bid to survive.

From the winter months of October through April, five *kurabito*, or brewers, and their *toji*, or leader, hole themselves up in the Koyama warehouses. Farmers from the Niigata prefecture, north of Tokyo, they work in the breweries while snow covers their rice paddies. From large paper sacks, the *kurabito* pour out special large-grained varieties of rice that have been polished down to 70% or less of their original size to get rid of fat and increase solubility. They wash and steam the rice, mix it with yeast, malted rice and water pumped up from 13 m underground. The pasty white mixture is left to gurgle and ferment in 8,000-L green vats for 25 days, after which the brew is pressed, filtered and pasteurized. The *toji*, Isaburo Koyama (no relation to the founding family), fine-tunes the process, deciding when to stir the brew and how much to adjust its fermentation temperature.

During and after World War Ⅱ, sake makers mixed their brew with large amounts of alcohol to increase volume. That proved popular, but it dulled the subtle aroma of various regional flavors of sake and skilled connoisseurship. Desensitized by the alcohol-reeking concoctions, many Japanese knew little beyond the genetic term sake and its traditional container, the 1.8 L brown glass bottle called an issho-bin.

When producers realized they were brewing up a calamity, many decided to revive sake's distinct tastes, further polishing the constituent rice to bring out a fruity aroma and adding alcohol only to adjust the flavor. The process became costlier, but sake could now be marketed as a higher-grade drink. The industry then came up with promotional campaigns to make sake more fashionable, such as serving it chilled like white wine or offering limited editions. Sleeker, smaller bottles or convenient paper cartons are replacing the *issho-bin*. Qualifications have even been established for sake sommeliers to guide gourmet drinkers through the 5,000 available brands. In the past few years, these image efforts have started to pay off. The designer brews currently make up close to 20% of the sake market.

To improve their return, some firms have turned to computers. Gekkeikan, Japan's largest brewer, with about 6% of the market, make nine-tenths of its sake with machinery using "fuzzy logic" chips rather than the experienced judgment of a *toji*. "Our technology will even improve on tradition," says Yukio Matsumoto, deputy director of the Tokyo branch. Gekkeikan and other large producers also brew sake in the U. S. for the local market; they can capitalize on rice that is about one-fifth as expensive as that at home. But so far, none have announced plans to export from their California breweries back to Japan, partly for fear of antagonizing the powerful rice lobby.

Though he has sought to be more efficient and now manufactures a variety of upscale brews, Kozo Koyama doesn't think his brewery will be among the lucky survivors. He complains that real estate taxes take away 8% of his revenues and fears that in a tight labor market it will be difficult to find an eventual replacement for his long time *toji*, now 69. "I can't continue in the city even if I want to," say Koyama. In a conflict that he views as prophetic, his neighbors last year complained about the leaves falling from the towering trees that grace the small plot of ground at the brewery dedicated to sake gods; Koyama was forced to clip the trees. Such a lack of respect does not augur well for an embattled tradition, however heavenly.

1. What is related to sake?
   A. Rice paddies, fruits, get-together of colleagues.
   B. Wedding ceremonies, rice, revenue.
   C. Fermented rice, alcohol, water
   D. Farmers, large-grained rice, a large ball made of cedar needles.
2. One reason for the declining business of sake in Japan is that ____________.
   A. the price of rice rise so dramatically in Japan that sake brewers can not make profit any more
   B. the introduction of mechanization in the process of brewing lowers the qualities of sake so that people no longer like the flavor
   C. people in Japan don't get together as often as they used to, which leads to a decreased demand on sake
   D. Japanese people tend to like beer and drinks with less alcohol and the costs of labors are increased
3. Which of the following statement is true?
   A. Kurabito wash and steam the rice in order to reduce fat and increase solubility when they make sake.
   B. Sake, which has a history of nearly a thousand years, is mainly produced as family business.
   C. Now the market share of the national drink is less than 1/5 as much as the market share of beer.
   D. Koyama Brewery, Japan's largest and the sole remaining brewer, transfers its market from Japan to the overseas.
4. In order to survive in the present market, sake brewers ____________.
   A. try adding more alcohol into sake to attract more consumers

B. are struggling to combine mechanization with tradition, and some even have turned to computers

C. market the traditional sake as a higher-grade drink and make it more fashionable by offering sake in the convenient issho-bin

D. produce sake in the U. S., for rice there is comparatively cheaper, and they export their breweries back to Japan

5. What is the main idea of the article?

A. Japan's rice wine is losing appeal, prompting breweries to try new ways to win back beerloving consumers.

B. Japanese people no longer like sake and sake brewers are losing their business.

C. Gekkeikan was forced to cut down the tree dedication to sake gods, which augurs an unfortunate prospect.

D. No longer preferred in ceremonial occasions in Japan, sake is doomed to extinction.

Section B

Directions: ***In this section there are two passages followed by a number of questions. You are required to give a brief answer in two or three lines to each of the questions.*** (**2'×10=20'**)

Passage 1

A controversy erupted in the scientific community in early 1998 over the use of DNA (deoxyribonucleic acid) fingerprinting in criminal investigations. DNA fingerprinting was introduced in 1987 as a method to identify individuals based on a pattern seen in their DNA, the molecule of which genes are made. DNA is present in every cell of the body except red blood cells. DNA fingerprinting has been used successfully in various ways, such as to determine paternity where it is not clear who the father of a particular child is. However, it is in the area of criminal investigations that DNA fingerprinting has potentially powerful and controversial uses.

DNA fingerprinting and other DNA analysis techniques have revolutionized criminal investigations by giving investigators powerful new tools in the attempt to trove guilt, not just establish innocence. When used in criminal investigations, a DNA fingerprint pattern from a suspect is compared with a DNA fingerprint pattern obtained from such material as hairs or blood found at the scene of a crime. A match between the two DNA samples can be used as evidence to convict a suspect.

The controversy in 1998 stemmed form a report published in December 1991 by population geneticists Richard C. Lewontin of Harvard University in Cambridge, Mass., and Daniel L. Hartl called into question the methods to calculate how likely it is that a match between two DNA fingerprints might occur by chance alone. In particular, they argued that the current method cannot properly determine the likelihood that two DNA samples will match because they came from the same individual rather than simply from two different individuals who are members of the same ethnic group. Lewontin and Hartl called for better surveys of DNA patterns methods are adequate.

In response to their criticisms, population geneticists Ranajit Chakraborty of the University of Texas in Dallas and Kenneth K. Kidd of Yale University in New Haven, Conn., argued that enough data are already available to show that the methods currently being used are adequate. In January 1998, however, the federal Bureau of Investigation and laboratories that conduct DNA tests announced that they would collect additional DNA samples form various ethnic groups in an attempt to resolve some of these questions. And, in April, the National Academy of Sciences called for strict standards and system of accreditation for DNA testing laboratories.

Questions:

1. When does the DNA fingerprinting being unreliable?
2. What is the attitude held by geneticists like Lewontin and Hartl towards the current method of DNA fingerprinting?
3. How about the attitude of the Federal Bureau of Investigation towards DNA fingerprinting?
4. How about the attitude of the National Academy of Sciences towards DNA fingerprinting?
5. Listing the pros and cons of DNA fingerprinting that mentioned in the passage.

Passage 2

The Story of an Hour

Kate Chopin

Knowing that Mrs. Mallard was afflicted with a heart trouble, great care was taken to break to her as gently as possible the news of her husband's death.

It was her sister Josephine who told her, in broken sentences; veiled hints that revealed in half concealing. Her husband's friend Richards was there, too, near her. It was he who had been in the newspaper office when intelligence of the railroad disaster was received, with Brently Mallard's name leading the list of "killed." He had only taken the time to assure himself of its truth by a second telegram, and had hastened to forestall any less careful, less tender friend in bearing the sad message.

She did not hear the story as many women have heard the same, with a paralyzed inability to accept its significance. She wept at once, with sudden, wild abandonment, in her sister's arms. When the storm of grief had spent itself she went away to her room alone. She would have no one follow her.

There stood, facing the open window, a comfortable, roomy armchair. Into this she sank, pressed down by a physical exhaustion that haunted her body and seemed to reach into her soul.

She could see in the open square before her house the tops of trees that were all aquiver with the new spring life. The delicious breath of rain was in the air. In the street below a peddler was crying his wares. The notes of a distant song which someone was singing reached her faintly, and countless sparrows were twittering in the eaves.

There were patches of blue sky showing here and there through the clouds that had met and piled one above the other in the west facing her window.

She sat with her head thrown back upon the cushion of the chair, quite motionless, except when a sob came up into her throat and shook her, as a child who has cried itself to sleep continues to sob in its dreams.

She was young, with a fair, calm face, whose lines bespoke repression and even a certain strength. But now there was a dull stare in her eyes, whose gaze was fixed away off yonder on one of those patches of blue sky. It was not a glance of reflection, but rather indicated a suspension of intelligent thought.

There was something coming to her and she was waiting for it, fearfully. What was it? She did not know; it was too subtle and elusive to name. But she felt it, creeping out of the sky, reaching toward her through the sounds, the scents, the color that filled the air.

Now her bosom rose and fell tumultuously. She was beginning to recognize this thing that was approaching to possess her, and she was striving to beat it back with her will-as powerless as her two white slender hands would have been.

When she abandoned herself a little whispered word escaped her slightly parted lips. She said it over and over under her breath: "free, free, free!" The vacant stare and the look of terror that had followed it went from her eyes. They stayed keen and bright. Her pulses beat fast, and the coursing blood warmed and relaxed every inch of her body.

She did not stop to ask if it were or were not a monstrous joy that held her. A clear and exalted perception enabled her to dismiss the suggestion as trivial.

She knew that she would weep again when she saw the kind, tender hands folded in death; the face that had never looked save with love upon her, fixed and gray and dead. But she saw beyond that bitter moment a long procession of years to come that would belong to her absolutely. And she opened and spread her arms out to them in welcome.

There would be no one to live for during those coming years; she would live for herself. There would be no powerful will bending hers in that blind persistence with which men and women believe they have a right to impose a private will upon a fellow-creature. A kind intention or a cruel intention made the act seem no less a crime as she looked upon it in that brief moment of illumination.

And yet she had loved him-sometimes. Often she had not. What did it matter! What could love, the unsolved mystery, count for in face of this possession of self-assertion which she suddenly recognized as the strongest impulse of her being!

"Free! Body and soul free!" she kept whispering.

Josephine was kneeling before the closed door with her lips to the keyhole, imploring for admission. "Louise, open the door! I beg, open the door-you will make yourself ill. What are you doing Louise? For heaven's sake open the door."

"Go away. I am not making myself ill." No; she was drinking in a very elixir of life through that open window.

Her fancy was running riot along those days ahead of her. Spring days, and summer days, and all sorts of days that would be her own. She breathed a quick prayer that life might be long. It was only yesterday she had thought with a shudder that life might be long.

She arose at length and opened the door to her sister's importunities. There was a feverish triumph in her eyes, and she carried herself unwittingly like a goddess of Victory. She clasped her sister's waist, and together they descended the stairs. Richards stood waiting for them at the bottom.

Someone was opening the front door with a latchkey. It was Brently Mallard who entered, a little travel-stained, composedly carrying his grip-sack and umbrella. He had been far from the scene of accident, and did not even know there had been one. He stood amazed at Josephine's piercing cry; at Richards' quick motion to screen him from the view of his wife.

But Richards was too late.

When the doctors came they said she had died of heart disease—of joy that kills.

***Questions*:**

1. What happens to Mr. Mallard in the beginning according to the story? And why did Mrs. Mallard shut herself in her own room?
2. "There was something coming to her and she was waiting for it, fearfully" (Para. 9) What is "something" indicated here in your opinion?
3. Is there any change in her attitude to her husband's death? If so, what is it?
4. How do you understand the exclamation "Free! Body and soul free!"?
5. What do you think of the writing style of the passage?

第五部分

答案解析

第三部分 题型分项训练

一、多项选择题

1. 宏观经济专题

Passage 1 （厦门大学 2014）

Mutiple-choice Questions:

B A A A

1. B 细节题。此处的“labor productivity”是“ a measure of how a country uses capital and labour”，与题干中的“demography”并没有直接的联系，故不符合题意，因此，B 选项正确。
2. A 推断题。“Officials say the elderly resist higher taxes or benefit cuts, and the young, who are in a minority, do not have the political power to push”，暗示我们年轻人可能会支持“higher taxes or benefit cuts”，因此，A 选项正确。
3. A 细节题。“there is plenty it could do to raise its potential growth rate”与 A 相对应，因此，A 选项正确。
4. A 态度题。整个文章的写作手法主要是欲抑先扬，先给出他人的观点，接着分析支撑该观点的证据，通过反驳表明作者的态度。第一段讲的是日本人对其经济形势持悲观态度，接下来分别分析了这一观点的原因；第二段是从经济形势角度来分析，作者最后一句话“Even so, most Japanese have grown richer over the decade”可窥见其态度。同样第三段，从经济总量的角度看，虽然 GDP 不如美国，但作者认为“Yet if judged by growth in GDP per person over the same period, then Japan has outperformed America and the euro zone”。第四段第一句话，虽然劳动生产力不如美国，但是要素生产力增长比美国快，而且在作者看来要素生产力比劳动生产力更重要，“total factor productivity, a measure of how a country uses capital and labour”。接下来的第六、七、八、九、十段分别从债务、税收、利率几个角度来分析，段落结构与前面一致，都是先摆出认为日本经济发展不好的观点，接着反驳，用tough、yet，或but之类的转折词表明自己的态度。基本上每段最后一句都可以影射作者个人的态度为谨慎乐观。因此，A选项正确。

Short-answer Question:

5. Takatoshi Ito believes that if Japan could raise the consumption tax by 20% from its current 5%, it would maintain a high-tax level as some European Countries. This helps Japan raise a ¥50 trillion and immediately wipe out Japan's fiscal deficit. Takatoshi先生的观点是日本可以提高消费税，来解决财政赤字，由第7段内容总结可得出答案。

Passage 2 （南京师范大学2014年）

D C A D D

1. D 态度题。文章最后一段"Since public spending would not perform this offsetting role if there were compensating taxation(which is a form of saving), the public spending should be financed by borrowing—by incurring a deficit"，"deficit"是财政赤字的意思，与go into debt同义，因此，D选项正确。
2. C 态度题。全文从第一段到最后一段，作者都在以赞成的语气介绍Keynes的"This General Theory"，因此，C选项正确。
3. A 推断题。从文章最后一段可以看出Keynes的观点。文章最后一段第二句"It was to bring aggregate demand back up to the level where all willing workers were employed"可知A选项正确，且答案B中强迫unwilling works工作错误。最后一段第三句提出要鼓励个人消费，则C错误。最后一段第四句中Keynes认为政府应当适时采用赤字政策而非一味反对，则D错误。
4. D 细节题。文章第三段第一句"Keynes argued that neither wage movements nor changes in the rate of interest had, necessarily, any such agreeable effect"说工资运动和改变利率都没有产生令人满意的效果，因此，D选项正确。
5. D 细节题。文章第三段提到"And he held that interest was not the price that was paid to people to save but the price they got for exchanging holdings of cash, or its equivalent, their normal preference in assets, for less liquid forms of investment"，意思是人们更喜欢流动性小的投资方式，因此相对于A、B、C选项来说，D选项cash是本题正确答案。

Passage 3 （南京航空航天大学2014）

C D A B

1. C 主旨题。文章开篇便引出美国1952年后的经济状况，同时全文着重以50年代为背景对经济展开论述，因此C选项正确。
2. D 语义题。从下文的一项调查得知，此处boom即为后文调查的主体"the rapid economic growth"，因此D选项正确。
3. A 推断题。"The national output was value at 10 percent above that of 1954"暗示1955年经济处于快速上升的积极状态，而confusion意为"困惑"，disappointment意为"沮丧"，

suspicion 意为“怀疑”，唯有 A 符合原文，因此 A 选项正确。

4. B 细节题。“Only agriculture complained that it was not sharing in the room”表明农业受到影响，因此 B 选项正确。

Passage 4 （中山大学 2013）

A A C C B

1. A 细节题。根据第一段“forcing senior citizens out of retirement, leaving them fighting for jobs in a weak labor market or risking homelessness”可知由于经济危机，美国年老公民不再能够享受退休后的美好时光，相反他们得回到劳务市场找工作，因此 A 选项正确。他们并不是要提前退休，而是已经退休了，B 选项错误；已经退休的他们根本就没有工作，更别说面临失业的危险了，C 选项错误；他们是要与所有找工作的人竞争，而不仅仅是年轻人，D 选项错误。
2. A 细节题。根据“Experience Works”可以将答案定位到第三段，由“Experience Works is the nation's largest nonprofit provider of community service, training and employment opportunities for older workers”可知只有选项 A 正确，因此 A 选项正确。
3. C 细节题。由第五段的“desperate to find work so they can keep a roof over their heads and food on the table”可知 C 选项更符合题意。
4. C 推断题。由第九段的“The unemployment rate among workers 55 years and older was 6. 7 percent in August after shooting to a record 7. 1 percent in July. The national unemployment rate was at 9. 7 percent in August, the highest in 26 years.”可知选项 A、B 选项错误；文中并没有谈到 55 岁及其以上的失业人群是造成失业率的主要原因，D 选项错误，因此，C 选项正确。
5. B 推断题。最后一段说到“有必要实施一些政策来为老年人找工作清除障碍，同时应特别为老年人能重新进入就业市场安排一些项目和服务工作”，B 选项更符合原文意思。A 选项只谈到了清除障碍，但并没有谈到是为老年人就业清除障碍，所以比较片面；C 选项中谈到为老年人就业消除歧视，原文当中并没有谈到歧视，C 选项错误；D 选项谈到帮助老年人避免被解雇，显然与文意不符，D 选项错误，因此，B 选项正确。

Passage 5 （南京师范大学 2013）

C D B C D

1. C 细节题。从第一段中“What's hot for 2007 among the very rich?”与“Oh, and income inequality.”即可看出，“the current topic of common interest”与“inequality of wealth”有关，因此，C 选项正确。
2. D 推断题。根据第三段所给出的信息我们可以知道社会的大量财富都聚集在少数富人手中，而大多数普通百姓的收入却连续五年下降。因此，D 选项正确。
3. B 推断题。“The very rich are just as trendy as you and I, and can be so when it comes to politics and policy.”这一句中的“trendy”与 B 中的“sensitive”相对应，因此，B 选项正确。

4. C 细节题。A 选项与第六段第一句看似对应，但该句以 it's possible 开头，提示该句不一定是真正的原因。但第七段第一句 "No, what they fear was that the political challenges of sustaining support for global economic integration will be more difficult in the United States" 从侧面反映出 "plutocrats（有钱有势的人）" 想要得到 "support for global economic integration"，第八段第一句"in other word..."也对此进行了解释，这才是笼络中产阶级的真正原因。因此，C 选项正确。
5. D 推断题。"And when the United States places obstacles in the way of foreign investors and foreign goods, it's likely to encourage reciprocal action abroad." 这一句中的 "reciprocal（彼此相互的）"与 D 中的 "in return" 相对应，因此，D 选项正确。

Passage 6 （对外经贸大学 2012 年）

B D A C C

1. B 细节题。从倒数第二段 "America should also stress that the TPP is meant to engage and incorporate China, rather than constrain it"可知，B 选项正确。
2. D 细节题。文章第六段提到 "Polls, however, suggest the Japanese are crying out for leadership on the issue, not pusillanimity. More support the idea of entering TPP negotiations than oppose it. On their behalf Mr. Noda should lead Japan forthrightly into the discussions 可知，日本加入 TPP 得到了日本民众的支持。因此，D 选项正确。
3. A 细节题。文章第一段提到 "Altogether, the possible members of the Trans-Pacific Partnership（TPP）produce 40% of world GDP—far more than the European Union"，说的是各成员国的总和（altogther），A 与文章不符。
4. C 细节题。从文章第七段最后一句 "America should also stress that the TPP is meant to engage and incorporate China, rather than constrain it"，可知 C 选项正确。
5. C 细节题。日本加入 TPP 的结果是建立一个东亚贸易圈，其中包括中国和日本。而 C 选项中说的调解日本各方关系是 Noda 先生为日本加入 TPP 所做的努力而非结果。因此，C 选项正确。

Passage 7 （华南理工大学 2012）

B D A C D

1. B 主旨题。本文的最佳标题是：价格体系的复杂性。纵观全文，作者在文中指出了价格体系中的诸多因素，这些因素十分复杂，由第一段最后一句可以看出，因此，B 选项正确。
2. D 细节题。根据短文，价格体系主要与产品和服务有关。作者在第三段开头说，如果一个人随意选择了一群人，让他们给 "价格"下定义，很多人会回答说，价格是购买者向产品或服务的出售者支付的金额。换句话说，价格是在市场交易中商定的产品或服务的货币价值。因此，D 选项正确。
3. A 细节题。根据短文，产品说明并不能帮助人们完全了解价格。作者在第三段后半部分提到了许多了解价格的因素，B、C 和 D 都涉及了，唯独没有提到 A。因此，A 选项正确。

4. C 细节题。文章最后一段的最后一句是"buyer and seller"，they 前面的 in order that 连接两个句子，这两个句子主语应该是一样的。因此，C 选项正确。

5. D 推断题。这篇短文后面的自然段很可能会讨论价格"包装"的某些要素是怎样影响市场价值的，文章最后一句提到了价格"包装"的问题，因此，D 选项正确。

Passage 8 （南开大学 2011）

A B D D B

1. A 细节题。从文章第一句话和最后一句话可知"rising service productivity"对克林顿的政策是有帮助的。因此 A 选项正确。

2. B 细节题。从文章最后一段末句"most of Americans could benefit from rising service productivity in the 1990s"可知，服务领域的科技发展对普通人的受益最大。因此，B 选项正确。

3. D 细节题。从文章第四段"most Americans will work in the service sector for the foreseeable future"，可知服务业的发展可以带来高就业率，从而成为美国经济的重要组成部分。因此，D 选项正确。

4. D 细节题。第三段提到 20 世纪 80 年代美国工业的发展在世界上处于了领先的地位，A、B、C 项符合要求，D 项的意思是服务业的发展没有工业发展速度快，这并不能成为赞扬工业发展的理由。因此，D 选项正确。

5. B 细节题。文章讲了手工业的发展已经越来越被服务业和信息业取代，所以投资商投资手工业的可能性越来越小了。因此，B 选项正确。

Passage 9 （浙江师范大学 2011）

C D B C

1. C 细节题。由"An international perspective has become central to management"可知，C 选项正确。

2. D 推断题。"But this means that problems of training and motivating the work force both become more central and require different modes of behavior."暗示我们管理风格发生了改变，因此，D 选项正确。

3. B 细节题。从"Demography and changing social mores mean that white males will become a small fraction of the work force as women and minorities grow in importance"中，我们能够反推得知，目前"white males"并不是小部分，因此，B 选项正确。

4. C 主旨题。本文的重点是围绕"manager"展开，从多个角度并结合社会发展现状论述了一个管理者所需的品质，因此，C 选项正确。

Passage 10 （西安外国语大学 2010）

C C A B B

1. C 细节题。第一段是一句话段落，其主干结构是 positive surprises... lead economists

to… supporting the notion that… 该段提到政府报告带来的意外惊喜使经济学家将对国民生产总值的预测上调，从而支持了经济衰退期已在 12 月或 1 月终止的观点。由第一段中的“意外惊喜”和“经济学家上调国民生产总值预测的举措”可知，让他们吃惊的是经济状况好转的迹象，因此，C 选项正确。

2. C　细节题。第三段第二句提到，唯一的好消息是申请失业保险金人数在 9·11 事件后达到的高峰期开始回落，现在的水平表明失业的速度(the pace of layoffs)有所缓和(easing)。该句表明失业者还在增加，只是增加的速度低于先前。因此，A 项与文意相反。B 项与第三段第三句“经济复苏并不意味着美联储将很快提高利率”含义相反。第四段首句是段落主题句：最近的经济报道中最好的消息来自 1 月份工业生产的数据。末句对主题予以说明：数据表明工业生产部门的产量正在达到底线，复苏即将开始。C 项是对该句的改写，是正确选项。文中虽然提到很多经济部门，但没有比较谁是主导产业，排除 D 项。因此，C 选项正确。

3. A　细节题。第二段提到，GDP 虽然有所增长，但其增长大多因为存货提用的速度减缓，而不是需求的增长。而且该段首句也提到：这次经济复苏不具有通常经济好转所具有的活力，因此作者对 GDP 的增长是持保守态度的。A 选项正确。

4. B　细节题。第五段至第九段段落提到了备选项中四个经济生产部门。第五段提到，消费品的生产几乎回到了一年前的水平，因为对汽车及其他物品的消费需求以及房屋产业在经济衰退期间都保持了健康发展。第六段提到，过去两个月的月住宅建筑和房产市场相关数据都在整个 2001 年的平均数以上。这表明住宅建筑有了好的开始，可能不会成为今年 GDP 增长的累赘。第七段提到，稳固的房产市场可以刺激对房屋相关物品和服务的需求，如家具、电子产品和纺织品。期望消费商品的产量在未来的月份里超越年前的水平。第八段提到，甚至办公设备部门的生产似乎要降至最低点。它的产量因电脑设备 0.6%的涨幅在 1 月上升了 0.4%。概括而言，汽车是消费者需求的对象，办公设备和电脑设备的产量只是小幅度的增长，只有房产市场不仅呈现良好的发展势头，而且还带动其他生产领域的发展。因此，B 选项正确。

5. B　主旨题。综合全文，作者对美国经济进行了客观、全面的分析。从第二至第四段的内容可知，作者对 GDP 的增长原因、经济对劳动市场的影响、美联储提高利率的措施等都持有谨慎的乐观态度。但是作者也指出失业的速度有所缓和(第二段末尾)，美联储的货币政策相对中性化(第三段末尾)，工业生产部门的产量正在达到底线，复苏即将开始(第四段)，办公设备部门将以比较缓和的速度继续增长(第八段末尾)。因此 B 项恰当地概括了美国的经济形势。

2. 财政金融专题

Passage 1　(中山大学 2015)

A　D　C　B　D

1. A　语义题。“to have a corner on”是指占有一席之地，原文的意思是“美国在死亡市场上并不占有一席之地”，也就是说美国并没有垄断这个市场。因此，A 选项正确。

2. D 态度题。由最后一段“People always complain about taxes. They often protest that the government uses their tax dollars in the wrong way”可知 D 选项正确。
3. C 细节题。由第四段“the percentage for the state tax is lower”可知 C 选项正确。
4. B 推断题。由第五段“This tax comes in two forms: property tax(people who own a home have to pay taxes on it) and excise tax, which is charged on cars in a city”可知选项 A 正确；由第四段“The state tax laws are diverse and confusing”可知选项 B 错误；由第三段“The federal government has a graduated income tax, that is, the percentage of the tax 14 to 70 percent increases as a person's income increases”可知选项 C 正确；由第四段可知 D 选项正确。因此，答案选 B。
5. D 推断题。由第四段“Some states use income tax in addition to sales tax to raise their revenues”可知选项 A 正确；由第五段“The cities use these funds for education, police and fire departments, public works and municipal buildings”可知选项 B、C 正确；只有选项 D 未被提及。因此答案选 D。

Passage 2 （北京交通大学 2013）

B C D C A

1. B 细节题。答案集中在第一段。由第一段第三句“美元对英镑的汇率已经下跌到 26 年来最低”可知，答案选 B。第一段中并未提及美国经济，故 A 不选，C，D 两项是汇率下跌的结果，是次要的，故不选。因此，B 选项正确。
2. C 细节题。由第三段第二句可知，进口商品价格上涨会直接导致居民购买进口商品的价格也会增加。A 项和 D 项并未提及。文中提及的美元贬值对可口可乐等大公司是“the most excellent news”，但未提到美国人消费不起，B 项不选。因此，C 选项正确。
3. D 细节题。从文中第四段最后一句“Many Europeans now apparently view the U. S. as a cheap place to vacation, shop and party”可知 D 选项正确。文中未提及欧洲人对美国人感到 contemptuous(轻蔑的)或者 sympathetic(同情的)，故 A、B 不选，C 项后半句错误，文中并没有提及美国实力正在下降这一观点。
4. C 细节题。答案出自文中第五至第七段。美国人不可能对美元 show little respect，故 A 错；从文章第六段第一句可知，只有大公司控股才会有 be a winner in the weak-dollar gamble，故比较片面，不选 B 项；由第七段第二句可知 D 错，第七段最后一句可知 C 选项正确。
5. A 推断题。从第七段第三句可知 A 正确，on a dime“短时间内”。B 项“美元币值不会再下跌”，文中并未提及；由第一段“美元对英镑汇率下跌是 26 年来历史新低”可知这一下降幅度不会是一个 small margin，C 错；D 项未提及。因此，答案选 A。

Passage 3 （中南财经政法大学 2013）

C B D C D

1. C 细节题。文章第一段最后一句提到对于跨国公司来说，税收筹划是一项非常复杂的事务，下文又提到不同国家和区域的税收系统也不同，因此，跨国公司不具备税收知识的原因是不同区域和国家的税收系统不同，因此，C 选项正确。

2. B 细节题。文章第三段第一句提到税收系统为直接税收和间接税收，因此，B 选项正确。
3. D 细节题。文章第四段第一句提到 “Less developed countries usually have lower corporate tax rates in order to attract foreign investment”，为了吸引外资，不发达国家通常采取更低的企业税率，紧接着以巴西和印度尼西亚为例来证明上述观点，举例的目的是说明巴西和印度尼西亚比发达国家企业利率低，因此，D 选项正确。
4. C 细节题。文章第四段提到应征税收入比税率本身更重要，它决定税务计算出来前哪些可以减少，因此只有当减去所有可减少的条款后才能获得应征税收入，因此，C 选项正确。
5. D 细节题。文章最后一段说到增值税经常被控诉导致严重的通货膨胀，D 项经济不稳定与通货膨胀符合，可知 D 选项正确。

Passage 4 （湖南大学 2013）

B D B D

1. B 细节题。由第二段 “Human-resource management is not traditionally seen as central to the competitive survival of the firm in the United States. Skill acquisition is considered an individual responsibility” 可知 B 选项正确。
2. D 细节题。由第四段 “The post of head of human-resource management is usually a specialized job, off at the edge of the corporate hierarchy. The executive who holds it is never consulted on major strategic decisions and has no chance to move up to Chief Executive Officer (CEO)” 可知选项 D 符合题意。
3. B 细节题。由第四段 “The money they do invest is also more highly concentrated on professional and managerial employees” 可知 B 选项正确。
4. D 主旨题。文章前四段讲的是美国公司关于人资管理上的一些策略，主要是将其与日本公司作比较，最后一段讲到这些策略对公司的影响，因此 D 选项更符合题意。

Passage 5 （对外经济贸易大学 2012）

B C A C D

1. B 主旨题。第二段 “the cost-cutting approach to increasing productivity is fundamentally flawed. Manufacturing regularly observes a ‘40, 40, 20’ rule”，cost-cutting 不再是提高生产力的好方法，而是要通过 “40, 40, 20” rule 来提高生产力，所以作者的态度是 recommending a different approach”。可知 B 选项正确。
2. C 推断题。从开头段 “manufacturers in the United States have been trying to improve productivity—and therefore enhance their international competitiveness—through cost-cutting programs”，可知 C 选项正确。
3. A 细节题。第一段通过提供的历史数据说明 cost-cutting 并不能 improve productivity，因此，A 选项正确。

4. C 细节题。"As Abernathy's study of automobile manufacturers has shown, an industry can easily become prisoner of its own investments in cost-cutting techniques, reducing its ability to develop new products." 这句话提到 Abernathy 的研究主要是否定 cost-cutting，从而肯定新方法对于提高生产力的帮助。因此，C 选项正确。
5. D 态度题。最后一段中，作者提到了各个公司对于提高生产力的不同方法，可以看出 respectful 是作者的态度。因此，D 选项正确。

Passage 6 （电子科技大学 2012）

A D B D D

1. A 细节题。文章第一段提到承诺的交流逐渐变成众所周知的"合同"，并且在商业领域越来越重要，因此合同的主要目的是使双方承诺合法化，因此，A 选项正确。
2. D 细节题。文章第一段最后一句提到当双方正式签订合同时，法律效力即产生，因此，D 选项正确。
3. B 细节题。文章第三段提到每份合同都应当包含某些特定条款来避免歧义和将来可能出现的摩擦冲突，因此合同可以使交易中的摩擦最小化，因此，B 选项正确。
4. D 细节题。文章第二段提到起草合同时，应当意识到交易发生的法律背景，并且应当包括设计产品和商业类型的条款，因此 A、B、C 项都正确，只有 D 不符，因此，答案选 D。
5. D 细节题。D 项属于过度推测，文章最后一段最后一句提到合同中的其他认定条款是否需要说明取决于产品类型、运输和保险以及双方之间的信任，而 D 项意思是只要双方互相信任，具体条款不用说明，与文章不符。因此，应选择 D 选项。

Passage 7 （上海理工大学 2011）

D A D B B

1. D 细节题。从文章第二段"That includes depreciation, insurance, maintenance and such, but not gas"，可知 D 选项正确。
2. A 细节题。文章第三段提到如果要担心，就担心正确的事情，那就是，能源价格会降低经济发展速度。由此可知石油价格高带来的最坏结果是减缓经济发展速度，因此，A 选项正确。
3. D 细节题。文章第四段第一句说，当前的价格上升大部分是由美国经济复苏、中国的崛起以及世界上其他国家财富的增加所导致的，因此，应选择 D 选项。
4. B 语义题。excoriated 意思是指责、痛斥，与 censured 同义，因此，B 选项正确。
5. B 细节题。文章倒数第二段提到：应当注意到，布什指责克林顿使用储备来压低燃料油价格，当然，从政治方面来说不太安全，但从经济上来说是安全的，因此作者认为白宫应当通过利用储备来调控燃料油价格，因此，B 选项正确。

Passage 8 （天津外国语大学 2011）

A C A A B

1. A 态度题。文章第三段提到中国根本不会构成这种威胁，最后一段第一句提到中国的进步可能会带来超越狭隘的商业利益的回报，因此作者对中国经济扩张的态度是乐观的，因此，A 选项正确。
2. C 细节题。文章第三段提到大部分的中国公司只是刚刚把它们的脚伸向了国外，即使在并购交易最活跃的自然资源领域，中国对大部分市场和商品的占有并没有达到控制的范畴，因此 C 选项正确。
3. A 细节题。文章第六段讲的是沃尔沃的新东家吉利。沃尔沃如果没有被吉利合并的话，它的未来是暗淡的，而合并之后倒可以在中国卖更多的车，因此，A 选项正确。
4. A 语义题。文章第五段提到如果中国的国有公司为了政治利益而展开收购，而不是利益驱动呢？只要有其他公司可以满足客户的需要，那就不要紧。比如说，中国的公司可以安全地购买能源公司，只要在一个竞争的市场中，客户可以轻松地转向其他的供应商，说明中国无法控制市场上的公司，因此，A 选项正确。
5. B 细节题。文章最后一段提到，为了在国外能成功运作，中国公司必须努力适应。这将意味着雇用当地经理，对当地进行投资，并关注本地——比如说在当地上市的子公司，因此，B 选项正确。

Passage 9 （对外经贸大学 2011）

B C D C D

1. B 细节题。由文章第三段“highly specialized trade media exist to expose members of the program target”可知，高度特定化的媒体是针对有购买意向的特定人群的，因此，B 选项正确。
2. C 细节题。第四段倒数第三句“direct selling of consumer goods is rare, and mass marketing... remains the only economically feasible mode”，说明 direct selling “is not economically feasible for most marketing problems”，因此，C 选项正确。
3. D 细节题。文章第二段提到很多人需要裤子，但只有一小部分顾客会购买价格昂贵的裤子，前者属于 market segment，后者属于 program segment，因此 trousers 的作用体现了两者之间的区别。因此，D 选项正确。
4. C 语义题。在“the commodity in question 中，in question 与商品搭配，意思是出售的，其他三项均是 in question 的本义。
5. D 推断题。文章最后一段提到“Rarely do members of a particular market segment group themselves neatly into a meaningful program target”，一个特定细分市场的成员很少有人会整齐划一地加入到 program target，因此推断出 D 选项正确。

Passage 10 （对外经贸大学 2011）

B D C D A

1. B 主旨题。文章类型为对比型，主旨必为负态度或无态度。另外，关于主旨题中的选项出现的开头动词为 make a case，demonstrate，compare 时需直接排除，因为这些表达是手段而非目的。根据信息，可以直接排除 C、D 两个选项。A 以偏概全：原文在第三段确实提到美国公司国际化程度的提高可能带来的危害。C、D 项表达了正态度，但与原文整体的态度不符。因此，答案选 B。

2. D 推断题。注意题干中的关键词 the minimal basis for a complaint 和 ITC，原文第一段提到两种抱怨（complaints）：damage from imports that benefit from subsidies by foreign governments and damage from imports dumped at less than fair value. 第一段最后一句说：现在，即便没有不公平做法的指控，简单声明某一产业受到了进口的损害就可以作为寻求退税的充分理由。言外之意就是该处的"简单声明"效果小于"对不公平做法的指控（比如倾销）"，所以可以作为向 ITC 控告的基础。因此，D 选项正确。

3. C 细节题。最后一段是例证第三段提出的观点：国外公司的美国分支会伤害本土公司的国外分支。A 无中生有：最后一段就是一个案例，没有 summary，更没有暗示其他领域的研究；B 无中生有：并没有进行推荐；D 无中生有：案例并未涉及前文提及的领域。因此，C 选项正确。

4. D 细节题。根据题干关键词 danger 定位到文章第三段首句，D 项即为这句话的同义改写。A 无中生有：文章没有提及美国公司积极争取保护就能得到保护。相反，原本为保护本国公司而设立的进口限制法案可能对本国公司造成损害；B 无中生有：对寻求保护的公司所支付的法律成本和得到保护所获的利益之间没有比较；C 无中生有：文章没有提及在其他国家经营的美国公司是否能得到当地保护。因此，D 选项正确。

5. A 细节题。A 项可从文章第一段第二句和第四句中推测出来；B 项对应文章第三段，但第三段是以一个美国公司为例并不是 companies in the United States，故 B 错误；C 项文中并未提及，故排除；D 项并不是 ITC 的职能。因此，A 选项正确。

3. 政治法律专题

Passage1 （北京科技大学 2014）

B C A C D

1. B 细节题。从第三段第四行"Opinion polls show that Americans are divided about the merits of surveillance"，可知 B 选项正确。

2. C 语义题。第四段说监控只是为了保证公民的安全，但在这个句子"The burden on society of sweeping up information about them has been modest compared with the wars launched against Afghanistan and Iraq"中，一旦有了新的战争或袭击，公民就会忽视相关机构对网络、手机监控造成的压力。因此，C 选项正确。

3. A 细节题。见第五段第二行"One concern is the size, scope and cost of the security bureaucracy"，说明 A 正确；见第六段首句"A second worry is the effect on America's ties with other countries"，说明 B 正确；见第七段首句"Lawyerly officials, denials of such machinations fail to reassure because of the third worry: the governments acting outside public scrutiny are not to be trusted"，说明 D 正确。C 选项属于过度推断。

4. C 细节题。第七段与第八段是分总关系，第七段指出国家监控的不足之处，可能对他人造成终身伤害。第八段"Our point is not that America's spies are doing the wrong things,

but that the level of public scrutiny is inadequate and so is the right of redress"总结了第七段的意图，政府监控缺乏公众监督，可能导致权力滥用，因此，C 选项正确。

5. D 态度题。第八段首句提出我们不认为美国情报机构的行为有何不当之处，恰恰相反，公众监督的力度是不够的，同时矫正的力度也是不够的，因此 D 选项正确。

Passage 2 （四川大学 2013）

B D D D D

1. B 推理题。由第一段 "An important point in the development of a governmental agency is the codification of its controlling practices"可知选项 B 更符合题意。
2. D 细节题。由 characteristics 可以将文章定位到第二段，从 "it specifies behavior. The behavior is usually not described topographically but rather in terms of its effect upon others-the effect that is the object of governmental control"和"a law specifies or implies a consequence, usually punishment. A law is thus a statement of a contingency of reinforcement maintained by a governmental agency"可知选项 D 更符合文意。
3. D 推理题。"committed perjury"犯伪证罪。由第二段 "Only properties of behavior which are aversive to others are mentioned—in perjure the lack of a customary correspondence between a verbal response and certain factual circumstances, in robbery the removal of positive reinforces, and in assault the aversive character of physical injury"可知选项 D 更符合文意。
4. D 细节题。见第二段 "In the second place, a law specifies or implies a consequence, usually punishment. A law is thus a statement of a contingency of reinforcement maintained by a governmental agency"。
5. D 细节题。由最后一段可知，法律准则对政府机构的作用是通过司法权力来实行的，或者是通过对人的判决来实行的，因此，D 选项正确。

Passage 3 （首都师范大学 2013）

C D A B A D

1. C 推断题。从第二段 "the evidence... had been obtained by torturing..." 可知 C 为正确答案。
2. D 语义题。nascent 最初的。A 突然的，B 严重的，C 暴力的，D 未成熟的，由文中可知这些袭击都是未成熟的，故 D 为正确答案。
3. A 细节题。从第四段 "... was fiercely criticized for..." 可知他所做的这些努力都未起到较好的作用，故 A 表述正确。
4. B 推断题。他所说的意思是美国人会将他们关在超级安全的监狱里或者是古巴的拘留所里，这种威胁和死亡惩罚的可能性都是侵犯人权的行为，故可推断出 B 正确。
5. A 细节题。第二段第一句只是表明接受 Jordan 的承诺，但最终并未真正实现，所以 Jordan 的承诺未兑现，A 项表达错误。
6. D 主旨题。文章整篇提到关于恐怖袭击及罪犯的审问，但最终都牵扯到不同地区的法律问题，故 D 为文章话题。

Passage 4 （华东师范大学 2012）

C B D B D

1. C 推断题。文章首段就将美国人与法国人作对比，提到美国人比法国人对 general ideas 更不感兴趣，尤其在政治领域，由此可以推断法国人喜欢政治方面的 general ideas，故 C 为答案。
2. B 细节题。文中第三段第三句提到由于法国的政治局势阻止法国人去更正观点，并未提到阻止通过试验，故 A 选项不符合；该段提到法国的社会形势迫使他们去设想关于政府的 general ideas，并不是 different idea，故 C 不正确；D 选项属于偷换概念，文中说的是指导并不是控制，因此，B 选项正确。
3. D 细节题。由第五段第一句 “because they have but little leisure and because these ideas spare them the redouble of studying particulars” 可知 D 选项与之相符。
4. B 细节题。倒数第一段中 thus 承上启下，上一段说明结果，此段讲明原因，即 “compel ever citizen to take a practical part in the government...”，因此，B 选项正确。
5. D 主旨题。本文从美国人与法国人对 general ideas 的不同态度开始，进而讲到态度不同的原因，最后升华到不论什么国籍，宏观地谈到民主国家对此的不同看法，所以全文都是围绕 general ideas 在谈，故 D 为答案，其他三个选项表述都与作者观点不符。

Passage 5 （南开大学 2012）

D C C D D

1. D 细节题。文章第一段提到东欧加入美国导弹防御系统是因为害怕俄罗斯，第三段说对那些加入导弹防御系统的国家来说，深层的意义在于他们通过这种方式被纳入了美国本土防御的一部分，原因是美国能提供保护，因此，D 选项正确。
2. C 细节题。文章第五段写到这还是一个科技赌注。这些系统还没有被证明完全有效，将在欧洲部署拦截导弹的两个阶段还没有完全建成，利用地面拦截未来伊朗的攻击的几何原理还没有被证明。A、B、D 都不符合原文信息，因此，C 选项正确。
3. C 细节题。文章第七段末尾提到在里根总统实行 “星球大战” 计划的 25 年以后，导弹防御计划已经花费了 1100 亿美元，为美国人树立了 “防雨屋顶式” 的防核盾牌的不可能的信心。虽然新系统没那么大野心，只是旨在防御小数量的导弹，但是一年也要花费 100 亿美元，因此 C 选项正确，两者相比，新系统的特点体现在成本效益上。
4. D 细节题。答案定位在第十段。文章第十段说美国导弹防御局的首席科学家 Keith Englander 认为，这个系统已经可以分辨出弹头和诱饵了，虽然这个系统不能解决更加复杂的针对措施，但是针对措施也不能像批评者想的那样容易实施，因此，D 选项正确。
5. D 态度题。文章最后一段提到批评者也有一个软肋：如果导弹防御系统只是一堆垃圾，那么俄罗斯为什么会反映如此强烈呢？由此推断出 D 选项正确。

Passage 6 （上海理工大学 2012，武汉大学 2011）

A B C A D

1. A 推断题。第四段通过具体数字告诉我们，在新加坡确实存在老龄人口比例增大的问题，这带来的影响是第四段末尾“It is that the ratio of economically active people to economically inactive people will decline”，即国家将面临严重的经济问题，因此，A 选项正确。
2. B 细节题。第七段第二句“A father can be compelled by law to maintain his children”，与 B 的说法一致，因此，B 选项正确。
3. C 细节题。从第九段首句“The Maintenance of Parents Bill was put forth to encourage the traditional virtues that have so far kept Asian nations from some of the breakdowns encountered in other affluent societies”，可知，亚洲国家的传统美德使得他们有别于那些富有的国家，这表明传统美德在保持亚洲国家的特色方面起着重要作用，因此，C 选项正确。
4. A 推断题。第十段最后一句“If it does indeed become law，the bill's effect would be far more subtle”，在接下来的几段里，作者讲到赡养父母是个人的责任，并非社会的责任。而有些人碍于情面，不得不重新考虑赡养父母的问题。因此该议案起到了间接的作用。因此，A 选项正确。
5. D 细节题。文章的最后一句说“Those of us who pushed for the bill will consider ourselves most successful if it acts as an incentive not to have it invoked in the first place”，表明该议案是否成功要看它能否激励人们维护传统道德观念，而不是首先考虑对簿公堂，故 D 选项“孝顺意识”为正确答案。

Passage 7 （华东师范大学 2010）

D C A C C

1. D 细节题。第五段列举的例子是 waitress 和 carpenter，第六段提到 hairstylist、mechanic、electrician and plumber，D 选项中的例子文中未提及，因此，D 选项正确。
2. C 语义题。第三段第一句提到我们通常认为美国是一个无阶级社会，由此可以推断该词意为“平等”，因此，C 选项正确。
3. A 推断题。从第三段第三句“we mark about people who work with their hands”可推断出 A 符合答案，第二段第一句只是 part of their working lives 而不是每天都有，属于过度推断，故 B 不正确；文中从提到人们习惯性认为美国是个无阶级社会，而不是 C 选项所陈述的事实；D 项文中未提到。
4. C 细节题。从文章最后一段可知作者希望美国政治家们能读到这篇文章。
5. C 主旨题。作者提到美国工人阶级在工作时受到的一些不平等待遇及社会对他们智力看法的重要影响，为的是希望政治家们能发现这些现象并想办法解决，因此，C 选项正确。

4. 社会问题专题

Passage 1 （厦门大学 2014）

Multiple-choice Questions：

D B C D

1. D 细节题。George Orwell 说英国是“世界上阶级划分最明显的国家”，而后文也提到英国人对阶级很敏感，因此，D 选项正确。
2. B 细节题。该句话的含义是“阶级不仅仅意味着财富的多少，它还体现着一些不那么直接的东西”，因此，B 选项正确。
3. C 推断题。第三段提到，在判定某人所属的阶级时，英国人常常用到几个标准，其中第一个便是职业，可见职业和阶级是紧密联系的。
4. D 推断题。从倒数第二段第二句“This often entails pretending to be more humble”以及最后一句“Pretending to be grander than income”可知，谦逊只是英国人的表面，这是较为保守的陈述。因此，D 选项正确。

Short-answer Question：

5. There are three factors that are considered by the author as causes to the blurring of class distinction：1. the changes of labour market that the shrinking manual workers and the surging white-collar jobs are asking to be placed in the same class；2. large numbers of immigrants that cannot easily fit into the existing notion of class and form into their own class；3. barriers to fame have been lowered.

Passage 2 （南京师范大学 2014）

B C D C C

1. B 推断题。文章第二段提到一番辩论之后，Davis 市政府转向遏制增长，限制汽车，提倡把自行车作为交通方式，因此可以推断出 Davis 市政府认为控制汽车是一种有效管理能源的方式。B 选项正确。
2. C 细节题。文章第四段提到为了向当地建筑商和开发商证明这种与新模式相结合的方法，Davis 建了两座太阳能热能采集室模型，这样单个家庭就能利用南面的阳光，复式家庭也能适应阳光不能直射的地理位置。因此建立太阳能采集室不是单一的原因是为了证明即使是出于复杂地形的复式楼也能接收到太阳能。因此，C 选项正确。
3. D 主旨题。文章作者将 Davis 作为一个榜样来供美国城市学习能源管理问题，因此，D 选项正确。
4. C 推理题。本文主要是讲 Davis 在城市规划和能源保护方面做出的努力。它是一个“city”而不是“town”，A 答案错误；B 讲社会公平，文章没提到。D 答案是说人口中反映了多民族元素，文章也没有提到。因此，C 选项正确。
5. C 主旨题。文章将 Davis 管理能源的方式作为一个典型例子供美国其他城市学习，Davis 通过限制汽车来减少能源的消耗，因此可知使用汽车的已经屈指可数了，将会有新的方式取代。

Passage 3 （国际关系学院 2014）

A C E D

1. A 细节题。文章第一段提到，美国被一种充满仇恨的氛围所烘烤着，虽然他们不知道自己在说什么，但他们说的是正确的。Parch 的意思是“烘干、烤干”，A 项 dried out 与其符合，因此，答案是 A。
2. C 推断题。文章第四段说美国人现在问自己的问题是：我到底能够多么无礼并且还置之不理？人们不再接受道歉，他们仅仅享受着对人充满敌意的感觉，C 项与文章信息相符，因此，C 选项正确。
3. E 细节题。文章第五段说人们渴望胜利，若他们无法从个人胜利中获得，那么就从个人恶意中获得。而上文提到人们不再接受道歉，第五段是对这个原因的解释，E 项拒绝接受道歉可能给人一种个人胜利感，因此，E 选项正确。
4. D 态度题。D 项 constructive 意思是“建设性的”。文章从头到尾说的是美国人的仇恨和恶意，并提出了一些建议，如第四段提到你若想散播一些快乐，就尝试去向一个休班出租车司机吆喝，这会使他感到快乐。因此作者的态度是持建设性的。因此，D 选项正确。

Passage 4 （武汉大学 2013）

A B D C A

1. A 细节题。Landes 认为欧洲之所以与众不同，是因为勤劳。个人或者国家想要在经济上取得成就，就必须辛勤劳动，勤俭节约，而 work ethic 意为“工作观”，因此，A 选项正确。
2. B 推断题。定位到原文第四段前半部分内容，在解释欧洲殖民问题时，Landes 解释这是靠常识，即弱肉强食。欧洲在科技上的进步使得其可以征服世界其他地方的人们。因此，B 选项选项。
3. D 细节题。由最后一段“Other historians have placed a greater emphasis on...”可知 D 是“包括”。A“使复杂”，B“相反”，C“使美化”。
4. C 语义题。最后一段最后一句对 this school 做了详细解释，这些人认为工业时代人类社会唯一幸存的生存模式是：将民主政府与市场经济结合，充分展现了其对西方文化优越性的肯定，因此，C 选项正确。
5. A 态度题。总览全文，作者只是在陈述别人的观点，并未加入自己的感情色彩，故 A 选项正确。B“怀疑的”，C“责备的”，D“热情的”。

Passage 5 （湖南大学 2013）

B A A D

1. B 细节题。原文对应信息第二段第七行：“Discrimination against kids of color accumulates at every stage of the justice system and skyrockets when juveniles are, tried as

adults”。由该句可知司法系统中的歧视确实存在，答案选 B。

2. A　语义题。从单词所在的句子语境，可以判断 skyrocket 与 accumulate 的意思相近，并且程度更强，因此，A 选项正确。

3. A　推理题。原文相关信息最后一段最后一句是“The system, in essence, is training career criminals. And it’s doing its worst work among minorities”。从 trainingcriminals, doing its worst work，可以看出司法系统确有问题和漏洞。因此，A 选项正确。

4. D　态度题。作者通篇都在阐述司法机关对有色人种青少年的不公正待遇，所以对司法系统是持批判态度的。

Passage 6　(中南大学 2013)

A　D　B　D　B

1. A　推断题。文章第二段说牧民能够很好适应恶劣环境，并根据季节、气候的变化移动牲畜，在撒哈拉以南的干旱地区，他们的方式比农学家的还可行，故 B 正确。第三段说牧民对国家经济有着重大的贡献，当干旱来临时，动物会死亡，牧民们会挨饿。最后一段说富裕的地方应当对牧民的困境给予适当重视，让他们依赖外国粮食援助是不可持续的，因此可推出 C 选项。文章提到干旱问题是牧民遇到的一个最主要的问题，因此发展牧业最主要的问题是环境恶化问题，答案选 D。

2. D　语义题。encapsulate 原义是“将……封入囊中”，“压缩”，文章第一段末句提到这一地区有 2000 万游牧或半游牧牧民，他们正在迅速成为最贫穷的人，他们的困境是长期干旱和饥荒问题，因此可知 encapsulate 意思是“加重”，D 项 aggravate 符合。

3. B　态度题。文章最后一段说牧民需要的是对他们传统生活方式的保持，最后一段分析了富裕国家应当在哪些方面对牧民给予支持，尤其是干旱问题。由此可知作者对牧民干旱和传统生活方式的态度是同情和理解的。B 选项正确。

4. D　推断题。文章第四段说这些政策和国际发展机构的战略或多或少反映了他们的殖民前辈的思想，他们是基于两个错误的假设，即畜牧业是原始、低效的，这导致了许多失败的计划。另一个是，他们认为大多数非洲的牧民生活在不可预知的天气状况中是完全不适合商业化的牧场地区。故 A、B、C 正确，D 错误。

5. B　主旨题。文章先是分析了非洲牧民传统的生活方式和干旱问题，在最后一段提出了一些建议，因此 B 项作者旨在给非洲传统游牧业提出正确建议。

Passage 7　(中南财经政法大学 2013)

A　A　D　B　A

1. A　推断题。文章一开始就指出科技的巨大进步，而其他方面进展却很少。人们以轻蔑的口气谈及可怜的古罗马人，因为他们欣赏竞技场上的屠杀。我们轻视他们，因为他们把这些屠杀视为娱乐。我们可以降阶/屈尊地谅解他们，因为他们生活在 2000 年前，显然，对好的东西不知道。在这里作者反问，我们的优越感是否正确呢？我们的嗜血性是不是少一些？为什么拳击比赛吸引那么多人？在场的观赏者(观众)是不是也希望看到一些暴力呢？结论是：人类和过去一样残忍。唯一的不同点在于古罗马人很诚实，他们承认他们欣赏饥饿的狮子把人撕碎，活生生地吃掉，而我们会找出各种精辟的理由来保卫早该制止的行为。第二段举出具体例子，如斗牛、拳击中把人打瘫在地，车赛中，车子碰撞起火，人们就坐在那里观看欣赏，参赛者是为了高报酬，观众付出大笔钱财是为了看到暴力。作者指出任何体育精神的说法纯粹是虚伪。如果打一场比赛(世界重量级冠军赛)，两轮而不是十五轮就告结束，成千上百万人们就会感到失望——这些证明了人的卑下和不文明。这两段似乎也证明作者的观点应该是 C 项——蔑视的。但在第三段谈及，好几个世纪以来，人们一直试图在精神上和情感上改善自己，但这没有成功。这些变化的出现不是因为人突然改变，而是在改变法律上采取了积极的步骤。如果我们禁止危险的暴力体育项目，那么我们在改善人类方面又前进了一步。我们会认识暴力是人类的堕落和卑下(人类不应有的)。从这段来看，作者对人类还抱有希望，不是很蔑视。因此，A 选项正确。

2. A　主旨题。法律应禁止堕落而又危险的体育项目。见第一题注释。作者从古罗马人欣赏残忍的体育项目说起，点出现代人也是嗜血成性，喜欢暴力体育项目。这是不文明，是堕落，必须制止，而法律是我们社会改革最强大的工具，它可应用并发挥强大的文明影响(第三段倒数第三句)。因此，A 选项正确。
3. D　细节题。人们在体育上习惯于“嗜血成性”，过去是，现在仍然是，不同点只是前者坦直承认，后者婉转掩饰。见第一题注释。A. 把古罗马人和现代人对比。选项 A 没有说明对比什么。B. 给出一个例子，太抽象。C. 说明过去人类不太知道更美好的东西。因此，D 选项正确。
4. B　细节题。作者提到(1)逗熊游戏；(2)斗牛；(3)车赛；(4)拳击；(5)人狮斗。至于当众鞭挞和绞刑不能称作体育项目。因此，B 选项正确。
5. A　主旨题。通过制止野蛮体育项目，我们能改变人类自身。这在第三段里讲得最透彻，参见第一题和第二题注释。

Passage 8　(对外经贸大学 2012)

B　B　D　A　A

1. B　语义题。文章第一、二段都在讲移民的问题，第二段中用 diaspora 替代了 migration，因此 diaspora 指的是移民。因此，B 选项正确。
2. B　态度题。文章第三、四、五段讲的是移民带来的好处，因此可以推断出 B 选项正确。
3. D　细节题。从文章第八段“And, by linking the West with emerging markets, diasporas help rich countries to plug into fast-growing economies”，可以推断出 D 选项正确。
4. A　推断题。从文章第八段“Migrants tend to be hard-working and innovative. That spurs productivity and company formation”可以得出 A 选项正确。
5. A　细节题。从文章最后一段“Skilled migrants send money home, and they often return to set up new businesses”得出 A 选项正确。

Passage 9 （湖南大学 2012，中南财经政法大学 2012A，中南大学 2011）

A C B D C

1. A 细节题。文章第一段提到 1987 年，当东芝公司的一个子公司将感官军事技术卖给前苏联时，东芝公司的主席也辞去了他的职务。第二段说东芝公司将这些高层带入的行为看做“致歉的最高形式”。所以在日本要想成为一个好的经理，就应当为下属犯的错做出及时的道歉。因此 A 选项正确。
2. C 态度题。文章末段说哈佛大学商学院教授乔治 · 洛奇把这种老式的引咎方式称作“清除社团耻辱的封建方式”，由此可知他的态度是持批评性的，因此 C 选项正确。
3. B 细节题。文章末端提到：但是，这个时代，在企业和政府领导人看起来似乎都善于推卸责任的情况下，很多的美国经理可能会赞同这种日本式的责任感。因此可知美国经理认为职权和责任是不可分割的，B 选项正确。
4. D 主旨题。文章的主旨是比较美国和日本两个国家不同的商业文化，因此，D 选项正确。
5. C 细节题。文章第二段对比美日两国公司责任制时，提到“While US executives give both responsibility and authority to their employees, Japanese executives delegate only authority—the responsibility is still theirs”，日本公司的高层领导拥有权力，同时也要承担责任。东芝的高层之所以辞职是因为他们没有在公司内部创造一种氛围，让所有员工意识到出售敏感军事技术给苏联是错误的行为，不应发生。因此，C 选项正确。

Passage 10 （四川大学 2012）

B B D A B

1. B 推断题。刑事判决非常注意排除感情的干扰，因为人们关注刑事判决，容易引起冲动。
2. B 细节题。见原文第二段的倒数第三句话，“stem from”表示“起源”。
3. D 推断题。有 all 的否定只否定部分，得出 A 是正确的 。B 项见第二段第九句，C 项见第二段第八句。
4. A 细节题。最后两段介绍了刑法的发展趋势，由于行政法吃香，刑法研究似乎没有人研究。
5. B 态度题。作者在论述愤怒的作用时，也指出了愤怒有可能导致不公正。纵观全文，作者保持了一种客观的态度。

5. 社会生活专题

Passage 1 （武汉大学 2014）

C D D D A

1. C 词义题。第一段的前半部分主要讲述了有个人吸引力的好处，但一个“but”，笔锋一转，开始讨论个人魅力的缺点，即在行政领域它是一个不利条件“disadvantage”。

2. D 推断题。根据第六段“an attractive woman has an advantage in traditionally female jobs”可知，在传统的妇女工作中有吸引力是女人的一个优势，即她们会因此更快地获得成功。
3. D 推断题。结合第七段和最后一段的结果可以推出，对男人而言个人魅力是其优势而对女人而言则恰恰相反，即更多的是不利条件。
4. D 推断题。结合全篇可以看出，人们对魅力的态度是因领域和性别不同而保持的固有观点，略显激进。
5. A 主旨题。文章着重论述了个人魅力在某些领域对于女人而言是不利因素，所以不难知道作者写这篇文章的目的是为了“discuss the disadvantages of being attractive”。

Passage 2 (中南财经政法大学 2014)

C A C B A

1. C 细节题。第一段最后一句指出，民意测验表明我们应该更广泛地分享可利用的就业机会，而选项 C 的意思是“就业机会应该分给更多的人”，两者叙述一致。故答案为 C。
2. A 推断题。文章通篇讲述的是“employment”不是唯一的工作方式，我们应该寻求方法去“help many people to manage without full-time jobs”(最后一句)，因此，A 选项正确。
3. C 语义题。从文章第三段可知工业时代带来了工作模式的变化，接着第四段指出工业时代的“the factory system”取代了“the cottage industries”(家庭手工业)，并且迫使人们去离家很远的地方工作，可见“patterns of work”发生了根本的改变。因此，C 选项正确。
4. B 细节题。文章第四段提到人们失去土地使用权后靠薪酬工作养活自己，随着交通的发展，人们背井离乡，到更远的地方寻求工作。因此，B 选项正确。
5. A 推断题。文章最后一段提到“the impractical goal of creating jobs for all”，也就是说为所有人创造工作这个目标是不切实际的，这与选项 A 的叙述一致。

Passage 3 (国际关系学院 2014)

C B E E C D

1. C 态度题。本文第三句“如果我们只尊重必然的东西，尊重有权威为必然的东西，那么音乐和诗歌会重新在街上唱诵”。文章末段最后一句“虽然诗人或艺术从来没有如此美好和崇高的设想，但他们有些后代至少会达到这一步的”。这些说明作者把艺术视为崇高和美好，不是被蒙蔽的。
2. B 细节题。孩子们常常比成人能更好地面对各种问题。见文章第二段第三句，孩子们(整天只知道玩儿)比成人们能更清楚地分辨出生活的真正规律和种种关系。
3. E 细节题。文章第三段末句说诗人和艺术家从未得到这种美丽崇高的设计，然而至少他们的一些后代能够完成，由此可推出随着历史的发展，人类在文化上取得了进步，因此，E 选项正确。
4. E 语义题。因为第一段第一句中出现 while，所以，“fabulous”与前半句中的“soundest truths”形成对比，因此，E 选项正确。
5. C 主旨题。珍视目前的真正价值。这在文章倒数第五句“永恒中，确实有真实和崇高的东西存在。但是所有的时间、地点、机遇都在此时此地。上帝本身在现时达到了顶峰，在今后流逝的岁月中，它绝不会更加神圣崇高。我们只有长期不断地灌输和浸润的现实中，才能理解什么是崇高和神圣的东西。不论我们的步伐是快还是慢，路线已为我们铺定。那就让我们的生命在体会感受中度过”。作者强调现实才是人们应该抓住的。

6. D 主旨题。神学和哲学。整篇文章都传递了这两个内容，特别是哲学推理论说。

Passage 4 （电子科技大学 2013）

B B D D B

1. B 主旨题。文章第一段简要概述了求职人员在求职过程中对自己的学历弄虚作假这一社会现象，然后第二、三段分别给出一些具体的例子进行说明，因此，B 选项正确。
2. B 推断题。由第二段中前半部分的 If it turns out that an applicant is lying… school calls them “impostors”; another refers to them as “special cases”，可知学校查无此人，他们根本就没有去那所学校上过学，B 对。C 属于过度推测，学历造假并不能说明就是从一些商业公司那里非法购买的。
3. D 推断题。由文章第一段倒数第二句中的 for personnel officers, like most Americans, value degrees from famous schools 可知，名牌大学的毕业生在求职过程中比其他人有优势，因此，D 选项正确。
4. D 推断题。文章讲述的是在简历中对学历弄虚作假这一问题，同时也指出，问题出现的原因是大学都很看重学历，特别是名牌大学的文凭，由此可知，这是一种社会现象，全社会对此都负有责任，因此，D 选项正确。
5. B 语义题。从文章第二段内容可知求职者认为拥有名牌大学的文凭，其被雇用的机会大，而且著名大学平均每周都会接到“造假文凭”这种案件，由此可推断，画线词所在句表示现在有越来越多的人开始了彻头彻尾的欺骗。由此可知 utter 在此处表示“彻底的；十足的”，与 thorough 意思相符，因此，B 选项正确。

Passage 5 （华东师范大学 2012）

C D C D D

1. C 细节题。文中第一段提到“the disparagement of personal dignity does not exist in simpler cultures”，故 A 不符合，而 B、D 文中未提到，因此，C 选项正确。
2. D 推断题。从第三段可知“marriage for non-economic motivates”主要在“the higher strata”中，四个选项中，只有 D 项为低阶层，因此，D 选项正确。
3. C 细节题。从第三段第一句中“the declining frequency of marriage… is due to the fact that highly differentiated people…”可知 C 项表述合理。
4. D 推断题。根据作者的观点，不管结婚是为了“human races”还是“money”，没有感情基础建立的婚姻都是不适合的，所以推断 D 为正确选项。
5. D 细节题。在最后一段“panmixia… a condition that biology… the most direct and detrimental degeneration of the human species”中，degeneration 意思是“衰退”，与 decline

同义，因此，D选项正确。

Passage 6 （中山大学2012）

C B C D B

1. C 推断题。由第二段最后一句“happiness is a deeper, more abiding emotion”，可知happiness是比fun更长久的情感，因此，C选项正确。
2. B 细节题。从第四段第一句“it is to teach us that happiness has nothing to do with fun”可知B选项正确。
3. C 态度题。由第五段可知单身汉害怕结婚是因为害怕做出承诺，认为婚姻会以痛苦结束。所以D选项是单身汉的观点而不是作者的，A、B选项文中未提及，因此，D选项正确。
4. D 细节题。定位到原文第六段，我们可以知道那些不要孩子的人是决定选择无痛的乐趣，而不是疼痛的幸福。但是有孩子的人得到的却是幸福，而不是简单的乐趣。抚养孩子的人，是在付出努力的过程中品尝了幸福的滋味。因此，D选项正确。
5. B 细节题。由最后一段第二句“It liberates time: now we can devote more hours to activities that can genuinely increase our happiness”可知，当我们了解真正意义的幸福之后，我们就会花更多的时间投入到能真正增强幸福感的活动中，因此，B选项正确。

Passage 7 （厦门大学2012）

Multiple-choice Questions:

B B A B

1. B 推理题。开篇提到“For office innovators, the unrealized dream of the ‘paperless’ office is a classic example of high-tech hubris”，可见这里的“high tech hubris”是指“the unrealized dream of the ‘paperless’ office”。接着第二句指出现在的实际情况“Today's office drone is drowning in more paper than ever before”，现实情况是办公室用纸越来越多，进一步说“the paperless office”是“high-tech hubris”，因此，B选项正确。
2. B 细节题。由题干中的slowdown in paper sales定位至第二段。末句“The demand for paper used to outstrip the growth of the U S economy, but the past two or three years have seen a marked slowdown in sales-despite a healthy economic scene”中的“a healthy economic scene”表明美国经济形势不错，B与原文不符，故为答案。作者从第三段开始具体分析纸张销售下降的原因，由第七段人们越来越喜欢用电子方式发送信息可以推断，职员们使用计算机的能力会越来越好，A符合文意；D是对第八段的阐释；由第九段首句可知C也符合文意。
3. A 判断题。由题干中的Xerox Corp. 和Anoto Group定位至第十一和十二段。第十一段首句指出“To reduce paper use, some companies are working to combine digital, and paper capabilities”，下一句的“For example”表明“Xerox Carp”的例子是对该句的细节性支持，同理，下一段的“Anoto Group”也是为该主题句提供的例证。A是对“combine digital and paper capabilities”的解释，故为答案。B与该处矛盾，直接排除；C是对第十二段

末句中“appear on a computer screen”的曲解；D是对第十一和十二段中的“stylus”的曲解和排除。因此，A选项正确。

4. B 态度题。本文主要讨论了无纸化办公无法实现的原因。作者分别从“old habits are hard to break”，电脑的引进、白领对办公室用纸以及数字化创新的态度等几个方面阐述原因，在原因分析部分作者通过引用他人观点来表明自己的态度。因此，B选项正确。

Short-answer Question:

5. “irony of the information age” shows the author's attitude towards “paperlessness”. He thinks it is impossible to realize paperlessness even though the information technology develops nowadays. The information age doesn't help people build paperless office. Instead, it boosts the increase of paper consumption, which is an irony. 本文最后一段，这里将信息时代中的无纸化办公趋势与手机和网络沟通进行类比。信息时代给人们的沟通提供了便捷，人与人之间的联系加深了，反过来也导致面对面交流的机会增加。无纸化办公也是同样的道理，因此具有讽刺性。

Passage 8 （上海理工大学 2012）

B D B C B

1. B 细节题。文章第一段第三句提到在一个管理者的职业生涯中，他的外表和可靠性没有那么重要，这是人们的一些误解。因此，B选项正确。
2. D 细节题。文章第二段说社会学家的研究表明：外表好看的人更容易受到父母的宠爱，更容易成为别人的朋友，更容易得到浪漫的追求。由此可知，外表好看的人相对于外表不好看的人来说更加有优势，因此，D选项正确。
3. B 细节题。文章第三段第二句说社会学家发现人们装作很虔诚的样子，然而实际做的事情又完全相反，因此，B选项正确。
4. C 细节题。文章第五段末尾提到，外表魅力使女性更容易得到工作，而另一方面得出一个结论：外表具有吸引力的女性追求管理职位时通常不如外表普通的女性进行得顺利。因此，C选项正确。
5. B 推断题。最后一段第一句说明美貌对女性的作用更大。“But its potential impact on females can be tremendous, making it easier, for example, for the more attractive to get jobs where they are in the public eye.”美貌的女性更容易获得好工作。因此，B选项正确。

Passage 9 （首都师范大学 2011）

B A A D D

1. B 细节题。他们享受一度只属于贵族享用的一切。第一段集中谈了这些：他们走到哪里，成千上万的人们出来欢迎，发疯地要看一眼穿着花哨的偶像的笑容。这些歌星坐着司机开动的劳斯莱斯汽车、私人直升飞机、高级长官飞机到处走，他们的周围永远围着一群经纪人、报界记者和保镖随从人员。他们的照片定期登在报刊上，因为歌星像贵族一样是新闻人物。因此，B选项正确。
2. A 态度题。在第一段最后一句：“他们为他们的牺牲所获取的报酬难以计算，支付率惊人。"第二段一开始就点明"为什么不惊人？社会对高级表演者总是慷慨解囊"。第三段更明确指出：应该这样支付星族，这完全正确。企业中的顶尖人物因为他们为公司和国家所做的一切不也挣得高额工资？税务员应感谢他们每年为国库做出的巨大贡献。所以谁会忌妒他们的报酬呢？最后一段进一步说明：欲成为星族的人冒着很大的风险，谁都知道只有一小撮人能成为顶尖人物，也可能多年的努力以彻底失败而告终，而成功的报酬确实很高，这是对他们冒险的补偿。这些内容都说明作者赞成巨额报酬。因此，A 选项正确。

3. A 推断题。在攀登顶峰中存在着激烈的竞争。这在第二段最后两句明确指出：获取顶尖的流行歌星的称号竞争激烈，但其报酬确实惊人。还有最后一段第二句：说忌妒话的人应记住：最有名的星族代表的只是冰山之巅——人极少。每个成名的歌星身后就有成千上万个其他歌者为生存而奋斗。这都说明"竞争激烈"。因此，A 选项正确。
4. D 主旨题。成功者只是冰山的顶尖——少极了。因此，D 选项正确。
5. D 主旨题。第四段。主旨句是倒数第一、二句：成功的报酬确实很高，这是对其高度风险的回报和补偿，如果他成功了，他肯定挣得多。那就是私人事业的根本本质。因此，D 选项正确。

Passage 10 （武汉大学 2011）

C A C C B

1. C 细节题。从文章第一段第一句"I am one of the many city people... if it weren't for my job I would..."可知作者是在城里工作，因此，C 选项正确。
2. A 细节题。文章第二段描写的是城市生活的弊端。由"The sense of belonging to a community tends to disappear... people on the same floor in tower blocks don't even say hello to each other."可知，楼层渐高，从家里只能看到天空或其他楼栋，居住条件其实倒不如之前；小孩与家庭主妇越来越脱离社会；人们见面也不打招呼，B、C、D 选项均有涉及，只是没有提及"a strong sense of fear"，因此，A 选项正确。
3. C 推理题。文章第三段倒数第二句说住在一个小村庄里，购物是一个大问题，即使只是稍微特别的物品，人们也必须到附近大城镇去买。由此可知，在乡村不容易买到的东西应是"designer clothes"。
4. C 语义题。第四段最后一句说他们一般还是比较敏感的……他们也把某些改变强加给当地农村居民。故用"arrogant"(骄横的)来描述在大城市工作而在乡村生活的人最合适。因此，C 选项正确。
5. B 推理题。在最后一段"I'm keen on the idea, but you see there's my cat, Toby. I'm not at all sure that he would take to all that fresh air and exercise in the long grass. I mean, can you see him mixing with all those hearty males down the farm? No, he would rather have the electric imitation-coal fire any evening"，作者以他的猫为例，说他没有把握它一定会喜欢新鲜空气和到草地上练习，并在最后作了否定的答复。可见，作者是不会去农村生活的。因此，B 选项正确。

6. 文化传播专题

Passage 1　（中山大学 2015）

B　C　A　C　B

1. B　细节题。首先将答案定位在文章第一段，根据该部分英国人对古代房屋和现代房屋态度的词语变化，如描写古代房屋的词“cost more”，“the older the house，is the greater the charm”以及“more sought after”等，可推理出 B 项为正确答案。A 与原文不符，C 中“less reliable”与原文“more solid”相悖。D 在原文中并未提及。
2. C　细节题。根据四个选项的关键词可知，本题重点落在对古屋的描述上。先定位到第一段，发现 C 项与本段“There it stood，perched on the edge of a hill looking out over the countryside towards the sea”所述相符。而原文提到了“leaded window”，但并未如 A 项所述“a few windows”。D 项仅是对该段“smoke drifting from its chimney promising a warm log fire within”的主观臆断。而 B 中“the floor were covered by ancient wooden materials”与“while the floor was covered in ancient flagstones”相矛盾。因此，C 选项正确。
3. A　细节题。根据文章第一段末句“I closed with the farmer who owned this delight without hesitation or haggling”可知，作者因为喜欢那所英国古代小屋，毫不犹豫地与那位农夫成交。注意 close with sb. 相当于 strike a deal(成交)。其他三项都是对原文事实的扭曲，只有 A 选项符合题意。
4. C　细节题。根据文章第二段第一句 Only later did cold reality begin to take its toll on romantic illusion，作者又描述了房子潮湿阴冷的各种弊端，表明现实与想象符合。因此，不难得出 C 选项为正确答案，A、B、D 都存在理解错误，与原文不符。
5. B　细节题。利用该题题干关键词“heating all through the year”，定位到第二段第四句“The damp and wind together made constant heating a necessity throughout the year”，由此可知，damp and wind 是造成全年需供暖的原因。再根据本段第二、三两句可知，房子面朝海，且坐落在高山上，是产生 damp and wind 的主要原因。因此，B 选项正确。

Passage 2　（电子科技大学 2014）

C　C　D　C　C

1. C　推断题。文中讲到，风水在东南亚很流行，现在还传播到了西方国家。选项 A 和 D 不符合，选项 B 在文章最后一段出现，用排除法可以判断 C 选项正确。
2. C　细节题。考生可锁定文章第二段，开头就说到风水师很看重与自然的和谐一致。选项 D 和文中意思刚好相反，而选项 A 和 B 只是文中用来说明和谐的例子而已。因此，C 选项正确。
3. D　细节题。根据题干中的 Bruce Lee，考生可将答案定位在文章的第三段。李小龙听从风水师的建议安装了镜子，但暴风雨打碎了镜子，所以保护房子的屏障没有了。
4. C　细节题。根据题干中的人名 Milton Glaser，考生可锁定文章的最后一段。第一句话是主题句“风水在西方流行开来”，而 Milton Glaser 之事仅仅是证明这个观点的例子。

5. C　推断题。通观全文，可用排除法来选择正确答案。选项 A、B、D 只是风水师看风水时考虑的因素。而文章把风水解释为占卜(Feng-Shui，or the art of geomancy)，接着说，在中国数世纪之前就很盛行。由此可以推断 C 选项正确。

Passage 3 （中南财经政法大学 2014）

B　A　D　B　B

1. B　细节题。文章第一段提到设计原理从来就不是静止不变的，它们在使用时应当被看做灵活可变的指导性原则，B 选项与文章信息符合，因此，B 选项正确。
2. A　细节题。文章第一段"Good taste，in the field of art，is the application of the principles of design to the problems in life where appearance as well as utility is a consideration"说明高品位是对设计原理的运用，也就是一种关于设计原理的知识，因此，A 选项正确。
3. D　细节题。文章第二段第二句"For the sake of economy as well as beauty，it is important that every individual should understand and apply these principles of art"说明 A、B 正确，第一段"It has been said that good taste is doing unconsciously the right things"说明 C 正确。第二段第一句"Good taste，then，includes the selection and arrangement of all our belongings—our communal as well as our personal possessions"说明 D 错误，应当既包括公共的又包括私有的财产，而 D 只提到 our possessions(私有财产)
4. B　推理题。由文章最后一段末句"Training will show where merely a variation of proportions or the addition of some simple note of contrast will result in a quality and beauty that might otherwise be lacking"可知，B 选项正确。
5. B　细节题。由文章最后一段第一句"Beauty is determined not by the cost but by the quality of the object chosen"可知 A 正确。由第一段第二句"Every time we make a purchase，however humble，we are consciously or unconsciously using our power to choose"可知 C 正确。由第一段"With the development of our appreciation of these principles，the meaning of the term 'principles of design' broadens and deepens"可知 D 正确。因此，答案选 B。

Passage 4 （华东师范大学 2014）

F　F　F　F

1. F　根据文章中"Books and newspapers are segregated by area and readership"可知本题错误。
2. F　根据文章中"Thus，to some extent，newspapers and books encourage the segregation of knowledge. Radio begin to break down that segregation. Television goes much further."可知 Television 是 break down the segregation，而不是 encourage，因此本题错误。
3. F　根据文章中"and the style of *The New York Times* only appeals to those with a certain level of education and wealth"可知本题错误。
4. F　根据文章中"Television goes much further. There are programs which cater to more elite audiences and are watched only by them"可知本题错误。

Passage 5 （武汉大学 2014）

D C D B

1. D 细节题。答案在第一段的第四行“This is called ‘knocking down’... at which he stands”。把信息加以提炼便成为符合要求的答案。
2. C 细节题。由第二段第二句“The Romans usually sold in this way the spoils taken in war”可知罗马人过去常拍卖从战争中获得的战俘品，因此，C 选项正确。
3. D 细节题。由原文第二段最后一句“goods were often sold ‘by the candle’: a short candle was lit by the auctioneer, and bids could be made while it stayed alight”可以得出答案。
4. B 细节题。由第四段第三句“he may wait until he registers the fact that certain dealers are in the room and then produce the lots they are likely to be interested in”可知拍卖者是根据在场买者对物品的喜好来调整拍卖物品的顺序，因此，B 选项正确。

Passage 6 （天津外国语大学 2012）

C C D C D

1. C 细节题。文章第一段指出项链的功能不是提供温暖和保护，而是装饰。由此可知 C 选项“使人变得美丽”正确。
2. C 细节题。文章第二段指出人类学家说在当代美国家庭里，可爱而无用的东西经常表达着古老的含义。后面又提到，虽然已经有了天然气和电，但人们还是会在家里装壁炉，这是用来唤起人们对过去的怀念。因此，C 选项正确。
3. D 语义题。第三段首句提到在美国文化中是对项链的兴趣似乎是有明确性别区分的，下文又分别举出男性喜欢项链，出于礼貌而假装感兴趣，以及女性喜欢项链的例子，说明在美国只有女性喜欢项链才是主流趋势，因此“gender specific”在文中的意思是单一性别。B 选项正确。
4. C 细节题。文章第三段指出，大多数女性，或轻度或重度热衷于项链。由此可知大多数女性都喜欢项链。C 选项正确。
5. D 语义题。feign 意思是“假装”，因此 feign polite interest 意思是“出于礼貌而假装感兴趣”。D 选项正确。

Passage 7 （对外经贸大学 2012 年）

C B D C A

1. C 细节题。由第一段第四句“They freely acknowledge their digital double standard, saying they want their children to be surrounded by print books, to experience turning physical pages as they learn about shapes, colors and animals”可知 A 正确。从第一段第五句可知 B 正确。第一段第六句“Also, if little Joey is going to spit up, a book may be easier to clean than a tablet computer”说明 D 正确。只有 C 未提及，因此，本题可选 C 选项。
2. B 细节题。文章第六段指出出版商说他们正在增加印刷书本的数量，即使这既耗时又昂贵。第七段提到几个出版商说他们怀疑家长仍然更加喜欢印刷书本。因此出版商的态度是因为家长喜欢自己的孩子看印刷书本，所以会增加印刷书本的数量。B 选项正确。

3. D 细节题。由文章第五段可知 A、B 正确，由第八段可知 C 正确，因此，D 选项正确。
4. C 语义题。luddite 本义是强烈反对技术进步的人，在文中的意思是支持纸质书本的人，因此，C 选项正确。
5. A 主旨题。文章最后一段是叙述一位家长喜欢自己的孩子使用纸质书本的例子，因此该段的作用是概括全文主要内容。A 选项正确，B、C、D 均与文章内容不符。

Passage 8 （湖南大学 2012）

B C B D A

1. B 细节题。纵观全文得出对普遍人性这一看法的挑战主要来自历史研究观点。而题干是问对“人性”的挑战主要来自何种观点。因此，B 选项正确。
2. C 推理题。答题依据为第二段第五句。对远古民族的研究揭示了人类风俗、价值观、感情和思想的多样性，因此许多考古学家认为人类出生时像一张白纸，真正起决定作用的是文化。言外之意没有固定不变的人性。因此，C 选项正确。
3. B 推理题。答题依据为第二段第六句。作者以亚里士多德为例说明有些哲学家用“人性”的名义作为掩护人类罪恶的幌子。因此，B 选项正确。
4. D 语义题。“untenable” *adj.* 站不住脚的，无法辩护的。根据本句上下文可知正确答案为 D 选项。
5. A 细节题。答案可从第一段看出，“人性”是人的精华和本质特征，因此，A 选项正确。

Passage 9 （四川大学 2012）

B A B C C

1. B 细节题。文章第七段首句指出爱斯基摩人从不提起自己的名字。说出自己的名字会打破这个名字的魔法保护。因此，B 选项正确。
2. A 细节题。文章第五段提到，1927 年，我再次回到 Thule 这个地方时，发现不少于五个小女孩都以我妻子的名字命名，我妻子的能力和性格得到了爱斯基摩人的认可，因此，A 选项正确。
3. B 细节题。文章全篇只提到爱斯基摩人相信魔法和魅力，魅力具体指的是孩子通常以逝去的祖先命名，来继承他们的优良品质。因此，B 选项正确。
4. C 语义题。revolting 意思是“令人作呕的，恶心的”，C 项 nauseating 意思是“作呕的”，因此，C 选项正确。
5. C 细节题。文章倒数第四段提到他们认为，这种寂静中，他们承袭了他们的祖先的智慧。因此，C 选项正确。

Passage 10 （天津外国语大学 2011）

C C D C C

1. C 语义题。“文章在书本上的生命结束了，却在杂志上获得了新生”，意思是文章过去是在书本上比较受欢迎，但现在转向了杂志，读杂志上的文章的人数更加多。因此，C 选项正确。
2. C 细节题。由文章倒数第二段末尾“Today's essay is a highly flexible and shifting form, however, so these criteria are not carved in stone”可知，今天，文章的格式是高度灵活和充满变化的。因此，C 选项正确。
3. D 细节题。文章最后一段提到若杂志编辑想让自己的投稿得到考虑，就应当将文件或副本发送给串行编辑。第三段又指出文章会呈交给客座编辑，他们决定最后的选择。因此，D 选项正确。
4. C 语义题。文章第三段说出版物提交给客座编辑，他们可能会加入一些个人的发现并作出最后选择，这里“personal discoveries”指的是客座编辑自己想加入书中的文章，因此，C 选项正确。
5. C 细节题。此题考查的是学生对英美国家概况知识的掌握，MA 是美国马萨诸塞州的简称，因此，C 选项正确。

7. 文学艺术专题

Passage 1 （南京航空航天大学 2014）

D A C D

1. D 主旨题。文章主要叙述了美国黑人民歌(the blues)的产生和发展过程，因此，D 选项正确。
2. A 细节题。文章第一段提到“乐手们唱着描述黑人工人艰难生活的歌曲”，因此，A 选项正确。
3. C 细节题。根据文章第一段的信息“平常这些人艰苦地工作，他们常常独自居住，没有亲人，远离家乡”，因此，C 选项正确。
4. D 细节题。定位到原文最后一段第一句“Blues began in the country in the South”可知 D 选项正确。

Passage 2 （国际关系学院 2014 年）

B C D A A

1. B 细节题。根据作者的观点，伟大的文学作品取决于它的声音。据此文章和音乐作品取决于各种类型的声音和停顿。因此，B 选项正确。
2. C 细节题。文章第一句说，音乐和文学称为“两种与时间有关的艺术”，因为它们取决于各种时间类型。因此，C 选项正确。
3. D 细节题。从第二句开始，作者一直在说，文学艺术家的职责是富有魅力地提出一些思想。因此，C 选项正确。

4. A　细节题。第四句指出“对比”是获得惊奇的一种方式。因此，A 选项正确。
5. A　细节题。第三句和第四句提到，作者认为文学的乐趣源自对一些警句的感悟和猜想。因此，A 选项正确。

Passage 3　（中山大学 2013）

C　D　B　D　C

1. C　细节题。根据文中“America has also taken up the same challenge and has carved huge sculptures into her mountains”可知 C 正确。其中“the same challenge”指与在古埃及、波斯和巴比伦的残迹中的雕刻一样伟大的作品。A 说法过于绝对，且所有国家都曾在山石上雕刻有巨雕的说法也并未在文中提及，故排除。B 说法过于绝对，D 的说法是对文章“taken up the same challenge”的误解，故排除。因此，C 选项正确。
2. D　细节题。首先根据关键词定位到原文第二段第二句“Carved into the side of this mountain are three tremendous equestrian figures”，本题主要考查对 equestrian 一词的理解，联系原文下文 from the top of his head to the tip of his horse's hoof 可以推测与“马”有关，因此，D 选项正确。
3. B　细节题。首先将答案定位到原文第二段，根据题干联系该段中“It is a memorial to the Confederacy”一句，可以推测 B 选项正确。
4. D　细节题。由文章第二段末句“It was commissioned in 1916 and was begun by Gutzon Borglum, the sculptor of Mt. Rushmore, but was not completed until 1969 by Walter K. Hancock”可知，D 选项正确。
5. C　细节题。答案定位在原文第四段末句“a fifth face should be carved next to the existing four, but this would be impossible because the stone on the rest of the mountain is not of good quality for carving”，由原文中关键字眼“because”后的信息“the stone on the rest of the mountain is not of good quality for carving”可知 C 选项正确。

Passage 4　（中国海洋大学 2013）

D　B　D　B　A

1. D　推断题。把题干关键词“华兹华斯和波德莱尔”，定位到第二段最后一句，“as we went from Wordsworth's daffodils to Baudelaire's flowers of evil”，得知，艺术家开始关注那些令人不快的情感。而第二段说，“以前不是这样的，绘画、音乐都适合表达快乐，只是 19 世纪的某个时候，当我们从华兹华斯的水仙花转向波德莱尔的恶之花时，越来越多的艺术家开始把快乐看成是乏味的，虚假的，甚至是令人厌倦的”。因此我们可以得出结论，即“艺术家已经改变了兴趣的焦点”。故正确答案是 D。A 不合适的原因是文中没有将诗歌、绘画和音乐对于快乐的表现力进行比较。B 从字面上来看，似乎有道理，但这不是作者引用的目的所在，因为作者强调的是一个重点的转移。选项 C 的说法和第三段第一句的意思相反。
2. B　语义题。本题考查考生能否根据上下文来推测某个单词意思的能力。根据提示定义到第五段最后一句。第五段说“早期时候的人，生活被苦难包围着。他们工作得精疲力竭，生活没有保障，寿命很短。最强大的大众传媒教堂也时刻提醒信徒们，他们的灵魂处于危险之中，他们有一天会成为蛆虫的食物。有了这一切，他们的确无需艺术也会变成一个 bummer”。至此，意思很明了，即他们不再需要增加一个“令他们不快乐的事物”，“bummer”指的就是“something unpleasant”。

3. D　推断题。通过本题关键词“广告”(advertising)可以定位到第四段。作者提到“反快乐的艺术之兴起几乎可以追溯到大众传媒出现的时候，以及伴随大众传媒而出现的商业文化。对商业文化而言，快乐不仅仅是一种理想，更是一种意识形态”。因此 A 可以被排除，因为 A 的说法刚好与原文相反。“in the wake of”的意思就是“紧跟着；随着”。然后再定位到第六段，文章说，“西方人遭受商业信息的狂轰滥炸，而且这些信息总是很快乐。快餐食客，新闻主持人，短消息服务商，都在微笑、微笑、微笑。但是由于这些信息都有着一个自己的‘任务’(agenda)，即，诱惑我们打开钱包”，所以它使得快乐的概念看上去不可靠。后面作者又举了一个药品的例子，说这个药品的宣传很好，但是后来却发现它可能会增加心脏病的发病。综合所说，可以看出，广告创造的是快乐的幻觉而不是快乐本身，故正确答案为 D。B 没有根据。C 的错误在于代替教堂的不是广告而是大众传媒。

4. B　主旨题。在最后一段，作者归纳上文得出结论：在今天这样一个快乐唾手可得的年代，我们必须记住一点，那就是，只有在面临巨大的失败和失望的风险后获得的才是真正的快乐。而今天我们需要一样东西来提醒，就像当初的宗教那样，那就是反快乐文化。作者在最后提到，“它很苦但是很清新”。这里与 B 的意思是一样的，故为本题的正确答案。A 的错误在于它故意混淆了作者引用宗教的意图。作者只是说宗教提醒人们各种痛苦的存在。至于 C 的错误，作者说“人们需要接受痛苦，而不是说享受痛苦”。至于 D，在最后一段里面，我们推断不出“经济的繁荣的时候反快乐艺术也昌盛”。

5. A　细节题。将答案 A 定位到第五段，文中提到“宗教提醒信徒们，他们的灵魂处于危险中，他们有一天会成为蛆虫的食物”。因此我们可以判断本题的正确答案是 A。至于 B，在文中找不到出处。C 关于道德的现实这个问题也没有提到。D 关于大众传媒的说法与文章的意思相反，这在倒数第二段中可以看出。

Passage 5 （武汉大学 2012）

B　C　B　A　D　A　D

1. B　细节题。定位到文章第一段第一、二句“When we consider great painters of the past, the study of art and the study of illusion cannot always be separated. By illusion I mean those contrivances of color, line, shape, and so forth that lead us to see marks on a flat surface as depicting three-dimensional objects in space”，可知 B 答案中“呈现三维物体的能力与艺术无关”与这一句相反，因此，B 选项正确。

2. C　细节题。定位到原文第一段第七句“The very reason why the representation of nature can now be considered something commonplace should be of the greatest interest to art

historians”即可看出艺术史学家未对 the representation of nature 给予足够的关注，因此，C 选项正确。

3. B 态度题。定位到原文第二段第三句“Even comics and advertisements, rightly viewed, provide food for thought.”可见作者对漫画的态度是肯定的。因此，B 选项正确。
4. A 推断题。定位到原文中的“Even the crude colored renderings on a cereal box might have made Giotto's contemporaries gasp. Perhaps there are people who conclude from this that the cereal box is superior to a Giotto”可以得知 artists 比 art historians 更善于对其他艺术家的作品做出评价。因此，A 选项正确。
5. D 细节题。从原文中的“Never before has there been an age when the visual image was so cheap in every sense of the word. We are surrounded and assailed by posters and advertisements, comics and magazine illustrations. We see aspects of reality represented on television, postage stamps, and food packages”可以得知 art historians 一直以来都低估其技能。因此，D 选项正确。
6. A 推断题。定位到原文中第一段中的“in fact, rather critical of certain theories of non-representational art. But to argue over these theories would be to miss the point”，后一句代表了作者的否定态度。因此 A 选项正确。
7. D 细节题。定位到原文最后一句话“The way the language of art refers to the visible world is both so obvious and so mysterious that it is still largely unknown except to artists, who use it as we use all language—without needing to know its grammar and semantics”可知 grammar and semantics 指艺术语言中一些特定的规则。因此，D 选项正确。

Passage 6 （中山大学 2012）

D B B A A

1. D 主旨题。文章将电影与文学作品的分析做了比较和说明，这是文章主旨所在。因此，D 选项正确。
2. B 细节题。学习电影不方便的地方在于，电影无法被写下来。它是多种手段综合使用的产物。剧本是不能完整地表现电影的，因此光看剧本根本无助于你去欣赏电影的精髓。因此，B 选项正确。
3. B 推断题。文学作品与电影是有很多共同点的。学习过一些文学分析的方法，对分析电影也是很有裨益的。因此，B 选项正确。
4. A 细节题。由原文可以得知电影中各个因素已经结合成了不可分的整体，各要素相互影响。将它们分割开来，会影响对整体的理解。因此，A 选项正确。
5. A 语义题。倒数后两句意思是“the analytical method”使用“fragmenting technique”，为了容易和方便。但“the analytical method”能使用“fragmenting technique”，因为他们假设……可见“it”代指“the analytical method”。因此，A 选项正确。

Passage 7 （首都师范大学 2012）

D B B C A

1. D　细节题。作者在第一段指出，诗歌与音乐自古就密不可分。因此，D 选项正确。
2. B　细节题。见本文第二段"The distance between the gyd in Beowulf and the songs of Leonard Cohen or Bob Dylan may seem great, but is one of time rather than aesthetics"。史诗《贝奥武甫》与歌曲之间虽然存在很大的差异性，但是这种差异只体现在时间上，而非美学上。"The lyric poem as a literary work and the lyrics of a popular song are both still essentially the same thing"，从此处也可得知，其实两者之间没有很大的差异。因此，B 选项正确。
3. B　细节题。从第二段可知，诗歌与歌曲的歌词实质上是一回事。因此，B 选项正确。
4. C　细节题。从文中第三段可知，意义深长的诗歌和流行歌曲的歌词两者最为重要的前提是，作者忠实于自己的个人眼界或者所写诗歌的境界。因此，C 选项正确。
5. A　主旨题。综观全文，本文说明了诗歌与音乐的密切关系，主要涉及两者共同的重要评价标准。因此，A 选项正确。

Passage 8　（厦门大学 2011）

Multiple-choice Questions:

B　D　C　B　A

1. B　细节题。通读全文可知本文在描述 museum 一词在历史文化过程中的变化，本句意为"museum 一词随着岁月的流逝发生了改变"。因此，B 选项正确。
2. D　推断题。可以看出首段第二句中的 museum 可以指代山脉或者其他事物，其起源于希腊文。因此，D 选项正确。
3. C　语义题。文中第三段谈到王公大臣掀起了古代文物收藏的风潮，文物供不应求，刺激了赝品制造技术水平，用以以假乱真。因此，C 选项正确。
4. B　推断题。由原文第四段开头可以得知油画和雕塑并不是独立存在的，而是和建筑物合为一体、不可分割的。因此，B 选项正确。
5. A　推断题。文章末段指出，17 世纪时欧洲人是仇视皇室和教堂纪念物的，幸亏考古学家的转移保护，才使得大量文物免遭浩劫，19 世纪早期，各国纷纷兴建博物馆来保存古代文物。因此，A 选项正确。

Short-answer Question:

6. The reason is as follow: firstly, originally, museum refers to anything consecrated to the Muses: a hill, a shrine, a garden, a festival or even a textbook. Both Platos Academy and Aristotles Lyceum had a museum, a muses shrine which was used to worship the God and equals to the temple, the church and the monastery. Secondly, in ancient Greece, temples were used to collect objects. Later, when it came to the ancient Roman, museum was still more or less meant "Muses-shrine". The inspirational collections of precious and semi-precious objects were kept in larger churches and monasteries. Thirdly, during the revival of antiquity in the 15th century, visitors could admire the very grandest paintings and sculptures in the churches, which were site-specific and reflected the historical life and artistic achievement at that time. Muses-shrines was also considered as the site-specific antiquities. For this sense,

the connection between museums and "Muses-shrines" revive in the 15th-century Europe. 推理题，从第一、二段可知，在古希腊罗马时期，缪斯神庙发挥着博物馆的作用，收藏了不少伟大的艺术品，如绘画、雕塑以及与宗教相关的不少收藏品。同时，从第三、四段可知，教堂、修道院本身也收藏了很多珍宝，这也是游客对其给予极高评价的原因之一。因此，博物馆与缪斯神庙之间的联系也在 15 世纪的欧洲曾盛极一时。

Passage 9 （南京大学 2011）

Ⅰ. A C B D D A D E E C

1. A 细节题。由文章第十七段 "and you doubtless realize that your powers of appreciation could be increased" 可知 A 选项正确。
2. C 细节题。由文章第十四段 "Writers of serious literature differ from one another; but one quality seems to characterize literary artists and artists in other mediums as a group—they are all more fully alive than the majority of their fellow human beings" 可知 C 选项正确。。
3. B 细节题。由文章第七段 "It is not the bringing of the slain Macbeth's head on the stage that convinces us, but the psychological horror which we have previously shared with him" 可知 B 选项正确。
4. D 细节题。由文章第十二段 "Common sense would suggest that when a writer concentrates on expressing himself, however indirectly, he will produce serious literature only if he has an interesting and humanly significant ' 'self' to express" 可知 D 选项正确。
5. D 细节题。文章第三段提到了三种 role-playing 不太适用的表达手段，一种是 factual information；第二种 direct preaching and direct emotive-evaluation argument；第三种 the vehicle whose chief effect is to promote daydreaming。接着最后一句又提到 "but unlike role-playing it does not usually contribute much to an understanding of our fellow man"。由此可知，role-playing 的作用就是帮助人理解其他人，因此，D 选项正确。
6. A 细节题。由文章第八段 "The author of such a work is not a person completely different from ordinary people, but in some ways his insights go deeper. We might say that he serves the purpose of a microscope or of a telescope, which enables us to see many things that we could not see with the naked eye" 可知 A 选项正确。
7. D 细节题。由第十五段第一句 "At times we resist intense emotional aliveness because we are afraid of getting hurt" 可知 C 正确。由第十六段 "we resist intense emotional aliveness because we are afraid it will hinder us in various 'practical' way if we did feel and express our emotional aliveness, other people would consider us queer" 可知 A 和 B 正确。由第十六段最后一句 "but might also stand in the way of our worldly advancement" 可知 E 正确。因此，本题应选 D 选项。
8. E 细节题。由文章第五段 "Generally speaking, however, the critics tend to concentrate their attention on 'serious literature' because it represents a more significant interpretation of life" 可知 E 选项正确。

9. E 细节题。由文章第六段可知 A、B、C、D 都讲的是 escape literature 给人的感觉，因此，E 选项正确。
10. C 细节题。文章作者运用详尽论述的解释说明方法行文，因此，C 选项正确。

Ⅱ.

11. evaluation 意思是“评价；鉴定”。
12. smugly 意思是“沾沾自喜地”。
13. imaginative 意思是“有想象力的”。
14. insight 意思是“洞察力”。
15. alive 意思是“活着的；有生气的；发挥作用的。”

Ⅲ. A C A C B

16. A formalized 在文中修饰的是 method，意思是“形式化的”，因此答案为 A。
17. C conspicuous 在文中修饰的是 book，意思是“著名的书”，因此答案为 C。
18. A dismiss 在文中与 ignore 是并列关系，意思是“不考虑”，因此答案为 A。
19. C moralize 在文中的意思是“说教”，因此答案为 C。
20. B concentrate 在文中的意思是“集中于，专注于”，因此答案为 B。

Ⅳ.

21. “it” in this quote refers to what a college senior discovered when she read serious literature that everything is connected with everything else. By reading serious literature, the audience can find that their appreciation ability could be increased which the experience of reading escape-literature cannot compare. In addition, by role-playing they may find some aspects of human experience of the the person in literature work and people in reality are identical. 推理题。“it”在这里指的是前面一句话“I never used to do any thinking,” she said excitedly, “but now I'm thinking all the time. And the more I think, the more I see that everything is connected with everything else.”通过阅读严肃的文学作品，她发现了万物之间的联系；而这种联系是在阅读作品中进行换位思考(role-playing)的结果。

Passage 10 (天津外国语大学 2010)

C D A C B

1. C 语义题。文章第一段说柔道和跆拳道与中国的联系是间接的。由常识可知，柔道起源于日本，跆拳道起源于韩国，因此“间接”在这里指的是这两种运动是由其他国家传入中国的。因此，C 选项正确。
2. D 细节题。文章第一段指出功夫和气功的目标是美学表达和自我提高，而不是赢得比赛，D 项不具有竞争性，与文章叙述一致。
3. A 语义题。gender 的意思是“性别”，故 mix-gender team 指的是团队中既有男性也有女性，因此，A 选项正确。
4. C 细节题。文章最后一段指出，James Riordan 说：中国人有一种受欺凌的感觉，想向世界证明自己很强大。由此他认为中国人将体育看做一种展现民族力量的方式。因此，C 选项正确。

5. B 细节题。此题考查的是学生的百科知识能力，1932 年第一个代表中国参加奥运会比赛的是刘长春。因此，B 选项正确。

8. 语言教育

Passage 1 （中山大学 2015）

B B A D B

1. B 细节题。从第一段中，我们知道一种狭隘的职业教育观在大学里盛行，技能成了教育的最终目的。从此句“skills, rather than being means, have become ends”可知 B 选项正确。
2. B 语义题。题干说明的是现在教育出现的问题，由下文“the nation's colleges and universities are more successful in providing credentials than in providing a quality education for their students”可知这个问题是由教育方面引起的。因此，B 选项正确。
3. A 细节题。从文章中第二句“ they have increasingly catered to a narrow-minded careerism while failing to cultivate a global vision?”，可知 A 选项正确。意思是目前美国大学产生危机的一个原因是一种狭隘的职业观在大学里盛行。
4. D 细节题。从最后一段“Teaching is important, we are told, and yet faculty know that research and publication matter most”可知，虽然被告知教学重要，但是老师们都清楚，最要紧的是研究和出版。然后文章紧接着说“毫不奇怪，过半人数的本科生不能毕业了”。美国大学本科生人数的一半不能毕业的原因是美国大学更看重学术研究和文章的发表，而不是教学。因此，D 选项正确。
5. B 推断题。选项 A“高素质的教学人员”，以及选项 C“培养学生学习的兴趣”都不全面，选项 D“致力于学科前的研究”也不对，因为在文章的最后一段中，作者实际上批判的就是大学里过分注重研究，忽视了教学。因此，B 选项正确。高质量的大学教育既需要来自学生方面的努力，也需要来自教师的高效率教学。

Passage 2 （对外经贸大学 2014）

D A B C B

1. D 细节题。A 项与原文第一句“... Stanford University launched its first ‘massive open online courses’”相矛盾，B 项与第二段第五句“... high-profile partner universities”相矛盾，C 文中没有提及，由第三段倒数第二句“... But that still makes it the largest market for Moocs outside America”得出 D 选项正确。
2. A 细节题。由第三段最后一句句首“As a largely English-speaking country, India ...”可知 B 正确。文中第四段表明了印度严重的教育供给与需求不平衡问题，与 C 符合。而综合全文可知印度的教育系统非常不完善，D 正确。A 在文中没有提及，因此，本题应选 A 选项。
3. B 细节题。本题问 MOOC 的发展瓶颈是什么，由文中倒数第三段中间的“You still cannot get a qualification from a Mooc”可知 MOOC 存在的一个较大的不足是不能提供资格证书。

4. C 细节题。由第三段最后一句可知 A 项正确。倒数第二段最后一句中的“targeted assessments”与 B 项对应。D 项与文中倒数第一段倒数第二句中的“leapfrog the bricks-and-mortar model of higher education”对应。因此，本题应选 C 选项。

5. B 主旨题。本文以印度为例，阐述了 MOOC 在新兴市场里将会发挥越来越重要的作用，而 A 项过于片面，C 项和 D 项与原文意思不符。因此，B 选项正确。

Passage 3 （中南财经政法大学 2014）

D C A C A

1. D 细节题。由第一段第二句“... to provide manpower for your society...”可知 D 选项正确。

2. C 细节题。根据第二段第二句“... and you can successfully drop out in grade school”，可得出，除非你是像萧伯纳或爱迪生之类的大人物即使辍学也能有一番事业，否则，没有高中文凭你就会失业。再根据常识可知这二人是专业领域的顶尖人才。因此，C 选项正确。

3. A 细节题。综合倒数第二、三、四段可归纳出答案为 A，其余三项仅为其中的一个方面，过于片面。因此，A 选项正确。

4. C 细节题。由上一题以及倒数第二段最后一句“... in some high school or backwater college ... the janitor earns”可以得知并非文化程度越高收入就越高。因此，C 选项正确。

5. A 主旨题。由本文最后一句“... useful to the gross national product，but not... on you”，以及综合整篇文章可知，作者批判了当今社会不重视人才只重视实际利益的现状，还指出具有高学历的博士们的工资有时候还比不上门卫的工资，这都是与由教育系统不完善导致人才无用武之地引起的。可以推断出作者对当今的教育系统不太满意。其余几项范围或太广或过于片面。因此，A 选项正确。

Passage 4 （天津外国语大学 2014）

C A D A C

1. C 主旨题。本题考查的是掌握文章主旨，并且在此基础上进行概括的能力，因此需要对全篇内容有整体的把握。A 项“教授儿童数学过程中的趋势”，B 项“数学在儿童心理学中的运用”以及 D 项“儿童必须学会的基本数学概念”在文中都没有提及，而 C 项“儿童数学能力的发展”则从整体上对全文两段的内容进行了简明扼要的概括。因此，C 选项正确。

2. A 推断题。通过第一段第三句以及之后几句可知在孩子们学会走路和说话不久，他们就可以极其准确地摆好餐具，对每个座位餐具的数量了如指掌，接着他们又可以算出餐具的总数等，而这些正是“simple counting”的体现。因此，A 选项正确。

3. D 细节题。由第二段第三句可知，“孩子们不愿意承认当水从一个矮小的而且又鼓的容器里流入一个高而细的容器里之后它的体积没有变化”，因此选 D“形状”。

4. A 细节题。由第二段第四句“... readily report the number of blue or red pencils”可知 A

选项正确。

5. C 推断题。本题要求选出作者最不可能同意的一项，也就是最不符合原文的一项。由全文可知数学技能的进步发展有多种模式，如摆餐具、逐渐了解大人们习以为常的数学现象、理解抽象数字的概念等，与 C 矛盾，而 A、B 和 D 在文中都有提及。

Passage 5 （厦门大学 2014）

Multiple-choice Questions:

C A D A A

1. C 推断题。由题干定位至第二段，尾句指出“instead, they hope, primarily, to relive their earlier success”，之后作者对此做了进一步的阐释，第三段倒数第二句提到“...attendees had been more popular, more often regarded as attractive, and more involved in extracurricular activities than those classmates who chose not to attend”，由此可以判断是否参加同学聚会与过去在学校的经历有关。因此，C 选项正确。
2. D 细节题。见倒数第二段第二句“Alumni who decide to attend their reunions share a common identity based on the years they spent together as undergraduates”，提炼主干部分就是 alumni share a common identity as undergraduates，D 项与该句内容相符。从该段第一句可知 A 项不符合原文，第三句虽然提到学校声望，但这并不是吸引大批校友返校的主要原因，故排除。B、C 项文中未提及。因此，D 选项正确。
3. C 推断题。第一段《美式重聚》中提到小说家的观点“Did they do better than I”，由此推出不少人参加同学聚会的一个目的是想弄清楚“他们是否过得比我好”，而第二段本文作者直接提出观点“Jaffe's observation may be misplaced but not completely lost”，由此可知，作者并不是很同意小说家的观点。注意，一般有 but, although, though, however 等表示转折的词，强调转折部分的信息。因此，C 选项正确。
4. A 主旨题。本文主题为 class reunion，主要阐述的是美国人参加或是不参加同学聚会的原因。第一到第三段说明参加同学聚会的三种原因；后面几段分别通过具体例子来说明为何有的美国人喜欢参加同学会，有的不喜欢参加。因此，A 选项正确。

Short-answer Question:

5. Reunions are regular and formal events organized by professional agencies, and class reunions have become a profitable business, and also they have brought a variety of activities.

Passage 6 （中山大学 2014）

C C B C C

1. C 主旨题。本文讨论的主要是关于给孩子零花钱的问题，以及孩子在使用零花钱方面的具体的作用和影响。因此，C 选项正确。
2. C 推断题。根据文章第三段“‘If you make the child responsible for these bills’, says Josephine Swanson, a consumer specialist, ‘he or she will learn to plan for necessary costs’”，可知，如果给孩子零花钱，孩子就可能会为自己的账单，也就是自己所花的钱负责。因此，C 选项正确。

3. B　语义题。根据“If you can keep your child's allowance in line with that of his friends. A child whose buying power falls away below his peers' can feel left out”，说明孩子和他的朋友在一起的时候，如果他的钱不如朋友多，就会感觉不好，故该词“his”是指他的同龄人，爷爷就是他的朋友们。故 B 选项正确。
4. C　推断题。根据文章倒数第三段第一句“It can be tough，but don't excuse your children when they make a mistake with their allowance”可知，如果孩子犯错，不要给他找借口。也就是对孩子要严格，接下来举例就是为了说明这个道理。因此，C 选项正确。
5. C　推断题。根据文章最后一段前三行“Experts advise that an allowance should not be tied directly to a child's daily housework at home. Kids should help around the house not because they get paid for it but because they share responsibilities as members of a family”可知，专家认为给孩子钱让他们做家务这种做法是错误的。因此，C 选项正确。

Passage 7　（华东师范大学 2014）

A　A　B　D　B

1. A　事实细节题。根据文中第二段第三、第四句的具体说明以及第三段末句的概括说明“我将成为一个完整的工程师：集理性的技术天才和感性的人文学者于一体”。可知 A 选项正确。
2. A　事实推理题。由文章第二段第四句“我想通过与非理工科的同学的相互交往来开拓我的视野”，可推断出 A 选项正确。其他或原文依据不足或断章取义。
3. B　事实推理题。第三段最后一句说“我将成为一个完整的工程师：集技术天才和人文学者于一体”，B“成为视野宽阔的技术天才”与原文相符，因此，B 选项正确。A、C、D 均无原文支持或断章取义。
4. D　事实推理题。根据第四段第二句“我的崇高理想与现实发生了冲突”，以及下文对于作者在协调文理科之间的困难，可知原文的想法是不现实的，因此，D 选项正确。
5. B　词义理解题。they—般指代前一句话中的复数名词，根据最后一段的第一、第二句“... engineering and the liberal arts simply don't mix as easily... together they threaten to confuse”可以推断，“they”指的是“engineering and the liberal arts”。因此，B 选项正确。

Passage 8　（湖南师范大学 2014）

Multiple-choice Questions：

C　D　B　A

1. C　细节题。文章第二段提到我们即将步入 21 世纪，但是踏入任何一所大学的教室，你都像退回到了至少一百年前。课桌通常摆成笔直的几排，这样学生们都能清楚地看到老师而不是所有的同学。这样一种布局的设想是很显然的：所有重要的东西都来自老师。因此，C 选项正确。
2. D　细节题。“退回到至少一百年前”的目的是说明在过去的一百年中，大学教育理念没有多大变化。因此，D 选项正确。
3. B　细节题。文章第三段首句指出除非课桌是固定在地板上的，否则老师若稍微动动脑子，费点力气，是可以纠正这种情况，创造出空间来鼓励学生之间的相互交流的。由此可知课桌摆放的目的是让学生之间可以相互交流。因此，B 选项正确。

4. A 细节题。文章第一段第二句讲到“大部分人已经注意到客观环境对我们工作时的效率和舒适程度有多么重要”。说明 D 正确。第一段末句讲到“如今的许多公司都聘请人力工程专家和花费大量的时间和金钱以确保建筑物的客观环境适合居住者进行活动”。说明 B 正确。第四段末句“……所有这些都是发展新的批判思维模式的重要因素”。说明 C 正确。因此，答案选 A。

Short-answer Question:

5. It can create a comfortable setting for interaction and help them learn other students' names and faces. 此题为细节题，见最后一段最后一句：This not only creates a comfortable setting for interaction but helps him learn students' names and faces.

Passage 9 （南京大学 2014）

Ⅰ. D C A C A

1. D 细节题。第三段介绍了 Paxson 的人文学科观点，紧接着第四段通过 9·11 之后伊拉克战争的例子来说明 Paxson 的观点在现实中是无把握的(Even Paxson's insistence that, after 9/11, it was valuable to have experts on Islam around is sadly dubious)。因此，D 选项正确。
2. C 细节题。第四段首句说人文学科大可能对每个人的福利有明显的贡献，紧接着下文包括第五段都在用实际的例子来反驳以上观点，因此第四段的目的是说明人文学科并不一定能塑造更好的人。因此，C 选项正确。
3. A 细节题。文章第七段指出“如果人们对棒球的兴趣没有了，那么棒球就真正消失了；如果仅仅是棒球生意停止，但运动的兴趣持续存在，棒球将会改变，但不会消失”。第八段说“英语系也是一样”。这里的英语系是与棒球生意一个意思。因此，A 选项正确。
4. A 细节题。文章第九段运用 Hatzlitt 和 Sydney Smith 的例子来说明“文学性质的工作没有其他工作那么高贵”，因此 Hatzlitt 写各种各样的新闻，Sydney Smith 要伪装成一名牧师。因此，A 选项正确。
5. A 细节题。文章第十三段“The vicarious pleasure of reading is, by the perverse principle of professions, one that is often banished from official discussion, but it remains the core activity”说明 D 正确。第十四段中的“Some idea of symbolic purpose, of pleasure-seeking rather than rent seeking”说明 C 正确。从第十四段中的“That's why we pass out tax breaks to churches, zoning remissions to parks, subsidize new ballparks and point to the density of theatres and galleries as signs of urban life, to be encouraged if at all possible”可知 B 项正确。因此，答案选 A。

Ⅱ.

6. Apologia 意思是“辩解”，与 defense 同义。
7. Blunder 意思是“犯愚蠢错误”。

8. Archipelago 意思是“群岛；列岛”。
9. Momentous 意思是“重要的；重大的”。
10. Banish 意思是“放逐；驱逐”。

Ⅲ. C B A A C

11. C estimable 有三个意思“可估计的；可尊敬的；值钱的”。因为文中形容的是人，因此意思是“可尊敬的”，故答案为 C。
12. B mount 在文中的意思是“一些辩解已经建立起来了”，因此答案为 B。
13. A tangible 和 real 在文中是并列关系，因此文中 tangible 意思是“有形的；切实的”，故答案为 A。
14. A miscellaneous 在文中修饰 journalism，意思是“各方面的新闻”。故本题答案为 A。
15. C 文章第四段最后一句，如果富人们不懂英语专业的内容，他们会感到羞耻。而这里英语专业所涉及的内容也就是精粹的思想和高雅的举止。故本题答案为 C。

Ⅳ. According to the author's point of view, there are several reasons for Teaching English: 1) many people like books and like talking about books, so teaching English can offer them an opportunity to maintain their interest; 2) teaching English can help people fulfill the life purpose of seeking pleasure, which is essential to human existence; 3) teaching English can help people learn human civilization and develop refined thoughts and manners. 分析：本题为推理题。从第六段开始作者阐述了英语专业存在的原因：1) 第六段，“Well, because many people like books。it's this living, irresistible, permanent interest in reading that supports English departments, and makes sense of English majors”；2) 第十四段，“Some idea of symbolic purpose, of pleasure-seeking rather than rent seeking, of Doing Something Else is essential to human existence.”；3) 第十四段，“No civilization we think worth studying, or whose relics we think worth visiting, existed without what amounts to an English department—texts that mattered”

Ⅴ. This article present Mattix's disapproval over Gopnok's defense that interest is the reason to teach English, which can be explained into two points. 1) he refutes Gopnik's comparing the impetus to read to our need for clothing and shelter. He holds that reading literature is an expression to our internal world, like emotions, recognition for moral order and the ability to experience beauty. 2) he disagrees with Gopnik that books at present were written for scientific research rather than for the increase of readers' interests, or an effective means of improving reading or writing skills. He insists that English study today is not a part of the humanities, but a part of the scientific disciplines. 此题为主旨题，第一段第一句，“it are surprisingly unconvincing”，“are patently false”，表明作者对 Gopnik 有关英语系存在的原因之说并不认同。从第四段开始 Mattix 论述了自己对 reading literature 的看法，“Reading literature has nothing in common with living “in more than hovels and huts”, but sending flowers? Yes, it is like sending flowers, because it is an expression of those higher things that make us most human—our emotions, our recognition of the need for a moral order, our ability to experience beauty and so forth.”这是一种精神层面的，是人类的必需品。同时

第七段和第八段中，Mattix 指出现在英语研究的一大问题不只是简单为了提高读写能力。

I think this argument is pratically valid, but I'am not completely on his side. In my perspective of view, reading English literature can definitely broaden our view, deepen our insights into human nature, and also it can increase our ability to read and write. 个人认为 Mattix 的观点有其合理性，但并不完全赞同。因为，阅读英语文学确实可以开拓视野、增强对人性的理解以及提高基本读写能力。

Passage 10 （首都师范大学 2013）

D A D B C D

1. D 语义题。在"it mistakenly implied that 22 colleges were bogus or sub-standard"中的 bogus 与 sub-standard 意思相近，A、B、C、D 四个选项中只有 D"假的"符合。因此，D 选项正确。
2. A 细节题。文章第三段"提到很多高校失去了招收海外学生的权利，因为他们无法满足新的检查制度的标准，或者没有申请成为关于获准招收海外学生院校的强制登记"。因此，A 选项正确。
3. D 细节题。文章第五段末句"Only institutions that offer courses that last a year or more have to be on the register"说明 A 错误。第四段末句"Too many students had come to the UK to find paid work and bring over their family, rather than to study"说明 B 错误。倒数第二段"A spokesman for the UK Border Agency said senior officials would not be making an apology or retracting their statement"说明 C 错误。因此，D 选项正确。
4. B 细节题。倒数第二段"The Home Office wants to curb overseas student numbers to reduce total net migration to Britain"说明 A 正确。最后一段末句"only first-class education providers should be given licenses to sponsor international students."说明 C 正确。最后一段首句"Some simply failed to submit an application to demonstrate they meet our new higher standards"说明 D 正确。因此，B 选项正确。
5. C 态度题。通读全文，作者只是在叙述英国对于海外学生的教育问题，没有发表自己的意见或表达观点立场。因此，C 选项正确。
6. D 主旨题。文章全篇讲的是教育问题，故可能是从"教育部分"节选下来的。因此，D 选项正确。

Passage 11 （华东师范大学 2013）

C A D B A

1. C 细节题。第二段第三句提到了 devolution(权力下放)的理念：使组成大不列颠联合王国各成员国之间的权力平衡得以恢复。C 中的 Create a better state of equality 是对 restore the balance 的同义转述，故为答案。原文中的 restore 表明，权力平衡已遭到破坏，英国在力图修复，A 项与此矛盾，排除。末句指出"权力部分下放"的原因：旨在还击似乎威胁着联盟理念的政权分散力量，B 项与此不符。末句只提到英国政府计划赋予苏格兰、北爱尔兰、威尔士更大的发言权，并非所有成员国，D 项为“过度推断”，排除。

2. A 语义题。第二段末句中出现 centrifugal forces，后面的定语从句给出解题线索，既然 centrifugal forces 是威胁联盟理念的某种力量，那么 centrifugal 的含义应该与 union 的意思相反，A 项意为“分立主义的”，与“联盟的”意思相对，故为答案。B 项“传统的”，C 项“封建的”，D 项“政治的”，均不符合文意。
3. D 细节题。第三段首句提到威尔士人对权力下放没什么热情。然后用 whereas 话锋一转，指出苏格兰人对权力下放的不同反应，可见 A 项是两者之间的区别。第二句指出：苏格兰人以压倒性的多数投票选举议会，而威尔士人对议会进行选举时，其投票人数低于 25%，仅以超过法定票数不到 1%的票数勉强通过。可见两者投票选举的出席人数也不同，B 项符合文意。第三句指出威尔士人不热衷选举的结果：权力受到限制。第五句明确指出其与苏格兰的不同：没有立法权，C 项符合文意。只有 D 项未提及，因此，D 项为本题答案。
4. B 细节题。第二段首句明确指出：The revival of the language... is part of a resurgence of national identity sweeping through this small, proud nation. A 项是威尔士复兴的一个例证。第四段提到威尔士复兴的其他例证，第四句中的“a national airline”表明 C 项是例证之一。最后一句提到到处都印有威尔士的国家标志：红色的龙。D 项是对该部分内容的概括。虽然第三段倒数第二句提到威尔士从欧盟得到近 200 万美元来解决贫困问题，但该部分内容是对威尔士情况的介绍，并非国家地位复兴的例证。因此，B 选项正确。
5. A 推断题。最后两段提到 Dyfan Jones 的看法，末段首句指出 Dyfan Jones 认为威尔士人生来缺乏信心。接着提到像他这一代的年轻人的信心逐渐增加，最后引用他的话加以说明。由此可见，Dyfan Jones 认为威尔士人的心态发生了变化，A 选项正确。末段倒数第二句的 a sense of possibility，是指威尔士人逐渐认为有些事情是可以做到的，说明他们的信心在加强，并非 D 项所说的威尔士人的机会增多，故排除。

Passage 12 （湖南大学 2012）

B A A C

1. B 主旨题。作者在文中表达的观点是，天才学生经常觉得他们比老师知道得多，学校里的功课没有挑战性，他们都不循规蹈矩，很容易和老师发生冲突。换而言之，作者认为学校经常不能满足天才学生的需要。因此，B 选项正确。
2. A 推断题。About Oliver Goldsmith, one of his teachers remarked, “Never was so dull a boy.” Often these children realize that they know more than their teachers, and their teachers often feel that these children are arrogant, inattentive, or unmotivated. 作者接着举出研究人员的调查来证明自己的观点。先提出观点，再用例子证明，这是常见的写作手法。因此，A 选项正确。
3. A 细节题。本题是问许多天才把他们的成功归因于什么？实际上考查了第三段的主题句。该句的意思是：在谈到什么因素对他们的能力发展比较重要的时候，他们最多提及的是他们的家庭，而不是学校和老师。因此，正确选项必须包含家庭这个重要概念，

A 选项正确。

4. C 推断题。结合语篇分析和前面几道题，可以知道矛盾的焦点不在于老师，而在于学校。学校不能满足天才学生的需求，不能给他们以灵感，不能激励他们。因此，C 选项正确。

Passage 13 （中国海洋大学 2012）

B D D C C

1. B 推断题。第一段“Graduation speeches are a bit like wedding toasts. A few are memorable. The rest tend to trigger such thoughts as, ‘Why did I wear such uncomfortable shoes?’”，毕业演讲有点像婚礼上的致辞，有些片段是难忘的，但是其余的时刻总让我们回想起当时的细节，比如我为什么要穿这双不舒服的鞋呢。因此，B 选项正确。
2. D 推断题。“Every year a few colleges and universities in the US attract attention because they've managed to book high-profile speakers. And, every year, the media report some of these speakers' wise remarks.”在毕业演讲时，演讲者比演讲内容还要重要。每年都有大学请来的高调的演讲者。因此，D 选项正确。
3. D 细节题。文章中举了几个有名的毕业演讲，关于的是死亡、成功、为社会服务。可用排除法。因此，D 选项正确。
4. C 推断题。倒数第二段“You know he's right; you just don't want to think about it at that particular moment”，在重要的时刻，当大人物演讲时，你知道他说的是正确的，但往往记不住他到底说了些什么。因此，C 选项正确。
5. C 细节题。最后一段“our most ‘memorable’ occasions may elicit the fewest memories”，成长中的第一课包括，我们往往会遗忘重要时刻的细节。因此，C 选项正确。

Passage 14 （武汉大学 2011）

B C D A A

1. B 细节题。综合文中第一段前三句可以得出 B 选项正确。
2. C 细节题。A 和 D 文中没有提及，而由第二段第二句“lecturing ... God did not design humans”可知 B 与原文意思不符。由第三段“... to risk appearing unscientific, unobjective”“Thus ... in an unchanged monotone”可以推断出许多教授认为传统的教学方法才是更科学更客观的方法，因而更加推崇这种方法。C 选项正确。
3. D 主旨题。本文最后一段最后两句“... no discussion. No questions were raised ... hours”表明了这种传统教学模式中师生以及学生之间互动的缺乏，同时也可看出作者对此的不满，可推断出作者鼓励教学过程中更多的互动。其余几项在文中都没有提及。因此，D 选项正确。
4. A 语义题。由文中可推出 merits 即指 academic ability，而 bearing 即是 behaviour，由 priesthood(教士)的特点也可以判断，A 选项正确。
5. A 推断题。文中第一段第七行就提到了 Ezekiel Cheever 这位著名的教师，通过他的学生 Cotton Mather 的描写可知他的课让学生“came to work as though they came to play”，还

通过三百年之后 Alfred North Whitehead 的话来证明 Ezekiel Cheever 的教学是非常成功的。因此，A 选项正确。

9. 科学技术专题

Passage 1 （对外经济贸易大学 2014）

A D C B A

1. A 细节题。题目是问哪一项不正确。原文第三段的第一句话说到：Images have always mattered in public arguments more than we admit.. 而 A 项则是“Images do not always matter in public arguments more than we admit”，与原文不符。因此，本题应选 A 选项。
2. D 语义题。这句话是原文第二段的倒数第三句话，用排除法，几个选项乍看都有道理，但是，这句话中有几个元素：拉丁文、文艺复兴前夜、学术语言。A、B 并未解释“前夜”意味着拉丁文“逐渐被边缘化”这一含义。C 忽略了“学术语言”，拉丁文并未灭亡，只是不再被大众使用。因此，D 选项正确。
3. C 态度题。Apkon 说，在未来，人们需要有怀疑精神，要能对眼前的东西有深刻一点的考虑。但作者说，That is unlikely。作者还说了“when passion and logic are at odds, one of them must be favoured”。故作者的态度是消极的。因此，C 选项正确。
4. B 推断题。A、C 选项显然是“读图时代”之前的选民行为。Apkon 担忧的是：新时代的基于图像的宣传，会代替选民的严肃思考，而政治广告竟相去搞能煽动人内心深处需要的东西(比如对正义的需要)。因此，B 选项正确。
5. A 主旨题。题目问什么是文章的最佳题目。把握文章的主旨，文章说的是如今影像主导了我们的思维，导致人们盲目地眼见为实，A 答案最为贴切。B 项本身就是错误的，根据文章，影像是越来越重要的。C 项在文章中只提到影像使民主失去了原意，并没有全文进行分析。D 项只说了信息时代的影像，而文章是通过对信息时代的影像来说明眼见为实的问题。

Passage 2 （南京航空航天大学 2014）

C B A D

1. C 主旨题。通读全文我们不难发现本文通篇都在讲述 Internet 的各种好处以及实用性。因此，C 选项正确。
2. B 细节题。根据原文第三段的描述“电子邮件的普及使得作者待在办公室的时间变短了，因此作者有更多的时间来陪伴自己的女儿”。因此，B 选项正确。
3. A 细节题。根据原文第四段首句我们就可以得知电子邮件与电话相比更具优势的地方在于电子邮件能够同时跟一群朋友分享你的意见看法。因此，A 选项正确。
4. D 主旨题。通读全文我们发现本文讲述的是 Internet 给我们带来的好处以及它的实用性，并且本文重点讲述 Internet 作为一种更加方便使用的交流工具。因此，D 选项正确。

Passage 3 （电子科技大学 2014）

B A B C D

1. B 主旨题。通读全文我们发现本文主要在讲电视机以及电视机在当今社会生活中的作用。因此，B 选项正确。
2. A 语义题。根据原文第二段第一句“can literally be interpreted as sight from distance”即可得出答案为 A 选项。
3. B 细节题。定位到原文第二段我们不难发现 A、C、D 三个选项都在本段提及了，只有 B 选项没有被提到。因此，B 选项正确。
4. C 细节题。根据原文第四段最后一句话“Second，there is non-broadcast television，which provides for the needs of individuals or specific interest groups through controlled transmission techniques”即可直接得出 non-broadcast television 为考察点。因此，C 选项正确。
5. D 推断题。根据原文最后一段所给出的信息我们不难发现现今对待看电视的态度已经不如以前那么积极了。因此，D 选项正确。

Passage 4 （中山大学 2014）

A D B D B

1. A 细节题。根据第三段最后一句话可以看出 Fake Foning 是一种逃避不想与人交流的方法。因此，A 选项正确。
2. D 细节题。根据 be engaged in your fake fone conversation 可以看出，要是真的在打电话的话，需要表现出很专注的样子。因此，D 选项正确。
3. B 细节题。最后一个例子讲的是作者在假装打电话时电话铃声响了，很尴尬。表明：作者认为在假装打电话时必须小心。因此，B 选项正确。
4. D 细节题。根据 naturally I grasped “What is the matter with the thing”可以看出作者继续假装在打电话。因此，D 选项正确。
5. B 主旨题。从全文可以看出作者讲述的例子都用了幽默的语气。因此，B 选项正确。

Passage 5 （厦门大学 2014）

Multiple-choice Questions:

A C D A

1. A 推断题。文章对英国人和直布罗陀人的不同生活方式进行了描写，对比了两种迥异的社会习俗和社会结构。排除 B 选项“宗教信仰”，C 选项“气候”以及 D 选项“用餐习惯”。因此，A 选项正确。
2. C 推断题。黑体字部分的含义是“英国工人阶级的会客厅对直布罗陀的人来说是一种不能容忍地对空间的浪费”。因此，C 选项正确。
3. D 推断题。文中第三段指出“一般情况下，直布罗陀人的家里没有客厅、起居室或是休息室”。之后，作者又描述了直布罗陀人的住所情况：“他们对安乐椅、沙发以及类似的家具一无所知。家里也没有书架，因为没有书可放”，可见，直布罗陀人的家里很简朴，没有多余的家具。可以排除A选项“现代化”，B选项“奢华”，以及C选项“光秃秃的”。因此，D选项正确。

4. A 细节题。定位至第五段第三句“Down here, there is a far stronger feeling of community than we had ever known”，该句是对前一句“The people live together in the open air—in the street, marketplace”的解释，从句中的live together以及community可以判断A选项为答案。末句指出“In crowded and circumscribed Gibraltar, with its complicated inter-marriages, its identity of interests, its surviving sense of siege, one can see and feel an integrated society”，该部分提到的identity是指“直布罗陀人的利益是一致的”，surviving是指这里的人仍然具有群居的精神，与直布罗陀人强烈的凝聚感无关，故B、C均可排除。此处没有提及D，直接排除。因此，A选项正确。

Short-answer Question:

5. There are two factors: the first is that the tiny town of Gibraltar has well-organized station institutions to supervise the people's behavior. The second is the social consciousness which impose great pressure on people's good behavior. 本题为推断题。从最后一段可总结出答案：“In such an environment, nothing can be hidden, for better or for worse”, “Social consciousness is at its strongest, with the result that there is a constant and firm pressure towards good social behaviour”。

Passage 6 （电子科技大学2013）

C A B D C

1. C 主旨题。文章第一段介绍了一百年前瑞典物理学教授Arrhenius所提出的发生化学反应的温度条件为绝对零度，而现代科学研究指出了更加精确的反应条件“tunneling temperature”。第二段阐述了分子发生化学反应时涉及的其他因素，如“activation energy”，“potential well of energy”等，从而给出了tunneling temperature的概念“Recently researchers have developed the concept of tunneling temperature: the temperature below which tunneling transitions greatly outnumber Arrhenius transitions, and classical mechanics gives way to its quantum counterpart.”。最后一段，作者根据tuneling phenomenon对“prehistory life”做出了相应的假说。因此，C选项正确。

2. B 细节题。根据题干关键词“tunneling reaction”定位到第二段“In tunneling, the reacting molecules trnnel from the bottom of one to the bottom of another well without having to rise over the harrier between the two wells.”由此可见，B选项正确。

3. C 态度题。定位到文章最后一段“their conclusions, although strongly disputed, have generated excitement among investigators such as myself who are proposing that the galactic clouds are the places where the prebiological evolution of compounds necessary to life occurred.”由此可见，尽管富有争议性，但是仍然能让研究者感到振奋。因此，C选项正确。

4. A 细节题。此题定位到最后一段“Cosmic rays might trigger the synthesis of simple

molecules, such as interstellar formaldehyde, in dark clouds of interstellar dust. Afterward complex organic molecules would be formed, slowly hut surely, by means of tunneling."可见"cosmic rays"可以合成"simple molecules",也就是"interstellar formaldehyde",然后形成"complex organic molecules"。因此,A 选项正确。

5. A 推理题。通读全文可知,本文主要是讨论有关化学反应的一些假说。从 20 世纪化学反应的绝对零度理论到现代研究中提出的"tuneling temperature"理论,然后由此对 prehistory life 的进化提出了相应的假说。B 答案太过宽泛,C 答案偏离文章本意,D 答案的"experiments"不够准确,文章没有提到。因此,A 选项正确。

Passage 7 (湖南师范大学 2013)

Multiple-choice Questions:

C B C、B

1. C 推断题。根据题目中的"Dr. Andre Manitius"可以定位到文章中的第十至第十二段,根据第十一段的"What we are seeing is a direct result of the implementation of control theory"和"Mathematics here could be said to be actually saving lives because of the precision and accuracy made possible"可以判断选项 A 和 B 是正确的;再根据第十二段的"the Patriot system requires a tremendous amount of mathematical computations to hit an incoming Scud missile"可知选项 D 是正确的;因此根据排除法,本题应选 C 选项。
2. B 语义题。根据第三段的第一句话可以知道"由于导弹的准确性,全世界都为之惊叹",那么修饰准确性—accuracy 的 uncanny 应该理解成"惊人的,不同寻常的"才符合文意。因此,B 选项正确。
3. C 态度题。根据题目中的"Dr. Samuel Anderson"可以定位到文章中的第十五段,根据该段中的"mathematicians involved in Department of Defense research should cease and desist that activity"可知选项 C 正确;选项 D 初看好像与 C 表达的意思相近,但仔细分析,可以发现选项 D 是让数学家们放弃对武器的研究,文章中 Dr. Samuel Anderson 的意思显然不是这样,他只是让数学家们停止研究导弹,不要帮助美国政府发动战争,所以 D 错误;选项 A 是 Dr. Andre Manitius 的观点;选项 B 虽然文章谈及了,但显然也不是 Dr. Samuel Anderson 的观点。因此,C 选项正确。
4. B 推断题。根据本文第二段可以得到选项 B 错误;根据本文第四、第九和最后一段可以得到 A、C、D 三个选项是正确的。因此,本题应选 B 选项。

Short-answer Question:

5. According to the author, mathematics and the military are not new acquaintances, mathematics seems to be linked inexorably with military technology, which can exert either positive or negative influence to the society. It depends on how mathematicians use it. 本题为细节题,从最后一段"For better or for worse, mathematics appears linked inexorably with military technology"中可得出答案。

Passage 8 （上海理工大学 2013）

A B C B D

1. A 推断题。第一段第二行“Two distinct types are on the drawing board”表明这两条自动化公路系统正在规划之中。因此，A 选项正确。
2. B 细节题。根据第一段最后一句“A special-purpose Jane sys tem would require more extensive physical modifications to existing high ways, But it promises the greatest gains in freeway capacity”可知特别目的车道要求对现有的公路进行更广泛的改造，但它可以最大限度地发挥公路的运载能力。因此，B 选项正确。
3. C 推理题。根据第二段第一句“Under either scheme, the driver would specify the desired destination, furnishing this information to a computer in the car at the beginning of the trip or perhaps just before reaching the automated highway”(不论采用哪种设计，司机都需要在其开始行驶时或在到达自动化公路前确定要去的目的地，把这个信息输入车上的计算机。)可知 C 正确。A 在文中没有提及。B 与文中内容相悖，根据原文第二段可知只有驾车行驶在经过适当调整的公路上才可以启用自动驾驶。D 与文意相悖，因为只有混合式自动车道才有此情况发生。因此，C 选项正确。
4. B 细节题。根据文章第二段第三、四、五句：如果使用特殊目的的车道……一种方法是使用特殊的入口引道。当司机接近公路入口处时，安装在路边的电子装置会检测车辆的目的地并搞清是否有工作的自动化装置。(If special purpose lanes were available,… One method would use a special onramp. As drivers approached the point of entry for the highway, devices installed on the roadside would electronically check the vehicle to determine its destination and to ascertain that it had the proper automation equipment in good working order.)
5. D 细节题。见第三段的最后一句“And once a vehicle had settled into automated travel, the driver would be free to release the wheel, open the morning paper or just relax”. (一旦车辆进入自动行驶状态，司机就可以放开方向盘，打开晨报或者开始休息了。)可知 D 选项正确。

Passage 9 （湖南大学 2013）

C C D C

1. C 细节题。本题考生只要正确理解文首第一句话的含义即可，文中并没有强调“the elite(精英人才)”，只提到“people have devised cunning tools”，因此排除 D，而 A、B 两项都不符合题中“initially(最初、最早)”这一要求。因此，C 选项正确。
2. C 语义题。本题要判断“gizmos”这一单词的含义，由第一段提到“robotics”，而“conferring human capabilities on machines”与修饰 gizmos 的定语从句中的“remove, much human labor”相照应，联系上下文句意，gizmos 应该是与机器人有关，因此排除 A、B、D。因此，C 选项正确。
3. D 细节题。A 强调“fulfill delicate tasks”，第二段最后一句指出，已经有机器人系统能完成某些大脑或骨科外科手术，因此排除 A 项；B 项强调与人进行言语上的交流，第二段第三句则指出“automated teller terminals”可以“thank us with mechanical politeness”，因此 B 项也被排除；C 项强调“have a little common sense”，从第三段 Dave Lavery 的话可以看出，机器人不是没有 commonsense，而是没有足够的 commonsense，排除 C 项，只有 D 项符合第三段原意，机器人尚不能“reliably interact with a dynamic world”。

4. C 推断题。本题需要考生能迅速在文章中找到相关细节。“monkey”一词出现在第五段第三句，由“the human mind can… immediately disregard the 98% that is irrelevant, instantaneously focusing on the monkey…”，可以看出，这里谈的是人脑能迅速捕捉相关信息，而忽略无关信息，再由第四句“the most advanced computer systems on Earth can't approach that kind of ability”，可以得出，最先进的计算机系统都不能有这样的能力。因此，C 选项正确。

Passage 10 （厦门大学 2014）

Multiple-choice Questions：

A B B B

1. A 推断题。由第一段第二句“behind the thin marble front were concrete and steel, just as behind the careless profusion of luxury were millions of pence, balanced to the last halfpenny”，的比喻可以看出作者认为 the thin marble front 是 luxury，而 concrete and steel 则是普通的 pence。这表现了外表的浮华与真实的商业之间的对照，因此，A 选项正确。

2. B 推断题。A 出现在首段第一句“a tea-shop that had gone mad and turned Babylonian”，由句中的 had gone mad，可以看出这里多少有点儿批判之意。C 选项“acres of white napery”出现在第三句，是对细节的描写，也略显批判之意。balanced to the last halfpenny 是针对第二句中的“and behind the thin marble front were concrete and steel”说的，因为句中提到“just as behind the careless profusion of luxury were millions of pence”，这里的 luxury 有负面含义，故 D 选项也有些许批判意味。因此，本题应选 B 选项。

3. B 语义题。文章第一段最后三句话指出 Turgis 的内心明白人类虽然已经征服了半个世界，掠夺了整个王国，但从没有达到如此奢华的地步。我们可以看出这个茶馆的建造是为了使容易上当的人喜欢他拥戴他。因此，B 选项正确。

4. B 细节题。定位到原文第二段第五句“once more excited by the sight, sound, and smell of it all”，可知 A 符合文意。前两句“It was built for a great many other people too, and as usual, they were all there. It steamed with humanity”及第四句的“tropical, belonging to some high mid-summer of confectionery”并没有说明“full of warmth”。因此，答案为 B。

Short-answer Question：

5. There are three comparisons made by the author in the second paragraph: 1) the comparison between the people in the tea-shop at present and in the past; 2) the comparison of Turgis's excitement by the sight, sound, and smell of the disdaining life; 3) the comparison between the sleek grave man and himself, “a sleek grave man, older than he was and far more

distinguished than he could ever hope to be”. 本题为细节题，通读最后一段，可以从比较级标志，as usual，once more excited by the sight，older than he was and far more distinguished than he could ever hope to be 等不难找出对比关系。

Passage 11 （华中师范大学 2012）

C B C D B

1. C 细节题。根据“corporate executives”定位到第二段。从每个人的回答“没有，正好相反”可推断 C 正确；公司经理们的回答和接下来讲到的时间更长，压力更大，更不耐烦等可知，他们要强调的是科技给他们带来的负面影响，故 A、B、D 都可排除。因此，C 选项正确。
2. B 细节题。从第三段可知 A 中的 free 是文中 liberate 的同义替换，故 A 不选；第三段说到网络生活开始奴役我们，但并不是说网络一代变成了技术的奴隶，故 B 错误，为正确答案。从 Instead 可推知，技术专家们向人们保证“使生活变得更方便，节省更多的时间”的诺言没有实现，相反科技的进步占用了人们更多的时间，C、D 的说法是正确的。因此，本题应选 B 选项。
3. C 细节题。根据“resource”定位到第四段第二句。第二句明确指出，各种业务占据了我们的闲暇时光，时间反倒成了最稀少的资源。因此，C 选项正确。
4. D 细节题。第六段最后一个疑问句“是不是这种高速文化使大家失去了耐心，不愿意倾听、服从，不愿意深思熟虑?”由此可知 D 正确。该段第一句指明社会保守派将人们变得没有礼貌归咎于道德规范和宗教价值的沦丧，故 A 错误；B 项是社会保守派的观点，故排除；C“高速文化导致了文明的沦丧”这与该段最后一句是有出入的，故 C 也可排除。
5. B 主旨题。文章主要讲述了新的科技革命本着为人类节约时间、节约能量的宗旨，但事实上却给人们带来了很多的负面影响，使人们更加忙碌不堪。A“新的网络生活”太过笼统；C“科技复兴的失败”不符合文意；D“生活质量的下降”这只是第二段公司经理们的观点，过于片面。因此，B 选项正确。

Passage 12 （华东师范大学 2012）

A B B A B

1. A 推断题。从文章第四段中对 Doctor Reefy 的穿着、行为和人际关系等描述，“... worn one suit of clothes for ten years”“he wore... huge pockets into which he continually stuffed scraps of paper”“For ten years he had but one friend”... 可知，A 项“古怪的”与原文相符，而 B 项“正常的”、C 项“快乐的”、D 项“乐观的”均与原文不符。因此，A 选项正确。
2. B 语义题。文章第八到第十一段讲到有两个男人追求 the tall dark girl，并由第十段最后一句“she became in the family way to... the marks of his teeth showed”可知她与其中一位发生了关系，感到“frightened”，才去找 Doctor Reefy，因此 B 项“怀孕的”与原文意思相符。A 项“混乱的、焦虑的”、C 项“扭曲的”、D 项“受骗的”均不正确。因此，B

选项正确。

3. B 推断题。文章前七段都对 Doctor Reefy 的外貌、性格、个人习惯有相关描述，如 “worn one suit of clothes for ten years” “after his wife's death sat all day in his empty office” 等细节可看出他过得很痛苦并不幸福，因此 B 项表述正确。A 项 “幸福的”、C 项 “随和的”、D 项 “鲁莽的、粗心的” 都与原文不符。
4. A 推断题。从文章最后一段 “… she married Doctor Reefy and in the following spring she died.” 可知，他们结婚不到一年，女孩就去世了，因此 A 项 “短暂的” 与原文符合，B 项 “能理解的”、C 项 “完美的”、D 项 “有趣的” 均不正确。
5. B 推断题。文章第六段 “The habit had been formed… beginnings of thoughts” 和第七段 “The truth clouded the world… the little thoughts began again” 谈到 Doctor Reefy 在纸上写满自己内心的想法，想法越来越多，越来越糟糕。B 选项 “压抑与他人交流的渴望” 正合此意。因此，B 选项正确。

Passage 13 （湖南大学 2012）

A D A B

1. A 细节题。文章第一段说英特尔公司总裁格鲁夫决定开支票来支持干细胞研究，第三段提到反细胞研究是由私人提供经济支持的，而不是联邦。A 项感兴趣的公司和个人符合文章意思，B、C、D 三项均与文章不符。因此，A 选项正确。
2. D 细节题。文章第四段第二句提到这对于大学来说非常尴尬，他们需要花费额外的钱来建造另外的实验室；spend extra money 与 D 项 raise money 意思相符。因此，D 选项正确。
3. A 推断题。文章倒数第二段最后一句提到所有的干细胞都是由老鼠细胞得来的，这使得将来治疗成为不太可能，因此可推断出若换成人的细胞，则有可能成功。因此，A 选项正确。
4. B 细节题。文章最后一段第一句提到布什专心于取悦美国那些反对干细胞研究的群体，他们在数量上虽然很少，但却有一定势力，因此布什限制干细胞研究的原因是他不想得罪反对者。因此，B 选项正确。

Passage 14 （宁波大学 2012）

C D C A C

1. C 语义题。注意题干中的 “suggest”（暗示），A 选项虽然语义正确，但只是对原句的同义转换，句意与原句没有多大差别，也不存在暗示。由此，原句以及后文可以推测 50 年代时冰箱还未出现(C)，自然作者不可能在那时候用上它(B)，也不可能在当时有早期的发展(D)。因此，C 选项正确。
2. D 细节题。由第三段可知，在冰箱发明之前，人们有很多储存食物的方法，如 “natural cooling, drying, smoking, salting, sugaring, bottling…”，这是食物在当时不会被浪费掉的根本原因，其他几项都属于次要原因，也比较片面。因此，D 选项正确。
3. C 细节题。本文问谁从冰箱中受益最小，由原文大意以及最后一段第一句可知冰箱对于人类幸福的影响是微乎其微的，而第四段说到了冰箱对商业也就是对 Inventors，Manufacturers 和 Travelling salesmen 的影响巨大。因此，C 选项正确。

4. A 推断题。“Hum away continuously”意为不断地哼哼叫着离开，表明了冰箱持续发出的噪音令人厌烦，其余几项都不是描述冰箱的短语。因此，A 选项正确。
5. C 态度题。综合全文大意可知作者对冰箱的态度是持批判性的。可知 C 选项正确。

10. 科普读物专题

Passage 1 （南京航空航天大学 2014）

C C A A

1. C 细节题。根据第一段“Nature offset this irritation by producing more and fluid which covers the eyeball”可知 C 选项正确。
2. C 推断题。根据文章第二段“当军队在被大雪完全覆盖的地面上行走时，需要找到一个可以定睛看的点”可知 C 选项正确。
3. A 推断题。同样根据第二段“军队前方侦察员会为后面队员制造可以定睛看的点”可知 A 选项正确。
4. A 主旨题。全文首先介绍了 snowblindness，随后通过军队在雪地中的应对措施来说明克服的办法。因此，A 选项正确。

Passage 2 （电子科技大学 2014 ）

C D D A C

1. C 推断题。由文章第一段最后一句“There is an argument”可知，人们对科学的看法是有争议的，C 选项意思与其相反。D 项干扰性大，对应第一段倒数第二句，表面上看与文章表述意思相反，但文章接下来说“There is an argument”，由此可知，有的人赞成倒数第二句的观点，有的人却反对(即 D 项的观点)，故排除 D。因此，C 选项正确。
2. D 推断题。由文章第三段最后一句可知，人类对已有理论所采取的做法是修正或摈弃。A、B 对应第三段第二句，曲解了文章原意，C 文中并未提及，均应排除。因此，D 选项正确。
3. D 推断题。由文章第四段可知，30 年前人们将 DNA 的发现称为生物革命，刚开始时，人们认为 DNA 细胞很简单，但随着时间的推移，人们发现它其实极为复杂，由此推断，人们还需要进一步研究。D 选项正确。
4. A 主旨题。由最后一段尤其是第一句中的“there is everything to do”可以看出，作者认为关于科学还有很多方面有待于进一步研究、探索，即科学仍处于起步阶段，前面的路还很长很长。因此，A 选项正确。
5. C 态度题。通读全文可知，作者以客观的态度说明了科学的发展状况，并介绍了对待科学的不同观点，综合而言，作者对科学的态度是 C(中立的)。A(批评的)，B(赞成的，满意的)，D(遗憾的)均不正确。因此答案为 C。

Passage 3 （华东师范大学 2014）

B C A

1. B 细节题。根据本文第一段第一句话“Smoke, sulfur dioxide and carbon monoxide are main pollutants of the air”，可知主要的空气污染物。因此，B 选项正确。
2. C 细节题。根据本文第二段第二句“Fog is the biggest air pollution killer: in the famous London smog of 1952 about 4, 000 people died as a result of breathing the sooty air”，可知 1952 年伦敦大雾死亡人数。因此，C 选项正确。
3. A 细节题。根据本文第三段中的“Most of this gas mixes with water in the air and comes back to earth as very weak sulfur acid. This eats into buildings and attacks fabrics like curtains in the home. It is also dangerous for people with chest complains, such as bronchitis”，可知 sulfur acid 会导致支气管炎症。因此，A 选项正确。

Passage 4 （北京科技大学 2014）

A A C B D

1. A 细节题。根据首段最后一句“Modern scientists are doing too much trusting and not enough verifying...”得出 A 选项正确。
2. A 细节题。根据第二段首句，可以得出很多实验不严谨，分析不够准确，因而一半的发表文章不能复制。研究报告质量不高导致文章产量低。因此，A 选项正确。
3. C 语义题。根据第五段第二句，90%以上的文章被拒，仅仅最有影响的文章才能发表。因此，C 选项正确。
4. B 推断题。第六段最后两句指出对于知道错误之处和知道正确之处一样重要，即失败的研究可以作为前车之鉴，减少不必要的浪费。因此，B 选项正确。
5. D 细节题。根据倒数第三段“... those that have done most to tighten standards.”“... trial data should be open for other researchers to inspect and test”及倒数第二段最后一句“... that institutions using public money also respect the rules”可排除 A、B、C，因此，D 选项正确。

Passage 5 （天津外国语大学 2014）

B A D C C

1. B 主旨题。本文首句“Human vision, like that of other primates, has evolved in an arboreal environment”概括了全文的主旨句，且通读全文之后可知本文主要是将人类与其他动物在视觉方面做了比较，以说明人类视力的特点。因此，B 选项正确。
2. A 推断题。定位到文中第二句“In the dense, complex world of a tropical forest, it is more important to see well than to develop an acute sense of smell”，(在浓密而复杂的热带雨林中，拥有良好的视力远远比灵敏的嗅觉来得更加重要)紧接着下一句“In the course of evolution, members of the primate line have acquired large eyes while the snout has shrunk to give the eye an unimpeded view”便说了灵长类动物的眼睛进化得很快，可知举出热带

雨林的例子是为了证明为何这些动物视力这么好。因此，A 选项正确。

3. D　词义题。联系文中本句“Horses live in a monochrome world.”以及前两句“Of mammals, only humans and some primates enjoy color vision. The red flag is black to the bull”可知，这几句主要讲的是一些哺乳动物对于颜色的感知状况，先说了牛对于红旗的感知是黑色的，再说了马生活在一个“monochrome”的世界，所以这个词应该与颜色有关。A(单调的)，B(紫外线的)，C(一维的)都与颜色无关。因此，D 选项正确。

4. C　推断题。由第一段中间“The world would look eerily different if human eyes were sensitive to infrared radiation. Then, instead of the darkness of night we would be able to move easily in a strange, shadowless world where objects glowed with varying degrees of intensity”可知，如果人们能感知红外线就可以看到更多的事物，也就更便于行动。因此，C 选项正确。

5. C　推断题。由本文倒数两句话“They are, in fact, remarkably discerning in color gradation. The color sensitivity of normal human vision is rarely surpassed even by sophisticated technical devices”，可知人类对于色彩的敏感度是非常高的。因此，C 选项正确。

Passage 6　(华东师范大学 2014)

F　T　F　T

1. F　根据本文第二段的倒数第二句“People could tell time better by the shadows than by the sun”可知该句错误。

2. T　根据本文第三段的第二句“It was a mechanical clock because it was a machine that ran by itself”可知该句正确。

3. F　根据本文第四段的第二句“Then during World War I men started wearing their watches on their wrists, not in their pockets”可知该句错误。

4. T　根据本文最后一段的第一句“Scientists have atomic clocks. They keep the exact time for the rest of the world”可知该句正确。

Passage 7　(首都师范大学 2013)

D　A　D　C　A　B

1. D　细节题。根据本文第二段第二句“It was scientists from LGC Forensics—it employs 675 of them, 225 on this site—who found the evidence that helped convict the killers of Joanna yeates, Damilola Taylor, Milly Dowler, Vikki Thompson, Rachel Nickel and, most recently and famously, Stephen Lawrence”，可知 LGC Forensics 的功能是指证杀人犯。因此，D 选项正确。

2. A　细节题。由本文第四段的第一句“There's little glamour here, and a lot of methodical, meticulous, minute and above all time-consuming graft”中根据 methodical 和 meticulous 可以推断出答案中的单词意思与其相近。因此，A 选项正确。

3. D　词义题。根据第二题可以得出这份工作要求严格、认真、仔细，而选项中与其相近意思的只有选项 D，因此，D 选项正确。

4. C 细节题。根据问题把答案定位到第五段“The reporter liaises with the police, establishes what has to be looked for, draws up a strategy”可以得出选项 C 不是其职责。因此，C 选项正确。

5. A 细节题。Ros Hammond 说“其工作的职责不仅仅是找到证据，更重要的是找证据的过程以及排除其他因素对证据的干扰等”，可以推断出其工作的难度。因此，A 选项正确。

6. B 主旨题。文章从 LGC Forensics 公司导入法医这个职业，讲述了这个职业背后不为人知的事实。因此，B 选项正确。

Passage 8 （华中师范大学 2013）

B C A D C

1. B 语义题。根据题目中的这句话定位到第一段，由后面这句"If you have a job, you're guaranteed to get angry"可知工作中生气发怒不可避免。因此，B 选项正确。

2. C 语义题。全文都在讲上班期间的愤怒，愤怒是由争吵所致。因此，C 选项正确。

3. A 细节题。根据原文第四段提供的信息“if you stay to lose control, take a break”，我们可以得知 A 选项是最符合题意的。

4. D 细节题。根据作者的“Science and Health with key to the Scriptures”可以定位到文章第八段，由“Man(including woman) is the offspring, not of the lowest, but of the highest qualities of Mind,”和“This divine Mind, or God, is expressing in each of us these ‘highest qualities’ as our real nature, respectfully and loving, and revealing our actual relation to one another as sons and daughters of God”可以推断 A、B、C 三个选项的说法全部正确。因此，答案为 D。

5. C 主旨题。本文开头由愤怒讲到工作中的愤怒，其后便一直在为怎样管理工作中的愤怒情绪提供方法。因此，C 选项正确。

Passage 9 （电子科技大学 2013）

B C B C B

1. B 主旨题。独立思考的必要性。见第一段第二句：Truth gains more even by the errors of one who with due study and preparation, thinks for himself, than by the true opinions of those who only hold them because they do not suffer themselves to think. 真理甚至从一个经过恰当研究和准备进行独立思考的人的错误中获得更多的东西，而从那些只是因为不予思考却持有正确的观点中获得的少。这里说明进行独立思考的人即使犯错误，真理也能从中获得东西，而那些懒于思考的人，即使持有正确的观点，真理也难以获得。第一段还点明思想禁锢时期，即不能进行独立思考时期，难以讨论重大议题，产生不了活跃的人民，绝不会出现像辉煌的文艺复兴那种时期。第二段也是围绕独立思考而写，只是从具体点着眼：人只知自己，不知对方无法获得真理，只有独立思考到两方，才能不为权威所左右，不会跟着自己感觉走，最终知道自己的真正主张。A.（理性时代）；

C.（驳斥的价值）；D.（激发人民的思想）都不符合文意。因此，B 选项正确。

2. C 细节题。熟悉有利于自己不同意见/反对观点的论点。这是作者在第二段讲述的重要论点。他认为一个人只知自己一方，推理极好，无人能反驳，却不知对方的推理，也不能够予以反驳的话，他就无权选择两方的任一论点，其理智位置是停止判断。否则他就会(像世界上芸芸众生那样)不是为权威所“引导”，就是跟着感觉(的倾向)走。其二，作者提出：光听自己的老师讲述对立面的论点，以及他们所提出的反驳论点是不够的，必须倾听那些人(他们真正相信对立的观点)的论点，并为此积极地、竭尽地全力辩护，才能使自己的思想和独立论点接触，作出公正的判断。A.（具有不能驳斥的观点）；B.（采取个人感觉最倾向的观点）；D.（停止有利于教条主义研究的异端思考)都不符合文意。因此，C 选项正确。

3. B 细节题。辩论原则问题。答案在第一段：在思想禁锢的气氛中，过去，现在可能会产生个别的思想家，但绝不会有思想活跃的人，在那里有一种心照不宣的惯律：原则决不能讨论——认为占据人类心灵的最重大问题的讨论应封闭，我们不能期望看到一般高级的思想活动。这种思想活动曾使历史上某些时期光辉灿烂。而文艺复兴就是思想活动的顶峰时期，必然会讨论原则问题。A 选项接受真理，经过讨论才能接受真理；C 选项过度的热情；D 选项害怕异端思考都不符合文意。因此，B 选项正确。

4. C 细节题。在辩论上，坚定不移。这是一道推断题，一般讲：持有未经检验的正统信仰的人不会独立思考，更不会怀疑他所信仰的东西。A.（为传统所奴役）；B.（不怎么理智）；D.（头脑闭塞)均不符合文意。因此，C 选项正确。

5. B 推断题。在思想方面取得成就的时期就是进行非正统反思的时期。A.（一个真正的思想家不犯错误）；C.（一个人的老师最能提供所接受思想观点的反驳）；D.（过度的辩论会制止清晰的思考)均不符合文意。因此，B 选项正确。

Passage 10 （厦门大学 2013）

Multiple-choice Questions:

B A D A

1. B 细节题。根据第二段大意可知，作者认为一个成长在没有语言指导的环境里的人的心理发展是不健全的，因而引出下一句“Thus we may conclude that the mental development of the individual and his way of forming concepts depend to a high degree upon language”，之后还对此进一步地论述。因此，B 选项正确。

2. A 推断题。见第四段第一句“The super-national character of scientific concepts and scientific language is due to the fact that they have been set up by the best brains of all countries and all times”。可知 A 选项正确。

3. D 细节题。由第四段第二句“... for the technical revolutions which have transformed the life of mankind in the last centuries”可知应选 D 选项。

4. A 推断题。通过最后一段第三行“Once these goals exist, the scientific method furnishes means to realize them”，以及联系上下文可以推断出作者更倾向于 A 的观点。A 选项正确。

Short-answer Question:

5. Perfections of means and confusion of goals. 由最后一段倒数第三句“Perfections of means and confusion of goals seem—in my opinion—to characterize our age”可得出答案。

Passage 11 （南京大学 2013）

Ⅰ. B C C C C

1. B 细节题。根据本文第三段中的“the conviction persists—scientists themselves believe, at heart —that behind the diversity lies a unity. In those luminous moments of discovery, in the various approaches and the painful tension required to arrive at them, and then in the community of science, organized worldwide to doubt and criticize, test and exploit discoveries—somewhere in that constellation there are surely constants to begin with.”可以排除 A、C、D。可知 B 选项正确。
2. C 主旨题。第四段首句指出“Scientists do science for a variety of reasons...”，第二句“At the beginning is curiosity...”因此这段主要是讨论好奇心在做科学研究中发挥的角色。因此，C 选项正确。
3. C 细节题。根据题目中的“The creation in science resembles that in art”可以将文章定位到第七段。由第七段中的“The other side of the fun of science, as of art, is pain. A problem worth solving will surely require weeks and months of lack of progress, whipsawn between hope and the blackest sense of despair. The marathon runner or the young swimmer who would be a champion knows at least that the pain may be a symptom of progress.”可知 C 选项正确。
4. C 推断题。根据本文第九段中的后半部分可以得知科学家的经历便是设身处地，将自己当做所研究物品的一部分，与选项中的 C 相似——老师将自己当做学生。因此，C 选项正确。
5. C 推断题。根据题目中的 Henri Poincare 可以将文章定位到第十段，这段主要叙述的故事为，Henri Poincare 在短暂的休息几天后，不知不觉便想到了所研究问题的答案。由这段开头讲述”In the classic strategy for achieving enlightenment, the weeks of saturation must be followed by a second stage that begins when the problem is deliberately set aside—put out of the active mind, the ceaseless pondering switched off. After several days of silence, the solution wells up.”。可知 C 选项正确。

Ⅱ.

6. clarity
7. disparate
8. glint
9. whipsawn
10. prolonged

Ⅲ.

11. B

12. C
13. A
14. A
15. B

Ⅳ. They are curiosity, the delight in mastery, passion and inspiration. As to "The Rage to Know", I think that one must feel in themselves an exploratory impulsion—an acute discomfort at incomprehension. Therefore, such people can be called to have "The Rage to Know". 文章第四段指出科学家从事科学研究的原因是 "At the beginning is curiosity, and with curiosity the delight in mastery—the joy of figuring it out that is the birthright of every child."；第七段第一句 "Curiosity is not enough. The word is too mild by far, a word for infants. Passion is indispensable for creation"；第八段第一句 "One path to enlightenment has been reported so widely, by writers and artists, by scientists, and especially by mathematicians, that it has become established as a discipline for courting inspiration"。"The Rage to Know"的含义可从最后一段中得出："The rage to know has been matched by the rage to make, Therefore, with the proviso abundantly demonstrated that it's rarely possible to predict which program of fundamental research will produce just what technology and when—the promise has brought scientists in the Western world unprecedented freedom of inquiry."

Passage 12 （南京航空航天大学 2012）

D A C B A

1. D　细节题。从文章的第四段 "These cells normally are white. In the learning-disabled person, however, these cells were gray." 以及 "The researchers also found that many of the nerve cells were not in a line the way they should have been. The nerve cells were mixed together." 可知在辨别细胞颜色和排列上无学习能力的人与正常人有区别。因此，D 选项正确。
2. A　细节题。由文章的第七段 "that reading disabilities involve damage to a wide area of the brain, not just the left side." 可知 B 在原文中明确提到；由文章的第三段 "... nerve cells were mixed together." 可知 C 在原文中明确提到；由文章的第五段 "Doctor Geschwind proposed that learning disabilities resulted mainly from problems in the left side of the brain." 可知 D 选项在原文中明确提到。因此，通过排除法可知 A 选项正确。
3. C　细节题。由文章的第一段 "They affect perhaps 10 percent of all children." 可知选项 C 是错误答案。A 选项在原文的第二段 "... and that they are caused by many different things." 明确提到。B 选项在原文的第三段 "There is no outward sign of the disorder." 明确提到。D 选项在原文的第四段 "They found two unusual things..." 明确提到。因此，C 选项正确。
4. B　细节题。由文章的最后一段 "Doctor Duffy said his research is evidence that reading disabilities involve damage to a wide area of the brain, not just the left side." 可知 B 选项正确。C 选项在文章中第四段提到了，但不是达菲说的。

5. A 推断题。这篇短文讲的是无学习能力的人的大脑的发展和组织结构，因此，A 选项正确。

Passage 13 （南京航空航天大学 2012）

D B B B C

1. D 推断题。根据第四段曾有过的相关研究，证实 A 项科学家并不能确定，B 项已得到科学家的证实，C 项错误。因此，D 选项正确。
2. B 细节题。根据第五段“The man who ate the most products made from cocoa beans—including cocoa drinks，chocolate bars and chocolate pudding”可知 Coffee drink 并非由可可豆制作而成。因此，B 选项正确。
3. B 推断题。根据文章最后一句“you never know”表明妇女是否会有同样效果还不确定。因此，B 选项正确。
4. B 语义题。根据原文意思“研究结果可能同样适用于妇女”，因而 B 选项更贴近。
5. C 主旨题。文章并没有鼓励食用巧克力，A 错误；巧克力会导致血压升高，B 错误；本文主旨并非警告人们，而只是讲以巧克力对人们身体的影响的研究为出发点。因此，C 选项正确。

Passage 14 （中山大学 2012）

B D D B C

1. B 语义题。A control group of six nocturnal mice ate their pellets（60% fat by calories，mostly lard）during the night. Another group of six ate the same meal during the day，Turek says，which disrupts their circadian rhythm—the body's normal 24-hour cycle. 由文章第二段可知实验是两组对照实验，一组在夜间进食，另一组在白天进食，因此 nocturnal 意思是“夜间的”。本题选项中的 nightly“夜间的”，符合文意。因此，B 选项正确。
2. D 细节题。文章第一段“A new study shows that mice that eat when they should be sleeping gain more weight than mice that eat at normal hours”. 开篇就指出新研究发现，老鼠在该睡觉的时候进食比正常时间进食增重更多。接着第三段第一句话“After 6 weeks，the off-schedule mice weighed almost 20% more than the controls”，在计划时间之外进食的老鼠比控制时间进食的老鼠体重重 20%。因此，D 选项正确。
3. D 细节题。由第五段第二句“But the knockout mice did gain significantly less”中的“knockout mice”可知就是指第五段最后一句“mice missing IKKe genes。D 意思正好相反。因此，D 选项正确。
4. B 态度题。本题题干是对“second study”的态度。从文章第六段第一句“Tom Maniatis，a molecular biologist at Harvard University，praises the study but remains skeptical about any drug that would inhibit IKKe 可知 Tom Maniatis”赞扬了该研究，只是对抑制 IKKe 的药物持怀疑态度，总的来说对该研究还是表示赞同的。因此，B 选项正确。
5. C 主旨题。文章通过一项新的研究发现来介绍减肥，因此标题为 New Researches About Losing Weight（C）。

Passage 15 （中南财经政法大学 2012B）

A C D B A

1. A 主旨题。由第一段第二句“Tears, be they of sorrow, anger, or joy, typically make Americans feel uncomfortable and embarrassed”可知 A 选项正确。
2. C 语义词。定位到第一段第三句“The shedder of tears is likely to apologize, even when a devastating tragedy was the provocation. The observer of tears is likely to do everything possible to put an end to the emotional outpouring.”还有下一句“... both those responses to tears are often inappropriate and may even be counterproductive”可知 C 选项正确。
3. D 语义题。第一段最后一句“But judging from recent studies of crying behavior, links between illness and crying and the chemical composition of tears, both those responses to tears are often inappropriate and may even be counterproductive.”谈到了疾病与哭泣以及眼泪的化学组成的关系，而后又说到上述对于眼泪的反应是不恰当的，甚至是 counterproductive 的，可见这个词与疾病有关。因此，D 选项正确。
4. B 细节题。由第二段最后一句“... it is logical to assume that crying has one or more functions that enhance survival”可看出作者认为哭泣至少有一个有助于生存的作用。因此，B 选项正确。
5. A 推断题。第四段第一句“Indeed, the new studies suggest that emotional tears may play a direct role in alleviating stress,...”指明了这个新的研究说明眼泪有减轻压力的作用。因此，A 选项正确。

11. 医学健康专题

Passage 1 （中山大学 2015）

C B B A D

1. C 细节题。由第一段最后一句“the left hemisphere controls the right side of our bodies”可知 A 选项错误。B 选项由第一段第四行“In general, the left hemisphere is responsible for our processing of language and logic”. 可知语言和逻辑是由左脑主要负责的，故选项 B 错误。由第一段第四行后半句“the right deals with aspects of thought like emotions and spatial relationships”可知 C 选项正确。
2. B 细节题。由题干中的人名 Roger Sperry 可定位到第二段首句，还有第二段第三句“Sperry uncovered the inner workings of normal brains by studying the brain function of people who had a certain kind of brain damage”，原文说 Roger Sperry 研究的是那些大脑有损伤的病人，与选项 B 为同意替换。因此，B 选项正确。
3. B 细节题。由题干中的 corpus callosum（胼胝体）可定位到第二段第五行，原文说“a bundle of millions of nerves, which serves as a “bridge” of sorts between the two hemispheres, corpus callosum”的作用是连接两个半脑的桥梁。因此，B 选项正确。
4. A 推断题。由题干中的 experiment 可知，当被实验者用语言来表达自己所看到的物品时，其答案与控制语言的左脑有关，而左脑是控制右眼的，所以看到的物品是刀；反之亦然。为此可以得出，大脑的一半控制语言，而另一半控制动作。A 选项正确。

5. D 主旨题。由上一题以及最后一句 “The subject himself was not at all conscious of the fact that he was seeing and choosing two different objects.”可知被实验者是不能准确地处理自己所看到的。因此，D 选项正确。

Passage 2 （四川大学 2014）

B D A A C

1. B 细节题。文章开宗明义，在第一自然段讲述道，如果我们掌握了基因的科学，将会对人类有极大的好处，此外第三自然段的第一句“然而这种没被开发的潜能对医学有极大的好处”，以及全文的最后一句都呼应了这一观点。因此“给人类带来极大的好处”为正确选项。而选项 A“加重了人类克隆的道德问题”，选项 C“帮助科学家们解码身体指令”和选项 D“涉及使用外科仪器”都与题干不相关。因此，B 选项正确。
2. D 语义题。此题考察的是对词汇意义的推测能力。出处在第五自然段，“rejuvenated”和本段前一句的“reactivating”，这构成一种近义的重复，因此 D 选项 “reactivated”为正确选项。而 A 选项“改变”，B 选项“重新收集”和 C 选项“分类”都不符和上下文的语境含义。
3. A 推断题。第四自然段在提到这所大学的研究时，作者表明研究是困难的，尽管过程不能控制，也有一些局限，但他们仍然还在进行着研究。此外第三、四段的话题为干细胞的一种分离或分裂过程。因此 A 选项“干细胞的分离”为正确选项。而 B 选项“基因疗法的影响”，C 选项“人类克隆的好处”和 D 选项“组织植换的局限性”都不是这所大学研究的目的。
4. A 推断题。其实基因治疗的原理和克隆的原理是完全可以通用的，具体的解题点在于文章的第五自然段 “the same applies to cloning”，因此 A 选项“基因治疗的原理适用于克隆”为正确选项。B 选项“干细胞的分离太难而不可能实施”，与文章的第四自然段相矛盾，文章说它的确可以实施，尽管无法控制。C 选项“所有的身体指令都能激活，这是相当有道理的”，显然这是对原文第二自然段含义的曲解。D 选项“克隆动物将最终控制世界”，尽管原文讲到有大量克隆动物存在，但并没有提到这样的观点。
5. C 态度题。这是一个关于作者的综合态度的分析题，正确选项为 C “惊异”。而 A 选项“沮丧”，B 选项 “冷漠”和 D 选项 “反对”都与文章的题意不符合。

Passage 3 （湖南大学 2013）

A B A D

1. A 态度题。从第一段我们可以看到 Edmund Burke 所说的话是 “一个误导的事业如果要成功，它唯一需要的是好人无所作为”。作者紧接着写道 “现在就有这样的一个事业：动物权利保护，他们试图阻止生物医学使用动物”。随后出现关键句 “科学家们需要采取行动回应这些鼓吹者”。这实际上就是一个呼吁，因此，A 选项正确。
2. B 推断题。这个例子说的是一位老太太向大家散发传单，号召大家不要用任何来自于动物或在动物身上试验过的东西。当问及是否反对使用疫苗时，老太太说，若疫苗也来源于动物，那么就不应使用疫苗，流行病自有科学家们用计算机来解决。可见老太太对科学的无知。而她的这种无知是很普遍的。作者在第二段最后一句话感叹“这些好心人压根儿就不明白”。A 说的是公众对动物试验的不满。但是，老太太的例子不仅仅是为了说明这一点。这个论据反映的是什么论点呢？从全文来看，作者的目的不是为了写公众有多么愤怒，而在于指出公众不满的根源——对医学研究不了解，然后呼唤科学家们针对这个根源采取行动。所以老太太的例子反映的是公众的无知。因此，B 选项正确。

3. A 态度题。在解答这类题目的时候，考生应该按照题干关键词去寻找答案线索的可能性。本题关键词 是“challenge from animal rights advocates”，以及“scientists should”，解题线索可在最后两段中找出。作者向科学家们提出的建议都是有助于他们与公众更好的交流。选项 B、C、D 貌似合理，其实文中都没有提到。因此，A 选项正确。
4. D 推断题。首先根据“Stephen Cooper”定位到最后一段，我们可以找到线索“Finally, because the ultimate stakeholders are patients... Stephen Cooper, who has made courageous statements about the value of animal research...”。从这句话中，我们知道“Cooper”是位名人，也是位病患者，他曾经高度赞扬动物研究的价值。所以，我们可以推断出他是支持动物研究的。因此，D 选项正确。

Passage 4 （北京航空航天大学 2013）

B C D C B

1. B 本题为主旨题。文章开头首先介绍了辐射的来源，进而提出人造辐射，即医用 X 射线辐射对人体的危害并介绍其相关研究，故而文章的主要目的是通过介绍辐射的危害而引起人们的注意。B 选项正确。
2. C 细节题。根据文章第一段的介绍得出 C 选项正确。
3. D 推断题。第二段末尾提出该协会的观点，第三段通过研究结果对该观点进行证明，Ⅰ和Ⅱ为研究结果。因此，D 选项正确。
4. C 细节题。根据倒数第二段最后一句，可知 C 选项正确。
5. B 推断题。根据末段可以知道辐射管理工作受到司法争论和官员延误等因素的干扰，因而该负责人决定辞职自建项目。因此，B 选项正确。

Passage 5 （中南财经政法大学 2013）

B A D D

1. B 细节题。将题干中的 The brain stem 定位至原文的第二段、第六行，分析原文中的定语从句“the‘primitive’lower part of the brain and the brain stem, which joins the brain to the top of the spinal cord”可知，脑干是将大脑和脊髓连接起来的部位，脑干位置介于大脑和脊髓之间。因此，B 选项正确。
2. A 推断题。第五段说的是失眠可能与血清素相关，并想借化学方法，升高大脑内血清素等级，从而治疗失眠。经推断 PCPA 和失眠的关联最大。因此，A 选项正确。

3. D 语义题。从倒数第二段的“Koella believes that at least some types of chronic insomnia may be caused by a drop in brain-serotonin levels”可知 Dr. Koella 只是认为血清素下降会引起某种类型的慢性失眠。因此，C 选项正确。
4. D 主旨题。A 选项只能说明文中的一个实验过于片面。B 选项与文章关联不大。C 选项为科普类文章，文章的重心并不在如何治疗失眠而是关于治疗失眠的一些新的研究方案。因此答案选 D。

Passage 6 （暨南大学 2013）

B B A C A

1. B 细节题。第二段“Standard measures of intelligence are ridiculously flexible.”表明 IQ 的测量方法不一致。因此，B 选项正确。
2. B 细节题。根据第三段最后一句可以看出 IQ 的性别差异在于生活经历。因此，B 选项正确。
3. A 细节题。由第四段首句“… because of the wealth of important knowledge they produce.”可以得出 A 选项正确。
4. C 推断题。根据末段第一句可以得出结论，人们对于智商的性别差异的认识有了进步，进而观点改变。因此，C 选项正确。
5. A 态度题。全文作者持积极态度，并未表现出强烈反对及不关心，同时最后一句中的“a fascinating research project”直接表达了作者的态度。因此，A 选项正确。

Passage 7 （暨南大学 2012）

C D A D B

1. C 推断题。根据第一段“That the antismoking lobby was out to destroy our way of life…”可以得出吸烟支持者对其生活方式干扰表示不满。首段中并非说明针对吸烟的危害还没有证据，只是证据还不够全面，令人信服，A 错误；B，D 在文中并未提及。因此，答案为 C。
2. D 推断题。定位到第二段“Science never has all the answer. But science does provide us with the best available guide… on the best the judgments that science can provide…”此句主要是补充说明科学发挥的作用是给出指导。B 干扰很强，此句只是说科学可以为决策提供判断依据，而不是说科学可以用作为 a judge(法官，裁判)。因此，D 选项正确。
3. A 语义题。定位到倒数第二段最后一句，破折号的功能是解释说明前面的内容，也就是“paralysis by analysis”指“Instead of a plan of action, they continue to press for more research”，也就是只是研究不实践，不付出行动。A 答案与此相近，为正确答案。
4. D 细节题。定位到最后一段第三、四句“If the Administration won't take the legislative initiative, Congress should help to begin fashioning conservation measures.”及后面的“bill”都是与法律相关的措施，由此可见管理部门需要采取法律行动。因此，D 选项正确。
5. B 主旨题。根据第三段，和吸烟一样，人们认为关于全球变暖的科学还不够完善，但是当证据足够充足时就为时已晚了。因此，应从吸烟这一问题中得到教训，积极实行解决全球变暖问题的措施。因此，B 选项正确。

Passage 8 （电子科技大学 2012）

1. B 细节题。第一段“high fat food”指的是 pleasure food which is primary for satisfaction；而“fuel for the body”指的是“real food”。因此，B 选项正确。
2. A 主旨题。文章开头提出讨论话题：real food 和 pleasure food，接下来讲饥饿时如何正确摄入食物：多吃 real food，少吃 pleasure food。总的说来，主题还是 real food 和 pleasure food。因此，A 选项正确。
3. B 推断题。“Real food is the food the body needs”，意思为当你开始想吃食物时，你的身体也开始需要能够使你变得苗条的食物“real food can make you slim”。因此，B 选项正确。
4. A 细节题。第一段最后一句“broccoli”是指“real food”，本题选项中，只有“ice-cream”是“pleasure food”。因此，A 选项正确。
5. C 推断题。本段第一句提到要将“pleasure food”排除在厨房之外；本段最后一句要杜绝垃圾食品，首尾呼应，“junk food”指的是“pleasure food”。因此，C 选项正确。

Passage 9 （湖南大学 2012）

B C A D

1. B 细节题。第二段第二句话提到，有关维生素的实验研究往往费时而且引起更多的疑问，言外之意指实验研究的结果没有定论。因此，B 选项正确。
2. C 推断题。第五段最后一句中，维生素 E 有预防心脏病的功效但不能治好心脏病。B 为干扰项，服用维生素 E 只是患心脏病的可能性小，并不能有效减少心脏病的复发率，所以 B 不对。因此，C 选项正确。
3. A 细节题。第八段第二句话中大剂量服用维生素会引起大出血、神经系统出毛病以及其他副作用。因此，A 选项正确。
4. D 态度题。最后一段中，维生素不能代替运动和均衡的饮食。只要人们对维生素的好处不盲从，那么每天适量服用它就很有益处。因此，D 选项正确。

12. 旅游地理专题

Passage 1 （广东外语外贸大学 2014，厦门大学 2013，电子科技大学 2011）

Multiple-choice Questions：

D B A C B

1. D 细节题。第一段提到航空公司的联盟时说：“Confused? Airline alliances have travelers scratching their heads over what's going on in the skies.”这表明乘客非常疑惑，因为他们不知道航空公司到底发生了什么事。因此，D 选项正确。
2. B 推断题。文章第二段表明，北美航空公司和亚洲航空公司都想向海外发展，如果联合就可以达到资源共享、降低成本、提高利润。因此，B 选项正确。

3. A　细节题。文中第三段讲到，航空公司认为联盟对乘客绝对有好处。实现全球服务网络，乘客不用再等上几个小时或担心自己的行李，休息室增大，提高了质量。因此可排除选项 B，C 和 D。这里只有选项 A“行李的最高限额（将增大）”没有提到。因此，本题应选 A 选项。
4. C　细节题。由短文第五段第二句“Instead of two airlines competing and each operating a flight on the same route at 70% capacity, the allied pair will share the route and run one full flight.”可知，联盟将最终导致票价上涨，因为联盟的两个公司将共享路线，载满乘客，而不是互相竞争，装载 70%的乘客。因此，C 选项正确。
5. B　细节题。文章倒数第四段说，已在一个大航空公司获得 FFP 的顶级席位的人将受益最多。FFP 指“frequent flier program”的人。而能取得顶级席位的应该是坐商业舱的人，而不是坐经济舱的人。因此，B 选项正确。

Short-answer Question:

6. Because they put the customers a negative position to make choice as they take the big share in this industry. In addition, the so-called reduced fares and improved services in fact are their tricks. the elite group who often take business trip benefits most. For ordinary customers, they can only gain limited benefits. 文章第四段 *Consumer Reports* magazine 主编直接评价说航空公司联盟宣称的无缝连接航班只不过是航空公司的一个噱头，对乘客并没有多少实质性的好处。第五段也提到航空公司联盟使得乘务员的选择范围越来越小。倒数第二段指出，真正的受益者是乘坐商务舱的精英人士而非普通人。

Passage 2　（厦门大学 2014）

Multiple-choice Questions:

B　A　D　C　D

1. B　推断题。短文第一段首句说“Despite Denmark's manifest virtues, Danes never talk about how proud they are to be Danes.”由此可知，丹麦人对他们的国家持谦虚态度。因此，B 选项正确。
2. A　细节题。可用排除法解答。短文第二段第二句说“... and despite all the English that Danish absorbs—there is no Danish Academy to defend against it—old dialects persist in Jutland that can barely be understood by Copenhageners.”由此可知，丹麦是一个在语言上有容忍性的国家，故可排除选项 C；下一句接着说“It is the land where, as the saying goes, “ Few have too much and fewer have too little,” and a foreigner is struck by the sweet egalitarianism that prevails...”由此可知丹麦社会是个人人平等的社会，故可排除选项 B；由本段最后一句“It's a nation of tireless planner. Trains run on time. Things operate well ingeneral.”可知，丹麦是个有秩序守时的国家，故可排除选项 D。文中并没有提到丹麦人喜欢外国文化。因此，A 选项正确。
3. D　推断题。工商部长在讲话中说到丹麦是世界上最干净、最有秩序的国家，没有污染、没有犯罪与贫穷等，作者并没有直接地表达自己的态度，而是列举了一些与该部长谈话相反的社会现象，由此可知，作者是持怀疑态度的。因此，D 选项正确。

4. C　细节题。短文第四段中说到“Orderliness is a main selling point.”，由于丹麦缺乏自然资源，井然有序的社会秩序对该国经济发展起着重要作用。因此，C 选项正确。

5. D　细节题。由最后一段第三句“The rules of the welfare system are clear to everyone…”，可排除选项 A；由第二句中的“… you shouldn't feel bad for taking what you're entitled to,…”可排除选项 B；由最后一句“the orderliness of the system makes it possible for the country to weather high unemployment and social unrest without a sense of crisis.”可排除选项 C。本段并没有提到“井然有序的社会秩序有可能减少失业问题”。因此，D 选项正确。

Short-answer Question:

6. The author highly appreciates Danish characteristics, which can be indicated by his praises the Danish virtues like safety, corrupt-free society, equality and orderliness. In addition, the transparency of its welfare system gives Danes as a sense of entitlement and security. 本题为态度题。开篇作者以丹麦人对本国人的消极态度与自己的观点形成对比，表明自己对丹麦人的高度认可。从第二段到最后一段，作者分别从治安好、无贪污、社会平等有序以及透明的福利体系等方面对丹麦社会现象作了介绍。

Passage 3　（华东师范大学 2014）

F　T　F　T　T

1. F　根据本文第一句“Capital of Massachusetts and, undeniably, of New England”，再加上考生复习的百科知识，可知马萨诸塞州位于美国东北部，是新英格兰地区的一部分，而题目中说是南部城市，显然是错误的。

2. T　根据本文第一段第三行中的“in colonial times of the whole New World. Boston was the spiritual heart of the Revolution, the birthplace of American commerce and industry”可知该句是正确的。

3. F　根据本文第三段的第一句“For all its historical associations, Boston is a city of youth and vitality”可知该句是错误的。

4. T　根据本文第四段的第一句“Boston acquired its nickname, ‘the Athens of America’, by the 19th century and continues to earn it as a center for music, literature and the arts.”可知该句是正确的。

5. T　根据本文第四段的第四行中的“the Boston Red Sox baseball team”可知该句是正确的。

Passage 4　（中国海洋大学 2013）

1. A　推断题。The East and the West 在文章第一段第二句出现过，分别为“the orient”和“the occident”，作者用“odor and languor”来修饰“the orient”，意为“臭气”和“倦怠”。接着用“chivalry”来修饰“the occident”，意为“骑士精神”。一贬一褒，态度鲜明。A 中“indolent”就是“languor”的意思；“gallant”与“chivalry”意思相近。因此，A 选项正确。

2. B　推断题。第二段，作者开门见山用了第二人称“you”来指代读者，指出读者对作者写作内容的推测。接着，第二句作者指出写作的意图和内容，“It is merely a little

introductory breeze of patriotism, such as occasionally brushes over every mind, bearing on its wings the remembrance of all we ever loved and cherished in the land of our early years”，此时，作者已将读者和自己看作同类人，对这片土地有着深切的眷念和热爱。因此，B选项正确。

3. D 推断题。由第三段中的“The inhabitants were all of that respectable old steadfast family who make it a point to be born, bred, married, to die, and be buried all in the selfsame spot”，可知当地居民都很敬重老式家族，对新生命、繁衍后代、结婚、死亡都特别重视，死后也会葬在同一个地方。“There was, too, an unchangeablity about all the externals of Newbury”，很明显Newbury内部的生活仍保留着原有的传统。本段最后还描写了当地居民住宅和商业分布的情况，“fancy handkerchiefs”，“letters marvelously folded, directed wrong side upward”，从这些描述中可以知道当地居民极具有浪漫主义色彩，而不是严肃呆板。因此，D选项正确。
4. B 细节题。由第三段“there were just so many houses, and just so many people lived in them; and nobody ever seemed to be sick, or die either, at least while I was there.”可知B选项正确。
5. A 态度题。此题考查作者的态度，A，怀旧的，回忆的；B，超然的，不带感情色彩的；C公正的，不偏不倚的；D，怀疑的。纵观全文，作者的描述有着浓厚的怀旧色彩，对Newbury有着深深的眷念之情。因此，A选项正确。

Passage 5 （华中师范大学2013，厦门大学2011）

Multiple-choice Questions:

A B C B A

1. A 细节题。第一段首句说“The biggest problem facing Chile as it promotes itself as a tourist destination to be reckoned with, is that it is at the end of the earth”，此话告诉我们，智利在旅游业开发方面遇到的最大障碍是它位于地球末端。地理位置是智利旅游业发展的不利因素。因此，A选项(地理位置)正确。
2. B 推断题。第一段第二句说“But it is succeeding, not only in existing markets like the USA and Western Europe but in new territories, in particular the Far East.”很明显，现在智利不仅在老市场，如美国和西欧，吸引更多游客，而且在新地区，特别是远东地区也成功地吸引了一批游客。由此可知，过去智利的游客来自美国与西欧，而远东是新开辟的市场。再看最后一句话“... Still come from its nearest neighbour”。因此，B选项(远东地区)正确。
3. C 细节题。第四段通过具体例子说明了它的许多吸引处。第五段提出“But the trump card is the Andes mountain range.”这与选项C的意思一致。因此，C选项正确。
4. B 细节题。第七段首句说“Internal transport links are being improved and luxury hotels are being built in one of its national parks.”由此可知，智利国内交通线路正在得到改善，故选项B“国内交通体系”为正确答案。
5. A 细节题。倒数第二段第一句说“The policy of opening up Antarctica to tourism is also

politically sensitive."由此可排除选项 B"政治上的敏感";倒数第三段"There is a genuine fear that areas of Chile will suffer the cultural destruction..."可知,人们担心旅游业开发会破坏当地文化,由此可排除选项 C;倒数第四段第二句说"Indigenous and environmental groups, including Greenpeace, say that many parts of the Andes will suffer if they become over-developed."可知,当地居民和环境保护人士都是反对过度开发智利旅游业的,因此应排除选项 D(引起当地的环境污染)。只有选项 A(雄心的,不现实的)不符合文意,因此,本题应选 A 选项。

Short-answer Question:

6. "Infrastructure development" in the context refers to Chile's resolution to improve its poor traffic condition to boost its tourist industry, which includes the expansion of airline networks and the improvement of domestic transportation and the advancement of poor facilities。本题为推断题,全文主要是讲述智利为了促进旅游业在改进基础设施方面作出的努力,文章第六、七段分别从航空、国内交通以及旅游胜地等方面讲述了具体的改进措施和取得的成效。

Passage 6 (湖南师范大学 2013)

Multiple-choice Questions:

B D D C

1. B 细节题。文章第一段"But if you look it over in an airplane, it becomes something completely new."表明,游客若是鸟瞰此瀑布,便有全新的感受。因此,B 选项正确。
2. D 细节题。从"You see Lake Ontario on one side and Lake Erie on the other, and linking them the 34-mile Niagara River."中,我们可以得知是尼亚加拉河连接了两个湖,而非 D 选项所描述,题目要求选不正确的一项。因此,本题应选 D 选项。
3. D 细节题。从"Niagara differs from the waterfalls you find in mountains"与"Niagara belongs to the heavyweights"中我们能够看出,缺乏气势的是山上看到的瀑布。因此,本题应选 D 选项。
4. C 推断题。最后一句" Niagara is a short-time glory that was here yesterday and will be gone tomorrow"意为"尼亚加拉大瀑布的壮观景象是短期的——昨天它还在此地,明天也许会消失",此句与 C 选项相对应。因此,C 选项正确。

Short-answer Question:

5. This sentence means that the real sight of Niagara from the airplane differs greatly from that from the ground. When people watch the fall from the ground, they consider that the fall falls because there is a cliff. However, watching the fall from the airplane, they get opposite idea that the water falls down, which creates the Niagara Gorege. So their previous idea will be reversed. 第二段中提到人们从地面看尼亚加拉瀑布的感受,"the water comes to the cliff and naturally, it falls down"。第三段则讲从空中看尼亚加拉瀑布的不同感受,"The falls are the cause, and the gorege is the result",因为有了瀑布才会产生尼亚加拉大峡谷。

Passage 7 （厦门大学 2012，中南大学 2012）

Multiple-choice Questions：

A B C D D

1. A 细节题。由题目定位到前两段。首先看 A 选项，意思是：市民否认了 RSC 对城镇收入的贡献。由文章第二段的 The worthy residents of Stratford doubt that the theatre adds a penny to their revenue 可明显看出，居民们怀疑剧院是否对收入作出一点贡献。意思否认了其对城镇收入的贡献。注意 RSC 就是这里的 theatre。接着看 B 选项，意思是：RSC 的演员在台上和台下模仿莎士比亚。这个在前两段确实有相关的内容，但是第二段中只是说演员在相貌上模仿莎士比亚，但没有提到台上台下的模仿。因此不能入选。然后是 C 选项，意思是：RSC 的两个分支相处不好。这个选项属于偷换概念类干扰项。原文说的是这个城镇有两个分支互相敌对，而不是 RSC 有两个分支互相敌对。因此排除。最后是 D 选项，意思是：城镇居民从旅游业获取的利润很少。但是请看原文这句话"And there are the townsfolk who largely live off the tourists who come"，其中的"largely"这个词明显表明他们赚的钱肯定不少。因此也不能入选。A 选项正确。
2. B 推断题。由题目定位到第三段。首先看 A 选项，意思是：观光者不能单独参观城堡和宫殿。请看"The sightseers who come by bus—and often take in Warwick Castle and Blenheim Palace on the side"这句话。这里只说观光者经常这么做，而不是一直都这么做。A 选项将其绝对化了，因此不能入选。接着看 B 选项，意思是：看戏的人比观光的人花钱多。由第三段这句话"It is the playgoers, the ESC contends, who bring in much of the town's revenue because they spend the night"可以看出，看戏的人对城镇的收入贡献最大。而且从细节上看，看戏的人一般会住四五天，而观光的人住一天就走了。关于 C 选项与 B 选项是相反的，既然 B 对，C 自然就排除了。具体到 do some shopping 的细节，原文没有提到(如果在旅店和饭店消费不算 shopping 的话)，因此更不能入选。最后是 D 选项，意思是看戏者除了看戏哪里都不去。这种选项属于绝对化选项，一般是不对的。由原文"However, the playgoers do manage a little sight-seeing along with their playgoing"看出，看戏者还是会做点观光之类的事情，D 选项排除。因此，B 选项正确。
3. C 推断题。由题目定位到所指原句，然后接着往下读：Nevertheless every hotel in town seems to be adding a new wing or cocktail lounge. Hilton is building its own hotel there, which you may be sure will be decorated with Hamlet Hamburger Bars, the Lear Lounge, the Banquo Banqueting Room, and so forth, and will be very expensive. 可以看出，这个城镇并不穷。如果穷，怎么会有那么多旅店里有鸡尾酒和休息室，甚至还有"very expensive"的东西。因此，所谓的 cry poor，在中文里就是哭穷的意思。自然看出 Stratford 是在装着哭穷。再联系 C 选项：这个城镇事实上并不缺钱。再看 A 选项，说其不能承担工程的费用。既然不缺钱，当然不会承担不起了。因此自然排除。然后是 B 选项，意思是其一直都有经济困难，与 A 选项一样，是一个原因。只要明白了其并不缺钱这个事实，就不会选这个选项了。最后是 D 选项，意思是说市民曾经的收入很少。也许这是个事实，但原文并未体现。原文只是表明了市民现在的收入很可观，因此也不能入选。C 选项正确。

4. D　细节题。倒数第二段括号中的解释，“The theatre has broken attendance records for three years in a row. Last year its 1，431 seats were 94 percent occupied all year long and this year they'll do better.”，说明剧院的经营情况很好，看戏剧的人数呈上涨趋势。
5. D　主旨题。只要你读懂了全文，自然这道题就明白了。文章的大意就是说明 RSC 表面上生意很好，场场基本爆满，但其实赚不到多少钱。然而当地的居民却不理解，认为其接收补贴不合理。因此可以看出，作者在同情 RSC。而 A 选项：两边都支持，显然不合作者的本意。作者至少是不支持当地居民的。B 选项：赞成当地居民的观点。由文章大意可以看出这是个相反的干扰项。最后是 C 选项，里面有这个词“detached”。意思是：超然的，不偏不倚的，不含感情因素的。这个词在以往试题中并不多见。但同样可从文章大意中看出作者的态度比较鲜明，因此属于不偏不倚的选项。因此，D 选项正确。

Short-answer Question：

6. Because they think that the theater has earned enough money to support itself. It has broken attendance records for three years in a row. In addition，last year 94% of its seats were occupied all year long and this year they'll do better. 本题为细节题，文章倒数第二段主要说明为何当地剧院根本不需要补贴，括号中解释说明了其票房收入丰厚，而且观众人数呈增长趋势。

Passage 8　（华中师范大学 2012）

C　C　B　D　B

1. C　细节题。由第三段“The highest point in the United States（outside Alaska）is in California and so is the lowest point（including Alaska）. Mount Whitney，14，494 feet above sea level，is separated from Death Valley，282 feet below sea level，by a distance of only 100 miles.”可知 Death Valley 是美国的最低点。因此，C 选项正确。
2. C　细节题。从第一题可知 Mount Whitney 是美国的最高点。因此，C 选项正确。
3. B　细节题。从第一题可知两地相隔仅 100 英里。因此，B 选项正确。
4. D　细节题。由第二段“People living in Bakersfield for instance，can visit the Pacific Ocean and the coastal plain，the fertile San Joaquin Valley，the arid Mojave Desert，and the high Sierra Nevada，all within a radius of about 100 miles”可知 D 选项正确。
5. B　推断题。冲浪和滑雪这两项运动需要在两个不同的地形进行，而不需要走很远，就可以进行这两项运动。这充分表明了加利福尼亚的地形多样。因此，B 选项正确。A、C、D 三个选项都只是在叙述一个事实，并不符合题意。

Passage 9　（上海理工大学 2012）

B　B　D　A　B

1. B　细节题。第一段提到现在涌入的是富人“these are the wealthy”，所以当她说“we don't have a budget，we just use our credit cards”是指花钱不用做预算，想买就用信用卡，

其暗含的意思是选项 B 所表达的信息。因此，B 选项正确。

2. B 细节题。第三段说明美国早已成为旅游胜地。1994 年不同于往年，其原因是世界吸引了大批游客，美元下跌使在美国购物便宜到了极点，这更吸引了大量的游客。而这一观点恰好与选项 A 一致。因此，A 选项正确。

3. D 语义题。根据第三段第三句话可知：美国现在仍是世界上的超级大国，也可以声称是世界上的廉价商品部。"Nobody undersells America"这句话的意思是：没有哪个国家的物价水平比美国更低。因此，D 选项正确。

4. A 细节题。根据第四段第二句话可知：媒体使人们对美国产生迷恋。在四个选项中，只有 A 选项与这句话在观点上是一致的。因此，A 选项正确。

5. B 主旨题。通读全文后，我们可以得知：大批外国游客涌入美国，给美国政府带来了大笔收入。另外，文章第五段强调美国终于开始重视外国游客大量涌入，给美国经济带来的巨大利益。结合以上两点，可以得出选项 C 是作者的观点和结论。因此，C 选项正确。

Passage 10 （湖南大学 2011）

1. D 细节题。由第一段"For centuries, explorers have risked their lives venturing into the unknown for reasons that were to varying degrees economic and nationalistic"，可知，在过去，冒险家们探险的目的主要还是受商业和国家利益的驱动。因此，D 选项正确。

2. C 细节题。由第二段"it is clear that imperatives other than profits or nationalism will have to compel human beings to leave their tracks on the planet's reddish surface"，可知，大规模的太空探险并非出于商业利益，而是受爱国主义精神的驱动。因此，C 选项正确。

3. A 推断题。由第三段第二句"the issue of whether life ever existed on the planet, and whether it persists to this day"；本段最后一句"if it could be established that life arose independently on Mars and Earth, the finding would provide the first concrete clues in one of the deepest mysteries in all of science: the prevalence of life in the universe"，可知，将人类送到火星的主要目的是为了弄清楚火星上是否有生命存在。因此，A 选项正确。

4. B 推理题。定位到文章最后一句"if it could be established that life arose independently on Mars and Earth, the finding would provide the first concrete clues in one of the deepest mysteries in all of science: the prevalence of life in the universe"，火星探索的目的是为了探明人类生存的问题。A 项，火星探索比任何太空探索的风险都大，这个文章中没有提到。C 项，火星探索所需的研究经费最高，文章也没有任何线索可得出此结论。D 项，火星探索揭开了科学家们有关科学根本利益之争，这个不正确。第二段中提到太空探索的主要目的是为了国家利益。因此，B 选项正确。

5. C 细节题。最后一段第二句提到通过火星探索发现该星球上存在有大量稳定的液态水，而且与陨石一起坠落到地球的细菌化石也揭示了生命存在所需要的条件。因此，C 选项正确。

13. 生态环境专题

Passage 1 （中南财经政法大学 2015）

A D A

1. A 细节题。首先根据第一段倒数第二句及之后内容“At that time, the whole area that is now Maine was part of a mountain range that towered above the sea. As the glacier descended, however, it applied enormous force on those mountains, and they sank into the sea”. 可知冰川的巨大作用使得那些山脉(包括现在被称为 Maine 的地区)沉入了海底。而由第三段进一步介绍了山脉下沉之后，其中留下来的部分成了岛屿。因此，A 选项正确。
2. D 推断题。本段重点介绍了 Mt. Desert Islan 各种有趣的景点，没有提到预算减少，保护环境。因此，D 选项正确。
3. A 细节题。由第三段第一句“The 2, 500-mile-long rocky and jagged coastline of Maine keeps watch over nearly 2, 000 islands.”可直接找出海岸长度。因此，A 选项正确。

Passage 2 （中南经政法大学 2015）

B D A C A

1. B 细节题。根据第一段的第一句“The threat of a global outbreak of bird flu makes it urgent for the international community to cooperate effectively.”可知各国际组织应协手对抗禽流感。因此，B 选项正确。
2. D 细节题。第二段第一句话为本段主题句：The potential effects of a national outbreak of bird flu are enormous. 禽流感的潜在影响非常严重。因此，D 选项正确。
3. A 细节题。由第三段第一句“Despite the 124 human cases and 63 deaths from bird flu since December 2003”可知 A 选项正确。
4. C 推理题。由最后一段最后一句“ If the international community works together efficiently, man can surely prevent such a virus and possibly save millions of lives.”可知，本段前面几句话提到的禽流感的危害是为了起警示作用，呼吁大家共同努力防御禽流感，拯救生命。因此，C 选项正确。
5. A 推断题。本文开头便谈到了国际合作的重要性；第二、三两段便讲到了禽流感的影响；第四段提到了预防禽流感的重要性，因此 B、C、D 三个选项在文章中都有提到，只有 A 未谈及。因此，答案选 A。

Passage 3 （中南财经政法大学 2014）

B B B A C

1. B 细节题。第一段第一句“Studies show that temperatures in 1990 were higher than in any year since people began keeping records of temperatures.”就说了 1990 年是历史上气温最高的一年。因此，B 选项正确。
2. B 细节题。由第一段第三句“Average temperatures on earth have increased in the last one

hundred eleven years."可知 B 选项正确。

3. B　细节题。第二段前两句"Greenhouses are clear glass or plastic buildings used to grow plants. The glass or plastic traps the heats of the sun."说明 Greenhouse 是依赖太阳能的。因此，B 选项正确。

4. A　细节题。本题问到全球气温升高的主要原因，首先看文中第二段，大意为正是因为二氧化碳和其他气体吸收太阳能才使得动植物和人们能在地球上生存，而下一段则说这种平衡改变了，"Human activities are producing greatly increased amounts of carbon dioxide and other gases, and the gases are trapping more heat."接着提到了上升的气温对地球造成的影响，可知气温上升主要是因为"More carbon dioxide and other gases are produced."。因此，A 选项正确。

5. C　细节题。本题具体线索在最后一段第四句"The American scientists say the average temperature last year was fifteen and fifty-six hundredths degrees Celsius. That is the higher average temperature since their records began in 1880. It is almost one tenth of a degree higher than the old record high."去年的平均温度是 15.56 摄氏度，这比 1880 年来所记录的最高平均温度高了几乎十分之一摄氏度。可见 1880 年来的最高纪录气温即为 15.66 度。因此，C 选项正确。

Passage 4　（天津外国语大学 2014）

B　C　C　D　C

1. B　主旨题。本文第一段首先写了科学家认为候鸟是能够抵御冬天寒冷的，第二段写了引发鸟类迁徙的原因难以解释，第三段则写了原因之一可能是鸟类腺系统的调节作用。综上可知本文主要写了鸟类迁徙的原因。因此，B 选项正确。

2. C　细节题。由第一段第二句"A bird's feathery coat is good insulation against the cold."可知，Feathers 是保护鸟类抵御严寒的屏障。因此，C 选项正确。

3. C　细节题。定位到第二段第二句话"This behavior seems to be instinctive, not learned."，本句先说这种迁徙行为似乎是本能性的(instinctively)，接着便举出"young arctic terns"的例子来证实这个猜想。因此，C 选项正确。

4. D　细节题。见最后一段"became active, retain more fat"以及"became more excited"，可知只有 D 没有提及。因此，D 选项正确。

5. C　推断题。第五段第四行"It was found that if periods of darkness were lengthened proportionately, the glands of the birds became active."说明实验中调节的是鸟类接收光线的时长。因此，C 选项正确。

Passage 5　（天津外国语大学 2014）

A　B　D　C　C

1. A　主旨题。由第一段"there are two observable features of global atmospheric circulation"可知文章主要讨论的是大气环流的不同类型。因此，A 选项正确。

2. B　细节题。将题目中的 the tropical latitudes 定位到文章的第二段，由首句"yet

persistent, sinking current which falls from the upper atmosphere"可知与下沉气流相关。因此，B 选项正确。

3. D　细节题。由第二段首句"One is the gentle, yet persistent, sinking current which falls from the upper atmosphere."可知 subsiding currents 的特点是持续的，因此，D 选项(时断时续的)不符合题意。

4. C　细节题。由文章倒数第七行"The jet stream generally pulls wet air into Washington, Oregon and Canada from the Pacific Ocean."可知"jet stream typically run along the Northern U. S. border."。因此，C 选项正确。

5. C　细节题。由文章末句"In the winter, the jet moves to lower latitudes resulting in greater rainfall for southwestern states while the cool Canadian air causes winter storms in the northern areas."可知南方多雨。因此，C 选项正确。

Passage 6　(对外经济贸易大学 2014)

B　D　A　C　D

1. B　语义题。题干的句子是文章第一段第三句，这是一个带有插入语的简单句，"contrary"在此与"part of nature"相反。因此，B 选项正确。

2. D　态度题。第二段最后一句提到，我们必须更加关注吸收少量杀虫剂的潜在后果，它们正在不知不觉地污染我们的世界。因此，作者对杀虫剂对环境的影响不仅关注而且担忧。因此，D 选项正确。

3. A　推断题。第二段第三四句提到，杀虫剂使人突然发病或者死亡是很令人难过的事，对于人口整体来说，人类对杀虫剂长期累计的潜在后果的认识不足，才是最严重的问题。因此，A 选项正确。

4. C　细节题。根据第三段倒数第二句说的"对未来的灾难无动于衷是人的本性"以及最后一句说的"大多数人只对有明显迹象的疾病予以关注"可知，C 正是人们忽视化学药物的潜在危害的原因。因此，C 选项正确。

5. D　推断题。Dubos 博士话中"最可怕的敌人"指的是"杀虫剂引起的潜在危险"，博士话中的"slowly approach them unnoticed"直接表明 D 选项正确。

Passage 7　(首都师范大学 2013)

D　C　A　C　D　C

1. D　细节题。第二段第一句话就提到了难以确定二氧化碳寿命的原因。因此，D 选项正确。

2. C　细节题。第二、三、四、五段分别对这四种气体的寿命做了说明。大部分二氧化碳经过 20 至 200 年才溶解，甲烷生命相对短暂，持续 12 年左右，一氧化二氮(N_2O)持续时间稍长于甲烷，氟氯氢(CFCs)并没有明确说明，只给了一个大概的范围，甲烷的时间应该是最短的。因此，C 选项正确。

3. A　语义题。"Although"表明该句是转折句，后面说的是甲烷寿命较短，因而前面肯定表示积极意义，B、C、D 均带有负面色彩。因此，A 选项正确。

4. C　细节题。最后一段提到水蒸气会随着雨雪等天气快速移动，会随着大气变暖数量增加，说明它是会随着天气而变化的，是天气状况的反馈，而不是导致气候变化的直接原因。因此，C 选项正确。
5. D　细节题。第二段第一句、第三段第一句，以及第四段分别说明 A、B、C 答案是正确的，最后一段提到水蒸气和其他温室气体的聚集方式不同，说明它同样属于温室气体的一种。因此，D 选项正确。
6. C　主旨题。这篇文章主要介绍的是温室气体，以及与气候变化的关系，属于环保方面的文章，因而应该是来自于环境板块。因此，C 选项正确。

Passage 8 （湖南大学 2013）

C　B　B　D　A

1. C　细节题。第一段倒数第一句，不少经济学家认为解决营养不良和疾病两大难题不需要花费过多的人力和财力，并且可以拯救不少人的生命；但是应对全球变暖则需耗费巨资，并且成效不大。因此，C 选项正确。
2. B　细节题。答案见第二段最后一句，此句是解释前面“everything is a priority”这一观点。因此，B 选项正确。
3. B　细节题。答案见第四段最后一句，在一系列需要优先考虑的问题中，全球变暖排名最后。因此，B 选项正确。
4. D　细节题。第七段第一句话，直到 2100 之前，执行《京都议定书》所需的成本可能超过它所带来的利益。也就是说，解决全球变暖这一难题不可能在短期内产生效益。因此，D 选项正确。
5. A　推断题。文章最后一句，Mr. Lomgorg 和 Mr. Bolton 是否可以成功劝说联合国不得而知。他们两位的主张是解决全球变暖不应该是联合国当前最重要的问题。这说明目前联合国依然将解决全球变暖放在优先位置。因此，A 选项正确。

Passage 9 （上海理工大学 2013）

C　D　C　B　A

1. C　推断题。第一段第一句，“charge a deposit on beverage container”指的是收取饮料瓶的押金。因此，C 选项正确。
2. D　细节题。第一段倒数第二句，“much of it end up buried in landfills”很多都埋在垃圾堆下面。因此，D 选项正确。
3. C　推断题。第三段第二句，垃圾就是垃圾，除非能赋予它第二次生命价值。因此，C 选项正确。
4. B　细节题。第四段第二句，In many areas，the East Coast especially，recycling is already the least expensive waste-management option. 言外之意，其他方法都需要大量资金投入。因此，B 选项正确。
5. A　推断题。文章最后一句，回收利用不仅可以刺激当地经济，还能减少环境污染。因此，A 选项正确。

Passage 10 (电子科技大学 2013)

D C D B B

1. D 细节题。根据第一段“The efforts of the authorities to get the peasants back to work... largely contributed to it. Also, rains were well spaced...”可知 A 和 B 都为丰收的原因。因此，D 选项正确。
2. C 细节题。定位到第二段第一句“The average date of sowing is about July 1st.”可知 C 选项正确。
3. D 细节题。由本句“The peasant in Chad sows his millet first, and it is hard to criticize this instinctive priority given to his daily bread.”可知“daily bread”指的是 millet（粟，小米）。因此，D 选项正确。
4. B 细节题。由倒数第二段第一句“Peasants should also be encouraged to save money, to help them through the difficult period between harvests.”可得出 B 选项正确。
5. B 细节题。最后一段只说了“... in this basic advance, early sowing, on which all the others depend.”，也就是“early sowing”是其他过程的根基，并没有说它是最重要的，所以 B 错，而其余三项在这一段都有提到。因此，答案应选 B。

Passage 11 (暨南大学 2013)

C B D D A

1. C 细节题。根据第一段最后两句“After years of persecution by humans, the populations of most North American canids, especially wolves and foxes, have decreased greatly. The coyote, however, has thrived alongside humans, increasing in both numbers and range”可以得出两者的差异在于数量上一减一增，因此，C 选项正确。
2. B 细节题。根据关键词“vocalizations”定位到第二段“The coyote's vocalizations are varied... This call keeps the band alert to the locations of its members.”可以知道小狼用声音交流位置信息，而不是为了诱敌或捕猎。因此，B 选项正确。
3. D 细节题。根据题眼“opportunist”定位倒数第三段“In feeding, the coyote is an opportunist, eating rabbits, mice, ground squirrels, birds, snakes, insects, many kinds of fruit, and carrion—whatever is available.”可知，coyote 猎捕食物是依据情况而定，而非固定捕猎一种。因此，D 选项正确。
4. D 细节题。定位到第四段“Often a badger serves as involuntary supplier of smaller prey: while it digs for rodents at one end of their burrow, the coyote waits for any that may emerge from an escape hole at the other end.”由此可知，badger 在捕猎时会无意中帮助 coyote 逮到 rodent。因此，D 选项正确。
5. A 推断题。根据文章第三段对 coyote 的描述可知，它们具有高超的捕猎技巧，在捕猎大型猎物时是集体协作，因此 B、C 选项正确。最后一段“Man is the major enemy, especially since coyote pelts have become increasingly valuable, yet the coyote population continues to grow, despite efforts at trapping, shooting, and poisoning the animals.”尽管人

类为了谋取商业利益而不停地迫害 coyote，但是 coyote 的数量仍然在不断增加，因此 D 选项也正确。本题应选 A 选项。

Passage 12　（中南财经政法大学 2012A）

B　C　A　D　D

1. B　推断题。第一段第一句指出，slash-and-burn 不仅不会损害热带雨林，还有助于农民耕种，改良森林土质。因此，B 选项正确。
2. C　细节题。见第二段第一句 “Most rainforest soils are thin and poor because they lack minerals and because the heat and heavy rainfall destroy most organic matter in the soils within four years of it reaching the forest floor.”，C 选项正确。
3. A　细节题。见第三段第一句 “Glaser has shown that most of this fertile organic matter comes from ‘black carbon’—the organic particles from camp fires and charred wood left over from thousands of years of slash-and-burn farming.”可知答案为 A。
4. D　细节题。第五段倒数第二句 “热带雨林可以从小规模的清理中恢复”，slash-and-burn 指的也是刀耕火种，属于小规模的清理。
5. D　推断题。见最后一段 “Glaser claims that these earth works，built between AD 400 and 1400，were at the heart of urban civilizations.”可知答案为 D。

Passage 13　（中南财经政法大学 2012B）

B　D　A　B　C

1. B　细节题。见第二段第一句 “A San Jose councilwoman and a San Francisco supervisor said they would propose local initiatives aimed at controlling electronic waste if the California law-making body fails to act on two bills stalled in the Assembly.”可知答案为 B。
2. D　推断题。这里的 “two bills”指的是第四段和第五段中两位议员的法案。第四段中的法案是关于消费者支付废弃电子产品回收利用的问题，第五段是关于废弃电子产品回收利用问题，D 答案中 “reprocess”与 “recycle”意思相似。因此，D 选项正确。
3. A　推断题。第三段最后一句，废弃电视和电脑中的铅含量高，同时还有其他有毒物质。因此，A 选项正确。
4. B　细节题。第七段，如果收取 30 美元的费用，消费者可能会在网上寻找其他州的电脑经销商。因此，B 选项正确。
5. C　推断题。第十段，环保人士呼吁州政府大力支持废弃电子产品回收，以避免不良废品商将有毒零部件输送到海外。因此，C 选项正确。

Passage 14　（厦门大学 2011）

Multiple-choice Questions：

B　B　D　C　A

1. B　主旨题。第二段主要讲了太阳由内到外分成五个部分，包括日冕层、光球层、色球层等，可见本段讲的是太阳的结构。因此，B 选项正确。

2. B 推断题。本文第二段首先说只有在日食的时候才能直接用肉眼观察日冕层，接着便提到在其他时候要想观察日冕层必须借助“special instruments”来遮挡强烈的太阳光线。因此，B 选项正确。
3. D 推断题。根据本文最后两句“The rays of gas thin out as they reach the space around the planets. By the time the sun's corona rays reach the Earth, they are weak and invisible.”可知，当太阳光线到达地球时，因为距离太远而变得十分微弱几乎难以看见。
4. C 细节题。参考上一题可得出答案。
5. A 主旨题。本文先总体概括了太阳的特点，接着将太阳的结构划分为五个层次，并且介绍了日冕层的相关状况，可以推测出接下来会讲到其他几个层次的状况。

Short-answer Question:

6. The purpose of this passage is to introduce the specific structure of the sun and the unique characteristics of the corona, the outermost layer of the sun.

解析：文章第一段主要是讲太阳的温度；第二、第三段主要是讲太阳的结构；最后两段讨论的是太阳最外层“corona”的结构和特征。

Passage 15 （暨南大学 2011）

D B D A C

1. D 主旨题。文章开篇就谈到“它们为适应寒冷气候所采取的保护措施使它们更加脆弱以致成为濒危物种”，中间段讲濒危物种的三个原因，末段谈到“为防止灭绝而采取了保护措施”。由此综观全文，本文的话题是谈“rattlesnakes”濒危的原因，D 项正确。而 A“冬眠的原因”，B“如何生存，C“如何适应北部严寒气候”都比较片面。
2. B 细节题。从文章第二段“ But Timber rattlesnakes migrated into colder northern about 8,000 years ago when glaciers retreated.”可知，“Timber rattlesnakes”在大约八千年前冰川消融后即气候变暖的时候，移居到更寒冷的北方，这与 B 项“在气候变暖期间移居北方”相符。因此，B 选项正确。
3. D 推断题。从文章第三段“In the spring when they emerge, they must warm their chilled bodies by sunning for three or four days on rocks in the open.”可知，“在春天，为了暖和冰冷的身体，它们会在露天的岩石上晒三四天的太阳”，由此推断 D 项“在峡谷里”正确，而 A 项“森林里”，B 项“牧场里”，C 项”灌木丛中”均与原文不符。
4. A 细节题。从文章第三段第三句和第四句“In the spring... This behavior, coupled with the fact... makes them easy prey”可知，“在户外晒太阳”和“群居”使它们易被捕食，因此 B、C 正确。再从第三段最后两句可知“ long interbirth intervals”加之“ a frost or cold spell comes late in the year”易让先前出生的小蛇死亡，因此 D 项正确。答案应选 A。
5. C 态度题。作者在文章最后一段谈到“虽然很多州已在努力保护 rattlesnakes 免遭人类捕杀，但为时已晚”。由此可知，作者的态度是感到“遗憾”的，C 项正确，而 A 项“指责的”，B 项“思乡的”，D 项“幽默的”均与原文不符。

14. 人物经历

Passage 1 （中山大学 2014）

A D C A

1. A 推断题。从第二段“... has pushed current mathematics to its limit”可知要进一步构建“a unified theory”必须先找到新的数学理论用以支撑。B 选项细节性太强，属于过度推理。因此，A 选项正确。
2. D 语义题。在“Einstein would play his violin hard as a way to think through a knotty physics problem.”中，“hard”与“knotty”是相互对应的，故可推测答案应为“difficult”等词义的词。因此，D 选项正确。
3. C 细节题。结合“One key aspect of Einstein's training that-is little noticed is the years of philosophy”与“It taught him how to think independently about space and time and it wasn't long before he became a philosopher himself.”，我们不难发现真正重要的是“philosophy”。因此，C 选项正确。
4. D 语义题。“unified theory”在本文中指的是“大统一理论”(grand unified theories, GUTs)。试图用同一组方程式描述全部粒子和力(强相互作用、弱相互作用、万有引力、电磁相互作用四种人类目前所知的所有的力)的物理性质的理论或模型的总称。这样一种尚未找到的理论有时也称为万物之理，或 TOE，为物理学术语。因此，D 选项正确。

Passage 2 （中山大学 2014）

B D A C D

1. B 语义题。在定语从句“tired men and women whom the factory whistles had unyoked”中，tired men and women 是 had unyoked 的宾语，从上文“那时正是纽约市中心的不可思议的时间段，下班的人潮在黄昏中向家涌去”可知，他们刚从制衣厂下班回家。所以是被工厂的哨声解放出来了。只有 B 选项“released”可以表达这个意思。因此，B 选项正确。
2. D 细节题。A 选项是“数以千计的”意思；B 选项是“流动”的意思，表示人潮汹涌；C 选项是“倾泻”的意思，也很形象地表现了人多；只有 D 选项是“释放，解放”的意思。因此，D 选项正确。
3. A 细节题。A 选项中，第一段形容工厂工人下班后拥挤攒动的宏大场面，与第二段描写儿子看到父亲一个人孤单地站在寒风中卖香蕉的场景形成鲜明对比，显出父亲的孤单。B 选项中，天气状况与街灯没有可比性；C 选项“咯噔咯噔的火车和小贩的叫卖声”在文中并不是作者说的重点，因此不存在比较的必要；D 选项“移动的人潮和街道的交通”这两个跟主题没有关系，所以也没有比较的必要。因此，A 选项正确。
4. C 细节题。A 选项是“富有同情心”，从儿子看到父亲一人在寒风中卖香蕉而难过流泪可以看出他是一个富有同情心的人；B 选项“有责任感的人”，儿子看到父亲卖香蕉辛苦，便帮父亲叫卖，即使自己也是工作一天而疲惫不堪，可以看出作者是一个有责任感的人；D 选项是“坚决的”，父亲看到儿子努力叫卖仍然没有人买时，劝儿子不要继续叫卖，可儿子依然坚持，可见他是一个坚定的人；C 选项“害羞的”，他敢在大街上叫卖，所以并不是一个害羞之人。因此，C 选项正确。

5. D 主旨题。根据整篇文章的大意可知，这篇短文的主题应该是 D 选项“父亲和儿子之间的爱”。因此，D 选项正确。

Passage 3 （武汉大学 2014）

A D C C B

1. A 主旨题。本文第一段是关于 Griffith 在电影摄影方面的创新，第二段是关于他的独特电影剪辑，第三段则是他对电影题材和长度的革新，总体看来，全文都在展示 Griffith 对于电影发展的重要性。因此，A 选项正确。
2. D 细节题。原文第二段提到“Griffith also achieved dramatic effects by means of creative editing”，Griffith 通过富有创意的电影剪辑获得戏剧效果，所以答案 A 电影剪辑应该排除。第一段：“By 1910，he was using close-ups to reveal significant details of the scene or of the acting. Extreme long shots were adopted to achieve a sense of spectacle and distance”，他运用特写镜头表现场景的细节，长镜头表现壮观的场景和远景，因此 Griffith 在场景安排和摄影方面都有创新，这样答案 B“场景安排”和答案 C“摄影”都应予以排除，只剩下 D“音响剪辑”是正确答案，因为文中没有提及 Gfriffith 在这方面的成就。
3. C 细节题。根据原文所给出的内容“Griffith transposed devices of the Victorian novel to film and gave film mastery of time as well as space.”可知 C 选项正确。
4. C 推断题，答案 A，好导演会尽快尝试探索新思想，尽管 Griffith 尝试创新，但这并不能直接推理出 A 观点；答案 B，使电影成功的最重要要素是演员的能力，文中并未提及；答案 D，电影应该强调对人类根本问题的探索，与原文不符，因为 Griffith 的电影题材非常广泛，文中“His early movies included not only the standard comedies, melodramas, westerns, and thrillers, but also adaptations from Browning and Tennyson, and treatment of social issues”，他的早期影片不仅包括标准的喜剧、情节剧、西部片和惊险片，还包括勃朗宁和丁尼生的作品改编的电影和社会问题题材的电影。答案 C“摄影”应当被看做电影创作中一个不可或缺的、活跃的要素，是正确答案，因为 Griffith 在摄影方面作了很多努力，获得了更好的戏剧效果。
5. B 态度题。原文在第一段提到 Griffith 之前的电影摄影：“Before Griffith, photography in dramatic films consisted of little more than placing the actors before a stationary camera and showing them in full length as they would have appeared on stage”，那时的电影摄影仅仅是把演员放到静止的摄像机前，拍下他们的全身像，就像他们站在舞台上的样子。从这句话的语气来看，作者暗示这样做很落后、很呆板，所以他的态度是有优越感的，认为现代的摄影技术要高得多。因此，B 选项正确。

Passage 4 （湖南师范大学 2014）

Multiple-choice Questions：

D A C C

1. D 细节题。根据本文第二段可知作者“从大学毕业后，搭便车来到芝加哥，打算在电台找到一份工作，但是却被拒绝”，因此 A、B 项错误；从第三段可知“那位善意的妇女告诉我电台不可能雇佣一个没有工作经验的人，建议我到小一点的电台试试”。因此，D 选项正确。
2. A 细节题。从第四段可知，选项 A 正确；文章中说 Montgomery Ward 开了一家店，而不是作者的父亲，B 错误；文章中只是说“想要雇用一个当地的运动员来经营这家店铺”，并不是要雇佣一位商店经理，C 错误；最后他被拒绝了，并没有得到这份工作，D 错误。因此，A 选项正确。
3. C 细节题。文章中第五段谈到“作者很伤心”，因此选项 A 错误；作者的父亲给他提供车辆去找工作，而不是去观光，因此选项 B、D 项错误；第五段谈到当作者很伤心时，他的母亲提醒道"Everything happens for the best"。因此，C 选项正确。
4. C 细节题。从文章最后两段可知，一开始，作者并没有得到这份工作，可知选项 A、B 正确；倒数第二段谈到“Then he stood me before a microphone and asked me to broadcast an imaginary game."可知选项 D 正确，并得知这不是一场真实的比赛，而是一场想象中的、虚拟的比赛。因此，本题应选 C 选项。

Short-answer Question:

5. The article is aimed to tell readers that we should always have confidence and hope even when we are confronted with difficulties and obstacles through sharing a story about finding a job. 问题为推理题，通过最后一段妈妈的话语总结出答案：只要自信、满怀希望就可以克服困难。

Passage 5 （华中师范大学 2013）

D B B C C

1. D 语义题。结合“Why the many quotation marks?”与下文的“Hence my writing is, if not a cabinet of fossils, a kind of collection of flies in amber"我们可以看出，三者虽表达不同，但代指的均为“quotations”。因此，D 选项正确。
2. B 细节题。“she taught commercial subjects”表明她曾当过老师，四个选项中唯独“commercial artist"未提及。因此，B 选项正确。
3. B 细节题。从“She lived quietly all her life, mostly in Brooklyn, New York."可知 Moore 成年后住在布鲁克林，纽约州。因此，B 选项正确。
4. C 语义题。在“To earn a living is needful, but it can be done in routine ways."一句中，“it"明显指代“earn a living”。因此，C 选项正确。
5. C 推断题。从文章最后一句，“One writes because one has a burning desire to objectify what it is indispensable to one's happiness to express..."我们可推测，作者写作并不是为了金钱名利，或奖项，她只是渴望表达出自己的声音。因此，C 选项正确。

Passage 6 （上海理工大学 2013）

A B C D C

1. A 推断题。第四段最后两句，作者知道亚洲人有讨价还价的习惯，并且对老挝人讨价还价的技巧非常熟悉。同时，从后文作者讨价还价的经历看，应该是对此比较熟悉的。因此，A 选项正确。
2. B 推断题。第五段中提到经过讨价还价后作者给出了一个非常低的价格，但是那名老挝妇女还是很快接受了；而且作者一次购买三件还可以在原来的基础上继续再优惠。可见，那位老挝妇女之所以接受最后的价格，只因为知道赚不了太多钱，但仍然感到有利可图。因此，C 选项正确。
3. C 推断题。第五段中间，作者提到老挝妇女接受最后的还价可能赚不到太多钱，因此作者不给老挝妇女提供优惠价格的机会，立刻买了三件衬衣。这主要是出于赔偿的心理。因此，C 选项正确。
4. D 推断题。第六段最后一句，作者提到她不想哭，是因为要学会在不同的场景中保护自己，也就是要时刻保持坚强。因此，D 选项正确。
5. C 推断题。最后一段，作者被老挝妇女的慷慨感动，忍不住热泪盈眶。因此，C 选项正确。

Passage 7 （天津外国语大学 2012）

B B B D C

1. B 细节题。定位到第一段第三句"So the hedge was our attempt to secure privacy for the future"，由此可得知修建栅栏的目的是"secure privacy"可知 B 选项正确。
2. B 细节题。第二段最后一句，"Hearing that deer were prepelled by the scent of human hair, I asked some hair dressers to set aside their sweeping in a bag with, as the saying goes, my name on it."由此可见人的头发所散发出来的味道可以驱逐 deer，因此作者才去搜集。B 选项正确。
3. B 推断题。见第三段第一句。正如看守人说的，鹿饿了之后会突破一切障碍物，哪怕是电压强到足以威慑大象的电栅栏。因此，B 选项正确。
4. D 细节题。第三段第三句，因为积雪发挥了绝缘体的作用，动物经过时电路不会发生任何作用。因此，D 选项正确。
5. C 细节题。见第二段倒数第二句，"I hung or sprinkled repellents of blood meal, urine, mine, and deodorant soap."，C 选项正确。

Passage 8 （湖南大学 2012）

A D C B A

1. A 细节题。由第一段的"as we stepped off the ride, he shrugged and, in a distressingly calm voice, remarked that it was not as exciting as other rides he'd been on. As I listened, I began to sense something seriously out of balance."可知儿子坐完过山车后觉得这个项目并没有他想象中的那么由刺激，当"我"听到后，感到挺吃惊的。因此，A 选项正确。
2. D 细节题。由第二段的最后一句"Surrounded by ever-greater stimulation, their young faces were looking disappointed and bored."可知 D 选项符合题意。

3. C　细节题。由第三段的第一句"Facing their children's complaints of ' nothing to do ', parents were shelling out large numbers of dollars for various forms of entertainment"可知孩子们渴望不断变化的、刺激的娱乐项目。因此，C 选项正确。
4. B　细节题。由第六段所谈到的"As increasing numbers of friends' children are prescribed medications—stimulants to deal with inattentiveness at school or anti-depressants to help with the loss of interest and joy in their lives—I question the role of kids' boredom in some of the diagnoses."可知作者对这种依靠药物治疗的方式持怀疑态度。因此，B 选项正确。
5. A　推断题。由最后一段的 "Yet I've been reflecting more and more on how the pace of life and the intensity of stimulation may be contributing to the rising rates of psychiatric problems among children and adolescents in our society."可知作者更倾向于通过调整生活节奏和刺激强度来解决这个问题。因此，A 选项正确。

Passage 9 （厦门大学 2011）

Multiple-choice Questions:

D　D　D　D　A

1. D　语义题。这句话是说他并没有为英国人民做太多的事。因此，D 选项正确。
2. D　推断题。parade 在这里是指 "豪华游行" 的意思，而第二段末尾为了强调后者的 empty。因此，D 选项正确。
3. D　推断题。倒数第二段描述了一些他死后的事情，面对死亡，他镇定自若地安排后事，分配财产和宽恕他人，以及与法国国王和解，这都表现了他的宽恕与仁慈。因此，D 选项正确。
4. D　推断题。对比该段主人公 archer 与上一段的命运转折。可知 D 选项正确。
5. A　推断题。第一段讲他爱好并且善于战争，第二段说他缺乏政治谋略，两段内容形成了对比，说明了他不同的两个方面。因此，A 选项正确。

Short-answer Question:

6. According to the author, King Richard is one of the most fascinating medieval figures. One the one hand, he is the creature and embodiment of the age of chivalry and with the highest qualities of military commander. Also he is tolerant and benevolent. On the eve of his death, he gives his personal belongings to his friends or donates to the charity. Also he forgives the archer who shoots him the fatal bolt and even gives the archer money. One the other hand, he is too impetuous to be either treacherous on habitually cruel. And politically he lacks of subtlety and experience. (主旨题。作者对 King Richard 的评价和论述主要是褒扬。首先，在开篇作者就给出了观点"one of the most fascinating medieval figures."，接着就从他的战绩方面和性格两方面来阐述其观点。第一段主要论述 King Richard is "the creature and embodiment of the age of chivalry"。最后一段从他在临死前将个人物品赠送给朋友或是捐给慈善机构，以及射伤他的弓箭手来体现他的"tolerant"和"benevolent"。同时，作者也不忘指出 King Richard 的个人缺陷；从第二段可知他缺乏政治敏感度、脾气比较暴躁。)

Passage 10 （武汉大学 2011）

A D B C A

1. A 细节题。从文章第一段倒数第二句“Both had died‘full of years’, as the Bible would say.”可知，两位老妇人的死因是“活满了年纪”，也就是 A 项“自然死亡”。而 B 项“死于飞机旅途的疲劳”，C 项“死于不适应天气变化”和 D 项“缺少家人照顾”。因此，A 选项正确。
2. D 推断题。由第一段第二句中的“had to hold”和“in my community”的语气可知作者“必须去主持”，这符合 D 项“当地教堂的牧师”这个身份，且与国外文化传统相符，而 A 项“想表达安慰”，C 项“感到遗憾”均与原文语气不符，也不能推断出是 B 项“该社区的官员”。因此，D 选项正确。
3. B 细节题。第三段第二句谈到“感到内疚的原因是他们所采取的措施往往结果更糟糕，他们认为若采取相反的措施，结果会更好”，由此可知，他们认为自己的做法与最后的结果很有关系，即 B 项“他们认为自己负有责任”与原文相符。因此，B 选项正确。
4. C 推断题。画线部分的意思是说凡事有果必有因，并且这种思路会带我们去寻找任何与事情发生相关的原因，由此可知 C 项“任何事情的发生都有其解释”与此相符，A 项“任何事都是注定的”是对原文的曲解，B 项是原文的表面意思，D 项属过度推断。因此，C 选项正确。
5. A 推断题。文章倒数第二段提到“A baby comes to think that the world exists to meet his needs”，可见从婴儿时期开始就觉得世界上所有的人都应为他服务。因此，A 选项正确。

15. 女性专题

Passage 1 （电子科技大学 2014）

C A B A D

1. C 细节题。见第一段段首“美国社会的男女角色变化”以及该段倒数第二句“男女的角色一直在变化”，可知 A 为正确答案。A，C 项在文中均未提及，D 项对原文理解错误，仍然有人遵循传统男女角色准则，但并非是唯一角色准则。因此，C 选项正确。
2. A 细节题。定位到原文第二段的“Broad trends can be identified over the past hundred years.”，即可得出本题答案 A 选项。
3. B 推断题。根据第二段最后一句“... doesn't mean that a single sex role pattern is emerging.”，可知 C 项错误；根据第三段的转折“On the contrary, we are living in a period of diverse family patterns.”可知 A、D 项原文并未提及。因此，B 选项正确。
4. A 推断题。文章末段通过男女工资不等，工作量更大来证明女性在工作生活中并未同男性享有平等地位。文中提及女性自由但并未表明其社会地位的提高，故 B 项错误；C 项只是表现男女不平等的一方面；D 项文中并未提及。因此，A 选项正确。
5. D 细节题。根据第一段“Many adults still live by these expectations...”，可知 A 项正确。

根据第二段女性生育率的降低及工作参与率的上升，B、C 为正确选项，而 D 项在文中并未提及。因此，D 选项正确。

Passage 2 （中山大学 2013）

B B A C B

1. B 推断题。从第一段可以知道，一位男人的穿着决定了他是否能吸引到女孩的注意力。而后面谈到嘉莉却恰恰注意到 Drouet 的穿着，说明 Drouet 的穿着非常吸引人，而这也正是文章之前所写到的内容。因此，B 选项正确。
2. B 细节题。从第六段女孩的回答可知她去芝加哥是去看她姐姐的。因此，B 选项正确。
3. A 细节题。通过第一段"Her own plain blue dress, with its black cotton tape trimmings"，可以看出她家境不富裕，C 选项错误。从她和男士聊天看出她并非内向，B 选项错误，最后一段，那个男士掌握了她的住址，D 选项错误。因此，A 选项正确。
4. C 推断题。根据第四段 He talked of sales of clothing, his travels, Chicago, and the amusements of that city. 可知选项 A 正确。从第一段的"its black cotton tape trimmings"和最后一段的"The purse, the shiny tan shoes, the smart new suit, and the air with which he did things, built up for her a dim world of fortune"可知 Drouet 穿着考究，因此 B 正确。从最后四段可知 Drouet 想带嘉莉出去游玩，主动找她要居住地址，而且嘉莉也将自己的地址告知了对方。所以选项 D 正确。因此，本题应选 C 选项。
5. B 态度题。从文中多处可知，嘉莉非常羡慕 Drouet 的衣着打扮，以及他的经历和鼓鼓的钱包；而且她对陌生男士 Drouet 的邀约毫无排斥之感，甚至从最后一句可知嘉莉很乐意与 Drouet 一起做任何事。这些都表明嘉莉虚荣心强，显然作者对此是持讽刺态度的。因此，B 选项正确。

Passage 3 （中山大学 2013）

B C C B A

1. B 细节题。由题干中的 Arnold Schwarzenegger 定位至首段。该段提到一个新的宪法修正案，并未提到施瓦辛格的其他情况，继续浏览第二段第二句中的"享乐主义者"与 B 一致。因此，B 选项正确。
2. C 细节题。从第二段"California is one of the most sexually liberated states in the nation."可知选项 A 正确。从第二段"It also boasts the fifth-worst rate for teenage abortions."可知选项 B 正确。从第二段"some 116, 000 teenagers in California became pregnant, and almost 44, 000 of them chose to have an abortion."可知，经过计算证实比例大概为 38%，故选项 C 错误。从第二段"A recent Field Poll showed 45% of respondents in favour of the amendment"可知选项 D 正确。因此，本题应选 C 选项。
3. C 细节题。由题干中的"proposition"定位至第三段，该段指出支持者的观点。从倒数第二句"a 17-year-old girl can't get an aspirin from the school nurse... but a 13-year-old can have a surgical or chemical abortion without her parents' knowledge"，以及末句的"现在的

法律赦免了法定的强奸”，可见他们认为现在的法律不公平。因此，C 选项正确。

4. B 细节题。将“Those who are against the proposition”定位到第四段的“And they suspect the proposition is the start of an effort to ban all abortions”可知 B 选项正确。
5. A 主旨题。文章开篇指出一项新的宪法修正案，之后介绍加州十几岁的少女怀孕的人数非常多。对于 18 岁以下少女流产必须要经过父母认可这项法案存在支持和反对两种声音。最后作者用其他州的数据来说明全文末句：Whatever your views on abortion, these statistics add up to an awful lot of heartache. A 符合文意，故为答案。全文重点是对该修正案的讨论，非修正案本身，排除 B。C 是争论想要解决的问题，非本文主旨，排除。

Passage 4 （北京科技大学 2012）

D B D C A

1. D 推断题。第二段第二、三句指出了“the Census Bureau”报道的具体意义，其中一点就是“make focus more on contingencies—the objective conditions that drive women's lives”，使人们更加关注女性的生存境遇。因此，D 选项正确。
2. B 语义题。in droves，成群结队的意思。因此，B 选项正确。
3. D 推理题。一般“opt out”的女性主要有两种情况，第一种是家庭富裕，丈夫薪水非常高，但是需要频繁出差，因此妻子必须牺牲自己的事业待在家里。另外一种是家庭贫困，丈夫薪水非常低。无论哪种情况，女性不出去工作都是出于家庭原因。因此，D 选项正确。
4. C 细节题。最后一段第一句，因为我们的公共政策始终关注的是女性自由选择这个虚无缥缈的观点，而没有研究驱使她们做出决定的限制性因素。因此，C 选项正确。
5. A 主旨题。本文主要是讨论女性不工作这一现象的原因。因此，A 选项正确。

Passage 5 （电子科技大学 2012）

C A C A D

1. C 细节题。第一段，女性被无情剥削的原因在于她们总认为自己的衣服过时了，因此为了紧跟变幻莫测的潮流，她们会丢弃没穿过几次的衣服，而设计师和大商店则利用女性这一心理来赚钱。因此，C 选项正确。
2. A 推理题。见第二段第一句“changing fashions are nothing more than the intentional creation of waste”，为了支撑这一观点，作者后面提到女性每年要花大笔钱更换服装追赶潮流。因此，A 选项正确。
3. C 细节题。见第三段第二句“Fashion designers are rarely concerned with vital things like warmth, comfort and durability.”。可知 C 选项正确。
4. A 推理题。第一题中就提到商家和设计师利用潮流的变化来吸引女性消费，这可以说是一种商业上的剥削。因此，A 选项正确。
5. D 推理题。最后一段作者对比女性和男性对待潮流的态度，女性经常变换服饰潮流不能以此断定她们的性格不稳定，男性服饰不随潮流变化就证明他们稳定可信。这种对比只能说明男性比女性更理性。因此，D 选项正确。

Passage 6 （中山大学 2011）

D A D B D

1. D 推断题。“dark”是湖的客观特征，不是女主人公对它的感觉。“alone”和“free”是女主人公自身的感受。只有 D 选项“柔软的”才是女主人公对湖水的感觉。因此，D 选项正确。
2. A 推断题。根据第一段第三句中的“cat-walk”可以判断出该主人公为一名模特。因此，A 选项正确。
3. D 推断题。第二段中由“boredom，frustration，slavery，breakdown，doubting her own sanity”一系列词语可以得出女主人公对过去的名誉感到厌倦、沮丧、绝望，甚至怀疑自己是否神志清醒。A 选项 confined 与 slavery 对应；B 选项 fed up 与 boredom 对应；C 选项 agitated 与 doubting her own sanity 相对应。因此，本题应选 D 选项。
4. B 细节题。第二段第一句“She felt at peace. Alone.”表明她很享受在湖边独处。因此，B 选项正确。
5. D 态度题。根据倒数第二段对男人的描述，“lean”“distressed”及“with a certain bitterness in his eyes and hopelessness in his form”，可以看出男人身材消瘦，眼神绝望，经历过苦难，但并不显眼迷人。因此，D 选项正确。

Passage 7 （华东师范大学 2011）

A D B A B

1. A 推断题。根据首段“Furthermore，the ideological origins of feminism in the United States have been obscure... they failed to recognize that feminism was then a truly international movement actually centered in Europe.”可以得出 A 项结论；B、D 两项在文中并未提及相关信息，C 项与原文意思相反。因此，A 选项正确。
2. D 细节题。根据第二段可以得出，乌托邦社会主义运动传播女性主义的高潮在 Seneca Falls Conference，该会议并非是这一运动的成就，只是其传播思想的一个媒介，C 项错误，文中也并未提及该会议是如何产生的，A、B 项错误。因此，D 选项正确。
3. B 态度题。根据第二段末句“... European historians' appreciation of later feminism in France and the United States remained limited.”可以看出，作者对欧洲历史学家研究的不全面持不赞成态度。因此，B 选项正确。
4. A 推断题。Saint-Simonian 是最早一批乌托邦社会主义学家，文中提及历史学家对女性主义起源的不全面考虑，表明对 Saint-Simonianism 的学习可以使历史学家更了解影响美国女性主义的思想根源。因此，A 选项正确。
5. B 细节题。根据倒数第二段，大多数 Saint-Simonians 认为社会中男女角色应当拥有平等的社会政治地位。A、C 项在文中并未提及，D 项与原文表述不符。因此，B 选项正确。

Passage 8 （国际关系学院 2011）

A D B D A A B D C B C D

1. A 主旨题。两篇文章主要针对的是男生女生是否有各自鲜明的特征。第一篇认为性别差异是存在的，应该了解，第二篇文章认为应该抛弃传统的两性思维定势，男孩女孩的特征不是一成不变的，在不同的情况下，会有不同的表现。因此，A 选项正确。
2. D 主旨题。作者采用了社会语言学的方法来探讨性别差异的问题，阐述了她采用这种方法的原因、目的、做法、好处等，都是为了证实针对一件事采取特定方法的价值。因此，A 选项正确。
3. B 细节题。第一段提到一些学者不愿意承认男女性别差异，因为性别差异常常用于将不平等待遇和机会合理化，他们的初衷显然是好的，作者理解持有这些观点的人，但是作者认为对性别差异视而不见会给人们带来一些误解。因此，B 选项正确。
4. D 细节题。通读第二段不难发现文章认为承认性别差异是有积极意义的，A、B、E 项说的是负面影响，可以排除。第二段并没有提到会促进不同社会族群之间平等相待，C 排除。第二段提到承认性别差异确实是可以将人们从与异性关系出现问题时产生的自责和负罪感中解救出来。因此，D 选项正确。
5. A 细节题。最后一段提到对女孩而言，交流最主要是为了维持“rapport”，与人建立联系，交流感情。因此，A 选项正确。
6. A 细节题。文章多次提到不要一再强调性别差异，强调男女对立，而忽略了他们之间的相似之处。最后一段作者提出了将男女对话看做跨文化交流的局限性。因此，A 选项正确。
7. B 细节题。定位在第一段，性别固定模式会让人们以所预期的男女特征来审视遇到的人，会扭曲我们对于并不具备这些固定性别特征的人的看法。因此，B 选项正确。
8. D 细节题。篇章一也赞成让人们了解性别差异，以便更好地交流相处。因此，D 选项正确。
9. C 细节题。引用这位知名学者的话还是为了论证这一段的中心思想，正因为我们在不同的情况下会有不同的表现，更应该抛弃那些认为男性女性差异非常明显的传统思维定势。因此，C 选项正确。
10. B 细节题。由“We arrive at a contrasting picture of the cultures of boys and girls only by singling out those children who fit common gender stereotypes and marginalizing others”可知，研究的孩子都带有传统性别特征，C、D、E 项可排除，A 乐意与陌生人接触，没有提到。因此，B 选项正确。
11. C 细节题。“boys”善于照顾弟弟妹妹，这是人们思维定势中女孩的形象。“child”既可以对同伴发号施令，也会顺从地听从年长的孩子，这与人们思维定势中男孩女孩都有各自明显的特征不符。因此，C 选项正确。
12. D 主旨题。两篇文章没有提到男女之间的竞争合作，A 排除。B 的意思正好与两篇文章的主要意思相反，第一篇文章认为人们应该了解性别差异，第二篇文章则认为会阻碍关系发展，排除 B。第一篇文章提到了社会语言学的方法，并不是说是语义的，

"whimsical"表达的也欠妥。E 与两篇文章不符。D 选项，第一篇文章认为男女确实有某种对比鲜明的差异，第二篇文章则认为在不同的情况下，会有不同的表现，不能一概而论。因此，D 选项正确。

16. 历史专题

Passage 1 （四川大学 2014）

D B C D B

1. D 主旨题。根据本文第一句"… but few reformers advocated higher education for women."可知 A 项错误。根据第一段第五行"Many writers have defined the woman's role in the salon as that of an intelligent hostess, but the salon had more than a social function for women."，可知 C 项错误。下一句"It was an informal university, too, where women exchanged ideas with educated persons, read their own works and heard those of others, and received and gave criticism"，则说明 B 项错误。因此，D 选项正确。
2. B 细节题。第二段第六行"The French salon incorporated aristocratic attitudes that exalted courtly pleasure and emphasized artistic accomplishments. The English Bluestockings, originating from a more modest background, emphasized learning and work over pleasure."说明了二者之间最大的区别为 B 的内容。因此，B 选项正确。
3. C 推理题。由第二段第六行"The French salon incorporated aristocratic attitudes that exalted courtly pleasure and emphasized artistic accomplishments."可知 C 选项正确。
4. D 态度题。本文第一段描述了 18 世纪时法国和英格兰的一些情况，由本段最后两句可知，当时的文学沙龙不是妇女联谊会(A)，社区中心(B)，也不是艺术课程(C)，而是类似于一种研究人文的团体(D)。因此，D 选项正确。
5. B 态度题。由最后一段第一句"Though the Bluestockings were trailblazers when compared with the salonnieres, they were not feminists."可知作者并不认为 Bluestockings 是 feminists。因此，B 选项正确。

Passage 2 （武汉大学 2013）

D A C C B

1. D 细节题。A 选项见第一段第三句，"The circular halo placed vertically behind the head signifies sainthood"；B 选项见第一段第七句，"should an angel be watching from depicted with curly hair, a short beard, and a tonsure"；C 选项见第三段第五句"Even seemingly insignificant details carry hidden meaning: The lion in a stained glass window is the figure of the Resurrection."；D 选项见第一段第四句，"but for an artist to have depicted the Virgin Mary with bare feet would have been tantamount to heresy"，A 选项中提到中世纪艺术反映的是宗教主题，并且应该是"sacred script"，"but"表明意思相反，"heresy"是异教的意思，与前面的"sacred"相反，所以不太可能出现在 Middle Age。因此，D 选项正确。
2. A 细节题。定位原文中关于数字"seven"的信息，"The number seven, the most

mysterious of all numbers, is the sum of four and three. There are the seven ages of man, seven virtues, seven planets. In the final analysis, the seven-tone scale of Gregorian music is the sensible embodiment of the order of the universe."其中提到了两点，第一，seven 是所有数字中最神秘的一个，第二，seven 修饰的对象有：man，virtues，planets，以及象征雨中秩序的 seven-tone scale of Gregorian music，这些修饰对象都具有神圣性。因此，A 选项正确。

3. C 细节题。找出不对的选项，定位至原文。A 选项" while parallel lines water or the sea."；B 选项"Twelve is the master number of the Church"；D 选项" the seven-tone scale of Gregorian music is the sensible embodiment of the order of the universe."这一信息在第二题中就已经出现。根据排除法，C 选项正确。
4. C 推断题。" Art of the Middle Ages is first a sacred script, the symbols and meanings of which were well settled." 从这里的 "sacred"以及后面提到的艺术作品中的宗教象征可得出中世纪的艺术反映了浓烈的宗教色彩，所以 B 推理也是对的。"we never encounter the personality of the artist as as individual; rather it is diffused through the artistic genius of centuries embodied in the rules of religious art."文章开篇这句话表明中世纪的艺术家没有独特的个性，其才华深受宗教艺术规则的制约。后文中提到的艺术作品也是反映宗教题材，没有任何独创性，因此 A 正确。"Thus, every painting is an allegory." " Even seemingly insignificant details carry hidden meaning."这两个细节指出中世纪绘画隐含着很深的寓意，紧接着关于狮子的例子就证明了这一点，所以 D 推理也是正确的。通过排除法，C 推理不正确。因此，本题应选 C 选项。
5. B 推断题。mediocre 是 "平庸"，"中等"的意思，A 是神秘的，B 是普通的，平庸的；C 是非正统的；D 是卓越的，突出的。因此，B 选项正确。

Passage 3 （四川大学 2013）

B B A D D

1. B 语义题。文中提到 "It originated from the Gaelic word"，Gaelic 是指爱尔兰的盖尔语。B 选项正确。
2. B 主旨题。文章主要是讲"slogans"的作用与社会功能，历史发展只是一个铺垫，为其服务的。B 选项正确。
3. A 细节题。由第二段最后一句"their impaer or stimulation may differ between and among individuals and groups."可知 slogan 作为社会符号，在不同环境中，意思有差异。因此，A 选项正确。
4. D 细节题。由第三段最后一句 "the slogans a group uses to evoke specific responses may provide us with an index for the group's norm, values, and conceptual rationale for its claims" 可知 D 选项正确。
5. D 细节题。第四段讨论了这个问题，并且总结说 "slogans work well on television"，因此，D 选项正确。

Passage 4 （武汉大学 2012）

C A C B

1. C 主旨题。通读全文我们不难发现本文旨在从新的历史视角来分析墨西哥-美国文化，因此，C 选项正确。
2. A 语义题。定位到文章这句话“Now we must also examine the culture as we Mexican Americans have experienced it, passing from a sovereign people to compatriots with newly arriving settlers to, finally, a conquered people—a charter minority on our own land.”可知 A 选项正确。
3. C 细节题。定位到文章这句话“This policy of colonization through acculturation was continued when Mexico acquired Texas in the early 1800's and brought the indigenous Indians into Mexican life and government.”可知 C 选项正确。
4. B 细节题。通读全文我们不难发现土著人并没有强烈抵制西班牙人的文化渗透，也没有因此而被杀害或者被奴役。因此，B 选项正确。

Passage 5 （厦门大学 2012）

Multiple-choice Questions:

C B A B

1. C 语义题。从第一段中的“Every family cultivates its vendetta; every clan, its feud. The numerous tribes and combinations of tribes all have their accounts to settle with one another. Nothing is ever forgotten, and very few debts are left unpaid”可以看出，各部落和家族之间都存在世仇宿怨，并且冤家难解，因此必然会形成冤冤相报的恶性循环局面。因此，C 选项正确。
2. B 细节题。关于印度边境的地理特征，文章在第一段进行描述时使用了“valley walls rise steeply”、“snow-fed torrents”和“his valleys... are fertile”等词句，分别对应选项 C、A 和 D。第一段出现了“a sparse population”，可知 B 项不符合文意，因此，本题应选 B 选项。
3. A 细节题。文章第二段开头提到“Into this happy world the nineteenth century brought two new facts: the rifle and the British Government. The first was an enormous luxury and blessing; the second, an unmitigated nuisance.”可见帕坦人对来复枪的引入持欢迎态度，而对英国的殖民侵略则持相反态度。因此，A 选项正确。
4. B 推断题。第三段谈到英国人筑路带来的后果。末句指出“a whole series of quarrels took their origin from this source”，可见筑路不但没能阻止争吵的发生，反而成为矛盾产生的原因，排除 A 项；第七句指出：“They sought to ensure the safety of these roads by threats, by forts and by subsidies.”可知英国人采用包括提供补助津贴在内的形式来确保公路的安全，但并不是减少补助，排除 C 项；从倒数第二句“All along the road people were expected to keep quiet, not to shoot one another, and above all not to shoot at travelers along the road”，可知英国人筑路使得当地部落不能随意穿越公路攻打自己的敌人，客

观上对于消除部落之间的世仇宿怨起到了推动作用；D 项属于对此句的字面理解，排除。因此，B 选项正确。

Short-answer Question:

5. The Indian Frontier and the Influence of the British Government 本文讲述了印第安人边疆地区的原始生活以及英国人进入其生活领域造成的影响。

Passage 6 （首都师范大学 2012）

C C A D A D B

1. C 语义题。根据本句大意可知骗子喜欢骗那种"gullible"的人，可以推测出这个词表示"轻信的；容易受骗的"。因此，C 选项正确。
2. C 细节题。第二段第五行"However, while the con man is asking he skillfully moves the pea to a different shell."说明了旁观者输钱的真正原因。因此，C 选项正确。
3. A 细节题。第二段第六行"When the bystander loses money, several of the con man's collaborators, or shills, show the bystander that winning is "easy", and that he should continue to bet until he makes money."说明旁观者受到了骗子同伙的唆使，觉得猜对很简单，所以才会继续赌回来之前输掉的钱。因此，A 选项正确。
4. D 推断题。"conversation"中前三个字母加上 man 为"con, con man"，可以形象化地理解为在欺骗别人时首先将受害者带进一场对话之中的人。因此，D 选项正确。
5. A 态度题。根据最后一段倒数第三行"Once a victim responds, he or she may be strung along and asked to make continued deposits into the account until the victim cannot or will not make any further contributions. Needless to say, the deposited money always disappears, along with the con man."可以看出这些受害者的结局是比较悲惨的，而作者之所以这样写，是因为对受骗者有深深的同情，而非原谅、轻蔑或者漠不关心。因此，A 选项正确。
6. D 细节题。通读全文可知，正是因为世界上总有容易受骗而又贪心的人，骗子的计谋才会得逞。因此，D 选项正确。
7. B 主旨题。综合文章大意，可知文章主要讲的是现代骗子是如何借鉴之前的骗局来蒙骗别人的。因此，B 选项正确。

Passage 7 （西安外国语大学 2011）

B A A D C

1. B 细节题。见第二段"And like our hunting-gathering ancestors, most men still carry things on their person."可知 B 选项正确。
2. A 推断题。见第三段最后一句"Clothing depends primarily on such physical conditions as climate, health, and textile, while costume reflects social factors such as personal status, religious beliefs, aesthetics, and the wish to be distinguished from or to emulate others."。可知 A 选项正确。
3. A 推断题。第四段最后一句，装束能够反映社会阶层和物质财富。因此，A 选项正确。

4. D 细节题。定位警察制服这一事例可知，该事例是为了说明前面的一个分论点“Uniforms are immediate beacons of power and authority”。因此，D 选项正确。
5. C 细节题。定位信息所在段落为第五和第六段。A 项“A uniform is a type of costume that serves the important function of displaying membership in a group: school, sports team, occupation, or armed forces.”；B 项“the uniform of the prisoner denotes membership in the society of convicted criminals”；D 项可从最后一段“宗教服装能够反映宗教领袖的地位”中找到依据。

Passage 8 （西安外国语大学 2011）

B D C D A

1. B 主旨题。文章第一段讲美国成立初期教育的目的和宗旨(第二句和最后一句)；第二段讨论的是为了实现教育目的，教材的内容该如何处理；第三段进一步讨论 19 世纪美国教育的目的及作用。因此，B 选项正确。
2. D 细节题。第一段第三句话，美国的自由党和保守派一致坚信，受过良好教育的公民决定了美利坚合众国的繁荣昌盛，因此，学校，尤其是公立学校，是培养公民价值观及社会责任感的最佳场所。由此可见，教育的目的与国家的繁荣发展息息相关，因此，D 选项正确。
3. C 细节题。第三段第七句，19 世纪中期的教材内容添加了基督教的道德观和自由、平等的价值观，与新英格兰时期的美德融为一体，丰富了当时的教育内容。因此，C 选项正确。
4. D 细节题。定位文章第二段，教材内容包括保守党派的价值观、劝诫，政治观点，甚至包含清教徒的价值观。因此，D 选项正确。
5. A 推断题。第二段倒数第一和第二句，在 18 世纪 90 年代，教材编写者基本上一致认同道德教育和宗教教育是政治教育的基础，也就是公民价值观的基础。因此，A 选项正确。

Passage 9 （南京师范大学 2011）

C C A D D

1. C 细节题。第一段第一句话“In the history of the human race, the use of prisons as punishment for crimes is of fairly recent origin.”，recent origin 说明历史非常短暂。因此，C 选项正确。
2. C 推断题。中世纪时期欧洲人认为流放犯罪分子或是让他们蹲监狱是不太残酷的惩罚方法，而且美国早期移民也采用这种方法惩罚犯罪分子。所以，“the prison to isolate criminal”是可以接受的。因此，C 选项正确。
3. A 细节题。第三段，“they could not see or talk to each other and could only read and exercise by themselves.”罪犯不能与其他人相见或是聊天，因此，A 选项正确。
4. D 细节题。对比最后一段“Afterwards, many prisons were built in America and abroad

which operated on this idea"和 D 答案，不难发现，D 答案画蛇添足多出了"quickly"和"widely"表示速度和范围的副词，属于过度推理。因此，本题应选 D 选项。

5. D 主旨题。本文的中心词为"prison"，主要介绍了"prison"的起源、发展以及演变，因此，D 选项正确。

二、简答题

1. 经济金融专题

Passage 1 （电子科技大学 2014）

1. The instructions will be given on reading the color-coded labels in January.
（本题为细节题，由文章第二段"The Guardian has learned that the FSA will launch a series of 10-second television adverts in January telling shoppers how to follow a red, amber and green traffic light labelling system on the front of food packs, which is designed to tackle Britain's obesity epidemic."可以迅速得出答案。）
2. The customers will find the red light labels on the front of food packs or packaging.
（本题为细节题，由文章第二段"shoppers how to follow a red, amber and green traffic light labelling system on the front of food packs, which is designed to tackle Britain's obesity epidemic"和第四段"The UK market for breakfast cereals is worth £1.27bn a year and the manufacturers fear it will be severely dented if red light labels are put on packaging drawing attention to the fact that the majority are high in salt and/or sugar."可以得出答案。）
3. The problem the FSA trying to handle with the labeling system is Britain's obesity epidemic.
（本题为细节题，还是由文章第二段"The Guardian has learned that the FSA will launch a series of 10-second television adverts in January telling shoppers how to follow a red, amber and green traffic light labelling system on the front of food packs, which is designed to tackle Britain's obesity epidemic."可以得出答案。）
4. According to the manufacturers, guideline daily amounts (GDAs) of fat, salt, and sugar contained in the products can be labeled on products.
（本题为细节题，由第五段"The industry is planning a major marketing campaign for a competing labelling system which avoids colour-coding in favour of information about the percentage of "guideline daily amounts" (GDAs) of fat, salt and sugar contained in their products."可以得出答案。）
5. Adverts for unhealthy foods can not be advertised during children's programmes.
（本题为细节题，由文章第六段第一句"The battle for the nation's diet comes as new rules on television advertising come into force in January which will bar adverts for unhealthy foods from commercial breaks during programmes aimed at children."可以顺利得出答案。）

Passage 2 （中南财经政法大学 2013）

1. A conspicuous disparity of wealth among people，changes of the distribution of population，less interest the young people show in having a car.
（本题为细节题，根据第三段所给出的信息可以得知财富分配不均是其中原因之一，人口分布的改变也是原因之一，根据第三段的信息可知现今年轻人逐渐对车失去了很多的兴趣。）
2. Most young people no longer regard automobiles as a symbol of status；Car-booking industry grows rapidly and is popular at weekends；Export are more likely to compensate for the decrease of domestic sales.
（本题为细节题，提炼总结根据原文最后三段所给出的信息即可得出此答案。）
3. It means that most city dwellers in Europe may also choose the mass transit（or public transportation）on a daily basis instead of driving cars.
（本题为语义题，定位到原文第四段“most city dwellers use mass transit.（the country's system is one of the best developed in the world）on a daily basis，making it less essential to own a car”即可得出本题答案。）
4. If the domestic car market does not make much progress or loses its power，it would affect the automobile industry seriously and 7.8% of the Japanese work force would also be directly influenced.
（本题为推断题，根据原文第七段所给出的信息可以得知如果日本国内的汽车行业再不发展的话，整个汽车行业的劳动力将会受到严重影响。）
5. The main purpose of the last paragraph is to show that Japanese car companies tried their best to promote car sales.
（本题为主旨大意题，最后一段主要讨论了日本正在尽最大的努力来增加汽车的销量，以维持经济稳定。）

Passage 3 （北京科技大学 2012）

1. The “Gulf region has seen a surge of activity” in Paragraph 4 refers to record flows of petrodollars have enabled the Gulf region developed rapidly. Both infrastructure projects and personal wealth are growing rapidly in this region.
（本题为语义题，“Gulf region has seen a surge of activity”是指这个地区得到快速发展，基础设施建设与人均财富都有长足增长。）
2. The purpose of discussing countries as Qatar and Bahrain in Paragraphs 5 and 6 is to give an example for other countries to build up their financial hubs just like Dubai.
（本题为推断题，五六两段列举 Qatar and Bahrain 的例子，说明不止迪拜一个地方想发展成商业经济中心，可以从迪拜成功中获得启发。）
3. Stuart Pearce's comment in Paragraph 6 implies that although Bahrain has established well in Islamic banking，but it is facing new and fierce competition from London，Kuala Lumpur and

other hubs.

（本题为语义题，Stuart 的言外之意就是 Bahrain 要想发展商业银行业，它就会面临来自伦敦和吉隆坡的强大竞争。）

4. The "suitcase bankers" in Paragraph 7 refers to those foreigners from nearby centers who conduct business in the country rather than live here.

（本题为语义题，"suitcase bankers"指的是在此地做生意，然而并非本国居民的人。）

5. The main idea of the passage is that some Middle Eastern countries are building its own financial centers to compete with other countries in order to develop the country's economic power. The author shows some worry about the issues discussed here , because he doubt that making the desert(the middle east region) bloom was never easy.

（本题为主旨大意题+态度题，本文主要讨论几个中东国家想要建立自己的商业中心来发展本地经济，但是作者在最后一段还是表示了对此做法的担忧之情。）

Passage 4 （华南理工大学 2012）

1. Brics, Bric grouping.

（本题为细节题，由第二段第二句可得知答案。）

2. The four countries are emerging markets in the global economy. And after a rather stellar decade, the Brics mainly had a good crisis from which they are now rapidly exiting. And the Brics might almost have been chosen for their disparate abilities rather than their similarities.

（本题为细节题，根据原文第二段以及第九段所给出的信息即可概括归纳出本题答案。）

3. Copycat and engine.

（本题为细节题，"metonymy"是转喻、借代的意思，"metaphor"是比喻的意思，第十二段最后一句"a true engine of world growth would achieve"为比喻，第十五段"the copycat actions of many emerging-market countries"中的 copycat 为借代。）

4. The lack of a social safety net is one of the main reasons that Chinese households save money.

（本题为细节题，根据原文倒数第三段所给出的信息即可得出答案。）

5. China's has become less rather than more of a consumer economy in the past decade. Its overall savings rate grew over the decade. Although much of this rise reflected corporate savings, household savings rose, too, and a greater share of national income went to companies rather than consumers in the first place. people need money for educational needs, security in case of illness, and caring for parents.

（本题为细节题，根据原文倒数第四段所给出的信息即可得出答案。）

6. "equity"in paragraph 5 means stock market.

（本题为语义题，根据上下文不难发现这里说的是金砖国家的股市也发展得很快，所以"equity"在这里是指股票市场。）

7. The inside meaning of this sentence is that generalization may be harmful for them.

（本题为细节题，定位到原文第七段最后一句，"generalization"在未来的十年不会出现大的灾难，但是也不会有明显的经济东移的迹象。因此，"problematic"应该隐含着不良影响的意思。)

8. The economy influence of China is as much as the sum of the other three countries because China is a large country which has adopted an open-up trade policy to the outside world.
(本题为语义题，定位到原文第九段，可以得知由于中国的对外贸易开放使得经济发展迅速，其经济总量基本要与金砖国家其他所有成员国的经济总量加起来持平。)
9. (1)The Brics need to make a qualitative improvement;
(2)The Brics need more growth to consolidate that shift of power.
(本题为细节题，定位到原文最后一段最后一句即可得出本题答案。)
10. Whether the Brics countries are able to reshape the global financial architecture.
(本题为主旨大意题，第六段的中心意思是提出疑问：金砖国家是否有能力来重塑世界经济格局?)
11. The Brazil is the domination of a number of agricultural commodity markets by Brazil's super-competitive farmers. Brazil, despite a sprinkling of manufactures, remains one of the world's most efficient agricultural-exporters.
(本题为细节题，根据原文第四段最后一句所给出的信息即可得出本题答案，巴西是一个在农业领域很有竞争力的大国。)
12. No. Even though the Brics have been chosen for their disparate abilities and have their own problems which could not be solved easily within a decade, they are still the driving force to promote global economic development. Also they need a qualitative improvement and more growth to consolidate that the shift power, which also require them to focus on their economic development instead of creating great cataclysm.
(本题为推断题，根据文章所给出的信息，可以大胆地揣测在未来十年内，金砖国家仍然保持着世界经济引擎的美誉，但是其自身的问题无法在短时间内解决。同时，经济发展的改变以及巩固全球势力的转移也是未来十年内金砖国家要面临的问题。)

Passage 5　(内蒙古大学 2012)

1. The brilliance of S. Brin and L. Page.
(本题为细节题，由第二段第一句话"Google owes much of its success to the brilliance of S. Brin and L. Page"可知答案为"The brilliance of S. Brin and L. Page"。
2. the academic project
(本题为细节题，由第二段第二行，可知答案为"the academic project limited the academic project that eventually became Google's search engine"。)
3. Google's search spread all over the world by word of mouth.
(本题为细节题，由第二段最后一行可知答案为"word of mouth spread by word of mouth from early adopters to, eventually, your grandmother"。)
4. meet their price
(本题为细节题，由第三段最后一行"but no one met their price, and they built it up on their own"可知答案为"no one met their price"。)

5. Advertising
（本题为细节题，由最后一段第二行“the solution turned out to be advertising”可知答案为“advertising”。）

Passage 6 （曲阜师范大学 2011）

1. “Industrial Revolution” describes the process of economic change from a stable agricultural and commercial society to the modern industrial society which is dependent on the use of machinery rather than hand tools. It also has great influence in economic, social and political fields.
（本题为语义题，根据原文第一段所给出的信息即可得出答案。）
2. The first stage of the Industrial Revolution began slowly about 1960, gathered momentum after 1815, and extended into the 1870s, with the main source of power being the stream engine. Later, the second stage of the Industrial Revolution set in during the 1870s and extended to 1914, brought about by a new source of power, electricity, from Michael Faraday's dynamo of 1831.
（本题为细节题，对原文最后两段所给出的信息加以整理提炼即可得出本题答案。工业革命分为两次，第一次工业革命使得人类向“机器时代”跨进，第二次工业革命使得人类向“电气时代”跨进。）

Passage 7 （南开大学 2011）

1. This collaborative effort between Google and several of the world's leading libraries aims to make many thousands of books owailable to be searched and read online free of charge.
（本题为细节题，定位到第 2 段倒数第 2 句“This collaborative effort between Google and several of the world's leading libraries aims to make many thousands of books available to be searched and read online free of charge”便可得出答案。）
2. There are crucial differences between downloading fiction and down downloading music. The commercial prospects for sellers of online books do not yet look very bright as that of online music. But they may get a lift from some novel innovations.
（本题为细节题，定位到倒数第三段“but there are crucial differences between downloading fiction and downloading funk”以及倒数第二段中的“the commercial prospects for sellers of online books do not yet look very bright. But they may get a lift from some novel innovations.”，即可得出本题答案。）

Passage 8 （南开大学 2010）

1. Because the loss of Budweiser, “America's beer” is an example that demonstrates the American economy is undergoing a downturn. Moreover, due to this downtown, the Americans feels as if they missed the good period when economy was booming-there was very little salary rise over the past several years. Also, in my opinion, the self-proudness of the Americans may be stricken by the loss of the beer, since it used to be a name card of

America, but now belongs to other country.
(参考原文第二、第三段。百威啤酒品牌的失去表明美国经济处于萧条状态，这种萧条也开始影响着人们的生活水平，同时国家品牌的失去也可能会打击国民的自豪感，所以美国人不高兴失去百威。)

2. In paragraph two, the author demonstrate that the rich people got much more salary rise than the not rich ones, which means they are becoming richer and richer. It is likely they are gathering wealth while the poor get poorer, so they are called "malefactors of great wealth". This phenomenon used to happen in Europe in ancient times, as the landlord exploited people and get money, but in modern times, it comes to America, that's why it is called the return of the modern version of "malefactors of great wealth".
(参考第三段最后一句话和第四段的内容，解释的重点在于"return","modern version"和"malefactors of great wealth"，即为现代版"敛财恶人"的回归。)

Passage 9 (广东外语外贸大学 2010)

1. The beginning sentence "In the old days, it was all done with cakes." means that the recollection of the past often starts from tea and cakes in the past.
(本题为语义题，通读完整篇文章我们不难得出此答案。)
2. The other big group besides baby boomers which values memories is those who exiles or refugees, those people live today in a country other than the one where they were born. They just share one thing: homes left behind.
(本题为细节题，通读原文第四段即可找出对应答案。)
3. "Nostalgia market" is a market that helps customers recall their past life or experience. They sell everything which has such functions, including pop songs and music / films in the nostalgia market.
(本题为细节题，通读原文第三段即可找出答案。)

2. 社会专题

Passage 1 (中山大学 2015)

1. How the candidates to deal with in the second interview.
(本题为主旨大意题，通读全文不难发现这篇文章主要介绍的是应该如何进行面试和复试。)
2. To closely evaluate a candidate's abilities and interpersonal skills.
(本题为细节题，根据原文所给出的信息"From an employer's perspective, the second interview is a chance to closely evaluate a candidate's abilities and interpersonal skills."即可得出本题答案。)
3. The candidate will meet individually with several more people.
(本题为细节题，根据原文提供的信息"On your first interview, you probably met with one

or two people. This time, be prepared to meet several more over the course of the day, including potential managers, coworkers and other staff members."即可得出本题答案。)

4. Don't make a hasty decision and think about it.

(本题为细节题，根据原文所提供的信息"It's rare to receive an offer on the spot, but it does happen occasionally. If the feedback is consistently positive over the course of the day, you may get a job offer at the end of the interview. If that happens, don't make a hasty decision. Ask for time to think about it."即可顺利得出本题答案。)

5. Be patient, be flexible and be ready for another interview.

(本题为细节题，根据原文最后一段的信息"Be patient, be flexible and be ready for an offer or an invitation for yet another interview."即可得出本题答案。)

Passage 2　(广东外语外贸大学)

1. Making a trail that has attracted the nation's attention as true-crime cable TV to the end. And now the crime is widely known by all the citizens.

(本题为语义题，该句话大意是这宗备受众人关注的案件已经结束，人们也知道了案件的真相。)

2. According to the defense lawyer, MacNeill's medical working experience has no direct links with his crime. Since he has surrendered his law and medical licenses, his medical experience cannot be well to prove that he commit the crime. And we can inferred from the passage that his medical center is actually sometimes a laser hair removal clinic, not a residential center for people with cognitive disorders. All theses have nothing to do with this trial.

(本题为推断题，根据上下文之间的联系，可以推断出此句话表示即便他在此之前有过相关医疗的经验但是这也并不能成为断定他杀害妻子的证据。况且他在其诊所的兼职是激光脱毛，并不是治疗精神错乱的病人。)

Passage 3　(中山大学 2014)

1. In 2003.

(本题为细节题，见第一段最后一句"with effect from 1 August 2003, the majority of these workers have been entitled to paid holidays"。)

2. Four weeks.

(本题为细节题，由文章第二段第一句"Workers who qualify are entitled to no fewer than four weeks of paid holiday a year, and public holidays."可得出答案)

3. One twelfth.

(本题为细节题，由第三段第一二句"For the first year of work, special accrual rules apply. For each month of employment, workers are entitled to one twelfth of the annual holiday."可得出答案。)

4. a counter-notice

(本题为细节题，由文章第四段最后一句" If your employer does not want you to take that holiday, they can give you counter-notice equal to the holiday—for example, five days' notice not to take a five-day holiday."可以得出答案)

5. The annual shutdown.

(本题为细节题，由文章第五段第一句可以得出答案。)

Passage 4 (北京科技大学 2014)

1. The passage mainly talks about the American Dream, and the American Dream has taken hit after hit in the past half-decade. So people are wondering what is the newest definition of the American dream in contemporary society.

(本题为主旨大意题，整篇文章都在谈论"美国梦"，并且我们知道众人心中的"美国梦"已经经受了一次又一次的打击。所以人们都想知道随着社会的发展，"美国梦"的定义到底是什么。)

2. The passage discusses American dream from the perspective of jobs, debts, housing, chance and finance.

(本题为细节题，本文主要从工作就业、债务、住房、机会、金融五个方面来谈论"美国梦"。)

3. "buy" in the sentence can be understood as "realize", so this sentence means that if the young people don't realize the pessimistic views mentioned in the previous paragraphs: they would be unlikely to achieve a comfortable retirement as they expect and they would display less patrrotism, a poorer work ethic and less civic responsibility when they come of age, these views would definitely cause them troubles. This sentence represents the perspective of the older generation.

(本题为语义题，由于考虑到现在的年轻人所承受到的各种压力更大，如果他们缺乏财富的话，他们就会对爱国的热情不大，缺乏职业道德，责任心也会更弱，这些悲观的看法都可能在未来成为现实中的巨大麻烦。)

4. The author takes a skeptical attitude towards the issue being discussed. He doubt that another blow would bring another version of the American dream.

(本题为态度题，通读全文不难发现作者对"美国梦"是否会改变持有一种质疑的态度。)

5. Is the American Dream Withering or Just Changing?

(通读全文可以发现现在的"美国梦"与以前的"美国梦"大不相同了，同时很多年轻人担心他们的"美国梦"是否已枯萎，所以将本文标题拟定为此。)

Passage 5 (湖南大学 2013)

1. are more than

(第一段第一句说女性在应聘中、高管理职位的时候成功率比男性要高。紧接着作者又补充了"But of course far fewer of them apply for these positions."，可见，应聘中、高管理职位的女性要比男性少。这是她们成功率高的原因之一。因此，应该填写的答案是"超过”的意思。)

2. well-prepared/better qualified

(第二段在分析女性申请管理职位成功率高的原因时，提及了“Women tend to research thoroughly before applying for positions or attending interviews.”。另外，从第二段第三句“Dr. Marx said that when women apply for positions they tend to be better qualified than their male counterparts but are more selective and conservative in their job search.”中，可见女性考虑周到、准备充分，因此，填写答案是“better qualified”。)

3. De-layering.

(第四段第一句说欧洲最近经济不景气，公司出现管理结构等级减小的情况。“de-layering”与“layering”的意思相反，指精简原有的管理机构，使等级变小，人员减少。接着“… this has halted progress for women in as much as de-layering has taken place either where women are working or in layers they aspire to.”可见管理机构的精简使女性获得管理职位的希望变小了。因此，答案为“de-layering.”。)

4. increasing/on the increase

(根据第四段最后一句“Sears also noted a positive trend from the recession, which has been the growing number of women who have started up on their own.”可知，Sears还注意到在萧条时期的一个积极的趋势：越来越多的女性自己开办企业。因此，正确答案是“increasing”或者含义相似的表达。)

5. The employers

(由文章最后一句“Until there is a belief among employers, until they value the difference, nothing will change.”可知要改变态度的是雇主们。因此，答案为The employers。)

Passage 6 (暨南大学 2012)

1. Because after too long on the net, people will get used to cyber interaction while showing dislikes to direct human contact, and outside forms of socializing. Even it is just a call, it entails exchanges of words.

(本题为细节题，作者习惯于网上交流，不习惯生活中的直接交流了，即使是一个电话，也会让作者感到不适应。)

2. The passage implies that the author and her boyfriend live in different countries. Her boyfriend lives in England, but she lives in the United States.

(本题为推理题，从第三段最后一句可知作者的男朋友在英格兰，而从最后一段倒数第二句作者所收看的节目可知，她在美国。因此，属于两个国家。)

3. The author's attitude to the computer is that at first she likes it but later becomes tired of it. At first, the author completed all her work and contacted with her boyfriend via the computer, she thought the computer was useful. But later, she found this kind of life was unreal, and she gradually becomes tired of the computer and the Internet.

(本题为态度题。从第一段第一句“surfing the net can be an excitement”，到第四段的第一句“But after a while, life itself begins to feel unreal”以及第五段中的“what first seemed like a luxury, crawling from bed to computer, not worrying about hair, and clothes and face, has become an avoidance"不难发现对于电脑的态度由开始的喜欢变为后来的厌倦。)

4. "Cave"here is a metaphor to describe the isolated living condition of people at the age of the Internet Age, having no direct communication with others. So this sentence means that the author wants to bringing back direct human contact. The author also wants to replace real human contact with cyber-interaction.

（本题为词义猜测题，由原文第五段加上作者对电脑态度的转变不难得出这个结论。）

5. It can be inferred from the last paragraph that sometimes TV programs give the author comfort and even makes her forget her work. The author turn on the TV and just leave it to chatter in the background, but these TV programs are of no possible use to the author.

（本题为推理题，由文章最后一段可知作者沉浸于无聊的电视节目，已把工作抛之脑后了。）

Passage 7 （华中师范大学 2012）

1. Equality of opportunity in the twentieth century has not destroyed the class system, but also changed its formation. Since in nowadays we hear a lot of nonsense about the "great classless society". The idea that the twentieth century is the age of the common man has become one of the great clichés of our time.

（本题为主旨大意题，通读全文可以发现 20 世纪平等的机遇并没有摧毁阶级，并且文章一开始就对无阶级社会的论点进行了反驳。）

2. Because nature ignores equality in dispensing brains and ability, so the author think that the same educational opportunities can't get rid of inequality. And the old rules of the jungle, such as, "survival of the fittest", and "might is right" are still with us.

（本题为细节题，由文章第二段第三行"The fact is that nature dispenses brains and ability with a total disregard for the principle of equality."可得出答案。）

3. An able child from a wealthy family. Because firstly, they are capable to succeed; secondly, their families can take advantage of their wealth to secure the best possible opportunities for their children and give them a good start.

（本题为细节题，通读文章第三段可知，有了钱的人首先要做的事就是提供给孩子最好的教育，一位来自富有家庭的孩子要比一位来自不富有家庭的孩子获得成功的可能性要大得多。）

Passage 8 （武汉大学 2012）

1. be able to affect it through actions.

（本题为细节题，题干中的信号词"powerlessness"，出自于文章第一段第二、三句话中。文章第一段指出：必须认识到，人们之所以贫穷，不只是因为缺少钱，还因为没有权势；穷人容易受他们所处的社会状况的影响，而不能通过行动来影响社会状况，也就是说不能通过产生于个人的决定和计划中的行动来影响社会状况。这说明，"穷人不能通过行动来影响社会状况”。)

2. endowing the poor with power

(本题为细节题，根据原文“The solution to poverty most frequently suggested is to help the poor secure more money without otherwise changing the present power relationship.”即可得出本题答案，如果只是一味提高他们的收入，而不提高穷人的阶级地位，一切都将会是徒劳。)

3. create powerful, independent, democratic

(本题为细节题，文章第二段指出：为了减少贫穷，较大的社团将不得不改变其同贫穷的邻居之间的关系；文章第三段指出：一个社团应该给贫穷的邻居提供早期的物质支持和活动组织。作者认为，较大社团的主要作用是在创建穷人的民主组织方面提供帮助。)

4. In the meanwhile。

(本题为语义题，文章第三段指出：一个社团应该给贫穷的邻居提供早期的物质支持和活动组织。通过这样的组织，穷人将与外界共同洽谈机会和共享资源，而不必屈从于来自外界的、同时发生的操纵。这说明，该单词的意思是“同时发生的”。)

5. relieved

(本题为主旨大意题，作者在第一段提到了解决贫穷的方法，认为这些方法可能没有效果；在第二段，作者提出了自己的扶贫方法；第三段讲到较大的社团在帮助贫穷的邻居时应该采取的方法。这说明，作者写本文的主要目的是探讨如何扶贫。)

Passage 9　(武汉大学 2011)

1. dating is like a cattle market

(根据题干中的“a paper”和“women”定位到原文第一段第一句“Women often complain that dating is like a cattle market, and a paper just published in Biology Letters by Thomas Pollet and Daniel Nettle of Newcastle University, in England, suggests they are right.”本题提问该论文与多数女人看法的一致性是什么。文章开篇提到的女人的抱怨，是本题的答案。)

2. Women choose men of high status, resources and good looks.

(本题提问：遭到社会科学家否认的广受争议的话题究竟是什么？根据“contention”后面的同位语从句，就可知道本题的答案。)

3. you have to look at natural populations

(题干表述的是对该句意思的概括转述，尽管一系列实验都为这个观点提供了可靠依据，然而动物学家都比较倾向于相信从自然种群中获得的数据。答案可直接从原文中得出。)

4. be particularly attractive

(题干是第三段的概括和简化，主旨为婚姻确实如同一个市场。而且，同其他市场一样，买主的稀缺迫使卖方必须拥有特别吸引力的商品才能与买主达成交易。原文中描述的是普通市场的情况，而题干中已经明确界定了“in the market of marriage,”所以答案不应照搬原文，应当结合题干适当变化，变为形容词。意思是在婚姻的市场中，缺少买方就意味着卖方必须非常有魅力。）

5. A surplus of males.

（原文意思是在“年轻人，去西部”的口号影响下，其他州呈现了男性过剩的局面。这一局面恰好为 Pollet 先生和 Nettle 博士提供了机会，让他们清楚地发现女性对男性的选择是多么挑剔。结合题干和原文很容易找到问题的答案应该是“A surplus of males”。）

3. 文化专题

Passage 1 （电子科技大学 2013）

1. Pictures of animals were painted on the walls of caves in France and Spain because the pictures were thought to be helpful for them to catch these animals, or wanted to tell stories according to the picture.

（本题为细节题，根据原文“Perhaps the painters thought that their pictures would help them to catch these animals”可知答案。）

2. The Greek alphabet was simpler than the Egyptian system for all the following reasons:

(1) the former was easy to write

(2) there were fewer signs in the former

(3) each sign stood for only one sound.

（本题为细节题，由文中分析我们知道，希腊的文字更容易读。）

3. The Egyptian signs later became a particular alphabet.

（本题为细节题，由原文第二段所给出的信息“The signs these people used became a kind of alphabet.”即可得出本题答案。）

4. In the last paragraph, the author thinks that pictures are of much use in our life.

（本题为推断题，由原文最后一段“We find them everywhere: in books and newspapers, in the streets, and on the walls of the places where we live and work.”即可推断出此答案。）

5. The author uses the objective tone to illustrate the functions of painting from ancient time to the present time. Rather than giving personal comments, the author only intends to inform the readers of some knowledge about painting.

（本题为推断题，纵观全文可知本文主要陈述了绘画在不同地区、不同历史阶段发挥的作用，而本文并没有给出任何个人的评价，因此全文的基调是客观的。）

Passage 2 （中国海洋大学 2013）

1. Because the decline of good manners will cause a society characterized by rudeness and make everyday life uneasy, unpredictable and unpleasant. And it happens more frequently in our daily life than crime, so it is more worrying.

（本题为细节题，根据第二段第一句“the result, according to Mr. Anderson—director of the Social Affairs Unit, an independent think—tank—is society characterized by rudeness”以

及第四段第一句"but often offensive—is to make everyday life uneasy, unpredictable and unpleasant. As they are encountered far more often than crime, they can cause more anxiety and crime."可得出本题答案。)

2. Rachel Trickett seems to indicate the term "lady" has acquired a different meaning.
(本题为细节题，根据原文第五段最后一句"says that the notion of a "lady" protects women rather than demeaning them"，可知"lady"一词已经有了新的含义。)
3. According to Caroline Moore, the media has projected a negative image of the gentleman.
(本题为态度题，根据原文第七段所给出的信息"points out that "gentleman" is now used only with irony or derision"可以得知"gentleman"一词带有贬义。)
4. In Anthony O'Hear's view, a well mannered person behaves with a sense of appropriacy.
(本题为细节题，根据原文第十一段所给出的信息"manners are closely associated with the different forms of behavior appropriate to age and status"，即可得出本题答案。)
5. Dr Bruce Charlton would probably prefer to see a more formal relationship between doctors and patients.
(本题为推断题，根据原文倒数第二段第一句可知，Dr. Bruce Chartton 对医患之间的"informal relationship"持否定态度，他希望医患之间能有一个更加正常的关系。)

Passage 3 （华南理工大学 2011）

1. The ability that books can remain long after he dead. In other word, after the writer dead, his books still have its influence on the world.
(本题为推断题，从文章第一段最后一句可以得知正是这种对身后成名的倾慕，才让一个人有了挥笔的冲动。)
2. The author suggests that the best way to develop good taste in literature is to read poetry. In the authors point of view, poetry is a great disciplinarian to prose and teaches the latter not only the value of each word but also the mercurial mental patterns of the species, alternatives to linear composition, the knack of omitting the self-evident, emphasis on detail, and the technique of anticlimax.
(本题为细节题，将原文倒数第六段倒数第五段的信息加以整理概括可以得出此答案。)
3. As we all have a limited time to live while there are enormous books for us to read, it will certainly cost us lots of time. Therefore, we need some guidance to direct us in the oceans of books. Otherwise, we may find it difficult to seleet the right ones and get lost in the books.
(本题为语义题，读书是个艰难的耗费大量时间的过程，我们需要有指导性和选择性的阅读，需要一个类似指南针的东西来指导我们该怎样选择读书。)

Passage 4 （北京科技大学 2011）

1. According to this passage, some languages face an obvious threat in the shape of a political power bent on imposing a majority tongue. In order to be successful, we must master and use the dominant language or the global one.

（本题为细节题，从第四段可知，由于经济政治力量方面的因素，以及想要取得成果的心态，越来越多的人学习主流语言，因此有些语言就会濒临灭绝。）

2. Yes, the electronic age have some positive impact on language diversity. Owing to electronics, saviours of languages have better tools than ever before; words and sounds can easily be posted on the Internet. Education techniques are improving, too.
（本题为细节题，定位到原文最后一段可以发现随着电子科技的发展，它对维持语言多样性起到了一定的积极作用。）
3. The main purpose of this passage is to draw people's attention to some endangered languages and hope they will continue to keep the language diversity.
（本文旨在提醒人们世界上还有很多语言将要濒临灭绝，希望人们能够保存这些语言，继续维护语言的多样性。）

Passage 5 （华中师范大学 2011）

1. A brief history of English in the eighteenth century.
（本题为主旨大意题，本文主要介绍了英语在 18 世纪时发展的一些基本情况。）
2. Because they felt that English was proliferating too wildly.
（本题为细节题，从第一段倒数第三句可知，因为人们感觉到英语迅速而又广泛的发展，是时候有必要制定法则来“control”这门语言了。）
3. rule on what people could and could not say and write.
（本题为细节题，根据第一段中“there was much talk of an academy which would rule on what people could and could not say and write. The acadency never came into being”所给出的信息不难发现在 18 世纪早期的时候还没有哪个人或者哪个机构能够规定人们是否可以说什么写什么。）
4. The author thinks the English grammar developed in the 18th century is silly, because in The English grammar development process, the grammatical description that applied to Latin was removed and superimposed on English. But English is an entirely different kind of language, with its own forms and signals and ways of producing meaning.
（本题为态度题，作者认为 18 世纪时期的英语语法是不妥当的，因为英语相对于拉丁语是一门完全不同的语言。）
5. The possible problem is that it has tended to keep people from being interested in English and has obscured the real features of English structure.
（本题为细节题，定位到原文最后一句话即可得出本题答案。）

4. 语言教育专题

Passage 1 （武汉大学 2014）

1. Children should be trained in cooperation and contribution.
（本题为主旨题，综观全文，作者一直强调与人合作的优点、不与人合作的缺点，也就是说，作者一直强调：孩子要学会与人合作的重要性。孩子们应该学会如何与他人合作、如何学会为社会做贡献。）

2. He will react with no responsibility and independence.
（本题为细节题，根据第一段最后几句所给出的信息"As he approaches adulthood, the result of his lack of social feeling will become more and more evident. When he first misconstrued the meaning of life, he ceased training himself for responsibility and independence."即可得出本题答案。）
3. Those who understand cooperation and contribution.
（本题为细节题，根据原文第二段最后一句话所给出的信息"Only the individual who understands that life means contribution will be able to meet his difficulties with courage and with a good chance of success."即可得出本题答案。）
4. We should help him correct the mistakes and remember others
（本题为细节题，根据文章第二段中的"We can not blame a child for his early mistakes. We can only help him to correct them and remember them when he begins to suffer the consequences."即可得出答案。）
5. The author is quite optimistic about the children's future.
（本题为推断题，根据对话后的总结"If life is approached in this way, as a cooperation of independent human beings, there are no limits to the progress of our human civilization."就可知，孩子成人之后，可以解决自己的问题。）

Passage 2 （北京科技大学 2014）

1. Whether bilingual people have a different personality when using a different language is under discussion in this passage.
（本题为主旨大意题，第一段提到，作者（注意：约翰逊是本文作者自己的名字）上周看到有人提到操双语的好处，其中唯独没有提到一个优势，即说双语的人在说不同语言时具有不同的个性，甚至具有不同的世界观。一门语言是否影响说这种语言的人的思想和个性，这是本文所要探讨的问题。从第二段和最后一段来看，作者对这个问题的回答基本上是否定的。比如作者在第二段中说，他承认学习一门新的语言能"broaden one's self"，但认为说哪种语言就相应地有哪种个性，这完全不是一码事。）
2. Yes, bilinguals feel more comfortable with their first language. Because working in a second language slows down the thinking. And people are less likely to fall into a cognitive trap (answering a test question with an obvious-seeming but wrong answer).
（本题为细节题，根据原文第三段" For example, when tested in a foreign language, people are less likely to fall into a cognitive trap (answering a test question with an obvious-seeming but wrong answer) than when tested in their native language. In part this is because working in a second language slows down the thinking."我们可以得知此答案。）
3. People may feel different when they speak different languages because there is an important distinction between bilingualism and biculturalism.

（本题为细节题，定位到原文第四段“But even for a speaker whose two languages are very nearly the same in ability, there is another big reason that person will feel different in the two languages. This is because there is an important distinction between bilingualism and biculturalism.”，即可得出答案。）

4. Because for Greeks, verb comes first which carries a lot of information, so they are likely to interrupt in conversation according to some scholar.

（本题为细节题，定位到原文倒数第二段第一句话“in Greek, the verb comes first, and it carries a lot of information, hence easy interrupting.”，即可得出答案。）

5. Yes, the author agrees on the causation from language to personality. And he expresses his opinion by offering evidence and analysis. The author uses some examples in paragraph 7-9 to argue for it.

（本题为细节题，通读全文不难发现作者是赞同语言不会导致个性差异的，作者在原文的 7~9 段分别列举了各种例子来论证他的观点。）

Passage 3 （北京科技大学 2013）

1. According to the passage, Noam Chomsky argued that language is an innate human faculty, the product of a “language organ” in the mind. But Daniel Everett argues that language is not the product of a “language organ” but an extension of general intelligence.

（本题为细节题，根据第一段第一句所给出的信息可以总结出 Noam Chomsky 的观点，根据第二段最后一句所给出的信息又可以总结出 Daniel Everett 的观点。）

2. Daniel Everett draw the conclusion that they have no money, engage in little barter trade, do not store food for the future and do not think about the distant past.

（本题为细节题，定位到原文第三段倒数第二句即可顺利找到答案。）

3. Mr. Chomsky has argued that “recursion” is the key feature of all human language. This is the embedding of smaller units inside bigger ones. But Daniel argued that information is naturally organized with smaller bits nesting inside larger ones.

（本题为细节题，根据原文第五段的内容可以得知，Chomsky 已经证明“递归”是所有人类语言的关键特征。递归是让更小的单位嵌入更大的单位内部，而 Daniel 则认为信息是用小字节嵌入更大的字节而自然组成的。）

4. According to the author of the passage, we know that in Daniel Everett’s new book, he does not give enough detail for the reader about his argument. And later he even contradicts himself, saying that all languages have nouns and verbs.

（本题为细节题，通过原文第六段最后一句可以得知 Daniel 新书最大的缺陷在于他并没有用具体的实例论证他的观点，并且在后来他甚至提出了一个自相矛盾的观点。）

5. The author shows his disapproval over Damel Evertt’s point of views in his debate with Noam Chomsky. At the same time, he affirms that Damel Evertt’s case is worth of serious reading.

（本题为态度题，“But he does not give enough detail for the reader. Later he even contradicts himself, saying that all languages have nouns and verbs”，“He argues that differences between societies lead to profound differences between languages, but fails to drive the point home fully." "Mr. Everett thinks it possible that culture influences grammar, but he is not sure."从以上三句中的"not give enough detail" "even contradicts himself", "but fails to drive the point home fully", 以及"he is not sure"可以表明，作者认为 Damel Everett 对自己的观点没有充足的论证，态度是不赞同的。文章最后又提到"His case is not wholly proven, but it deserves a serious reading.", 尽管如此，他的观点和作品还是值得人们深入探究的。)

Passage 4 （南京师范大学 2013）

1. Famous universities like MIT and Harvard offered non-profit online courses because they not only want to build a global community of online learners, but also to research teaching methods and technologies.
   (本题为细节题，定位到原文第五段"M. I. T. and Harvard officials said they would use the new online platform not just to build a global community of online learners, but also to research teaching methods and technologies."即可得出答案。)
2. According to the passage, the disadvantages of the online courses is that online courses will pose some threat to low-rank colleges. Since a top university offers a free circuits course, it becomes a real question whether other universities need to develop a circuits course.
   (本题为细节题，根据原文第六段"they pose some threat to low-ranked colleges"以及第七段中 George Siemens 所说的话即可得出答案。)
3. The online courses offered by famous universities didn't get well at the beginning because much money has been lost since they are non-profit. We can know that Fathom, a 2001 commercial venture that involved in online course has lost money and folded in 2003. But according to Dr. Bacow, a past president of Tufts who is a member of the Harvard Corporation, online courses only going to get better.
   (本题为细节题，定位到原文倒数第四段，可以得知一开始的时候即使得到了商业风险投资的资金支持，但最后在 2006 年还是崩塌了。根据倒数第二段 Bacow 先生的描述，他认为未来的在线课程会朝着更好的方向发展。)

Passage 5 （湖北大学 2013）

1. Only when the university education combines theoretical knowledge and practical knowledge together, connecting the liberal-arts theories with students' lives, can students understand what they learned better.
   (本题为语义题，根据原文第三段的内容，并联系上下文不难发现教育不仅要指导学生如何处理未来人生中要面临的难题，同时还要传授他们实用的知识和技能。)
2. The merits of the new curriculum are: its intimate connection with students' daily life to have a better understanding of the knowledge; its focus on ways of thinking rather than content; its flexibility in subject arrangements; its integration of knowledge and practice.
   (本题为细节题，定位到原文倒数第二段"The plan's advocates say the curriculum is

flexible enough that students will still be able to take courses in whatever interests them, be it ancient art or cutting-edge science. What's crucial, they say, is that the new approach emphasizes the kind of active learning that gets students thinking and applying knowledge."可以得知新课程不仅足够灵活，可供学生根据自己的兴趣来选择，还可以使得学生学到实实在在的实用技能和知识。)

3. The two aspects are the rationale for the newly mandated study of Empirical Reasoning and the exclusion of history from the primary subjects in the new curriculum.
(本题为细节题，定位到原文最后一段第一二句即可得出答案。)

4. To describe the opponent's opinion, the author adopted "question", "quotations" and "examples".
(作者用了"提问"、"引用"、"举例论证"等写作技巧来描述反对者的观点。)

5. This passage is about the curriculum reform in Harvard University, which aroused controversy. Harvard University's intention of establishing a set of guidelines that will help students to learn purely practical knowledge is likely to be followed by other institutions. The plan's advocates think that the new approach emphasizes the kind of active learning that gets students thinking and applying knowledge. However, some opponents argue there still exist some problems.
(本题为主旨大意题，本文主要讲述的是哈佛大学课程设置模式的转变，由一开始的注重培养思考方式到后来注重实用知识和技能，再到后来强调活学活用的模式。)

Passage 6 （中国海洋大学 2013）

1. When the book reviewer discusses the Internet University, his view is balanced.
(本题为态度题。针对"Internet University"，本文第二段提出了许多的"advantages"，随后的第三段则指出其存在的"dangers"，可见文中对网络大学的利弊均进行了客观的陈述，观点上不存在倾向性。)

2. According to the review, the potential dangers of the Internet University are:
(1) Teachers in traditional institutions may lose their jobs.
(2) Internet-based courseware may lack variety in course content.
(3) The Internet University may produce teachers with a lot of publicity.
(本题为细节题。文中关于网络大学潜在弊端的介绍主要在第三段。)

3. The fundamental mission of traditional university education is knowledge learning and career building.
(本题为推断题。第五段首句提到大学教育的根本任务，第二句进一步提到"instead of receiving primarily technical training and building their individual careers"，即"不是接受基本的技术训练和构建学生个人的职业生涯"，可知传统大学的基本功能是"knowledge learning and career building"。)

4. (1) Teachers are supposed to assume more demanding duties.
(2) Teachers are required to constantly be learning from their students as well as instructing them.

(3) Teachers are required to be charismatic sages and practitioners leading groups of students/colleagues.

(本题为细节题，定位到原文第六段和第七段即可总结提炼出答案。)

5. The review belongs to exposition.

(全文主要是对一本书的主要内容进行说明介绍，很显然应该归为说明文之列。)

Passage 7 （中南财经政法大学 2012）

1. Because the fruit of education has spoiled and such high-sounding rhetoric has been increasingly challenged. So they hold the opinion that elitist education is based on unidentified and empty shibboleths which work for ruling class.

(本题为细节题，定位到原文第二段“Critics have charged that liberal arts curriculum education is elitist education, based on undefined and empty shibboleths."即可得出答案。)

2. Students in the 1970s consider liberal arts curriculum is “irrelevant” because it neither prepares them for careers nor teaches them marketable skills. The word “irrelevant” imply that the students regard the course is useless.

(本题为细节题+语义题，定位到原文第三段倒数第二句话“In the inflationary, job-scarce economy of the 1970s, many students argue that the liberal arts curriculum is ‘irrelevant’ because it neither prepares them for careers nor teachers them marketable skills.”即可得出答案。)

3. The author thinks that the Harvard's efforts in redesigning liberal arts program, just like curriculum innovations of the 1960s, is meaningless because it rests on rhetoric and not solid research evidence.

(本题为细节题，定位到原文第四段最后一句话“Plausible as this credo may be, it rests on rhetoric and not solid research evidence—like curriculum innovations of the 1960s."即可得出答案。)

4. The major aim of the author's research was to find out the function of liberal arts education.

(本题为细节题，根据原文倒数第三段提供的信息加上对全文的理解不难发现作者进行研究的主要目的就是为了弄清楚“liberal arts education”的功能是什么。)

5. The author's designing of the study demonstrates that the liberal education can help people get more mature. People who received liberal education can better formulate valid concepts, analyze arguments, acknowledge themselves and guide themselves in the world maturely.

(本题为细节题，根据倒数第三段“In our research, liberal education appears to promote increases in conceptual and social-emotional sophistication. Thus, according to a number of new tests we developed, students trained in the liberal arts are better able to formulate valid concepts, analyze arguments, define themselves, and orient themselves maturely to their world."可得出答案。)

Passage 8　（北京航空航天大学 2012）

1. According to the author, the important determiners for the form of address in the basic American system are: (1) relative ages; (2) speech situation; (3) social identity.
（本题为细节题，文章在倒数第三段前讲述的都是在基本美语体系下，决定称呼方式的主要因素，作者分别在第三段第一句，第四段最后一句以及第六段第一句提到了影响称呼方式的决定因素。）
2. It means that in some occasions, people would like others to call their second name directly instead of the title and the first name.
（本题为语义题，根据上下文不难推断出，此处作者举这个例子，意在表达有时人们为了拉近彼此之间的距离，通常喜欢别人称呼自己的名字。）
3. When a young man addresses an elder person but with the same rank, he can use the No-Name formula.
（本题为细节题，答案可以定位在文章倒数第四段最后两句。）
4. Exceptions:
(1) speech situations;
(2) subtle friendship or kin relationship between the speakers;
(3) regions of the country.
Example: Southern speech, for example, adds the formula Title plus First Name (Mr. Charlie) to indicate familiar respect.
（本题为细节题，文章倒数第三段总结了上文提及的"basic American system"，接着文章最后一句指出了一些基本体系外的称呼原则，而下一段又给出了一些实例。）

Passage 9　（西安外国语大学 2012）

1. The title of the text suggests that entrepreneurship may actually be in the blood, and entrepreneurship has more to do with genes than classroom experience.
（本题为推断题，本文题目为"Nature or Nurture"，文章第一段倒数第二句就指明了本文讨论的话题，即企业家精神是先天遗传还是经过后天培养得到的。）
2. Entrepreneurship is no longer just the province of the small, growing company, but should be applied and practiced in organizations of every size. Intrapreneurship refers to those big company entrepreneur.
（本题为细节题，根据原文第五段所给出的信息可以得出"entrepreneurship"与"intrapreneurship"的不同之处在于公司的规模。）
3. The benefits of staying in business schools are:
(1) entrepreneur can be plugged into an international network of contacts and advisors;
(2) entrepreneur can be prepared for the pitfalls and opportunities associated with dealing across different cultures;
(3) entrepreneur can be exposed to the different ways that business is conducted around the

globe.

（本题为细节题，定位到原文第四段后半段即可得出就读于商学院的好处。）

4. Mavericks refer to those people who are with power and ambition, and they are willing to take risks but they also can play fast and loose with the basic rules of risk management.

（本题为细节题，从第六段最后两句可知，mavericks 在这里是指有能力和雄心壮志，并且愿意冒险，但同时又深谙风险管理的人才。）

5. This passage mainly talks about whether an entrepreneur really need a business-school education, whether entrepreneurship has more to do with genes rather than classroom experience. Business schools should not just be educating intrapreneurs themselves, but also need to be educating the businesses which host them.

（本题为主旨大意题，本文主要在讨论企业家精神到底是与生俱来的还是经过后天学习获得的。）

Passage 10 （华东师范大学 2012）

1. The main topic of this passage is that by the mid-twentieth century there emerged a trend in writing that favored a new approach to constructing the novel that abandoned many of the time-honored traditions of form.

（本题为主旨大意题，定位于原文第一段第一句话即可知道本文主要探讨的话题是什么。）

2. The passage preceding this one probably discussed the development of traditional approaches to constructing the novel before the mid-twentieth century.

（本题为推断题，本文是在写 20 世纪中期出现了一种新的写作趋势，那么根据推测文章应该是在描述 20 世纪中叶以前的传统写作方式的相关内容。）

3. We can assume that Burroughs' earlier works are of a style not as detached as his later journals but rather involved and maybe even emotional.

（本题为细节题，定位到原文第二段，根据"The impact of his experiences on his writing led to a uniquely detached style."的提示，我们不难得出本题答案。）

4. The most difficult aspect of reading the book *Naked Lunch* is its unconventional and detached way of narration that makes it hard to determine who is telling the stories or where the characters have come from.

（本题为细节题，还是定位到原文第二段" Often it is difficult to determine who is telling the stories, or where the characters have come from. In his most celebrated work *Naked Lunch*, Burroughs is said to have physically cut up the manuscript and pasted it back together, to further disturb the conventional notion of narration."根据此句即可得出答案。）

5. The works of the two men broke away from conventional ways of writing the novel and made experiments in creating new unusual approaches. Although the works were not received by the public and the academia without disagreements, their contributions to mid-twentieth century American fiction and literary theory were recognized.

（本题为推断题，根据原文倒数第二段最后一句，最后一段最后一句可以总结出本题答案。）

5. 人物传记专题

Passage 1 （武汉大学 2013）

1. Virginia Woolf's Novels: Critical Reflections on the Individual and on Society. 或 Viginia Wodf: asocial observer.
（本题为中心主旨题。本文的中心主旨句在首段的尾句，结合每段的主题句，可以推断出本文是在讲 Virginia Woolf 的小说以及其小说对个人与社会之间的关系的相关阐述。）
2. Woolf chose Chaucer as a literary example because she believed that on the one hand, Chaucer not only understood, judged and knew his society root and branches, which is the key to produce art. On the other hand, his writing was greatly effective in influencing the moral attitudes of his readers.
（本题为细节题。通过题干中的“Chaucer”一词可迅速将本题的答案信息确定在尾段的首句。再继续往下看就能得出本题答案。）
3. He was criticized as “preaching”.
（本题为细节题。定位到原文第三段最后部分即可知道伍尔夫是如何批判劳伦斯的。）
4. She was interested in the effect of a person's social milieu on his or her character and actions.
（本题为细节题。通过题干中的“realistically”和“social setting”可将本题的答案信息来源迅速确定在第二段的尾句，通过阅读和理解第二段中仅有的两个句子，可以迅速得出答案。）
5. It is because of her intense antipathy to propaganda in art.
（本题为细节题，定位于文章第三段首句即可得出答案。）

Passage 2 （四川大学 2013）

1. Socrates says that he is not wise, but “he use being wide” to mean that he has found the reason why he was considered as a wise man and he also has realized his ignorance. The wisdom in his mind is that he knows his ignorance and his wisdom is of no use. When he says that only God is really wise, he is thinking the first sense of wisdom. God is wise to know everything, but he is not as conceited as human being.
（本题为推断题，通过第一段中的一些细节“Athenians, simply by reason of a certain kind of wisdom”“It is by that sort of wisdom which is possible to men”, “But the men of whom I was speaking just now must be. wise in a wisdom which is greater than human wisdom, or in some way which I cannot describe since I know nothing of it myself; and if any man says that I do know any-thing of superhuman wisdom, he lies and-wants to slander me.”，以及段尾关于 God 对话的描述可总结出答案。）
2. He says that he got bad reputation because of a kind of wisdom. First, he says many people

say he knows anything of superman wisdom, and he thinks that they are slandering him. Then he talks about his several examinations with politians, poets, workmen and other wise men. Many people think he is showing that others are not wise by his wisdom. In the end he tells people why he is regarded to be wise, it is in that he knows he is ignorant and he knows his wisdom is worth little at all.

(本题为推理题，第一段说明苏格拉底不受欢迎的原因之一是“if any man says that I do know anything of superhuman wisdom, he lies and-wants to slander me.”，原因之二在第二至第六段，苏格拉底分别与不同职业的人进行对话，对话过程中给他人留下了炫耀智慧的不好名声。)

3. Socrates had a hostile audience. Because when he is delivering the speech, the audiences often interrupt him and think that Socrates is conceited as he examines wisdom with other people.

(本题为推理题，第一段括号中的“interruptions”多次出现，表明别人对他的对话很不耐烦，态度不友好。)

Passage 3 (暨南大学 2013)

1. Mohammud Yunus has invented a micro-credit. It is both terribly simple and completely revolutionary.

(本题为细节题，根据原文第一段第三句“What he has invented is called a micro-credit. It is both terribly simple and completely revolutionary.”即可得出答案。)

2. The bank lend money to Bangladeshi women(96% of the bank's borrowers are women) who has never touched money before.

(本题为细节题，根据原文第一段第六句“A typical borrower would be a Bangladeshi women(96% of the bank's borrowers are women) who has never touched money before.”即可得出答案。)

3. The bank doesn't care about whether the borrowers have a great sum of money or not.

(本题为细节题，从文章第二段“The bank actively seeks out the most deprived of Bangladesh society: beggars, illiterates, and widows.”即可得出答案。)

4. Borrowers must promise to abide by“the 16 decisions”, a set of personal commitments.

(本题为细节题，定位到原文倒数第四段中间部分即可得出答案。)

5. It claims a loan repayment rate(a small ratio of bad debts) of 99 percent.

(本题为细节题，由文章第二段最后两句话“Yet, it claims a loan repayment rate of 99 percent. Most western banks would be delighted with such a small ratio of bad debts.”即可得出答案。)

Passage 4 (四川大学 2013)

1. The first thing is that he won't go to the cellar with Bondy and it is not quite healthy down there; the second thing is that he saved Bondy from the cellar with his head as mask or a

helmet like a driver's. From these detailed information, we can know that Marek might know something bad would happen in the cellar.

（本题为细节题，见倒数第五段“Only I've a notion that perhaps it's not quite healthy down there”，倒数第三段“It was Marek, wearing over his head a mask or a helmet like a diver's, and he hauled Bondy up the stairs.”。）

2. It was Marek's guessing that Bondy would come. The last sentence in Paragraph one directly points out that they just met each other by coincidence. So there was not a definite arrangement for them to meet at that time. He thought Bondy was coming to buy his invention. According to his conversation with Bondy, we may know that.

（此题为推理题，第一段最后一句描述两人是偶然碰到而不是事先约好。第二段，Marek 的提问指明了他所想的是 Bondy 过来买他的发明。）

Passage 5 （中山大学 2012）

1. According to the first paragraph, we know that Sir Wilfred Thesiger didn't like the modern civilization, and longed for living as a primitive life.

（本题为推理题，根据文章第一段，他讨厌温和的生活，憎恨不本分的女人，敬重残暴的原始人并向他们赠送枪支。）

2. Some people thought that he was a hypocrite, because his part-time primitive lifestyle required a private income and good connections to obtain travel permits, besides good relationship with tribal companions.

（本题为细节题，文章第二段：非议威福瑞的人都异口同声地指责他是伪君子，说他的生活方式少不了私人收入的支持，而且想要获得旅行批准，他还得处理好人际关系。）

3. He admitted in his autobiography and elsewhere and did not excuse himself.

（本题为细节题。定位到文章第三段：也许大家说的都没错，但是这不会抹杀他的功绩。况且，在他的自传里，他对这些话并未做任何辩解。）

4. In Alexander Maitland's writing, Sir Wilfred Thesiger once experienced beatings and sexual abuse, and loved his dead father , his mother and three brothers. Besides, he was tolerant and playful. Alexander Maitland referred little information about his sexuality.

（本题为细节题，定位到原文第四段：书中记叙了这位探险家最初上寄宿学校时曾经遭受过毒打和性虐待，以及他的一些家庭情况，还蜻蜓点水地提到了他的性取向问题。）

5. No, Alexander Maitland and Sir Wilfred Thesiger were long-standing friends, and he struggles for critical distance for Sir Wilfred Thesiger.

（本题为细节题，定位到文章第五段，梅兰特力求为威福瑞正名或许还出于别的原因。他在书中提到他们是多年的好友。）

Passage 6 （东华大学 2012）

1. He was in seventh grade year.

（本题为细节题，此题答案可定位至文章第四段第一句话：“Corbin began working at the

restaurant, which was a local favorite, when he was in seventh grade year.")

2. Because they wanted him to gain the experience of having a real job.
（本题为细节题。文章第六段提到"Although his family didn't make him get a job, Corbin knew his family wanted him to gain the experience of having a real job"。）
3. He had to work 30 hours every week.
（本题为细节题。文章中提到"Corbin wasn't going to break the bank when he cashed his pay check for working 30-hour weeks"，由此可知，每周他要工作 30 小时。）
4. The worst of part of the job is scraping the grill at the end of the night, which is just a hassle every night for him.
（本题为细节题。文章倒数第三段提到"The worst part was scraping the grill at the end of the night," Corbin said. "It was just such as hassle every night"。）

Passage 7 （南开大学 2011）

1. Signs of deafness had given him grave anxiety, but for a long time he successfully concealed it from all.
（本题为细节题，根据原文第二段首句"Signs of deafness had given him grave anxiety as early as 1798. For a long time he successfully concealed it from all but his most intimate friends."即可迅速得出答案。）
2. There are two deeper roots of Beethoven's health problem, one of which is his childhood. He lacks care and good food when he was a child. The other is due to the unjust society, in which he always feels lonely.
（本题为细节题，定位到原文第二段的内容"evidently dating almost from childhood(if not inherited) and aggravated by lack of care and good food"和"No verbal quotation short of the whole will do justice to the overpowering outburst which runs almost in one long unpunctuated sentence through the whole tragedy of Beethoven's life, as he knew it then and foresaw it."即可顺利得出答案。）
3. Beethoven tried his best to get the guardianship of his nephew, but unfortunately, he let him down in every way.
（本题为细节题，根据原文最后一段所给出的信息"leaving a widow of whom Beethoven strongly disapproved, and a son, nine years old, for the guardianship of whom Beethoven fought the widow through all the law courts. The boy turned out utterly unworthy of his uncle's persistent devotion, and gave him every cause for anxiety."即可得出本题答案。）

Passage 8 （中山大学 2011）

1. A body of citizens sworn to give a true verdict according to the evidence presented in a court of law.
（本题为语义题，"jury"意为陪审团，陪审团是指向法官宣誓并且对给定的案子做出裁决的一组人员，尤其是指被法律召集听取并且在法庭上做出案子最终裁决的一组人员。)

2. He asked Jim to persuade the other members of the jury to add a strong recommendation for mercy to their statement that they consider him guilty.
(本题为细节题，定位到原文第二段最后一句可以得知 George 希望 Jim 能说服陪审团判定他无罪。)

3. He managed to persuade the jury to recommend mercy by tiring them out.
(本题为细节题，由原文最后一段“those eleven men were very difficult to persuade，but I managed it in the end by tiring them out”，即可得出本题答案。)

4. It took them five hours.
(本题为细节题，定位到原文倒数第三段“It took them five hours，but in the end they found George guilty，with a strong recommendation for mercy.”即可得出答案。)

5. Jim is the biggest fool，because he should have agreed with the other members of the jury to find George not guilty.
(本题为推断题，通读全文可以得知 Jim 最愚蠢，本来陪审团成员都准备判定 George 无罪的，他却帮了倒忙。)

Passage 9　(内蒙古大学 2011)

1. At the very beginning，the author thought these people were spoiled and indulged. But as they worked together to overcome difficulties they confronted in their traveling，the author changed his ideas and praised their teamwork spirit.
(本题为推断题，第一段中提到那些成功人士的生活起居都有人照顾，“after only two days in the river，people accustomed to being spoiled and indulged had become a team，working together to cope with the unpredictable twists and turns of the river”，很快他们放下架子，团结一致一起战胜了科罗拉多河流中的湍流。)

2. Because the unpredictable twists and turns of the river made it easy for boats to tumble over.
(本题为细节题。见第一段最后一句“working together to cope with the unpredictable twists and turns of the river”。)

3. In 1990s，the New York Knicks recovered from years of adversity to become a major contender.
(本题为细节题。文章第二、三段主要讲作者担任 the New Yorker Knicks 的教练后，鼓励通过团队合作实现梦想，最终从逆境中成长为美国篮球赛中有竞争力的强队。)

4. The sharp conflict in the GM plant in the late 1970s is caused by the distrust between the labor and the management that the labor contract was hundreds of pages of tricky legal terms.
(本题为细节题。见第四段第一二句“in the late 1970s a General Motors plant in Fremont，Calif，was the scene of constant warfare between labor and management. Distrust ran so high at the labor contract was hundreds of pages of tricky legal terms.”)

5. The team spirits was encouraged in the reopened GM plant.
(本题为细节题。见文章最后一段第一句话“GM became convinced that it had to create

new production systems based on teamwork."。)

6. 科普专题

Passage 1 （中山大学 2013）

1. 65%

   (本题为细节题，根据原文第二段所给出的信息"In fact, around 65% of the food we get from the shops has some genetically modified component."即可得出本题答案。)

2. Selective crossbreeding

   (本题为细节题，根据原文第三段所给出的信息"They've refined the foods we eat through selective crossbreeding, combining different types of wheat, for example, and eliminating weaker varieties."即可得出本题答案。)

3. Pesticide.

   (本题为细节题，根据原文信息可以得知 GM 作物可以不用喷洒农药，因为有部分作物本身就自带抵御害虫侵蚀的功能。)

4. Superweeds/insects.

   (本题为细节题，根据原文第五段所给出的信息"Critics say it could also create superweeds and insects, disrupt global food systems, destroy ecological diversity"即可得出本题答案。)

5. GM soybeans.

   (本题为细节题，定位到原文倒数第二段即可发现有一种类型的玉米以及此处提到的 GM soybeans 都是经过基因改造之后免受灾害的作物。)

Passage 2 （华中师范大学 2013）

1. Cognitive-bias modification(CBM) appears to be effective after only a few 15-minute sessions, and involves neither drugs nor the discussion of feelings. It does not even need a therapist. All it requires is sitting in front of a computer and using a program that subtly alters harmful thought patterns.

   (本题为细节题，根据原文第二段最后三句话所给出的信息即可得出本题答案。)

2. Attentional bias means that people are drawn irresistibly to things they perceive to be dangerous. For example, if an acquaintance walks past without saying hello, it might mean either that he has ignored you or that he has not seen you. We can use the CBM method to alter such biases.

   (本题为细节题，根据原文第四段以及第五段开头给出的信息即可得出本题答案。)

3. The author thinks CBM does look extremely promising in some specific circumstances.

   No. Not all disorders are amenable to CBM.

   (本题为态度题+细节题，根据最后两段所给出的信息可以得知 CBM 疗法并不是对所有心理障碍的人都有成效。)

Passage 3 （南京师范大学 2013）

1. People have spent a century trying to debunk the idea of general intelligence, and failed, later they developed the idea that if they could find a collective equivalent of g—group intelligence correlated across all tasks—they would probably have found group intelligence.
（本题为细节题，定位到原文第四段中间部分即可得出答案，人们花费了一整个世纪想要弄清楚“general intelligence”却失败了，但最后人们还是想出其他办法弄清楚了它。）
2. The two findings are: there is such a thing as collective intelligence and that working in groups makes individuals a bit duller.
（本题为细节题，根据第六段所给出的信息“there is such a thing as collective intelligence and that working in groups makes individuals a bit duller”即可归纳出本题答案。）

Passage 4 （中南财经政法大学 2013）

1. They are used to show the reasonableness of Ekman's scientific research.
（本题为细节题，作者在此处提到“Cow's feet wrinkles”和“keep a stiff upper lip”是为了证明 Ekman 研究的合理性。）
2. They could be used to signal the approach of enemies or friends.
（本题为细节题，定位到原文第一段最后一句话即可得出本题答案。）
3. They had few contact with the Western culture and yet agreed with others on the portrayed emotions.
（本题为推断题，根据原文第二段中间部分所给出的信息“All groups including the Fore, who had almost no contact with Western culture, agreed on the portrayed emotions.”即可得出本题答案。）
4. Facial feedback hypothesis refers that facial expressions can affect a person's emotions.
（本题为细节题，定位到原文第五段所给出的信息即可知道“facial-feedback hypothesis”在这里是指面部表情可以影响一个人的情绪。）
5. The author tries to explain the relationship between facial expressions and emotions.
（本题为主旨大意题，通读全文不难发现本文主要讨论的一个问题——即面部表情和情绪之间的关系。）

Passage 5 （北京航空航天大学 2013）

1. In the passage, the author is primarily concerned with summarizing the controversy surrounding rDNA research and development.
（本题为主旨大意题，通读全文可以得知作者首要讨论的问题是总结关于 rDNA 技术的研究和发展。）
2. (1) new methods of waste treatment;
(2) new biological knowledge;
(3) enhanced food production;

(4) increased energy production.

(本题为细节题，对原文倒数第三段的信息加以整理概括即可得出答案。)

3. There are two major arguments of opponents of r DNA research and development, which are as follow: the first one is that genetically altered microorganisms have no hatural predators but can prey on a wide variety of other microorganisms. The second is that scientists will have the power to change the nature's course of evolution and created a totalitarian society of human beings.

(本题为细节题，根据原文倒数第二段 "A major concern of the critics of rDNA research is that genetically altered microorganisms might escape from the laboratory." 及倒数第一段内容即可得出答案。)

4. His purpose is to illustrate the sociopolitical ramifications of applying genetic engineering to humans.

(本题为推断题，根据最后一段的信息可以知道这段主要描述的是对遗传工程的社会政治后果的担忧。)

Passage 6 (南京师范大学 2012)

1. Rice; pasta ; fruit ; vegetables; chicken; fish.

(本题为细节题，通读全文不难发现作者提到了许多健康的食品，例如米饭、意大利面、水果、蔬菜、鸡肉等，原文中有提到 "white meat" 比 "red meat" 更加健康。)

2. Too much meat is bad for your health, especially some red meat such as lamb, beef and pork. For red meat, one or two times a week is fine, but don't eat it every day. White meat is much healthier than red meat. For white meat, two or three times a week is fine.

(本题为细节题，根据原文第五段的内容，可以得知一些关于吃肉的建议，食太多肉对我们的健康无益，并且白色肉类比红色肉类要健康得多，另外原文还列举出每周吃肉的频率。)

3. Try to eat three medium size meals a day. If we need to eat something between meals, we should choose fruit or yogurt rather than sweets and chocolate.

(本题为细节题，根据原文最后一段的内容可以得知，要想避免 "big meals"，就必须按照一日三餐中的规定来进食，如果三餐之间还是觉得饿的话，可摄入水果、酸奶之类食物，而不是甜食巧克力之类的高热量食物。)

Passage 7 (中南大学 2012)

1. Lately, their employers allow them to take short naps during the work,

(本题为语义题，原文想表达的是雇主允许他们在上班的间隙打个小盹。)

2. Lack of sleep is one of the most common reasons of safety issues in our society, because it will put people at the risk of auto accidents.

(本题为语义题，根据文章可知本句中"human fatigue"是指缺乏睡眠，在文章第二段中提到"adults of all ages get less than the recommended eight hours of sleep anight, putting themselves at risk of auto accidents,"后面几段也提到了由于缺乏睡眠引发的交通事故。)

3. This passage mainly discusses about: 1) Americans are sleeping less; 2) Sleepiness on the job causes occasional or frequent work errors; 3) Drowsiness is a major reason of safety issues.
(本题为主旨大意题，文章通篇在讲述缺乏足够睡眠、过度劳累会给现今的人们带来困扰和危害。)

Passage 8 (湖南大学 2011)

1. A newborn baby like to see human faces most.
(本题为细节题，根据原文第一段最后一句话的信息"Within three weeks, however, his preference shifts dramatically to the human face."即可得出本题答案。)
2. The newborn pays more attention to a human face than any other kind of objects because he sees a human face more often than any other kind of pattern.
(本题为细节题，根据原文第二段所给出的信息"Some scientists think this preference represents a built-in advantage for the human species. The object of prime importance to the physically helpless infant is a human being. Babies seem to have a natural tendency to the human face as potentially rewarding."不难发现新生儿更加注意人脸，是因为他们接触到更多的是人脸，而不是其他模式。)
3. Contrary to what they believe, mothers have been told that newborns can't see their faces.
(本题为细节题，根据第三段所提供的信息，由于新生儿的眼睛和大脑都不够成熟，所以事实上他们是看不到他们母亲的脸的。)
4. In earlier researches on the newborn's perception, scientists threw away opposing effective data.
(本题为细节题，根据原文最后一段最后部分的信息"Then, too, assumptions that the newborn's eye and brain were too immature for anything as sophisticated as pattern recognition caused opposing data to be thrown away."即可得出本题答案。)
5. The main idea of the passage is that research techniques are of vital importance to scientific investigation.
(通过列举新生儿倾向于更加喜欢注视人脸的例子来告诉我们，不能主观臆断想当然，必须通过一定的研究方法来进行科学研究才能得出正确的结论。)

Passage 9 (浙江师范大学 2011)

1. This article mainly introduced laughter: its low "social status" in the history, its different categories, its different levels of quality and its positive effect on health.
(本题为主旨大意题，通读全文可以发现本文主要讨论的话题是"laughter"。)
2. The article can be divided into four parts: part one (Paragraph 1 to 2); part two (Paragraph 3); part three (Paragraph 4); part four (Paragraphs 5 to 6).
(根据对全文结构的把握，可以将原文分成四个部分。)
3. In Paragraphs 2 and 3, the author mainly used the writing pattern of "topic + examples". To

illustrate the topic of each paragraph, the author crted examples as details to support the main idea.

(从文章第二段第三段给出的实际例子来作为论据支撑作者的观点。)

4. From Dr. Samuel Johnson's reply to the author, we can infer that Dr. Samuel Johnson's opinion of the author's manuscript is critical and unfavorable. By using this, the author wanted to demonstrate that he hoped the readers can be more favorable to his opinion—laughter enhances the quality of life.

(本题为推断题，根据 Dr. Samuel Johnson 对作者的回复可以发现作者的目的旨在想让读者更加支持他的观点。)

5. A possible title to the article could be: Laughter/Laughter and Health.

(本题为主旨题，由于本文通篇讲的是关于 laughter 的事情，所以将文章标题定为 Laughter 最好不过。)

Passage 10 (北京交通大学 2011)

1. According to the author of this passage, criticism is essential in science and medicine.

(本题为细节题，根据原文第二段最后一句所给出的信息“In science and medicine, criticising each others' ideas and practices isn't an aberration, or a special occasion: it's exactly what you are supposed to do, all of the time, and with very good reason.”即可得出本题答案。)

2. In medicine, when you make a mistake about whether something works or not, it's possible to cause death and suffering on a genuinely biblical scale. So criticising each others ideas and practices. This isn't something that's marginal, or tolerated by the profession. It's something that is welcomed and actively encouraged.

(本题为细节题，总结提炼原文第四、五段所给出的信息即可得出答案。)

3. People expect scientists and doctors to speak out when they see problems with other peoples ideas and practices. But with the law in its current state, doctors and scientists might be wiser simply to keep in silence.

(本题为细节题，由文章最后三段所给出的信息可以知道人们希望医生和科学家们能够站出来“说话”，但是现今状态下的法律让他们有时候不得不保持沉默。他们陷入了这样一个进退两难的局面。)

7. 自然环境专题

Passage 1 (暨南大学 2012)

1. People living on parts of the south coast of England face the washing-away of limestone cliff. The sea had eaten into the soft limestone cliffs on which they had been built.

(本题为细节题，第一段说到“The sea had eaten into the soft limestone cliff”，造成的结果是悬崖倒塌，房屋消失。)

2. Because erosion of the white cliffs along the south coast of England has always been a problem but it has become more serious in recent years.
（本题为细节题，定位到原文第二段首句即可得出答案。）
3. Because it will cost too much money and will endanger neighboring areas.
（本题为细节题，根据原文第三段给出的信息“New sea walls would cost hundreds of millions of pounds and would merely make the waves and currents further along the coast, shifting the problem from one area to another.”即可得出本题答案。）
4. The experts' study on the problem of erosion can warn people whose homes are in danger.
（本题为推断题，由原文可以得知专家们只能预测发生危险的大概时间，但没有提出最终解决问题的办法。）
5. It may turn out to be a knockdown home.
（本题为推断题，根据原文我们可以得知这一地区在将来很有可能会被海水吞噬。）

Passage 2 （南开大学 2012）

1. First of all, digging up coal provides a livelihood for millions of people. Secondly, secure domestic sources of energy are particularly prized at a time when prices are volatile and many of the big oil and gas exporters are becoming worryingly nationalistic. Thus, governments can hardly turn their backs on such a cheap and reliable fuel.
（本题为细节题，从第二段可知，纵使煤炭资源给环境带来不良影响，但是由于数以百万的人以挖煤为生，加之以石油和天然气出口的大国，他们的民族主义倾向越来越严重，所以各国政府不得不继续使用煤炭这样一种既便宜又可靠的资源。）
2. Utilities refuse to make bigger investments because power plants with CCS would be much more expensive and unworkable to build and run than the ordinary sort. And CCS looks like an expensive way of cutting carbon.
（本题为细节题，从第三段可知，CCS 的缺点是相较于其他方式需要花费大量资金，是一种很昂贵的消除碳排放的方式，成本太高。）
3. Yes, there are some better approaches to balance the use of coal and the protection of environment. For example, a carbon price or tax, which raises the cost of emitting carbon dioxide while leaving it up to the private sector to pick technologies.
（本题为细节题，通读原文最后一段我们可以得知还有另外更好的方法来平衡煤炭的使用量和环保之间的矛盾。）

Passage 3 （暨南大学 2011）

1. Because the necessary conditions of preservation is quick burial, and it is only in the seas and rivers, and sometimes lakes, where mud and silt have been continuously deposited, that bodies and the like can be rapidly covered over and preserved.
（本题为细节题，由文章第一段第二句即可得出答案。）
2. Land animals or plants are much more rarely preserved is because there is seldom anything to

cover them over.

（本题为细节题，定位到原文第二段第二句“The remains of plants and animals that lived on land are much more rarely preserved, for there is seldom anything to cover them over.”即可得出答案。）

3. The dead bodies of animals usually decompose and are quickly destroyed by the weather or eaten by some other creature.

（本题为细节题，定位到原文第二段最后一句即可得出答案。）

4. Due to some very special circumstances that traces of land animals survive, as by falling into inaccessible caves, or into an ice crevasse, and the whole animal is sometimes preserved, as in a refrigerator. So the remains of the Beresovka mammoth can accidentally be preserved.

（本题为细节题，定位到原文第三段第一句即可得出答案。）

5. Because the water collected on these tar pits, some bigger animals like the elephants ventured out on to the apparently firm surface to drink water, and they were promptly bogged in the tar.

（本题为细节题，定位到文章第三段倒数第二句即可得出答案。）

Passage 4 （北京航空航天大学 2011）

1. Petroleum is unlike coal. It may be the product of the accumulating fatty matter of ocean organisms instead of originating in accumulating woody matter. What's more, petroleum is not nearly so evenly distributed as coal is.

（本题为细节题，根据原文第一段给出的信息“Instead of originating in accumulating woody matter, petroleum may be the product of the acumulating fatty matter of ocean organisms such as plankton, the myriads of single-celled creatures that float in the surface layers of the ocean.”即可归纳出本题答案。）

2. There is a chemical change to turn the fat of living organisms into petroleum. The organisms settle down into the ooze underlying shallow arms of the ocean under conditions of oxygen shortage. Instead of decomposing and decaying, the fat accumulates, is trapped under further layers of ooze, undergoes minor rearrangements of atoms, and finally is petroleum.

（本题为细节题，根据原文第二段给出的信息“It does not take much in the way of chemical change to turn that into petroleum. It is only necessary that the organisms settle down into the ooze underlying shallow arms of the ocean under conditions of oxygen shortage. Instead of decomposing and decaying, the fat accumulates, is trapped under further layers of ooze, undergoes minor rearrangements of atoms, and finally is petroleum.”即可得出本题答案。）

3. The author says that petroleum creates crucial political problems, because 1) There is a great demand for petroleum due to its convenience. 2) Petroleum on Earth is unevenly distributed in small quantities. 3) The unbalance between demand and supply results in conflicts over oil resources. For example, the USA is believed to invade Iraq for oil masses and not because there were weapons of mass destruction.

（本题为细节题，根据原文倒数第五段的信息“ The greater convenience of petroleum as compared with coal is, however, balanced by the fact that petroleum exist on Earth in far smaller quantities than coal does."以及倒数第三段的信息"There is another complication in the fact that petroleum is not nearly so evenly distributed as coal is."即可得出本题答案。)

Passage 5 (西安外国语大学 2011)

1. Carbon dioxide and other greenhouse gases create a natural greenhouse effect by trapping and absorbing solar radiation. These gases act as a blanket and keep the planet warm enough for life to survive and flourish. The warming of the earth is balanced by some of the heat escaping from the atmosphere back into space.
(本题为细节题,根据原文第一段所给出的信息我们可以得知二氧化碳以及其他一些温室气体是如何影响我们地球的大气系统的。)
2. We can infer from paragraph 3 that green house gases is already causing the earth's average surface temperature to rise. This is changing global climate at an unusually fast rate.
(本题为推断题,根据第三段的内容我们可以得知温室气体的排放已经导致平均气温逐年快速升高。)
3. In some area of North American, heat and moisture would cut up crop yields, and traditional farming practices would have to change.
(本题为细节题,根据原文第四段所给出的信息我们可以得知随着气候变暖,在北美一些地方作物的产量有可能会减少,农民的务农方式也会有所改变。)
4. In the North American grain belt, higher temperature and more frequent drought during the growing season might require farmers to switch from corn to wheat and to use more water for irrigation.
(本题为细节题,根据原文第四段所给出的信息我们可以得知作者在这里举了以上的例子来表明"climate zone"将会北移。)
5. Scientists are concerned about the greenhouse effect and its role in global warming. Some potential impacts of an enhanced greenhouse effect. Studies have showed that the natural world is already responding dramatically to climate change.
(本题为主旨大意题,本文主要讨论了科学家对温室气体排放影响的担忧,以及论述了一些温室气体可能带来的潜在危害,并在最后一段用科学研究成果来说明我们所处的自然环境已经在遭受气候变暖的威胁。)

8. 政治专题

Passage 1 (华东师范大学 2011)

1. Because Reese watched political ads since he was a child and he views the medium with both nostalgia and even affection.
(本题为细节题,根据原文第二段倒数第二句所给出的信息即可得出此答案,Reese 从小就受到这种政治广告的耳濡目染。)

2. Muntadas seemed somewhat weary, because he had some experience that sharpened his awareness of the dangers of political propaganda. But Reese was animated, almost punchy. Because he watched political ads as a kid in Washington, D. C., and he views the medium with nostalgia, even affection.
(本题为细节题，定位于原文第二段，对第二段内容进行整理概括即可得出答案。)
3. Because they hoped both to spotlight innovative ads and to show how certain motifs return again and again.
(本题为细节题，定位到原文第三段第一句"Reese explained that, in making their selections, they hoped both to spotlight innovative ads and to show how certain motifs return again and again."即可得出答案。)
4. It means that there is no clear progress on the fundamental issues such as jobs, better schools, tax relief, help for small businesses, change, peace through strength and other issues.
(本题为语义题，定位到原文倒数第三段即可得出答案，我们目前还没有在就业教育税务减免等方面取得明显成就。)
5. The film is a perfect hybrid of its creators' sensibilities. It's funny and nostalgic, and has an innocent quality. It offers a bleak view of a specifically American form of propaganda, born in 1952, that has grown to shape our political process—not just the way we sell our politicians but the nature of the political discourse itself.
(本题为细节题，根据原文倒数第三段最后两句的内容即可得出此答案。)

Passage 2 (湖北大学 2011)

1. This article mainly talks about whether Gypsies(or Roman) should be recognized as a nation, albeit one without a defined territory.
(本题为主旨大意题，通读全文我们可以发现原文通篇在讲述是否应该把吉卜赛当成一个国家。)
2. The Europe Commission's attitude is cautious toward the issue of Gypsies presenting themselves as a nation. Because it fears that the Basgnes, Corsicans and other nations seeking separation may raise the same demand.
(本题为态度题，由原文第六段可以得知欧盟对吉卜赛想要组成一个国家一事一直秉持一种谨慎的态度。)
3. The biggest problem for Gypsies in forming a nation lies in the fact that Gypsies belong to different and antagonistic clans and tribes without a common language or religion. In fact, Gypsies are extremely heterogeneous.
(本题为细节题，从原文倒数第三段可以得知吉卜赛人属于不同的，而且常常是对抗的民族部落，还没有共同的语言和宗教信仰。)

Passage 3 (四川大学 2010)

1. Sing Sing, located on the bank of the Hudson River at Ossining, New York, is a prison town

where live 1, 748 inmates and 514 man staff. It was different from normal prisons in that prisoners here, while confined, still live a normal life of work and entertainment. Sing Sing functions as a town holding a permanent population as well as a station to receive, examine, educate and transform prisoners from New York City.

（本题为主旨大意题，将原文第一段、第二段以及第四段最后一句话的内容加以整理总结即可得出本题答案。）

2. Because Sing Sing is different from other prisons. It is both a town and a prison. Prisoners here are considered not only as prisoners, but also as citizens in this town. So the officers have to run it in a similar way as running a city.

（本题为细节题，根据原文第十段所给出的信息我们就可以得出此答案。）

3. Good time is the time by which, through his own good conduct, a prisoner may reduce his minimum sentence.

Yes, it does. Because good time may shorten the sentence period of a prisoner, offering prisoners hope of freedom and the opportunities to be released earlier.

（本题为语义题+细节题，根据原文倒数第三段所给出的信息即可得出答案。）

Passage 4 （西南政法大学 2011）

1. The phrase means a change for the better. Because it is the first time in New China that capital goods, property, and invisible capital such as intellectual property rights will have Constitutional protection.

（本题为语义题+细节题。第六段阐明了宪法修正案将私有财产和人权列为宪法保护范围之内所具有的划时代意义。）

2. Chinese thought there's pride in getting rich through hard work in a lawful way.

（本题为细节题。见第三段第三行"The economic boom has brought a change in people's thinking: there is pride in getting rich through hard work in a lawful way."。）

3. Because human rights will have a place in the fundamental law. And the developments shows agreat leap forward China has made in human rights protection over the past time.

（本题为细节题。从第十段可知让公民财产保护有法可依正是这个事件的伟大和意义非凡之处。"Now they will have a place in the fundamental law," he says. "This development shows a great leap forward China has made in human rights protection over the past decades."）

4. When people talked about human rights, they are not only considering capitalist notion, but also their own private property. The living standard and the GDP has been growing fast. All these things are concerning to the significance of the amendments.

（本题为推断题。综合全文可知此事件意义重大。体现了中国司法的进步，维护了人权。而这个进步离不开人均可支配收入的提高；离不开好政策的推动；同时也改变了人们二十年前对人权的印象。When people talked about human rights, they are not only considering capitalist notion, but also their own private property. The living standard and the GDP has been growing fast. All these things are concerning to the significance of the amendments.)

Passage 5 （华东师范大学 2010）

1. One bank's failure can quickly cause others to fall over. Because banks mimic other banks. They expose themselves to similar risks by making the same sorts of loans.
（本题为细节题，由文章第一段所给出的信息可以得知银行之间相互模仿，同样的贷款方式使得他们处于风险之中，并且一个银行的倒闭很有可能还会危及其他银行的破产。）
2. The "boom-bust credit cycle" maybe means the cycle of credit from prosperity to depression. And "asset-price bubbles" means that asset prices gradually deviate from the intrinsic value which is decided by the products and services. And it will leads to economic recession.
（本题为语义题，"boom-bust credit circle"意为信用从繁荣到萧条往复的周期。"asset-price bubbles"意为资产价格泡沫，它的出现很有可能导致经济发展陷入停滞。）
3. The Warwick group is keen that macroprudential policy should be guided by rules. The Bank of England thinks extra capital may be needed for certain sorts of credit.
（本题为细节题，根据原文第六段第二句以及第七段首句即可得出答案。）
4. Bank of England officials stress that efforts to make bank failures less costly for society must be part of regulatory reform because no regulatory system is likely to be fail-safe. It will take measures such as making banks' capital structures more flexible, so that some kinds of debt turn into loss-bearing equity in a crisis.
（本题为细节题，定位到原文倒数第二段我们可以得知没有任何的监管体系一定是万无一失的，所以我们要确保银行资本结构更加灵活。）
5. Because in the European Union, the standard rules are the basis of the single market. But varying rules on capital could also be used as a macroeconomic tool in the euro area, where monetary policy cannot be tailored to each country's needs.
（本题为细节题，定位到最后一段最后几句我们可以得知欧盟是一个以单一市场为标准尺基础的地方。但是各种各样与资本有关的规则也能够在欧元区当做整体经济工具被使用，一种货币政策却不能满足每一个国家的需求。这是让欧盟很疑惑和焦虑的地方。）

三、特殊题型

Passage 1 （对外经济贸易大学 2014）

C D A E B

1. C （由上文提到的内容加上历史知识的回忆我们可以得知 1945 年到 1968 年间，这段时间是欧洲经济政治发展的黄金时期，1968 年发生了很多大事：捷克布拉格之春、法国"五月风暴"、美国反越战运动和中国知识青年上山下乡等，所以这里应该说从那个时候开始政治表现得很好。因此，C 选项正确。）

2. D （由上文可以得知奥巴马的医保法案被驳回多次，但是人们的希望却永远不会停止。因此，D 选项正确。）
3. A （根据第四段第一句 “In politics, you can hardly count all the lights that have failed since the invasion of Iraq a decade ago.”中的关键词 “light”，再与选项中的 latest light 相呼应。因此，A 选项正确。）
4. E （根据上文提到的内容我们得知这段内容描述的是一些历史上很有名望的政治家，所以选项中提到曼德拉，正符合此处的意思。因此，E 选项正确。）
5. B （后文有提到关于技术专家的各种事情。因此，B 选项正确。）

Passage 2 （对外经济贸易大学 2013）

B　A　D　E　C

1. B （下文提到默克尔和卡梅伦，因此我们可以推测上文讲的可能是英国与德国两国关系之类的事情。因此，B 选项正确。）
2. A （由上文可以得知欧元危机孕育了一个更加自信的德国，但是德国和英国还是在关于欧洲问题上存在争论。因此，A 选项正确。）
3. D （下文提出了默克尔的观点，那么可以推测此处应该是卡梅伦提出的观点。因此，D 选项正确。）
4. E （下文讲到英国脱离核心欧洲是必然的，根据这个结果可以推测出上文的原因是 “假如德国生气了，动真格了该怎么办?” 。因此，E 选项正确。）
5. C （上一段最后一句话 “Whether a new relationship can be made to work will depend on how many friends it has.”抛出了一个问题，下文应该是就这个问题给出解答。因此，C 选项正确。）

Passage 3 （对外经济贸易大学 2012）

D　E　B　C　A

1. D （前一句提到了有关中美两国之间的竞争在所难免，纵观 5 个选项，只有 D 选项说两国领导人对此事的看法比较符合原文意思。因此，D 选项正确。）
2. E （第二段句首点明 “realist”，再根据横线句和后面一句的逻辑关系，可知 E 选项正确。）
3. B （根据横线后 “They were writing in the Pre-Qin period...”可知，前一句应提到书、著作之类。因此，B 选项正确。）
4. C （上文提及新的中国领导人上台所采取的一系列措施将很有可能会出现中美之间新的竞争，我们观察到 C 选项除了上文提到的政治方面跟经济方面的竞争之外还加了一个技术方面的竞争。因此，C 选项正确。）
5. A （根据上文所给出的信息，上文提及了冷战时期苏联与美国的竞争，用来说明下文应该提到中国与美国之间的竞争，这与之前苏联与美国在冷战时期的竞争不一样。因此，A 选项正确。）

Passage 4 （对外经济贸易大学 2011）

1. D （①空后面一句提到 price-fixing，可知前文必定先要提及。D 选项给出了关于 price-fixing 的解析，向读者介绍其含义。因此，D 选项正确。）
2. E （文章开头提出两个概念“free market”以及“price-fixing”，接下来整篇文章是关于这两者对经济发展的作用的比较。因此该句起着统领的作用。因此，E 选项正确。）
3. A （由“That each large firm will act with consideration of”和“will also act with full consideration of”可知两者为递进关系。因此，A 选项正确。）
4. B （由“the first”“the second”可以推断出上文必定有两个并列项，联系上下文可知，B 选项正确。）
5. C （该段首次提到 Soviet，而且最后一句提到了苏联的公司被给予了调控价格的权力，正好与 C 选项相衔接。因此，C 选项正确。）

Passage 5 （对外经济贸易大学 2010）

1. E （根据后一句提到的“三个”集中在美国，“第四个”跟中国有关，“第五个”跟油价有关，我们不难发现这是在讲 E 选项中的五个威胁。因此，E 选项正确。）
2. B （根据前文的提示词“a dollar collapse”“budget deficit”“high inflation”，我么可以推断出这里是在担忧美元贬值将会加剧石油价格飙升。因此，B 选项正确。）
3. D （根据后文所给出的信息“the deficit would exceed $1 trillion per year by 2010”，我们可以推断出这一句肯定是在讨论有关“deficit”的事情。因此，D 选项正确。）
4. A （这一句应该是解释美国发展前景低迷惨淡的第三个原因。因此，A 选项正确。）
5. C （根据后面的信息提到了停滞性的通货膨胀，我们不难猜测出前面也应该提到了一些相关信息，例如石油价格飙升、美元不断贬值等。因此，C 选项正确。）

Passage 6 （对外经济贸易大学 2010）

1. B （第一句提到 About one commercial bank out of every four has a trust department that provides specialized fiduciary services for its customers，因此“most”不对。B 选项正确。）
2. B （根据原文第二段首句所给的信息“With roughly 75 percent of banking-industry participants not engaged in trust operations, trust services obviously play a somewhat limited role in the industry.”来看，并没有明确提到 trust department 是个很重要的部门。因此，B 选项正确。）
3. B （细节题，见第三段第二句 In the early days of the trust business, these fees usually were calculated as a percentage of income earned from trust assets，可知 B 选项正确。）
4. A （根据原文第三段最后部分所给出的信息可以判断这句话是正确的。因此，A 选项正确。）
5. C （最后一段第一句“Personal trusts and employee-benefit accounts are the major business lines of trust departments, as of December 31, 1980.”“In each of the major business lines, common stocks are the major investment vehicle”只是在描述情况，并没有提到是否与 20

世纪80年代相同。因此，C选项正确。)

Passage 7 （西安外国语大学 2013）

1. Many people define joking as the ability to find similarity in dissimilar things.
2. If they recommend anything, nine out of ten doctors responding to a survey recommend the product.
3. People would probably be healthier if they did not drink or smoke.
4. In this book, current knowledge and past wisdom are combined to solve current problems.
5. Although the organization may reach its goals, the goals might not be important.
6. In Chinese traditional medicine, acupuncture is known to treat disease and alleviate pain.
7. High taxes have changed the lives of some of the old wealthy families.
8. Timeless symbols typically gain wider meaning while not losing their inherent force.
9. People should try to find out about drugs before using them.
10. If cities wish to maintain good safety records with school buses, they should hire good school bus drivers.

Passage 8 （四川外国语大学 2013 ）

1. YES （定位到原文第二段最后四行，"Through his prose, Crane is able to reveal the unadulterated brutal realism manifest in nature itself."可以得知这个说法是正确的。)
2. NO （定位到原文第一段最后几行，可以得知这个说法是错误的。)
3. YES （定位到原文第五段头两句话"As Crane continues with the theme of man versus nature in The Open Boat, the element of pessimism crucial to any naturalistic work, becomes quite apparent."可以得知这个说法是正确的。)
4. NOT GIVEN （原文中并没能找到与题干相对应的信息，所以本题为NOT GIVEN。)
5. NO （定位到原文第五段，根据所给出的信息"Along the way, he provides little commentary on the situation, forcing readers to place themselves immediately on the boat with the men while enforcing the dark tone of the story."即可得知题干的说法是错误的。)
6. D （本题为推断题，根据原文所给出的信息"Crane was born to parents in the ministry and grew up in a household grounded in religious beliefs and context. Yet, before long, Crane had, for the most part, rejected religion and the idea of divine intervention in favor of a more hands-on approach to the world."可以得知Crane是出生在一个有宗教信仰的家庭，但是后期他却拒绝宗教。因此，D选项正确。)
7. A （本题为推理题，由第二段中的"Being as true to life as possible is one of the most common goals of a naturalistic write"可知真实性对自然主义小说家非常重要，而小说 *The Open Boat* 正好是以作者的亲身经历为基础而写的，符合自然主义小说的要求。因此，A选项正确。)
8. B （本题为推断题，第三段主要是为了告诉我们，在大自然面前，我们是无能为力的。因此，B选项正确。)

9. A （本题为细节题，定位到原文第五段所给出的信息“forcing readers to place themselves immediately on the boat with the men while enforcing the dark tone of the story.”即可知道作者希望读者能够身临其境地去感受。因此，A 选项正确。）
10. B （本题为语义题，“sugarcoated reality”在这里是指一种理想状态下的现实。因此，B 选项正确。）

Passage 9 （四川外国语大学 2013）

1. X （从本段第一句话“E-knowledge finds expressions in many shapes and forms in a profoundly net-worked world”可推出本段主要讨论 E-knowledge 这个话题。）
2. Ⅱ （通过 Paragraph C 的关键词“networking”可以迅速判断出Ⅱ符合这段文字的大意。）
3. Ⅳ （我们可以找到这一段的关键词“knowledge sharing”来确定这段的大意跟 IV 选项相符合。）
4. Ⅸ （我们不难发现 Paragraph E 主要在讲关于“knowledge sharing”不好的地方，所以 IX 最符合题意。）
5. Ⅵ （根据 Paragraph F 所给出的信息“how knowledge can be understood and shared in different ways.”我们可以得知这一段主要在讲我们如何从一个全新的角度来定义“knowledge”。）
6. Ⅻ （根据本段“People experience and act on knowledge in a host of different ways.”以及“Knowledge can be created by asking a question and watching the responses provoke cascading conversations，responses，and interactions among network participants.”可知本段的“topic”为如何创造知识。）
7. NO （E-knowledge 有不同形式，“e-knowledge commerce”最先来源于商业的实践，所以本题答案为 NO。）
8. YES （定位到 Paragraph C 最后几句话所给出的信息“Yet few colleges and universities have taken sufficient account of the need to use their knowledge assets，i. e. the valuable resources in their possession，to achieve strategic differentiation.”可以得知题干的说法是正确的。）
9. NO （定位到原文 Paragraph E，题干中的“only if knowledge is available in academia and e-learning.”太过绝对，所以本题答案应该是 NO。）
10. YES （定位到 Paragraph B 第三、第四行，根据原文所给出的信息“E-knowledge also emerges from interactivity within and among communities of practice”，即可得知本题题干说法是正确的。）
11. YES （定位到原文 Paragraph G，根据原文所给出的信息“But in practice，knowledge use is much more complicated than that and includes interpreting，reflecting，creating，applying，realizing，understanding，associating，recognizing，repurposing，and enhancing knowledge.”，即可得知本题题干的说法是正确的。）
12. developed （定位到原文 Paragraph A，根据上下文提示即可得知此处“tools”的更新换代很迅速，此处应填 developed。）

13. reinvented （从第一段得知“tool”是技术，再由“best practices in knowledge sharing not only are diffusing rapidly but will be substantially reinvented in all settings”可得出答案。）

14. disruptions; opportunities （定位到原文 Paragraph A，根据原文所给出的信息“Virtually every enterprise and institution is grappling with the disruptions and opportunities caused by Web-enabled infrastructures and practices.”，即可知道本题答案。）

15. grappling with （定位到原文 Paragraph A，根据原文所给出的信息“ Virtually every enterprise and institution is grappling with the disruptions and opportunities caused by Web-enabled infrastructures and practices.”，即可知道本题答案。）

Passage 10 （四川外国语大学 2013）

1. D （定位到原文第二段第二句，根据原文给出的信息“The opera seria, which first arose in the cities of Naples and Venice, had taken on a clear, practically inflexible form by around 1720.”，可知 D 选项正确。）

2. F （定位到原文第二段倒数第三行，根据原文所给出的信息“Italian opera seria” aimed to be clear, simple, rational, faithful to nature, of universal appeal, and capable of giving pleasure to its audiences without causing them unnecessary mental fatigue.”即可得知 F 选项正确。）

3. A （定位到原文第四段第三句话，根据原文所给出的信息“It was always composed of three acts”即可知 A 选项正确。）

4. C （定位到原文第六段，根据原文所给出的信息“The intermezzo was already an integral part of the opera seria in that it was a short performance break between acts and was less predictable than the major production.”即可知 C 选项正确。）

5. B （定位到原文第六段，根据原文所给出的信息“More importantly. it was less constrained and displayed elements of free emotion and subject matter that mirrored everyday life.”即可知 B 选项正确。）

6. NOT GIVEN （关于悲剧的信息主要集中在 B、C、D、E 段，在这几段中没有表明悲歌剧创作家是如何与社会责任联系起来的，因此该陈述纯属子虚乌有。）

7. NO （定位到原文第二段最后一句“Italian opera seria aimed to be clear, simple, rational, faithful to nature, of universal appeal,… without causing them mental fatigue.”即可得知本题题干的说法是错误的。）

8. NO （定位到原文第六段，根据所给出的信息“More importantly, it was less constrained and displayed elements of free emotion and subject matter that mirrored everyday life,”即可得知本题题干的说法是错误的。）

9. YES （定位到第七段第四和第五行，根据所给出的信息“Likewise, the opera buffa began to engage in more sophisticated themes. By the end of the century, even the most sensitive opera enthusiast could hardly distinguish between the two.”即可得知本题题干的说法是正确的。）

10. YES （定位到第六段前半部分，根据原文所给出的信息，我们可以得知题干的说法是正确的。)

11. A (本题为推断题。考查的是10世纪意大利歌剧分为悲喜剧的原因，意大利歌剧深受古希腊神话的影响，随着时代的发展，人们对传统主题越来越反感，因此C选项和B选项不对。人们的思维方式与该题没有直接关系，D也不对。因此，A选项正确。)

12. B (定位到原文第二段第五行，根据原文所给出的信息“the famous Enlightenment, that seized all of Europe and affected so many different aspects of life”我们可以得知作者在这里提到“Enlightenment”是为了表明对于“opera seria”来说什么才是最重要的特点。)

13. A (此题为细节题，由“the opera seria was a product of the philosophical movement that arose in the late 1600's, the famous Enlightenment”，可得出答案。)

14. A (本题为推理题。意大利悲歌剧深受古希腊的影响，形式固定单一，缺乏吸引力，因此大部分观众不大愿意观看。)

15. A (本题为语义题，原文最后一段画线部分句子的大意是：不管这两种歌剧的形式怎么变化，唯一不变的就是能让观众继续好好享受这两种歌剧，故A选项最符合原文意思。)

Passage 11 (四川外国语大学 2012)

1. Ⅴ (由Section A原文首段我们不难发现美国是个移民国家，多元文化在此融会交合后才形成了今天的美国特有的文化，所以这段主要在讲全球对于美国文化的影响。)

2. Ⅵ (通读Section B我们不难发现这一部分的关键词是“Modernism”，所以应该选择与其相对应的Ⅵ选项。)

3. Ⅳ (Section C主要描述了关于美国的“pop culture”的一些基本情况，所以应该选择与其相对应的IV选项。)

4. Ⅷ (根据Section D原文里面的关键词“human relationships”和“mass culture”我们可以迅速确定本题答案。)

5. NO (根据原文Section B第一段所给出的信息“particularly in the modernist refusal to honor the traditional boundaries between high and low culture.”，即可知道本题这个说法是错误的。)

6. YES (根据原文Section B第二段所给出的信息“They did so by emphasizing style and craftsmanship at the expense of philosophy, religion, or ideology.”，即可得知这个说法是正确的。)

7. NOT GIVEN (原文中并没有确切的说法来表明美国的大众文化是世界性的而不是帝国主义性的。)

8. NOT GIVEN (原文中并没有信息表明美国文化已经渗透到整个世界的经济政治格局中来。)

9. YES (根据原文Section A所给出的信息“What Americans have done more brilliantly than their competitors overseas is repackage the cultural products we receive from abroad and then retransmit them to the rest of the planet.”，我们可以得知这个说法是正确的。)

10. C (定位到原文Section B第二段第一句话“The artists of the early 20th century also

challenged the notion that culture was a means of intellectual or moral improvement."可知C选项正确。)

11. B （本题为主旨题，通读全文不难发现本文论述的是美国文化以及美国文化是如何盛行的，因此，B选项正确。）
12. C （本题为细节题，根据原文首段最后一句所给出的信息可以推断出人们反对全球化的原因之一就是怕文化统一会逐渐取代文化多样性。因此，C选项正确。）
13. D （此题为细节题，根据原文 Section C 部分的信息我们可以逐一排除 A、B、C 三个选项。因此，D选项正确。）
14. B （本题为细节题。根据原文 Section D 所给出的信息"American movies, in particular, have customarily focused on human relationships and private feelings, not on the problems of a particular time and place. They tell tales about romance, intrigue, success, failure, moral conflicts, and survival."即可得出本题答案。因此，B选项正确。）
15. A （本题为态度题，通读全文不难发现作者对于美国文化还是赞赏的，因此可以得知他对美国文化的态度是支持的。因此，A选项正确。）

Passage 12 （四川外国语大学 2012）

1. YES （本题定位到原文第二段最后一句"Even if you put the Chrysler Building on top of the Empire State Building, that still wouldn't equal its height."，即可得出答案。）
2. NOT GIVEN （本题定位到原文第三段第二句"it's not as if there weren't enough land to build on in Dubai, or any need for more office or residential space, after a decade-long construction spree that makes the excesses of Florida look almost prudent."，即可得出答案。）
3. NO （本题定位到原文第四段第一句"Dubai is unlike any other city, but imagine a cross between Hong Kong and Las Vegas that tries to operate as if it were Switzerland, and you begin to get the idea."，即可顺利得出答案。）
4. YES （本题定位到原文最后一段，可以得知我们确实不能用对付商业建筑的标准来看待 Burj Khalifa。）
5. NO （本题定位到原文第一段第一句"Erecting the tallest building in the world is a pursuit both pointless and exhilarating."，即可得出答案。）
6. A （本题定位到原文最后一段"The defining towers of the New York sky line, at least before the Second World War, were skinny compared with today's skyscrapers, and their vertical lines gave intense visual pleasure."，可知A选项正确。）
7. B （本题可以定位到原文最后一段的"office tenants today want lots of horizontal space, which means huge, open floors and stocky, inelegant towers."，其中"today"一词暗指二战之后。因此，B选项正确。）
8. B （本题同样是根据"office tenants today want lots of horizontal space, which means huge, open floors and stocky, inelegant towers."可知B选项正确。）
9. A （本题根据原文最后一段的信息"The defining towers of the New York sky line, at least before the Second World War, were skinny compared with today's skyscrapers, and their

vertical lines gave intense visual pleasure."。可知 A 选项正确。)

10. C (通过最后一段，我们不难发现不管是二战前还是二战后摩天大楼都是为了追求建得更高。因此，C 选项正确。)

11. B (本题为细节题。根据人名关键词"Frank Lloyd Wright"快速定位到原文第一段，就可以得知他是想让这个建筑成为当地的一个地标式建筑。因此，B 选项正确。)

12. D (本题为细节题。根据原文第二段所给出的信息我们可以得知台北的 101 大厦是这几个选项中最高的。)

13. A (本题为细节题。根据原文第三段最后几句的信息可以得知以这个名字命名的最高建筑是为了让人们记住这个将 Dubai 从财政危机中解救出来的人。)

14. D (本题为细节题。根据原文第六段所给出的信息，可以得知 Burj Khalifa 这个建筑的设计与以往的建筑设计有很大不同之处，从而推断出本题答案为 D 选项。)

15. D (本题为细节题。根据原文最后一句所给出的信息"There is something appealing about a building that relies on the most, advanced, engineering but doesn't flaunt it."，即可得知本题答案为 D 选项。)

Passage 13 (四川外国语大学 2012)

1. NOT GIVEN(本题定位到原文第三段最后一句"It's already an open question whether constant email and multitasking leaves us overloaded humans with the capability to handle longer-form writing."，发现原文并没有提及这个观点。)

2. NO (本题定位到原文第六段第一句"Digitized words can be spread at low cost in newly interactive ways."，即可得出答案。)

3. NO (本题定位到原文第六段最后一句"over 100, 000 books can be delivered wirelessly in less than a minute—whether you're in the back of a taxi, at the airport, or in bed."，即可得出答案。)

4. NO (本题定位到原文第七段，可以得知题干"only in book form"错了，还有其他形式。)

5. NO (本题定位到原文最后一段，可以得知 McLuhan 的警告太过悲观，其实并不是这么回事。)

6. D (本题为细节题，根据第五段所给出的信息"Perhaps a new digital device like the Kindle can help us regain the attention spans earlier devices helped us lose."可以推断出以前的种种"information-snacking tools"都在减少人们的注意力。因此，D 选项正确。)

7. C (本题为细节题，根据原文第四段所给出的信息"He hopes that 'Kindle and its successors may gradually and incrementally move us over years into a world with longer spans of attention'"即可知 C 选项正确。)

8. B (本题为推断题，定位到原文倒数第四段，15~24 周岁的人周末花在阅读上的时间为 8 分钟，35~44 岁是 12 分钟，65 岁以上的是一个小时，由此可以得出的结论是年轻人在阅读上花费的时间最少。因此，B 选项正确。)

9. C (本题为细节题，定位到原文倒数第三段，通过 Mr. Gomez 先生打的比方"to expect

future generations to be satisfied with printed books is like expecting the BlackBerry users of today to start communicating by writing letters"，可以得知下一代人将不会只满足于纸质书的。因此，C 选项正确。）

10. A （本题为细节题，定位到原文倒数第二段，根据所给出的信息"the aim is to get kids "excited about books in a whole new way."，可知 A 选项正确。）

Passage 14 （国际关系学院 2014）

1. This quote given by T. Paine is about the cost we pay to gain freedom. T. Paine, the author of *Common Sense* and one famous revolutionists in American history, strongly advocated for human freedom. As this quote implied, in the process of pursuing freedom, so many people devoted their efforts, sweat, blood and even livies. For the success of every radical revolution or reform to realize human freedom, a number of heroes sacrificed themselves. In this sense, freedom is not free. Instead, it is a process involving in lots of trials and tribulations.
2. This quote is reveals the incompatible relation between love and reason. Great playwriter Shakespeare once said, "love is blind", which means that love is a kind of emotional strength derived from uncontrollable passion. However, reason is the cause of, motive for or justification to something, which is rational. Therefore, love and reason cannot exist together.
3. This quote is put forward by famous British poet Lord Byron who created the masterpiece *Don Juan*. It employs metaphor to unfold the significance of laugh which can actually improve health and help fight disease. A person who always laugh has a good mood and optimistic attitude towards life, which can also shorten his distance with other people. In this sense, laugh is a free medicine to safeguard health.
4. H. D. Thoreau, one of the most influential writer and philosopher in American literature, shows his attitude towards money in this quote. All things here are endowed by nature and people can obtain them with little money. But bad things refers to the man-made things created to meet people's material desire. As human desire has no ends, corresponding bad things will become quite dear.
5. Benjamin Frankilin, one of the forerunners of American history, uses metaphor in the quote to demonstrate the importance of experience. People must have to experience a lot of things in the real world, for which they may not pay a great deal of money and efforts. However, through experiences, people can know what is right and what is wrong and learn how do deal with things. So even though experience is expensive, it is also a worthwhile school. For those who are unwise, experience is the only way to help them become wise enough to live this world.

Passage 15 （国际关系学院 2013）

1. From Franklin's quote, we may find the similar rhetorical device in the Holy Bible, "for dust you shall return". When people are born, they know nothing about the world. In their process to growing up, they have experienced a lot and become wise about the world. But the more

they know, the more eager they are to keep an innocent mind toward the external world. So they must try very hard to make them seem to be unknown, or in another word, stupid.

2. Alexander Hamilton is one of the most influential forerunners and the first treasurer in American history. His quote reveals the authentic human nature. On the one hand, human beings have animal instinic with sensibility which determines they may not be so reasonable. However, human beings have their initiatives, which means they have the ability to think, understand and form opinions.
3. Harvard Goldblatt's comment exactly pointed out Chinese people's attention on not merely on Mo Yan, but also their obsession over the Nobel Prize for literature. According to the commentator, winning the Nobel Prize for literature is a private matter of Mo Yan, a kind of admiration and affirmation of his literature success. However, in China, people sublime it as the national honor, which make the author unpleasant.
4. Samuel Bulter is a famous British writer in the middle of 19th century who gains his reputation after his death. His quote indicates his insight on life. Life is art, with many possibilities. We cannot experience all things in our life, but we can learn something from our limited experience.
5. This quote is cited from Booker T. Washington, American writer, educator and political leader. It means that if you want to gain support from others, you should share weal and woe with them. Only in this way, you can understand them and be friends with them. In return, they will be strongly back to you.

Passage 16 （国际关系学院 2012）

1. This quote, put forward by British famous mystic Aleister Crowley, presents his scorn for the way to learn knowledge that we don't understand by memorizing. For him, this mechanical way to learn knowledge humiliates his talent.
2. Hedy Lamarr, famous American actress and the inventor of Secret Communications System, is the presentative of women with beauty and brain. Her quote states the traditional point view on women that only do they have beautiful appearance and obedient manner, can they be attractive. However, Hady Lamarr's life experience completely debut this quote. So we can see that there is a sense of sarcasm behind this quote.
3. George Carlin is a renowned American stand-up comedian and actor. This quote reflects his humor and sharp words, which expose his satire against human nature. If human being is the only species in the universe, the universe will be a bad place unsuitable for living.
4. This quote shows Fred Allen's attitudes toward life. He is a simple man with little desire for things that are not accord with his life style. For him, the best things are those fit him most.
5. This statement employs comparison to illustrate people's attitude toward play and education. According to Johnny Carson's perspective, people are willing to invest more money to enjoy themselves rather than to receive education.

Passage 17　（国际关系学院 2011）

1. Colton's quote shows the significance of learning from others in dealing with interpersonal relations. On the one hand, there is always someone we can learn from, even the person who objects you. And learning from them is a safe way, because your modesty may win their admiration. However, if you are fond of being teachers of others, even your friends, you will be at risk of losing them.
2. Nicolaus Copemicus is one of the greatest astronomers in the 16th century. His quote emphasizes the importance of self-knowledge. The true knowledge, from his perspective, is the knowledge of ourselves, the knowledge about our limitations.
3. This quote uses pun to clarify the relationship between success and work. In the dictionary, the word "success" is before the word "work" according to the sequence order. But in reality, success only comes from hard work.
4. Tom Bodeo's quote employs contrast and pun to illustrate the difference between school and life. "Lesson" in school refers to specific courses that can instill you theoretical knowledge while in life it refers to practical experience. In school we take classes, learn specific theoretical knowledge from the textbook and then pass the examinations. But in real life, we will undergo different things, make faults and learn experiences. From this quote, we may know that theoretical study and practical experience differ greatly.
5. George Carlin, a renowned American stand-up comedian and actor, is famous for his black human, deep insight into the life and sharp words. This line implies the power of belief. Any man in the world has some authority, but this kind of authority cannot form into the belief that can be internalized by people. That's why even though people think they have the authority equal to the Pope, their authority brings about no influence on others, as they have no followers.

四、模拟试题

模拟试题 1

Section A

Passage 1

D　C　C　A　D

1. D　细节题。答案在文章第一段最后一句"Know this: The ratings agency's decision on Friday to downgrade the credit rating of the U. S. government to AA+ from AAA—stripping the U. S. of the highest rating for the first time in 70 years—was 100% correct". 100% correct 表明作者十分认同这个观点。第一段中有三个 yes，分别对应的是 A、B、C 三个选项，这种情况下，作者通常是抛砖引玉，真正想说的是最后的转折。因此，D 选项正确。

2. C 细节题。由第二段“Not all are political. U. S. growth is slowing”，可知 A 正确；由第三段“suggests the underlying strength of the U. S. economy is weakening.”可知 B 正确；由第五段“a large part of the current downgrade is political.”可知，本题应选 C 选项。
3. C 细节题。由第五段第三句话“The fracturing of our political system has led to the rise of political parties that are unwilling to compromise on our biggest challenges”，可知 C 选项正确。
4. A 细节题。由“Despite the mistakes *S&P* has made in the recent past, it's ratings still matter”可知 A 选项正确。
5. D 主旨题。纵观全文，文章从原因、影响等各个方面分析了美国标准普尔信用等级降级。因此，D 选项正确。

Passage 2

C B A D A

1. C 细节题。由文章第一段结尾“But the two seem to be incompatible with each other, putting out of reach one grand, unified theory. Many physicists would like to overcome this obstacle”，可看出两种理论至今都不能很好地解释黑洞。因此，C 选项正确。
2. B 细节题。文章第二段第一句提到，更吸引门外汉的是威尔勒博士给黑洞的命名，而不是物理学的细节。nomenclature 有“命名法、术语”的意思。因此，B 选项正确。
3. A 细节题。由第五段“In a paper just published in Nuclear Physics B。Samir Mathur and his colleagues at Ohio State University seem to have solved the paradox using string theory, which is the best available attempt to reconcile relativity and quantum mechanics”可看出 C 错误；由倒数第四段“A singularity is a mathematical anomaly where physical theories such as general relativity break down because quantities that should be finite diverge to infinity”可看出 D 错误；B 选项文章未提及。因此，A 选项正确。
4. D 细节题。结合文章第三段“Drop something—an encyclopedia, say—into a black hole, and it would be destroyed and eventually re-emitted as Hawking radiation in a random way”，可看出这是“string theory”的观点。“quantum mechanics”的观点正好与此相反。因此，D 选项正确。
5. A 主旨题。通读全文，文章主要是用不同的理论、不同学者的观点来讲述黑洞，A 最贴合意思，B、C、D 选项均比较片面。因此，A 选项正确。

Section B

Passage 1

1. The author uses the film to introduce the topic: in real life, companies do worry about their employees' health as well as its effect on productivity and insurance premiums. They pay much attention to encouraging their staff to keep fit.
(本题为推断题，我们不难发现作者在第一段引用《恐怖波士团》这部电影其实就是想介绍出本文的主题，即第一段后半段所写到的“In real life, companies are more humane.

But they do worry about their employees' health, and the effect this has on productivity and insurance premiums. Many are trying to nudge their staff to keep fit."。)

2. According to the theory, people are often irrational—they often care about the present profits rather than long-term health. These human-resources departments' programmes can give employees some profits as praise, which can urge people to act more rationally.
(本题为细节题，通过原文我们可以发现人们通常都不太理性，一般只看到眼前的利益而从不考虑长远的利益，而这些恰好能帮助和敦促他们变得理性起来。)

3. From the examples of the two large firms, we can infer that companies are attaching more and more importance to their employees' health by adopting various tactics and some of them made a success.
(本题为推断题，根据第六段和第七段所给出的内容我们不难发现 IBM 跟 GE 两家公司都在越来越关注员工的健康问题，并已经开始采取一些措施，有些措施已经初见成效了。)

4. Dr. Volpp reminds us that not all the companies succeed in the health program, some reward to the healthy employees is unnecessary because these activities are what they have to do, and that to keep healthy is a long and tough process requiring perseverance.
(本题为细节题，定位到原文倒数第二段" Some initiatives reward healthy employees for activities they might have done anyway. Others prompt only temporary change."即可得出答案。)

5. More and more Healthways' clients tend to use both encouragement as well as punishment in health keeping. Those who can keep fit will pay less for their health insurance while those unhealthy employees will pay more.
(本题为语义题，根据上文"Those who continue to offer insurance may try controversial means to keep it affordable."的提示，我们可以得知现在倾向于采取鼓励加惩罚双管齐下的方式来督促公司员工保持健康。)

Passage 2

1. According to the author, the surest method of pleasing is "do as you would be done by". It means that we need to treat people in the same way you would like them to treat you.
(本题为细节题，定位到原文第一段第三句话"Do as you would be done by, is the surest method that I know of pleasing."即可得出答案。)

2. If you want to gain affection and friendship of particular people, you could endeavor to find out the predominant excellency and their prevailing weakness, and do justice to the excellency, and something more than justice to the weakness.
(本题为细节题，定位到原文第五段"If you would particularly gain the affection and friendship of particular people, whether men or women, endeavor to find out the predominant excellency, if they have one, and their prevailing weakness, which everybody has; and do justice to the one, and something more than justice to the other."即可得出本题答案。)

3. Attention to such trifles flatters self-love much more than greater things, as it makes people think themselves almost the only objects of your thoughts and care.
（本题为细节题，定位到原文倒数第二段最后一句话即可得出本题答案。）
4. Possible answer:
I agree with the author's view point on the ways to pleasing to a large extent. As a father, he uses his own life experience to teach his son how to please people, how to behave properly in the public and how to build ideal relationship with others. The suggestions are quite useful and practical. But for myself, I don't think flattery should be over-evaluated as an art, treating people earnestly can be enough.
（本题为态度题，在很大程度上我们可以同意作者关于取悦他们的观点，作者的观点是有一定作用和意义的，但是如果将取悦他人当做一种艺术来说的话又太过了，我们只要真诚待人就好了。）
5. To describe the opponents' opinion, the author adopted "first person narration", "colloquial tone" and "quotation", etc.
（本题考查作者运用了何种写作手法。在这封信件中作者用第一人称来叙事，并且语言较为口语化，还用了一些引用。）

模拟试题 2

Section A

Passage 1

D C C B D

1. D 细节题。由第一、第二段可知供需差距创造了器官交易市场，D 最具概括性，A、B、C 项不是结论，较为片面。因此，D 选项正确。
2. C 细节题。答案可在第三段中找到，"the waiting lists for organ transplants grow ever longer as ageing populations. The problem has been exacerbated by a fall in road deaths in rich countries, which—along with strokes and heart attacks—are the main source of organs for transplant."可见器官移植需求越来越大，供给却越来越少。因此，C 选项正确。
3. C 细节题。第一句"The latest of many organ-harvesting scandals is now raging in India"，是指最近印度的器官贩卖丑闻很猖獗，并不是指最后一桩器官买卖在印度，A 错误。"one of several poor countries where the sale of organs used to be legal but has now been banned, with the apparent effect of driving the trade underground."器官交易被禁止后，开始转为地下交易，并没有消失，B 错误。"He has been accused of luring labourers into his clinics with job offers; victims were then offered up to $2, 000, a princely sum, to part with a kidney." 可知找工作的人是被引诱到诊所，割肾的人并不是他们，D 错误。由"Amit Kumar, is awaiting trial after reportedly confessing to having performed hundreds of illegal transplants for rich clients from America"可知 C 选项正确。
4. B 主旨题。作者分析了器官移植存在的原因及现状，通读文章不难发现作者对器官交易深感忧心。因此，B 选项正确。

5. D 主旨题。纵观全文，文章旨在传达器官供求失衡，器官交易市场形成，甚至出现了一些有违道德的交易。因此，D 选项正确。

Passage 2

1. B 细节题。根据第三段倒数第二句“Americans are divided about the merits of surveillance...”可以看出美国人对待监视问题意见不一。而根据第三段首句，奥巴马并没有称间谍行为是为了维护安全，只是号召人们对隐私、安全和便利等问题之间的权衡讨论，A 错误；文中只提到美国国会及管理部门不愿提及他们的监视项目，并未谈到羞耻问题，C 错误；根据第三段最后一句，间谍行为受法律约束，D 错误。因此，B 选项正确。
2. C 主旨题。根据第四段前半部分，通过 9·11 及基地组织等事件表明间谍监视行为对维护国民安全的重要性，最后一句表明人们对于斯诺登事件被遗忘是开心的，证明人们对于监视行为是接受的。因此，C 选项正确。
3. A 细节题。根据文章五、六、七段，可知 C、B、D 项分别为文中第一、二、三个担忧问题。答案应选 A。
4. C 主旨题。根据倒数第二段，禁飞令体现了公共监管力度不够，也是间谍体系的不完善。因此，C 选项正确。
5. D 细节题。根据最后一段第三句，作者认为政府要提高工作效率必须要牺牲一些东西，但公共监管是十分重要的。因此，D 选项正确。

Section B

Passage 1

1. The passage mainly concerned with different ideas about the effect of electricity on cancer.
(本题为主旨大意题，通读全文我们发现本文通篇都是关于电力对癌症影响的各种不同观点的讨论。)
2. The EPA believed that there is casual link between electricity and cancer. The agency tentatively concludes that scientific evidence “suggests a casual link” between extremely low-frequency electromagnetic fields—those having very longwave-lengths—and leukemia, lymphoma and brain cancer, While the report falls short of classifying ELF fields as probable carcinogens, it does identify the common 60-hertz magnetic field as “a possible, but not proven, cause of cancer in humans.”
(本题为态度题，本题定位到原文第二段后半部分即可得出答案。)
3. Every unit of the modern military has depended on the heavy use of some kind of electronic equipment. Air Force scientists charge authors of the report with having “biased the entire document” toward proving a link.
(本题为细节题，定位到原文最后一段“Air Force scientists charge its authors with having “biased the entire document” toward proving a link.”以及“There is hardly a unit of the

modern military that does not depend on the heavy use of some kind of electronic equipment, from huge ground-based radar towers to the defense systems built into every warship and plane.”，即可总结出本题答案。)

4. They may exercise prudent avoidance, the impact may risk people's life anyhow.
(本题为推断题，他们会采取谨慎小心的态度。因为还在争议中，唯一的途径是尽量避开和电器接触。)

5. The passage employs the Question-Answer pattern, and practices comparison to illustrate the two different viewpoints towards whether electricity affects people's health or not and to provide foundation for the opposing ideas.
(本题考查作者运用了何种写作手法。我们不难发现文章以问答的方式，对比写作方法，写出了围绕电力是否影响健康——是否致癌这两种观点，以及其观点的依据。)

Passage 2

1. The writer intentionally uses the words as “faded”, “stained”, “worn” to enhance readers' conventional impression towards the Captain. He might be a poverty-stricken and slovenly person. “veteran” suggest someone who has served long time in the armed forces of their country, especially during a war. This word may lead the readers to consider that the captain may be an aged and experienced man. All in all, he might be not good enough for the girl.
(本题为态度题，作者用这些词来描述 the Captain，是想提高他在读者心中传统的形象。他也许是一个穷困潦倒的人，用“veteran”来描述他，是想告知读者他是一个曾经为国家上过战场的人，这些都会告知读者 Captain 是一个年长且阅历丰富的人。)

2. When finished reading the passage, it can be surely detected that Theodora is much elder than the Captain, she was quite concerned that she may get old quickly and cannot be a good match for the young man.
(本题为细节题，通读完全文我们才发现 Theodora 比 Captain 要大九岁，很明显她并不适合眼前这个年轻人。)

3. January and May, October and pretty early in June are the two metaphors used by Theodora to describe her relationship with the young captain concerning age. Although both pairs has 5 months standing in between, January and May suggest that both of them are still at the early and youthful period of life, while the early period of June and October set their feet in different seasons and might bear more sharp and unbearable differences.
(本题为语义题，用一月到五月，六月到十月这个隐喻是想表示他们之间的年龄差异，暗指 Captain 还很年轻，但自己却已经老了，他们处于不同的季节不同的年龄阶段，他们之间的差异很大。)

4. Sad and surprising endings always invite more reflections and make the passage more impressive. So we might prefer the sad ending much better than a happy ending.
(通常来说，悲剧结局更加意味深长，会引人深思。所以通常我们喜欢 sad ending 胜过 happy ending。)

5. The last two paragraphs proves the right choice of Theodora. The 19 years old veteran was immature and inexperienced: he starts to complain about Theodora's age and felt quite sorry for. (本题为语义题，最后佐证了 Theodora 的选择是正确的，the Captain 那时候还不够成稳，他开始抱怨 Theodora 的年纪，后来他为此感到十分抱歉。)

模拟试题 3

Section A

Passage 1

1. A 推断题。根据文章第二段首句可以得出结论，Woods 和 Martha Stewart，Kobe Bryant 一样在经历丑闻之后重新回归。因此，A 选项正确。
2. B 细节题。根据第三段“then companies are well advised to go into collective overdrive; if it is no, then they can experiment with more nuanced responses, such as lopping off a tainted product or sacrificing a rogue division...”可知 B 选项正确。
3. D 细节题。第四段首句主旨句 took a no-holds-barred approach，意为毫不迟疑做某事，在此题可理解为立即采取行动。因此，D 选项正确。
4. C 态度题。根据第六段内容，对危机管理，公司必须要采取几项措施，其中之一便是撤出律师和财政员工，即对律师和财政员工采取否认态度。因此，C 选项正确。
5. C 推断题。根据末段，危机处理得当也可以重新带来繁荣，可口可乐就是个很好地例子，因此伍兹在经历丑闻之后也有可能获得实现事业巅峰的机会。因此，C 选项正确。

Passage 2

1. C 细节题。由第一段“the Japanese have relished the delicacy of their fermented rice brew and built their social lives around it”；第二段“A growing preference for just 15% of Japan's alcohol market”；第三段“it is tucked into four ancient vine-covered warehouses near a local highway and sits over an abundant underground water supply,”可知 C 选项正确。
2. D 细节题。由第二段“Nowadays fewer and fewer drinkers seem to agree with Takada. A growing preference for just 15% of Japan's alcohol market, while beer makes up 70%; as recently as 1970 sake had a 30% share.”可看出 Japanese people tend to like beer and drinks with less alcohol；由本段倒数第二句可看出人工、土地花销都在上涨。因此，D 选项正确。
3. C 细节题。由“A growing preference for just 15% of Japan's alcohol market, while beer makes up 70%; as recently as 1970 sake had a 30% share”可知 C 选项正确。
4. B 细节题。由倒数第二段“To improve their return, some firms have turned to computers. Gekkeikan, Japan's largest brewer, with about 6% of the market, make nine-tenths of its sake with machinery using 'fuzzy logic' chips rather than the experienced judgment of a toji. Our technology will even improve on tradition”可知 B 选项正确。
5. A 主旨题。通读全文不难发现文章主要讲的是日本啤酒业正设法力挽狂澜。因此，A

选项正确。

Section B

Passage 1

1. The DNA fingerprinting can be unreliable when two different individuals of the same ethnic group may have the same DNA fingerprinting pattern.
(本题为细节题，定位到原文第三段“they argued that the current method cannot properly determine the likelihood that two DNA samples will match because they came from the same individual rather than simply from two different individuals who are members of the same ethnic group.”即可得出本题答案。)
2. Geneticists like Lewontin and Hartl believed that it is not so convincing as to exclude the likelihood that two DNA samples can never come from two individuals. They argued that the current method cannot properly determine the likelihood that two DNA samples will match because they came from the same individual rather than simply from two different individuals who are members of the same ethnic group. Lewontin and Hartl called for better surveys of DNA patterns methods are adequate.
(本题为细节题，总结提炼原文第三段的内容信息就可得出本题答案。)
3. The FBI believed that enough data of DNA samples should be collected to confirm that only DNA samples from various ethnic groups in an attempt to match sample of the same person.
(本题为细节题，定位到原文最后一段的“In January 1998, however, the federal Bureau of Investigation and laboratories that conduct DNA tests announced that they would collect additional DNA samples form various ethnic groups in an attempt to resolve some of these questions.”即可得出本题答案。)
4. The National Academy of Sciences called for strict standards and system of accreditation for DNA testing laboratories, only authorized laboratories can conduct DNA testing.
(本题为细节题，根据原文最后一段最后一句话“And, in April, a National Academy of Sciences called for strict standards and system of accreditation for DNA testing laboratories.”即可得出本题答案。)
5. **Pros**: a. a more advanced and scientific way to identify individuals;
b. DNA fingerprinting has been used successfully in various ways, such as to determine paternity where it is not clear who the father of a particular child is;
c. DNA fingerprinting and other DNA analysis techniques have revolutionized criminal investigations by giving investigators powerful new tools in the attempt to trove guilt, not just establish innocence.
Cons: Richard C. Lewontin believed that the methods to calculate how likely it is that a match between two DNA fingerprints might occur by chance alone, and cannot properly determine the

likelihood that two DNA samples will match because they came from the same individual rather than simply from two different individuals who are members of the same ethnic group.

(本题为细节题，要求归纳概括总结 DNA fingerprinting 的优缺点。)

Passage 2

1. Mr. Mallard was reported killed and the news of his death reached his wife Ms. Mallard. After a sudden shock and a storm of grief, she locked herself in her own room. Because she needed time and space to calm herself and reorganize her life. At the same time, she found herself totally free from the pressed and stressful life, and she got reborn.

   (本题为细节题，本文第一段就写道 Mallard 夫人在别人口中得到自己丈夫死去的消息，在收到这个噩耗的时候，她十分震惊与悲伤，随后她把自己锁到房间里，是因为她需要时间和空间来重新思考自己的人生。)

2. Here something suggests the deep hidden desire and expectation for freedom. She planned that in the coming years, she would live for herself under the strongest impulse of her being.

   (本题为语义题，这里的“something”是指隐藏在她内心深处对自由的渴望，她从今往后要为自己而活。)

3. When the dead news of her husband reached her, she was quite shocked and grief. She wept at once, with sudden, wild abandonment, in her sister's arms. But when she locked herself in her own room, the really strong desire to get rid of the past days had overridden everything and awakens her impulse as an independent being. She gradually refreshed and became more and more excited for the future, and for herself, being free physically and mentally. But towards the end of that story, she got an sudden and huge strike that everything she prepared for her freedom was just a fancy. She had no choice but die, because after all her consciousness was awakened as an independent being, she would never live the old and gloomy days again.

   (本题为细节题，得知自己丈夫去世的消息后，Mallard 夫人一开始是十分震惊和伤心欲绝的，倒在姐姐怀里号啕大哭。但是心情平复下来以后，她把自己关在房间里思考了很多，决定要追求自由，以后要为了自己而活，觉得自己迎来了新生。她变得特别兴奋激动起来，但是她最后还是死去了，所有的愿景变成了空。)

4. “Free! Body and soul free!” can be a most audacious and powerful cry of Mrs. Mallard's expectation for freedom. The marriage must be an unhappy one, but under the restriction of social conventions, Mrs. Mallard chose to be silent and bear it, even had thought with a shudder that life might be long. The sudden dead news of her husband provided her with a chance to live for herself freely.

   (本题为语义题，这句话其实是 Mallard 夫人压抑在内心的真实想法，她的婚姻是不幸的，但是被迫受到社会陈规的约束，她只能默默忍受，当她得知丈夫死去的消息之后，她意识到她自由的机会终于要来了。)

5. The author applies the literary elements of personification, imagery, irony and simile, and conveys the profound idea of the repression in life and the chance of freedom in the very short fiction.
(本题考查作者运用了何种写作手法。我们发现在文章中作者运用了拟人、比喻、反讽、明喻这些写作手法。)